BASTEI
LÜBBE

Heinrich Pleticha / Otto Schönberger

DIE GRIECHEN

BASTEI LÜBBE

Bastei-Lübbe-Taschenbuch
Band 64 065

Mitarbeiterverzeichnis

Werner Dettelbacher (W.D.) · Manfred Firnkes (M.F.) · Renate Freyeisen (R.F.) · Johannes Glanz (J.G.) · Dr. Josef Göhler (J.Gö.) · Arvid Göttlicher (A.G.) · Siegfried Grißhammer (S.G.) · Hermann Hofmann (H.H.) · Ernst Knoll (E.K.) · Dr. Günther Merwald (G.M.) · Walter Meyer (W.M.) · Elisabeth Passing (E.P.) · Dr. Heinrich Pleticha (H.P.) · Franz Radecker (F.R.) · Dietger Reinhold (D.R.) · Dr. Gerd Richter (G.R.) · Dr. Otto Schönberger (O.S.) · Dr. Georg Schreiber (G.S.) · Gernot Stengel (G.St.) · Klaus Suchland (K.S.) · Dr. Roland Vocke (R.V.)

Von Heinrich Pleticha und Otto Schönberger
ist außerdem bei Bastei-Lübbe erschienen:
Die Römer (64040)

1. Auflage Nov. 1984
2. Auflage Juli 1988

Originalausgabe

Printed in West Germany, Juli 1988
Einbandgestaltung: Roland Winkler
Titelbild: Dorothea Zwicker
Zeichnungen: Reinhard Borner
Satz: ICS Computersatz GmbH, Bergisch Gladbach
Druck und Bindung: Ebner Ulm
ISBN 3-404-64065-9

Abkürzungsverzeichnis

bzw.	beziehungsweise	u. a.	und andere
d. h.	das heißt	u. ä.	und ähnliches
dt.	deutsch	übers.	übersetzt
grch.	griechisch	usw.	und so weiter
lat.	lateinisch	v. Chr.	vor Christus
n. Chr.	nach Christus	vgl.	vergleiche
R	Regierung	z. B.	zum Beispiel
S.	Seite	z. T.	zum Teil

»Das Land der Griechen . . .«

Als Johann Wolfgang Goethe 1786 seine »Iphigenie auf Tauris« mit dem Vers »Das Land der Griechen mit der Seele suchend« begann, so war das für ihn weit mehr als nur ein theatralisch wirkungsvoller Monolog, sondern in diesen wenigen Worten manifestierte sich geradezu ein Programm. Kaum zwei Jahrzehnte zuvor hatte Johann Joachim Winckelmann mit seinen Schriften ein neues Verständnis der antiken Kunst eingeleitet, das für die deutsche Kultur- und Geistesgeschichte von richtungweisender Bedeutung wurde. Dichter, bildende Künstler, Philologen und Archäologen setzten sich mit der griechischen Antike und ihren Zeugnissen auseinander. Der Freiheitskampf der Griechen gegen die Türken im ersten Drittel des 19. Jahrhunderts entfachte dann die Sympathien breiter Bevölkerungskreise für das Land und seine Bewohner. Wohl mehr als alle anderen europäischen Nationen standen die Deutschen im Banne Griechenlands, und diese Faszination fand ihren Ausdruck auch in der intensiven Beschäftigung mit den Zeugnisen griechischer Kultur. An den Gymnasien wurde neben Latein das Griechische wie eine moderne Fremdsprache gefördert, und damit gleichzeitig auch das Wissen um die altgriechische Kultur und Geschichte. Trotzdem blieb Griechenland für die meisten Menschen eben doch nur das Land der Sehnsucht, das sie bestenfalls »mit der Seele suchen« konnten, weil ungünstige Verkehrsverhältnisse die Reisen auf einen kleinen, fast elitären Kreis beschränkten.

Heute haben sich die Verhältnisse genau umgekehrt. Griechenland ist zu einem beliebten Reiseziel geworden, wird von Schulklassen ebenso besucht wie von Altenklubs, billige Angebote ermöglichen Badeaufenthalte, Autobusse und Flugzeuge transportieren immer neue und immer mehr Gruppen in das Sonnenland.

Aber die innere geistige Verbindung, die zweihundert Jahre lang so intensiv, so selbstverständlich war, droht abzureißen. Die Akropolis oder den Tempelbezirk von Delphi haben nun schon viele gesehen, aber immer mehr Besuchern fällt es schwer, diese Bauwerke in den Gesamtzusammenhang griechischer Geschichte und Kultur einzuordnen. Und was wissen wir denn noch von Solon oder Herodot, von Perikles oder Pheidias, von Platon und Aristoteles?

Dieses Buch versucht hier ein wenig zu helfen. Es ist kein Speziallexikon, das auf alle Fragen eine Antwort geben kann, wohl aber ein Nachschlagewerk, das einen Überblick über die wichtigsten Phasen griechischer Geschichte, biographische Hinweise zu Einzelpersönlichkeiten, aber auch kultur- und literarhistorische Übersichten und Längsschnitte bietet. Die Information geht dabei nach Möglichkeit über das rein lexikographische Material hinaus. Wer nur eine knappe Auskunft sucht, wird zweckmäßig zuerst im Register nachschlagen, das den gesamten Text zu erschließen sucht. Die Einzeltexte der alphabetisch geordneten 159 Stichwörter sind nach Möglichkeit so umfangreich angelegt, daß sie interessierten Lesern schon etwas ausführlicheres und vor allem lebendiges Wissen über die Welt der Griechen, von den Göttern auf dem Olymp bis zu den ärmsten Sklaven in den Bergwerken, über Philosophen, Künstler, Politiker und Feldherren, über Kriegswesen, Essen oder Kleidung vermitteln. Durch Pfeil gekennzeichnete Verweise geben Parallelstichwörter an und erleichtern das Zurechtfinden.

Die Umfangbeschränkung auf ein Taschenbuch zwang gegenüber dem ursprünglichen Manuskript zu einigen Kürzungen, doch hoffen die Herausgeber, daß diese Lücken nicht allzusehr ins Gewicht fallen. Ein ausführliches Literaturverzeichnis jener Titel, die über den Buchhandel und vor allem über Bibliotheken aller Art verhältnismäßig leicht zu beschaffen sind, soll die intensivere Beschäftigung mit Einzelthemen erleichtern.

Heinrich Pleticha

Achaiischer Bund

Mit der Schlacht bei Chaironeia 338 v. Chr. und der Niederlage des Hellenenbundes gegen Philipp von Makedonien, den Vater Alexanders des Großen, war für die griechischen Poleis (Stadtstaaten) eine Ära langer Entwicklung zu Ende gegangen. Die politische Zukunft Griechenlands gehörte nicht mehr den engräumigen, sich gegenseitig bekämpfenden »Bürgerstaaten«, sondern größeren Zusammenschlüssen von Städten und Stämmen, sogenannten »Koina«, als Gegengewicht zu den sich nach Alexanders Tod herausbildenden hellenistischen Flächenstaaten. Das bekannteste und in der hellenistischen Zeit für Griechenland bedeutendste »Koinon« war neben dem »Aitolischen Bund« der »Achaiische Bund«, benannt nach der Landschaft Achaia an der Nordküste der Peloponnes gelegen, zwischen der Stadt Sikyon im Osten, den Landschaften Elis im Westen und Arkadien im Süden.
Schon im 4. Jahrhundert v. Chr. hatte ein Zwölf-Städte-Bund bestanden, dessen Zentrum ein Heiligtum des Poseidon war. Gemeinsame Bundesmünzen, die zwischen 360 und 320 geprägt wurden, deuten auf ein frühes achaiisches Koinon hin, dessen Politik weitgehend neutral, im Kern aber immer antimakedonisch war. Der Beginn des eigentlichen Achaiischen Bundes fällt in das Jahr 281/280, in dem auch die Diadochenkämpfe endgültig zu Ende gegangen waren. Unter Führung der Stadt Patrai bildete sich ein Vier-Städte-Bund, der sich schnell um weitere achaiische Poleis erweiterte. Zu außenpolitischer Aktivität entschloß sich der Bund erst seit 251, als der zwanzigjährige Aratos aus Sikyon die Stadt dem Bund anschloß und in den folgenden Jahren Bundesfeldherr geworden war. Bündnisverträgen mit Boiotien, Arkadien, ja selbst dem alten Gegner, dem Aitolischen Bund, folgte bald die Expansion in die Peloponnes, die zu sofortiger Gegnerschaft mit Sparta führte. Aratos gab daher die traditionelle außenpolitische antimakedonische Ausrichtung auf und suchte Anlehnung bei Makedonien, dem sich der Bund aber immer mehr unterordnen mußte. Erst als Philopoimen 208 das Bundesheer reorganisiert und 198 der römische Feldherr T. Q. Flamininus während des 2. Makedonischen Krieges den Bund auf die römische Seite gezogen hatte, begann eine neue Blütezeit für den Bund. Mit Roms Billigung dehnte er sich über die gesamte Peloponnes, auch über Sparta aus und wurde die entscheidende Macht in Griechenland, seit Makedonien 168 bei Pydna besiegt worden war. Doch die starke antirömische Opposition des Bundes erregte das Mißtrauen der Römer.

Deshalb forderten sie 168 von dem Bund 1000 vornehme achaiische Geiseln, unter ihnen den Historiker Polybios. Der geistige Widerstand des Bundes weitete sich bald zu militärischer Auseinandersetzung mit Rom. Die neue Großmacht schlug brutal zu: 146 eroberten die Römer Korinth, den »Augapfel von Hellas«, zerstörten die Stadt, plünderten oder zerschlugen sinnlos die griechischen Kunstwerke und lösten den Achaiischen Bund endgültig auf. (M. F.)

Aigina

Aigina, 85 Quadratkilometer große Insel im Mittelpunkt des saronischen Meerbusens südlich von Athen, wurde schon von Pindar hochgepriesen. Wir bewundern heute dort die Überreste des Tempels der Aphaia, die sich auf einem Hügelgipfel im Osten der Insel in landschaftlich schöner Lage befinden. Dem dorischen Tempel aus der Wende vom 6. zum 5. Jahrhundert gingen mehrere ältere an derselben Stelle voraus. Wahrscheinlich verwendeten die mächtigen Ägineten zu seiner Errichtung Teile der Perserbeute. Man betrat die dreischiffige Tempelanlage von Osten her; im Süden befand sich eine große Terrasse als Aufenthaltsort für die Pilger, im Westen die Priesterhäuser. Die Aphaia, eine Nymphengottheit, ist die beherrschende Gestalt auf den Giebelfeldern. Ihr Kult stammt von der Insel Kreta. Die Figuren des Westgiebels (archaisch) und Ostgiebels (frühklassisch) befinden sich in der Münchner Glyptothek und sind von A. Furtwängler und B. Thorwaldsen rekonstruiert bzw. ergänzt worden. Dargestellt sind Kampfszenen, die die Taten der Aiakiden, einheimischer Heroen, verherrlichen. Die bedeutende Stellung Aiginas vor den peloponnesischen Kriegen wird dadurch unterstrichen, daß die Insel eine eigene Kunstschule hervorbrachte, die die Natur nachahmte, dabei aber altertümliche Formen bewahrte, und daß viele berühmte Bildhauer, Maler und Erzgießer (Onatas: Viergespann von Olympia) von hier stammten. Den Reichtum der Insel beweisen weitere Tempelbauten: auf dem Berg Oros das Heiligtum des Zeus Hellanios, des Schutzpatrons von Aigina, sowie im Bereich der Stadt Aigina, die mit einem Theater, einem Stadion und zwei Häfen ausgerüstet war, die Tempel des Apollo, der Aphrodite, des Dionysos, der Hekate, ein Asklepieion sowie ein Aiakeion. In der Blütezeit war die Insel von einer halben Million Menschen bevölkert, die sich hauptsächlich mit Handel, Schiffahrt, der Produktion von Keramiken, Kurzwaren und Salben beschäftigten, die Münzen prägten und eigene Maße und Gewichte hatten. Den Athenern jedoch war Aigina zu mächtig (Perikles: »Aigina ist ein Geschwür im Auge Athens«), sie unterwarfen es 457, schleiften die Mauern, übernahmen die Flotte und vertrieben die Einwohner in die Argolis. Diese kehrten aber unter Lysander zurück und nahmen Rache. Danach endet die autonome politische Geschichte der Insel. Nach römischer und byzantinischer Herrschaft erlitten die Ägineten das grausamste Schicksal 1537, als die Türken aus Rache Stadt und Festung zerstörten, alle Männer töteten und Frauen und Kinder versklavten. (R. F.)

Aisopos

Die Wirkung, die vom Griechen Aisopos (Äsop) ausging, läßt sich über seine Bearbeiter, den griechischen Freigelassenen des Augustus, Phaedrus, und über die Römer Valerius Babrios und Avianus in der Neuzeit bis zum Franzosen La Fontaine und den Deutschen Luther, Gellert und Lessing verfolgen. Mit allen Namen verbindet sich der Begriff der Fabel, einer Anekdote lehrhaften oder moralisierenden Inhalts, in der zwar Tiere handeln, der Mensch aber angesprochen ist.

Die Griechen kannten schon am Beginn ihrer Literatur die Fabel, zwar noch nicht → *Homer*, doch → *Hesiod*, dann der Lyriker Archilochos. Der erste ausgesprochene Fabeldichter, der die Fabel als literarische Gattung schuf, war Aisopos, unter dessen Namen schon Ende des 5. Jahrhunderts v. Chr. die berühmtesten Fabeln der Antike liefen.

Über seine Lebensumstände ist nicht allzuviel bekannt, wenn man das Legendäre ausklammert. → *Herodot* berichtet, daß Aisopos im 6. Jahrhundert v. Chr. gelebt hat, Sklave des Iadmon, eines Mannes von Samos, war, »was sich sehr deutlich zeigte. Als nämlich die Delpher gemäß einem Götterspruch oft verkündet hatten, wer das Bußgeld für das Leben des Aisopos entgegennehmen wolle, da erschien kein anderer als der Sohn des Sohnes des Iadmon. Er nahm es entgegen, als gehörte Aisopos auch dem Iadmon« (II, 134). Herodot spielt mit diesen Zeilen auf eine überlieferte Legende an, deren Wahrheitsgehalt er nicht bezweifelt, daß nämlich Aisopos vom Lyderkönig Kroisos mit Geschenken zum Orakel nach Delphi geschickt wurden, wegen der Verteilung aber mit den Delphern in Streit geraten sei, die ihn daraufhin vom Felsen hinabgestürzt hätten.

Demetrios von Phaleron (350–283) sammelte die Prosafabeln des Aisopos unter dem Titel »Sammlungen aisopischer Fabeln«. Spätere Jahrhunderte benutzten die Inhalte für rhetorische Übungen, die Byzantiner stellten im 11. Jahrhundert n. Chr. die im Volk verbreiteten Fabeln des Aisopos zu einer Sammlung zusammen.
Die andauernde Beliebtheit der Fabeln beruht auf ihrer Volkstümlichkeit. Jeder Leser findet dort seine Alltagssorgen wieder, die Mitmenschen, ihr Tun mit allen menschlichen Schwächen und ihr oftmals geradezu groteskes Fehlverhalten. Kurz und prägnant, mit wenigen Worten, werden durch Tiere wie Löwe, Esel, Fuchs, Schlange, Wiesel, Maus, Hase, Schildkröte, Hirsch, Rabe und Taube, aber auch durch menschliche Typisierungen wie Greis, Bauer, Seemann und Wanderer die menschlichen Fehler aufs Korn genommen, Neid, Geiz, Eitelkeit, Hochmut, Eigennutz und vor allem die vordergründige Schläue, die hinterher als Dummheit entlarvt wird:

> »Eine Schlange und ein Wiesel kämpften miteinander in einem Hause. Als die Mäuse im Haus, die immer von beiden aufgefressen wurden, sie kämpfen sahen, kamen sie aus den Löchern herausspaziert. Kaum erblickten die Kämpfenden die Mäuse, ließen sie vom Kampf ab und wandten sich gegen das Mäusevolk.«

Mögen die Fabeln scherzhaft oder humorvoll, in lockerem Plauderton oder beißender Spottlust, erzählend oder dramatisierend verfaßt sein, nie legen sie es darauf an, über den Mitmenschen herzufallen, um ihn bloßzustellen, sondern sie wollen ihn belehren, auf Fehler aufmerksam machen, oft vordergründig, öfter hintergründig und tiefsinnig. Durch Überdenken des Inhalts soll der Mensch zur rechten Einsicht kommen. (M. F.)

Akropolis

Die Akropolis ist seit zweieinhalb Jahrtausenden Herz und strahlende Mitte Athens, der antiken Stadt ebenso wie der modernen, und auch heute kann sich niemand der Faszination dieses Felsens und seiner herrlichen Bauwerke entziehen, wenn er etwa beim Anflug auf die Stadt vom Flugzeug aus unmittelbar hinunterblickt oder tagsüber aus dem Verkehrsgewühl der Straßen überraschend einen Durchblick hinauf zu den Tempeln gewinnt.
Schon seit der Steinzeit bildete die Akropolis den Kern jener Siedlung,

aus der die Stadt Athen entstand (→ *Athen-Topographie*). Als Sitz der Könige wurde sie in → *mykenischer Zeit* zur Festung ausgebaut und durch eine gewaltige kyklopische Mauer von zehn Meter Höhe und etwa sechs Meter Breite geschützt. So bot der steile Fels doppelte Sicherheit in Kriegszeiten für etwa zweitausend Menschen. An der höchsten Stelle lag auf einer Terrasse der Palast des Königs, von dem nur wenige Spuren erhalten sind und den wir uns mit dem Herrenhaus und den umliegenden Wohnbauten ähnlich in der Anlage vorstellen können wie die Palastanlagen von → *Mykene* und → *Tiryns*. In seiner Nachbarschaft wurden die ersten kleinen Tempel und Schatzhäuser angesiedelt. Im Lauf der Zeit verdrängten bis zum 6. Jahrhundert v. Chr. die Kultbauten allmählich die Wohnungen und sogar den Herrschersitz. Während der Perserkriege wurden auch diese ersten Tempel zerstört.
→ *Perikles* brachte schließlich in der Volksversammlung den Antrag ein, die Heiligtümer wieder aufzubauen. Seiner Energie war es zu danken, daß die Akropolis jene einmalige Gestalt erhielt, die sie heute noch in ihren Trümmern zum Symbol Griechenlands werden läßt.
Die Bauten. Heute wie einst betritt der Besucher die Anlage durch die Propyläen. An Stelle eines älteren Burgtors waren sie 437–432 aus pentelischem Marmor errichtet worden. Eine breite Rampe führt zum Mittelbau, einer monumentalen, an der Vorderfront mit sechs dorischen Säulen geschmückten Halle. An sie schließen sich im rechten Winkel die Seitenbauten mit je drei kleineren dorischen Säulen. Der rechte öffnet sich zu einem wundervollen kleinen Tempelchen mit jonischen Säulen, das der Athena Nike, der siegverleihenden Athene, geweiht war und ihr Kultbild barg. Von den Propyläen führten Türen unmittelbar hinaus auf den freien Hof, in dessen Mitte der Besucher zuerst die monumentale Statue der Athena Promachos erblickte. → *Pheidias* hatte die Statue der Göttin als Bronzeguß aus der Beute von Marathon geschaffen. Sie war etwa zehn Meter hoch, und Pausanias (→ *Literatur*) erzählt in seinem Reiseführer, die Seefahrer hätten schon vom Meer aus die vergoldete Lanzenspitze der Göttin in der Sonne blitzen sehen.
Hinter dieser Statue lag der Platz des alten Athena-Tempels. Er war flankiert von den zwei schönsten und zugleich berühmtesten Bauwerken der Akropolis: links das Erechtheion und rechts der Parthenon, der große Haupttempel, den die Bürger ihrer Stadtgöttin, der Athena Parthenos, der jungfräulichen Athene, geweiht hatten.
Obgleich er nicht zu den Sieben Weltwundern gezählt wurde, stand er diesen an Schönheit gewiß nicht nach. 447–438 war er aus pentelischem

Marmor erbaut worden. Auf einem Sockel von 72 Meter Länge und 34 Meter Breite erheben sich über drei hohen Stufen in dorischer Ordnung (→ *Tempel*) acht mal siebzehn 10,4 Meter hohe Säulen, die das Gebälk tragen. Der Fries über diesem Säulengeviert zeigt in 92 Metopen (Zwischenfeldern) mythologische Szenen, und in den Giebelwänden waren Geschehnisse aus der sagenhaften Entstehungsgeschichte Athens dargestellt. Alle diese Marmorskulpturen waren bunt bemalt und leuchteten im gleißenden Licht südlicher Sonne.
Die fensterlose Cella war ebenfalls mit einem in seiner künstlerischen Gestaltung noch prachtvolleren Fries geschmückt. Das 160 Meter lange Band, z. T. aus der Meisterhand des Pheidias, zeigte in allen Einzelheiten den Festzug der Panathenäen. Alle vier Jahre wurde nämlich der Göttin in feierlicher Prozession ein neu gewebtes Gewand überbracht. Diese Szene mit den höchsten Beamten, den Priestern und Jungfrauen, den vornehmen attischen Jünglingen zu Pferde, den fröhlichen Bürgern mit den Opfergaben und -tieren, aber auch die Götter selbst, die sich unter die Menschen gemischt hatten, sie alle konnte der Beschauer, bis ins kleinste Detail liebevoll ausgeführt, bewundern.[c] Dieser Tempel bildete den kostbaren Schrein für das Bildnis der Göttin im Allerheiligsten der Cella. Trotz ihrer Höhe von 12 Metern wirkte die Statue nicht überdimensional. Sie war reich geschmückt, denn die Athener hatten fünf Talente Gold (= 131 kg) dafür bewilligt – und später Pheidias in einem Prozeß vorgeworfen, er habe einiges davon für sich selbst veruntreut. Pausanias gibt in seinem Reiseführer eine genaue Beschreibung der heute verschollenen Statue.
Das Erechtheion an der linken Seite des Platzes war zwar ein viel kleinerer Tempel, barg aber die heiligsten Kostbarkeiten der Akropolis. Hier lag das Grab des Erechtheus, des mythischen, erdentsprossenen Urvaters der Athener, und das Grab des ersten attischen Königs Kekrops. Hier stand jener Ölbaum, den Athene selbst den Bürgern geschenkt hatte (an seiner Stelle ist heute ein neuer gepflanzt), hier sah man die Stelle, wo Poseidon im Kampf mit Athene seinen Dreizack in die Erde gerammt hatte, und hier entsprang seine Quelle.
Alle diese Heiligtümer hatten die Architekten geschickt mit der Tempelanlage des Erechtheions überbaut, und es war ihnen dabei geglückt, die verschieden hoch liegenden heiligen Stellen zu einer künstlerischen Einheit zu verbinden. Das auch heute noch bewundernswerteste Baule-

← *Die Akropolis in Athen (nach Springer)*

ment bildet ein kleiner Baldachin an der Südseite, der von sechs anmutigen Mädchengestalten getragen wird. Zweieinhalb Jahrtausende haben diese Koren oder Karyatiden ihre Last getragen und erst jetzt mußten sie Nachbildungen weichen, weil der Marmor unter den Abgasen der modernen Industriestadt zu leiden begann.
Neben diesen wichtigsten Bauten und Heiligtümern gab es noch einige andere, heute völlig verschwundene, wie das Heiligtum der Göttin Artemis oder unmittelbar vor dem Parthenon die Chalkothek, in der die metallenen Weihegeschenke für die Göttin Athene aufbewahrt wurden. Alle diese Tempel und Gebäude, die großen und kleinen Götterbilder im Freien, die Weihegeschenke und Altäre müssen in ihrer bunten Vielfalt einen überwältigen Eindruck auf die Beschauer gemacht haben. Die Athener hatten dafür auch hohe Opfer gebracht, betrugen die Gesamtkosten für die Bauten doch nach antiken Angaben 2012 Talente Gold, also 52 700 kg Gold!
Eng verbunden mit den Bauten auf dem Gipfel waren einige andere unmittelbar am Südabhang des Akropolis. So das schon im 6. Jahrhundert v. Chr. begonnene, in seiner endgültigen Gestalt erst in der nachperikleischen Zeit vollendete Dionysos-Theater. Nach Westen zu anschließend ließ König Eumenes von Pergamon um das Jahr 170 eine 163 Meter lange Säulenhalle errichten, die den Zuschauern des Theaters als Wandelhalle diente. Als eine Art Pendant zum Theater baute an ihrer linken Seite der reiche attische Bürger Herodes Atticus wenige Jahre später ein kleines Stadion für Theater- und Musikaufführungen. Die steil ansteigenden Sitzreihen dieses Odeions sind heute wiederhergestellt und bieten 5000 Zuhörern Platz für eindrucksvolle Konzertaufführungen. (H. P.)

Alexander der Grosse

Alexanders Jugend. Alexander III., der Große, wurde im Jahr 356 v. Chr. als Sohn des Makedonenkönigs Philippos II. (→ *Makedonien*) und seiner Gemahlin Olympias, einer epeirotischen Prinzessin, geboren. Die Mutter Alexanders war eine leidenschaftliche, zu religiösen Ekstasen neigende Frau. Der nicht weniger heißblütige und jähzornige Philippos, der mehrere Nebenfrauen hatte, beleidigte seine rechtmäßige Gemahlin besonders durch seine Heirat mit der jungen Makedonin

Kleopatra, die er zu seiner zweiten Hauptgemahlin machte. Um so mehr Einfluß suchte daher Olympias auf Alexander, den rechtmäßigen Anwärter auf den Thron, auszuüben.
Philippos gewann für den dreizehnjährigen Alexander den größten griechischen Philosophen der Zeit, → *Aristoteles*, als Erzieher. Dieser weckte in seinem Zögling nicht nur die Begeisterung für die Epen → *Homers* und die Tragödien des Euripides, sondern vermittelte ihm darüber hinaus auch ein dem damaligen geographischen Wissen entsprechendes Weltbild.
Alexander wählte sich vor allem Achilleus und Herakles als Vorbilder, an denen er sein ganzes Leben lang festhielt. Ein geradezu unheimlicher Drang nach ruhmreichen Taten, nach dem Neuen, dem Fernen, dem Unerhörten erfüllte den jungen Königssohn. Der österreichische Althistoriker F. Schachermeyr hat ihn in seinem bedeutenden Alexanderbuch so geschildert: »Sensibel, erregbar, glich er einem edelsten Fohlen, das trotzig der Zäumung widerstrebt. Wer ihm befahl, fand ihn störrisch, verstockt und erbittert. Wer aber in Güte ihm zusprach, seine Einsicht für Wesentliches, Bedeutsames und Notwendiges zu gewinnen versuchte, gewann nicht nur sein Interesse, seine Willfährigkeit, sondern zugleich sein stürmisch nach Liebe verlangendes Herz. Denn leidenschaftlich war sein Gemüt, sowohl zu Liebe und Begeisterung wie zu empörter Verachtung geneigt. So brachte man ihn leicht zum Erglühen in Zustimmung oder Ablehnung, zu Tränen der Lust und des Zornes. Oft erschütterten ihn seine Gefühle so sehr, daß er sie physisch kaum zu ertragen vermochte. Nur reckte sich immer schon ein irgendwie großer, stolzer und wahrhaft königlicher Wille aus solchen Stimmungen empor. Bei aller Gefühlsweichheit war an ihm etwas Ehernes, ja schlechthin Unbedingtes und Unerbittliches.«
Alexanders Werk ist ohne die bedeutenden Leistungen seines Vaters Philippos undenkbar. Dieser hatte den makedonischen Einflußbereich bis an die Meerengen im Osten und tief ins griechische Mutterland hinein ausgedehnt. An der Schlacht von Chaironeia (338 v. Chr.), die die griechischen Stadtstaaten für immer ihrer außenpolitischen Selbständigkeit beraubte, hatte der junge Alexander, der die Phalanx der Boiotier durchbrach, entscheidenden Anteil. Philippos, der als Feldherr des panhellenischen Bundes gerade einen Rachefeldzug gegen die Perser vorbereitete, wurde im Jahr 336 Opfer eines Mordanschlags. Sofort nahm Alexander die Zügel des makedonischen Königtums energisch in die Hand. In Feldzügen wandte er sich gegen die unruhigen Völker des

Nordens und schlug einen von → *Theben* ausgehenden Aufstand in Griechenland mit unerbittlicher Härte nieder (335). Nun konnte er den Rachefeldzug gegen die Perser in Angriff nehmen, jenes faszinierende Abenteuer, das ihn zum Herrn über den vorderen Orient machen sollte.

Von Kleinasien nach Ägypten. Im Frühjahr 334 überschritt Alexander, Makedonien den Händen des treuen Antipater anvertrauend, begleitet von einer griechischen Flotte, den Hellespont (Dardanellen). Den Kern seiner Streitmacht bildeten 30 000 kampferprobte Makedonen, unter ihnen 5 000 Reiter, während der Korinthische Bund 7 000 Fußsoldaten, 600 Reiter und die Flotte (160 Trieren) stellte. Alexander überließ dem bewährten General Parmenion die Aufgabe, das Heer von Sestos nach Abydos überzusetzen, während er selbst an der Küste → *Troias* durch einen Speerwurf vom Schiff aus in großartig symbolischer Geste Kleinasien in Besitz nahm. Zur ersten bedeutenden Schlacht des Feldzugs gegen die persischen Satrapen von Lydien, Phrygien und Kappadokien (→ *Kleinasien*) kam es am Fluß Granikos. Alexander, der entgegen dem Rat seiner Generale höchstes Risiko häufig geradezu suchte und gleichsam das Schicksal herausforderte, ritt eine gefährliche Kavallerieattacke, wurde verwundet und von dem beherzten Kleitos vor dem Tod bewahrt.

Der König gab in eigenem Namen den asiatischen Griechenstädten ihre Freiheit zurück und setzte Makedonen als Verwalter der Satrapien ein. Den Persern zur See unterlegen, eroberte er alle wichtigen Küstenstädte, um dem Feind die Operationsbasis zu entziehen. → *Ephesos* und Milet wurden eingenommen, das sich hartnäckig zur Wehr setzende Halikarnassos monatelang belagert. Nach einer kurzen Winterpause in Gordion, wo Alexander den berühmten Gordischen Knoten durchschlug, überschritt das Heer das Taurosgebirge. Eine wichtige Vorentscheidung fiel in der Ebene von Issos, wo der Großkönig Dareios III. unvermutet mit seinem Heer im Rücken der Makedonen erschien. Es kam zu einer Schlacht mit verkehrten Fronten, die Alexander trotz seiner recht verzweifelten Lage für sich entscheiden konnte. Mutter, Schwester und Gemahlin des Großkönigs fielen in seine Hände. Ein Angebot des Dareios, ihm das Gebiet bis zum Euphrat zu überlassen, lehnte Alexander ab und machte damit seinen Anspruch auf die Nachfolge des Großkönigs deutlich. »Und in Zukunft, wenn Du Dich an mich wendest, wende Dich an den König von Asien«, antwortete er dem geschlagenen Perserkönig. Bevor sich Alexander jedoch nach Osten wandte, sicherte er sich die Ostküste des Mittelmeeres. Das für die Seeherrschaft im östlichen Mittelmeer unentbehrliche Tyros leistete ihm acht Monate erbitterten Widerstand.

Der Herbst 332 sah Alexander in Ägypten, wo er nicht nur, wie noch so oft, eine seinen Namen tragende Stadt, → *Alexandreia*, gründete, sondern auch zum Ammonheiligtum der Oase Siwa marschierte, dessen Priester ihn als Sohn des Zeus und neuen Pharao begrüßten.

Der Untergang des Perserreiches und der Vorstoß nach Indien. Rückkehr und Tod. Im Frühjahr 332 brach Alexander von Ägypten nach Osten auf. Er durchzog Teile des oberen Mesopotamien, überschritt den Tigris und schlug bei Gaugamela eine zweite, nun entscheidende Schlacht gegen Dareios. Es wurde erbittert gekämpft. Den Persern gelang es im wogenden Hin und Her sogar einmal, das makedonische Lager einzunehmen. Zwar bedeutete der Sieg Alexanders den Zusammenbruch des Perserreiches, doch konnte Dareios selbst mit einigen Getreuen nach Medien entfliehen.

Nachdem Babylon kapituliert hatte, erzwang sich Alexander den Zugang zu den großen Zentren der persischen Stammlande. In Susa fielen riesige Goldvorräte in seine Hände, den Palast von Persepolis ließ er niederbrennen. Obwohl er selbst bereits in den Dimensionen eines orientalischen Gottkönigs dachte, wollte er damit ein weithin sichtbares Zeichen für die Beendigung des Rachefeldzugs gegen die persischen Barbaren geben und den konservativ denkenden Makedonen und Griechen entgegenkommen. Doch war Alexander klar, daß er seinen Plan, bis ans Ende der bewohnten Welt (Oikumene) vorzudringen, nur mit Unterstützung der Perser durchführen konnte. So entließ er die griechischen Kontigente, soweit sie nicht freiwillig bleiben wollten, und füllte sein Heer mit Persern, Medern und später auch Baktriern auf, was zu Spannungen mit den makedonischen Soldaten und Offizieren führen mußte. Noch im Jahre 330 brach Alexander nach Ekbatana auf. Dareios, seiner finanziellen Mittel beraubt und von den meisten seiner Großen verlassen, wandte sich nach Osten, um von Baktrien aus den Widerstand zu organisieren. In einer überstürzten Verfolgungsjagd setzte ihm Alexander nach. Tot fiel der Großkönig, den der baktrische Satrap Bessos hatte ermorden lassen, in seine Hände. Alexander ließ ihn mit allen Ehren bestatten; er fühlte sich nun als legitimer Erbe und Nachfolger des Perserkönigs.

Konsequenterweise sah es nun Alexander als seine nächste Aufgabe an, an dem Königsmörder Bessos Rache zu nehmen. Im Frühjahr 329 überwand er den schneebedeckten Hindukusch, »eine Leistung, die viel

größer ist als Hannibals vielgerühmter Alpenübergang« (H. Bengtson). Bessos wurde schließlich von Alexanders General Ptolemaios gefangengenommen. Seine Hinrichtung erfolgte in Ekbatana.
Die nächsten Jahre waren erfüllt von ermüdenden Kämpfen im Nordosten des Perserreiches, wo vor allem der Baktrier Spitamenes in einem listenreichen Kleinkrieg Alexanders Soldaten schwer zusetzte. Trotzdem kehrte der König nach dem Tod des Spitamenes nicht um, sondern marschierte weiter nach Osten, um den Okeanos, das die bewohnte Welt umfließende Weltmeer, zu erreichen. Am Hydaspes, einem Nebenfluß des Indus, schlug er die »letzte große Feldschlacht seines Lebens« (H. Bengtson) gegen den tapfer fechtenden indischen König Poros, der als Vasallenfürst sein Reich behalten durfte. Den östlichsten Punkt seines Feldzugs erreichte Alexander am Hyphasis. Das schwülfeuchte Klima und ein über zwei Monate dauernder Tropenregen ließen die Stimmung seiner Makedonen auf den Nullpunkt sinken. Sie meuterten und erzwangen die Umkehr. Nach Bau einer Flotte, die ein Landheer begleitete, gelangte der König im Sommer 325 zum Indusdelta. Staunend nahm man am Indischen Ozean das Phänomen der Gezeiten wahr.
Auch bei der Rückkehr wurde das Heer geteilt. Der Admiral Nearchos sollte mit der Flotte den Zugang zum Persischen Golf finden, was auch gelang. Alexander selbst marschierte nahe der Küste in einem äußerst entbehrungsreichen Unternehmen nach Westen. Zu Beginn des Jahres 324 erreichte er die alte persische Königsstadt Pasargadai nördlich von Persepolis. Der Kreis hatte sich geschlossen.
Nur noch ein Lebensjahr war dem rastlosen König vergönnt. Mitten in den Vorbereitungen einer großen, der Umschiffung Arabiens geltenden Expedition starb er im Juni 323 in Babylon am Sumpffieber.

Zusammenfassende Würdigung. Alexander war zweifellos ein begnadeter Menschenführer. Er vermochte seine Soldaten zu unglaublichen Leistungen anzuspornen. Allein schon die gewaltige Marschleistung, die vom Ausgangspunkt in Makedonien bis zum Hyphasis in Indien etwa 18 000 km betrug, spricht für sich selbst. In aussichtslos erscheinenden Situationen verlor Alexander nie die Nerven und setzte sich auch persönlich rücksichtslos der Gefahr aus. Mehrmals wurde er verwundet, zuletzt in Indien im Gebiet der Maller durch einen lebensgefährlichen Pfeilschuß.
Seit dem Besuch des ägyptischen Ammonheiligtums glaubte der König immer fester an seine Gottessohnschaft. Nur ungern ertrug er Widerspruch. Sein Mißtrauen gegenüber Makedonen, die seinen Weg zum

orientalischen Gottkönigtum nicht mitmachen wollten, wuchs. Als Kleitos, der ihm doch am Granikos das Leben gerettet hatte, eines Nachts in Marakanda (Samarkand) über seine Gottessohnschaft spottete und den Vorwurf erhob, Alexander ziehe Perser und Meder den Makedonen vor, entriß der vom Wein erhitzte König einem Palastwächter den Speer und durchbohrte den Gefährten. Den treuen Parmenion, den er in Ekbatana zurückgelassen hatte, ließ er in einer Nacht-und-Nebel-Aktion töten, obwohl es keine Beweise für die Schuld des im Dienste der Makedonenkönige ergrauten Befehlshabers gab.

Alexander erkannte genau, daß er die gewaltige Landmasse des ehemaligen Perserreiches nicht allein mit seinen Makedonen beherrschen und verwalten konnte. Deshalb zog er Perser nicht nur zum Heeresdienst heran, sondern übertrug ihnen auch wichtige Verwaltungsaufgaben. An persischen Sitten, besonders am persischen Hofzeremoniell, fand der König immer mehr Gefallen, was den konservativ eingestellten Makedonen ein Dorn im Auge war.

Letztes Ziel Alexanders war eine Verschmelzung von Makedonen und Persern. So heirateten auf einer Massenhochzeit in Susa (324) 10 000 Makedonen Perserinnen, der König selbst, der einige Jahre zuvor schon die baktrische Fürstentochter Roxane zur Frau genommen hatte, ehelichte nach persischem Ritus eine Tochter Dareios III. und die jüngste Tochter Artaxerxes III. Ochos.

Reges Interesse zeigte Alexander für alle Fragen des geographischen Weltbildes. War das Kaspische Meer ein Binnensee oder ein Teil des Okeanos? Ließ sich durch eine Umschiffung Arabiens Ägypten erreichen? Solche Fragen bewegten ihn, der die Idee einer umfassenden Weltherrschaft in die Tat umsetzen wollte, sehr stark. Seine letzten Pläne galten einem gewaltigen Zug nach dem Westen über Nordafrika bis Spanien und Gallien. Er dachte eben in Dimensionen, die das Vorstellungsvermögen selbst seiner nächsten Vertrauten überstiegen. Kein Wunder, daß sich die Phantasie der Völker an diesem außergewöhnlichen Menschen bis in unsere Tage immer wieder entzündete. (S. G.)

Alexandreia

Als → *Alexander der Große* im Winter 332/331 Ägypten eroberte, gründete er an der Stelle eines alten Fischerdorfes im Westen des Nildeltas eine Stadt, der er seinen eigenen Namen verlieh und die er mit den Rechten einer griechischen → *Polis* ausstattete: Alexandreia. Zwar war die Neugründung keineswegs die einzige Alexanderstadt, sie wurde aber in kurzer Zeit die bedeutendste.

Die eigentliche Blütezeit der Stadt begann mit der Regierungszeit von Ptolemaios I. († 283), einem der hohen Offiziere Alexanders, dem es in den Kämpfen um das Erbe des toten Königs (→ *Diadochen*) gelang, die Königsherrschaft über Ägypten an sich zu reißen. Unter ihm und seinen Nachfolgern, den Ptolemaiern wurde Alexandreia zur neuen Hauptstadt, zur größten griechischen Stadt überhaupt und zum bedeutendsten Handelsplatz im östlichen Mittelmeerraum, der Athen sehr bald vom ersten Platz verdrängte.

Die glückliche Lage zwischen dem offenen Meer und einem vom Nil gespeisten Binnensee begünstigte die Entwicklung des Durchgangshandels für die Naturprodukte, mit denen Ägypten einen Teil der damaligen Welt versorgte: Getreide und Papyrus. Der Hafen, Endpunkt der Nilstraße, war ferner Umschlagplatz für Erzeugnisse aus Mittelafrika und für die Waren aus dem Osten, die von arabischen Händlern zu den Häfen am Roten Meer gebracht wurden, darunter Gold, Edelsteine und Gewürze. Alexandreia war aber nicht nur Zwischenstation für den Handel, vielmehr blühte auch die Produktion in den Werkstätten der Stadt, wo aus eigenen oder importierten Rohstoffen Luxusartikel wie Goldschmiedearbeiten, Glaswaren und kosmetische Artikel hergestellt wurden, die in der griechischen Welt und später in Rom heiß begehrt waren. Symbol der neuen beherrschenden Stellung der Stadt am Nildelta wurde der berühmte Leuchtturm von Pharos, den die Antike zu den Sieben Weltwundern zählte.

Nicht weit vom Hafen lag der Palastbezirk der Ptolemaier, der bald ein Viertel oder gar ein Drittel der Stadt einnahm, da, wie der griechische Geograph Strabon berichtet, jeder Herrscher den bereits vorhandenen Palästen einen neuen hinzufügte, Ausdruck der Prunk- und Repräsentationssucht eines selbstbewußten Herrscherhauses. Dort befand sich auch die Gruft Alexanders des Großen, dessen Leichnam nach Alexandreia gebracht worden war. Im Viertel der Paläste befand sich ferner das sogenannte Museion, das Alexandreia auch als Hauptstadt der gelehrten

Studien berühmt gemacht hat. In den Säulengängen und Sälen lehrten die Forscher und Wissenschaftler, die das Wissen der damaligen Zeit sammelten und weiterreichten. Die Bibliothek, die rund 800 000 Papyrusrollen enthalten haben soll, ging bei der Einnahme der Stadt durch Caesar im Jahre 48 teilweise in Flammen auf (→ *Buch und Bibliotheken*). Die Arbeiten der Gelehrten wurden durch die Ptolemaier großzügig gefördert. Sie ließen eine Sternwarte und einen zoologischen Garten einrichten und gestatteten den Ärzten, Leichen zu sezieren und den Bau des menschlichen Körpers zu studieren (→*Medizin;* → *Astronomie;* → *Technik*).
Die ganze Stadt war nach dem Bericht von Strabon »von Straßen durchschnitten, die Platz für Reiter und Pferde bieten«, was für die damaligen griechischen Städte nicht selbstverständlich war. Zwei Straßen, die sich im rechten Winkel schnitten und die ganze Stadt durchzogen, waren von besonders prächtigen Gebäuden, darunter Teilen des Palastviertels gesäumt, wie sie die auf Repräsentation bedachte Baukunst des → *Hellenismus* schätzte.
Von besonderer Art war auch die Zusammensetzung der Bevölkerung, die mit der vorwiegend bäuerlichen Bevölkerung Ägyptens nichts gemein hatte. Der Hof und seine Beamten und Offiziere, die Priester und die Gelehrten und die Studenten setzten sich ab von den Kaufleuten aus aller Welt, von den einheimischen Krämern und Handwerkern, von den Hafenarbeitern, Matrosen und Sklaven. Wohl dominierte die griechische Sprache; in den Quartieren der Armen aber dürfte das Ägyptische überwogen haben, während in dem ausgedehnten Judenviertel hebräisch und aramäisch gesprochen wurde.
Zahlreiche Papyrusurkunden, amtliche Schreiben und private Briefe, die sich im trockenen Sand der Wüste erhalten haben, geben dem Forscher heute Einblick in das Leben dieser Weltstadt und in die Schicksale einzelner Personen; aber die Überreste des antiken Alexandreia liegen heute unter der modernen Großstadt begraben. (R. V.)

Alkibiades

Alkibiades stammte aus dem altadeligen Hause der Alkmaioniden und wuchs nach dem Tode des Vaters im Hause seines Onkels → *Perikles* auf. Intelligenz und Schönheit konnten schon in der Jugend nicht die

Zwiespältigkeit des Charakters überdecken. Plutarch schreibt in seiner brillanten Alkibiades-Biographie: »Sein Charakter zeigte . . . viele Widersprüche . . . Viele große Leidenschaften lagen in seiner Natur, die stärkste aber war der Ehrgeiz und die Sucht, der erste zu sein.« Aus dieser Überbetonung der eigenen Person erklärt sich seine Anfälligkeit für das Gedankengut der → *Sophisten*: trotz aller Bemühungen seines Lehrers → *Sokrates* entwickelte er sich zu einem Machtmenschen. Er wußte genau um seine Wirkung in der Öffentlichkeit; seine Redekunst und seine charmante Art setzten sich immer wieder durch, selbst das Lispeln seiner Stimme soll nicht unangenehm aufgefallen sein, sondern seinen Worten erhöhte Überzeugungskraft gegeben haben. Er konnte im entscheidenden Augenblick auch beherzt zupacken: Als seine Frau gegen ihn wegen seiner Kontakte mit Hetären die Scheidungsklage einreichte und dem Archon gerade den Scheidebrief überreichen wollte, ergriff er sie und schleppte sie quer über den Markt, vorbei an den vor Verblüffung tatenlos zuschauenden Passanten, zurück in sein Haus, womit der Vorfall ein für allemal erledigt war.

Seine politische Karriere begann 420 v. Chr. mit der Wahl zum Strategen. Er verfolgte zwei politische Ziele: er wollte einerseits die Macht des Rivalen → *Sparta* endgültig brechen, andererseits in Fortsetzung und Übersteigerung der von Perikles vorgezeichneten Bahnen einer Expansionspolitik im Westteil des Mittelmeeres die Basis für ein persönliches Regiment gewinnen.

416 glaubte Alkibiades durch eine Expedition gegen die (neutrale) Insel Melos und deren brutale Niederwerfung den Athenern einen Beweis für seine Erfolgsaussichten liefern zu müssen. Schließlich wurde er mit dem Kommando über die zur Eroberung Siziliens ausgesandte Flotte betraut; Alkibiades hatte – vor allem von der Jugend enthusiastisch gefeiert – den Athenern diesen verhängnisvollen Plan einreden können. Da warfen ihm noch vor der Abfahrt seine politischen Gegner die nächtliche Zerstörung der Hermensäulen vor. Und kaum hatte er an der Spitze der Flotte Griechenland verlassen, wurde er beschuldigt, sich über die eleusinischen Mysterien lustig gemacht zu haben. Alkibiades entzog sich der Verfolgung durch Flucht nach Sparta und wirkte hier als Ratgeber der Regierung, um sich an Athen für die ihm angetane Schmach mit fremder Hilfe zu rächen. Als 411 die Oligarchen in Athen einen Umsturz inszenierten, der die demokratischen Rechte entscheidend beschnitt, ließ sich Alkibiades – er hatte inzwischen seine Bindungen zu Sparta wieder gelöst – von der demokratisch gesinnten Flotte

zum Strategen ernennen und hielt, nachdem er die spartanische Flotte völlig zerstört hatte, triumphalen Einzug in Athen. Die Erfolge gegen Sparta ließen die ihm angelasteten Verbrechen in Vergessenheit geraten. Doch erwuchs ihm in dem spartanischen Feldherrn Lysandros ein ebenbürtiger Gegner. Dieser besiegte 407 die athenische Flotte, die sich entgegen der Weisung des Alkibiades auf ein Gefecht mit den Spartanern eingelassen hatte. Alkibiades floh nach der endgültigen Niederlage Athens (404) zum persischen Satrapen Pharnabazos. Hier wurde er auf Betreiben des Lysandros mit Bewilligung des Satrapen ermordet. – Die Wirkung der Alkibiadesgestalt läßt sich in der literarischen Rezeption des Stoffes in der Moderne verfolgen, etwa in G. Kaisers nach dem Muster der platonischen Dialoge angelegten Stück »Der gerettete Alkibiades« (1920). (W. M.)

Archäologie

Der Niedergang und Ausverkauf griechischer Kunst setzte nach 148 v. Chr. ein, als der → *Achaiische Bund* den Römern unterlag und diese von nun an immer wieder neue Schiffsladungen voller Kunstwerke abtransportierten. Noch Kaiser Nero ließ 500 Statuen auf einmal aus Delphi nach Rom verschleppen. In der Spätantike, im Mittelalter und seit 1455 in der Türkenzeit blieben die antiken Bauwerke Steinbrüche, verfielen oder wurden vereinzelt zu türkischen Befestigungen ausgebaut. Erst seit der 2. Hälfte des 18. Jahrhunderts, als sich zögernd wieder europäische Reisende nach Griechenland wagten, begann eine primitive Raubarchäologie, bei der die Sammler fortschleppten, was bequem für ihre Zugriffe auf der Erde lag, während in Italien zur gleichen Zeit schon systematische Ausgrabungen begannen.

Die ersten drei Jahrzehnte des 19. Jahrhunderts waren dann auch die Jahre des systematischen Kunstraubs oder, vornehmer ausgedrückt, Kunstkaufs- und -verkaufs in Griechenland. Lord Elgin (1766–1841) kaufte 1803 die Metopen von dem seit 1687 schwer beschädigten Parthenon (→ *Akropolis*), löste sie kurzerhand ab und brachte sie nach London, wo sie ihm die britische Regierung abkaufte. Der Erlös von 35 000 Pfund deckte dabei seine eigenen Auslagen nur zur Hälfte! Als ein paar Jahre danach der prachtvolle Giebelschmuck des Aphaia-Tempels auf → *Aigina* im Schutt am Fuß des Tempels entdeckt wurde, gelang es dem damaligen Kronprinzen Ludwig von Bayern (dem nach-

maligen König Ludwig I.) bei einer Auktion die ausgegrabenen Stücke zu erwerben und nach München zu bringen, wo sie heute wieder den Mittelpunkt der im Zweiten Weltkrieg zerstörten, aber neu aufgebauten Glyptothek (→ *Museen und Fundstätten*) bilden.
Der griechische Befreiungskampf seit 1821 verhinderte vorerst einmal weiteren Kunstraub, doch erlitten einige wichtige Bauwerke erneut schwere Schäden. In dem befreiten Griechenland wurde 1834 ein erstes Gesetz erlassen, das Grabungen und den Export griechischer Antiken ohne Genehmigung verbot. Noch im gleichen Jahr begann der bayerische Architekt Leo von Klenze, der im Gefolge des neuen griechischen Königs Otto I. (von Wittelsbach) in das Land gekommen war, mit systematischen Restaurierungsarbeiten an der Akropolis. Diese wurden dann mit Unterbrechungen bis 1909 weitergeführt. Die Sicherungsarbeiten an den Bauten der Akropolis sind bis heute nicht mehr abgerissen und stellen gerade jetzt die Wissenschaftler vor neue, ernste Probleme; denn die giftigen Abgase der Großstadtluft bedrohen stärker als alles Bisherige die jahrtausendealten Bauten.
1837 wurde die Griechische Archäologische Gesellschaft gegründet. Sie förderte neben den Restaurierungs- und Ausgrabungsarbeiten auf der Akropolis vor allem die Erforschung der Gräber des antiken Athen vor dem Dipylon im Kerameikos-Viertel (→ *Athen-Topographie*). 1913 übernahm das Deutsche Archäologische Institut diese Ausgrabungen, die fünfzehn Jahre dauerten und in deren Verlauf der heute so berühmte Kerameikos-Friedhof freigelegt wurde.
Seit dem letzten Viertel des 19. Jahrhunderts setzte auch die archäologische Erforschung wichtiger antiker Stätten außerhalb Athens ein. So begannen auf Anregung von Ernst Curtius 1875 in → *Olympia* die ersten Ausgrabungen, die in Griechenland nach streng wissenschaftlichen Gesichtspunkten ausgeführt wurden. Dabei legten die Archäologen den Heiligen Bezirk frei. Stadion und Gymnasion wurden erst 1936 anläßlich der XI. modernen Olympischen Spiele ausgegraben. Die Arbeiten in Olympia stehen heute vor dem Abschluß. Während dort vorwiegend deutsche Gelehrte arbeiteten, wandten sich die Franzosen → *Delphi* zu, wo sie allerdings mit erheblichen Schwierigkeiten zu kämpfen hatten; denn über dem alten Apollon-Heiligtum war im Mittelalter das Dorf Kastri entstanden. Erst nachdem man seine Häuser etwas weiter westlich an ihre heutige Stelle verlegt hatte, konnte von 1892 bis 1911 der Heilige Bezirk freigelegt werden. Ähnlich ungünstig war die Ausgangslage in Epidauros, wo 1881–1903 der Grieche Kavadias erst

einmal die Reste einer spätantiken Festung abtragen mußte, um dort das alte Asklepios-Heiligtum ausgraben zu können. Alle diese Ausgrabungen brachten wichtige wissenschaftliche Ergebnisse, und ihnen ist es zu danken, daß die zahlreichen modernen Touristen die antiken Stätten wieder bewundern können. Sensationelle Erfolge gelangen → *Schliemann*, der nach der Entdeckung → *Troias* 1876 in → *Mykene* die Schachtgräber der Könige mit ihren einmaligen Goldschätzen freilegte. Mit leichter Zeitverzögerung gegenüber dem Festland setzten auch auf den Inseln die Ausgrabungen ein. So begannen die Franzosen schon 1873 mit der Freilegung des antiken → *Delos*. Das Asklepios-Heiligtum auf Kos wurde 1902 durch den deutschen Archäologen R. Herzog wiederentdeckt und freigelegt. Seine Arbeiten wurden seit 1928 durch italienische Ausgrabungen ergänzt.

Kreta. Mit seinem Gespür für wichtige Fundplätze hatte schon Schliemann 1886 versucht, im Bereich von → *Knossos* Ausgrabungen vorzunehmen, jedoch scheiterten seine Pläne teils aus finanziellen Gründen (der Besitzer des Grundstücks forderte einen überhöhten Kaufpreis), teils wegen der noch andauernden Arbeiten in Troia. 1896 kam der Engländer Sir Arthur Evans nach Kreta. Er erkundete ebenfalls die Insel nach Ausgrabungsmöglickeiten, erhielt aber erst vier Jahre später die Erlaubnis zum Arbeiten. Innerhalb von fünf Jahren gelang es ihm, die heute als »Palast des Minos« bekanntgewordene großartige Anlage von Knossos auszugraben. Im Gegensatz zu anderen Archäologen suchte er dabei nicht nur die Funde zu bergen und die Grundmauern freizulegen, sondern sie an verschiedenen Stellen auch zu sichern und die Anlagen zu rekonstruieren. Seine Versuche, deren Ergebnis die zahllosen Besucher der Ausgrabungsstätte so tief beeindruckt und ihnen annähernd ein Bild der einstigen Anlage vermittelt, stießen bei der Fachwelt teilweise auf scharfe Kritik, werden aber neuerdings in ihrer Einmaligkeit zu Recht wieder verteidigt, zumal die Ergänzungen an den originalen Fresken, Statuetten usw. mit äußerster Sorgfalt vorgenommen wurden und Evans auch bei den Bauwerken keinen Schritt weiterging, als er wissenschaftlich verantworten konnte. Über seinen Entdeckungen, die mit Recht zu den Sternstunden der Archäologie gezählt werden, übersieht man leicht, daß etwa zur gleichen Zeit von einer Gruppe italienischer Forscher mit den Ausgrabungen in Phaistos, an der Südseite Kretas, begonnen wurde.

Diese nach Knossos zweitgrößte Palastanlage und die Fundstätte von Hagia Triada blieben Domäne der Italiener, während sich die Franzosen

auf die drittgrößte Palastanlage von Mallia (östlich von Knossos) konzentrierten und dort seit 1921 graben.
Wenn auch seit nunmehr fast achtzig Jahren die Insel systematisch erforscht wird und dank der zahlreichen Funde an den genannten Plätzen und einigen weiteren Ausgrabungsstätten wie z. B. Mirabello ein in sich geschlossenes Bild der → *minoischen Kultur* entstand, kommt es doch immer wieder zu neuen wichtigen Entdeckungen. So legt der griechische Archäologe N. Platon seit 1960 einen kleinen Palast bei Kato Zakros an der Ostküste frei, wo ihm bedeutende Funde gelangen. Spekulationen von wissenschaftlichen Außenseitern wie dem verstorbenen Stuttgarter Geologen Wunderlich, bei all diesen Palästen könne es sich nicht um Wohnanlagen handeln, sondern um die Stätten eines großartigen Totenkults, sind von den Fachwissenschaftlern sorgfältig widerlegt worden.
Ein Teil der minoischen Kultur Kretas und eng mit ihr verbunden sind jene Funde, die seit 1967 durch den griechischen Archäologen S. Marinatos bei Ausgrabungen auf der Insel Thera (Santorin) gemacht wurden. Ihm gelang dort die Freilegung einer minoischen Siedlung aus der Zeit um 1500 v. Chr. die bei dem gewaltigen Ausbruch des Thera-Vulkans verschüttet wurde (Atlantis). Doch geben gerade diese Ausgrabungen den Wissenschaftlern viele Rätsel auf. Die Funde gehören aber, wie die Dauerausstellung der Fresken im Nationalmuseum in Athen beweist, zu den schönsten Zeugnissen minoischer Kultur und stehen den Entdekkungen von Kreta in nichts nach.
Kleinasien. Zu den wichtigsten unter den zahlreichen archäologischen Fundstätten Kleinasiens gehören → *Troia*, Pergamon, Ephesos und Milet. Die Ausgrabungen in Troia sind aufs engste verbunden mit → *H. Schliemann.* Die von ihm ebenso dilettantisch wie glücklich begonnenen Arbeiten wurden nach 1890 systematisch von W. Dörpfeld weitergeführt, den man wohl als den eigentlichen wissenschaftlichen Entdecker von Troia ansehen darf. Die Ausgrabungen wurden dann von den Vereinigten Staaten übernommen und fanden 1938 ihren Abschluß. In Pergamon begann die erste Phase der Ausgrabungen 1878 durch deutsche Archäologen. Die damals gemachten Funde wurden überwiegend nach Deutschland gebracht. An ihrer Spitze steht der sogenannte Pergamon-Altar, das Prunkstück des gleichnamigen Museums in Berlin (Ost), der zu den schönsten Zeugnissen hellenistischer Kunst gehört und wie durch ein Wunder den Zweiten Weltkrieg und zeitweiligen Abtransport nach Rußland überstanden hat. Mit seinem etwa 120 Meter langen

Fries, einer Darstellung des Kampfes der Götter und Giganten, wurde er schon in der Antike im weiteren Sinn zu den Weltwundern gerechnet. Heute werden die Ausgrabungen in der Hauptstadt des kleinen hellenistischen Königreiches etwa halbwegs zwischen Troia und Ephesos in der Ebene des Kaikosflusses vom Deutschen Archäologischen Institut in Istanbul weitergeführt.

Die neben Troia berühmteste und wohl auch bekannteste Ausgrabungsstätte, die heute weit mehr als dieses von zahllosen Touristen besucht wird, ist → *Ephesos.* Dort wurden die Arbeiten schon 1863 durch den englischen Ingenieur J. T. Wood begonnen, der in den Ruinen nach Resten des berühmten Artemisions (eines der Sieben Weltwunder) suchte. Er entdeckte sie erst nach sieben Jahren außerhalb der Stadt und war über die kümmerlichen Überreste des Tempels ebenso enttäuscht wie alle unvorbereiteten modernen Besucher. Im eigentlichen Stadtbereich wurden systematische Ausgrabungen 1895 von dem Österreicher Otto Bendorf aufgenommen und seitdem mit Unterbrechungen durch die Weltkriege vorwiegend von österreichischen Archäologen fortgeführt. Das etwa fünf Quadratkilometer große Ruinenfeld gilt heute als einer der größten griechischen Ausgrabungskomplexe und vermittelt mit seinen Straßenzügen, den Wohnvierteln, den z. T. wieder aufgestellten Resten öffentlicher Bauten und Tempel und vor allem mit seinem grandiosen Theater einen ungemein plastischen Eindruck von einer antiken Großstadt.

Weit weniger gut faßbar für das Auge des Laien ist das Stadtbild von Milet, wo deutsche Archäologen 1899 mit den Ausgrabungen begannen. Ähnlich wie in Ephesos sind diese bis heute noch nicht abgeschlossen. Weitgehend ausgegraben ist die Stadt der hellenistisch-römischen Spätzeit, doch bleiben noch erhebliche Fragen und topographische Probleme für das alte und älteste Milet offen. Der Laie wird heute besonders das prachtvolle Markttor aus dem 2. nachchristlichen Jahrhundert bewundern, das im Berliner Pergamonmuseum aufgestellt wurde.

Ähnlich enttäuschend wie die Begegnung mit dem Artemision von Ephesos ist die mit der Stätte eines weiteren Weltwunders an der Südwestküste Kleinasiens, denn vom Grabmal des Königs Mausolos in Halikarnassos gibt es an Ort und Stelle keine Spuren mehr.

Dabei war das »Mausoleum« bis ins 15. Jahrhundert n. Chr. gut erhalten gewesen und wurde erst danach als Steinbruch benutzt. Mitte des 19. Jahrhunderts erhielt der britische Botschafter in Konstantinopel vom Sultan die Erlaubnis, die Reliefplatten des damals noch erhaltenen

Frieses in das Britische Museum zu verbringen. Spätere Grabungen eines englischen Archäologen förderten noch einige herrliche Marmorstatuen und Fragmente zutage, die ebenfalls nach London kamen.

Großgriechenland. Die Ausgrabungen in der Magna Graecia und in Sizilien erbrachten häufig ähnlich bedeutende Funde wie im griechischen Mutterland. Für die Archäologen des 18. und frühen 19. Jahrhunderts vermittelten sie erste Begegnungen mit griechischen Kunstwerken »in situ« (an Ort und Stelle), wenn auch meist auf dem Umweg über die römische Zivilisation. So förderten schon die dilettantischen Ausgrabungen des Prinzen d'Elboeuf 1719 in dem damals eben wiederentdeckten Herculaneum griechische Plastiken wie etwa einen Herakles oder drei Frauenstatuen zu Tage. Ähnlich wurden seit der Mitte des 18. Jahrhunderts in Pompeji in den Ruinen der vom Vesuv verschütteten römischen Wohnhäuser und Tempel zahlreiche griechische Originalplastiken, Kopien griechischer Werke, hellenistisch beeinflußte Wandmalereien und Mosaiken entdeckt. Zu den sensationellsten Funden gehört das 1831 entdeckte »Alexandermosaik« (heute Nationalmuseum Neapel), die Kopie eines Gemäldes des griechischen Künstlers Philoxenos aus Eretria (um 300 v. Chr.). 1910–1930 wurde die »Villa der Mysterien« mit ihren für die Erforschung der griechischen Mysterienkulte (→ *Mysterien*) so wichtigen Wandmalereien freigelegt.

Die Tempel von Paestum-Poseidonia entdeckte man dank der Initiative Karls III. von Neapel schon um die Mitte des 18. Jahrhunderts wieder. Zögernde Ausgrabungen setzten hier (wie bei einigen anderen griechischen Siedlungen, z. B. Padula in Lukanien oder Metapontum bei Tarent) erst in der 2. Hälfte des 19. Jahrhunderts ein. Den modernen Forschungen seit den dreißiger Jahren unseres Jahrhunderts ist die Einrichtung einiger beachtenswerter Provinzmuseen zu danken.

So erfolgreich hier wie an anderen Stellen Lukaniens oder Kalabriens die Ausgrabungen waren, so vergeblich blieb andererseits die Suche nach Sybaris, einer der berühmtesten Städte Großgriechenlands. Diese reiche Siedlung hatte nur zweihundert Jahre existiert (→ *Großgriechenland*). Nach ihrer gründlichen Zerstörung blieben nur Erinnerung und Legende. Seit 1879 setzte die Suche nach ihren Spuren im sumpfigen Tal des Kratis ein. Neuerdings glaubt der amerikanische Archäologe Orville H. Bullitt Spuren der verschollenen Stadt nahe der Mündung des Kratis entdeckt zu haben, doch müsen künftige Grabungen erweisen, ob seine Behauptungen zutreffen.

In Sizilien boten schon seit dem 18. Jahrhundert die erhaltenen Tempel von Agrigent, Segesta und die Überreste des antiken Syrakus den mittel- und westeuropäischen Reisenden, denen Griechenland infolge der türkischen Besetzung und der gefahrvollen Anreise verschlossen war, einen bescheidenen Ersatz für die Begegnung mit Hellas. Wir treffen manchen deutschen Reisenden wie Goethe, Seume oder Schinkel. Nach 1853 veröffentlichte F. Gregorovius seine Aufsätze über die antiken Plätze in Agrigent, Segesta und Syrakus. Die systematischen Ausgrabungen setzten aber trotz des zunehmenden Interesses nur zögernd gegen Ende des 19. Jahrhunderts ein und führten erst in unserer Zeit zu wesentlichen Ergebnissen. So wurden die wichtigsten Entdeckungen in Gela (Befestigungen) nach 1941 gemacht; Himera, der befestigte Vorposten griechischer Macht in Sizilien, wurde seit 1963 systematisch ausgegraben. Die wichtigsten Funde können heute überwiegend im Nationalmuseum in Palermo bewundert werden. (H. P.)

Archimedes

»Gib mir einen Platz, wo ich stehen kann, und ich werde die Erde bewegen.« Diese Worte werden einem Mann zugeschrieben, der als das größte mathematische Genie des Altertums gilt, Archimedes von Syrakus. In dieser Stadt wurde er um 287 als Sohn des Astronomen Pheidias geboren und lebte dort in bescheidenen Verhältnissen, wenn auch mit dem Königshaus von Syrakus befreundet, vielleicht sogar verwandt. Mit den Mathematikern in → *Alexandreia,* wo er sich zu Studien längere Zeit aufhielt, stand er in engem Kontakt. Besonders an seinen Freund Konon, dessen Schüler Dositheos und später an Eratosthenes sandte er seine neuesten wissenschaftlichen Entdeckungen oft noch vor ihrer Veröffentlichung und meist ohne Beweise, da er »gerne jedem Mathematiker das Vergnügen gönnen mochte, sie selbst zu erfinden«, wie er selbst sagt.

Archimedes wird als feine, wohl auch zerstreute Gelehrtennatur beschrieben. Plutarch rühmt seine Hoheit des Geistes wie seinen Reichtum an Wissen und schreibt: »Mit Vorliebe beschäftigte er sich allein mit solchen Gegenständen, die, ganz abgesehen von ihrer Notwendigkeit, schön und vortrefflich sind. Es ist nicht möglich in der Geometrie schwierigere und tiefsinnigere Aufgaben einfacher und klarer gelöst zu finden.« Von der »mathematischen Muse« wie besessen, soll er nicht selten Essen und Trinken vergessen haben. Eigentliches Ziel seiner

Studien waren Arbeiten zur reinen Mathematik, wenn auch seine legendenumwobenen Erfindungen weit häufiger mit seinem Namen verbunden werden.
König Hieron II. von Syrakus mißtraute seinem Goldschmied und bat Archimedes herauszufinden, ob seine Krone aus reinem Gold gefertigt sei. Als Archimedes, über dieses Problem grübelnd, im Badehaus in eine volle Wanne steigt und das auslaufende Wasser beobachtet, kommt ihm eine Idee, und mit dem Ruf »Heureka!« (Ich hab's gefunden!) läuft er angeblich splitternackt nach Hause. Gefunden war nicht nur eine einfache Lösung der Kronenaufgabe, sondern damit das sogenannte *Archimedische Prinzip:* Ein Körper verliert in einer Flüssigkeit so viel an Gewicht (Gewichtsverlust = Auftrieb), wie die von ihm verdrängte Flüssigkeit wiegt. Die Krone erfuhr in Wasser einen größeren Auftrieb als ein Goldklumpen, dessen Gewicht in Luft dem der Krone gleich war. Das Volumen der Krone war also zu groß und damit der Betrug entlarvt. In den beiden Abhandlungen »Über schwimmende Körper« hat Archimedes seine Erkenntnisse über Fragen der Hydrostatik festgehalten.
Nicht weniger in Erstaunen versetzte Archimedes seinen König, als er den Stapellauf des luxuriösen Riesenschiffes »Syrakosia« – später als Geschenk für den König von Ägypten umbenannt in »Alexandreia« – spielend durch Verwendung von Flaschenzügen und Hebemaschinen bewerkstelligte. Dies war eine glänzende Demonstration des bereits von Archimedes in den beiden Schriften »Über Gleichgewichte ebener Figuren« formulierten *Hebelgesetzes:* Zwei Größen sind im Gleichgewicht, wenn ihre Gewichte ihren Hebelarmen umgekehrt proportional sind.
Die bekannten, anfangs zitierten Worte soll Archimedes bei dieser Gelegenheit zu Hieron gesagt haben, weshalb man auch von einem *»archimedischen Punkt«* spricht. Zum mühelosen Auspumpen des Schiffes ließ Archimedes von ihm erfundene Wasserschnecken – *archimedische Schrauben* – einbauen, womit durch Drehen das Wasser auf ein höheres Niveau befördert wurde. Diese Schraubpumpen waren bis vor kurzem weitverbreitet als Bewässerungsmaschinen an den Nilufern.
Wahre Wunder der Technik stellten schließlich die Verteidigungsmaschinen dar (Katapulte, Krane, vielleicht auch Brennspiegel), die der greise Archimedes ersann zur Verteidigung von Syrakus gegen den Angriff der Römer unter M. Claudius Marcellus. Als die Römer nach zweijähriger Belagerung die Stadt im Herbst 212 einnahmen, wurde der große Mathematiker entgegen dem Befehl des Marcellus von einem römischen Soldaten getötet. Archimedes sei vertieft gewesen in geome-

trische Figuren, die er gerade in den Sand gezeichnet hatte, und soll den Eindringling gebeten haben: »Zerstöre meine Kreise nicht!« Marcellus ließ den Toten ehrenvoll bestatten und, wie Archimedes es gewünscht hatte, auf das Grab einen Zylinder mit einer einbeschriebenen Kugel setzen. Mit nach Rom nahm Marcellus das von Archimedes kunstvoll konstruierte, von Cicero in dem Werk »Über den Staat« beschriebene Planetarium, durch das die Bewegungen von Sonne, Mond und der fünf Planeten mit der Erde im Mittelpunkt dargestellt wurden (die Schrift des Archimedes »Über die Anfertigung von Sphären« ist nicht erhalten).

Für Archimedes waren alle noch so genialen mechanischen Erfindungen nur Nebenprodukte seiner abstrakten mathematischen Arbeiten, die hauptsächlich der Quadratur, d. h. Inhaltsbestimmung krummliniger ebener Figuren (Kreis, Kegelschnitte, Spiralen) wie der Oberflächen- und Volumenberechnung von Körpern mit gekrümmten Oberflächen (Kugel, Zylinder und andere Rotationskörper) galten. Seine »Exhaustionsmethode« bestand darin, die Fläche durch eine Folge von Flächen mit bekanntem Inhalt immer weiter »auszuschöpfen«, d. h. sich ihr beliebig anzunähern. Archimedes ist damit zum Vorläufer der modernen Integralrechnung geworden.

Der erste, der die Kreiszahl π (= Verhältnis von Kreisumfang zu Kreisdurchmesser) zu »bändigen« verstand, war Archimedes. Dieses alte Problem löste er in seiner »*Ausmessung des Kreises*« durch dem Kreis ein- und umbeschriebene regelmäßige Vielecke ausgehend vom 6-Eck bis schließlich zum 96-Eck, woraus er errechnet: $3\frac{10}{71} < \pi < 3\frac{1}{7}$.

Er zeigt, daß die Kreisfläche mit der eines rechtwinkligen Dreiecks übereinstimmt, dessen Katheten Radius und Umfang des Kreises sind. Seine berühmte Bestimmung von Flächen- und Rauminhalt der Kugel überliefert er in den beiden Büchern »*Über Kugel und Zylinder*«. Der erste dieser Bände enthält auch den als *Archimedisches Axiom* bekannten, jedoch auf Eudoxos zurückgehenden mathematischen Satz: Zu zwei positiven, gleichartigen Größen a und b (z. B. Strecken oder reelle Zahlen) gibt es stets eine natürliche Zahl n, so daß gilt: $n \cdot a$ ist größer als b. Mit Flächenberechnungen von Parabelsegmenten beschäftigt er sich in der »*Quadratur der Parabel*«, mit Körpern, die durch Rotation von Kegelschnitten entstehen, in seinem Werk »*Über Konoide und Sphäroide*«. Wenn eine Gerade in einer Ebene gleichförmig um einen festen Punkt O gedreht wird und wenn gleichzeitig von O ausgehend ein Punkt P sich gleichförmig längs der Geraden bewegt, dann durchläuft dieser Punkt P eine *Archimedische Spirale* (Schrift »Über Spiralen«). Eines

seiner interessantesten Werke ist die an Eratosthenes gerichtete »*Methode*«, die erst 1906 n. Chr. von J. L. Heiberg in der Bibliothek eines Klosters in Konstantinopel entdeckt wurde. Archimedes beschreibt, wie er mit Hilfe mechanischer Überlegungen – Zerlegung von Flächen in Streifen, Anwendung des Hebelgesetzes – geometrische Sätze findet, die dann natürlich noch exakt bewiesen werden müssen. Einen Beweis ganz anderer Art führt er im »*Sandrechner*«. Er entwickelt eine geeignete Schreibweise für sehr große Zahlen und zeigt dann, daß es eine Zahl gibt, die größer ist als die Anzahl der Sandkörner, die den Kosmos von der Größe, wie Aristarch ihn annimmt, ausfüllen würden. Nach ausführlichen astronomischen Überlegungen und Abschätzungen errechnet er die »Sandzahl« zu 10^{63}.
Um bei großen Zahlen zu bleiben und um nach Art des Archimedes den Leser ausreichend zu beschäftigen, sei das berühmte *Rinderproblem* angeführt, das er den Mathematikern in Alexandreia gestellt haben soll: Gesucht sind die Anzahlen weißer (A;a), schwarzer (B;b), brauner (C;c) und geschteckter (D;d) Kühe und Stiere aus der Herde des Sonnengottes, die auf der Insel Trinakria weidete. Es gelten neun Bedingungen:

$A : B + D = 5 : 6$	$a : B + b = 7 : 12$
$B : C + D = 9 : 20$	$b : C + c = 9 : 20$
$C : A + D = 13 : 42$	$c : D + d = 11 : 30$
	$d : A + a = 13 : 42$

A + B Quadratzahl
C + D Dreieckszahl (d. h. Zahl der Form $\frac{m \cdot (m+1)}{2}$)

Ein Hinweis zur Lösung: Als Gesamtsumme der Rinder ergibt sich eine Zahl mit 206545 Ziffern! (E. P.)

Aristoteles

Aristoteles, neben → *Platon* der bedeutendste Philosoph der Griechen, wurde 384 v. Chr. in Stageira geboren, kam als Jüngling nach Athen und war dort bis zu Platons Tod (347) Mitglied der Akademie. Danach lebte er einige Jahre bei dem hochgebildeten Fürsten Hermeias, dessen Nichte er heiratete, dann kurze Zeit bei seinem Schüler Theophrastos auf Lesbos und wurde 342 als Lehrer des vierzehnjährigen → *Alexander* an den makedonischen Hof berufen. Noch vor Alexanders Aufbruch nach Asien (334) ging Aristoteles mit Theophrastos nach Athen und gründete dort seine Schule, das Lykeion, die man nach ihren Laubengängen (Peripatoi) auch die peripatetische nennt. Nach Alexanders Tod mußte er Athen verlassen und starb bald darauf in Chalkis auf Euboia.

Die Lehrtätigkeit. Sein Werk umfaßte populäre Abhandlungen, wissenschaftliche Arbeiten, insbesondere auch Materialsammlungen, die in Zusammenarbeit mit Schülern erstellt wurden, und die eigentlichen Lehrschriften, von denen der größte Teil erhalten ist. Sie behandeln folgende Gebiete: die Logik, die sogenannte Erste Philosophie, die Naturwissenschaft und Psychologie, die Ethik und die Ästhetik. Aristoteles darf als der große Systematiker bezeichnet werden. Aber das System mußte erst errungen werden, zunächst in der Auseinandersetzung mit der Philosophie Platons und dann – nach der Wendung zu verstärkter empirischer Forschung – in der Sammlung und Ordnung umfänglicher Einzelstudien. Dabei erwies sich Aristoteles auch als der große Organisator. Er verteilte die Forschungsaufgaben an seine Mitarbeiter. So ließ er z. B. – als Vorarbeit zu einer Theorie der Politik – Material über 158 verschiedene Verfassungen zusammenstellen (die erhaltene »Verfassung von Athen« könnte von ihm selbst stammen). Der Arbeitsstil am Lykeion entsprach also im wesentlichen dem Forschungsbetrieb an neuzeitlichen Universitäten. Der Lehrbetrieb hatte Vorlesungscharakter. Die Lehrschriften, die wir besitzen, geben Zeugnis davon: Sie sind Vorlesungsmanuskripte oder Nachschriften von Schülern und als solche in Aufbau und Formulierung nicht endgültig ausgearbeitet. Aus der Fülle von Themen, Theorien, Einteilungen und Einzelbeobachtungen können hier nur einige wenige genannt werden. Vieles davon ist als selbstverständlicher Standard in unser Bildungswesen eingegangen.

Die Logik. Aristoteles wollte seine philosophischen Einsichten durch gesetzmäßiges Denken gewinnen. So wurde er zum Begründer der formalen Logik als Wissenschaft. Später wurden die logischen Schriften unter dem Titel »Organon« (d. h. geistiges Handwerkszeug) zusammengefaßt. Die beiden »Analytika« (Zerlegungskunst) betitelten Schriften entwickeln die für das wissenschaftliche Erkennen wichtigsten Techniken: Urteils- und Schlußverfahren. Ein logischer Schluß (Syllogismos) wird aus Urteilen gewonnen:

Obersatz:	Jeder Mensch ist sterblich.
Untersatz:	Sokrates ist ein Mensch.
Schluß:	Sokrates ist sterblich.

Aus den verschiedenen Arten von Schlüssen ergeben sich die Formen der Beweisführung, entweder vom Allgemeinen zum Besonderen (später Deduktion genannt) oder vom Besonderen zum Allgemeinen (»Hinführung« oder Induktion). Ein Urteil besteht aus Begriffen; diese gilt es zu definieren und anhand eines Schemas der Über- und Unterordnung einzuteilen. Die Oberbegriffe lassen sich mit Hilfe der Kategorien finden, die Aristoteles in einer eigenen Schrift untersucht. Die wichtigsten Kategorien (eigentlich »Aussagen über etwas«) sind:

1. Wesenheit	z. B.	Mensch, Pferd
2. Wie groß?		2 oder 3 Ellen hoch
3. Wie beschaffen?		weiß, literarisch gebildet
4. Beziehung zu etwas		doppelt, halb, größer

Hinzu kommen: Ort, Zeit, Lage, Zustand, Tun, Leiden. Bis ins 20. Jahrhundert hat die Aristotelische Logik keine wesentlichen Korrekturen erfahren.

Die Erste Philosophie. Das Anliegen der Ersten Philosophie, später »Metaphysik« genannt, ist es, die Problematik des Seins von Einzelnem bzw. Allgemeinem zu untersuchen. Nach Aristoteles ist z. B. »dieser einzelne Mensch hier« »für uns« die primäre Wesenheit, während »der Mensch überhaupt« »für uns« etwas Sekundäres, nur in der Sprache Vorhandenes ist. Aber »an sich«, d. h. wenn man das Wesentliche über das Zufällige stellt, ist das Allgemeinmenschliche das Erste, der Einzelmensch das Zweite. Indem der Philosoph das ihm zunächstliegende Einzelne untersucht, kann er eben darin das (dem Sein nach primäre) Allgemeine finden. Mit dieser Wendung zum Empirischen rückte Aristoteles von Platon ab, der seine Ideenwelt in schroffen Gegensatz zur Körperwelt gestellt hatte. Jedes konkrete Ding ist nach Aristoteles durch die Faktoren Stoff und Form bestimmt. Stoff ist das gestaltlose »zugrunde Liegende«, Form verleiht Wirklichkeit. Es handelt sich dabei um relative Bestimmungen: Bauholz z. B. ist Stoff in bezug auf das

Haus, jedoch Form in bezug auf den rohen Stamm. Eine Verfeinerung bringt das Wortpaar Möglichkeit/Wirklichkeit: der rohe Marmorblock z. B. ist der Möglichkeit nach eine Statue, aber erst durch die Formung wird er »wirklich« eine Statue. Auf dem Weg vom Möglichen zum Wirklichen geschieht jeder Entwicklungsprozeß. Für jede Bewegung oder Veränderung bedarf es einer Ursache, aber die Bewegungen werden durch etwas auch seinerseits Bewegtes verursacht. So schloß Aristoteles auf eine erste bewegende Ursache. Er setzte sie gleich mit Gott als Schöpfer, als einem persönlichen, rein geistigen Wesen, das die Welt durchdringt und zweckmäßig lenkt.

Die Naturwissenschaft. Daß sich bei Aristoteles der Monotheismus begrifflich formuliert fand, hat seine Schriften sicher für die christliche Philosophie akzeptabel gemacht. Trotzdem sah man in der Metaphysik stets eine Verführung zur Häresie. Dagegen haben, vor allem in der Zeit der Scholastik, neben den logischen besonders die naturwissenschaftlichen Schriften uneingeschränkte Anerkennung gefunden. Man schätzte sie geradezu als Offenbarung und ihren Verfasser als Vorläufer Christi im Bereich der natürlichen Dinge. Die umfangreicheren naturwissenschaftlichen Schriften sind: die »Physik« (8 Bücher), »Vom Himmel« (4 Bücher), »Vom Entstehen und Vergehen« (2 Bücher), »Meteorologie« (4 Bücher), die »Große Tiergeschichte« (10 Bücher), »Über die Teile der Tiere« und »Über die Seele« (3 Bücher). Physik ist die Lehre von der Bewegung, und zwar der räumlichen, der qualitativen und der quantitativen Bewegung (heute Mechanik, Chemie und Biologie). Den Kosmos teilte Aristoteles ein in den Himmelsraum des Äther, die Sphäre der Planeten und die Welt unterhalb des Mondes, die aus den Elementen Feuer, Luft, Wasser und Erde besteht. Die Wesen der Natur (das Unbelebte, die Pflanze, das Tier und der Mensch) werden von Stufe zu Stufe vollkommener und dienen jeweils den Zwecken der höheren Stufe. Den Pflanzen schrieb Aristoteles eine ernährende, den Tieren darüber hinaus eine sinnlich wahrnehmende, den Menschen außerdem die denkende Seele zu. Die Seele faßte er als »Entelechie« des Leibes auf, d. h. »was sein Ziel in sich selber hat«; die Seele ist also die im organischen Körper sich verwirklichende Form. An der menschlichen Seele untersuchte Aristoteles vor allem die Willenstätigkeit, bei der er den »Vorsatz« von anderen, mehr spontanen inneren Antrieben unterschied.

Ethik und Politik. Die beiden Hauptschriften sind die »Nikomachische Ethik« und die (unvollendete) »Politik«. Das Ziel der Ethik sah Aristoteles in einem harmonischen, vernünftigen Leben innerhalb der konkreten Wirklichkeit. Zwar schätzte Aristoteles die geistigen (»dianoetischen«) Tugenden wie Vernünftigkeit und Weisheit, aber er bezweifelte, daß das Gute, einmal erkannt, auch in der Praxis umgesetzt werde. Während Platon gelehrt hatte, daß der Mensch nur durch wahre Erkenntnis glücklich werden könne, meinte Aristoteles, daß Glückseligkeit (Eudaimonia) durch tüchtiges Handeln erreichbar sei, d. h. durch praktische Tugenden wie Fröhlichkeit, Tapferkeit, Wahrhaftigkeit, Seelengröße. Sie stellen jeweils die Mitte (meson) zwischen vermeidbaren Extremen dar, Tapferkeit z. B. zwischen Feigheit und Tollkühnheit, Seelengröße zwischen Aufgeblasenheit und kleinmütiger Selbstunterschätzung. Die Gerechtigkeit, vollkommenste der praktischen Tugenden, ist – wie bei Platon – Grundlage des Staates. Ohne den Staat kann der Mensch als von Natur »staatsbürgerliches Wesen« nicht zu Tugend und Glückseligkeit gelangen. Vorstufen und zugleich Elemente des Staates sind Haus- und Dorfgemeinschaften. Sklaverei übrigens betrachtete Aristoteles als etwas Naturgegebenes. In die Verfassungstheorie brachte er eine historische Betrachtungsweise ein. Er knüpfte an die schon von Platon vorgenommene Einteilung der Verfassungen (→ *Politische Begriffe*) und an die Kreislauftheorie an, meinte aber, daß die Umsturzgefahr jeweils von der Kulturstufe abhänge und daß unter normalen Umständen eine in der Mitte zwischen Oligarchie und Demokratie liegende Staatsform am zweckmäßigsten sei (→ *Demokratie*).

Ästhetik. Aristoteles schrieb eine »Rhetorik« (Redelehre) in drei Büchern. Nachgewirkt haben jedoch vor allem die erhaltenen Partien aus der Schrift »Über die Dichtkunst«. Sie handeln von der Tragödie und vom Epos. Kunst wird dort als Nachahmung der Natur, aber nicht als sklavisches Kopieren des Zufälligen, sondern als Herausarbeiten des Wesentlichen verstanden. Der Zweck der Kunst ist vierfach: Unterhaltung, sittliche Bildung, genußreiche Beschäftigung und »Katharsis«, eine rätselhafte Formulierung, die meist (z. B. bei Vorländer) als »Befreiung der Seele von den sie überwältigenden Affekten« interpretiert wird. (F. R.)

Astrologie

Wenn auch die Griechen der frühen Zeit die Sterne und Sternbilder recht nüchtern betrachteten – bei Homer dienten sie z. B. zur Orientierung bei der Seefahrt –, so war ihnen doch der Zusammenhang zwischen den Veränderungen am Sternenhimmel und dem Fortschreiten des Jahres bewußt, und sie hielten die Veränderungen in der Natur für eine Folge des Auftauchens oder Untergehens eines Sternbildes oder Sterns. Man hielt also einen Einfluß der Sterne auf das irdische Geschehen für möglich. So fand gegen Ende des 5. Jahrhunderts die aus dem Orient, vor allem aus Babylon stammende Astrologie leicht Eingang in Griechenland. Dazu kam, daß sich in dieser Zeit auch die Gottesvorstellungen gewandelt hatten. Nach orientalischem Vorbild hielt man die Sterne für Götter. Auch bei einigen Philosophen (→ *Pythagoras;* → *Platon;* → *Stoiker*) und in der Orphik (→ *Religion*) galten die Sterne als göttlich – ein weiterer Grund für die rasche Verbreitung der Astrologie (die griechischen Sternbilder gehören nicht zur Astrologie, sondern entstammen der Mythologie).

Die Sterne, die über das Schicksal der Menschen entschieden, waren Sonne, Mond und die fünf damals bekannten Planeten Merkur, Venus, Mars, Jupiter und Saturn, da man sich ihre Bahnen – im Gegensatz zu den Fixsternen – nur durch das Wirken göttlicher Kräfte erklären konnte. Die Sterngötter teilte man in verschiedene Gruppen ein: zunächst in Tag- und Nachtsterne (Sonne, Saturn und Jupiter bzw. Mond, Mars und Venus), in männliche (Sonne, Jupiter, Saturn, Mars) und weibliche (Mond, Venus), oder die Planeten in gute (d. h. günstige, nämlich Jupiter und Venus) und schlechte, also ungünstige (Saturn, Mars). Merkur besaß keine eigenen Merkmale, sondern wurde von den Planeten in seiner Nähe beeinflußt. Den Himmel teilte man in zwölf Abschnitte zu je 30° ein, die den Tierkreiszeichen entsprachen und ebenfalls babylonischer Herkunft sind. Diese zwölf Abschnitte konnten zur genaueren Berechnung nochmals unterteilt werden in drei Teile zu je 10° oder in zwölf zu je 2°30′.

Wenn ein Astrologe ein Horoskop stellen wollte, ging er vom Geburtsdatum des Fragenden aus. Er konnte die Stellung der Planeten zu diesem Zeitpunkt berechnen – wozu ein beachtliches mathematisches und astronomisches Wissen gehörte – und so zunächst feststellen, welche Planeten für das Leben des Fragenden wichtig waren. Da sich auch für die Zukunft die Stellung der Planeten zueinander und ihre Bahnen errechnen ließen, konnte man voraussagen, welche Einflüsse in der nächsten Zeit wirksam würden. Dabei spielten nicht nur die Eigenschaften der Planeten selbst eine Rolle, sondern auch der Ort der Konstellation am Himmel. Besonders bedeutsam waren die ebenfalls voraussagbaren Sonnen- und Mondfinsternisse und die im wahrsten Sinne des Wortes unberechenbaren Kometen, die deshalb immer als unheilvoll galten.

Astrologen besaßen bei den Griechen großes Ansehen und oft viel Einfluß. Sie zählten zu den Gelehrten, da die genaue Berechnung eines Horoskops viel echt astronomisches Wissen erforderte, was gleichzeitig eine Entschuldigung für eine falsche Prophezeihung war, die man leicht mit einem Rechenfehler entschuldigen konnte. Die Antike kannte unsere Trennung von Astronomie und Astrologie nicht – auch Kepler stellte ja noch Horoskope! –, und diese Verbindung trug viel zur Verbreitung und dem Ansehen der Astrologie bei, trotz der vielen anderen → *Orakel* in Griechenland: Sie zeigte das Wirken geheimnisvoller Kräfte auf und schien wegen ihrer mathematischen Exaktheit zuverlässiger zu sein als andere Methoden. Auch kam sie offensichtlich dem griechischen Streben nach Systematik entgegen, da sie einen wohlgeordneten, von ewigen Gesetzen gelenkten Kosmos voraussetzte. Wir finden sie bei den Griechen in allen Abstufungen, von einer (beinahe) wissenschaftlichen bis zur primitiven Form, die an offenen Betrug grenzte. Ihre Kraft war so groß, daß sie den Sieg des Christentums überlebte und bei Völkern mit ganz anderen religiösen Vorstellungen Eingang fand, z. B. den Arabern. Und nicht zu vergessen: Auch wir verwenden noch die griechischen Fachausdrücke (Astrologie: Kunde von den Sternen; horao/skopeo: ich betrachte = Horoskop) – trotz Mondlandung und exakten Photographien vom Mars. (G. St.)

Astronomie

Die griechischen Astronomen haben »das wunderbare Gebäude ihrer geometrischen Astronomie« auf der Grundlage errichtet, die ihnen die Babylonier durch ihre umfangreichen astronomischen Beobachtungen und Berechnungen gelegt hatten. Jenes alte Kulturvolk besaß spätestens seit dem 8. Jahrhundert v. Chr. eine hochentwickelte Astronomie mit exakten astronomischen Tabellen, welche die Griechen neben eigenen Beobachtungsergebnissen benutzt haben.

Das eigentliche Anliegen der griechischen Astronomie jedoch war es, aus den beobachteten Bewegungen der Himmelskörper mit Hilfe der Mathematik eine modellmäßige Vorstellung vom Mechanismus dieser Bewegungen zu gewinnen.

Das Weltbild der ersten griechischen Naturphilosophen des 6. Jahrhunderts war dem des Alten Orients sehr ähnlich. So sah Thales von Milet (etwa 624–548) die Erde als flache, auf dem Wasser des Ozeans schwimmende Scheibe, über der sich der Himmel als hohle Halbkugel wölbt. Aber bereits für Anaximandros (etwa 611–546) war die Erde in Gestalt einer zylindrischen Säule ruhender Mittelpunkt der sich gleichförmig um die Weltachse drehenden Himmelskugel. Die Idee von der Erde als Kugel wird Pythagoras (etwa 570–500) oder einem seiner Schüler zugeschrieben. In seinem Werk »Timaios« vertritt auch → *Platon* (427–347) die Lehre von der Kugelgestalt der Erde. Beweise aber liefert erst → *Aristoteles* (384–322), indem er beobachtet, daß bei Mondfinsternissen der Rand des Erdschattens stets die Form eines Kreisbogens hat, also die Projektion einer Kugel ist. Schließlich gelingt → *Eratosthenes* eine dem wirklichen Wert von 40 000 km erstaunlich nahe kommende Berechnung des Erdumfangs.

Die griechische Astronomie kann nicht ohne ihre untrennbare Verbindung zu Religion und Philosophie betrachtet werden. Den Gestirnen als göttlichen Wesen sei nur die vollkommenste Art der Bewegung angemessen, nämlich die gleichförmige Kreisbewegung. Die ewige Wiederkehr der gleichen Bewegungen und Positionen erscheint als Ausdruck göttlicher Beseeltheit. Die Pythagoreer (→ *Pythagoras*) wie auch Platon sahen in der Kugelgestalt von Himmelsgewölbe und Erde und den Kreisbahnen der Himmelskörper die Verwirklichung höchster Vollkommenheit. Die Himmelskugel oder Sphäre mit der Erde im Mittelpunkt begrenzt den Weltraum nach außen und führt eine tägliche, gleichmäßig schnelle Drehbewegung um die Weltachse aus. Mit ihr drehen sich die Sterne, die man sich fest mit der rotierenden Himmelskugel verbunden dachte. Man nannte sie daher »Fixsterne«, im Gegensatz zu den beweglichen Sternen (= »Wandelsterne«: Sonne, Mond und die fünf Planeten), die ihre Bahnen zwischen Erde und Himmel in entgegengesetzter Richtung ziehen. Die Bewegungen dieser Wandelsterne beschäftigten über Jahrhunderte die Astronomen, da sie nach den Beobachtungen nicht kreisförmig sowie mit unterschiedlicher Geschwindigkeit zu verlaufen scheinen und an gewissen Stellen sogar rückläufig seien. Wie lassen sich diese beobachteten ungleichförmigen Bewegungen durch

gleichförmige Kreisbewegungen erklären? Nach Platon war diese Frage das eigentliche Problem der griechischen Astronomie.
Der wohl erste Lösungsversuch stammt von dem Pythagoreer *Philolaos* von Kroton (Ende 5. Jahrhundert). Die Anomalien der Planetenbewegung sind nach Philolaos nur scheinbar, vorgetäuscht durch eine eigene tägliche Drehbewegung der Erde um ein in der Mitte des Weltalls gelegenes, von den bewohnten Erdgegenden aus unsichtbares Zentralfeuer. *Herakleides* von Pontos (etwa 388–315) verbesserte diese Theorie. Erde und Sonne umkreisen gleichlaufend das Zentrum. Die Bewegung des Fixsternhimmels kommt durch Achsendrehung der Erde selbst zustande.
Einen anderen Weg suchte *Eudoxos* von Knidos (etwa 408–355). Er erklärt die Bewegung der Wandelsterne durch Zusammenwirken eines komplizierten Systems von 27 um die ruhende Erde als Mittelpunkt rotierenden homozentrischen Sphären. Eine Sphäre, deren Achse mit der sie einschließenden Kugel fest verbunden ist, trägt auf dem Äquator jeweils den Planeten. Der Fixsternhimmel bildet die äußerste Sphäre. Aristoteles übernimmt diese Sphärentheorie, erweitert die Anzahl der Sphären jedoch auf 55. Während für Eudoxos die Sphären nichts anderes als ein mathematisches Hilfsmittel bedeuten, sind sie für Aristoteles physikalische Realität, indem er sie aus Äther bestehend annimmt. Als beseelte Lebewesen würden sie vom »Unbewegten Beweger« bewegt.
Das heliozentrische Weltbild des *Aristarchos* von Samos (um 280) ist nur eine kurze Episode in der griechischen Astronomie geblieben. Aristarchos gehört zu den unabhängigsten Denkern des Altertums, da er als erster vor Aryabhata (um 500 n. Chr.) und Kopernikus (1473–1543) die Sonne in die Mitte des Weltalls stellt; die rotierende Erde umkreise sie in einem Jahr. Die Ergebnisse seiner Messungen, die für die Sonne das 300fache Volumen der Erde ergeben hatten, bestärkten seine Vorstellungen. Aus naturwissenschaftlichen wie philosophischen Gründen – die feste Erde als Urgrund alles Lebens; der Mensch, das Maß aller Dinge – wird die heliozentrische Hypothese abgelehnt, und noch Ptolemaios erkennt weder Fortbewegung noch Achsendrehung der Erde an.
Zu den größten Leistungen der antiken Astronomie darf die *Epizykel- und Exzentertheorie* zur Erklärung der seltsamen Schleifenbewegungen der Planeten gezählt werden; an der Entwicklung dieser Theorie waren vor allem Apollonios von Perge (etwa 262–190), Hipparchos von Nikaia

(etwa 190–120) und schließlich Ptolemaios (um 150 n. Chr.) beteiligt. Danach entstehen die Planetenbahnen durch Überlagerung zweier Kreisbewegungen. Während der Planet auf einem kleineren Kreis, dem Epizykel, umläuft, bewegt sich der Epizykelmittelpunkt auf einem großen Kreis, dem Deferenten. Die Erde ruht etwas außerhalb des Mittelpunktes (exzentrisch) des Deferenten, wodurch die Geschwindigkeit der Planeten ungleichförmig erscheint.

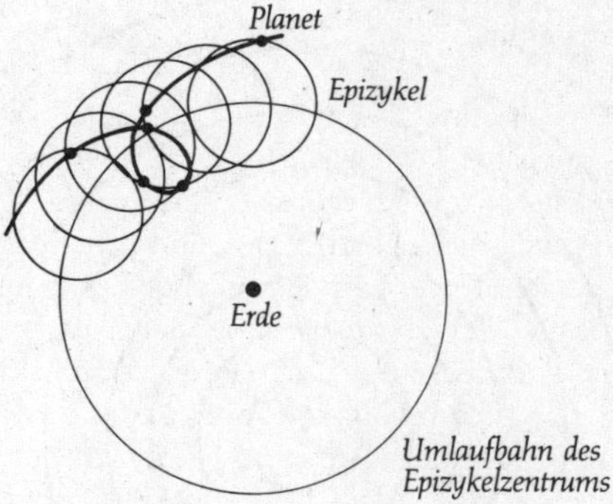

Hipparchos ist einer der bedeutendsten Astronomen des Altertums. Alexander von Humboldt nennt ihn zu recht »Schöpfer der wissenschaftlichen Astronomie«. Seine umfangreichen, äußerst genauen Beobachtungen, die er hauptsächlich in Rhodos und → *Alexandreia* durchführte, wertete er unter Verwendung der Trigonometrie aus. Daraus konnte er z. B. die Exzentrizität der Sonnenbahn folgern oder die bis dahin unbekannte »Präzession«, die Tatsache, daß die Sonne nach einem Jahr nicht mehr dieselbe Stellung zum Fixsternhimmel hat, sondern um 45″ (richtiger Wert: 50″) vorgerückt ist. Die Länge des Jahres und des Monats bestimmte er äußerst genau. Seine Katalogisierung des Sternhimmels – sie enthielt die Positionen von über 800 Fixsternen – soll ihm den Vorwurf gottwidrigen Handelns eingebracht haben.
Eine wesentliche Voraussetzung für die astronomischen Leistungen des Hipparch waren von ihm selbst konstruierte oder weiterentwickelte Meß- und Beobachtungsinstrumente wie die Dioptra, bei der durch Anvisieren ein verschiebbares Plättchen mit dem zu messenden Objekt zur Deckung gebracht wird, oder die Armillarsphäre, auch Astrolabium

genannt, ein System konzentrischer, teilweise beweglicher Metallringe zur Bestimmung der Koordinaten eines Himmelskörpers. Davon zu unterscheiden ist das ebene Astrolabium, eine kreisrunde Scheibe versehen mit einer stereographischen Projektion der Himmelskugel und einem drehbaren Netz (Arachne oder Rete) darüber. Dieses »Astrolabium planisphaerium« wurde bis ins 17. Jahrhundert n. Chr. für astronomische und astrologische Aufgaben verwendet.

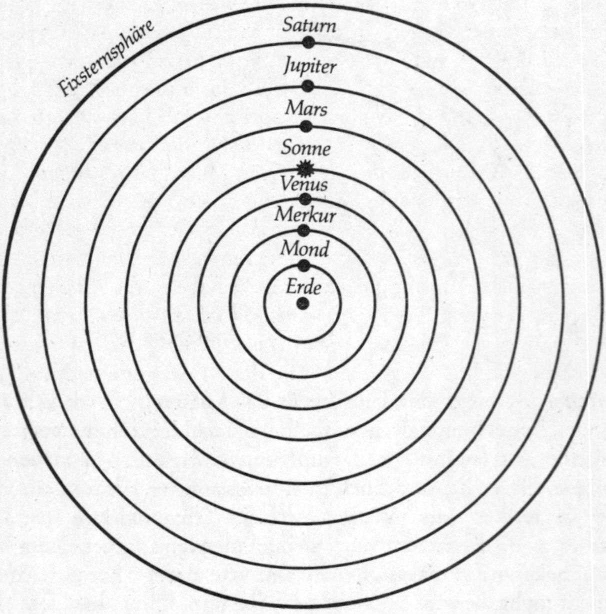

Ptolemäisches System: Entfernungsfolge der Planeten von der Erde

Dreihundert Jahre später knüpft Klaudios *Ptolemaios* in Alexandreia am Werk des Hipparchos an und vollendet die Theorie der Epizykel und Exzenter. Sein großes Handbuch der Astronomie, der »Almagest«, gibt eine meisterhafte Zusammenfassung des gesamten astronomischen Wissens der Antike. Fast eineinhalb Jahrtausende bleibt dieses von Ptolemaios zu höchster Vollendung gebrachte geozentrische Weltbild Grundlage des astronomischen Denkens. (E. P.)

Athen – Geschichte

Athen und Attika spielen in der frühgriechischen Geschichte fast keine Rolle; dies ist gemessen an der späteren Bedeutung verwunderlich, scheint aber den Tatsachen zu entsprechen, weil auch die Homerischen Epen (→ *Homer*) über Stadt und Umland nichts zu berichten wissen. Nahezu alle unsere Kenntnisse über die Zeit vor 600 v. Chr. verdanken wir den Ergebnissen der archäologischen Forschung (→ *Archäologie*). So bezeugen die frühesten Funde auf der → *Akropolis* eine Zivilisation, die dem jungsteinzeitlichen Kulturkreis in und um die Ägäis entspricht. Von der Mitte des 2. Jahrtausends ab geriet Attika wie andere griechische Landschaften auch unter den Einfluß der mykenischen Zivilisation (→ *Mykene;* → *Tiryns*). Die große dorische Wanderung bringt dann den tiefen Einschnitt und einen beträchtlichen kulturellen Rückschritt. Attika fällt ins Siedlungsgebiet der Ionier. Über die folgenden dunklen Zeiten wissen wir wiederum fast überhaupt nichts. Es scheinen in diesen Jahrhunderten auf der Halbinsel verschiedene Kleinkönigreiche existiert zu haben, die sich im Verlauf einer längeren Periode zu einem einheitlichen Staatsgebilde zusammengeschlossen haben; die Gliederung des Staatsgebiets in die alten attischen Landschaften des »Binnenlandes«, der »Küste« und des Gebietes um → *Marathon* blieben dabei bestehen. Etwas später kam das Gebiet um das alte Mysterienheiligtum Eleusis dazu. Ende des 8. Jahrhunderts wurde das Königtum durch eine Adelsherrschaft abgelöst, in der die vornehmen Geschlechter der Stadt Athen zwar den Ton angaben, die Adelsfamilien des platten Landes jedoch auch an der Herrschaft beteiligt blieben. Diese Entwicklung dürfte auf friedlichem Weg erfolgt sein: An die Stelle des Erbmonarchen trat wie im frühen Rom eine zeitlich befristete Staatsleitung zunächst auf zehn, seit 683 v. Chr. auf ein Jahr in Gestalt der Archonten (Archon: höchster Beamter, zugleich oberster Richter).

Seit der Mitte des 7. Jahrhunderts werden unsere Kenntnisse der athenischen Staatsgeschichte dichter, wenn auch noch lange nicht lückenlos; besonders schwierige Fragen bietet die Chronologie, wo manches nur durch Synchronismen mit der Geschichte des Alten Orients zeitlich festgelegt werden kann. Das wichtigste Datum dieses Jahrhunderts ist das Jahr 624: Hier kommt es durch den Druck des aufstrebenden und durch Änderung der militärischen Taktik wehrfähig gewordenen bürgerlichen Mittelstandes (→ *Kriegswesen*) auch in Athen zur Aufzeichnung der bis dahin nur mündlich von Adeligen interpretierten

Gesetze. Dieser Schritt zum Rechtsstaat, weg von der archaischen Blutrache, wies auf lange Sicht den Weg zur Demokratisierung. Sie begann, als der sich weiter befehdende Adel und der Mittelstand 594 sich auf → *Solon* als Schiedsmann einigten und ihm als Versöhner außergewöhnliche Vollmachten einräumten. Solon erschien an einem Wendepunkt: Um 600 begann der Wandel der altüberkommenen Agrarwirtschaft (Getreideanbau auf kleinen Flächen) hin zur Geldwirtschaft (→ *Geld*); die große Schar der Kleinbauern geriet hierdurch auch in Attika in eine mißliche Lage, da sie sich nicht wie die adeligen Großgrundbesitzer ohne weiteres auf Öl- und Weinexport umstellen konnten. Zu diesem Zeitpunkt begann auch die erste, wirtschaftlich orientierte Expansion Athens, in deren Verlauf die Insel Salamis und Stützpunkte an den für den Getreideimport aus Südrußland so wichtigen Meerengen des Hellespont gewonnen wurden. Athen spielte freilich in dieser Zeit verglichen mit Megara oder gar → *Korinth* (→ *Tyrannis*) zu Wasser eine zweitrangige Rolle.

Folgerichtig begannen die solonischen Reformen (→ *Solon*) mit einer weitreichenden Entschuldungsaktion, wobei auch die rabiatesten Formen der Schuldknechtschaft beseitigt wurden. Ihr folgten Änderungen des Währungs- und Gewichtssystems; den Abschluß bildete die berühmte Rechtsreform verbunden mit einer Neuordnung von Staat und Gesellschaft. Nach ihr bemaß sich die Stellung des Einzelnen nicht mehr nach dem adeligen Geburtsprinzip, sondern nach seiner steuerlichen, d. h. finanziellen Leistungskraft. Diese Reformen bedeuteten das Ende des klassischen Adelsstaates; die Stunde des sich politisch emanzipierenden Bürgertums war gekommen.

Freilich war diesen Reformen zunächst kein durchschlagender Erfolg beschieden; die nächsten Jahrzehnte brachten weitere Ständekämpfe, in denen sich das Manko des solonischen Werkes zeigte: Athen verfügte über keine starke Exekutive, und so war es nicht verwunderlich, daß sich 561 der adelige Einzelgänger Peisistratos (→ *Tyrannis*) als Führer der armen Bergbauern zum Tyrannen aufschwingen konnte; er herrschte mit (wahrscheinlich zwei) Unterbrechungen bis 528 und war ein verhältnismäßig milder Gewaltherrscher, der Glanz und Macht des athenischen Staates geschickt mehrte. Unter ihm betätigte sich Athen verstärkt im nordägäischen Raum und in Thrakien. Handel und Seefahrt erfuhren durch ihn eine tatkräftige Förderung, und dem klugen Außenpolitiker gelang es, durch ein dichtes Bündnissystem die Stellung Athens als einer aufstrebenden Macht zu festigen. Als er 528 starb, war

seine Stellung ungefährdet, obwohl die wohlhabendere Bürgerschaft ihn haßte, weil er ihr die unter Solon errungene politische Macht und Freiheit geraubt hatte. Seine Söhne Hippias und Hipparchos folgten ihm zunächst nach; als aber → *Sparta* die athenische Tyrannendynastie fallen ließ und sogar militärisch intervenierte, mußte Hippias – sein Bruder war 514 ermordet worden – 510 die Segel streichen und ins Exil gehen: der Weg zur klassischen athenischen Demokratie war frei (→ *Demokratie*; → *Soziale Verhältnisse*; → *Politische Begriffe*).
Inzwischen war von Osten her eine große Bedrohung entstanden, die besonders auf Athen zielte – das Perserreich unter Dareios I. Die daraus resultierenden Auseinandersetzungen, in deren Verlauf Athen zur Großmacht aufsteigen sollte, währten über ein halbes Jahrhundert (→ *Perserkriege*; → *Seebund*; → *Kleinasien*; → *Kriegswesen*).
Für Athen selbst brachte das Jahr 510 zunächst die große demokratische Reform des Kleisthenes. Ihr Konzept zielte darauf, Ständekämpfe durch eine neue politisch-soziale Struktur unmöglich zu machen, durch Einführung echter politischer Gleichberechtigung den Vorrang des Adels endgültig zu brechen und die Demokratie einzuführen, wobei man sich jedoch davor hüten muß, mit modernen Kategorien zu messen: Frauen, Fremde und vor allem die beträchtliche Anzahl der Sklaven besaßen zumindest keinerlei bürgerliche Rechte. Das erste gelang dadurch, daß Athen und Attika nun eine rein territoriale Einteilung bekamen, wodurch im Endergebnis alle alten Stammes- und Standesverbindungen zerrissen wurden; die Bevölkerung Athens und Attikas wurde so eine Einheit. Kernstück der neuen demokratischen Einrichtungen wurde der Rat der 500, ein »Kernparlament«, das alle Anträge zuvor beraten und begutachten mußte, bevor sie in der Volksversammlung dem Souverän, dem Volk von Athen, überhaupt vorgelegt werden konnten. Da jeweils ein Zehntel des Rates der 500 als geschäftsführender Ausschuß in Permanenz tagte, war viel von der faktischen Macht in diesem Gremium konzentriert. Zur Verhinderung von Staatsstreichen in Art des Peisistratos hatte Kleisthenes noch das sogenannte »Scherbengericht« eingeführt: Einmal im Jahr zu einem festen Termin wurde der Volksversammlung die Frage vorgelegt, ob irgendein Bürger eine Gefahr für die Demokratie darstelle. Erschien dann in der Abstimmung zwei Monate später der Name von jemand auf mehr als 6000 Tonscherben, so mußte der Bezeichnete für zehn Jahres in Exil; Vermögen und Ehre blieben unangetastet. Dieser »Ostrakismos« war eine scharfe, wenn auch zweischneidige Waffe; scharf, weil sie Alleinherrschaftsgelüste wirksam

dämpfte, zweischneidig, weil sie im politischen Intrigenspiel oft verheerende Wirkung zeigte.
Mit dieser Verfassung ging Athen in die → *Perserkriege*, um als maritime Großmacht aus ihnen hervorzugehen, die Handel und Wandel im östlichen Mittelmeer beherrschte (→ *Seebund*; → *Geld*).
Diese kleisthenische Verfassung bestand auch noch, als → *Perikles* nach den Worten des → *Thukydides* (II,65) »nicht der von den Volksmassen Geführte war, sondern sie vielmehr selbst führte und sich dabei nur rechtschaffener Mittel bediente, ohne dem Volk nach dem Munde zu reden . . . und sich dabei ein Zustand ergab, der in der Theorie demokratisch, in der Tat jedoch monarchisch war«. Unter der Leitung dieses Mannes wurde Athen zum »Juwel Griechenlands«, zum kulturellen Mittelpunkt der damaligen Welt, das bis heute Bewunderer von überall her anzieht (→ *Akropolis*; → *Pheidias*; → *Theater*; → *Festspiele und Wettkämpfe*; → *Tragödie*; → *Komödie*).
Athen erlebte seinen Höhepunkt in den fünfziger Jahren der sogenannten »Pentekontaetie« zwischen 480 und dem Ausbruch des → *Peloponnesischen Krieges* 431; seine Bedeutung und Macht beruhten auf seiner großen Flotte, seinen Einkünften aus dem → *Seebund* und auf dem Bürgersinn seiner intelligenten, aufgeschlossenen Bevölkerung. Als dann der Peloponnesische Krieg, jene Tragödie des alten Griechenland, ausbrach, waren diese Pfeiler bereits ins Wanken geraten, und gebildeten Zeitgenossen wie einem Thukydides war klar, daß die tieferen Gründe für dessen Ausbruch bereits im Ergebnis der Perserkriege lagen: Es war die latent seit Salamis und Plataiai vorhandene Eifersucht Spartas auf den demokratischen Emporkömmling. Dieser Haß war so groß, daß sich Sparta, als sich ein Patt abzeichnete, sogar mit Persien einließ (→ *Alkibiades*), um mit dessen Finanzkraft die Rivalin zu bezwingen.
Für Athen bedeutete das Jahr 404 (→ *Peloponnesischer Krieg*) den totalen politischen und militärischen Bankrott; mit dem Sturz dieser Stadt begann jedoch auch der Niedergang der griechischen → *Polis* schlechthin.
Das nun folgende halbe Jahrhundert bis zum aktiven Eingreifen → *Makedoniens* in die griechische Geschichte sieht Athen als angeschlagene Mittelmacht darum bemüht, wieder Boden unter die Füße zu bekommen. Da jedoch die persische Diplomatie gezielt die griechischen Staaten gegeneinander ausspielte und persisches Gold abwechselnd nach Boiotien, Argos, Athen, Sparta und Korinth rollte, waren die Aussichten auf eine nachhaltige Gesundung eher schlecht. Die griechischen Poleis,

unter ihnen Athen, zappelten an der persischen Angel, ein Zustand, der im schmählichen »Königsfrieden« von 387/386 noch festgeschrieben wurde. Als sich jedoch – besonders in Boiotien – heftiger Widerstand gegen diese persisch-spartanische Büttelpolitik regte, gelang es Athen, gedeckt durch diese neue Auseinandersetzung, nochmals, einen Seebund zu begründen – freilich diesmal mit dem Ziel, Schutz vor Spartas Hegemonialansprüchen zu finden. Unter persischem Druck mußte dieser Bund 355 aufgelöst werden, und Athen verschwand endgültig als Machtfaktor von der politischen Bühne.
In das entstandene Vakuum schob sich blitzschnell Makedonien unter Philippos II., der sich der thrakischen und nordägäischen Besitzungen Athens bemächtigte. Obwohl sich die Stadt unter dem Antrieb des → *Demosthenes* nochmals aufraffte – am Ende stand doch die entscheidende Niederlage von Chaironeia 338 und der Friede von Korinth und damit der endgültige Verlust der Souveränität. Ein letzter Versuch, von der makedonischen Herrschaft loszukommen, endete 322 in der Seeschlacht von Amorgos, zu deren Konsequenzen auch der Selbstmord des Demosthenes gehört.
Athen spielte nun nie mehr eine politische Rolle. Daran änderte sich auch nichts, als Rom die Griechen für »frei« erklärte; freilich blieb Athen ein kultureller Mittelpunkt bis zum Ende der Antike, eine Stadt der Schönheit, der Künste und der Wissenschaften im toten Winkel der Weltpolitik; für Jahrhunderte besuchten Scharen römischer Studenten und gebildeter Globetrotter die perikleischen Bauten. Römische Mäzene, an ihrer Spitze Hadrian, schenkten ihre Fürsorge der Stadt, die aus eigenen Mitteln nicht mehr leben konnte und ein imposantes Freilichtmuseum im entvölkerten Griechenland darstellte. (D. R.)

Athen – Topographie

Mitten im Herzen Attikas, dort wo sich die von den Bergen des Parnes, Pentelikon und Hymettos begrenzte fruchtbare Ebene zum Meer hin weitet, wenige Kilometer nur von der Küste entfernt und damit gerade noch sicher genug vor überraschenden Angriffen von Seeräubern, entstand auf dem steilen Kalkfelsen der → *Akropolis* jene älteste Siedlung, die den Kern des späteren Athens bildete. Die sichere Lage auf dem 156 Meter hohen Felsplateau und mehrere Quellen an seinem Fuß begünstigten die Besiedlung. → *Thukydides* berichtet, daß die Burg und der südlich davon gelegene Flecken zusammen die Stadt bildeten. Wahrscheinlich lagen aber auch im Norden, auf dem Platz der späteren Agora, also des Marktes, ein paar Hütten. Vielleicht waren es auch mehrere kleine Flecken, die sich um den Burgberg zu einer gemeinsamen Siedlung zusammenschlossen. Darauf würde die Mehrzahlform des Stadtnamens Athenai hindeuten. Jedenfalls gehen die ältesten Siedlungsspuren schon in die Steinzeit zurück, und auch aus der → *mykenischen Zeit* sind auf der Akropolis noch beachtliche Mauerreste erhalten. Ganz anders als bei Rom, war die Siedlung von Anfang an eng mit der umliegenden Landschaft verbunden. Im »Synoikismos« (grch. Zusammensiedlung; → *Athen-Geschichte*) gewann Athen schließlich das Übergewicht und wurde zum Verwaltungszentrum Attikas. Der dem sagenhaften Theseus zugeschriebene politische Zusammenschluß war die eigentliche Geburtsstunde der Stadt. Viele Siedler strömten herbei, fanden Arbeit und Unterkunft; die Stadt begann zu wachsen, dehnte sich in ihrem Kerngebiet im Süden, vor allem aber im Nordwesten aus, wo in einem ursprünglich sumpfigen Gelände die Arbeitersiedlungen der Töpfer im Kerameikos und der Erzgießer im Bereich des späteren Hephaistos-Tempels entstanden. Doch erst Peisistratos und seine Söhne (→ *Tyrannis*) gaben ihr ein neues Gesicht. Auf der Burg errichteten sie an Stelle des alten Palastes einen Tempel für die Göttin Athene. Sie bauten das Dionysos-Heiligtum am Südfuß der Akropolis, legten eine Wasserleitung an und befestigten die Stadt durch eine Mauer. Von ihr ist zwar keine Spur erhalten, doch ist sie von → *Thukydides* sicher bezeugt.

Damit gewann Athen im wesentlichen jene Gestalt, die bestimmend für die folgenden Jahrhunderte und die sich heute noch aus den Betonmassen und dem Straßengewirr der modernen Großstadt herauslesen läßt. Das Zentrum und den Heiligen Bezirk bildete die Akropolis mit ihren Bauten. Südöstlich lag das Heiligtum des Dionysos. Zwischen diesem Tempel und dem Burgfelsen wurde zunächst in Holz, später in Stein das Dionysos-Theater errichtet, die Stätte, an der die großen → *Tragödien* eines Aischylos, Sophokles und Euripides ihre Uraufführungen erlebten.

Wanderte der Besucher von hier aus am Fuß der Akropolis nach Westen, gelangte er zu dem 110 Meter hohen Pnyx-Hügel. Auf dieser Anhöhe, von der aus man einen herrlichen Blick hinüber zu den Heiligtümern auf dem Burgberg hatte, ließ Kleisthenes einen Platz für die Volksversammlung anlegen. Er wurde, wie es der politischen Bedeutung zukam, im

Lauf der Zeit ausgebaut. Zwischen Akropolis und Pnyx, etwas nach Norden vorgelagert, bildete der Areopag, der »Areshügel«, seit alten Zeiten eine heilige Stätte, wo ursprünglich der König zu Gericht saß und später der oberste Gerichtshof zur Verkündung der Urteile zusammentrat. Hier hielt Paulus jene berühmte, im 17. Kapitel der Apostelgeschichte geschilderte Rede über den »unbekannten Gott«.

Agora. Am Fuß des Areopags und der Akropolis erstreckte sich nach Norden zu die Agora, der große öffentliche Marktplatz Athens. Er war ursprünglich ein freier Platz, auf dem Theateraufführungen und Pferderennen stattfanden, aber auch die Volksversammlungen abgehalten wurden, bevor man mit ihnen auf die Pnyx umzog. Dann siedelten sich hier die Händler an, errichteten in buntem Durcheinander ihre Buden und hölzernen Verkaufsstände, die aber im Lauf der Zeit mehr und mehr den wichtigen öffentlichen Bauten weichen oder sich auf engsten noch freien Räumen zusammendrängen mußten.

Ein Blick auf den Plan der Agora in der hellenistischen Zeit zeigt uns an der Westseite mehrere eng ineinander geschachtelte Bauten und Tempel, von denen heute noch die Ruinen des Tempels des Hephaistos und der Athena (fälschlich als »Theseion« bezeichnet) von alter Größe und Pracht zeugen. In unmittelbarer Nachbarschaft lag die »Königshalle«, von der bisher noch keine Spur gefunden wurde. Im Metroon, einem Heiligtum der Kybele, war das Staatsarchiv untergebracht. Daran schloß sich das Bouleuterion an, der Sitzungssaal des Rates der 500 (→ *Athen–Geschichte*), und ein Rundbau (Tholos), das eigentliche Amtsgebäude der Prytanen, also der gesamte Verwaltungskomplex der Stadt.

Die Nordseite der Agora begrenzten zwei große Wandelhallen, die Hermen-Stoa und die Stoa poikile oder Bunte Halle, so benannt, weil der Maler Polygnot sie mit berühmten Gemälden zur Geschichte Athens geschmückt hatte. Hier lehrte seit 300 v. Chr. die nach der Halle benannte Philosophenschule der Stoiker (→ *Philosophie*). Der dem Platz und seiner Bedeutung angemessene Ostabschluß wurde erst in hellenistischer Zeit von König Attalos II. von Pergamon (→ *Kleinasien*) geschaffen. Dieser ließ eine 116 Meter lange und 13 Meter hohe Wandelhalle errichten, in der einundzwanzig Läden untergebracht waren. Amerikanische Archäologen haben sie nach dem Zweiten Weltkrieg wieder auf- bzw. nachgebaut, so daß der Besucher, der sich im Trümmerfeld der Agora kaum zurechtfindet, wenigstens an dieser Stelle einen Eindruck von der alten imposanten Größe erhält. Eine noch 30 Meter längere ähnliche Halle schloß, ebenfalls seit der Mitte des 2.

Jahrhunderts, die Südseite ab. Zusammen mit einer dahinter liegenden älteren Halle bildete sie einen großen Gebäudekomplex mit einem bazarartigen Innenhof, in dem möglicherweise Ladengeschäfte untergebracht waren. Um ihm Platz zu schaffen, hatte man dort eine ältere Halle abgerissen, in der die Speiseräume für die höchsten Beamten und die Staatsgäste lagen; → *Sokrates* hatte in seiner berühmten Verteidigungsrede eine Ehrenspeisung in jener Halle als Auszeichnung gefordert. Vor diesem Komplex, in die Mitte der Agora hineinragend, war von Agrippa, dem Freund und Feldherrn des Kaisers Augustus, ein Odeion, ein großes Gebäude für musikalische Aufführungen, errichtet worden, das etwa 1000 Personen Platz bot. Im Lauf des ersten nachchristlichen Jahrhunderts wurde ihm gegenüber von den Römern ein alter Ares-Tempel von einer anderen Stelle Stein für Stein dorthin versetzt. Damit war die alte großzügige Schönheit des Platzes endgültig vernichtet. Da man nach der starken Überbauung der Agora dringend einen neuen Kaufmarkt benötigte, legten ihn die Römer etwa 100 Meter östlich in Form eines offenen bazarartigen Hofes an. Unmittelbar neben diesem »Römischen Markt« errichtete Kaiser Hadrian ein zweites Forum (Markt), in dessen Ostflügel eine prunkvolle Bibliothek untergebracht war. Diese »Bibliothek Hadrians«, wie sie genannt wird, erinnert daran, daß der römische Kaiser während seiner drei langen Aufenthalte in der Stadt sehr viel für ihre Erneuerung tat. Ihm ist auch die Vollendung des Olympieions zu danken. Dieser ionische Riesentempel südöstlich der Akropolis war schon in der Tyrannenzeit begonnen worden. Hadrian ließ ihn zu Ende bauen, und mit seinen 160 Säulen von 17 Meter Höhe gehörte er zu den prachtvollsten Bauten Athens.

Wohnviertel, Straßen und Mauern. Fast kreisförmig lagerten sich um Akropolis und Agora die Wohnviertel mit ihrem Gewirr von Straßen, den Werkstätten, Wohnhäusern und den zahlreichen unbedeutenden kleineren Heiligtümern. Vom Töpferviertel Kerameikos im Nordwesten der Agora hören wir schon. Nach Osten zu schloß sich ein ausgedehntes Wohnviertel an. Zwei ähnliche volkreiche Wohnviertel lagen südlich der Akropolis. Über die Zahl der Wohnhäuser wissen wir nur ungefähr Bescheid. → *Xenophon* nennt für das 4. Jahrhundert die Zahl von etwa zehntausend. Danach dürfte die Gesamteinwohnerzahl Athens auch in den Glanzzeiten die hunderttausend kaum erreicht haben.

Die wenigen bedeutenden Straßen waren überwiegend nach Westen in Richtung auf das Meer hin orientiert, so die Heilige Straße, die von der Akropolis als Prozessionsstraße quer über die Agora und beim Dipylon-

Tor weiter nach Eleusis (→ *Mysterien*) führte. Zwei andere wichtige Straßen gingen zum Hafen Peiraieus (Piräus), eine innerhalb der Langen Mauern und eine nördlich davon durch das freie Land.
Ummauert war die Stadt zwar schon seit dem 6. Jahrhundert, aber erst die Mauer des Themistokles (* um 525, † nach 460 v. Chr.) läßt sich in ihrem Verlauf nachweisen. Sie umfaßte in etwa sechs Kilometer Länge beinahe kreisförmig die Wohnbezirke und bestand aus einem steinernen Sockel mit einem Aufbau und einer Brustwehr aus Lehmziegeln, war mit Türmen verstärkt und umfaßte nach neuer Forschung fünfzehn Tore, deren Lage heute nachgewiesen ist. Das berühmteste war das Dipylon-Tor im Kerameikos-Viertel, von dem aus die wichtigsten Straßen nach Westen führten. Unmittelbar daneben lag das Heilige Tor als Ausgangspunkt der Prozession nach Eleusis.
An den themistokleischen Mauerring anschließend ließ Perikles die nördliche und südliche Lange Mauer bauen, die in sechs Kilometer Länge Athen mit dem Hafen Peiraieus verbanden. Zwischen ihnen führte, auf diese Weise hervorragend gesichert, eine 164 Meter breite Heerstraße. In Kriegszeiten konnte so ungehindert Nachschub vom Hafen in die Stadt gebracht werden, und der Landbevölkerung bot sich im Mauerbereich sicherer Schutz. Der Hafen selbst war schon unter Themistokles ausgebaut und die Straßen waren dort im Gegensatz zu denen der Stadt ganz systematisch schachbrettartig angelegt worden.
Auch außerhalb der Mauern Athens lagen noch Wohnviertel und wichtige Bauwerke. So gab es im Osten eine vornehme Villen-Vorstadt, die allmählich immer dichter besiedelt wurde, was zur Folge hatte, daß die Herrschaften mit ihren Villen noch weiter auf das Land hinaus auswichen. Kaiser Hadrian zog diesen Bezirk als »Neustadt« mit in den Stadtbereich ein und ließ ihn ummauern. Noch heute kennzeichnet im Gewühl der Großstadt der Hadriansbogen die Grenze zwischen dem alten und neuen Bezirk. Südlich davon, in dem weniger besiedelten Wohngebiet am Ilissos, lag eines der drei großen Gymnasien (→ *Erziehung*) Athens, das Kynosarges-Gymnasion. Das zweite, das Lykeion, müssen wir nach den antiken Quellen im Bereich der Neustadt suchen, und die Spuren der Akademie, dem dritten und bedeutendsten Gymnasion, wurden etwa eineinhalb Kilometer westlich des Dipylon-Tores in der heutigen Kerameikos-Vorstandt entdeckt. Außerhalb der Stadt lagen in grünen, ruhigen Gärten die Friedhöfe; denn nach uraltem Verbot durften Tote nicht innerhalb der Mauern beigesetzt werden. Der größte und zugleich auch schönste Friedhof dehnte sich vor dem Dipy-

lon-Tor beiderseits der Straße zur Akademie aus. Seine Überreste neben der Piräus-Bahn in einem der tristesten und schmutzigsten Viertel des heutigen Athens lassen nur noch wenig von der Größe und oft ehrfurchtgebietenden Schönheit seiner Grabmäler erahnen. (H. P.)

Atomistik

Unter Atomistik versteht man in der Geschichte der Philosophie die Lehren der beiden vorsokratischen Philosophen Leukippos und Demokritos.

Leukippos war der Lehrer des Demokritos und schrieb etwa um 450 v. Chr. ein Werk »Die große Ordnung«. Leukippos kam von Zenon her (→ *Vorsokratiker*), der den Begriff des unendlich Kleinen bereits geschaffen hatte, und von dort war der Schritt zur Entdeckung des Atombegriffs nicht mehr weit (A-tom-on heißt »Nicht-Teil-bares«). Die Lehre des Leukippos ging weitgehend in das System seines großen Schülers Demokritos über.

Demokritos aus Abdera (* 460 v. Chr., † 370 v. Chr.) lebte etwa als Zeitgenosse des → *Sokrates.* Er war ein sehr begabter Gelehrter, der über alles Mögliche geschrieben hat, über Ethik, Dichtung, Medizin, Physik, Mathematik, Technik, Malerei usw. Demokritos kam übrigens einmal auch nach Athen, doch interessierte man sich dort nicht für ihn. Die Sage bezeichnet Demokritos als den »lachenden Philosophen«, weil er stets über die Torheiten der Menschen gelacht habe. C. J. Weber schrieb im 19. Jahrhundert ein Werk »Demokritos oder aus den Papieren eines lachenden Philosophen«.

Die Grundlage der Lehre des Demokritos ist materialistisch. Grundlage der Welt sind die Atome (das zerteilte eleatische Sein), materielle, »dichte« Körper, die von der »Leere« umgeben sind. Die Atome sind untereinander qualitativ gleich und nicht veränderlich, verschieden allerdings nach Gestalt und Größe. Die Atome bewegen sich von selbst und bilden nun durch Zusammenstoß und Zusammenhaftung die verschiedenen Gegenstände. Jeder Gegenstand also ist bestimmt durch Größe, Gestalt, Lage der Atome, und jede Veränderung der Lage der Atome bewirkt eine Veränderung der Gestalt der Gegenstände. Z. B. haben die Gegenstände verschiedenes Gewicht und verschiedene Form durch die verschieden großen »Leere«-Räume zwischen den Atomen.

Von den Gegenständen gehen winzige »Bildchen« (Eidola) aus und

ermöglichen die sinnliche Wahrnehmung. Geradezu revolutionär mutet dann die These des Demokritos an, es gebe – in der Art unserer Welt – unendlich viele Welten, wie es eben auch unendlich viele Atome gibt. Auch die Seele des Menschen besteht aus runden, glatten Atomen; eine individuelle Unsterblichkeit gibt es dann natürlich nicht. Man erkennt unschwer, wie weitreichend diese Lehre war, die ja bis heute nachwirkt über die Zwischenglieder → *Epikur*, Lucretius, Gassendi.
Demokritos errichtete nun – wiederum erstaunlich – über dieser materialistischen Basis eine eher idealistische Ethik. Das Höchste, was es für den Menschen gibt, sagt Demokritos, seien Forschung und Erkenntnis. »Lieber wollte ich eine wissenschaftliche Einsicht gewinnen«, sagt er einmal, »als König von Persien sein.« Im Leben des Menschen muß nach Demokritos die reine Vernunft herrschen. Dann ist der Mensch in der Lage, das höchste Lebensziel zu erreichen, die »Windstille der Seele«. Diese Ethik ist später zur Grundlage der Ethik des Epikuros geworden. Von Demokritos sind auch noch tiefgründige Aphorismen erhalten. »Wenn einer das Maß überschreitet, wird das Erfreuliche zum Unerfreulichen«, heißt es, und: »Da flehen die Menschen die Götter an um Gesundheit und wissen nicht, daß sie die Macht darüber selbst besitzen. Durch ihre Unmäßigkeit arbeiten sie ihr entgegen und werden durch ihre Begierden selber zu Verrätern an ihrer Gesundheit.« – »Die Kunst des Arztes heilt die Krankheiten des Körpers, die Weisheit aber befreit die Seele von den Leidenschaften.« (O.S.)

Automaten

Vorrichtungen, auf die diese Bezeichnung paßt, wurden vor allem in der Blütezeit des → *Hellenismus* während des 3. und 1. Jahrhunderts v. Chr. konstruiert. Es handelte sich um technische Spielereien, sieht man einmal von Dingen ab, die manche Priesterschaften in → *Alexandreia* oder Kanopus in ihre Tempel installieren ließen, um die Gläubigen in entsprechende Stimmung zu versetzen. Eine Erleichterung des Alltagslebens für die Bevölkerung oder eine verbilligte Massenproduktion wichtiger Güter wurde durch diese Automaten nicht angestrebt; insofern bildeten sie nicht den Anfang zu einer technischen Zivilisation im heutigen Sinn. Verbunden sind diese Erfindungen besonders mit Ktesibios von Alexandreia, Philon von Byzanz und Heron von Alexandreia. Spezialgebiete des *Ktesibios* waren Pneumatik und Hydraulik; besonders beim Uhrenbau (→ *Technik*) bediente sich Ktesibios allerhand hydraulisch-pneumatischer Tricks, um Töne für die Zeitangaben seiner Uhren zu erzeugen, die durch zwitschernde Vögel und ähnliches erfolgten. Daraus entstand die Wasserorgel des Ktesibios (→ *Technik*).

Philon hatten es beim Automatenbau besonders Kombinationen von Siphons (= Hebern), Hebel- und Rollenmechanismen angetan. Hieraus entstanden sich automatisch füllende und leerende Trinkgefäße, ähnlich unseren heutigen automatischen Viehtränken. Auch ein Waschautomat des Philon ist bekannt, der dem Benutzer ein Stück Seife reichte, wobei das Seifenstück als Gegengewicht diente. Wurde die Seife aufgenommen und so das Gewichtsverhältnis verändert, öffnete sich dadurch ein Ventil, und ein darunter angebrachtes Waschbecken füllte sich mit Wasser; dadurch erfolgte im Hebelmechanismus eine neue Gewichtsänderung, wodurch der Seifenhalter, als menschliche Hand geformt, mit einem neuen Seifenstück erschien. Auch das Wasserrad, durch Fließwasser bewegt, soll von Philon zum ersten Mal zum Betrieb verschiedener Wasserautomaten oder zur Bewegung diverser Figurenszenarios eingesetzt worden sein, wie sie heute noch an manchen Rathausuhren, dort allerdings durch Gewichte angetrieben, zu bewundern sind.

Heron befaßte sich eingehend mit Siphons, Pumpen- und Spritzenkonstruktionen; er entwarf einen Feuerspritzentyp, der bis weit ins 19. Jahrhundert benutzt wurde. Daneben bastelte er auch automatisch bewegte Theaterfiguren, die durch Wasserkraft oder auch pneumatisch bewegt wurden. Zu seinen bekanntesten Konstruktionen gehörte ein Weihwasser- bzw. Parfümautomat, der durch Münzeinwurf funktionierte: Die Münze wurde durch einen Schlitz in ein geschlossenes Gefäß geworfen, fiel dort auf einen Hebelarm und drückte diesen herunter; dadurch wurde ein Ventil ausgelöst, und ein bestimmtes Wasserquantum strömte aus dem Vorratsgefäß, während der durch den Münzfall für kurze Zeit herabgedrückte Hebelarm wieder in seine alte Stellung zurückging und so das Auslaufventil schloß.

Auch eine sogenannte »Zauberkanne« ersann Heron: Aus ein und demselben Gefäß konnte Weiß- oder Rotwein, Bier oder Wasser ausgeschenkt werden. Des Rätsels Lösung liegt in der Zweiteilung der Kanne, die von Außen nicht sichtbar war. Zuerst wird der untere Kannenteil durch eine Öffnung in der Trennwand gefüllt; dabei steht diese Abteilung durch ein Röhrchen mit dem Kannenhenkel in Verbindung, wodurch die Luft beim Füllen entweichen kann. Ist nun die untere Abteilung voll, hält man mit dem Daumen das Loch im Henkel zu und füllt dann auch die obere. Bei dieser Zauberei bestehen folgende Möglichkeiten: Bleibt das Loch im Henkel durch Daumendruck verschlossen, so kann der Zauberkünstler den Inhalt der oberen Kannenabteilung ausschenken; ist dieser leer und nimmt er den Finger vom unauffälligen Lüftungsloch, so wird der Inhalt der unteren Abteilung entleert. Bleibt die Luftöffnung von vornherein offen, so fließen sofort beide Flüssigkeiten vermischt aus.

Die bemerkenswerteste Konstruktion Herons bediente sich der Dampfkraft: Aus dem Deckel eines Wasserkessels wurde eine hohle Erzkugel drehbar zwischen einem Zapfenlager und einem durch den Kesseldecken geführten und auf Höhe des Lagerzapfens rechtwinklig gekröpften Rohr montiert. Dieses Rohr stellte eine Verbindung zwischen Kessel und Kugel her und diente gleichzeitig als zweite Halterung. Wurde nun der Wasserkessel beheizt, so bildete sich Dampf, der durch das Rohr in die Kugel strömte, auf die wiederum zwei rechtwinklig gekröpfte Röhrchen mit senkrecht zueinander stehenden Austrittsdüsen gelötet waren. Dort strömte nun der Dampf aus und versetzte die Kugel nach dem Rückstoßprinzip in Rotation. In gleicher Weise arbeitete ein System rechtwinklig gekreuzter und an ihren Enden nochmals rechtwinklig gekröpfter Röhren, auf die eine Figurengruppe montiert war, die nun durch Einleitung von Heißluft oder Dampf in Drehung versetzt werden konnte. Das Ganze ähnelte einem Feuerrad, wie man es heute noch beim Feuerwerk sehen kann.

Nach dem Expansionsprinzip durch Erhitzung arbeiteten Herons »Tempelmaschinerien« wie z. B. die sich unter Trompetenstößen automatisch öffnenden Tempeltore: Ähnlich wie in modernen Schauspielhäusern verbargen sich unter dem Fußboden griechisch-ägyptischer Tempel eine beträchtliche Anzahl technisch-physikalischer Systeme. So lag z. B. unter einem hohlen Opferaltar aus Erz oft ein Wasserbassin, das durch Röhren sowohl mit dem Altar als auch mit einem an einem Flaschenzug (→ *Technik*) hängenden Eimer verbunden war. Wurde nun auf dem Altar das Opferfeuer entzündet, dehnte sich das Wasser im Bassin aus, floß in den Eimer, der wiederum durch sein Gewicht nach unten sank und so über einen Flaschenzug oder eine Rollenübersetzung die Tempeltüren öffnete. Heißluft bzw. Dampf, die bei diesem Vorgang als Nebenprodukt anfielen, ließen die Trompeten der ehernen Türwächter ertönen und versetzten die eintretenden Gläubigen in den beabsichtigten Schauder.

Die Konstruktion einer leistungsfähigen Dampfmaschine oder -turbine wäre nur mehr ein – allerdings für die damalige Zeit schwer lösbares – fertigungstechnisches Problem gewesen. Ein solcher Schritt erfolgte nie auch nur versuchsweise. (O. S.)

Buch und Bibliotheken

Beschreibstoffe und Buchformen: Papyrus und Pergament.

> »Als er (= Alkibiades) das Knabenalter hinter sich gelassen hatte, trat er einmal in die Schule eines Elementarlehrers und verlangte ein Buch Homers, und als der Lehrer sagte, er habe keins von Homer, versetzte er ihm eine Ohrfeige und ging weiter.«
> (Plutarch, Alkibiades 7; übers. von K. Ziegler)

Anders als in Rom stellen wir selbst noch bei den Griechen der klassischen Zeit eine seltsam zwiespältige Haltung gegenüber dem geschriebenen Wort fest: der Besitz von Klassikerausgaben ist auch bei »Intellektuellen« durchaus noch nicht selbstverständlich. Tatsächlich lebte ja vor allem die Poesie → *Homers* vom mündlichen Vortrag. Andererseits kann → *Sokrates*, dessen Skepsis gegenüber schriftlicher Fixierung der eigenen Lehre bekannt ist, sich nicht genug wundern, daß sein Dialogpartner Euthydemos, Inhaber einer Sattlerwerkstatt, im Besitz aller Gesänge Homers ist. Ob Homer selbst das Buch schon kannte, wird gelegentlich gefragt. Zwar erhält in der Ilias (6, 168–169) Bellerophon von König Proitos einen Begleitbrief aus einer gefalteten (d. h. verschließbaren) Tafel mit auf die Reise zu Iobates nach Lykien, welcher »verderbliche Zeichen« enthält, die den Tod des Überbringers fordern (vgl. den Urias-Brief aus dem Alten Testament), doch läßt sich nicht mit Gewißheit sagen, ob es sich dabei schon um Schriftzeichen handelt; immerhin wird hier die Kodexform vorweggenommen: mehrere solcher Tafeln von gleicher Größe wurden miteinander verbunden, indem man Fäden durch die am Rande der Tafel gebohrten Löcher führte (Diptychon/Triptychon). Den Pergamentkodizes der späteren Zeit liegt das gleiche Prinzip zugrunde. Wenn man seit alter Zeit auch Tierhäute als Beschreibstoff verwendete, so gewann doch spätestens seit dem Beginn des 5. Jahrhunderts die aus Ägypten importierte Papyrusrolle (grch. Biblos; vgl. Bibel) an Bedeutung. Der Historiker → *Herodot* hält kritisch fest: »Die Bücher nennen die Ionier seit alter Zeit ›Felle‹, weil sie einst aus Mangel an Bast der Papyrusstaude Ziegen- und Schafhäute verwendeten. Selbst bis auf meine Zeit schreiben noch viele der Barbaren auf derartige Felle« (5, 58, 3; übers. von E. Richtsteig).

Genauere Auskünfte über das bei der Papyrusproduktion angewandte Verfahren gibt uns der ältere Plinius in seiner »Naturalis historia« (13, 74–82).

Das weiche Mark der Papyrushalme zerschnitt man in feine, dünne Streifen, fügte sie dicht aneinander und legte eine zweite entsprechende Schicht im rechten Winkel darüber. Beide Lagen bearbeitete man solange mit einem Stein oder einem Hammer, bis ein zusammenhängendes, elastisches Blatt entstand. Der Saft der Pflanze diente dabei als Klebstoff. Nach Trocknung und erneuter Glättung wurden mehrere Blätter mit einem Klebstoff zu einer Rolle (grch. Biblion, Chartes; lat. Charta) vereinigt, wobei man genau auf den Faserverlauf zu achten hatte: auf der Innenseite der Rolle mußten die Fasern parallel zur künftigen Beschriftung verlaufen. Nur unter Schwierigkeiten konnte man die äußere Seite mit vertikalem Faserverlauf beschreiben, was allerdings gelegentlich wegen der hohen Preise für das Material dennoch geschah. Die Länge der Rolle betrug durchschnittlich 6–10 Meter, ihre Durchschnittsbreite 25–30 cm. Aber auch wesentlich umfangreichere Rollen, auf denen das Gesamtwerk des Homer oder des → *Thukydides* Platz fanden (rund 81 Meter), wurden hergestellt. Gründe der Handhabung sprachen jedoch dafür, Buchrollen mäßigen Umfangs zu produzieren, was sich auch auf das literarische Schaffen der Autoren auswirkte: diese hatten sich bei der Disposition ihrer Werke wenigstens in etwa nach dem zur Verfügung stehenden Raum zu richten. Bis zu zwanzig in Rollenform aneinandergeklebte Blätter wurden von den Händlern zur Verarbeitung an die Schreiber verkauft. Auf jedes Blatt schrieb man zwei Kolumnen, wobei man sich an der Durchschnittslänge eines Hexameters orientierte (rund 35 Buchstaben = 16 Silben). Schon wegen der Anfälligkeit des Materials gegen Beschädigungen ließ man den oberen und unteren Rand der Rolle frei. Zwischen den Kolumnen fanden später kommentierende Bemerkungen zum Text Platz. Der Rollenanfang wurde manchmal durch einen aufgeklebten Querstreifen mit Angaben über Herstellungsort, Qualität, Preis und Titel verstärkt (grch. Protokollon), der obere und untere Rand mit Bimsstein geglättet und das Rollenende um einen dünnen Stab (grch. Omphalos, Nabel) geklebt, um den man die Rolle aufwickelte. Ein Lederstreifen, der am oberen Rande der Rolle befestigt war, gab den Titel an und informierte auch bei geschlossener Rolle über den Inhalt.

Größere Strapazierfähigkeit und bequemere Handhabung zeichneten den Pergamentkodex aus Tierhaut vor der Papyrusrolle aus. Einerseits ließ sich die Schrift mit einem Messer abkratzen und durch eine andere ersetzen (grch. Palimpsestos = abgekratzt), andererseits schätzten besonders die Benützer juristischer und theologischer Literatur der ersten nachchristlichen Jahrhunderte die Möglichkeit, bestimmte Stellen ohne Schwierigkeiten nachzuschlagen. Mag nun ein von den Ptolemaiern erlassenes Ausfuhrverbot für Papyrus – verordnet aus Neid auf die steigende Bedeutung der Bibliothek von → *Pergamon* – oder ein anderer Grund für die Fertigung des »neuen« Beschreibstoffes maßgebend gewesen sein: im Grunde handelte es sich lediglich um eine verfeinerte Methode, mit der die Tierhaut jetzt behandelt wurde. Das Tierfell wurde enthaart, gereinigt, gespannt, getrocknet, geglättet und ließ sich im Gegensatz zum Papyrus auf beiden Seiten beschreiben. Mehrere aus ineinandergelegten Blättern bestehende Lagen nähte man zusammen und umgab sie mit einem Holzdeckel als Schutzhülle (lat. Codex), wie man ihn bei den Wachstafeln verwendete.

Schreibgeräte. Für beide Materialien benützte man im wesentlichen die gleichen Schreibgeräte: Hatte der Schreiber mit einem Lineal die Linien der Kolumnen vorgezeichnet, so tauchte er das zugespitzte Schreibrohr (grch. Kalamos) in einen Napf mit schwarzer Tinte, einem Gemisch aus Klebstoff, Ruß und Wasser. Die Anfangsworte eines neuen Sinnabschnitts kennzeichnete man mit roter Farbe (lat. Rubrica = rote Farbe; vgl. Rubrik). Geschrieben wurde mit einer dünnen Binse und seit dem 3. Jahrhundert mit dem Schreibrohr. Mit Radiermesser und Bimsstein ließ sich die Schrift vom Pergament wieder entfernen: besonders die mittelalterlichen Schreibermönche schufen so auf Kosten der heidnischen Texte Platz für christliche Autoren.

Buchschmuck und Illustration. Vorwiegend in Schriften naturwissenschaftlichen Inhalts wurden Illustrationen zur Instruktion des Lesers verwendet, etwa in der Arzneimittellehre des Pedanius Dioskurides, der in fünf Büchern die Heilwirkung von etwa 600 Pflanzen darstellt. Aber auch die schöngeistige Literatur verzichtete nicht auf Bilderschmuck. Es war seit hellenistischer Zeit üblich, den Werken zu Beginn das Bild des Autors beizugeben. Eine illustrierte Iliashandschrift ist in das 5. Jahrhundert n. Chr. zu datieren. Kostbare Elfenbeinschnitzereien oder Edelsteinbesatz gaben den Pergamentkodizes äußeren Glanz.

Produktion und Verbreitung des Buches. Neben privater Abschreibetätigkeit gab es berufsmäßige Schreiber, denen man den Text diktierte. Diese in Gruppen arbeitenden Sklaven hatten den vor allem seit der hellenistischen Zeit gestiegenen Bedarf der Privatleute und Bibliotheken zu decken. Da man weder Verlags- noch Autorenrechte kannte, waren Abschriften in beliebiger Zahl möglich. Zwar war die Kapazität des Buchhandels in klassischer Zeit wohl noch wenig ausgebaut, doch weiß schon Sokrates von der Möglichkeit, philosophische Werke auf dem Marktplatz von Athen preisgünstig einzukaufen. Wenn Xenophon berichtet, an der Schwarzmeerküste, an der oft Schiffe strandeten, finde man »viele Kisten, viele beschriebene Papiere und sonst alles, was die Reeder in hölzernen Behälter mitführen« (An. 7, 5, 12; übers. von W. Müri), darf man dies als ein Zeichen für regen Bücherexport deuten.
Bibliotheken. Gewaltigen Aufschwung nahm die Buchproduktion mit der Gründung der großen Bibliotheken in → *Alexandreia* und Pergamon. Die von den Ptolemaiern im Museion der ägyptischen Stadt eingerichtete Bibliothek soll zur Zeit Cäsars 700 000 Rollen umfaßt haben. Da sie unter der Leitung namhafter Wissenschaftler und Philologen als Zentrum für Forschung und Lehre dienen sollte, versuchten die Ptolemaier mit allen Mitteln, Originalhandschriften für die Bestände dieser Institutionen zu erwerben. Beauftragte des Königs mußten überall Handschriften aufkaufen, und Schiffe, die den Hafen der Stadt verließen, wurden immer wieder auf beschriebene Buchrollen durchsucht. Das gegebenenfalls gefundene Original teilte man den Beständen der eigenen Bibliothek zu, während sich der Besitzer mit einer rasch angefertigten Kopie begnügen mußte. Als Konkurrenz zu Alexandreia wurde von den ersten Attaliden die Bibliothek von Pergamon gegründet, deren Bestände im 2. Jahrhundert n. Chr. angeblich 200 000 Rollen aufwiesen. Daneben waren naturgemäß Bibliotheken oft mit Gymnasien oder Fachschulen verbunden, die von den Kommunen oder von begüterten Bürgern finanziell unterstützt wurden. (W. M.)

Byzanz

Von Byzanz zum »Neuen Rom«. Auf einer Landzunge zwischen Bosporus und Marmarameer, wo das Goldene Horn einen hervorragenden Naturhafen bildet, gründeten um die Mitte des 7. Jahrhunderts v. Chr. Kolonisten aus der dorischen Stadt Megara die Siedlung Byzantion (Byzanz), die freilich trotz ihrer strategisch wie handelspolitisch einzigartigen Lage an der Grenze zweier Kontinente und zweier Meere im ersten Jahrtausend ihres Bestehens kaum über den Rang einer Provinzstadt hinauswuchs. Erst als der römische Kaiser Konstantin der Große (R 306–337) der veränderten weltpolitischen Lage Rechnung trug und die Kaiserresidenz an den Bosporus verlegte (324/330 n. Chr.), erfuhr die nunmehrige »Konstantinstadt« (Konstantinopolis) einen steilen Aufstieg zum »Neuen Rom«, wie ihr amtlicher Name lautete. Eine bis ins Detail gehende Nachahmung der Institutionen und Baulichkeiten der Stadt am Tiber sollte die gleichrangige Stellung der neuen Reichshauptstadt unterstreichen, die sich von ihrer Vorgängerin allerdings durch den Verzicht auf heidnische Sakralbauten demonstrativ unterschied. Aus allen Gegenden des Reiches ließ der Kaiser Kunstwerke zum Schmuck seiner Neugründung herbeischaffen, die rasch zum glanzvollen, stark befestigten Zentrum, zur »Stadt« schlechthin wurde. (Noch in ihrem heutigen türkischen Namen Istanbul klingt der griechische Ausdruck »eis ten pólin«, d. h. »in die Stadt« an).

Der spätrömische Staat. »Wie Rom einst die griechische Kultur aufgenommen hatte, so bewahrte Konstantinopel jetzt den römischen Staatsgedanken« (Hotz). Denn Konstantin und seine Nachfolger bezeichneten und fühlten sich stets als römische Kaiser. Bis ins 15. Jahrhundert n. Chr. war der byzantinische Staat nach dem Selbstverständnis seiner Bewohner und in den Augen seiner Nachbarn nichts anderes als »das alte römische Reich in seinen bewährten Organisationsformen, geeint in der gemeinsamen Kultur des christlichen Glaubens- und Sittengesetzes, in der großen geistigen Überlieferung des Griechentums und in der Rechtsordnung des römischen Reiches« (Dölger).

Aus der Idee des christlichen Kaisertums, das nach dem Heilsplan Gottes gegenüber den unaufhörlich anbrandenden Barbarenvölkern zu einer friedenswahrenden und zivilisatorischen Mission berufen war, schöpfte Byzanz ein Jahrtausend lang die Kraft, allen Stürmen zu trotzen und seinen politischen und kulturellen Führungsanspruch unverkürzt aufrechtzuerhalten.

> Als der Großfürst von Moskau gegen Ende des 14. Jahrhundert n. Chr. das Gebet für den machtlos gewordenen Kaiser in den russischen Kirchen untersagte, protestierte der Patriarch von Konstantinopel: »Es ist gar nicht gut, mein Sohn, wenn du sagst: ›Wir haben eine Kirche, aber keinen Kaiser.‹ Es ist völlig unmöglich, daß Christen eine Kirche haben, aber keinen Kaiser. Denn das Kaisertum und die Kirche bilden eine Einheit und Gemeinschaft. [. . .] Und wenn jetzt nach Gottes Ratschluß die Heiden das Reich des Kaisers umzingelt haben, so empfängt er doch bis auf den heutigen Tag von der Kirche dieselbe Weihe, dieselbe Ehre und dieselben Gebete und wird mit dem heiligen Myron gesalbt und geweiht als Kaiser und Selbstherrscher der Römer, d. h. aller Christen.«
>
> (nach Ostrogorsky, »Geschichte des byzantinischen Staates«)

Selbstbehauptung und Gegenangriff. Als Kaiser Theodosius der Große im Jahre 395 n. Chr. das römische Reich unter seine beiden Söhne teilte, konnte niemand ahnen, daß daraus eine dauernde Spaltung entstehen sollte. Hatte es sich doch schon des öfteren als zweckmäßig erwiesen, die Organisation der Verteidigung des riesigen Territoriums mehreren Herrschern zugleich anzuvertrauen. Die Existenzkrise, in die das Imperium durch die »Völkerwanderung« gestürzt wurde, erfaßte in der Tat die beiden Reichshälften in gleicher Weise. Während es aber der Regierung in Konstantinopel gelang, ihren Besitzstand nach schweren Erschütterungen im wesentlichen zu behaupten und die Eindringlinge schließlich nach dem Westen abzudrängen, erlag der westliche Reichsteil dem Land- und Beutehunger der germanischen Stämme, die auf seinem Boden selbständige Reiche errichteten (476 n. Chr. Absetzung des letzten weströmischen Kaisers). Die formale Anerkennung der Oberhoheit des Kaisers in Konstantinopel durch den Ostgoten Theoderich den Großen und andere Germanenfürsten schien zunächst bedeutungslos zu sein, lieferte aber bald den Vorwand für Kaiser Justinian (R 527–565), in die inneren Verhältnisse dieser Staaten einzugreifen. Dieser Herrscher, an den noch heute der Prachtbau der Hagia Sophia in Konstantinopel und sein Mosaikbild in Ravenna einprägsam erinnern, verfolgte mit zäher Energie ein großes Ziel: die Wiederherstellung des römischen Reiches in seiner alten Einheit und Größe. In blutigen Feldzügen wurden die Reiche der Wandalen in Afrika und der Ostgoten in Italien vernichtet und die südöstlichen Teile Spaniens den Westgoten entrissen. Mit harter Hand griff der Kaiser in kirchliche Angelegenheiten ein (Cäsaropapismus), da er im Blick auf die innere Geschlossenheit des Reiches kein Verständnis für den Streit um Dogmen und Riten aufbrachte. Die Schließung der von → *Platon* gegründeten Akademie zu Athen (529 n. Chr.; im gleichen Jahr stiftete Benedikt von Nursia das Kloster Monte Cassino, die Wiege des abendländischen Mönchtums!) beseitigte einen letzten Stützpunkt heidnischer Bildung. Von höchster Bedeutung war schließlich die Zusammenfassung des Römischen Rechts im »Corpus iuris civilis«, das unser Rechtssystem bis in die Gegenwart hinein entscheidend geprägt hat.

Justinians restaurative Machtpolitik hatte die Kräfte des Reiches freilich überspannt. Schon bald nach seinem Tode versank Byzanz in ständige Zweifrontenkriege, die in der gleichzeitigen Belagerung der Hauptstadt durch Awaren und Perser gipfelten (626 n. Chr.). Als bereits neun Zehntel des Reichsgebietes verloren waren und die traditionellen Abwehrmittel der Diplomatie und der »Entwicklungshilfe« versagten – der begehrte byzantinische Gold-Solidus war wegen seiner »Solidität« der Dollar des frühen Mittelalters –, da gelang es Kaiser Herakleios (R 610–641), den von Wirtschaftskrisen und Militärrevolten erschütterten Staat durch die sogenannte Themenverfassung, eine straffe Militärverwaltung auf der Grundlage eines zuverlässigen und billigen Heeres freier Wehrbauern, nachhaltig zu sanieren. In diesen Jahren der äußersten Anspannung aller Kräfte erhielt das Reich endgültig seinen griechischen Charakter, und der lateinische Westen wurde zum Randgebiet. Erst jetzt verschwand das Latein als Amtssprache am Kaiserhof ebenso wie beim Militär. Die orthodoxe Kirche, deren gelehrte Bischöfe und Mönche die Pflege des altgriechischen Kulturerbes mit der religiösen Erziehung der Massen zu verbinden wußten, machte die Sache des bedrohten christlichen Kaisertums zu der ihren. Als Herakleios, getragen von wahrer Kreuzzugsbegeisterung, das von den Persern geraubte Kreuz Christi, die heiligste Reliquie der Christenheit, im Triumph nach Jerusalem zurückführte, schien das Reformwerk die Probe bestanden zu haben. Da stellte der unvermutete Ansturm der Araber erneut alles Erreichte in Frage. Nach der Schlacht am Jarmuk (636 n. Chr.) gingen die orientalischen und afrikanischen Provinzen in kürzester Frist verloren, nicht zuletzt deshalb, weil die der monophysitischen Richtung des Christentums anhängenden Einwohner der religiösen Bevormundung durch den orthodoxen Kaiser und dem harten Steuerdruck des byzantinischen Fiskus entkommen wollten und lieber der Toleranz der islamischen Eroberer vertrauten. Im Jahre 674 n. Chr. standen die Araber erstmals vor Konstantinopel. Aber an den uneinnehmbaren Mauern der stärksten Festung der Welt, der überlegenen Kriegskunst der Verteidiger und der Geheimwaffe des »Griechischen Feuers«, das die arabischen Schiffe verzehrte, brach sich der Angriff nach vierjähriger Belagerung. Kaiser Leon III. brachte den arabischen Vormarsch endgültig zum Stehen (717/718 n. Chr.) und rettete damit das werdende Abendland vor der Überflutung durch den Islam. Nach inneren Auseinandersetzungen im Streit um die religiöse Verehrung der Bilder (Ikonen) und bedrohlichen Einfällen der Bulgaren und der Russen konnten die Byzantiner sogar an allen Fronten zur Gegenoffensive übergehen und einen ansehnlichen Teil der Verluste wettmachen. Da man nicht daran denken konnte, die eingesickerten Slawen von der Balkanhalbinsel zu vertreiben, beschritt Byzanz den erfolgversprechenderen Weg der christlichen Mission, durch die diese Völker dem byzantinischen Kulturkreis auf Dauer eingegliedert wurden (Slawenapostel Kyrillos und Methodios).

Untergang und Erbe. Dagegen waren alle Versuche, auch im Westen wieder Fuß zu fassen, zum Scheitern verurteilt. Die jahrhundertelangen Auseinandersetzungen zwischen Alt- und Neu-Rom um das christliche Dogma und den kirchlichen Vorrang hatten die geistige und politische Entfremdung so weit vorangetrieben, daß die Päpste schließlich in den fränkischen Herrschern eine neue Stütze suchten. Zwar protestierte die Regierung in Konstantinopel energisch gegen die Kaiserkrönung Karls des Großen durch Papst Leo III. am Weihnachtstag des Jahres 800 n. Chr., aber in einem Augenblick innerer Schwäche sah sie sich zuletzt doch genötigt, ein »fränkisches« Kaisertum Karls ohne römischen Weltherrschaftsanspruch anzuerkennen. Als sich dann die ottonischen Kaiser (ab 962 n. Chr.) zu der Auffassung bekannten, daß nur ein vom Papst gekrönter »Kaiser der Römer« als legitimer Träger des Kaisertums gelten könne, war der byzantinische Anspruch auf die Führung der Christenheit im Kern getroffen. Folgerichtig zielten denn auch die Planungen des Stauferkaisers Heinrich VI. (R 1190–1197) auf die Einnahme Konstantinopels selbst. Die Kirchenspaltung des Jahres 1054 n. Chr. und die schlimmen Erfahrungen der Byzantiner in der Epoche der Kreuzzüge ließen den Bruch irreparabel werden. 1204 n. Chr. eroberten die von Venedig fehlgeleiteten Ritter des 4. Kreuzzugs in einem blutigen Handstreich Konstantinopel und machten es zum Sitz eines kurzlebigen »Lateinischen Kaiserreiches« (bis 1261). Es kam ihnen offenbar nicht zum Bewußtsein, daß sie Europa seines stärksten Bollwerks beraubt hatten. Denn der noch einmal erneuerte Kaiserstaat besaß nicht mehr die Kraft, dem zunehmenden Druck der Türken standzuhalten. Am 29. Mai 1453 drangen die Janitscharen nach dreiundfünfzigtägiger Belagerung in Konstantinopel ein; der letzte Kaiser, Konstantin XI., fiel unerkannt im Straßenkampf. Das Kreuz auf der Hagia Sophia, der herrlichsten Kirche der Christenheit, wich dem Halbmond, der Europa noch auf lange Zeit bedrohen sollte.

Jahrhundertelang hatte Byzanz, das ja bis weit ins 11. Jahrhundert n. Chr. hinein die führende Weltmacht war, der Begehrlichkeit aller Feinde getrotzt und durch sein alles beherrschendes Vorbild die Kultur der europäischen Völker in nahezu allen Bereichen entscheidend geprägt.

Bis zuletzt schufen seine Künstler von innerer Glut und Glaubenskraft beseelte Meisterwerke, die den Betrachter trotz ihrer strengen Form noch heute in ihren Bann ziehen. Noch im Untergang, dem die Westeuropäer tatenlos zusahen, wurde Byzanz seiner kulturellen Mission gerecht, indem es die sorgsam gehüteten Schätze seiner altgriechischen Überlieferung weitergab und so den für das neuzeitliche Denken grundlegenden geistigen Bewegungen der Renaissance und des Humanismus die wesentlichen Impulse vermittelte. Sein politisches Erbe nahmen die russischen Zaren (= Caesaren, Kaiser) in Anspruch, die Moskau zum »Dritten Rom« proklamierten. Die christliche Bestimmung von Byzanz aber wirkt in der Spiritualität der Orthodoxen Kirche weiter, die ihren Gläubigen in den schweren Zeiten der Unterdrückung Stärke und Hoffnung spendete und noch spendet. (H. H.)

Christentum

Das Christentum nimmt seinen Anfang als Weltreligion mit der von Christus angeordneten Verkündigung des Evangeliums an »alle Völker« (Matthäus 28,19), und das hieß in der Oikumene, der damals bekannten und bewohnten Welt. Hier fällt der Same der christlichen Lehre auf einen dreifach verschiedenen Boden, und mit diesen drei Kulturkreisen mußten sich die Christen auseinandersetzen, die – nach ihrer besonderen Eigenart – Anfragen an die neue Religion stellten: Die Juden aus dem religiösen, die Griechen auf dem philosophischen, die Römer auf dem politischen Gebiet. Das Christentum trat nun nicht als eine Religion unter vielen auf, sondern beanspruchte, allein die wahre zu sein und strebte danach, daß sich die ganze Welt ihr anschließe.

1. Im Neuen Testament läßt sich die Entwicklung an zwei voneinander verschiedenen Textarten nachprüfen. Die Apostelgeschichte zeigt in ihren stilisierten Texten, wie das Evangelium *äußerlich* »seinen Lauf nimmt« nach Rom, dem Mittelpunkt der Welt. In den Briefen des Apostels Paulus zeigt sich die *innere* Dynamik der neuen Botschaft: Der Kern muß nun je nach Volk und geistiger Landschaft verschieden ausgelegt und entfaltet werden. Nachdem das Apostelkonzil von Jerusalem zugunsten der gesetzesfreien Mission entschieden hatte (49/50), stand der bedingungslosen Aufnahme der Heiden in die kirchliche Gemeinschaft nichts mehr im Wege. So konnte die zweite Missionsreise des Paulus (52/53) von Kleinasien (Phrygien, Galatien, Mysien, Troas) nach Europa gehen (Philippi, Thessalonike, Beroia, Athen, Korinth). Waren die Verkünder Judenchristen, gingen sie zunächst auf den Wegen der jüdischen Mission in der Diaspora. Bald setzte die Loslösung von der Synagoge ein, und bei diesem Ablöseprozeß spielten die Griechen eine wichtige Rolle. Als »Hellenen« werden in der Apostelgeschichte die griechisch gebildeten und sprechenden Bewohner von Makedonien, Achaia, Syrien und Kleinasien genannt. Paulus stellt die »Hellenen« den »Juden« gegenüber, wobei er im Typ des Heidenchristen eine größere Offenheit und Glaubensbereitschaft sieht als im auserwählten Volk.

2. Als sich Christen und Griechen begegneten, ergaben sich andere Fragen als beim Zusammentreffen mit dem römischen Geist. Die Griechen versuchten, die neue Religion mit den ihnen eigenen Denkformen und Denkgewohnheiten in Einklang zu bringen, den Glauben also philosophisch zu begreifen. Damit kommt nun eine Grundfrage auf, die das Christentum immer wieder beschäftigen wird: Wie sind Glauben und Wissen miteinander zu vereinbaren? Die Probleme der Begründung und Verteidigung des Glaubens, der Ansatz zu den Lehrstreitigkeiten und die Formulierung der Glaubensinhalte in Dogmen haben hier ihren Ausgangspunkt. Die Begegnung mit dem griechischen Kulturraum brachte dem Christentum Vorteile: Es traf nicht auf religionslose Zweifler, sondern auf fragende und suchende Menschen, die über weite Strecken nicht weit von der christlichen Lehre entfernt zu sein schienen. Die gebildeten Griechen hatten eine lange Erfahrung in der Kritik der moralischen Schwächen ihrer Göttergeschalten. Damit lagen die Waffen zur Bekämpfung des Götzendienstes und des Polytheismus schon vor.

Die Annäherung an den Gedanken des Monotheismus war vorbereitet. Griechenland gab dem jungen Christentum in seiner überall bekannten Sprache (koine) das Mittel, die neue Lehre zu verkünden, und das Werkzeug, mit dessen Hilfe sich die neuen Gedanken eindrucksvoll formulieren ließen. Die Nachteile sollten nicht verborgen bleiben: Sie lagen in der Überbetonung der Erkenntniskraft und in dem Versuch, den Glauben in Philosophie aufzulösen.

3. Im Unterschied zu den Erlösergestalten des Mythos erkannte das Christentum in Jesus von Nazaret den Sohn Gottes, der die Erlösung der Menschen im *Raum der Geschichte* offenbart und vollzieht. Von diesem Ansatz her wird das kirchliche Amt verständlich: Wenn Jesus seine Sendung an die Kirche weitergibt, so erhalten die Amtsträger als Verwalter und Gesandte Anteil am Dienst der Kirche als Ganzem. Das *eine* Amt entfaltet sich dann in der Vielfalt der kirchlichen Dienste. Die Bezeichnungen dafür wurden aus konkreten Dienstleistungen abgeleitet: lehren, heilen, unterscheiden lernen, Hilfe leisten, Gemeinde leiten, Sprachen deuten. Manche Benennungen werden aus dem griechischen Vereinswesen übernommen: Diakonos (Diener), Episkopos (Aufseher), Hegumenos (Führer); aus dem hellenistischen Judentum kam der Titel des Presbyters (Ältester). Auffällig ist, daß Amtsbezeichnungen im kultischen Sinn wie Hiereus (= Priester, die ausgesonderte Kultbeamte waren) vermieden wurden. Grundsätzlich galt: Die Ausübung jedes Amtes ist Dienst an der Gemeinde, also Diakonia. Deswegen wurden zunächst Titel abgelehnt, die dann später wieder üblich wurden wie Vater, Führer, Leiter. Zwei Elemente sind in dem einen Amt spannungshaft verbunden: Das charismatische (das unverfügbar gnadenhaft Geschenkte, wie es sich in den Propheten und Wundertätern zeigt) und das institutionelle (das sich in der Struktur der Diakone, Priester und Bischöfe ausprägt). Die beiden Elemente wurden nicht als untragbarer Gegensatz empfunden, sondern als zwei notwendige Pole des einen Amtes gesehen. Dieser Grundsatz spielt in der Ausprägung der Lehre eine wichtige Rolle.

4. Die Begriffe, in denen die neue Lehre ausgedrückt wurde, waren von den Lehrgebäuden des → *Aristoteles*, der Stoa → *Stoiker* und des → *Neuplatonismus* bereitgestellt worden. Nach den ersten Ansätzen bei Paulus hatten die Apologeten, hatten Clemens von Alexandrien und Origenes versucht, den Glauben wissenschaftlich darzustellen. Ein wichtiger Abschnitt war die Auseinandersetzung mit der Gnosis. Diese religiöse Bewegung knüpfte an philosophische Strömungen an, die dem suchenden Menschen das Heil durch Erkenntnis (Gnosis) verhießen. Inhaltlich ging es um die doppelte Frage: Woher kommt das Böse in der Welt? Wie kann man davon erlöst werden? Die Antwort der Gnosis gründete auf einer dualistischen Weltanschauung: Neben einem ewigen guten Gott gibt es eine ewig böse Materie. Der bessere Teil des Menschen ist in diese Materie verstrickt; er muß daraus befreit werden durch eine Art Mittler. Diese Rolle sollte Christus spielen als eine Art »himmliches Wesen«. In der Lehre des Markion wurde diese Bewegung zur größten Gefahr für die Kirche. Markion war ganz erfüllt von dem Unterschied zwischen dem Alten und dem Neuen Testament: Er errichtete einen Gegensatz zwischen dem gütigen Vatergott des Neuen Testaments und dem unversöhnlichen Gott der Gerechtigkeit des Alten Testaments, der der Schöpfer der bösen Welt wurde. Die harte Auseinandersetzung mit der Gnosis brachte für das Selbstverständnis des Christentums wichtige Ergebnisse: – Ausgangspunkt für den Glauben ist nicht die subjektive religiöse Erfahrung des Menschen, sondern die Offenbarung Gottes durch Jesus Christus. Das Christentum konnte also nicht in Philosophie aufgelöst werden. – Das Offenbarungswort wurde im Kanon der Heiligen Schrift festgelegt: Das Alte Testament wurde ausdrücklich einbezogen. – Ein ausführliches Glaubensbekenntnis als Glaubensregel wurde erstellt, um das Wesentliche der christlichen Lehre festzuhalten. – Jede Lehre mußte durch ununterbrochene Nachfolge der Vorsteher mit der apostolischen Verkündigung in Verbindung stehen. Durch diese apostolische Sukzession ist die Rechtgläubigkeit gesichert.

5. Die östliche, also die griechische Theologie versuchte zwei zentrale Fragen zu beantworten: Wie kann die Einheit Gottes mit der Dreipersonalität zusammengedacht werden? (= das trinitarische Problem). Wie kann erklärt werden, daß Jesus Gott und Mensch *zugleich* ist? (= das christologische Problem). Die Vorarbeiten zu den Antworten wurden von den verschiedenen Theologenschulen geleistet. Je nachdem, von welcher Seite und von welcher Schulmeinung man an die Frage heranging, fiel die Antwort aus.

So legten die Monarchianer zu wenig Gewicht auf die Gottheit des Sohnes: Sie sahen in ihm eine andere Erscheinungsform des Vaters, so daß dann eigentlich »der Vater am Kreuz starb« (weswegen man die Anhänger »Patripassianer« nannte). Die kirchliche Theologie formulierte die Einheit Gottes *und* die Dreizahl der göttlichen Personen und fand dafür die Formel, daß der Sohn dem Vater wesensgleich ist: homousios. Die Aussage: »Christus ist *einer*, aber er ist sowohl Gott als auch Mensch«, legte Nestorios einseitig so aus, daß die Menschheit Jesu in der erlösenden Gottheit untergegangen sei. Die Folge: Die Gottheit wohne in dem Menschen Jesu nur wie »in einem Tempel«. Nestorios kam aus der Schule von Antiochien. Sie lehrte, daß die göttliche und die menschliche Natur Jesu nicht innerlich vereinigt sind, sondern nur zusammenhängen wie »zwei Stück Holz«, die man zusammenpreßt und die für sich intakt bleiben. Damit gäbe es keine wahre Menschwerdung des Sohnes, sondern nur ein »Einwohnen« im Menschen. Die Schlußfolgerung des Nestorios lautete dementsprechend« Maria dürfe nicht Gottesgebärerin genannt werden. Gegenüber dieser Schule von Antiochien ging man in Alexandreia von der Einheit der beiden Naturen aus: Die göttliche und die menschliche Natur Jesu sind wirklich, d. h. physisch eins. Kyrillos von Alexandreia vertrat diese Meinung, und auch in dieser Frage führte eine Verengung zu einer irrigen Auffassung: Der Monphysitismus bedrohte nun die menschliche Natur des Erlösers, da sie die göttliche Natur dominieren ließ.

Die Synthese in dieser schwierigen Frage brachte das Konzil von Chalkedon 451: »Ein Herr in zwei Naturen ohne Vermischung oder Verwandlung, ohne Spaltung und Trennung.« Über diese Entscheidung brachen langwierige Streitigkeiten aus, die bis in das einfache Volk reichten. Die nächste Frage für die Theologen ergab sich bereits aus der Aussage von Chalkedon: Wenn Jesus wirklich ganz Mensch war, wie ist dann seine Sündenlosigkeit zu erklären? Wenn man die endlosen Streitigkeiten über theologische Formeln und ihre Vermischung mit den politischen Vorgängen betrachtet, mag man sich fragen: Waren diese Kämpfe notwendig für die Entfaltung der christlichen Lehre? Mußten alle Möglichkeiten einer Lösung untersucht werden, um die einzige, der Offenbarung entsprechende Antwort zu geben? Im Grunde ging es um mehr als um eine Formel. Es ging um die Grundaussage des christlichen Glaubens: Jesus Christus ist als wahrer Mensch und Gott Erlöser der Menschen. Und es ging darum, den Menschen eines jeden Kulturraumes den *ganzen* Offenbarungsinhalt ohne Verkürzung zugänglich zu machen. (E. K.)

Delos

Die griechische Göttersage verbindet die kleine Kykladeninsel (→ *Kykladen*) Delos mit der Geburt des Zwillingspaares Apollon und Artemis (→ *Götter*). Bereits im 8. Jahrhundert v. Chr. entwickelte sich Delos zum religiösen Mittelpunkt für die Inselgriechen der Ägäis. Drei dem Apollon geweihte Tempel aus dem 6. und 5. Jahrhundert v. Chr. bilden das Zentrum der von den Archäologen (→ *Archäologie*) freigelegten Bauten. Der größte unter ihnen hatte die Aufgabe, die Beiträge der Bundesgenossen des im Jahre 477 gegründeten Attisch-Delischen → *Seebundes* (→ *Athen – Geschichte*) aufzubewahren.

Südlich und nördlich des Apollon-Heiligtums wuchs im Lauf der Jahrhunderte eine große Zahl von zum Teil ausgedehnten Bauten empor, so Schatzhäuser (5. Jahrhundert v. Chr.), die riesige Säulenhalle des Antigonos Gonatas (um 250 v. Chr.), die sogenannte Schiffshalle (3. Jahrhundert v. Chr.) und der Artemistempel (2. Jahrhundert v. Chr.). Besonders eindrucksvoll wirken neun stark verwitterte Löwen, die einst die Prozessionsstraße zum Heiligen See säumten.

Am Fuße des die Insel beherrschenden, 112 Meter hohen Kynthos-Hügels entstanden seit dem 2. Jahrhundert v. Chr. verschiedene Heiligtümer vorderasiatischer und ägyptischer Gottheiten, z. B. eine umfangreiche Tempelanlage, die Sarapis und Isis geweiht war. Unter den Häusern am Weg zum Kynthos-Hügel ist das sogenannte Haus der Delphine, eine großzügig um einen Säulenhof (Peristyl) angeordnete Wohnanlage, besonders hervorzuheben.

Die Verlegung der Bundeskasse nach Athen im Jahre 454 v. Chr. minderte die politische Bedeutung der Insel. Unter den Römern stieg Delos wegen seiner günstigen Lage auf dem Weg nach Vorderasien zu einem bedeutenden Handels- und Umschlagplatz auf (Sklavenmarkt!). Doch von den Verwüstungen des 1. Jahrhunderts v. Chr., besonders von den durch Seeräuber verursachten Verheerungen des Jahres 69, erholte sich die Insel nicht mehr. Seit dem 2. Jahrhundert n. Chr. war sie unbewohnt. (S. G.)

Delphi

Wo die Ausläufer des Parnassos, des dem Apollon, Dionysos und den Musen gleichermaßen heiligen Gebirges, nach Süden zu in den Felswänden der Phaidriaden steil abfallen, noch einmal eine schmale Schwelle bilden, an der eine Straße entlang führt und in enger Schlucht die Quelle Kastalia enspringt, dann aber sich in breitem Kessel zur Bucht von Itea an der Ebene von Amphissa weiten, liegt Delphi. Es gibt kaum einen anderen Platz in Griechenland, der den Besucher allein schon von der Lage in grandioser Landschaft tiefer beeindrucken würde, wenn er etwa hinaufschaut an den steilen Felswänden, über denen heute noch Adler kreisen, und sich dann umwendet und hinunterblickt über den mit Ölbäumen dicht bestandenen Kessel auf den schmalen sichtbaren Streifen des Golfs von Korinth. Es ist eine Landschaft, die sich ebenfalls wie kaum eine andere in Griechenland immer wieder wandelt unter dem Einfluß des Wetters. Es ist nicht verwundertlich, daß die Griechen in dieser geradezu magisch anmutenden Landschaft eines ihrer bedeutendsten Heiligtumer ansiedelten. Allein schon der Weg dorthin, der lange steile Pfad vom Meer herauf in die Bergschluchten oder – häufiger noch – von Theben her entlang den zerklüfteten Ausläufern und kahlen Hängen des Parnaß mußte die Besucher einstimmen auf das, was sie hier an Geheimnisvoll-Mythischem erwartete.

Der Heilige Bezirk. Im Zentrum des heutigen Ruinenfeldes, wie es sich nach den Ausgrabungen seit Ende des 19. Jahrhunderts dem Blick des Besuchers bietet, liegt im Heiligen Bezirk der Apollon-Tempel (siehe Abbildung).

Die wegen der Steigung im Zickzack angelegte Heilige Straße führt vom (ursprünglichen) Ort aus zum Tempelvorplatz. Sie war einst vor allem in ihrem ersten Teil geschmückt mit zahlreichen Siegesdenkmälern und -trophäen, die griechische Staaten und Städte als Weihegeschenke gestiftet hatten. Im Anschluß daran folgten im mittleren Teil über zwanzig Schatzhäuser mit Geschenken an den Tempel, häufig die Beute siegreicher Kriegszüge. Heute bietet allein das 1903 wieder aufgerichtete Schatzhaus der Athener einen gewissen Eindruck vom ursprünglichen Aussehen dieser Gebäude. An der »Halle der Athener« vorbei, in der ebenfalls Beutestücke ausgestellt waren, führte die Rampe hinauf zur obersten Terrasse, auf der ein großer offener Altar und dahinter das eigentliche Apollon-Heiligtum standen. Dieser Tempel, von dem wir heute nur sechs wiederaufgerichtete Säulen und die Fundamente sehen, wurde im letzten Drittel des 4. Jahrhunderts v. Chr. vollendet. In ihm lag das eigentliche Heiligtum. Hinter dem Tempel führte eine Treppe hinauf zum Theater aus dem 2. Jahrhundert v. Chr., das mit 5000 Sitzplätzen relativ klein war. Etwa 30 Meter darüber liegt das Stadion

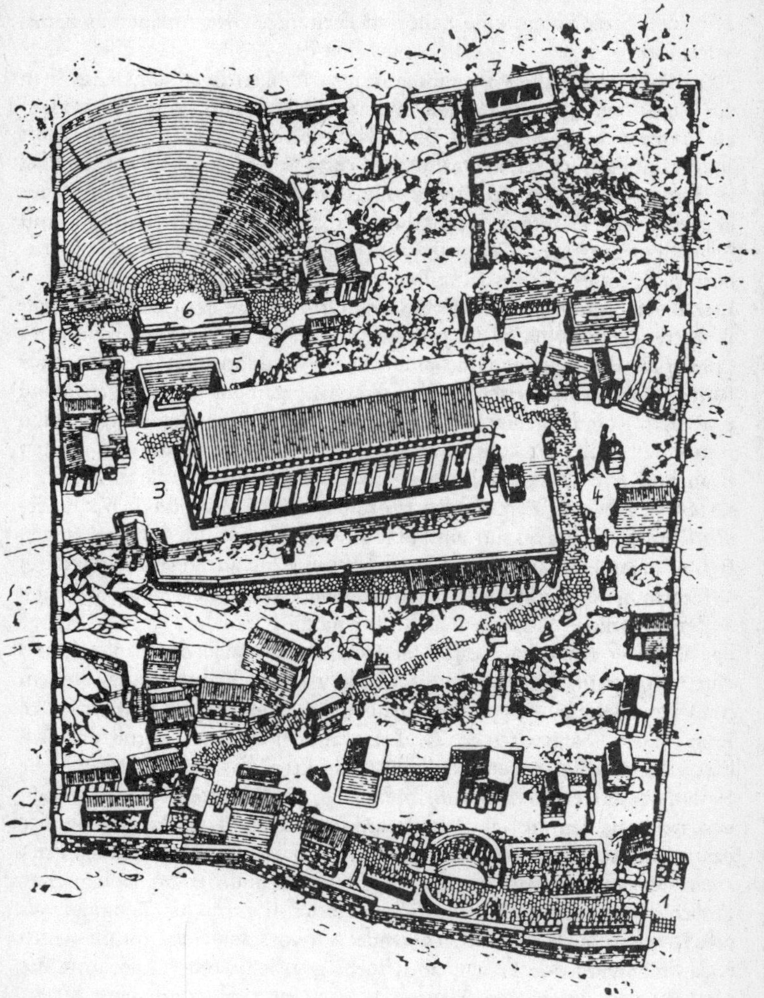

Der Heilige Bezirk von Delphi
1. *Haupteingang*
2. *Halle der Athener*
3. *Apollon-Tempel*
4. *Siegesmal für Plataä*
5. *Skulpturenhalle*
6. *Theater*
7. *Lesche der Knidier*

mit 7000 Sitzplätzen, eine heute wiederhergestellte Anlage aus römischer Zeit.

300 Meter nordöstlich des ummauerten Heiligen Bezirks gelangt man zur Kastalischen Quelle, deren in einem Becken aufgefangenes Wasser zu Kulthandlungen diente. Der Glaube an seine prophetische Kraft stammt allerdings erst aus römischer Zeit. Von hier aus führte ein Pfad zu dem heute südlich der Straße gelegenen Gymnasion und weiter zum ausgedehnten Heiligtum der Athene Pronaia (»Tempelwächterin«) mit Schatzhäusern, zwei Tempeln und einem heute teilweise rekonstruierten reizvollen Tholos (Rundbau).

Der Kult. Delphi war Heiligtum und Orakelstätte des Gottes Apollon. Er hatte, der Sage nach, dieses uralte → *Orakel* von seiner Großmutter Phoibe als Patengeschenk erhalten. Diese wiederum hatte es von ihrer Mutter Gaia geerbt. Hier suchten die Gläubigen aus ganz Griechenland und den Kolonialgebieten, später auch aus der hellenistischen und römischen Welt, Auskunft, Rat und Deutung der Zukunft. Aus uralten Bräuchen entwickelte sich dabei im Lauf der Jahrhunderte ein nach festen Regeln und Zeremonien geordneter Kult. Ursprünglich kündete der Gott seine Orakel nur einmal jährlich, später wurden die offiziellen Befragungen einmal im Monat durchgeführt (ob auch während der drei Wintermonate, bleibt umstritten), daneben waren an beliebigen Tagen außerordentliche Sitzungen nicht nur möglich, sondern bei der Menge der Befrager oft auch nötig. Der Gott sprach dabei durch den Mund einer Prophetin, der Pythia. Sie wurde ursprünglich unter den jungen Mädchen Delphis ausgewählt, später war es eine etwa fünfzigjährige Frau. In den Glanzzeiten des Orakels war der Andrang so groß, daß sich bis zu drei Pythien gegenseitig ablösen mußten! Die alte Auffassung, die Pythia sei auf einem Dreifuß in einer Art Höhle über einem Erdspalt gesessen, aus dem giftige Dämpfe drangen, unter deren Einwirkung sie ekstatisch unzusammenhängende Worte sprach, die dann von den Priestern ausgedeutet wurden, gilt heute auf Grund der archäologischen Forschungen und sorgfältigen Interpretation literarischer Zeugnisse als falsch, wenn auch eine befriedigende Antwort auf viele mit dem Kult zusammenhängende Fragen noch nicht gegeben werden kann und das Orakel nach wie vor vom Hauch des Geheimnisvollen umgeben bleibt. Über die Reihenfolge der Befragenden entschied das Los. Sie mußten erst dem Tempel Geschenke übergeben und dem Gott ein Opfer darbringen. Dann wurden sie in das Megaron, die große Halle des Tempels, geleitet, wo sie warteten. Im hinteren Teil dieser Halle lag das Adyton.

Es war, so vermutet man heute, keine Höhle, sondern nur ein etwas vertiefter offener Raum, eine »Orakelgrube« mit ehrwürdigen Reliquien: dem Omphalos oder Nabel der Erde, einem behauenen Stein, der den Mittelpunkt der Welt anzeigen sollte; daneben wuchs, wie alle Beschreibungen bezeugen, ein Lorbeerbaum, und schließlich stand hier über einer Öffnung in der Erde ein großer Dreifuß, auf dem die Pythia Platz nahm. Ob diese Öffnung nur der Abschluß einer Art Röhre war, wissen wir nicht. Auch von »betäubenden Düften», die richtiger wohl als »Pneuma«, als Luftzug, gedeutet werden, ist heute in der Forschung nicht mehr die Rede. Die Erklärung des Begriffs und des Phänomens stößt immer noch auf Schwierigkeiten, reicht von Manipulationen der Priester über Halluzinationen bis zur philosophischen Ausdeutung im Sinn eines »göttlichen Geistes«.
Sicher muß der Orakelvorgang realistisch gesehen werden. Um so merkwürdiger bleibt aber die Tatsache, daß kein antiker Autor genaue Einzelheiten überliefert, auch nicht Plutarch, der jahrelang Priester am Heiligtum war. Die Pythia wurde, nachdem sie rituelle Waschungen in der Kastalischen Quelle vorgenommen hatte, von den Priestern in das Heiligtum geleitet und nahm auf dem Dreifuß im Adyton Platz. Dann erst traten die Befrager in das Adyton, wo ihnen ein bestimmter Platz zugewiesen wurde. Aller Wahrscheinlichkeit nach konnten sie die Pythia bei ihren Orakelsprüchen sehen. Ob sie in eine Art Ekstase geriet, steht nicht fest. Doch scheint sie sehr sensibel von der vermuteten Anwesenheit des Gottes ergriffen worden zu sein, so daß in der Ausdeutung ihrer Haltung von »göttlicher Besessenheit« gesprochen wird. Auch redete sie nicht in unzusammenhängenden Worten, sondern erteilte ihre Antworten in Prosa an die Befrager, die sich die Sätze dann häufig von berufsmäßigen Versmachern beim Heiligtum in Versform ausschmücken ließen. Die häufige Zweideutigkeit der Orakelaussagen führte zu unklaren Auslegungen, über die schon in der Antike zahlreiche Anekdoten kursierten. Zu den berüchtigsten Orakelsprüchen dieser Art gehörte die Auskunft an den Lyderkönig Kroisos, die → *Herodot* überliefert hat. Mag dabei auch vieles Legende sein, so dürfte stimmen, daß der ent- oder getäuschte König seine Fesseln als Zeichen der Anklage nach Delphi sandte. Doch wußte sich in diesem Fall das Orakel zu wehren, indem es ihm jetzt, wenn auch zu spät, entgegen seiner sonstigen Gepflogenheit den Spruch richtig ausdeutete.
Geschichte. Die Anfänge Delphis gehen schon auf die Mitte des 2. Jahrtausends zurück. Fast tausend Jahre lang wurde in der kleinen

Siedlung die Erdmutter Gaia verehrt, bis sich allmählich der Kult des Gottes Apollon durchsetzte. Lange Zeit blieben das Heiligtum und die dort entstandene Siedlung im Streitfeld der benachbarten Stämme. Um endlich die dem heiligen Ort gebührende Ruhe zu sichern, schlossen sich die umwohnenden Stämme in einer Amphiktionie, d. h. einem Bund zum Schutz des Heiligtums und zu gleichzeitigen gemeinschaftlichen Festfeiern zusammen. Ihm gehörten ursprünglich zwölf in Thessalien lebende Stämme und deren Kolonien an. Später kamen andere Stämme wie die Peloponnesier von Sikyon und Korinth, die Spartaner und die Ioner von Athen dazu. Besonders im 7. und 6. Jahrhundert v. Chr. blühte Delphi auf. Ratsuchende aus allen Teilen der hellenischen Welt besuchten das Heiligtum, dessen kluge Priester politische und kulturelle Verbindungen anknüpfen konnten.

Die schon in ältester Zeit jedes neunte Jahr veranstalteten Pythien, Spiele zu Ehren Apollons, wurden seit 586 v. Chr. wie die Spiele in → *Olympia* alle vier Jahre (jeweils im 3. Jahr einer Olympiade) abgehalten. In ihrem Mittelpunkt standen Wettkämpfe der Musiker und Sänger, dann aber auch Sportkämpfe ähnlich den Olympischen Spielen. Diese Pythien wurden regelmäßig bis zum Ende des 4. nachchristlichen Jahrhunderts abgehalten.

548 v. Chr. zerstörte ein Brand den ältesten, noch in Holz erbauten Tempel. Mit Spenden aus ganz Hellas wurde vierzig Jahre später ein neuer errichtet, den 373 v. Chr. ein Erdbeben vernichtete. Um 330 v. Chr. wurde dann jener Tempel erbaut, dessen Fundamente und sechs Säulen wir heute sehen. Er blieb bis in die christliche Zeit bestehen und mag dann teils durch Erdbeben, teils aber auch durch Menschenhand restlos zerstört worden sein.

Seit dem → *Peloponnesischen Krieg* begann der Verfall des Orakels. 356 bis 346 und 339/338 v. Chr. kam es zu »Heiligen Kriegen«, als sich erst die Phoker und dann die Lokrer des Heiligtums zu bemächtigen suchten. Schließlich riß König Philippos von Makedonien das Protektorat über die Amphiktionie an sich. Auch er konnte den weiteren Verfall nicht aufhalten. Bedeutend blieb Delphi nur wegen seiner reichen Schätze und Kunstsammlungen, die von den immer noch zahlreichen Besuchern bewundert wurden. Aber auch sie gingen nach und nach verloren, fielen meist Plünderungen von durchziehenden Völkern zum Opfer. Kaiser Nero ließ die letzten Reichtümer wegschleppen. Noch einmal erlebte dann der Apollon-Kult unter Kaiser Hadrian eine neue, letzte Blüte. Aus dieser Zeit stammt die Beschreibung Delphis, wie sie uns Pausanias überliefert hat. Nach dem Verbot der heidnischen Kulte 392 n. Chr. setzte rasch und endgültig die Zerstörung ein. (H. P.)

Demokratie

Von allen Staatsformen ist die Demokratie am wenigsten genau zu bestimmen. Schon seit dem Auftauchen der Idee und des Wortes in der griechischen Kultur wurde sie in sehr unterschiedlicher Weise begriffen und bewertet. Wer die Begriffsgeschichte verfolgt, wird sich in die Diskussion des Staates überhaupt hineingezogen sehen und finden, daß bereits die griechischen Wörter Demokratia (Volksherrschaft) und Politeia (Verfassung) häufig synonym verwendet wurden. Die frühesten Zeugnisse theoretischer Überlegungen über den Staat sind von der Suche nach der guten gesetzlichen Ordnung (Nomos) bestimmt. Den Übergang von der inhaltlichen zur formalen Bestimmung der Ordnung markiert das um 500 v. Chr. auftauchende Wort Isonomia (etwa »Ordnung staatsbürgerlicher Gleichberechtigung«). In den Mittelpunkt des Interesses rückte bald die Frage, wer die Herrschaft innehabe: einer, einige oder alle. Den Vorteil der Herrschaft aller gegenüber der Willkürherrschaft einzelner sah man in der Objektivierung und Institutionalisierung der politischen Entscheidungen. In der Praxis wurden sehr bald die Schwächen des Systems sichtbar: Die Herrschaft wurde nicht von der Gesamtheit der Bürger ausgeübt, sondern von der Masse des einfachen Volkes, die die übrigen Gruppen majorisierte. Da sie überwiegend aus der ungebildeten städtischen Unterschicht kam, in der Volksversammlung durch den entfernt wohnenden ländlichen Mittelstand nicht korrigiert werden konnte und zudem von Demagogen leicht zu manipulieren war, durften konstruktive Debatten oder gar Lernprozesse nicht erwartet werden. In der Theorie tauchte zunächst (so bei → *Platon*) die Vermutung auf, daß der Demokratie so wie jeder Verfassung – teils Ursache, teils Wirkung – eine bestimmte Gesinnung entspreche, dann (so bei → *Aristoteles*) die Vorstellung, daß jede Verfassung durch die wirtschaftliche Lage der Herrschenden bestimmt sei und daher die politischen Richtungen unversöhnlich bleiben müßten, solange der Gegensatz zwischen Armen und Reichen andauere. Da Versöhnung nicht möglich war, beschritt man – von Ort zu Ort und von Zeit zu Zeit sehr unterschiedlich – den Weg der Beteiligung und des Interessenausgleichs, indem Elemente der anderen Verfassungen, insbesondere der

Oligarchie, in das demokratische System eingebaut wurden. Über die Grundelemente und Grundwerte der Demokratie selbst herrschte zunehmend Konsens:

- Gleichberechtigung von Armen und Reichen
- Freiheit von der Herrschaft eines einzigen oder weniger
- jährlicher Wechsel der Regierung
- Vergabe der Ämter durch Los
- Rechenschaftspflicht der Beamten
- Rede- und Antragsrecht des Bürgers in der Volksversammlung
- Mehrheitsentscheidung der Volksversammlung in allen wichtigen Fragen
- Geschriebenes Recht

Hinzu kam seit der Zeit des → *Perikles* ein liberales Element: Die Bürger können leben, wie sie wollen, d. h. ohne staatliche Überwachung der Erziehung und des Lebenswandels. Aristoteles hat die Mischverfassung nüchtern erörtert: Er hielt die zur Demokratie hinneigende Mischung aus Demokratie und Oligarchie unter normalen Umständen für die günstigste Staatsform. Wenn die (dem Vermögen nach) »Mittleren« vorherrschten, werde am ehesten dem Gemeinwohl gedient. Heute pflegen wir zu sagen, Demokratie sei zwar nicht die beste der denkbaren, aber die beste der möglichen Verfassungen. Diese pragmatische Einstellung ist uns durch die griechische Entwicklung ebenso vorgezeichnet wie das Mischprinzip, das in allen neuzeitlichen Demokratien verwirklicht ist. (F. R.)

Demosthenes

Demosthenes (* 384, † 322 v. Chr.) ist der berühmteste antike Redner. Wie → *Homer* das Epos verkörpert, so verkörpert seit der Spätantike Demosthenes die Kunst der Rede, und zwar der politischen Rede freiheitlich-republikanischer Prägung. Dabei schien ihm dieses Ziel durchaus nicht vorgezeichnet. Zum Redner bildete er sich aus, weil er anders das Vermögen seines verstorbenen Vaters, eines Athenischen Waffenfabrikanten, den betrügerischen Vormündern nicht hätte entreißen können. Mit legendär gewordener Selbstdisziplin mußte er seiner

Natur die äußeren Voraussetzungen zum Redner abringen: langen Atem, deutliche Aussprache, kräftige und modulationsfähige Stimme. Bei Isaios, einem Fachmann für Erbschaftsprozesse, bildete er sich zum Redner aus. Dem Erfolg in eigener Sache folgte eine zehnjährige ausschließliche Tätigkeit als Logograph, d. h. als Verfasser von Prozeßreden im Auftrag von Mandanten. Als Spezialist für vermögensrechtliche und bankgeschäftliche Verfahren gelangte Demosthenes zu Ansehen und Wohlstand. Seit etwa 355 schrieb und hielt er daneben auch Reden in Staatsprozessen (Verfassungsklagen), und zwar aus der Sicht und im Interesse des Besitzbürgertums, dem er nun angehörte. Seinen eigentlichen Ruhm begründete er jedoch durch die politischen Reden vor der Volksversammlung, in denen sich sein fast drei Jahrzehnte währender, mit wachsender Schärfe geführter Kampf gegen Makedonien niederschlägt. Auf die Unterstützung Olynths gegen König Philippos zielten die drei »Olynthischen Reden«. Der Agitation gegen Philippos, insbesondere gegen die zunehmende Konsolidierung des makedonischen Einflusses und gegen die Bemühungen der Versöhnungs- und Friedenspolitiker in Athen dienten neben den Reden »Über den Frieden« und »Über die Truggesandtschaft« sowie der »Chersonesrede« die berühmten »Philippischen Reden«. Auf sie bezog sich 300 Jahre später Cicero, als er im Kampf gegen Antonius seine »Philippischen Reden« hielt, vergleichbar übrigens auch wegen der Vergeblichkeit des Ringens. Denn so eindrucksvoll die Zeugnisse heroischen Einsatzes für die alte nationale Freiheit Athens und der Griechenstädte auch sein mögen, das bessere Gespür für die Realitäten und für die Erfordernisse der Stunde bewiesen – spätestens seit der Niederlage von Chaironeia (338) – die Gegner des Demosthenes, unter ihnen Aischines und Isokrates (→ *Literatur*). Verständlich ist daher die schonungslose Heftigkeit der »Kranzrede«, einer letzten Abrechnung mit den politischen Feinden und einer letzten Rechtfertigung der eigenen Politik (330) vor dem endgültigen Scheitern. Danach wurde er in eine Bestechungsaffäre hineingezogen. Es folgten Verurteilung, Gefangenschaft, Flucht, Exil. Nach Beteiligung an einem mißglückten Putsch nahm Demosthenes sich durch Gift das Leben. Der künstlerische Rang seiner Reden war stets unumstritten. An seinem Stil schätzte man die Wucht des Ausdrucks und die Glut der Leidenschaft, wofür ihm eine große Variationsbreite des Wortschatzes von der schlichten Feststellung bis zur kühnsten Metapher und eine – durch die Freiheit der griechischen Wortstellung begünstigte – differenzierte Rhythmik zu Gebote standen. Bewunderung fanden auch die scharfsinnige Argumentation, die sachkundige Einbeziehung von Dokumenten und die klare Gliederung seiner Reden. (F. R.)

Diadochenreiche

Auf dem Sterbebett soll → *Alexander der Große* auf die Frage, wem er die Herrschaft hinterlasse, geantwortet haben: »Dem Mächtigsten«. Freilich fügte der Sterbende nach den Aufzeichnungen Arrians die Prophezeiung hinzu, er sehe, daß nach seinem Tod ein gewaltiger Kampf entbrennen werde.

Die Nachfolge. Zunächst schien es allerdings, als könne dieser Kampf vermieden werden, denn die Feldherrn Alexanders hielten an der Einheit des Reiches fest, indem sie dem nachgeborenen Sohn und dem – allerdings schwachsinnigen – Halbbruder des toten Königs, Philipp Arrhidaios, die Königswürde übertrugen und einen der Ihren, Perdikkas, zum Reichsverweser erhoben. Die wahre Macht in den Provinzen behielten jedoch die Feldherrn als die Nachfolger (= Diadochen) Alexanders in ihren Händen.

Die Diadochenkämpfe. Bei der Schwäche des Königshauses – ein Säugling und ein Schwachsinniger im Besitz der Königswürde – dauerte es nicht lange, bis sich ein Wandel anbahnte. »Ehrgeiz und Machthunger waren in Alexanders Generälen stärker als die Ehrfurcht vor dem Königshaus« (Rostovzeff). Der Kampf um die Macht forderte als erste Opfer die nächsten Verwandten Alexanders. Der Bruder, die Mutter, die Gattin und der Sohn – sie alle wurden, da sie ehrgeizigen Bewerbern um die Macht im Wege standen, einer nach dem anderen umgebracht. Nach der Ausrottung der Dynastie vermochte aber keiner der Diadochen die Anerkennung als Alleinherrscher durch die anderen und, was nicht weniger wichtig war, durch das gesamte Heer für sich zu gewinnen. Auch der Bedeutendste und zeitweise Mächtigste unter ihnen, Antigonos Monophthalmos (= der Einäugige), der als einer der ältesten Gefährten Alexanders nach der Herrschaft über das Gesamtreich strebte, konnte sich nicht durchsetzen. Sein Entschluß, für sich und seinen Sohn Demetrios Poliorketes (= der Städtebelagerer) den Königstitel anzunehmen (306 v. Chr.), beschleunigte den Zerfall des Reiches; denn nun folgten seinem Beispiel auch die anderen Diadochen, »und alle wurden aus Satrapen (Statthaltern) zu Königen« (Appian). Als schließlich der achtzigjährige Antigonos Monophthalmos in der Schlacht von Ipsos in

Kleinasien fiel (301 v. Chr.), starb mit ihm der letzte Verfechter des Einheitsgedankens, den auch sein Sohn Demetrios trotz mancher Anstrengungen nicht mehr zu beleben vermochte. Das Alexanderreich zerfiel endgültig in eine Reihe kleinerer Teilreiche, unter denen drei besondere Bedeutung gewannen: Ägypten, Syrien und Makedonien.

Die Diadochenstaaten. Die Könige der neuen Reiche waren Griechen, die ihre Herrschaft, da sie landfremd waren, vom Recht des Eroberers ableiteten und ihre Macht auf Söldnerheere und auf einen straff organisierten Beamtenapparat stützten. Die Bevölkerung in Asien und Ägypten fügte sich der unbeschränkten Macht der neuen Herren willig, wie sie sich auch der früheren persischen Herrschaft gefügt hatte. Obwohl die Diadochendynastien durch die gemeinsame griechische Herkunft, durch Sprache, Kultur und Tradition eng verbunden waren, führten sie fast unaufhörlich Kriege gegeneinander, die eine Schwächung ihrer Reiche zur Folge hatten und das Aufkommen neuer Staaten begünstigten (→ *Hellenismus*).

Noch während der Diadochenkämpfe unmittelbar nach dem Tod Alexanders hatte Ptolemaios I. († 283 v. Chr.) Ägypten an sich gebracht und gegen jeden Zugriff, vor allem gegen den Versuch des Perdikkas, die Provinz zurückzugewinnen, erfolgreich verteidigt. Um aber weiter unangefochten im Besitz des reichen Landes am Nil bleiben zu können, mußten er und seine Nachfolger ihr besonderes Augenmerk auf den Schutz der Mittelmeerküste richten. Ptolemaios verlegte folgerichtig den Regierungssitz nach → *Alexandreia*, das sich rasch zum Flottenstützpunkt und zu einem hervorragenden wirtschaftlichen Zentrum entwickelte. Da die Ptolemaier ihre Herrschaft auch über die Küstenstreifen von Syrien und Palästina auszudehnen trachteten, konnten Konflikte mit dem syrischen Nachbarn nicht ausbleiben.

Weit umfangreicher, aber weniger geschlossen als das ägyptische Reich war das vorderasiatische Reich der Seleukiden, das Seleukos († 280 v. Chr.) gegründet hatte. Es umfaßte außer Syrien auch die Kernprovinzen des alten Perserreiches und den Osten bis an die Grenzen Indiens. Um dieses Riesenreich zusammenzuhalten, stützten die Seleukiden ihre Herrschaft besonders auf die Makedonen in ihrem Heer und auf die Städte, unter denen Seleukeia am Tigris eine besondere Stellung, auch als Wirtschaftszentrum, einnahm. Da die Seleukiden, wenn sie nicht vom Mittelmeerhandel und von der Verbindung zur griechischen Welt abgeschnitten werden wollten, ebenfalls die Küsten von Syrien und Palästina beherrschen mußten, verschärfte sich die Lage in diesem

Raum. Doch konnte weder Ägypten noch Syrien einen endgültigen Erfolg für sich buchen.
In diese Kämpfe wurde auch das dritte der größeren Diadochenreiche hineingezogen, → *Makedonien*, das Stammland Alexanders des Großen. Nach dem Scheitern des einäugigen Antigonos und seines Sohnes Demetrios war es dessen Sohn Antigonos Gonatas (König seit 183, † 239 v. Chr.) gelungen, das Reich zu festigen und eine Dynastie in Makedonien zu gründen. Als er aber daran ging, den Einfluß Makedoniens auch auf den ägäischen Raum auszudehnen, stieß er auf den Widerstand Ägyptens, so daß er sich gezwungen sah, das Bündnis mit den Seleukiden zu suchen, um in fortwährenden Kämpfen seinen Anspruch auf die Inselwelt zu verteidigen. Dabei entglitt den Makedonen mehr und mehr die direkte Herrschaft über Griechenland, wo sich die Städte des Nordwesten im Aitolischen Bund und die Städte auf der nördlichen Peloponnes im → *Achaiischen Bund* zusammengeschlossen, um, auch mit ägyptischer Hilfe, ihre Freiheit zu behaupten. Allein → *Sparta* fügte sich nicht, während → *Athen* zunächst vergeblich um seine Unabhängigkeit rang. Doch nahm Athen eine besondere Stellung ein, da es »seine Universitäten zur geistigen Hauptstadt des griechischen Lebensraums gemacht hatten« (Durant).
Neue Entwicklungen im Osten. Während Antigones Gonatas mit wechselndem Erfolg die Herrschaft Makedoniens über den griechischen Raum aufrecht zu erhalten suchte, begann das Reich der Seleukiden an den Rändern abzubröckeln. Geschwächt durch die unaufhörlichen Kriege, vermochte die Zentralgewalt nicht mehr, die auseinanderstrebenden verschiedenartigen Völkerschaften zusammenzuhalten. Seit etwa 280 v. Chr. gingen einzelne Kleinasiatische Provinzen (→ *Kleinasien*), Kappadokien, Pontos, Bithynien, unter einheimischen Königen ihre eigenen Wege. Beschleunigt wurde dieser Prozeß der Auflösung durch den Einfall der keltischen Galater, die nach der Niederlage gegen Antigonos Gonatas in Makedonien 277 v. Chr. in Kleinasien einfielen und sich dort festsetzten. Da die Zentralgewalt trotz anfänglicher Erfolge ihren Plünderungszügen nicht Einhalt gebieten konnte, entstanden im Kampf gegen die Eindringlinge neue Staaten, darunter vor allem → *Pergamon*.
Verschärft wurde die Krise des Seleukidenreiches, als um die Mitte des 3. Jahrhunderts v. Chr. auch die Grenzen im Osten in Bedrängnis gerieten. Nachdem sich um 250 v. Chr. Baktrien vom Reich gelöst hatte, wurden wenig später die Kernprovinzen des einstigen Perserrei-

ches eine Beute der Parther, eines halbnomadischen Reitervolks, das unter der Dynastie der Arsakiden ein mächtiges und dauerhaftes Reich begründete. Die neue Machtkonstellation im Osten wurde auch durch die vorübergehenden blendenden Erfolge des Seleukiden Antiochos III. († um 183 v. Chr.) nicht mehr rückgängig gemacht.
Das Ende. Das in vielen Kriegen erreichte und bewahrte Gleichgewicht in der Welt der Diadochenreiche wurde in Frage gestellt und schließlich zerstört, als ein mächtiger Eroberer die Hand nach dem griechischen Osten ausstreckte: Rom (→ *Römer und Griechen*). (R. V.)

Diogenes

Diogenes aus Sinope, Zeitgenosse → *Alexanders des Großen*, lebte in → *Athen*, starb hochbetagt in → *Korinth*. Sein Grabmal in Korinth war mit dem Marmorbild eines Hundes geschmückt. Gemäß der griechischen Auffassung vom Hunde wurde derjenige mit dem Spitznahmen »Hund« (Kyon) belegt, der sich nicht scheute, als »Outsider der Gesellschaft« Konvention und Sitte zu mißachten. Die Anhänger des Diogenes bezeichneten sich selbst als »Kyniker«. Sie mieden die Betriebsamkeit des Alltags und übten keinen Beruf aus; ihr Ziel war Bedürfnislosigkeit. Lukian spottet über die »schmierigen Kerle, die im groben Mantel, mit dem Ranzen auf dem Rücken, den Knüppel in der Faust umherziehen, sich als ungebetene Gäste überall eindrängen, öffentlich gegen Laster und Sittenverderbnis predigen und alles, was zu den Stützen der Gesellschaft zählt, anbelfern, heimlich aber ihren Ranzen mit leckeren Bissen füllen und ihren Lüsten frönen.« In gewissem Sinne gelten die mittelalterlichen Bettelmönche und die heutigen langhaarigen »Gammlerphilosophen« als Nachfolger der Kyniker (»Kapuziner des Altertums«). Diogenes führte ein originelles Leben in Athen, wo ein kultiviertes Völkchen den Hintergrund für sein Betätigungsfeld abgab. Man ertrug ihn und seine tollen Streiche, weil er über einen guten Witz verfügte und ihn zur rechten Zeit an hervorragenden Persönlichkeiten der Stadt zu üben wußte. Früh wurde er Gegenstand der Legende; um seine Person ranken sich zahlreiche Anekdoten: Diogenes, der am hellichten Tag mit einer Laterne umhergeht, um einen Menschen zu suchen. – Die Bösen Buben von Korinth, die schließlich vom Fasse zerquetscht werden (vgl. Wilhelm Buschs Parodie: »Diogenes der Weise aber kroch

ins Faß und sprach: jaja, das kommt von das!«). – Die Begegnung mit Alexander dem Großen: »Geh mir ein wenig aus der Sonne!«
Diese pointierten Anekdoten wollen Diogenes als den Heros der individuellen Freiheit darstellen und sich gegen die Selbstzufriedenheit des attischen Philisters wenden. Den alten Gegensatz zwischen Physis (Natur) und Nomos (konventionelle Satzung) griff er wieder auf. Diogenes erklärte, die Glückseligkeit (Eudaimonia) des Menschen beruhe auf seiner Selbstgenügsamkeit (Autarkeia). Wenn der Mensch sich an die Natur halte, wenn er sich das genügsame Tier zum Vorbild nehme, habe er nur geringe Bedürfnisse. Durch Askese (die jedoch nichts mit Weltflucht zu tun hat) könne sich der Mensch unabhängig von unnötigen Bedürfnissen machen, so daß ein erträgliches Leben ohne Sorgen möglich wird. Die Menschen aber seien vom Nomos, d. h. von der Natur und der Zivilisation, in den Bann gezogen. Bewußt stellt sich Diogenes gegen alles Konventionelle. Es ist bezeichnend, daß man ihn als »geistigen Münzfälscher« ansah, der die »Münze der Kultur, des Herkommens« umprägen will: »Ich bin ein Falschmünzer und präge den Konventionsgulden um« (Wortspiel »Nomos« = Konvention; »Nomisma« = Münze, Gulden!). Daraus hat die spätere Diogeneslegende die Geschichte herausgesponnen, Diogenes sei wegen Falschmünzerei in Sinope verurteilt worden und dann nach Athen geflohen. Eine Schule im eigentlichen Sinne hat Diogenes nicht begründet. Der Kynismus, das »Hundeleben«, ist keine theoretische Lehre, kein Moralsystem, sondern eine bestimmte Art zu leben und in der Öffentlichkeit aufzutreten. Unser Wort »Zyniker« geht auf die Benennung der Kyniker zurück, bedeutet aber etwas Schlimmeres als einen kynischen, bedürfnislosen Philosphen. (K. S.)

Empedokles

Empedokles von Akragas, dem heutigen Agrigent in Sizilien, etwa um 490 v. Chr. geboren, ist einer der bedeutendsten vorsokratischen Philosophen (→ *Vorsokratiker*); zugleich Denker, Naturforscher, Arzt und Politiker, genoß er schon bei seinen Zeitgenossen größtes Ansehen und wurde, wie er selbst mitteilt, wie ein Gott verehrt. Sein Tod wurde bald von der Legende verklärt: er soll sich durch einen Sturz in den Ätna das Leben genommen haben. Wahrscheinlich ist er aber verbannt in der Peloponnes gestorben.

Auch Empedokles' Denken kreist um das Grundproblem der frühen griechischen Naturphilosophen, die Frage nach Werden und Vergehen des Seienden. In seinem Hauptwerk »Von der Natur«, aus dem größere Bruchstücke erhalten sind, nimmt er nicht wie manche seiner Vorgänger einen einheitlichen Urstoff an, aus dem die Welt bestehe, sondern geht von vier »Elementen« aus, Feuer, Wasser, Erde und Luft; sie sind mit den Namen von Gottheiten bezeichnet, waren ihm also ein »Zwischending« von mechanisch wirkenden Wurzelkräften und göttlichen Wesen. Sie waren ursprünglich durch die »Liebe« in einer Einheit, einer Weltkugel (Sphairos), zusammengeballt. In dieser Einheit entstand der »Streit«, eine auf das Chaos abzielende Kraft; durch ihn wurde die Einheit zur Vielheit getrennt. Da aber dieser trennenden Kraft immer wieder die »Liebe« entgegenwirkt, kommt es zu einem ständigen Hin und Her; dies bildet den Ablauf der Welt im Großen und im Kleinen. Alles Seiende ist also eine Mischung, ein ständiger Wechsel; Dinge und Wesen der Welt, so auch der Mensch, sind nur in der Mittellage anzusetzen, wo sich »Liebe« und »Streit« in einer Art Balancezustand etwa die Waage halten. Der Tod, also das Vergehen, stellt nur eine andere Mischung der Elemente dar.

Auf diesem Boden steht auch seine Seelenwanderungslehre, wie sie in den »Reinigungen« enthalten ist. Die Seele wandert, vom Reich des Lichts ausgehend, durch Pflanzen-, Tier- und Menschengestalt hindurch, bis sie am Ende wieder ins Göttliche zurückkehrt. »Denn ich wurde bereits einmal Krabbe, Mädchen, Pflanze, Vogel und Fisch« heißt es in einem der Fragmente (Fragmente 116; übers. von H. Diels).

Die aus den Bruchstücken seines Werks erkennbare philosophische Theorie war von größter Wirkung auf das Denken der folgenden Zeit (z. B. auf → *Platon* und → *Aristoteles*); die Auffassung von den vier Elementen lebt ja bis heute fort, ob man nun an Goethes »Faust« oder an die Lehre von den vier menschlichen Temperamenten (lat. temperare = mischen) denkt.

In ganz anderer Weise faszinierte die Gestalt des Empedokles selber den deutschen Dichter Friedrich Hölderlin, der ihm um 1800 ein literarisches Denkmal in seiner Tragödie »Der Tod des Empedokles« setzte. Hölderlin füllt die Legende vom Freitod des Philosophen im Ätna mit Sinn: Der von seinem Volk verkannte Empedokles will sich opfern, um den Menschen sein wahres Wesen zu zeigen: er geht ins Göttliche ein, gewissermaßen so in einem neuen Mischungsprozeß die Harmonie wiederherstellend. (G. M.)

Ephesos

Die ionische Kolonie Ephesos (→ *Kolonisation*) gehörte über viele Jahrhunderte hinweg zu den bedeutendsten griechischen Städten → *Kleinasiens*. Die dem Touristen zugänglichen Ausgrabungen liegen heute sieben Kilometer von der Küste entfernt. Bereits im Altertum waren die Hafenanlagen durch Versumpfung bedroht. Die Anschwemmungen des Kaystros-Flusses erzwangen am Anfang des 3. Jahrhunderts v. Chr. eine Verlegung des Hafens, die unter großem technischen Aufwand durchgeführt wurde und die Stadt als Handelszentrum rettete.
Über die Gründung und die frühe Geschichte von Ephesos wissen wir nur sehr wenig. Im 2. Jahrtausend v. Chr. verehrte man hier die kleinasiatische Muttergottheit Kybele (Magna Mater), deren Kult dann in dem weltberühmten griechischen Artemis-Heiligtum weiterlebte. Die Artemis von Ephesos und ihr zu den antiken Weltwundern zählender Tempel zogen, modernen Wallfahrtsorten vergleichbar, Jahr für Jahr Tausende von Menschen an, die natürlich einen wichtigen Wirtschaftsfaktor der als Umschlageplatz Ost und West und Nord und Süd verbindenden Stadt bildeten. Schlaglichtartig beweist das auch ein anschaulich erzähltes Ereignis, das uns im 19. Kapitel der Apostelgeschichte überliefert wird: Ein gewisser Demetrios, der, wie wir heute sagen würden, von Beruf Devotionalienhändler war, sah durch das Auftreten des großen Christenapostels Paulus und die von ihm verkündigte Lehre sein Geschäft mit silbernen Nachbildungen des Artemistempels bedroht. Deshalb rief er seine Zunftgenossen zusammen und hetzte sie gegen Paulus auf. »Als sie das hörten, wurden sie wütend und riefen: ›Groß ist die Artemis von Ephesos!‹ Die Unruhe breitete sich in der ganzen Stadt aus . . .«
In den großen Auseinandersetzungen des 5. Jahrhunderts v. Chr. (→ *Perserkriege*) trat Ephesos dem Attischen Seebund (→ *Athen–Geschichte*), bei, während es im → *Peloponnesischen Krieg* auf der Seite der Spartaner kämpfte. Nach dem Zusammenbruch der Vormachtstellung Athens wurde es seit 386 v. Chr. wiederum den Persern tributpflichtig, bis → *Alexander* der Große im Jahre 334 v. Chr. diesen Zustand beendete und das demokratische Regierungssystem wieder herstellte.
Eine außerordentliche Blüte erlebte die Stadt in den der erwähnten Hafenverlegung folgenden hellenistischen (→ *Hellenismus*) Jahrhunderten. Die Römer verleibten die Stadt im Jahre 133 v. Chr. ihrem

Machtbereich ein. Als Hauptstadt der Provinz Asien erreichte die Stadt unter dem Kaiser Augustus die beachtliche Zahl von 100 000 Einwohnern. Sie blieb auch in den ersten nachchristlichen Jahrhunderten wirtschaftliches, politisches und religiöses Zentrum an der Westküste Kleinasiens, bis sie im 4. Jahrhundert von dem neu gegründeten Konstantinopel überflügelt wurde.

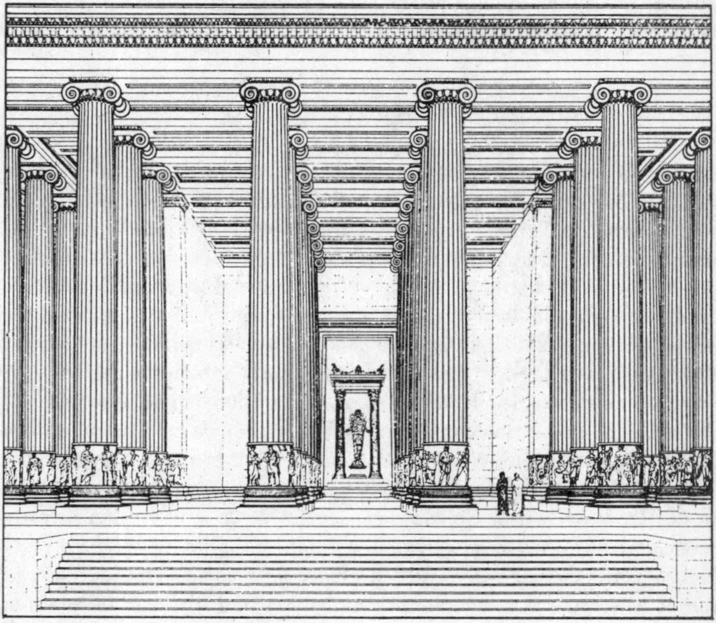

Jüngeres Artemision in Ephesos.
Westfront mit Einblick in Pronaos und Sekos (nach F. Krischen)

Die eingangs erwähnten Ausgrabungen vermitteln in eindrucksvoller Weise das Bild einer hellenistisch-römischen Großstadt mit griechischer Bevölkerung. Die West- und Südseite des 155 Meter hohen Pionberges (Panayir Dağ) säumt ein ausgedehntes Ruinenfeld. Von den Sitzreihen des auf halber Berghöhe im 3. Jahrhundert v. Chr. angelegten und im 1. Jahrhundert erneuerten Theaters hatte und hat man einen herrlichen Blick auf Stadt und Hafen. Freilich stammen die Gebäude und Straßen,

die das heutige Ausgrabungsfeld prägen, fast alle aus römischer Zeit, so auch die mit einer 11 Meter breiten mittleren Fahrbahn ausgestattete Prachtstraße zum Hafen, die von prunkvollen Säulenhallen und Läden verschiedenster Art gesäumt war.
Mit Geschichte und Tradition des Christentums ist Ephesos eng verbunden. Einer bis ins 2. Jahrhundert zurückreichenden Überlieferung zufolge gilt die Stadt als Sterbeort des Apostels Johannes. Im Jahre 431 fand hier ein stürmisch verlaufenes Ökumenisches Konzil statt. (S. G.)

Epidauros

Epidauros, an der Ostküste der Peloponnes in der Landschaft Argolis gelegen, ist einer der griechischen Orte, deren Blütezeit erst in der nachklassischen Periode liegt: im Verlauf des 4. Jahrhunderts v. Chr. wurde der Kult des Asklepios, des Gottes der Ärzte, von der Insel Kos ausgehend in Epidauros heimisch, vermutlich weil sich hier Heilquellen fanden. Auch die landschaftlich reizvolle Lage und das angenehme Klima werden dazu beigetragen haben, daß sich schnell ein regelrechter Kurbetrieb entwickelte. Die Asklepios-Priester betreuten die »Kurgäste«, wobei neben den Heilquellen vor allem der heilige Tempelschlaf »verordnet« wurde; auch die dem Asklepios heiligen Schlangen – noch heute ist die Asklepios-Schlange Symbol der Ärzte – spielten wohl eine »therapeutische« Rolle.
In der Folgezeit wurde Epidauros zu einem der bedeutendsten Kurorte Griechenlands; dies bezeugen z. B. zahlreiche Inschriften und Votivgaben der dort Geheilten. Natürlich blühte an diesem Platz, der sich in seiner Mischung von Religion, Aberglauben und Medizin am ehesten mit modernen Wallfahrtsorten vom Typ Lourdes vergleichen läßt, auch der Tourismus. So kann man noch heute die Grundmauern eines für antike Verhältnisse geradezu riesigen Kurhotels mit weit über 100 Zimmern erkennen. Auch der gesamte sonstige archäologische Befund spricht dafür. Neben verschiedenen Tempeln, darunter ein Rundtempel, die Tholos, in der die heiligen Schlangen gehalten wurden, finden sich Kureinrichtungen wie z. B. eine Liegehalle, ein Stadion, weiter ein Odeion, d. h. ein überdachtes Theater, und schließlich das weltberühmte (Freilicht-) Theater, das schon in der Antike als eines der schönsten überhaupt galt. Erbaut in der 2. Hälfte des 4. Jahrhunderts, verfügt es über 30 000 Plätze. Trotz seiner 120 Meter Durchmesser

überrascht es noch heute durch seine unvergleichliche Akustik, seine harmonische Einbettung in das von bewaldeten Hügeln umschlossene Tal und durch den ausgezeichneten Erhaltungszustand. (G. M.)

Epigraphik

Das Wort Epigraphik leitet sich ab von griechisch epi=»auf«, und graphein =»schreiben«, bedeutet also die Wissenschaft von den Aufschriften oder Inschriften. Wie auch wir heute, schrieben die Griechen gerne überall etwas hin, z. B. ihren Namen, einen witzigen Hinweis, einen Tadel, ein Lob, etwas Politisches usw.
Für uns sind die Inschriften wertvolle historische und kulturgeschichtliche Quellen, die seit dem 8. Jahrhundert v. Chr. zu fließen beginnen und weit bis in die Spätantike reichen. So ist etwa die älteste griechische Inschrift, die wir haben, auf einem großen Krug eingeritzt: »Wer jetzt von allen Tänzern am lustigsten tanzt, der soll dies als Siegespreis erhalten.« Der Krug diente also als Preis bei einem Wettbewerb.
Die Inschriften berichten uns von Dingen, die uns sonst unbekannt wären. So lesen wir heute noch auf Stein geschrieben oder sonst auf dauerhaftem Material eingeritzt Gesetze, Volksbeschlüsse, Listen von Sklavennamen, Schülerlisten aus Gymnasien, Weiheinschriften auf Weihegeschenken für die Götter, Zauberinschriften usw. Im Altertum waren übrigens die Inschriften auf Steinen sehr viel besser zu lesen als bei uns heute, weil man zu allermeist die Buchstaben, die eingemeißelt waren, mit roter Farbe nachmalte.
Man begann die griechischen Inschriften schon bald zu sammeln; den Anfang machte der berühmte Gelehrte Cyriacus von Ancona (um 1400). Heute sind die unendlich vielen gesammelten Inschriften in riesigen Sammlungen zusammengefaßt. Bis etwa 1918 waren die Deutschen in der Herausgabe der Inschriften führend; heute sind es die Franzosen. (O. S.)

Epikur

»Alles Wählen und Streben geht doch auf das Wohl des Leibes und die Ruhe der Seele; denn das ist das Ziel eines glücklichen Lebens. Und was wir tun, tun wir, um der Unlust zu entfliehen und die Ruhe der Seele zu finden.« So beschreibt der Begründer dieser lebensphilosophischen Schule, Epikur aus Samos (* 341, † 270 v. Chr.), den Inhalt seiner Lehre. Er betrieb seine Schule seit 306 in Athen in einem Garten, weswegen man seine Schüler »Die aus dem Garten« nannte. Was wollte er mit seiner Lehre? Er wollte die Menschen vom Druck des Fatum, des verhängten Schicksals, befreien. Ein solches »Verhängnis« wäre die Beeinträchtigung jeglichen Lebensgenusses. Um die Freiheit des Menschen zu retten, hat Epikur den Begriff des Zufalls in seine Lehre eingeführt; er und seine Schüler führten einen ständigen Kampf gegen das stoische Fatum (→ *Stoiker*). Der Kernsatz der Ethik Epikurs lautet: Das sittlich Gute besteht in der *Lust*. Ist die Lust (hedone, davon abgeleitet die Begriffe Hedonismus, Hedonisten) das Ziel, dann heißt die praktische Anweisung: »Begehre und genieße!« Das ergibt eine ganz neue Einstellung zum Leben. Was dann *gut* ist, entspricht nicht irgend einer Ordnung realer oder irrealer Art, sondern ergibt sich aus unserem Begehrungsvermögen: Weil mir etwas gefällt und Lust bringt, deswegen nenne ich es gut; weil es mir nicht gefällt, deswegen nenne ich es nicht gut. Damit ist das Denken des → *Aristoteles* »Weil etwas gut ist, darum gefällt es mir« auf den Kopf gestellt. Welche Lust hatte Epikur gemeint? Er selbst, eine vornehme und anziehende Persönlichkeit, anspruchslos, mild und gütig, versteht darunter die Lust der Schmerzlosigkeit und die Freiheit von seelischen Erschütterungen, den Frieden und die Stille des Gemütes. Er sprach davon, daß man den geistigen Genüssen den Vorzug geben solle vor den körperlichen; daß man nicht blind und gierig den nächstbesten Genüssen nachgeben dürfe, sondern eine *Meßkunst* anzuwenden habe, die auf das Ganze des Lebens schaut und alles gegeneinander abwägt, damit nicht für eine momentan gierig ergriffene kleine Lust eine in Aussicht stehende größere verscherzt werde. Epikur wollte weniger eine exakte philosophische Theorie bieten, als vielmehr zu einem Lebensstil ermuntern, der vom stoischen Fatum wegführen sollte. Sicherlich macht man es sich zu einfach, wenn man sich im Namen des individuellen Lustprinzips auf Epikur beruft, ohne dessen Zielrichtung zu kennen.

Schauen wir noch auf die Schätze an praktischer Lebensweisheit, die Epikur der Menschheit geschenkt hat: Die Aufgeschlossenheit für die Werte des Daseins, für den Reichtum und die Schönheit der Welt. Jene Werte drohten im harten Pflichtprogramm der Stoa verloren zu gehen. Das Wort des Horaz: »Carpe diem!« (Pflücke, genieße den Tag!) meint nicht die Unersättlichkeit im Lebensgenuß, sondern die Bejahung des

Lebens in seiner ganzen Fülle. Die Lebensweisheit »derer vom Garten« kennt die Tugend des Sichbescheidenkönnens, die Selbstgenügsamkeit. Die bekannte Aufforderung Epikurs: »Lebe im Verborgenen!« erinnert daran, daß in der Zurückgezogenheit und in der Stille dem Menschen eine neue Wirklichkeit aufgehen kann, daß Ruhe und Aufgeklärtheit in den Menschen einziehen und der stille Glanz und der heitere Friede des Herzens aufblühen kann. »Die Krone der Seelenruhe ist unvergleichlich wertvoller als hohe Führerstellung« (Epikur). Der Kult der Freundschaft: Die Stoa drängte in die Welt, ins Politische; der »Garten« sucht das Glück im Kleinen, den Kreis der ausgesuchten Freunde.

»Ich hasse den gemeinen Pöbel und halte mich fern«, dichtet später Horaz. Daß man sich auf das Innere zurückzog, lag an den politischen Verhältnissen. Das Bekenntnis zum Individualismus bedeutete nicht Egoismus. »Unter allem, was die Weisheit zum Glück des Lebens beiträgt, ist nichts größer, nichts fruchtbarer, nichts freudvoller als die Freundschaft«, und: »Man wählt die Freunde um der Lust willen, aber für seine Freunde nimmt man die größten Schmerzen auf sich.« Einer solchen Lebenslehre ging es um mehr als das Sich-vergnügen. Sie kennt sehr wohl die Unsicherheiten und Fragwürdigkeiten im Menschen und im Leben, versucht sie aber in einem noch stärkeren Glauben an diese Menschen und an dieses Leben zu überwinden. (E. K.)

Eratosthenes

In Eratosthenes von Kyrene, geboren um 280 v. Chr., begegnen wir einem der vielseitigsten Gelehrten des Altertums. Er selbst nannte sich »Philologe«, im Sinn von »Liebhaber jeder Wissenschaft«. Leistete er auch Ausgezeichnetes auf den verschiedensten Gebieten, als Geograph, Mathematiker, Historiker und auch als Dichter, so doch nicht geradezu Geniales auf einem Gebiet. Seine Freunde gaben ihm die Beinamen «Pentathlos« und »Beta«, was sich deuten ließe mit »Allroundman zweiten Ranges«.

Nach dem Studium der Grammatik und Literaturgeschichte bei Lysanias wie der Dichtkunst bei Kallimachos zog der junge Eratosthenes für längere Zeit nach Athen, wo er Schüler verschiedener, damals bedeutender Philosophen war – genannt werden Zenon, Ariston, Arkesilaos. Im Jahr 246 oder 245 wird er von Ptolemaios III. Euergetes als Vorsteher der Bibliothek und Erzieher des Kronprinzen Philopator nach → *Alex-*

andreia berufen, wo er frei von wirtschaftlichen Sorgen und ausgestattet mit den besten wissenschaftlichen Unterlagen seiner Zeit arbeiten konnte. Im hohen Alter von etwa 80 Jahren soll der angesehene Gelehrte erblindet und eines selbst gewählten Hungertodes gestorben sein.

Leider ist uns kein Werk des Eratosthenes vollständig erhalten; nur zahlreiche Fragmente sind überliefert. Es gelingt schwer, ein Gesamtbild aus so vielen kleinen Mosaiksteinen zusammenzubauen. Sicher war ein Mittelpunkt seiner Forschung die Erweiterung des geographischen und mathematischen Wissens.

Die berühmteste wissenschaftliche Leistung des Eratosthenes ist seine *Berechnung des Erdumfanges.* Alexandria und Syene liegen in einer Entfernung von 5000 Stadien fast auf dem gleichen Meridian. Eratosthenes beobachtete: Steht die Sonne zur Zeit der Sommersonnenwende in Syene genau im Zenit, so bilden ihre Strahlen in Alexandreia mit der Senkrechten einen Winkel α von ein Fünfzigstel von vier rechten Winkeln. So ergeben sich 250 000 Stadien für den Erdumfang, ein Wert der dem wirklichen von rund 40 000 km sehr nahe kommt.

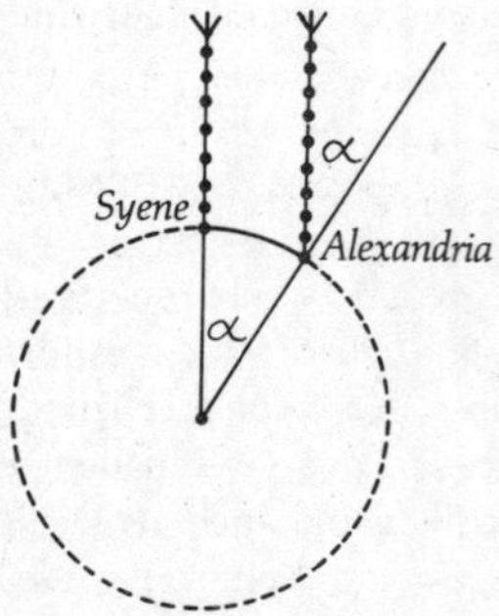

In seinem bedeutenden, aus drei Bänden bestehenden Werk »Geographika« verwirft Eratosthenes die alten, größtenteils durch Mythen entstandenen Erdbilder und beginnt, die Geographie auf wissenschaftlichen Grundlagen aufzubauen. Er beweist die Kugelgestalt der Erde, erörtert Fragen der Bewohnbarkeit und spricht von der Möglichkeit einer Erdumseglung. Einen gewaltigen Fortschritt in der Erdmessung bildete seine Einführung eines *geographischen Gradnetzes* aus Parallelkreisen und Meridianen, das er zur Erstellung einer *Weltkarte* verwendete.

Die heute noch bekannteste mathematische Entdeckung des Eratosthenes ist das sogenannte *»Sieb des Eratosthenes«*, eine einfache Methode zur Auffindung von Primzahlen aus einer endlichen Menge natürlicher Zahlen, indem man alle Vielfachen der Primzahlen 2, 3, 5, 7, 11 usw. »aussiebt«, außer diesen Zahlen selbst. So bekommt man z. B. bereits alle Primzahlen zwischen 1 und 100 durch Wegstreichen der Vielfachen von 2, 3, 5 und 7.

Wesentlich interessanter jedoch ist seine Lösung des schon von einer Reihe von Mathematikern vor ihm behandelten, berühmten *»Delischen Problems«* oder der *»Verdoppelung des Würfels«*. Sie findet sich am Anfang seines Buches »Platonikos«, welches vermutlich als Dialog mit → *Platon* als Hauptperson über die Grundbegriffe der Mathematik, wie auch über philosophische und musiktheoretische Fragen gestaltet war. Nach Eratosthenes soll den Deliern zur Befreiung von der Pest in einem Orakelspruch der Auftrag erteilt worden sein, einen Altar, der die Form eines Würfels hatte, zu verdoppeln. Verzweifelt habe man Platon um Rat gefragt. Dieser sah in dem Orakel die Aufforderung an die Griechen, die Mathematik nicht zu vernachlässigen. Eratosthenes führte die Aufgabe auf die Konstruktion von zwei mittleren Proportionalen zu zwei gegebenen Strecken zurück und erfand einen einfachen Apparat, das Mesolabon, zur mechanischen Lösung des Problems. Ein Bronzemodell dieses Instruments zusammen mit dem Beweis und einem Ptolemaios III. gewidmeten Epigramm ließ Eratosthenes als Weihgeschenk an einer Marmorsäule im Ptolemaion in Alexandreia anbringen. Das besondere Interesse des Mathematikers Eratosthenes scheint überhaupt der Theorie der Verhältnisse und Mittel gegolten zu haben. Einige Stellen aus der zweibändigen Abhandlung »Über Medietäten« sind von Pappos überliefert.

Vielseitigkeit und Produktivität dieses Mannes sind unwahrscheinlich. So verfaßte er Abhandlungen zur Ethik, wie auch grammatische und literaturgeschichtliche Schriften – darunter ein großes Werk über die alte griechische → *Komödie* –, sammelte Mythen über die Sternbilder (→ *Astrologie*; → *Astronomie*) und erwies sich als ausgesprochen begabter Dichter. Bekannte Gedichte sind »Erigone« und »Hermes«, eine Himmelsbeschreibung in Hexametern. Mit seinem Werk »Chronographie« war Eratosthenes schließlich der Begründer der wissenschaftlichen Chronologie, indem er kritisch alle unkontrollierbaren Legenden verwirft und als erster historische Ereignisse nur aufgrund authentischer Dokumente wie z. B. der Liste der olympischen Sieger festlegt. (E. P.)

Ernährung

Ein moderner Reisender, der französische oder italienische Tafelfreuden genossen hat, wird von der griechischen Küche etwas enttäuscht sein, birgt sie doch nur wenig Abwechslung; einige Glanzlichter der Tafel stammen sogar aus türkischer Zeit. Damit setzt sich nur eine Tradition aus der Antike fort, die letztlich erzwungen ist von der Kargheit des Landes. Üppige Gastmähler, wie wir sie aus Rom kennen, gehörten nicht zur Lebensart der Griechen. Seinen → *Wein* verstand er zu genießen, und die Symposien erlangen sogar in der Literatur Berühmtheit. Die Mahlzeiten dagegen blieben bei Reichen und Armen gleichermaßen einfach und bescheiden, und fast möchte man ein wenig von Einfallslosigkeit der Küche sprechen.
Die Gaumenfreuden der Homerischen Helden beschränkten sich auf ein tüchtiges Stück Fleisch: »So saßen wir denn den ganzen Tag bis zum Untergang der Sonne, unsäglich viel Fleisch und süßen Wein genießend«, heißt es einmal, und von »Tischen voll Brot und Fleisch« ist an anderer Stelle als Ziel eines genußreichen Lebens die Rede. Rinder, Ziegen, Schafe, Schweine und daneben auch Wild wurden am Bratspieß über dem Feuer gebraten und vor dem Anrichten mit Mehl bestäubt. Daneben gab es noch eine Art Blutwurst aus Geißmagen mit Fettstücken und Blut gefüllt, die ebenfalls über dem Feuer gebraten wurde und anscheinend recht beliebt war; denn sie wurde als Siegespreis bei dem Boxkampf zwischen dem Bettler Iros und Odysseus ausgesetzt. Schon die Kinder der Adeligen erhielten ihre tüchtigen Fleischportionen. So heißt es von Hektors Söhnchen, daß er auf das Vaters Knien »Rückenmark nur aß und das fette Fleisch von Schafen«. Aber das gab es eben nur für Helden und Heldensöhne, für das übrige Volk hingen die Fleichtöpfe oder -spieße schon erheblich höher. Allen vergönnt war noch der Ferkelbraten, den die Herren im allgemeinen verschmähten. »Iß nur, Fremdling, was für die Knechte bleibt: Ferkelfleisch. Die Mastschweine essen die Freier«, entschuldigte sich schon der Schweine-

hirt Eumaios bei Odysseus. Fischkost blieb ebenfalls den Armen, und nur in großer Not läßt Homer seine Helden zu Fischen greifen. Als Beikost bei den Reichen und häufige Hauptnahrung bei den Armen dienten Gemüse wie Erbsen, Saubohnen, Zwiebeln, dazu Feigen, Birnen und Äpfel und schließlich die Oliven, die zugleich ausgepreßt das Öl lieferten. Brot wurde von den Frauen aus Weizen oder Gerste, dem »Mark der Männer«, gebacken. Schon in der homerischen Zeit gab es den Gerstenbrei. Gleichermaßen beliebt bei allen war als Nachtisch eine Art Kaltschale aus frischem Ziegenkäse, Honig und Pramnischem Wein. Dieser Speisezettel der homerischen Zeit änderte sich in der klassischen nur insofern, als das Fleisch etwas seltener wurde. Die meisten Griechen begnügten sich mit einem einfachen Frühstück und einer ebenso kleinen Tagesmahlzeit, während sie am Abend die Hauptmahlzeit einnahmen. Als Schlemmer galten die Bewohner Boiotiens. Das »Rinderland« bot, wie schon der Name ausweist, mehr Herden- und Nutzvieh als die anderen Gebiete und war auch reicher an landwirtschaftlichen Produkten, nicht zu vergessen die großen, fetten Aale aus dem Koipassee, die in ganz Griechenland beliebt waren. Kein Wunder, daß die Boiotier im allgemeinen und die Thebaner im besonderen weniger als Gourmets, sondern vielmehr als Gourmands verschrien waren. Ein Dichter spottet: »In Theben sitzt man Tag und Nacht zu Tisch, jeder hat seinen Misthaufen vor der Tür, und es gibt nichts besseres für sie als satt zu sein.« Im Gegensatz zu den Thebanern galten die Spartaner als wahre Hungerleider und kulinarische Banausen. Das bekannteste Hauptgericht bildete die sogenannte »Schwarze Suppe«, in Blut gekochtes Schweinefleisch, das mit scharfem Essig und Salz gewürzt wurde. Entsprechend kursierten in ganz Griechenland auch Anekdoten über die Hungerleiderei der Spartaner. Als einmal ein spartanischer Reisender in einer Herberge einen kleinen Fisch gekauft und ihn dem Wirt zum Zurichten übergeben hatte, forderte dieser noch Käse, Essig und Öl. Worauf er zur Antwort erhielt: »Wenn ich das alles gehabt hätte, würde ich mir nicht den Fisch gekauft haben!« Die Mitte zwischen bäuerlichen Schlemmern und kriegerischen Hungerleidern hielten die Athener mit ihrer Küche. Bescheiden war auch sie und gab daher den Lustspieldichtern öfters Anlaß zum Spott, aber anscheinend machten athenische Köche aus der üblichen Not auch geschickt eine Tugend. So heißt es z. B. bei einem Dichter der hellenistischen Zeit: »Keiner von uns liebt die attische Küche. Man trägt da eine große Schüssel auf, in der fünf kleine Schüsselchen stehen. Davon erhält das eine Knoblauch, das andere zwei

Seeigel, das dritte eine süße Mehlspeise, das vierte zehn Austern, das letzte ein wenig Kaviar. Während ich nun esse, läßt der andere etwas anderes verschwinden, während jener aber ißt, vertilge ich dieses. Ich möchte nun aber gern sowohl von jenem als auch von diesem. Allein mein Wunsch ist unerfüllbar; denn ich habe keinen fünffachen Mund. Die Sächelchen gewähren wohl einen bunten Anblick, taugen aber nicht für den Magen. Man füllt wohl den Mund, wird aber nicht satt.« Nach dieser Aussage dürften die Athener als die Erfinder der Hors d'oeuvres gelten.

Ein Hauptnahrungsmittel für die Bevölkerung bildeten Gerstenbrot und vor allem der Gerstenbrei. Wenn auch → *Solon* den Genuß von Weizenbrot auf die Festtage beschränkt sehen wollte, so führten es doch die Bäcker der perikleischen Zeit, aber schon vom Preis her blieb es den Wohlhabenden vorbehalten. Als Zukost dienten billige Gemüse wie Bohnen, Erbsen, Rüben, Zwiebeln oder Linsen und natürlich Knoblauch und dann vor allem gesalzene Fische. Thunfische wurden vom Schwarzen Meer importiert und waren so billig, daß es in Athen ein geflügeltes Wort gab: »Billiger als Salzfisch«. Man bestrich sie mit Öl, wickelte sie in Blätter und briet sie in heißer Asche. Die heimischen Fischer lieferten die ebenfalls beliebten Meeresfrüchte Muscheln, Tintenfische, Krebse und vor allem Sardellen, die ebenso billig wie zart waren und »das Feuer nur zu sehen brauchten«.

Sardellen bildeten auch den Grundstoff für das »Garum«, eine Art Würzsoße aus an der Sonne angefaulten Fischen, die vergoren, gewürzt und dann verkocht wurden. Die so entstandene Brühe mußte man mehrmals durchseihen, bis eine völlig klare Flüssigkeit entstand (genaues Rezept → Pleticha/Schönberger, »Die Römer«, S. 165).

Im Gegensatz zu den Fischen war Fleisch teuer. Rinder, Schweine, Schafe und Ziegen wurden geschlachtet, fetter Eselsbraten galt als eine Art Delikatese. Auch der schon für die homerische Zeit erwähnten Blutwurst begegnen wir wieder als beliebter Speise, nun aber nicht mehr in Ziegenmägen, sondern in Därme abgefüllt, gut gewürzt und mit Graupen gestreckt. Auch eine Art Salami aus Eselsfleisch scheint es gegeben zu haben. Zu solchen Produkten der Landwirtschaft gesellten sich Wild und Geflügel. Als beliebte Delikatesse galt der Hase, gab es doch das geflügelte Wort: »in lauter gebratenen Hasen leben«. Wenn es gut ging, flogen auch »gebratene Drosseln mit Milchkuchen ins Maul«. Zu Enten, Gänsen und Hühnern gesellten sich Amseln, Stare, Wachteln, alle drei heute noch beliebt in Mittelmeerländern, merkwürdigerweise aber auch Häher und Dohlen. Allerdings dürften letztere wieder mehr das Geflügel des armen Mannes gewesen sein. Bleibt noch der zu allen Zeiten und selbst bei bescheidenen Essern beliebte Nachtisch, der aus Käse und Obst, gelegentlich auch aus Backwerk oder einer thessalischen Pastete bestand.

Damit ergab sich immerhin eine gewisse Vielfalt, die Feinschmecker auch nach besten Kräften auszunutzen. So lautet eines der wenigen uns bekannten vollständigen Schlemmer-Menüs in den »Acharnern« des Aristophanes (→ *Komödie*): als Vorspeise Hasenpfeffer, danach Salzfische, gebratene Drosseln und Tauben, dann Hasenbraten, Blutwurstmagen und mit Honig beträufelte Kuchen.

In einer anderen Komödie werden auch die Gänge einer Bettlermahlzeit genannt: Gerstenbrei, Bohnen, Lupinen, Rüben, Erbsen, Wicken, Zwiebeln, wilde Birnen und Feigen.

In der hellenistischen und vor allem in der römischen Zeit änderte sich dann allerdings das Bild bei den Reichen; denn aus → *Großgriechenland*, vor allem aus Sizilien, aber auch aus Rom kamen Köche eigens nach Athen, wo sie sich niederließen und ihre Kunst gegen entsprechend hohen Lohn ausübten, um die Festmähler zu bereichern.

Häufigstes Getränk bei den Mahlzeiten war wohl Wasser oder ein billiger Landwein, meist sogar verdünnt (→ *Wein*). Die guten und teueren Weine blieben nach dem eigentlichen Essen den Symposien vorbehalten. Aber auch viel Ziegenmilch und ein Milchgetränk aus Honig und Wasser wurden getrunken. (H. P.)

Erziehung

Homerische Zeit. Wenn auch die klassische griechische Erziehung entsprechend der Stammesverschiedenheit eine Vielfalt von Erziehungsmethoden aufweist, so darf man doch mit Fug und Recht den Homerischen Epen (→ *Homer*) eine große Bedeutung auch für die klassische Epoche zuschreiben. Freilich ist die griechische Kultur der heroischen Zeit ein Vorrecht einer an ritterlichen Normen orientierten Kriegeraristokratie, und fast nur aus diesen Kreisen sind uns nähere Einzelheiten über den Erziehungsvorgang bekannt. Die Maxime ritterlichen Handelns, »immer der erste zu sein und ausgezeichnet vor andern«, setzt ein Bildungsverständnis voraus, in dem der Gedanke des Ruhmes einen erheblichen Einfluß hat. Daher kommt der Einübung der ritterlichen

Künste und Sportarten große Bedeutung zu. Cheiron, der Prototyp aller heroischen Erzieher, unterrichtete seinen Schüler Achill im Waffenhandwerk, in der Heil- und Kräuterkunde, in Leierspiel, Mantik (Wahrsagekunst), Gesetzeskunde und Religion, während Phoinix den jungen Mann im Kriegsdienst unterwies und für seine Ausbildung zum gewandten Redner sorgte. Immer ist das Vorbild eines älteren Erziehers, der die Ausbildung eines jungen Adeligen übernommen hat, pädagogisches Grundmotiv.

Sparta. In vorklassischer Zeit (8.–6. Jahrhundert v. Chr.) ist das Leben in → *Sparta* noch von einer gewissen Weltoffenheit gekennzeichnet, doch überwog schon die militärische Komponente in der Erziehung. Bildungsideal war der Soldat, der im Dienste für den Staat aufgeht. Immerhin stellt Sparta in dieser Zeit noch einen Großteil der Sieger in → *Olympia:* ein Zeichen dafür, daß körperliches Training noch nicht allein als Vorbereitung auf den Kriegsdienst gesehen wurde. Auch das nackte Auftreten der Kämpfer scheint eine spartanische Neuerung aus dieser Epoche zu sein, und die Beteiligung der Mädchen an sportlichen Veranstaltungen galt durchaus als legitim. Noch zu Beginn des 6. Jahrhunderts v. Chr. gaben die Lyriker Tyrtaios und Alkman – Dichter und Musiker in einem – der Stadt das kulturelle Gepräge, und der Staat selbst gab durch die Veranstaltung religiöser Feste dem Bemühen der Künstler ein Forum. Um die Mitte des 6. Jahrhunderts v. Chr. jedoch registrieren wir eine zunehmende Erstarrung des öffentlichen Lebens, verursacht durch die wachsende politische Isolierung der regierenden Schicht der Spartiaten. Dem mythischen Gesetzgeber Lykurg wird die bis in den Bereich des familiären Lebens reichende Reglementierung des Menschen zugeschrieben. In der vom Staat in totalitärer Weise überwachten Erziehung dominieren nun militärische Gesichtspunkte: Ziel ist die Dressur einer aristokratischen Kriegerelite zur Verteidigung der politischen und sozialen Vorrechte der herrschenden Minderheit. Dem totalitären Charakter des Menschenbildes entsprechend begann die Erziehung bereits vor der Geburt des Kindes durch eugenische Maßnahmen, die der Staat sorgfältig überwachte. Laufen, Ringen, Diskus- und Speerwerfen waren Disziplinen, in denen sich die jungen Mädchen übten, »damit die in einem starken Körper erzeugte Frucht kraftvoll aufkeimen und gedeihen, sie selbst aber die zur Geburt erforderlichen Kräfte erlangen und die Wehen leicht und ohne Gefahr überstehen könnten« (Plutarch, Lykurgos 14). Nach der Geburt wurde das Kind einem Rat der Alten zur Begutachtung übergeben. Kam dieses Gremium zu der Ansicht, daß das Kind schwächlich oder verunstaltet sei, wurde es in ein tiefes Loch am Taygetos geworden. Die Spartanerinnen testeten deshalb den Gesundheitszustand der Kinder, indem sie diese nach der Geburt nicht in Wasser, sondern in Wein badeten, da, wie sie glaubten, schwächliche Kinder vom Wein ohnmächtig würden, während die gesunden durch diese Prozedur kräftiger und stärker würden. Bis zum siebten Lebensjahr wuchs das Kind nun im Bereich der Familie heran, wobei den Armen eine überragende Rolle zukam:

> »Die Ammen zogen sie auf, ohne Windeln zu gebrauchen, und gaben so dem ganzen Gliederbau etwas Freies und Ungezwungenes; sie gewöhnten die Kinder, mit jeder Speise vorlieb zu nehmen und nicht wählerisch zu sein, sie sahen darauf, daß sie im Finstern und in der Einsamkeit ohne Furcht blieben, und verwahrten sie vor dem unartigen Eigenwillen und dem damit verbundenen Weinen.«
> (Plutarch, Lykurgos 16; übers. von Kaltwasser-Floerke)

Wenn lakonische Ammen sogar in Athen als Erzieherinnen gerne angestellt wurden, mag man dies als einen Vertrauensbeweis für sie werten. Vom siebten Lebensjahr an wurden die Knaben – unter der Oberaufsicht eines »Paidonomos«, in kleine Gruppen eingeteilt – von älteren Jugendlichen nach dem an moderne Modelle erinnernden Prinzip »Jugend führt Jugend« vor allem im Hinblick auf militärische Ertüchtigung erzogen. Brachte man ihnen auch die Fundamente des Lesens und Schreibens bei, so trat doch die intellektuelle Ausbildung stark hinter der gymnastischen zurück. Gehorchen und Strapazen Ertragen galt in einem auf militärische Tugenden angewiesenen Bildungssystem mehr als Geistesbildung. Kurzer Haarschnitt, ja mangelnde Körperpflege, ein einziger Mantel als Bekleidungsstück für ein ganzes Jahr, Gemeinschaftsunterkunft auf primitiven, aus Eurotasschilf bestehenden Lagerstätten waren Kennzeichen dieser ganz auf Askese und Abhärtung zielenden Pädagogik. Um die soldatischen Tugenden des auf sich selbst gestellten Einzelkämpfers bei den Jugendlichen zu provozieren, rationierte man die den Knaben zugeteilten Lebensmittelportionen und hielt sie bewußt zum Stehlen an, freilich mit dem Hinweis, sich bei dieser Tätigkeit ja nicht ertappen zu lassen. Mit 16 Jahren wurde der Spartaner dann in einer Reihe von Initiationsriten in die Welt der Erwachsenen eingeführt. Hierzu zählte auch die »Krypteia«: für einige Zeit lebten die jungen Leute irgendwo auf dem Lande, wobei sie für ihre Verpflegung selbst Sorge zu tragen hatten. Während sie sich tagsüber versteckt hielten, brachen sie des Nachts auf und töteten jeden Heloten, der ihnen begegnete. Hatte der junge Spartaner dieser Prüfungen gut bestanden, so durfte er im Alter von 30 Jahren als Vollbürger mit allen Rechten an den gemeinsamen Mahlzeiten der Spartiaten teilnehmen. Diese vom Staat zwangsverordneten »Tischgesellschaften« erinnerten eher an ein Kasernenleben als an das eines freien Mannes. Ganz im Gegensatz zu den übrigen griechischen Stämmen erhielten die Mädchen eine ähnliche Erziehung wie die Jungen. Nach Lykurgos', Vorstellungen sollten durch das vor allem gymnastische Übungen enthaltende Training alle Weichlichkeit, Verzärtelung und andere weibische Eigenschaften ausgerottet werden, und Plutarch vermerkt erstaunt und gleichzeitig voller Achtung, daß Schamhaftigkeit bei den Spartanern hoch im Kurs stand, wiewohl die Mädchen bei ihren festlichen Aufzügen vor den Zuschauern nackt auftraten.

Athen. Es müßte geradezu verwundern, sollte man den Dualismus zwischen den beiden Hegemonialmächten → *Athen* und Sparta nicht auch auf dem Felde der Erziehung finden. → *Thukydides* läßt → *Perikles* in seiner Gefallenenrede mit deutlichem Hinweis auf den spartanischen Gegner sagen: ». . . in der Erziehung bemühen sich die anderen mit angestrengter Übung als Kinder schon um Mannheit, wir aber mit unserer ungebundenen Lebensweise wagen uns trotz allem in ebenbürtige Gefahren« (Thukydides 2,39). Perikles erhebt also gegenüber den Lakedaimoniern den Vorwurf, sie betrögen die Kinder um ihre Jugend, und er bezweifelt die Effizienz einer solchen an asketischen Normen der Erwachsenenwelt orientierten Pädagogik. An anderer Stelle markiert der Stratege in geradezu liberaler, auf Ausgleich bedachter Weise den Standpunkt seiner Vaterstadt: »Wir lieben das Schöne und bleiben schlicht, wir lieben den Geist und werden nicht schlaff« (Thukydides 2,40): eine deutliche Absage an alle extremen Ansichten. Wie aber sah die Erziehungspraxis aus?

War das Neugeborene einige Tage nach der Geburt in einem feierlichen Ritual in die Familie aufgenommen worden, übernahmen, zumindest in reicheren Familien, Ammen die Pflege des Säuglings. Mit Geschichten von allerlei Fabelwesen und Ungeheuern suchten die Kindermädchen ihre heranwachsenden Zöglinge zu Anstand und Gehorsam anzuhalten, schließlich standen auch Götter- und Heldenmythen in Anlehnung an → *Homer* und *Hesiod* auf ihrem Programm. → *Platon* freilich geht mit diesen Ammenmärchen streng ins Gericht, wenn er den → *Sokrates* die Praxis der frühkindlichen Erziehung tadeln läßt: »Unser erstes [. . .] scheint es, muß es sein, die Märchendichter zu beaufsichtigen und ihre wohlgelungenen Erzeugnisse anzunehmen, die mißlungenen aber abzuweisen. Die ersteren sollen dann Ammen und Mütter den Kindern [. . .] erzählen, und ihre Seelen weit eindringlicher durch die Märchen, als ihre Lehrer durch die Hände bilden« (Platon, Staat 377; übers. von O. Apelt). Vom siebten Lebensjahr an besuchte der junge Athener die Schule des Grammatisten, des Schreiblehrers, der in einem privaten Schullokal, auf einem »thronos« sitzend, seine Schüler zunächst mit dem Alphabet, schließlich mit den Silben und ganzen Wörtern bekannt machte. Bald folgte die Lektüre ganzer Texte, vor allem solcher der Dichter: angesichts fehlender Worttrennung keine leichte Aufgabe! Deutliche und fehlerfreie Aussprache als Unterstützung für die Erfassung des Sinnes des Gelesenen galt daher als wichtiges Lernziel. Für die sportliche Ausbildung war daneben der Besuch beim Paidotriben notwendig, der im Gymnasion die Knaben zunächst im Ballspiel, Laufen und Springen und, wenn sie das Ephebenalter erreicht hatten, auch im Waffenhandwerk und Reiten unterrichtete. Begleiter der Kinder auf dem Schulweg, also nicht eigentlich Lehrer, war der Pädagoge, meist ein Sklave aus dem Hausgesinde. Die Ausbildung der älteren Kinder in Sport, Musik, Schreiben und Lesen erfolgte im Gymnasion unter der Leitung eines Paidonomos. Eine staatliche Schulaufsicht fehlte zunächst weitgehend. In Athen fand erst seit dem 2. Jahrhundert v. Chr. in den Ephebengymnasien ein von staatlich besoldeten Lehrern erteilter Unterricht unter der Regie eines beamteten Gymnasiarchen statt. Ziel war die »enkyklios paideia« (vgl. »Enzyklopädie«), die Universalbildung. Außer → *Literatur* waren Arithmetik, → *Astronomie*, Geometrie und Musik Gegenstand der Ausbildung beim »Grammatikos«. Die Lektüre der Klassiker stand dabei naturgemäß im Vordergrund. Verbesserung der handschriftlich vervielfältigten Texte, Vorlesen, sprachliche Erklärung und auf praktische Anwendung hinzielende moralische Auswertung waren die vorgeschriebenen Stufen der Aneignung eines Textes. Ihren Abschluß fand die Ausbildung des Atheners in der – nun wieder ganz privater Initiative überlassenen – Teilnahme an einer bis zu fünf Jahren dauernden Unterweisung beim Rhetor (→ *Rhetorik*) oder → *Sophisten*. Gegenstand der Ausbildung war neben der rhetorischen Theorie und der Lektüre der Redner auch die Einübung in die Redepraxis. Dabei umfaßte die Rhetorik als Universalwissenschaft nach antikem Verständnis auch

den Bereich der Ethik, Ästhetik und Politik. Ziel all dieser Bemühungen war also nicht so sehr eine direkte Ausbildung für den Beruf, als eine den ganzen Menschen betreffende sittliche Formung. Dies darf betont werden, auch wenn manche Sophisten nicht unerhebliche Summen als Honorar für ihre Tätigkeit forderten (Isokrates z. B. 1000 Drachmen, Protagoras 100 Minen).
Verdienst der Griechen bleibt es, das Theme »Erziehung« als Problem erkannt und reflektiert zu haben; nicht von ungefähr stammt ja auch das Wort »Pädagogik« aus dem Griechischen. (W. M.)

Euklid

Euklid (grch. Eukleides) wirkte um 300 v. Chr. als Mathematiker in Alexandreia. Nur wenig ist über sein Leben bekannt. Pappos beschreibt ihn als »sanft, bescheiden und gütig gegen jedermann, besonders gegen solche, welche die Wissenschaft der Mathematik zu fördern versprachen«. Zwei kleine Anekdoten sind uns überliefert: Den Wunsch des Königs Ptolemaios I. (* 305, † 285 v. Chr.) nach einem leichteren Weg zur Mathematik als dem durch die »Elemente« (siehe unten) soll Euklid mit dem Ausspruch abgelehnt haben: »Es gibt keinen Königsweg zur Mathematik.« Ein andermal habe ein Schüler, der gerade den ersten geometrischen Satz gelernt hatte, gefragt, was er verdienen könne, wenn er diese Dinge lerne. Euklid rief seinen Sklaven und sagte: »Gib ihm drei Obolen, da er Geld verdienen muß mit dem, was er lernt.«
Geradezu unsterblichen Ruhm hat ihm sein bedeutendstes Werk eingebracht, die *»Elemente«* (grch. Stoicheia), eine einzigartige Zusammenfassung der Mathematik seiner Zeit. Das dreizehnbändige Werk, das uns unverändert überliefert und in viele Sprachen übersetzt ist, gehört zu den meistgedruckten Büchern der Weltliteratur (erste gedruckte Ausgabe Venedig 1482; dt. Übers. von C. Thaer in »Ostwalds Klassikern«). Es ist das klassische Lehrbuch der Geometrie. In England ist deshalb »Euclid« noch heute die Bezeichnung für die Schulgeometrie. Euklid hat das damalige mathematische Wissen – vieles hat er von Eudoxos und Theaitetos übernommen – ergänzt und in eine streng logische Ordnung gebracht. Das Beweisverfahren dieses hervorragenden Didaktikers nach dem Schema: Voraussetzung – Behauptung – Beweis ist noch immer in der Geometrie maßgebend.
Die »Elemente« sind aufgebaut auf ein System von Definitionen, Postu-

laten und Axiomen (unbeweisbare Grundannahmen), von denen das berühmte »*Parallelenaxiom*« die Grundlage der sogenannten »euklidischen Geometrie«, der Geometrie unseres Anschauungsraumes, bildet. Bei Euklid hat es wörtlich folgende Fassung: »Bewirkt eine gerade Linie beim Schnitt mit zwei geraden Linien, daß innen auf derselben Seite entstehende Winkel zusammen kleiner als zwei Rechte werden, dann treffen sich die zwei geraden Linien bei Verlängerung ins Unendliche auf der Seite, auf der die Winkel liegen, die zusammen kleiner als zwei Rechte sind.« Aus diesem Axiom folgt, daß es zu einer Geraden durch einen außerhalb liegenden Punkt genau eine Parallele gibt. Die Bücher I bis IV der Elemente behandeln die ebene Elementargeometrie, Buch V bringt die Lehre von den Proportionen (nach Eudoxos), Buch VI die Ähnlichkeitslehre. Am Ende des I. Buches findet man jenen klassischen, wohl von Euklid selbst stammenden Beweis des pythagoreischen Lehrsatzes, der den noch heute als »*Satz des Euklid*« bekannten Kathetensatz verwendet. Die Bücher VII bis IX sind der Zahlentheorie gewidmet. Sie enthalten unter anderem den »*Euklidischen Algorithmus*« zur Berechnung des größten gemeinsamen Teilers zweier Zahlen sowie Euklids Beweis, daß es unendlich viele Primzahlen gibt. Das X., das umfangreichste Buch befaßt sich mit dem Problem des Irrationalen. Die Stereometrie ist der Inhalt der Bücher XI bis XIII mit der Theorie der fünf regulären Polyeder (platonische Körper) als krönendem Abschluß.
Von den Werken Euklids sind außerdem noch erhalten die »*Data*«, eine Ergänzung der »Elemente«, eine kleine Abhandlung »*Über die Zerlegung von Figuren*«, die »*Optika*« (Lehre von der Perspektive), die »*Katoptrika*« (Lehre von den Spiegelbildern), die »*Sectio Canonis*« (Musiktheorie) und die »*Phainomena*« (elementare theoretische Astronomie). Von den verloren gegangenen Schriften sind zu erwähnen die »*Pseudaria*« (Denkfehler in der Mathematik), die »*Konika*« (Kegelschnitte) und die »*Porismata*« (unvollständige Sätze, die noch ein Problem enthalten; einige Beispiele bei Pappos). (E. P.)

Festspiele und Wettkämpfe

Die Pythien. In → *Delphi*, einer landschaftlich ebenso bevorzugten Gegend wie → *Olympia*, fernab vom geschäftigen Treiben der Städte, zur Ruhe und inneren Sammlung einladend, haben die Griechen sich ihr zweites großes Heiligtum geschaffen, dessen Ruhm aber mehr in den

Weissagungen der Pythia als in den sportlichen Wettspielen lag. Es kommt hinzu, daß in Delphi bei den zu Ehren des Gottes Apollon gefeierten Spielen die musischen Agone in gleich hohem Ansehen standen wie die sportlichen. Eine Neuordnung der Festspiele, die in Delphi zu Ehren des Pythontöters Apollon als »Pythien« gefeiert wurden, sah nach 590 v. Chr. erstmals auch gymnische Wettkämpfe vor. 582 v. Chr. wurden sie erstmals ausgetragen. Sie werden anfangs im Hippodrom durchgeführt worden sein, das in der Ebene von Kirrha lag; denn Delphi selbst, an einem Berghang gelegen, gab dazu keinen Raum. Das schön gelegene Stadion von Delphi, das später Herodes Atticus in Stein erneuern ließ, war kleiner als das von Olympia, denn der delphische Fuß betrug nur 29.6 cm, keine 32.045 cm wie in Olympia. Entsprechend betrug die Länge der Laufbahn (= Stadion) 177,35 Meter statt 192.27 Meter.

Die Pythischen Spiele wurden wie die von Olympia alle vier Jahre gefeiert, um zwei Jahre versetzt gegenüber den Olympischen Spielen. Für Knaben gab es die gleichen Wettbewerbe we für die Erwachsenen. Der Sieger erhielt bei der feierlichen Ehrung im Heiligtum nur einen Lorbeerzweig, aber daheim genoß er nicht nur Ansehen, sondern wurde auch materiell belohnt, ähnlich den Siegern von Olympia.

Der Ruhm, bei dem Pythien gesiegt zu haben, stand dem von Olympia nicht viel nach. Und doch scheint die Konkurrenz in Olympia größer gewesen zu sein. Es kamen dorthin auch mehr Zuschauer! Das Fassungsvermögen des Stadions von Delphi lag bei 7000, das der olympischen Kampfbahn bei 45 000. Auch hat man sich literarisch viel weniger mit den Siegern von Delphi beschäftigt als mit den Olympioniken. Bezeichnend mag dafür sein, daß Pausanias, der auch Delphi bereiste, zwar die Heiligtümer und Weihegeschenke, die es in Delphi sehr zahlreich und von höchstem Werte gab, ausführlich schildert, die Gemälde des großen Polygnot in der Halle der Knidier sogar besonders liebevoll, daß er aber an den Siegerstatuen vorbeigeht und nur bemerkt, er habe die berühmten Athleten schon bei Olympia gewürdigt. Nur einen müsse er nennen, Phayllos von Kroton. Der hatte zwar dreimal bei den Pythien, aber niemals in Olympia gesiegt, aus welchen Gründen auch immer.

Diesen Phayllos rühmt schon → *Herodot* in seinen Historien als eine auch politisch herausragende Persönlichkeit; denn er rüstete als einziger Westgrieche ein Schiff aus, das in den → *Perserkriegen* den bedrohten Athenern bei Salamis zu Hilfe eilte. Noch → *Alexander* erinnerte sich

dieser Tat und schickte von seiner Beute aus den Eroberungen in Persien den Krotoniaten einen fürstlichen Anteil. Phayllos soll als Fünfkämpfer in Delphi 16,30 Meter (55 Fuß) weit gesprungen sein. Nicht einmal als Dreisprung hätte der wackere Athlet aus Kroton diese Leistung vollbringen können; sie ist ins Reich der Fabel zu verweisen.
Von vielen berühmten Athleten wissen wir, wie oft sie bei den Pythien siegten. In zahlreichen Inschriften, die uns von (verlorengegangenen) Siegerstatuen auch in Delphi, mehr noch in Olympia erhalten sind, werden uns sogenannte Periodensieger vorgestellt, die bei allen vier panhellenischen Spielen (Olympia, Delphi, Korinth, Nemea) gesiegt hatten. Immer ist die Reihenfolge der beiden ersten Spiele Olympia-Pythien, meist folgen die Isthmien von Korinth, dann die Nemeen.
In Delphi waren auch ein Gymnasion und eine Palaistra dem Berghang mit viel Aufwand abgerungen worden. Beide sind im Grundriß noch gut erhalten. Die Ausgrabungen haben auch ein rundes Schwimmbad in diesem Bereich ausgewiesen. Von diesen Übungsstätten zum Stadion war der Weg weit; denn das Stadion lag auf der Höhe, noch über dem Theater, Gymnasion und Palaistra aber bilden den Abschluß zum Tale hin, wo die Pferderennen in der Ebene von Kirrha stattfanden. Pindar, der die Sieger der panhellenischen Spiele besungen hat (gegen hohes Honorar, wie man vermerken darf), hat von seinen zwölf Pythischen Oden sieben für Sieger im Wagenrennen gedichtet und komponiert. Das Ende der Pythischen Spiele dürfen wir mit dem Ende Olympias gleichsetzen. Hier wie dort bildeten das Religiöse mit dem rein Sportlichen eine – in späterer Zeit freilich nicht mehr so innige – Einheit.
Die Isthmien und die Nemeen. Die Isthmien wurden im Jahre 589 v. Chr. zu Ehren des Meeresgottes Poseidon in der Nähe von Korinth eingerichtet. Wie schon die Pythischen Spiele, die jeweils zwei Jahre nach den Olympischen Spielen stattfanden, wurden auch die Isthmischen Spiele auf den zeitlichen Rhythmus von Olympia abgestimmt, fielen aber stets auch in die Jahre der Olympien und Pythien, da sie alle zwei Jahre gefeiert wurden. Als dann im Jahre 573 v. Chr. auch in Nemea panhellenische Spiele gegründet wurden, die man der Göttermutter Hera zu Ehren abhielt, mußte man in die ungeraden Jahre ausweichen, um die Athleten nicht zu überfordern, aber auch um die berühmten Athleten für seine eigenen Spiele zu gewinnen. Auch diese Spiele wurden alle zwei Jahre durchgeführt.
Bei den Isthmien war zunächst ein Kranz vom Eppich (einer Petersilienart) der sakrale Siegespreis, später ein Fichtenzweig, da die Fichte dem

Poseidon heilig war. Bei dem Nemeen wurden die Sieger von Anfang an mit dem Eppichkranz ausgezeichnet. Beide Sportspiele gehen auf alte Kulte zurück, worauf der Eppich als Totenzeichen hinweist. Von Nemea wissen wir es, da hier der Kult dem Grab des Königssohnes Opheltes galt, der nach der Sage von einem Schlangenbiß getötet wurde. Die an seinem Grab gestifteten Spiele wurden dann zu den panhellenischen Nemeen ausgestaltet, die Zeus zu Ehren stattfanden.

Am Isthmus und am Heiligtum von Nemea in der nördlichen Argolis hatten die Spiele noch Wettkämpfte für eine dritte Altersklasse, die »ageneioi«, die Unbärtigen (wir würden sie Junioren nennen). Dadurch hatten die der Knabenklasse entwachsenen Athleten bessere Siegeschancen. Die Spiele von Nemea wurden seit der Mitte des 3. Jahrhunderts in Argos gefeiert, nachdem um die Mitte des 4. Jahrhunderts noch in Nemea selbst Palaistra, Bad und Gymnasion und ein Hippodrom von beachtlichen Ausmaßen errichtet worden waren, Baulichkeiten, die dann rasch verfielen. Der Zeustempel wurde schließlich durch ein Erdbeben zerstört.

Für das Ansehen der Isthmien und Nemeen spricht, daß Pindar außer vierzehn olympischen und zwölf pythischen Oden auch elf für Sieger bei den Nemeischen und acht für Sieger bei den Isthmischen Spielen verfaßt hat. Wenn man weiß, welche Honorare dieser Dichter zu erhalten pflegte, kann man den Wert ermessen, den die Sieger oder ihre Gemeinden auch einem Sieg vor Korinth und in Nemea beigelegt haben.

Es gab nur vier »Panhellenische Spiele« in der klassischen Zeit von Hellas. Später haben die römischen Kaiser zahlreiche Spiele gestiftet, so Kaiser Hadrian allein dreizehn »Hadrianeen«, die uns bekannt sind. Es gab »hieroi« und »stephanitai« oder »thematikoi« unter den Spielen, doch hatten die »hieroi«, die heiligen Spiele, höheres Ansehen. Sie waren den vier panhellenischen gleichgestellt. Die große Zahl der Spiele, die später allen römischen Bürgern offenstanden, begünstigten den Berufssport, der sich vor allem in den schwerathletischen Wettkämpfen immer mehr ausbreitete. Mehr als 250 Orte feierten in regelmäßigem Turnus Sportspiele, Gelegenheit genug, sich zwanzig Jahre lang über das ganze Römerreich hinweg durchzu»kämpfen« und gut davon zu leben, wenigstens für diese Zeitspanne. Für die Zeit danach hatten freilich die wenigsten vorgesorgt, aber in der späteren Zeit gab es Athletenvereinigungen, die sich hohen Ansehens und mancher Vergünstigung (Steuerfreiheit!) erfreuten, so daß man davon ausgehen darf, daß es den vielgefeierten Athleten auch später so schlecht nicht erging, wie es

Kritiker vom Range eines Euripides oder des Sportarztes Galenos hingestellt haben. (J. Gö.)

Frau

Homerische Frühzeit. Göttinnen und irdische Frauen waren es, die der Sage nach den Krieg um → *Troia* auslösten und entschieden; Göttinnen, Halbgöttinnen und die unwandelbar treue Gattin Penelope waren es, die die Geschicke des umherirrenden Odysseus mitbestimmten, während Zeus, der Vater der Götter und Menschen, den Reizen seiner Gattin Hera erlag oder den Bitten seiner Tochter Athene folgte und schließlich, wenn auch widerstrebend, die Geschicke der Menschen nach deren Wünschen entschied.

Die Griechin im öffentlichen Leben. Der Frau in der Welt der griechischen → *Polis* war freilich nichts von dieser glänzenden, von aristokratischer Denkweise geprägten Stellung an der Seite des Mannes geblieben.

So genossen die Frauen, darin den Sklaven (→ *Sklaverei*) gleich, in → *Athen* und, mit Ausnahme → *Spartas,* in allen griechischen Städten keinerlei politische Rechte. Frauen, die auf ihren Ruf bedacht waren, vermieden es, in der Öffentlichkeit aufzutreten, es sei denn bei festlichen oder religiösen Anlässen. Sie blieben zu Hause und überließen selbst die Einkäufe dem Mann oder einem Sklaven. Wie selbstverständlich dem Griechen diese Rollenverteilung war, geht aus einer Stelle bei → *Herodot* hervor, der die fremde, völlig ungriechische Welt Ägyptens unter anderem durch die folgende Beobachtung illustriert: »Die Weiber sind auf dem Markt und treiben Handel und Gewerbe, die Männer sitzen daheim und weben.« Am geselligen Leben hatten die Frauen aus gutem Hause überhaupt keinen Anteil; selbst ein Schwatz vor der Haustüre konnte unter Umständen mißdeutet werden. Der römische Geschichtsschreiber Cornelius Nepos bemerkte noch im 1. Jahrhundert v. Chr.: »Manches gilt nach unserer Sitte als anständig, was bei den Griechen als ungehörig betrachtet wird. Denn welcher Römer scheute sich, seine Gattin mitzunehmen, wenn er zu Tische geladen ist? Oder in welchem Hause bewegte sich nicht die Frau und Mutter frei in den vorderen Räume und säße dort nicht mit in geselliger Runde? Ganz anders liegen die Dinge in Griechenland. Denn dort läßt man die Frau an einem Gastmahl nicht teilnehmen außer bei Nachbarn und Verwandten, und sie hält sich nur im inneren Teil des Hauses auf . . .« (Zitat bei: Krefeld, »Res Romanae«).

Erziehung des Mädchens. Noch seltener als die verheirateten Frauen aus wohlhabendem Hause hatten die Töchter Gelegenheit, sich in der Öffentlichkeit sehen zu lassen. Fern von den Blicken der Männer, selbst der männlichen Angehörigen der Familie, wuchsen sie in den Räumen heran, die nur den Frauen vorbehalten waren (Gynaikonitis) und wo sie mit Puppen, Wägelchen und Tieren aus Ton spielten. Ihre weitere Erziehung beschränkte sich, anders als die Erziehung der Knaben, auf die Fertigkeiten, die sie später in der Ehe brauchten und die sie, während sie der Mutter halfen, im eigenen Haus erlernen konnten: Kochen, Spinnen und Weben. Es ist nicht ausgeschlossen, daß auch bescheidene Kenntnisse im Lesen und Rechnen vermittelt wurden, die für die künftige Herrin eines personenreichen Haushalts nötig sein mochten. Nur bei wenigen festlichen Anlässen, z. B. bei religiösen Feiern, verließen auch die jungen Mädchen das Haus, um etwa an Opfern und Prozessionen teilzunehmen (→ *Religion*).

Freiere Erziehungsgrundsätze als in Athen und den meisten anderen Städten herrschten in Sparta, wo die Mädchen an den körperlichen Übungen der jungen Männer teilnahmen (→ *Erziehung*). Die Sitten der jungen Spartanerinnen,

»Die gern mit Jünglingen aus dem Haus entweichen
Mit nackten Beinen und im offenen Gewand« (Euripides),

wurden freilich im übrigen Griechenland höchst kritisch beurteilt.

Die Eheschließung. Die griechischen Mädchen waren mit zwölf Jahren reif für die Ehe; mit dreizehn bis fünfzehn Jahren dürften die meisten geheiratet haben. Es war kaum vorstellbar, daß eine junge Griechin freiwillig unverheiratet blieb, denn für selbständige Frauen gab es in der griechischen Gesellschaft keine Entfaltungsmöglichkeiten. Es finden sich sogar Hinweise, daß in einigen griechischen Städten die sitzengebliebenen Mädchen als Sklavinnen verkauft werden konnten.

Die Männer heirateten gewöhnlich später, zwischen zwanzig und dreißig, wenn sie die Freuden der Liebe bereits genossen hatten. Der Hauptgrund für eine Heirat war der Wunsch des Mannes, Kinder, vor allem Söhne, zu haben, die später, nach seinem Tod, die vorgeschriebenen kultischen Handlungen vornehmen konnten.

Nach all dem ist es nicht verwundertlich, daß die Liebe bei der Gattenwahl kaum eine Rolle spielte. Vielfach hatten sich die füreinander Bestimmten nicht einmal gesehen, bevor sie zusammengegeben wurden. Die Heiratspläne waren Sache der Eltern, die vor allem nach wirtschaftlichen Gesichtspunkten entschieden. Der Heirat ging eine Art Verlobung voraus, ein mündlicher Vertrag vor Zeugen, der zwischen dem Bräutigam und dem Vater der Braut abgeschlossen wurde und vermögensrechtliche Dinge regelte. Ein Händedruck und einige formelhafte Worte bekräftigten den Vertrag.

Den Hochzeitstermin legte man gerne in den Wintermonat, der als besonders glückverheißend galt, da er der Göttin Hera, der Schützerin der Ehe, heilig war. Wenn die vorgeschriebenen Opfer vollzogen waren und das Mädchen von seinen kindlichen Spielsachen Abschied genommen hatte, vollzogen Braut und Bräutigam, jeweils in den Häusern der Eltern, ein rituelles Reinigungsbad, für das das Wasser aus einer heiligen Quelle herangebracht worden war.

Die Hochzeitsfeier war ein Fest der Familien und der Freunde, das im Hause der Brauteltern stattfand, wobei nicht selten wohl auch der Reichtum der Familie zur Schau gestellt wurde. Während der Mahlzeit wurden Sesambrote, Symbole der Fruchtbarkeit, herumgereicht, ehe am Abend ein Ochsen- oder Maultierkarren das junge Paar, begleitet von der Hochzeitsgesellschaft, ins Haus des Mannes brachte. Der Braut wurden bei der Ankunft Nüsse und Feigen aufs Haupt gestreut und Honigkuchen und eine Quitte gereicht, alles Symbole der Fruchtbarkeit; an anspielungsreichen Hochzeitsliedern fehlte es nicht.

Die Braut legte ihren dichten Schleier vielleicht erst ab, wenn sie die Hochzeitskammer betrat, vor deren Tür ein Freund des Bräutigams Wache hielt und die Gäste Hochzeitslieder anstimmten.

Weniger aufwendig dürfte es bei den Hochzeiten der ärmeren Schichten oder gar bei den Sklaven zugegangen sein. Letztere lebten einfach zusammen; für sie galten die Gesetze und Gebräuche der Bürger nicht.

Ehelicher Alltag. Auch nach der Heirat spielte sich das Leben der Griechin – nur die Spartanerin machte hier eine Ausnahme – vorwiegend im eigenen → *Haus* ab. Gewiß gab es keinen vergitterten Harem, aber Sitte und Herkommen verwehrten es der Frau eines vornehmen Bürgers, das Haus ohne besonderen Grund zu verlassen. Ihr standen die Frauengemächer zur Verfügung und dazu in vielen Fällen der luftige Innenhof, den die Gebäude des Anwesens umschlossen. Nur den Frauen der ärmeren Schichten war es möglich, den Markt zu besuchen, da sie als Händlerinnen unter Umständen zum Unterhalt der Familie beitragen mußten. Hatte eine vornehmere Frau etwas zu besorgen, Kleidung oder Schuhe, oder wollte sie an einem Fest teilnehmen, dann wurde sie von

einer Sklavin begleitet, die allerdings gelegentlich auch als Zwischenträgerin und Vermittlerin verbotener Anträge dienen mochte, denn ganz unumstößlich war die eheliche Treue der Griechin nicht.
Die Einkäufe fürs Haus erledigte der Mann, der überhaupt für alle Geschäfte in der Öffentlichkeit zuständig war, sich wenig zu Hause blicken ließ und auch seine erotischen Bedürfnisse nicht selten außer Hause stillte. Besondere Gefühlsbindungen zwischen den Gatten dürfte selten gewesen sein.
Aber gerade wegen der häufigen Abwesenheit des Mannes nahm die Frau im Hause eine geachtete Stellung ein. Selbstverständlich leitete sie die Erziehung der Kinder; sie gebot über die Sklaven und teilte die Arbeit ein; sie verfügte über über mancherlei Ausgaben, die das Haus betrafen und beaufsichtigte vor allem die Herstellung und Verarbeitung der Wolle, aus der die meisten Kleiderstoffe im Hause selbst hergestellt wurden; und schließlich kümmerte sie sich auch um die Pflege der Kranken, auch der kranken Sklaven. An die Küche wurden im allgemeinen keine allzu großen Ansprüche gestellt. Die großen Gastmähler bereitete, sofern er sich solche Ausgaben leisten konnte, der Mann vor, indem er die Einkäufe selbst vornahm und für teures Geld einen Koch mietete.

Hetären. Vom Gastmahl selbst waren die ehrbaren Frauen allerdings verbannt. Für Freude und Abwechslung sorgten käufliche Mädchen, Hetären (= Gefährtinnen) genannt, die wohl meistens aus dem Sklavenstand stammten und häufig für geringes Geld ihre Künste und Dienste anboten. Selbstverständlich waren sie den biederen Bürgersfrauen in mancher Hinsicht überlegen – nicht nur durch ihre Liebeskünste, sondern auch durch allerlei Fertigkeiten, wie Flöten- und Saitenspiel, Tanz und Akrobatik (→ *Musik*). Doch nur wenige unter ihnen dürften es zu so hohen Ehren gebracht haben wie Aspasia, die Konkubine des → *Perikles*, oder Phryne, Geliebte und Modell des Bildhauers Praxiteles.

Kleidung und Schmuck. Völlig undenkbar war es für eine Bürgersfrau, einer Hetäre (oder Spartanerin) gleich, auf der Straße ein nacktes Bein zu Schau zu stellen. Mochte sie auch zu Hause im Frauengemach bei der Arbeit nur ein kurzes Gewand bis zum Knie tragen, das gleichzeitig Nachtgewand war, in der Öffentlichkeit trug sie das bis zu den Füßen reichende Leinengewand (Chiton), das von einem Gürtel zusammengehalten und gelegentlich durch ein rechteckiges Wolltuch (Himation) ergänzt wurde. »Wäsche« unter den Gewändern kannte man nicht. Wollstrümpfe umhüllten die Beine bis zum Knie. Schuhe in

verschiedenen Formen und Farben waren beim Schuster erhältlich; sie kosteten allerdings sehr viel Geld.
Zu den Gütern, die eine Frau in die Ehe einbrachte, gehörte vielfach auch ein Kästchen, das allerlei Schmuckstücke, Ringe und Ketten enthielt, mit denen sich die Griechin zu schmücken liebte. Zum Brautschatz gehörten ferner kunstvoll gearbeitete Metallspiegel, vor denen die Frau prüfen mochte, ob sie noch ihrer Jugend vertrauen durfte oder ob sie sich mehr auf die zahlreichen kosmetischen Mittel verlassen sollte, die auch der Griechin zu Gebote standen.
Scheidung. Zwar mußte sich die Griechin damit abfinden, daß der Mann es mit der ehelichen Treue selten sehr genau nahm; ein Scheidungsgrund für sie war das freilich nicht. Eine geschiedene Frau konnte auch keineswegs damit rechnen, daß die öffentliche Meinung auf ihrer Seite stand. Daher dürfte es auch selten vorgekommen sein, daß eine Frau das Haus ihres Mannes einfach verließ, wozu sie offenbar das Recht hatte. Andererseits hatte auch der Ehemann das Recht, seine Frau einfach aus dem Haus zu schicken. Doch dürfte auch diese Form der Scheidung nicht allzu häufig vorgekommen sein, denn der Mann mußte in diesem Fall die Mitgift zurückerstatten oder eine Art Rente zahlen. Und schließlich gab es noch eine dritte Form der Ehescheidung, nach der der Vater der Frau oder dessen Stellvertreter die Tochter zurückholte, wenn er bestimmte Gründe, vor allem vermögensrechtliche, hatte. Die Betroffene wurde auch in diesem Fall vermutlich kaum befragt.
Mochte auch die Krise des → *Peloponnesischen Krieges* eine gewisse Lockerung der Sitten gebracht haben, an der dominierenden Stellung des Mannes änderte sich nichts, und auch der Ehestreik der Frauen in der Komödie »Lysistrata« des Aristophanes (→ *Komödie*) darf nicht als Beginn einer wie immer gearteten Emanzipationsbewegung der griechischen Frauen betrachtet werden. (R. V.).

Geld

In der Münzprägung haben die griechischen Stadtstaaten (→ *Polis*) von Anfang an ganz Eigenständiges geleistet. Es ist nicht mit Sicherheit zu bestimmen, ob Münzen im engeren Sinn – bestimmte (Edel)metallmengen dienten schon den Völkern des Alten Orients als Zahlungsmittel – zuerst von den kleinasiatischen Lydern oder von den ionischen Griechenstädten in Kleinasien geschlagen wurden, zu Beginn des 6.

Jahrhunderts v. Chr. jedenfalls ist die griechische Münzprägung in großer Vielfalt entstanden. Sie wurde schnell im ganzen Mittelmeergebiet nachgeahmt. Dabei ist es schwierig, die einzelnen Münztypen nach Herkunft und Wert sicher einzuordnen, da die einzelnen Städte eine Fülle verschiedener Embleme verwendeten wie Stadtgottheiten und -heroen (→ *Heroen*), Darstellungen lokaler Mythologien, Wappenpflanzen und Wortspielereien mit dem Stadtnamen; dazu fehlen auf den Münzen exakte Wertangaben. Früh begannen auch griechische Münzmeister und -designer damit, sich mit persönlichen Symbolen auf den Münzen zu verewigen.

Anfänglich wurden Münzen nur aus Edelmetallen wie Gold, Elektron (eine Legierung aus Gold und Silber) sowie aus Silber geprägt. Die Münzeinheiten waren groß und von hohem Wert und für die Bezahlung kleiner Beträge des Alltages ungeeignet. Die Entlöhnung von → *Söldnern* mag vielleicht einer der ersten Zwecke gewesen sein, für die Münzen geschlagen wurden.

Da sich der Wert der Münzen nach ihrem Edelmetallgewicht bestimmte, haben Gewichts- und Geldeinheiten oft die gleiche Bezeichnung, was damals ganz natürlich war, für uns aber heute verwirrend ist, zumal im griechischen Raum lange Zeit verschiedene Gewichtseinheiten mit demselben Namen existierten. Durchgesetzt hat sich schließlich das attische System. bei ihm wog ein Talent Gold oder Silber als größte Münzeinheit etwa 26 kg und wurde in 60 Minen zu etwa 433 g unterteilt. Große Beträge wie etwa das Steueraufkommen einer Stadt oder zu entrichtende Tribute oder Subsidienzahlungen drückte man normalerweise in Talenten und Minen aus. Auf ein attisches Talent gingen etwa 10000 Drachmen, die bekannteste und wichtigste attische Münzsorte.

Für die Elektronprägungen ionischer Städte, mit der ja die europäische Geldgeschichte beginnt, gehen neueste Untersuchungen wie die von Bodenstädt-Reimers (1975) von drei Legierungsperioden aus. Die erste reicht dabei von 600–522, eine Epoche, in der Athen als Währungsgroßmacht noch keine Rolle spielt. Die Elektronmünzen dieser Zeit haben zwischen 2,58 und 2,65 g und zeigen ein Legierungsverhältnis von 54/55% Gold, 38–41% Silber und etwa 5/6% Kupfer. In der zweiten Periode zwischen 522 und 478 ändert sich das Münzgewicht kaum, der Goldgehalt geht jedoch auf 48% zurück, während Silber- und Kupfergehalt auf 44 und 8% steigen. Im dritten Abschnitt zwischen 477 und 326 sinkt das Münzgewicht auf 2,53 g und der Goldgehalt auf 41%, während der Silber- und Kupferanteil auf 49 und 10% steigen. Bereits

um 550 wird dann die »hochkarätige« Elektronwährung durch kleinere Einheiten in Silber ergänzt bzw. »unterfüttert« – ein deutliches Zeichen dafür, daß die Verwendung von Geld als Zahlungsmittel immer gebräuchlicher wird und breite Gebiete des Handels und der täglichen Bedarfsdeckung erfaßt; der Naturaltausch befindet sich eindeutig auf dem Rückzug. Diese Epoche ist auch die Geburtsstunde der bekanntesten und wichtigsten griechischen Münzart, der attischen Drachme in Silber und ihres 6. Teils, des silbernen Obolos. Für den Alltagsbedarf waren selbst diese Münzen im Wert immer noch zu groß, und so prägte man Bruchwerte des Obolos und begann nach 400 nicht nur in → *Athen* mit der Produktion von Bronzemünzen wie des attischen Chalkūs, der wohl ⅛ Obolos wert war.
Die Münzherstellung war reine Handarbeit und umfaßte zwei besondere technische Schwierigkeiten: Die gewichtsmäßig exakte Herstellung von Münzrohlingen und die Gravur der Münzstempel. Über erstere wissen wir nichts Genaues – bei Silber- und vor allem bei Bronzegeld war die Genauigkeit des Gewichts auch nicht so groß –, über die zweite jedoch ist mehr bekannt. Die griechischen Münzmeister konnten bei der Gravur der Negativstempel auf das schon lange vorher existierende Kunsthandwerk des Gemmenschneidens zurückgreifen. Die Münzstempel, mit denen die erhitzten und somit leichter formbaren Münzrohlinge bearbeitet wurden, bestanden aus einer besonders harten Bronzelegierung; aus archäologischen Funden besitzen wir noch einige Muster.
So lebte das klassische Griechenland mit einer Gold/Silberwährung, wobei die Silbermünze den Vorrang hatte. Das Wertverhältnis Gold:Silber blieb zwischen 500 und 350 recht stabil und lag bei 13⅓ : 1; zwischen 350 und 326 sank es auf 10:1 ab. Der Metallwert der Bronzemünzen spielte keine Rolle.
Seit etwa 500 wurde die attische Währung zum gängigsten Zahlungsmittel mit der größten Konvertibilität. Im 5. Jahrhundert v. Chr. finden wir attische Drachmenstücke in Ägypten, Syrien, Persien, den Ländern am Schwarzen Meer, im Hindukusch genauso wie in Sizilien und Unteritalien. Zu dieser Zeit war Athen durch seine reichen Laurionsilberminen im Süden Attikas einer der größten Silberproduzenten der Welt und bezahlte mit seiner Währung, die im Ausland natürlich nur nach dem Edelmetallgehalt bewertet wurde, seine notwendigen Lebensmittel, besonders seine Getreideimporte. Unter → *Perikles* wurde die Währung gezielt als Mittel der imperialistischen Seebundspolitik (→ *Seebund*) eingesetzt, indem die Regierung von Athen mit Brutalität und

zunächst auch Erfolg die Eigenprägungen der Bundesgenossen in der Ägäis und an den Gestaden des Schwarzen Meeres zu unterbinden trachtete. Die athenische Staatsmünze brachte folgende wichtige Typen aus:

1. Einen Goldstater mit etwa 8,6 g, der wert- und gewichtsmäßig dem Dareikos, der persischen Reichsmünze, etwa entsprach und mit ihm nahezu konvertibel war.
2. Die Silberdrachme in einfachen, zweifachen, vierfachen und (selten) zehnfachen Werten. Die wichtigste »Exportversion« war die rund 17 g schwere Vierfach(Tetra-)drachme. 24–27 Drachmen gingen auf 1 Stater bzw. Dareikos.
3. Den silbernen Obolos in verschiedenen Teilwerten, wobei 6 Obolen = 1 Drachme waren.
4. Nach 400 verschiedene Bronzemünzen als Bruchwerte des Obolos.

Die athenischen »Eulen« – so genannt nach dem häufigsten attischen Münzemblem, dem Wappentier der Stadtgöttin Pallas Athene (→ *Götter*) – wurden zwar in aller Welt in Zahlung genommen, doch bedeutete dies nicht, daß Staaten wie → *Korinth* oder → *Theben*, geschworene Feinde Athens, sowie rebellierende athenische Bundesgenossen (→ *Seebund)* die eigene Münzprägung je aufgegeben hätten. Nur → *Sparta* bildete die große Ausnahme in der bunten griechischen Währungsvielfalt: seine Verfassung, sein »Kosmos« verbot Herstellung und Besitz von Geld aus Edelmetall überhaupt. Als Zahlungsmittel bedienten sich die Männer am Eurotas der klobigen Eisenbarren, was die spartanische Gesellschaft weitgehend gegenüber dem internationalen Geld- und Zahlungsverkehr abschließen half, aber nicht verhindern konnte, daß gerade in Lakonien die Gier nach Geld und Gold, das manche Spartaner in auswärtigen Tempeln zu deponieren pflegten, die schlimmsten Blüten trieb.

Die Kaufkraft des Geldes war relativ hoch, sank aber im Verlauf der Geschichte stetig; dies hat weniger mit Münzverschlechterung, einem damals seltenen Delikt, zu tun, sondern mit der bis 300 v. Chr. ständig steigenden verfügbaren Edelmetallmenge. So kostete zu → *Solons* Zeiten ein Schaf eine Drachme, um 400 v. Chr. bereits 10–20 Drachmen. Ein ordentlicher Stuhl kostete um 425 v. Chr. etwa 4 Drachmen, für einen guten Wollmantel mußte man 16–20 Drachmen anlegen und für ein neues Arbeitsgewand etwa 10 Drachmen. Ein Mitglied des attischen Geschworenengerichts erhielt 3 Obolen = ½ Drachme Tagegeld, ein Steinmetz beim Bau der → *Akropolis* verdiente genauso wie

ein Söldner 1 Drachme am Tag. Ein Erwachsener in Athen verzehrte am Tag etwa 1 Pfund Teigwaren zum Preis von ¼ Obolos; für Fisch, Fleisch und Gemüse dürften nochmals etwa ¾ Obolos täglich zu veranschlagen gewesen sein. Ein guter Handwerkssklave kostete zwischen 300 und 500 Drachmen, ein ungelernter etwa 180 Drachmen.
Mit dem Aufstieg → *Makedoniens* und der Weltreichschöpfung → *Alexanders* beginnt ein neuer und letzter Abschnitt im griechischen Geldwesen: Obwohl Athen einen politischen Niedergang erlebt hatte, wurde seine Währung Grundlage für die standardisierte Reichswährung Alexanders des Großen. Die Münzstätten lagen nun im makedonischen Amphipolis, im kleinasiatischen Tarsos, in Sidon, → *Alexandreia* und Babylon. Sie schlugen als übliche Goldmünze einen Stater von 8,6 g und verschiedene Silberdrachmen, von denen die wichtigste die Tetra(Vierfach-)drachme war. Die behelmte Pallas Athene und Nike, die Göttin des Sieges (→ *Götter*) zierten die Goldmünzen, während die Silberdrachmen auf der einen Seite das Bild des griechischen Nationalgottes Zeus und auf der anderen das des Herakles, des Stammvaters der makedonischen Dynastie trugen (→ *Heroen*).
Auch nach dem Zerfall des Alexanderreiches behielten die Diadochen seine Währung bei (→ *Diadochenreiche*); bei ihnen tauchen die ersten Herrscherporträts auf Münzen auf, eine Kunstform, die in Rom zur Vollendung gelangte.
Im 5. und besonders im 4. Jahrhundert v. Chr. entstanden die ersten Grundzüge des Bankwesens und eines internationalen Zahlungsverkehrs. Beides entsprach den Bedürfnissen der Wirtschaft: Kein Kaufmann konnte auf seinen Reisen die jeweils erforderliche Geldsorte in ausreichendem Maße mit sich führen. Geldhändler, die ihren Tisch (Trapeza) in den Häfen und Märkten aufschlugen, fremde Währungen ankauften und tauschten und schließlich auch Geld gegen Zinsen ausliehen und Geld aufbewahrten, kamen diesem Bedürfnis nach. Aus den Wechslern hinter ihrer »Trapeza« wurden nach und nach Bankiers, die in ihrem Hauptbuch Soll und Haben, Gläubiger und Schuldner verzeichneten und mit ihren Kollegen am Ort, aber auch in anderen Städten in reger Verbindung standen; sie betätigten sich auch auf dem Hypothekenmarkt – das Grundpfandrecht bestand schon seit archaischer Zeit – und waren vor allem in der kurzfristigen und hochverzinslichen Finanzierung von Handelsreisen zur See tätig. Es existierte eine Art Scheckverkehr, jedoch vor dem 3. Jahrhundert v. Chr. kein Diskont- und Wechselgeschäft. Auch Handelsherren ließen jetzt ihr Vermögen im

Kreditgeschäft arbeiten und wurden so zu Bankiers. Als »Sparkassen« dienten gemeinhin die großen Tempel, deren Priesterschaft, begünstigt durch die Heiligkeit des Ortes, vielfältig im Depositengeschäft tätig war; die Plünderung von Tempelschätzen galt zwar als verrucht, erwies sich freilich oft als überaus ertragreich. Weitere Fortschritte, besonders was den bargeldlosen Zahlungsverkehr betrifft, waren der römischen Zeit vorbehalten. (D. R.)

Geschichtsschreibung
(→ auch *Literatur*)

Die Ursprünge der griechischen Geschichtsschreibung liegen im Epos, das seinen Charakter als ein durch die Musen inspiriertes Künden von einer götterdurchwirkten, heroischen Welt mehr und mehr ablegte zugunsten einer an der Erfahrungswirklichkeit orientierten Darstellung geschichtlicher Vorgänge zwischen (mehr oder weniger) gewöhnlichen Menschen. Der Entstehung eines Geschichtsbewußtseins dienten vor allem die homerischen Lieder vom troianischen Krieg, die auch mancherlei Anknüpfungspunkte für Lokalüberlieferungen boten. Der Vorstellung von der Entstehung der Welt und vom genealogischen Zusammenhang der Geschlechter verlieh → *Hesiodos* eine gewisse systematische Ordnung durch seine Epen »Theogonie« und »Kataloge« (letzteres verloren). *Hekataios* von Milet begründete die Prosageschichtsschreibung, indem er, ausgehend von der Erdkarte des Anaximandros (→ *Vorsokratiker*), die ihm erreichbaren und zuverlässig erscheinenden Informationen in der Sprache der ionischen Naturwissenschaftler niederschrieb. → *Herodotos*, der eigentliche »Vater der Geschichtsschreibung«, knüpfte an den Stil und die Methode des Hekataios sowie an die Erzählkunst des Epos an, aber unter dem frischen Eindruck der → *Perserkriege* gewann sein Werk die unmittelbare Aktualität und die weltgeschichtliche Dimension der Auseinandersetzung zwischen Orient und Okzident. »Unter dem Einfluß seines Werks und Hand in Hand mit der allgemeinen Ausbreitung literarischer Bildung wächst die historiographische Literatur rasch an Breite und Vielfalt« (W. Burkert). Es entstanden Genealogien und Mythographien, zeitgeschichtliche und völkerkundliche Darstellungen, Lokal-, Stadt- und Regionalgeschichten. Ein ganz neues Selbstverständnis des Geschichtsschreibers begründete → *Thukydides*. In bewußter Beschränkung des Stoffes auf das exemplarische Ereignis des → *Peloponnesischen Krieges* wollte er durch wissenschaftliche Analyse der gesicherten Einzelkenntnisse die Kausalzusammenhänge des Geschehens und die unveränderlichen, in der Menschennatur begründeten Verhaltensweisen aufzeigen, um so – als »Besitztum für immer« – Lehren aus der Geschichte abzuleiten. Die »Hellenika« des *Xenophon* führten das Werk des Thukydides inhaltlich fort, sind jedoch an Gedankentiefe und innerer Geschlossenheit nicht mit dem Vorbild zu vergleichen. Aber der im Unterschied zu Thukydides flüssige und gefällige Stil sicherte Xenophon ein breites Lesepublikum, auch für seine anderen, mehr lehrhaften Schriften. Der Stil, teils elegant, teils effektvoll, scheint in dieser Zeit – nicht zuletzt unter dem Einfluß des damals erfolgreichsten Redelehrers, des Isokrates – mehr gegolten zu haben als die historische Aussage. Diesen Schluß jedenfalls lassen die Fragmente der Historiker an der Schwelle zur hellenistischen Zeit zu: *Theopompos, Anaximenes, Ephoros. Philistos,* der eine »Sizilische Geschichte« verfaßte, kam dem thukydideischen Ideal ziemlich nahe, *Ktesias* dagegen schrieb eher novellistisch in der Art des Herodotos. Die quantitativ reiche Geschichtsschreibung des → *Hellenismus* ist größtenteils untergegangen. Genauere Kenntnis bzw. umfangreichere Textpartien haben wir nur von einigen wenigen: Die Universalgeschichte repräsentieren *Polybios,* der Rom als neue Weltmacht ins Bewußtsein rückte und von *Poseidonios* weitergeführt wurde, und der sehr oberflächliche Kompilator *Diodoros.* Ganz schattenhaft bleiben die wohl meist tendenziösen hellenistischen Quellen für die späteren Alexanderautoren. Für die Lokalgeschichte seien genannt: *Timaios* von Tauromenion (»Geschichte Siziliens«) und *Philochoros,* der letzte der zahlreichen Atthidographen (Verfasser einer Atthis, d. h. einer athenischen Ur- und Kultgeschichte). Wichtig für die zeitliche Ordnung der Stoffmassen waren die Arbeiten alexandrinischer Gelehrter, u. a. des → *Eratosthenes.*

Am Beginn der Kaiserzeit steht wie ein erratischer Block die sympathische Figur des *Plutarchos,* der mit seinen »Parallelbiographien« (Gegenüberstellung je eines Römers und eines Griechen) Geschichte in lebensvollen Ausschnitten bot, während sonst die Universalhistorie dominierte, so bei *Nikolaos* von Damaskus, bei dem an Polybios anknüpfenden *Strabon* und dem rhetorisch gefärbten *Dionysios* von Halikarnassos. Die eigentliche Reichsgeschichte begann mit *Cassius Dio Cocceianus.* Monographien gab es im 1. Jahrhundert n. Chr. in großer Zahl. Bekannt ist der »Jüdische Krieg« des *Iosephus Flavius,* einiges von

Arrianos, darunter die »Anabasis Alexanders«, und die Geschichte der römischen Kriege von *Appianos.* Als letzter Vertreter der heidnischen Geschichtsschreibung gilt *Zosimos* (5./6. Jahrhundert). In der byzantinischen Literatur unterscheidet man (nach H. Erbse) »Historie« (Zeitgeschichte in konventioneller Kunstprosa) und »Chronistik« (kirchlich populäre Weltgeschichte nach chronologischem Schema). Der bedeutendste Historiker des 6. Jahrhunderts war *Prokopios* von Caesarea, der die Kriegszüge des Kaisers Iustinianus beschrieb. Daneben hatte sich seit etwa 300 n. Chr. eine ganz neue Gattung der Geschichtsschreibung entwickelt, die Kirchengeschichte. Ihr erster Vertreter war *Eusebios* von Caesarea. Er verknüpfte die Geschichte der göttlichen »Erscheinungen« mit der Menschheitsgeschichte und führte das theologische Werturteil in die Historie ein. Bei seinen späteren Fortsetzern, z. B. *Iohannes* von Ephesos (Ende 6. Jahrhundert) verwischen sich die Grenzen zwischen politischer und Kirchengeschichte. Eusebios wirkte über Augustinus, Orosius und Cassiodor auf die weströmische und mittelalterliche Geschichtsschreibung des Abendlandes ein. (F.R.)

Götter

Religion und Religiosität hatten in Griechenland eine sehr diesseitige Prägung: Der Himmel lag auf Erden, das Jenseits am Rande des Diesseits. Die Götter wohnten auf dem Olymp, dem höchsten Berg Griechenlands, sie bevölkerten die Meere, Seen und Flüsse, hausten auf Bäumen, Quellen, Felsen . . . Die elysischen Gefilde, in denen die Seligen nach ihrem Tode weilten und ein Leben ewiger Freude führten, waren nach den Vorstellungen der Griechen ein recht irdisches Paradies und lagen »am Rande der Welt«; der Tartaros, die flammendurchloderte Hölle für die Verdammten, war ein unterirdische Welt, aber eben doch eine irdische – genau bekannt waren die Eingänge (zwei auf der Peloponnes, einer am Schwarzen Meer und einer im Averner See bei Kyme), durch die sogar Sterbliche – wie Odysseus, Orpheus oder Herakles – ins Schattenreich der Toten einzudringen und danach an die Oberwelt zurückzukehren vermochten. Jenseits-Mystizismus – der sich in anderen Religionen mit Weltverachtung paart – lag den Griechen fern: Ihre Götter waren von dieser und in dieser Welt, sie existieren nicht in unbegreiflichen und unerreichbaren Fernen, sondern lebten mit den Menschen, griffen handelnd, bestimmend, strafend und belohnend

in ihr Leben ein. Die griechische Mythologie war eine sehr handfeste, sehr reale Mythologie.
Die »Göttlichkeit« der griechischen Götter besteht recht eigentlich in drei Eigenschaften: sie sind unsterblich, sie sind allmächtig, und sie sind nie hungrig. In allen übrigen Eigenschaften und Fähigkeiten sind sie sehr menschlich – darum auch begreiflich, berechenbar, beeinflußbar. Die griechische Götterwelt erscheint in vieler Beziehung und bei vielen Gelegenheiten als eine auf den Olymp und in den Hades projizierte Menschenwelt, als eine Parallelwelt auf höherer Ebene. Frömmigkeit und Phantasie hatten der griechischen Götterwelt eine Überfülle an Gestalten und Erscheinungen verliehen: Es gab Hauptgötter, Nebengötter, Halbgötter, Naturgötter – und eine Anzahl von den Göttern nahestehenden Fabelwesen aller unterschiedlichster Gestalt. Die meisten dieser göttlichen Wesen standen untereinander in familiärer Beziehung, nahmen die verschiedensten Funktionen wahr und sahen sich alle miteinander einem gewissen »sozialen Status«, einer komplizierten Hierarchie eingeordnet.
Die griechische Religion ist keine Offenbarungsreligion. Die Götter entspringen den Vorstellungen der Menschen, sie verkörpern Naturkräfte, sind Personifizierungen von (menschlichen) Eigenschaften. Das Schicksal der Menschen ist von den Göttern vorherbestimmt und beeinflußt, gelenkt, durchaus nicht nach feststehenden Regeln, sondern aus Launen heraus, höchst widerspruchsvoll darum. Ein fest umrissenes Gebäude theologischer Lehren gibt es in dieser Religion nicht, keine von den Göttern festgelegten und den Menschen auferlegten Lebensregeln, Gesetze des Lebens und Handelns, Gebote des Verhandelns – außer dem einen und wichtigsten: sie zu ehren, anzuerkennen, ihnen zu gehorchen. So blüht denn im antiken Griechenland ein Kult der großen Götter, die in allen griechischen Stadtstaaten anerkannt und verehrt werden. Daneben gibt es eine Fülle lokaler Kulte für einzelne Gottheiten, für »kleinere« Götter. Zu den Götterkulten gehören die Geschichten um die Götter, zahllose Legenden, Zuschreibungen, Anekdoten sogar, die von Generation zu Generation mündlich überliefert, weitererzählt, verändert und ausgeschmückt werden. So kommt es, daß von vielen Göttern viele Versionen über ihr Leben und ihre Taten berichtet, oft höchst gegensätzliche, widerspruchsvolle, durchaus unlogische Geschichten erzählt werden. Viele dieser Legenden erweisen sich deutlich als Mißverständnisse, als Übernahme falsch verstandener Berichte; nicht selten geschieht es auch, daß bestimmte Legenden des einen Gottes

recht unbefangen für einen anderen übernommen werden, und häufig genug auch spiegeln sich in manchen Göttermythen lang zurückliegende historische Vorgänge aus der Menschheitsgeschichte wider. Manche Forscher meinen, daß z. B. die dem Zeus zugeschriebenen zahlreichen Liebesabenteuer mit schönen sterblichen Frauen von manchen vornehmen Geschlechtern oder Stämmen geradezu erfunden wurden, in dem Bestreben, die eigene Abstammung direkt auf Zeus zurückführen zu können. Jedenfalls erklärt sich daraus die Vielzahl von Versionen über die griechischen Götter, die es mit sich bringen, daß zum Beispiel vielen Göttern und noch mehr Halbgöttern ganz verschiedene Väter, Mütter oder Geschwister zugeschrieben werden, daß über ihr Leben oder ihren Tod die mannigfachsten und gegensätzlichsten Mitteilungen gemacht werden. Aus dem Abstand der Jahrhunderte und dem Wuchern der menschlichen Phantasie ergeben sich manchmal fast absurd verwickelte, geradezu märchenhafte Versionen.
Damit hängen zwei weitere wesentliche Kriterien der griechischen Mythologie zusammen. Zum einen: Es scheint fast, als habe es eine Reihe von Göttern gegeben, auf die sich das Interesse, die Sympathie, die Erwartungen der Menschen besonders gerichtet hätten. Über sie wird ungewöhnlich viel erzählt, um sie ranken sich ungezählte Legenden, immer Neues wird ihnen zugeschrieben – während andere, in ihrer Funktion oft nicht weniger wichtige Götter, in dieser Beziehung geradezu vernachlässigt werden; von ihnen wird nur Kärgliches berichtet. Während beispielsweise um Zeus, Pallas Athene und Apollo sich eine große Zahl von Geschichten gruppiert, weiß man über den Kriegsgott Ares, den Sonnengott Helios, die Mondgöttin Selene und die Vielzahl der Wassergötter – an ihrer Spitze Poseidon – nicht allzu viel zu erzählen. Dies alles hängt natürlich auch damit zusammen, daß »Griechenland« nicht jene homogene nationale, geistige Einheit bildete, als die es uns aus dem Abstand von zwei Jahrtausenden erscheint, vielmehr bestand ja dieses Griechenland aus einer Anzahl verstreuter, geographisch ziemlich weit voneinander entfernter Stadtstaaten, die jede für sich ihren besonderen Schwerpunkt bildeten, oft auch »nationale« Götter in lokalen Kulten verehrten; verständlich, daß zwischen diesen verstreuten Stadtstaaten die Kommunikation mit Schwierigkeiten verknüpft und auch eine »theologische Einheit« schwer durchzuführen war.
Mythisch überhöhte, unbegreifliche Wesen also waren diese Götter nicht. Verehrt wurden sie natürlich, angefleht um Wohlgeneigtheit,

Zustimmung, Hilfe – aber man wendete sich an sie mit größerer Vertrautheit als es Göttern gegenüber in anderen Religionen geschah und geschieht, gewissermaßen mehr an göttliche Menschen, über deren Reaktion, deren Charakterzüge, deren Verständnisbereitschaft man Bescheid weiß. Darum waren viele dieser Götter geradezu »populär«, »beliebt«, man wendete sich an sie als an zwar schicksalsmächtige, aber zugängliche Autoritäten; man hat mit Recht hingewiesen auf die von Ferne verwandte Familie der katholischen Heiligen, die als dem Menschlichen entsprungene Fürbitter zwischen Mensch und übermächtig-unbegreiflicher Göttlichkeit eine Art Zwischenstufe einnehmen, offenbar, weil das einfache Volk einer solchen bedarf, die mehr Vertrauen und Vertraulichkeit einflößt, als das erschreckend überhöhte Göttliche es vermag.

Die griechischen Götter sind keineswegs vollkommen oder gar menschlicher Süchte und Lüste, Neigungen und Vorlieben enthoben – die Unsterblichen der Antike sind vielmehr Spiegelbild des Menschlichen auf den Höhen des Olymp oder in den Tiefen des Hades, sie sind eitel, selbstsüchtig, neidisch, rücksichtslos und unglaublich launisch, den Menschen gegenüber auf beinahe verbrecherische Weise brutal, unbarmherzig und schamlos egoistisch. In kaum einer Religion der Welt findet sich eine Götterschar von so zweifelhafter ethischer Qualität. Vielleicht aber war es gerade das, was den Hellenen ihre Götter fast lieb, wenigstens aber vertraut und des beinahe familiären Verkehrs wert machte. Sie bringen es sogar fertig – bei allem schuldigem Respekt, bei aller Ehrerbietung und aller Opferbereitschaft – nicht wenige *komische* Züge an ihnen zu entdecken, an ihrer Person, ihrem Charakter und ihren interfamiliären Beziehungen! Des gewaltigen Zeus' pantoffelheldenhaftes Verhältnis zu seiner gestrengen Gattin und Schwester Hera, seine zahlreichen Seitensprünge, seine ewige Schwäche für sterbliche weibliche oder männliche Schönheit – sie hat die Griechen gewiß verständnisvoll amüsiert. Und welches andere Volk der Erde darf von seinen Göttern schon sagen, daß es sich gelegentlich über sie amüsierte?

Der Anfang der Welt. Die Vorstellungen vom Anfang der Welt allerdings sind bei den Griechen, ebenso wie bei allen anderen Völkern der Welt, keineswegs heiter und amüsant, sondern düster, von archaischer Wucht, voll dramatischer Grausamkeit. Auch die griechische Vorstellung von der Erschaffung der Welt geht vom Chaos aus, dem gähnenden, dem leeren Nichts. Aus diesem Chaos entstand *Gaia,* die Erde, und – charakteristischerweise? – die Liebe, *Eros.* Gaia, die

Urmutter der Welt, erzeugt aus sich selbst *Pontos*, das Meer, und den Himmel, *Uranos*. Mit Uranos wiederum erzeugt sie zwölf machtvolle *Titanen* und drei gewaltige, einäugige *Kyklopen*. Der erste Akt der griechischen Weltwerdung besteht in einem dröhnenden, bluttriefenden Kampf der Titanen und der Kyklopen. Zu den Titanen – sechs Brüder sind es und sechs Schwestern – gehören so wichtige Gestalten wie *Okeanos*, der Weltstrom, und seine Schwester und Gattin *Tethys*, vor allem aber *Kronos* und *Rhea*, welch letztere nach Gaia und Uranos die zweite Generation der göttlichen Weltherrscher darstellen, die ihrer Macht später von ihrem Sohn *Zeus* beraubt werden. Uranos ist, wie alle griechischen Götter, ein um seine Macht ständig besorgter und sie mit skrupelloser Brutalität verteidigender Tyrann: Aus Angst vor den eigenen Söhnen, die ihm zu mächtig wurden, warf er die Kyklopen in den Tartaros, die Unterwelt. Damit brachte er Gaia gegen sich auf, die ihren jüngsten Titanensohn Kronos aufforderte, den Vater zu entmachten. Mit einer scharfzahnigen Sichel, die sie ihm gab, entmannte Kronos den Vater und befreite die Kyklopen. Aus dem Blute des schrecklich verwundeten Uranos entstanden die furchterregenden *Erinnyen*, die Rachegöttinnen. Auch Kronos versuchte, nicht besser und nicht anders als sein Vater, errungene Macht vor den Kindern zu verteidigen; alle, die seine Gattin und Schwester Rhea ihm gebar, verschlang er gleich nach der Geburt: Hestia, Demeter, Hera, Hades und Poseidon. Nur den Jüngsten, Zeus, konnte Mutter Rhea vor diesem Schicksal bewahren, indem sie ihn in einer Höhle auf Kreta gebar, von der Ziege Amaltheia mit Milch versorgen und, vom Vater ungesehen, aufwachsen ließ. Später dann bereitete Zeus dem Kronos ein ähnliches Schicksal wie dieser zuvor seinem Vater Uranos: durch eine List zwang er ihn, die vorher verschlungenen Kinder wieder auszuspeien, und entmachtete ihn; Zeus besiegte auch seine titanischen Geschwister, die ihn nicht unterstützten, und trat die Weltherrschaft an. Über Himmel und Erde erstreckte sich sein Regiment – seinen Brüdern Poseidon und Hades, die seine Partei nahmen, überließ er die Herrschaft über den Ozean bzw. die Unterwelt, den Kronos und seine übrigen Geschwister verbannte er in die Unterwelt. Ein letztes Mal hat er diese Herrschaft zu verteidigen gegen den wilden Ansturm der aus der Unterwelt freigekommenen Titanen und der mit ihnen verbündeten riesigen *Giganten* – diese wilden Riesen türmten mit ungeheuren Kräften Gebirge übereinander, um den Olymp zu erobern. Ein letzter Versuch der Urmutter Gaia, nach der Gigantenschlacht – die Zeus mit Hilfe des Helden *Herakles* gewann

– den Götterklan um Zeus zu entmachten, mißlang, obwohl sie sich der Unterstützung des riesigen, drachenköpfigen, feuerspeienden Ungeheuers *Typhon* versichert hatte. Nachdem er auch diesen gigantischen Kampf bestanden hat, ist die Herrschaft des Zeus für alle olympischen Zeiten gesichert.

Zeus und die Familie der Götter. Unangefochtener Weltherrscher also war Zeus. Als dem Weltregenten steht es ihm zu, das Recht zu hüten, Verbrecher zu strafen und die Gastfreundschaft zu bewahren; seine Insignien sind das Zepter, der Donnerkeil und der Blitz. Freilich nahm es dieser Bewahrer des Rechts und Bestrafer des Frevels selber mit diesen Dingen nicht allzu genau, seine Göttlichkeit war ihm wohl Recht genug. Ungeniert und skrupellos mischt er sich ungezählte Male in menschliches Handeln und irdisches Geschehen ein und dirigiert es nach seiner Laune. Legendär war seine Neigung zu irdischen Schönen und göttlichen Frauen – wie denn überhaupt Liebe und fleischliche Begierde in seinem Leben und Regieren eine Hauptrolle spielen. Zu den berühmtesten Liebesabenteuern gehören die mit Europa, die er als Stier betört, mit der Danaë, für die er sich in einen Goldregen verwandelt, mit Alkmene, die er in der Maske des eigenen Mannes Amphitryon verführt, mit Leda, der er als Schwan naht – um unter den Ungezählten nur einige wenige zu nennen. Seine göttliche Begierde verschaffte ihm auch auf dem Olymp eine zahlreiche Nachkommenschaft, bevor er Hera, seine Schwester, zu seiner jüngsten und rechtmäßigen Gattin nahm, die der Legende zufolge ein strenges, doch recht erfolgloses Regiment geführt haben soll. So schenkte ihm die Titanentochter Leto *Apollon* und *Artemis*, den *Hermes* gebar ihm die Nymphe Maja, die Okeanos-Tochter Dione gebar *Aphrodite*, von Demeter hatte er *Persephone*, von seiner Gattin Hera endlich *Hephaistos*, *Ares* und *Hebe*.

Die Lieblingstochter des Zeus war *Pallas Athene*, in voller Rüstung einst seinem Haupte entsprungen. Sie gehört zu den Hauptgestalten des griechischen Götterhimmels und wurde im ganzen Land verehrt. Sie ist eine kriegerische Göttin, doch lenkt sie das kriegerische Geschehen mehr durch Klugheit als durch Kraft und Gewalt. Sie ist auch die Beschützerin der Wissenschaft, der Kunst und des Handwerks und fördert die Zivilisation der Menschen durch die Erfindung des Pflugs, des Webstuhls, des Wagen- und Schiffsbaus. Zu des Zeus' erhabenen Kindern und den Hauptgottheiten gehören ferner *Phoibos Apollon*, der Gott des Lichts, der Heilkunst, der Weisheit, der Musik und der Dichtkunst; er gebietet den neun Musen, die Priesterin Pythia verkündet in → *Delphi* sein →

Orakel, der berühmte Arzt Asklepios (→ *Medizin*) ist sein Sohn. Die jungfräuliche Göttin *Artemis* ist eine Zwillingsschwester Apollons, Beschützerin der Tiere und zugleich eine große Jägerin; als Wächterin der Keuschheit ist sie von unüberbietbarer Strenge; in einigen Teilen Griechenlands wurde sie als Fruchtbarkeitsgöttin verehrt. *Hephaistos* war der Gott des Feuers und der Schmiedekunst, der seinem Handwerk mit Hilfe der riesigen Kyklopen oblag und herrliche Kunstwerke auf den Höhen des Olymp oder in seiner Werkstatt im Inneren des Ätna vollbrachte. Er war der Sohn des Zeus und der Hera; seine Mutter, enttäuscht von seiner Häßlichkeit und Lahmheit, warf ihn gleich nach der Geburt hinab ins Meer, die Meeresgöttinnen Thetis und Eurynome waren seine Retterinnen und Erzieherinnen. Im Gegensatz zur klugen Schlachtenlenkerin Pallas Athene ist *Ares* ein roher, wilder Gott des blutigen Schlachtgetümmels. *Aphrodite* entstand nach der Legende aus dem weißen Schaum des Meeres und stieg in Zypern an Land, nach anderer Version ist sie eine Tochter des Zeus und der Dione; die Schönste unter den Himmlischen verkörperte die Liebe und die Schönheit – ihr dienen ihr Sohn *Eros* und die *Chariten* (*Grazien*). *Hermes* dient dem Zeus als Bote, schützt die Menschen vor Gefahren, sorgt sich um die Seelen der Verstorbenen, seine Verschlagenheit macht ihn auch zum Schutzgott der Diebe. Zu seinem göttlichen Metier gehören außerdem Aufgaben als Beschützer der Herden und des Reichtums, des Handels und des Verkehrs, der Wanderer und der Herolde. *Hestia* galt als »Familiengöttin«, als Hüterin des Herdfeuers und des Friedens und des Glückes im Hause und war darum den Menschen besonders nah und in Griechenland hoch verehrt.

Neben diesen Hauptgöttern bevölkerte die Phantasie der Griechen den Olymp noch mit einer großen Schar von Nebengöttern, die die unterschiedlichsten Aufgaben, Schutzbefohlenen und »Kompetenzbereiche« hatten. Der Sonnengott *Helios* lenkt jeden Tag den strahlenden Sonnenwagen über den Himmel, seine Schwester *Eos* taucht als Morgenröte vor ihm aus den Wellen des Okeanos auf, während ihre Schwester *Selene* das von zwei weißen Kühen gezogene Mondgespann nächtens über den Himmel zieht. Die neun Musen, von Apollon angeführt, sind Töchter des Zeus und zuständig für Dichtkunst, Musik, Geschichtsschreibung, Tanz und Sternkunde, für alle schönen Künste also. *Hebe* ist die Göttin der ewigen Jugend; dem Hermes tritt *Iris,* die Göttin des Regenbogens, als geflügelte Götterbotin an die Seite. Die *Moiren* (unter der lateinischen Bezeichnung *Parzen* besser bekannt), drei uralte Schwestern, weben jedem Menschen den Lebensfaden – über das Schicksal des Menschen bestimmen aber auch *Nemesis* und *Tyche* (lateinisch Fortuna), Schicksals- und Glücksgöttin.

Die Götter der Erde, der Gewässer und der Unterwelt. Kaum weniger zahlreich ist die Schar der Götter, die die anderen Welt- und Lebensbereiche beherrschen: *Demeter* ist die sehr populäre und hochverehrte Göttin der Fruchtbarkeit; *Dionysos* oder *Bakchos* als Gott des Weines und der Fruchtbarkeit mit dem bocksfüßigen Hirtengott *Pan*, im Gefolge die *Nymphen*, bevölkerten Wälder und Höhlen, Täler und Berge, Quellen und Flüsse. *Poseidon* ist der Herrscher des Meeres, die liebreiche Gattin dieses grimmigen und leicht aufbrausenden Gottes heißt *Amphitrite*, die Königin des Meeres – beide haben einen Sohn *Triton*, der gleichfalls ein mächtiger Meeresgott ist (halb Mensch, halb Fisch), er regiert die Wellen mit den Tönen seines Muschelhorns. *Okeanos* regiert zusammen mit seiner Gemahlin *Tethys* den Weltenstrom und alle Gewässer, aber auch die dreitausend Flußgötter und Göttinnen, die die Bäche und Quellen bewohnen. Zu den wichtigen Meeresgöttern gehört ferner der uralte *Nereus* mit seinen schönen Töchtern, den fünfzig *Nereiden*, und *Proteus*, der dafür berühmt war, von einem Augenblick zum andern sich in jede beliebige Gestalt zu verwandeln.

Die Unterwelt endlich regierte *Hades* oder *Pluton*, dessen Strenge und unerbittliche Herrschaft über das Totenreich von seiner barmherzigen Gemahlin *Persephone* gemildert wird. Dem Hades ordneten die Griechen unter anderen die Zwillingsbrüder *Thanatos*, den Tod, und *Hypnos*, den Schlaf zu; auch die *Erinnyen*, die wilden Rachegöttinnen, gehörten zu seinem Gefolge. Ihm zu Diensten war der Seelenfährmann *Charon* und der Wächter des Hades, der dreiköpfige, schlangenhaarige Höllenhund *Kerberos*, ferner *Hekate*, die nächtliche Göttin der Zauberei, eine der unheimlichsten Gestalten der griechischen Götterwelt.

Die Imaginationskraft der Griechen, ihr Bedürfnis, alle Welt- und Lebensbereiche sich als von Unsterblichen beherrscht und regiert zu denken, schuf so eine reiche, weitverzweigte Götterfamilie, die unter den Religionen der Welt nicht ihresgleichen hat. (G. R.)

Griechenland

Geographische Verhältnisse. Die kleinste der drei Mittelmeerinseln weist den einheitlichsten mediterranen Charakter auf; denn sie liegt zwischen dem 42. und 35. Grad nördlicher Breite ganz im Mittelmeerraum, der Klima und Landschaft gleichermaßen prägt. Der Geograph A. Philippson überschrieb einmal eine kleine landeskundliche Studie treffend mit den Worten »Land und See der Griechen«. Tatsächlich gehören Land und See hier aufs engste zusammen. Kein anderes Land Europas ist stärker meerbezogen, keines weist eine stärkere Zersplitterung der Küstenlinien mit zahllosen, oft tiefen Buchten auf. So lernt jeder Schüler schon im Erdkundeunterricht, daß kein Punkt Griechenlands weiter als 90 Kilometer vom Meer entfernt liege, eine Entfernung, die sich in Mittelgriechenland auf 60, in der Peloponnes sogar auf 50 Kilometer verringert.

Diese enge Verbindung von Land und Meer setzt sich in der Ägäis im umgekehrten Sinn fort. Ist im Bereich des Festlandes das Meer in Buchten und fjordartigen Einschnitten tief in das Land vorgedrungen, so durchsetzen hier die Inseln das Meer, bilden eine Brücke hinüber nach Kleinasien. Und wer heute mit einem Küstendampfer oder einem kleinen Touristenschiff durch die Ägäis fährt, wird den Windschatten dieser Inseln zu schätzen lernen, der heute wie ehedem in der Antike dem Seefahrer zumeist eine verhältnismäßig ruhige Fahrt sichert.

Zweites wesentliches Kennzeichen neben der engen Verbindung von Land und Meer ist die Kleinräumigkeit griechischer Landschaft; denn der dinarisch-hellenische Gebirgszug splittert sich in zahlreiche Berg- und Beckenlandschaften. Man hat die griechische Landschaft deshalb nicht zu Unrecht mit einem minoischen Palast verglichen, zu dessen wesentlichen Kennzeichen die vielen Kammern, Höfe und Treppen gehören. Die meisten dieser Becken sind kaum größer als 200 bis 300 Quadratkilometer, was bestenfalls der Fläche Münchens (mit rund 300 km^2) entspräche. In diesem Gewirr von Becken, Gebirgsbogen und tiefen Bbuchten vermochte sich kein einheitlicher großer Staat zu entwickeln, sondern nur verschiedene kleine Stadtstaaten, denen die Natur aber genug fruchtbares Ackerland und Anbauflächen für Ölbäume und Wein bot, so daß sie nicht gegenseitig aufeinander angewiesen waren.

Diese Kleinräumigkeit ist eine Folge erdgeschichtlicher Entwicklung seit dem Erdmittelalter und vor allem seit Beginn der Erdneuzeit, als gewaltige Bodenbewegungen die Gesteine zu Falten zusammenschoben und durch Hebungen und Senkungen eine Vielfalt von Bruchschollen entstand, verbunden mit Verwerfungen und Überschiebungen. Bis heute ist die Erdkruste nicht mehr voll zur Ruhe gekommen. Erdbeben bedrohen immer noch das Land; 1928 z. B. wurde die Stadt Korinth durch ein solches Beben zerstört. Zwar sind die meisten Vulkane erloschen, auf Thera-Santorin aber grollt noch immer jene Kraft, die vor dreieinhalb Jahrtausenden zu einer gewaltigen Naturkatastrophe führte, in der die Hälfte der Insel in die Luft geschleudert wurde (Atlantis).

Klima. Die »heitere Bläue« des griechischen Himmels, »herab vom Glanz überlaufen«, preist schon → *Homer*, und der moderne Reisende wird ihm recht geben, wenn er das Glück hat, Griechenland an solchen Tagen zu erleben, an denen kein Wölkchen den azurblauen, strahlenden Himmel trübt und die griechische Landschaft in der durchsichtigen Luft großartige Konturen und Farben gewinnt. Aber schon im späten Frühjahr und vor allem im Sommer bis in den Oktober hinein kann das Land unter zunehmender Wärme, ja drückender Hitze leiden, wenn beispielsweise Athen ein Julimittel von 27° und ein mittleres Maximum von sogar 37° erreicht. Das typische Mittelmeerklima Griechenlands ist gekennzeichnet durch trockene, sehr heiße Sommer und regenreiche Winter. Die Regenzeit setzt im November ein und dauert bis März, wobei der eigentliche Winter im Januar und Februar zwar unfreundlich und kalt ist, Schnee jedoch meist nur in höheren Lagen vorkommt, wo er sich dann allerdings bis weit in das Frühjahr hinein halten kann. Dieses dauert etwa von März bis zum Juni. Kurz nur ist die Zeit des Blühens und Reifens, während dann in den Sommermonaten von Juli bis Oktober die Hitze drückend über der Landschaft lastet. Der Herbst als Jahreszeit fehlt, und der Sommer geht unmittelbar über in die regenreichen Wintermonate. Die Klarheit der Luft und die »heitere Bläue« ergeben sich aus den Luftdruckverhältnissen. Griechenland liegt in einer Zone vorherrschend hohen Luftdrucks zwischen den Westwinden und den Passaten. Letztere ziehen die unteren warmen Schichten ab. Die kalte Luft der oberen Schichten erwärmt sich beim Niedersinken und nimmt den Wasserdampf der Wolken auf, die sich damit gleichzeitig auflösen.

Dem Klima entspricht die Vegetation. Dem Touristen erscheint sie im Vergleich zu Italien vielfach karg und dürftig. Dabei war Griechenland einmal ein Waldland, aber längst sind die Hänge der Gebirge verödet, die fruchtbaren Böden hinweggespült. Diese Erde sammelte sich wenigstens auf den Terrassen, in den Tälern und Ebenen. Dort blieb die alte Fruchtbarkeit erhalten, doch liefert das Ackerland auch bei nachlässiger Bebauung reiche Erträge. Die Vegetation ist im Westen der Halbinsel, wo die Südwestwinde im Winter gegenüber dem Osten die dreifache Regenmenge bringen, wesentlich reichhaltiger. In den Niederungen dominiert die subtropische immergrüne Vegetation, die in den höheren Lagen ab 600 Metern einer mitteleuropäischen weicht. Wer von → *Olympia* aus die Peloponnes nach Osten durchquert, sieht sich, aus der Mittelmeerzone kommend, plötzlich in eine typische Voralpenlandschaft mit Matten und dunklen Nadelbäumen versetzt, um dann an der Ostseite in eine dürre Mittelmeervegetation mit oft kümmerlichen Hartlaubgewächsen zurückzukehren, die am leichtesten die sommerliche Hitze überdauern. Charakteristisch sind vor allem die kahlen Hänge der griechischen Berge, die ihre einfache und klar gegliederte Form bewahrt haben und, vom Olymp abgesehen, meist nur wenig über die Mittelgebirgshöhen hinausgehen.

Die Landschaften. Der Weg durch die griechischen Landschaften beginnt im Nordwesten in Epeiros (»Festland«), einem Gebirgsland, in dem das kahle Kalkgestein den Charakter des Landes bestimmt. Das Pindosgebirge schließt es hermetisch nach Osten hin ab. Die dort lebenden Stämme wurden noch in der klassischen Zeit von den Griechen als Halbbarbaren angesehen. Im Süden schließt sich das westliche Mittelgriechenland mit den alten Landschaften Akarnanien und Aitolien (Ätolien) an. Fast seeartig greift hier der Golf von Akra (Ambrakischer Meerbusen) tief in das Land hinein. An seinem schmalen Zugang lag Aktium, wo der junge Octavian über die Flotte seines Rivalen Marcus Antonius und der Königin Kleopatra (→ Pleticha/Schönberger, »Die Römer«, S. 361) siegte. Der Küste vorgelagert sind die Ionischen Inseln: Noch auf der Höhe von Epirus liegt Kerkyra (Korfu), die schönste und berühmteste, weiter südlich Leukas (Lefkas), dann Ithaka, die Heimat des Odysseus, Kephallenia (Kefallinia), auf dem in der Antike vier Städte lagen, und schließlich das fruchtbare Zakynthos (Sakinthos).

Durch den Golf von → *Korinth* im Westen und den Saronischen Meerbusen im Osten fast völlig vom Festland getrennt und mit diesem nur durch den schmalen Isthmus von Korinth verbunden, schließt sich im Süden die Peloponnes an, die »Pelops-Insel«, wie sie in der Antike genannt wurde. Sie weist in ihrer gebirgigen Struktur die gleichen Bauelemente auf wie Mittelgriechenland. Im Westen zeigt die Landschaft Elis ein weit zerteiltes Bergland mit üppigerer Vegetation als die übrige Peloponnes. Hier liegt im Alpheios-Tal Olympia, die bedeutendste Kultstätte der Griechen. Kernlandschaft der Halbinsel ist Arkadien, ein etwa 1000 Meter hoch gelegenes, recht armes Gebirgsland, dessen Weidefläche ihm schon in der Antike den eigentlich gar nicht berechtigten Ruf eines idyllischen Hirtenlandes eintrugen. In Wirklichkeit war das Leben dort in dem rauhen Klima ziemlich hart. Den Nordrand Arkadiens bilden Gebirgsstöcke von mehr als 2000 Meter Höhe, an deren Fuß der Stymphalische See (vgl. Herakles bei → *Heroen*) liegt und wo am Styx die Griechen den Eingang zur Unterwelt suchten. Diese Berge trennen Arkadien von Achaia mit seinen fruchtbaren Küstenebenen, die den korinthischen Meerbusen säumen. Der kultische Mittelpunkt dieses Gebietes war ein bedeutendes Poseidon-Heiligtum bei Helike, das im 4. Jahrhundert von einem Seebeben vernichtet wurde und bis heute nicht wiederentdeckt werden konnte.

Im Osten und Süden der Peloponnes trennen Gebirgszüge die bedeutendsten Landschaften Argolis, Lakonien und Messenien voneinander. In der fruchtbaren Ebene von Argos bildeten die Burgen von → *Mykene* und → *Tiryns* die Zentren mykenischer Herrschaft (→ *Mykenische Zeit*). Lakonien war das Stammland der Spartaner (→ *Sparta*). In der freundlichen Eurotas-Ebene am Fuß des 2400 Meter hohen Taygetos-Gebirges hatten sie ihre Hauptstadt, von der aus sie die ganze Peloponnes eroberten und beherrschten. Nahe der heutigen Landstadt Sparta liegen am unteren Hang des Taygetos die Ruinen der 1249 n. Chr. gegründeten Siedlung und Bergfestung Mistras, die zum Vorbild für die Burg des Faust und der Helena im II. Teil des Goetheschen »Faust« wurde.

Westlich des Taygetos gehört Messenien zu den fruchtbarsten Gebieten der Peloponnes. Schon Ende des 8. Jahrhunderts waren die Spartaner dort eingedrungen und hatten im Lauf von zwei Jahrhunderten das Land trotz heftigen Widerstands der Bevölkerung erobert.

Von der Peloponnes aus gelangt man über den Isthmus von Korinth nach Norden in das östliche Mittelgriechenland. Niedere Gebirgsschwellen trennen hier die wichtigsten altgriechischen Landschaften Attika, Boiotien, Phokis und Doris. Die Halbinsel Attika ist heute wie einst das Herz Griechenlands. An ihrer äußersten Südostspitze grüßen immer noch als Ruinen die leuchtend weißen Säulen des Poseidon-Tempels auf Kap Sunion die herannahenden Schiffe, die entlang der Südküste weiterfahren nach Piräus (grch. Peiraieus), dem Hafen Athens am Rand der Bucht von Salamis. In der Antike war dieser Hafen durch die Langen

Mauern mit → *Athen (Topographie)* verbunden. Heute ist er ein Teil der Dreimillionenstadt.
Das Zentrum Boiotiens bildet die Ebene von → *Theben,* der alten Rivalin Athens. Gebirgiger ist das Gebiet von Phokis, das in dem Kalkgebirgsstock des Parnassos, nach der Sage Sitz der Musen eine Höhe von fast 2500 Metern erreicht. An seinem Südhang, dort wo die Felswände der Phaidriaden (der »Leuchtenden«) fast senkrecht abbrechen, liegt → *Delphi,* das alte Heiligtum und Orakel Apollons. Von hier führt die Straße durch die Ölbaumhaine in wenigen Kilometern hinunter in die Bucht von Itea am Korinthischen Meerbusen.
Nur etwa 40 Kilometer nördlich an der gegenüberliegenden Küstenseite am Golf von Euboia, bildet zwischen Meer und Gebirge der in der Antike weit schmälere Küstenpaß der Thermopylen (→ *Perserkriege*) den Übergang von Mittelgriechenland nach Thessalien, jenseits des Othrisgebirges die größte Beckenlandschaft Griechenlands. Das fruchtbare Gebiet wurde in der Antike von Adelsfamilien und Stadtrepubliken beherrscht, bis es 344 Philippos von Makedonien eroberte. An seinem Nordrand, schon an der Grenze zu → *Makedonien,* liegt der 2985 Meter hohe Olymp, den die Griechen zum Sitz ihrer Götter erkoren.
Auch an der Ostseite gehören im Ägäischen Meer verschiedene Inseln und Inselgruppen noch zu Griechenland. Unmittelbar vor dem Festland und seinem geologischen Bau nach noch ganz dazu gehörend, erstreckt sich die Insel Euboia mit fruchtbarem Kulturland, auf dem Öl, Wein und Getreide gedeihen. Den Bewohnern der Insel gelang es in der Antike, ihre Unabhängigkeit bis zur makedonischen Zeit zu bewahren. Die wichtigste Gruppe der eigentlichen Ägäischen Inseln sind die → *Kykladen* (kyklos = Kreis), die ungefähr einen Kreis um die Insel Delos bilden. Diese war der religiöse Mittelpunkt der Inselgruppe, ein wichtiger Handelsplatz und nach den Perserkriegen das Zentrum des delisch-attischen → *Seebundes.* Tenos, Andros, Mykonos und Naxos gehören dazu und im Süden Thera (Santorin), eine kleine Insel mit heute noch tätigem Vulkan, die durch eine gewaltige vulkanische Explosionskatastrophe (Atlantis) und neuerdings durch sensationelle minoische Funde (→ *Archäologie*) berühmt wurde.
Die Sporaden (»Verstreute«) werden in eine nördliche und eine südliche Gruppe (Dodekanes) aufgeteilt. Schon zum asiatischen Festland hinüber geleiten Lesbos, Chios und das wegen seiner hervorragenden Weine berühmte Samos. Den Abschluß der Ägäis gegenüber dem Levantinischen Meer bildet schließlich die südägäische Inselgruppe, die von

Kythera im Westen noch unmittelbar vor der Peloponnes, in einem großen Bogen nach → *Kreta* und nach → *Rhodos* ausgreift und sich dann der kleinasiatischen Küste nähert. (H. P.)

Grossgriechenland

Das »Amerika der Griechen« überschrieb E. W. Eschmann eine Studie über die griechischen Kolonien in Unteritalien und Sizilien. In dem Bemühen um einen lebendigen historischen Vergleich, der die Brücke schlägt von der Antike zur Gegenwart, konnte er keine treffendere Formulierung finden. Im Zug der großen → *Kolonisations*bewegung waren seit dem 8. Jahrhundert griechische Siedler aus der Enge des Heimatlandes hinüber nach Westen gegangen, wo sie im heutigen Sizilien und im Südteil der Apenninhalbinsel neue Siedlungsgebiete fanden – ein Land, in dem alles größer, weiträumiger, üppiger war als in der Heimat, das ihr doch in Klima und Landesnatur wiederum stark genug ähnelte, und das die Griechen des Mutterlandes teils aus selbstverständlichem Gefühl enger Zusammengehörigkeit, teils aber auch aus einem gewissen neidvollen Respekt heraus »Großgriechenland« nannten.

Die Sage weist darauf hin, daß Verbindungen zwischen Sizilien und Griechenland schon vor der Kolonisation bestanden. So soll Daidalos (→ *Heroen*) auf seiner Flucht von → *Kreta* auf die Insel gekommen sein und dort für das Heiligtum der Göttin Aphrodite auf dem Eryx kunstvolle goldene Bienenwaben gefertigt und für König Kokalos eine uneinnehmbare Festung nördlich des heutigen Agrigent gebaut haben. Auch Odysseus (→ *Odyssee*) landete wahrscheinlich auf Sizilien, jedenfalls wurde manchmal Thrinakia, wo seine Gefährten die Heiligen Rinder des Helios (→ *Götter*) schlachteten, mit der Insel identifiziert.

Tatsächlich mögen schon in → *mykenischer Zeit* Handelsbeziehungen bestanden haben, wie spärliche Funde bestätigen. Sie wurden abgelöst durch Kontakte mit den Phoinikern, die seit Beginn des ersten Jahrtausends v. Chr. vor allem im Westen Siziliens ihre Niederlassungen gründeten. Die Ostküste dagegen öffnete sich den griechischen Kolonisten, die erst zögernd und wahrscheinlich nur in kleinen Gruppen kamen, doch etwa seit 750 v. Chr. ihre Kolonisation systematisch vorantrieben.

Siedler von Euboia sollen der Sage nach die ersten gewesen sein. Ihnen

folgten Ionier von der Insel Naxos, die am Fuße des Ätna in einer geschützten kleinen Bucht eine Siedlung gründeten, der sie den Namen ihrer Heimatinsel gaben. Schon ein Jahr danach, nämlich 734 v. Chr., wurde von → *Korinth* aus die Stadt Syrakus gegründet. Die Lage der neuen Siedlung war geradezu ideal. Die kleine Insel Ortygia, die »Wachtelinsel«, bot Süßwasserquellen, zwischen ihr und dem Festland lag ein prächtiger natürlicher Hafen, nach Norden zu boten die fruchtbaren Uferstriche des Anapos geeignetes Siedlungsland. Unter so günstigen Bedingungen mußte sich die neue Kolonie glänzend entwickeln. Tatsächlich stieg sie zur größten und reichsten Stadt in Sizilien empor und wurde sogar eine ernsthafte Konkurrentin → *Athens.* 485 v. Chr. ergriff dort Gelon als erster Tyrann (→ *Tyrannis*) die Zügel mit fester Hand. Von da an blieben die wechselhaften Geschicke der Stadt mit den Schicksalen einzelner Tyrannen aufs engste verbunden. Es waren tüchtige Männer unter ihnen, die für Syrakus Wohlstand, Frieden und Ruhe anstrebten, aber auch mordgierige Schurken. Gelon herrschte nur sieben Jahre, beeinflußte aber die Geschicke der Stadt entscheidend, indem er ihre Seemacht ausbaute und die Flotte verstärkte. Ihm folgte sein Bruder Hieron I. Er umgab sich zwar gern mit namhaften Dichtern und Philosophen, unter ihnen Pindar und Aischylos, galt aber als »habgieriger und gewalttätiger Charakter«. Noch schlimmer war sein Bruder Thrasybulos, den die Bürger schon nach elfmonatiger Herrschaft 466 v. Chr. vertrieben. Sechzig Jahre lang blieb Syrakus dann ein demokratisches Staatswesen, das seine Macht im Laufe der Zeit auch auf andere Griechenstädte Siziliens ausdehnte. Athen beobachtete mißtrauisch die Entwicklung und suchte schließlich nur einen Vorwand, um die lästige Rivalin anzugreifen. Im »Sizilischen Feldzug« (→ *Peloponnesischer Krieg*) erlitt es aber 413 v. Chr. eine vernichtende Niederlage.
In Syrakus übernahm 406 v. Chr. der Tyrann Dionysios I. die Herrschaft. Er galt als grausam und lasterhaft, war aber ein hervorragender Feldherr, der die durch den Krieg mit Athen geschwächte Stadt zum machtvollsten Staat im damaligen Europa emporführte. Es gelang ihm, die Angriffe der Karthager erfolgreich abzuwehren. Immerhin bemühte er sich um Kontakte mit bedeutenden Denkern seiner Zeit und lud → *Platon* an seinen Hof. Als dieser aber den Tyrannen durch seine offene Kritik verletzte, übergab er ihn einer spartanischen Gesandtschaft, die ihn ihrerseits als Sklaven verkaufte. Solche schlechten Erfahrungen hinderten Platon jedoch keineswegs daran, später noch ein zweites Mal nach Syrakus zu gehen und dem jüngeren Dionysios II. den Plan eines

Idealstaates zu unterbreiten, aber auch dieses Experiment schlug fehl. Dionysios II. wurde 344 v. Chr. mit Unterstützung durch die Bürger von Timoleon aus Korinth gestürzt. Sieben Jahre lang leitete dann dieser die Geschicke der Stadt, stellte die demokratischen Rechte wieder her und half, auch in anderen Städten die Despoten zu vertreiben. Nach einem oligarchischen Zwischenspiel von zwei Jahrzehnten folgten von 316 v. Chr. an für ein Jahrhundert noch einmal vier Tyrannen. Agathokles (R 316–289) gelang es, fast ganz Sizilien unter seine Herrschaft zu bringen. Unter seinen Nachfolgern allerdings brach diese Machtposition bald wieder auseinander. Für kurze Zeit setzte sich König Pyrrhos von Epirus in Syrakus fest. Hieron, einer seiner Offiziere (ein Verwandter des → *Archimedes*) regierte dann von 274–215. In den rund sechzig Jahren seiner klugen und maßvollen Herrschaft erlebte die Stadt noch einmal eine Blüte. Als nach Ende des 1. Punischen Krieges 241 v. Chr. Sizilien an die Römer fiel, blieb Syrakus zwar noch unabhängig, doch als Hierons Enkel Hieronymos sich im 2. Punischen Krieg mit den Karthagern verbündete, leitete er mit diesem Schritt den Untergang ein. 211 v. Chr. eroberten die Römer trotz heftiger Gegenwehr die Stadt.

Neben den ältesten Niederlassungen Naxos und Syrakus entstanden im Laufe des 8. und 7. Jahrhunderts noch zahlreiche Griechenstädte in Sizilien. Die Kolonisten kamen dabei aus vielen Teilen der griechischen Welt. Korinther hatten Syrakus gegründet, Chalkidier ließen sich in Himera und Katane nieder, Megarer in Selinus, Rhodier, Kreter und Knidier in Gela und Akragas. 728 wurden Leontinoi und Katana am Fuße des Ätna gegründet, 688 Gela, eine der bedeutendsten dorischen Kolonien. Die »schönen Gefilde« der Stadt wurden vor allem durch ihre Pferdezucht und ihren Reichtum an Getreide berühmt. Hier rissen gegen Ende des 6. Jahrhunderts v. Chr. Tyrannen die Macht an sich, unter ihnen der skrupellose Hippokrates, der Gela für wenige Jahre zur bedeutendsten Stadt Siziliens machte. Sein Nachfolger wurde jener Gelon, der 485, wie wir oben hörten, auch zum Tyrannen von Syrakus aufstieg. In der Folgezeit blieben die Geschicke Gelas dann eng mit Syrakus verbunden. 628 erfolgte die Gründung von Selinus (heute Selinunt) an der Grenze des phoinikischen Siedlungsbereichs. Solche unmittelbare Nachbarschaft erzwang Konfrontation oder Zusammenarbeit. Tatsächlich entwickelten sich enge Handelsbeziehungen zu den Karthagern, die wiederum den Wohlstand der Stadt förderten. Noch heute zeugen gewaltige Tempelruinen vom Reichtum der Bürger. Für einige Zeit verbündeten sich diese mit den Karthagern, gewannen dann

weitgehende politische Unabhängigkeit und verfeindeten sich schließlich mit ihren ehemaligen Verbündeten. 409 v. Chr. überfiel ein karthagisches Invasionsheer völlig überraschend die Stadt, die sich nur neun Tage verteidigte und dann erobert wurde. Sie erholte sich nie mehr richtig von diesem Schlag und vegetierte noch bis zur Mitte des 3. Jahrhunderts, dann wurde sie von den Karthagern endgültig zerstört. Erdbeben vernichteten schließlich auch die prachtvollen Tempel, von denen heute nur noch riesige Trümmerstätten zeugen.
Die Städte Siziliens kämpften nicht nur gegen äußere Feinde wie die Karthager oder gegen die Stadtstaaten des Mutterlandes wie Syrakus gegen Athen, sondern waren auch gegenseitig verschiedentlich verfeindet – wie etwa Selinus mit Egesta (Segesta), das angeblich von troianischen und phoinikischen Flüchtlingen gegründet worden war. Seit dem 6. Jahrhundert lagen die beiden Städte in andauernden Grenzstreitigkeiten. Als sich Selinus 416 v. Chr. um Hilfe nach Syrakus wandte, schlossen die Segestaner ein Bündnis mit Athen, und dieser Streit weitete sich zu jenem unheilvollen »Sizilischen Feldzug« der Athener aus, von dem oben die Rede war. In der Folgezeit schlug sich Egesta auf die Seite der Karthager und löste auch deren Überraschungsangriff 409 v. Chr. auf Selinus aus.
Jüngste griechische Siedlung Siziliens war Akragas (Agrigent), das die Bürger von Gela zusammen mit Siedlern von Rhodos 581 v. Chr. gründeten und das als eine der schönsten Städte der Insel galt. Schon Pindar besang sie als die »schönste Stadt der Menschen«. Ihr rasches Aufblühen verdankte sie dem Handel bis nach Nordafrika und ihrer Landwirtschaft. Auch hier rissen Tyrannen die Macht an sich, so der grausame Phalaris (570–554) und der wegen seiner Güte von Pindar gepriesene Theron (etwa 489–472), der als gastfreundlich und großherzig galt. Er vermählte seine Tochter mit Gelon von Syrakus, den er auch im Kampf gegen die Karthager unterstützte und mit dem er ihnen 480 bei Himera eine schwere Niederlage bereitete. Zu den bedeutendsten Bürgern der Stadt zählte → *Empedokles,* der gleichermaßen als Politiker und Philosoph, Dichter, Arzt und Ingenieur berühmt wurde und als »Liebling der Götter und Wundertäter« galt. Ruhe und Wohlstand fanden ein abruptes Ende, als die Stadt 406 v. Chr. von den Karthagern acht Monate belagert und schließlich erobert wurde. Zwar blühte sie noch einmal auf, gewann aber ihre alte Bedeutung nicht mehr zurück und wurde erstmals 261 und endgültig 210 v. Chr. von den Römern besetzt.

Unteritalien. Der Handel mit den Etruskern lockte die Griechen schon im 10. Jahrhundert v. Chr. nach Unteritalien, wo sie erste Stützpunkte gründeten. Nach Strabon war Kyme, das spätere Cumae (heute Cuma), etwas nördlich des Kap Misenum bei Neapel die älteste Griechensiedlung auf italienischem Boden. Nach neuen Forschungsergebnissen macht ihr allerdings Phithekoussai (Ischia) diesen Rang streitig. Den Händeln folgten seit der Mitte des 8. Jahrhunderts v. Chr. Kolonisten aus vielen Teilen der griechischen Welt. Bald war die Stadt so stark bevölkert, daß sie ihrerseits nur wenige Kilometer ostwärts an einem Platz, der sich besonders gut als Hafen eignete, eine »neue Stadt« (grch. Neapolis, heute Neapel) gründete. Der wachsende Reichtum Kymes weckte den Neid der benachbarten einheimischen Völker, und sie schlossen sich mit den Etruskern gegen die Griechen zusammen. Diese ihrerseits verbündeten sich 474 v. Chr. mit Hieron I. von Syrakus, der ihnen eine Flotte zu Hilfe schickte und den Etruskern eine schwere Niederlage bereitete. Trotzdem wurde Kyme schon fünfzig Jahre später von den Samniten besetzt und verlor damit seine einstige Bedeutung.
Im Gegensatz zu Sizilien setzte die Natur den Siedlungsmöglichkeiten in Unteritalien gewisse Grenzen. Im Westen hinderte das Gebirge der Sila Grande die Anlage von Städten. Günstiger dagegen waren die dem Ionischen Meer und damit dem Mutterland zugewandten Küstenebenen im Osten, vor allem am heutigen Golf von Tarent. Hier entstanden jene Städte »Großgriechenlands«, zu denen die Bevölkerung des Mutterlandes mit einem gewissen Neid hinüberblickte, weil es ihren Bewohnern besser zu gehen schien. Tatsächlich liegt dabei der eingangs geäußerte Vergleich vom »Amerika der Griechen« besonders nahe: denn Reichtum und Luxus waren hier zu Hause, hinterließen so augenfällige Spuren, daß man über ihnen nur zu leicht das harte Leben der frühen Kolonisten, ihre politischen und sozialen Schwierigkeiten und Spannungen vergißt. Sicher hat der Wohlstand der Städte seit dem späten 6. Jahrhundert v. Chr. Dichter, Musiker, bildende Künstler und nicht zuletzt auch die den materiellen Vorteilen scheinbar so abgeneigten Philosophen angelockt, ging »Kunst nach Brot«, konnten Sektierer verschiedenster Richtungen auf gutmütige bis wohlwollende Toleranz hoffen. So ist es nicht verwunderlich, wenn bei den Bürgern der großgriechischen Städte ein gewisses Überlegenheitsgefühl gegenüber dem Mutterland aufkam und z. B. Kroton vorschlug, die → *Olympischen Spiele* nach Unteritalien zu verlegen. Man war sogar bereit, die Gewinner statt wie bisher mit einem Ehrengeschenk in Zukunft entsprechend großspurig zu

bezahlen. Symbol für Reichtum und luxuriösen Lebensstil wurde das um 720 v. Chr. an der Küste Lukaniens (→ Pleticha/Schönberger, »Die Römer«, S. 316) von Achaiern gegründete Sybaris. Ein ungemein fruchtbares Hinterland, Silberminen in der Nachbarschaft und Handwerksfleiß der Bürger förderten den Wohlstand, den die Sybariten aber auch entsprechend zu genießen wußten. Dementsprechend spotteten schon die Zeitgenossen über sie; ». . . er säuft, stopft sich voll wie ein Sybarit, wird besoffen und bleibt doch immer höflich«, charakterisiert Aristophanes indirekt den Sybariten. Angeblich hatten die Bürger sogar ihre Kriegspferde gelehrt, nach der Flöte zu tanzen, was ihre Feinde erfuhren und dementsprechend mit Flötenmusik bei einem Angriff Verwirrung stifteten. Die Sybariten sollen das Dampfbad erfunden und sogar zu gesellschaftlichen Veranstaltungen und Gelagen stets ihre kostbaren Nachtgeschirre mitgenommen haben. Wie heute über Schotten oder Ostfriesen kursierten in der Antike zahlreiche Witze über die Bürger dieser Stadt. Ihre Streitmacht wird – sicher übertrieben – mit 300000 Mann angegeben. Als es zu einem Krieg mit Kroton kam, nutzten Reichtum und überlegene Macht nichts. Kroton siegte im Jahre 510 v. Chr.; Sybaris wurde so völlig zerstört, daß es heute erst den Archäologen zu gelingen scheint, seine Spuren zu lokalisieren (→ *Archäologie*).

Kroton (Crotone) war nur ein paar Jahre jünger; gegründet 710 von Achaiern und Spartanern, knapp 100 Kilometer südlich von Sybaris an der Küste des Ionischen Meeres, hatte es ähnlich wie dieses rasch beachtlichen Wohlstand erreicht. Nachruhm erlangte es als Sitz des Philosophen Pythagoras und seiner Schule. Dessen politische Ansichten wurden allerdings von den Bürgern als undemokatisch abgelehnt und sie vertrieben ihn deshalb aus ihrer Stadt. Mehr Ansehen als dieser Philosoph hatten dort die Athleten. Kroton galt als Pflegestätte des Sports, und der berühmte Athlet Milo, ein Mann von außerordentlichen Kräften und Anhänger des Pythagoras, führte das Heer Krotons in dem oben erwähnten Kampf gegen Sybaris. Nach dessen Zerstörung folgte eine Periode der Ruhe, und der Sieger scheint die Sitten der Besiegten angenommen zu haben; denn wir hören von übertriebenem Wohlleben, das zu einer gewissen Dekadenz führte. Aber in den politischen Wirren des 4. und 3. Jahrhunderts v. Chr. konnte Kroton trotz zweimaliger Eroberung durch die Syrakusaner und häufiger Kämpfe mit den einheimischen Lukaniern und Bruttiern seine Bedeutung behalten, bis es schließlich 277 v. Chr. in die Hände der Römer fiel.

Ebenfalls etwa zur gleichen Zeit (um 705 v. Chr.) gründeten Lukanier an einer besonders günstigen Stelle des Golfs die Stadt Taras, das römische Tarentum (heute Taranto). Dank ihres Hafens gewann die neue Siedlung bald erhebliche Handelsvorteile. Eine an der Küste gefundene Muschelart lieferte den Purpurfarbstoff, mit dem die Bürger die von ihnen erzeugten Wollstoffe färbten. Die größte Blüte erreichte Taras im ausgehenden 5. und 4. Jahrhundert v. Chr. Zu den bedeutendsten Männern der Stadt gehörte der pythagoreische Philosoph Archytas (zwischen 400 und 365), Mathematiker und Erfinder, eine Freund → *Platons*. Er war ein ebenso tüchtiger wie gerissener Politiker und Staatsmann, der von den Bürgern mehrfach hintereinander zum Strategen gewählt wurde, im Kampf unbesiegt blieb und Taras zu hohem politischen Ansehen verhalf. Aber nach dem Tod dieses Universalgenies ging es bald abwärts. Die Stadt verlor zunehmend an Unabhängigkeit, wurde in politische Streitigkeiten im griechischen Mutterland verwikkelt, wo sie Hilfe und Unterstützung erhoffte. Als sie im 3. Jahrhundert v. Chr. sich mit Pyrrhus von Epirus verbündete und dieser von den Römern besiegt wurde, fiel die Stadt in deren Hand.
Ähnlich wie in Sizilien gründeten die Kolonialstädte Unteritaliens ihrerseits wieder verschiedene neue Siedlungen. So geht Poseidonia (Paestum) an der Westküste Lukaniens (südlich des heutigen Salerno) auf eine Gründung der Sybariten um 625 v. Chr. zurück. Größere Bedeutung erlangte die Siedlung erst nach der Zerstörung der Mutterstadt, als sich ein Teil der besiegten Sybariten hinter ihre Mauern flüchtete. Dank seiner Lage boten sich für Poseidonia günstige Handelsmöglichkeiten mit den Etruskern, und dieser Handel brachte der Stadt auch die Reichtümer, die es ihr ermöglichten, jene herrlichen Tempel zu erbauen, die heute noch zu den schönsten Zeugnissen griechischer Architektur überhaupt gehören und die Tempel des Mutterlandes übertreffen (→ *Museen und Fundstätten*). Die prächtigen Bauten und die Reichtümer lockten den Neid der benachbarten einheimischen Lukanier, die um 400 v. Chr. die Stadt eroberten und sie Paistom nannten. Noch ein Mal erlangte sie für kurze Zeit Selbständigkeit und neues Ansehen, als König Alexander von Epirus 332 v. Chr. den süditalienischen Griechen zu Hilfe kam und Lukanier und Samniten besiegte. Dann aber geriet sie wieder unter die Herrschaft der Lukanier, die im 3. Jahrhundert v. Chr. von den Römern abgelöst wurden.
Nur wenig südlich von Poseidonia lag Elea, eine um die Mitte des 6. Jahrhunderts v. Chr. also verhältnismäßig spät, gegründete ionische

Kolonie. Für ihre Geschichte läßt sich einmal nicht die stereotype Formel vom »wachsenden Reichtum« anwenden, dafür gilt das Wort des Diogenes Laertios, der sie »eine kleine Stadt« nannte, »die fähig war, große Männer hervorzubringen«; denn aus Elea stammten die Philosophen Parmenides und Zenon, und hier gründeten sie die sogenannte »eleatische Schule« (→ *Philosophie*). Ihre Mitglieder hielten enge Verbindungen zu Platon und → *Aristoteles* und wirkten ihrerseits befruchtend auf das philosophische Denken der Antike ein.
Wenn von den Städten Großgriechenlands heute meist nur dürftige Spuren erhalten sind, so bleibt doch ihr Beitrag zur Kultur des Abendlandes. Philosophie und Mathematik, Musik und Medizin empfingen aus Großgriechenland wichtige Impulse. Zu den erwähnten Philosophen gehören Xenophanes und Melissos, ein Leukippos und ein Demokritos, alle aus Elea, sowie Philolas, der das Werk des Pythagoras in Kroton fortsetzte. Aristoxenos von Tarent galt als der bedeutendste griechische Musiktheoretiker, Demokedes und Alkmaion wirkten als Ärzte in Kroton, und vor allem die Auffassungen des letzteren beeinflußten die hippokratische → *Medizin*. So gilt für die Kultur Großgriechenlands im besonderen Maße das Wort von Th. Gomperz: »Die griechischen Kolonien waren das große Experimentierfeld des hellenischen Geistes, und auf den meisten Gebieten ist das alte Vaterland von den überseeischen Töchtern überflügelt worden: fast alle großen Neuerungen sind von ihnen ausgegangen.« (H. P.)

Handel und Wirtschaft

Voraussetzungen. Anders als die Römer (→ Pleticha/Schönberger, »Die Römer«; Handel, Gewerbe, Wirtschaft) waren die Griechen von Anfang an dem Meere zugewandt. Eine reich gegliederte Küste und die Kette der oft auf Sichtweite verbundenen Inseln erleichterten das Wagnis, sich der See anzuvertrauen. Die maritime Ausrichtung förderte den Handel, ohne daß die Griechen ihre agrarisch orientierte Wirtschaftsbasis preisgegeben hätten. Die wenigen fruchtbaren Ebenen steigerten geradezu die Bedeutung, die dem griechischen Bauern und erst recht den adeligen Grundbesitzern schon in → *mykenischer Zeit* (1600–1100 v. Chr.) zukam und im Verlauf der wirtschaftlichen Entwicklung Griechenlands nie bestritten wurde. Noch → *Xenophon* hat im 4. Jahrhundert v. Chr. den traditionellen Wert des Bauerntums durch → *Sokrates* folgendermaßen würdigen lassen: »Die Beschäftigung mit der Landwirtschaft scheint ein gewisses Wohlbefinden zu bereiten, zugleich eine Vergrößerung des Vermögens und körperliche Übung mit sich zu bringen, damit man das tun kann, was sich für einen freien Mann gehört . . . Die bestellten Felder nötigen den Bauern, sie mit Waffengewalt zu schützen, da die Feldfrüchte gleichsam zwischen den Parteien als Beute für den Stärkeren wachsen. Und welcher Beruf macht geschickter im Laufen, Werfen und Springen als die Landwirtschaft? Wer nimmt Freunde freigebiger auf als der Bauer? Wo gibt es mehr Bequemlichkeit, sich im Winter an reichlicherem Feuer oder an warmen Bädern zu wärmen als auf dem Land? Wo kann man sich im Sommer mit Wasser, frischer Luft und im Schatten angenehmer kühlen?«

Von der »Oikoswirtschaft« zur »Poliswirtschaft«. Nicht viel anders als Xenophon hätte etwa 1000 Jahre früher auch eine literarische Quelle aus mykenischer Zeit, besäßen wir eine solche, die bäuerliche Arbeit gepriesen. So aber bleiben wir für die Wirtschaft Griechenlands zu dieser Zeit nur auf Vermutungen, Analogieschlüsse aufgrund von Vergleichen mit den altorientalischen oder kretischen Wirtschaftsformen und vor allem auf die archäologischen Funde angewiesen. Sollte die Entzifferung der Schriftsprache der Mykener oder Achaier, wie → *Homer* sie nennt, des sogenannten »Linear-B«, tatsächlich zutreffen, böten die in → *Knossos*, Pylos oder → *Mykene* aufgefundenen Tontäfelchen in frühgriechischer Sprache einen kleinen, wenngleich kaum sensationellen Einblick in das Wirtschaftsleben mykenischer Zeit. Die nüchternen Zahlenreihen verraten nichts anderes als die Produktionsziffern oder Buchungen einer königlichen Palastverwaltung, so penibel zusammengestellt, daß »kein Saatkorn gesät, kein Gramm Bronze gehämmert, kein Kleid gewebt, keine Ziege gefüttert, kein Schwein gemästet wurde, ohne einen Vermerk im Archiv des königlichen Palastes« (Page). Die in der Umgebung einer Burg wohnenden Bauern und Hirten, außerdem noch Handwerker, schon differenziert, aber auf nicht allzuviele »Spezialberufe« beschränkt, scheinen zu Leistungen an den »Wanax«, den »Herrscher«, oder die »Basileues«, die örtlichen »Adelshäupter«, verpflichtet gewesen und in ihren Lieferungen genauestens überwacht worden zu sein. Aber das agrarische Wirtschaftsgefüge der Mykener, wie es die Tontäfelchen so sparsam aufdecken, wird ergänzt durch eine merkantile Seite, ein Erbe → *Kretas.* Die archäologischen Funde vor allem mykenischer Vasen oder von Metall- und Elfenbeinarbeiten auf Cypern, in Ägypten und Syrien, aber erstaunlicherweise auch weit im

Westen, in Tarent, auf Ischia, den Liparischen Inseln und Sizilien, geben nicht nur Auskunft über die Weite des damaligen Handels, sondern auch über die Produkte, deren bedeutendste → *Wein*, Öl, Keramik und die auf hoher Stufe stehenden Erzeugnisse der Handwerkskunst waren. Mit der »Dorischen Wanderung« (→ *Wanderbewegungen*) um 1100 v. Chr. endet schlagartig die sich anbahnende Verlagerung vom Agrar- zum Handelssektor, und es dauerte immerhin etwa 300 Jahre, ehe die Griechen in der → *Kolonisations*zeit die Vorteile des Handels neu entdecken.

Was wir in dieser »archaischen« Zeit über das Wirtschaftsleben wissen, verdanken wir den ersten erhaltenen literarischen Zeugnissen, den Epen Homers und den Dichtungen → *Hesiods*. Wie schon in mykenischer Zeit bildet jetzt ausschließlich der Besitz an Land die wirtschaftliche Basis der adeligen Grundbesitzer oder freien, aber politisch völlig abhängigen Kleinbauern, deren Ziel die »Autarkie«, die Selbstversorgung ihres Hauses, des »Oikos« ist. In dieser als »Oikoswirtschaft« bezeichneten Form, in der »der ganze Kreislauf der Wirtschaft von der Produktion bis zur Konsumtion sich im geschlossenen Kreis des Hauses vollzieht« (Bücher), sind der ertragreiche Boden für Getreide-, Öl-, Wein- und Obstanbau sowie Weideland und Größe der Herden die Kriterien für Reichtum. Schwierigere Arbeiten überläßt man den »Demiurgen«, den Handwerkern, die von Ort zu Ort ziehen und dort haltmachen, wo man ihre Fertigkeiten als Schmiede, Spielleute, Töpfer, Metallarbeiter, Ärzte und Sänger braucht. Der Handel, wiewohl in Homers → *Odyssee* von Griechen betrieben, ist noch nicht die vollwertige Ergänzung der agrarischen Seite; hier hatten nach der »Dorischen Wanderung« die Phönizier das Erbe Mykenes angetreten.

Erst die seit etwa 750 v. Chr. einsetzende Kolonisationsbewegung schafft einen Ausgleich, der sich aber schnell zu einem Übergewicht des Handels angesichts des riesigen gewonnenen Handelsbereiches fortentwickelt. Damit geht aber auch endgültig die geschlossene Oikoswirtschaft des homerischen Zeitalters zu Ende, und eine nur für den Export arbeitende »Industrie« entsteht. Neben den klassischen Handelsartikeln Griechenlands, dem Öl Attikas, dem Wein von den Inseln Chios, Naxos, Lesbos und Thasos, den Ackerprodukten Boiotiens, dem Purpur der Insel Kythera, dem Kupfer der Inseln Euboia und Cypern, dem Silber der Bergwerke von Laureion im Südosten Attikas, dem Gold der Insel Thasos und dem Eisen der Landschaft Lakonien (→ *Sparta*), die in den Westen und Osten des Mittelmeerraumes exportiert wurden, stellten die Einwohner Milets, von Chios und Samos Teppiche, Wollstoffe und Purpurgewänder her, die bis nach Italien gehandelt wurden. → *Korinth*, die Stadt Chalkis auf Euboia und Argos waren berühmt für ihre Keramik, Metallarbeiten und Waffen, und → *Theben* produzierte Wagen. Importiert wurden Rohstoffe, Kupfer aus Italien, Erz aus Etrurien, Purpur aus Phönikien, Elfenbein und Fayencegefäße aus Ägypten, Sklaven vom Schwarzmeergebiet und aus Thrakien, vor allem aber Getreide aus Unteritalien, Sizilien, dem Gebiet um das Schwarze Meer und aus Ägypten. Von folgenreicher Bedeutung war in der Phase der Kolonisationszeit die Einführung des Geldes in Griechenland im 7. Jahrhundert v. Chr., das dem Wirtschaftsleben neue Impulse verlieh. Die bisherige Tauschwirtschaft, deren Wertmesser Rind und Schaf (das lat. »pecunia« = Geld kommt von »pecus« = Vieh), kunstvoll gefertigte Gefäße aus Erz oder Kupfer- und Eisenbarren waren, wird ersetzt durch die Bezahlung der Waren mit Münzen aus Gold, Elektron oder Silber, das entsprechend den Gewichtssystemen der griechischen Städte im Verhältnis 13 ⅓:10:1 abgewogen war → *Geld*). Jetzt erst setzt hauptsächlich von Seiten des Adels, aber auch vom neuen Stand der städtischen Gewerbetreibenden die »Mobilisierung des Kapitals, die Verstärkung des Verkehrs . . . und die ›Poliswirtschaft‹, die Neugruppierung der wirtschaftlichen Machtfaktoren und damit die unaufhaltsame Auflockerung der Grundlagen wie der aristokratischen Formen des archaischen Griechentums« (Christ) ein. Diese Feststellung gilt indes nicht für die gesamte griechische Welt: Die Randgebiete im Norden Griechenlands wie Thessalien, → *Makedonien*, Epeiros und der äußerste Westen, die Dörfer und Kleinstädte stehen wirtschaftlich immer noch auf der Stufe der homerischen Zeit mit dem Primat der Landwirtschaft, während vor allem die Inseln und Küstenstädte der Ägäis ausgeprägte Handelsstaaten sind. In ihnen entwickelt sich sehr rasch die neue Form der »Poliswirtschaft«, der »Stadtwirtschaft«.

Von der »Poliswirtschaft« zur hellenistischen Weltwirtschaft. Arbeitsteilung, Spezialisierung, »Industrialisierung«, Intensivierung der Herstellungsmethoden und eine Produktion, die eindeutig profitorientiert ausgerichtet ist und nicht mehr nur auf die wirtschaftliche Selbstgenügsamkeit des Oikos abzielt, sind gegenüber der alten Oikoswirtschaft die Charakteristika dieser neuen Wirtschaftsform, die Xenophon anschaulich umschreibt: »In kleinen Städten macht derselbe Mann Bett, Tür, Tisch und Pflug, und oft baut er auch noch die Häuser und ist froh, wenn er genug Kunden hat, seinen Lebensunterhalt verdienen zu können. Es ist aber nicht möglich, daß einer, der viele Berufe betreibt, alles gut verfertigen kann. In den großen Städten aber genügt infolge des erweiterten Absatzes für jeden Handwerker ein einziger Beruf zum Lebensunterhalt, und oft nicht einmal ein ganzer Beruf, sondern der eine macht Männer –, der andere Damenschuhe, der eine lebt nur vom Verschneiden des Leders, der andere näht es zusammen, einer schneidet nur die Röcke zu, der andere näht ausschließlich die zugeschnittenen Stücke zusammen.« Bei einer solchen Differenzierung der Arbeit, wie sie im → *Athen* des 5. Jahrhunderts gang und gebe war, arbeiteten viele freie Handwerker, noch mehr aber die billigen Arbeitssklaven, bis zu 50 an der Zahl, in »Ergasteria«, kleinen Manufakturbetrieben, und überschwemmten mit billigen Massengütern den Markt. Die »Kapēloi«, die Kleinhändler, setzten diese Waren in der Stadt selbst um, während die »Emporoi«, die Großkaufleute, »durch Kauf und Verkauf die Waren von einer Stadt zur andern eintauschen« (Platon). Natürlich bestehen neben der Ergasteria die Kleinwerkstätten und der produzierende Hausbetrieb weiter und verfertigen in den durch ihre geographische Lage bedeutsamen Handelszentren der damaligen griechischen Welt, in Korinth, → *Rhodos*, Aigina, Megara, Athen und Milet die für den Export bestimmten Keramik-, Metall- und Textilwaren.

Gerade Athen hat als Produktions- und Handelszentrum für Erzeugnisse der Töpferei und des Metallhandwerkes die »Industrie« im 5. und 4. Jahrhundert v. Chr. sehr gefördert und den rasch steigenden Bedarf an Arbeitern nicht nur mit Sklaven gedeckt, sondern auch sehr großzügig die in die Stadt übergesiedelten Fremden, die »Metoiken«, meist Handwerker und Lohnarbeiter, behandelt. Vielfach gelang es ihnen, die an die heutigen Gastarbeiter erinnern, an der wirschaftlichen Prosperität entscheidend teilzunehmen und durch den Ausbau ihrer Handelsunternehmungen und durch die Vergrößerung der Handwerksbetriebe zu einem für das Wirtschaftsleben unentbehrlichen Faktor zu werden. Das rasche Anwachsen der Metoiken – in Athen waren es zu Beginn des → *Peloponnesischen Krieges* etwa 14000 Volljährige – und ihre zunehmende wirtschaftliche Bedeutung waren nicht unproblematisch, zumal die Politen, die Bewohner der → *Polis*, in immer stärkere ökonomische Abhängigkeit gerieten. Schuld daran war nicht zuletzt die traditionelle Einstellung der Griechen zu Arbeit, Relikt der aristokratischen Auffassung, »daß der freie Mann . . . eine unabhängige Existenz haben muß und daß ihm nur der Ackerbau und höchstens die Geschäfte des Großkaufmanns anstehen, während Handarbeit und das gemeine

Erwerbsleben, bei dem man, auf welchem Weg es sei, möglichst viel Geld zu machen suchte, entehren« (Meyer). Athen ist im 5. und 4. Jahrhundert v. Chr. eine reiche Stadt. »Was es an Delikatessen in Sizilien oder Unteritalien oder Cypern oder Ägypten oder Lydien oder am Pontos oder in der Peloponnes oder sonstwo gibt, das kommt durch die Seeherrschaft alles in Athen zusammen« (Hermippos). Aufgrund der Hegemonie im Delisch-Attischen → *Seebund* zwingt die Seemacht Athen viele schwächere Staaten, ihren Handel über den Peiraieus (Piräus), den größten Hafen Griechenlands, laufen zu lassen. Der Redner → *Demosthenes* berichtet uns, daß jährlich etwa 400000 Hektoliter kostbares Getreide, vor allem aus dem Pontosgebiet, im Peiraieus umgeschlagen wurden, von denen zwei Drittel in der Stadt bleiben mußten und nur ein Drittel weitergehandelt werden durfte. Die völlige Verlagerung auf die billigen Getreideimporte hat auch die Landwirtschaft in alter Form weitgehend zum Erliegen gebracht und die sozialen Verhältnisse grundlegend gewandelt. Die Landbevölkerung drang als Proletariat in die Städte, die Kluft zu den Großgrundbesitzern, die billig den verlassenen Boden aufkauften, wurde immer größer. Man hätte meinen sollen, die Eroberungen → *Alexanders* und die damit verbundene »dritte Kolonisation« (→ *Wanderbewegungen*) der hellenistischen Zeit hätten ein Ventil geschaffen, aber geradezu das Gegenteil hat Rostovtzeff in seinem Standardwerk über die Gesellschafts- und Wirtschaftsgeschichte der hellenistischen Zeit nachzuweisen versucht. Die Polarisierung von Armen und Reichen läßt er fortschreitend in ein Zweiklassenschema einmünden, dessen beide Pole er mit den modernen Begriffen »Bourgeoisie« und »Proletariat« bezeichnet hat.

Die Wirtschaft im Hellenismus. Wirtschaft und Handel, die bislang einen hohen Stand erreicht hatten, liefen auch im → *Hellenismus*, allerdings mit zeitbedingten Neuerungen und Intensivierungen, kontinuierlich weiter. Voraussetzungen waren dafür die großen Landgewinne Alexanders, der den ganzen Orient bis zum Indus gewann, und die von ihm und seinen Nachfolgern gegründeten Städte, Träger der griechisch-hellenistischen Zivilisation. Sein Vorhaben, durch Ausmünzung des riesigen persischen Staatsschatzes ein einheitliches Währungssystem auf der Grundlage des attischen Fußes, der bislang im griechischen Mutterland dominierte, für das ganze Riesenreich zu schaffen, zeigt sehr deutlich, wie sehr Alexander das um den ganzen Orient erweiterte griechische Wirtschaftsgebiet als eine Einheit betrachtete. »Obwohl diese Einheit oft durch politische Wechselfälle erschüttert wurde, hörte

sie niemals auf, als mächtiger Faktor im hellenistischen Leben zu wirken« (Rostovtzeff).
Innerhalb des neuen Weltwirtschaftsraumes verlagerten sich allerdings die Gewichte: Dem Rückgang des griechischen Mutterlandes, bedingt durch die neuen politischen Zentren der → *Diadochenreiche* und die Auswanderung vieler Griechen in die Weite des Ostens, entsprach in gleichem Maße eine Zunahme der wirtschaftlichen Bedeutung des östlichen Mittelmeerraumes. Athen lag an der Peripherie – politisch und wirtschaftlich, einzig Korinth konnte als der große Transithafen für den Umschlag zwischen Osten und Westen seine frühere Bedeutung als Handelszentrum einigermaßen halten. Die Zukunft gehörte den neugegründeten Hauptstädten oder Seestädten wie Thessaloniki, Lysimacheia, Antigoneia, → *Alexandreia*, der Hauptstadt des ptolemaiischen Ägypten. Die Wirtschaft im Zeitalter des Hellenismus war die organische Weiterentwicklung der in der Zeit der Poliswirtschaft vorgegebenen Zustände. Große revolutionäre Veränderungen infolge einer tiefgreifenden Zäsur gab es nicht, wohl aber einige beachtliche Verbesserungen, die auf die Neuformung und Neuordnung der Methoden der Vergangenheit zurückzuführen sind.
»Hierher gehört die geschicktere und systematischere Bewirtschaftung der großen und kleinen Landgüter, die hauptsächlich nicht mit dem Ziel genutzt wurden, den Besitzer und seine Familie zu versorgen, sondern den größtmöglichen Ertrag der besten Erzeugnisse zum Verkauf zu erhalten. Zu diesem Zweck wurden neue Methoden eingeführt: Produktionssteigerung durch verbesserte Anbaumethoden, die Beschäftigung eines besser qualifizierten und stärker spezialisierten Stabes von Aufsehern auf den Großgütern, die Lösung des Arbeiterproblems im Einklang mit den verschiedenen örtlichen und zeitlichen Verhältnissen« (Rostovtzeff). Neue Kanalanlagen, Bewässerungsmaschinen, planmäßige Düngung, methodisch betriebene Viehzucht, Vergrößerung der Anbauflächen durch Trockenlegung von Sümpfen, Einführung und Anbau neuer Pflanzen, Akklimatisierung neuer Getreidesorten, teilweise Einführung der Dreifelderwirtschaft bewirken, verbunden mit einer bislang nicht gekannten Arbeitsintensität, eine erhebliche Steigerung der Produktion im Bereich der Landwirtschaft. Auf dem industriellen Sektor entwikkelte sich der technische Fortschritt langsam und ohne große Neuerungen weiter. Von geringen Veränderungen in Gefäßform und Motiven abgesehen, wurde überall dieselbe schwarzgefirnißte Keramik hergestellt und verkauft, weitgehend standardisiert und in großen Mengen

für die ärmeren Schichten hergestellt. Dieselbe Rücksichtnahme auf das Gros der wenig verdienenden Schichten findet sich im Textilgewerbe; man experimentierte mit »Ersatzstoffen«, um die Wünsche des Normalverbrauchers zufriedenzustellen, mit synthetischem Gold, gefärbtem Glas und billigen Steinen in Ringen, Ketten, Arm- und Halsbändern. Fast alle Exporte oder Importe der landwirtschaftlichen und industriellen Erzeugnisse wurden auf dem Seeweg, auf dem Mittelmeer, dem Schwarzen Meer, im Persischen Golf und Roten Meer von den »Naukleroi«, den Schiffbesitzern und Spediteuren in einem, oder von den »Emporoi«, den Händlern mit gemieteten Schiffen, durchgeführt.

Neue Hafenanlagen, die Errichtung von Leuchttürmen, deren bedeutendster der auf der Insel Pharos vor Alexandreia stand, und der Bau größerer und für den speziellen Warenaustausch konstruierter Schiffe führte zu einer Steigerung des Seehandels. Der Handel auf dem Landweg konnte mit dieser Entwicklung nicht Schritt halten. Viel benutzt waren eigentlich nur die Karawanenwege des Vorderen Orients, Syriens, Mesopotamiens, Arabiens und des Iran. Ein weitgehend flüssiger Kapitalmarkt mit hochentwickeltem Giro- und Kreditverkehr und die Verbreitung einer gemeinsamen Sprache, der griechischen »Koine«, erleichterten den Handelsaustausch und das Zusammenwachsen der hellenistischen Wirtschaft.

Ägypten, die Krim und Thrakien lieferten Getreide, nach dem eine gleichbleibend große Nachfrage bestand, ins griechische Mutterland und nach Makedonien, während die Griechen Wein und Öl nach Ägypten, ins Schwarzmeer- und Donaugebiet, ja sogar bis nach Italien exportierten.

Gesalzenen Fisch, getrocknet und eingelegt, Grundnahrungsmittel für die griechische Welt, bezog man aus den Ländern um das Schwarze Meer. Neben Griechenland waren Ägypten und Syrien die Hauptabnehmer. Da die Schiffe keine lange Lebensdauer besaßen und in den Handelsstädten vor allem reiche Bautätigkeit einsetzte, war Holz ein kostbarer Artikel, den Griechenland und Ägypten aus dem südlichen Kleinasien, aus Inneranatolien und Phönikien kommen ließen. Indien, Ostafrika und Arabien lieferten über den Karawanenweg oder Seeweg Salben, Parfüms, Kosmetika, Weihrauch und Myrrhe, Elfenbein, Perlen, Seidenstoffe und erlesenen Schmuck. Fertigwaren, Glas, Fayencen, Silber- und Goldgeschirr sowie Schmuck, und Möbel aus Ägypten und Syrien fanden Verbreitung in der gesamten hellenistischen Welt. In der Papyrosherstellung hatte Ägypten gar ein Monopol, ebenso wie Phöni-

kien weitgehend in Purpurstoffen. Persien und Babylonien produzierten Decken, Teppiche, Kissen und Kleider.
Zentren dieser Fernhandelswaren lagen am Meer oder waren Endpunkte eines oder mehrerer Handelswege, wie in Makedonien Thessaloniki und Demetrias, an der Südküste des Schwarzen Meeres Sinope, an der kleinasiatischen Westküste Smyrna, → *Ephesos* und Milet, in Syrien Seleukeia am Tigris und Antiocheia am Orontes, in Phönikien Sidon und Tyros und außerdem Alexandreia in Ägypten.
Nur wenige Seestädte erlangten als Mittelpunkte eines beachtlichen »Transithandels und gleichzeitig als Verrechnungsbörse, wo die Waren, die aus verschiedenen Ländern kamen, aussortiert und nach den an die hier ansässigen Kaufleute erteilten Aufträgen wieder verschifft, wurden« (Rostovtzeff), aufsteigende Bedeutung. Die am häufigsten angefahrenen Städte waren → *Byzanz*, Korinth und im Späthellenismus die Freihäfen → *Rhodos* und die Insel → *Delos*.
Für rund hundert Jahre blieb die Wirtschaft des Hellenismus voll schöpferischer Kraft und Intensität. Dann aber bewirkten die politischen Verhältnisse und dauernden Kriege eine Schwächung, die Rom ausnutzte. Ohne großes Zögern und im Selbstbewußtsein eigener Stärke trat es das Handels- und Wirtschaftserbe Griechenlands und der Diadochenreiche an. (M. F.)

Handwerk

Mykenische Zeit. Wie im Bereich der Wirtschaft (→ *Handel und Wirtschaft*), so lassen sich für die → *mykenische Zeit* (1600–1100 v. Chr.) auch über die Bedeutung des Handwerks und seine Stellung gegenüber der führenden Adelsgesellschaft nur wenige und recht allgemeine Aussagen machen. Die schriftlichen Zeugnisse der bis jetzt aufgefundenen Tontäfelchen in der »Linear-B«-Schrift reichen nämlich für eine zufriedenstellende Information immer noch nicht aus. So läßt sich nicht sicher behaupten, die Handwerker seien in eine vom Palast der mykenischen Herrscher gesteuerte »Planwirtschaft« eingespannt gewesen und hätten von der Palastzentrale Arbeiten und Aufgaben zugewiesen bekommen, um dann dorthin im Tausch gegen Lebensmittel ihre fertigen Produkte zu liefern. Ebensowenig kann man zweifelsfrei belegen, die Handwerker hätten weitgehend unabhängig und selbständig produziert und »freimarktwirtschaftlich« ihre Erzeugnisse verkauft.

Daß in den Adelspalästen mit ihrer wirtschaftlichen »Oikosform« (→ *Handel und Wirtschaft*) sicher auch eigene Handwerker tätig waren, ist anzunehmen. Ob und in welcher Form Abhängigkeiten der übrigen Handwerker bestanden, ob sie gar in einer Art von Zünften ein Gegengewicht zum Palast bildeten, wird vorläufig noch offenbleiben müssen. Über die vorkommenden Berufe wissen wir Sichereres: Töpfer für Vasen und Lampen, für Gebrauchsgeschirr und Luxusartikel, Bogenbauer, Gold- und Bronzeschmiede, Baumeister für Haus- und Schiffsbau, Zimmerer, Walker, Holzfäller und sogar Salbenköche weisen auf eine allerdings noch schmale Berufsgliederung hin und erlauben vielleicht den Schluß, daß in der bisherigen bäuerlich ausgerichteten Wirtschaft eine vorsichtige Auflockerung durch das Handwerk eingetreten war.

Archaische und klassische Zeit. Mit der »Dorischen Wanderung« (→ *Wanderbewegungen*) scheint ein Bruch in der angedeuteten Entwicklung eingetreten zu sein. Denn → *Homer* und → *Hesiod* führen uns in den ältesten literarischen Zeugnissen der Griechen weiterhin als die einzig geachtete Wirtschaftsform den »Oikosbetrieb«, den »Hausbetrieb« einer rein landwirtschaftlich orientierten Adelskultur vor, in der nichtadelige, aber freie Untergebene alle im Hausbetrieb anfallenden handwerklichen Arbeiten erledigten. Soweit sich eigenständige Handwerker herausgebildet haben wie Schmiede, Töpfer, Zimmerleute, Lederhandwerker, Ärzte, Sänger und Seher, waren es Spezialisten, die als gesellschaftliche Zwischenschicht zwischen Adel und kleinen Bauern von Ort zu Ort zogen und auf Bestellung arbeiteten. Alle diese Leute nennt Homer »Demiurgoi«, d. h. »sie arbeiten für die Angehörigen der Gemeinde, nicht für sich selbst« (Meyer).

Der verhältnismäßig kleine Wirtschaftssektor, den die Handwerker der homerischen Zeit füllten, erfuhr in der → *Kolonisationszeit* eine entscheidende Weitung. Zwar sind keine grundlegenden technischen Neuerungen bei den drei ältesten Formen des Handwerks, dem »Chalkeus«, dem Metallarbeiter, dem »Tekton«, der mit Holz und Stein umgeht, sowie dem »Skytotomos«, der das Leder verarbeitet, feststellbar. Doch die neugewonnenen Absatzgebiete in der Fremde, der mächtig einsetzende Bau von Handelsschiffen, die Einführung des Münzgeldes und die gehobenen Lebensbedürfnisse vor allem der Handel treibenden Seestädte bringen das Handwerk ab der Mitte des 6. Jahrhunderts v. Chr. zum Blühen, bewirken Spezialisierung und steigende Herstellung, die über den engen Rahmen des Hausbetriebs endgültig hinauswächst und

sich den Bedürfnissen der Bürger, der »Politen« anpaßt. In dieser neuen Form der »Poliswirtschaft« (→ *Handel und Wirtschaft*) wird nun der Marktplatz, die »Agora«, Zentrum des Handels. Dort stellen die Handwerker neben Bauern und Berufshändlern, den »Kapeloi«, ihre Waren zum Verkauf aus. Nachfrage und Angebot regeln die Produktion, die auf künstlerisch beachtlichem Niveau steht: die schwarzfigurigen Vasen → *Korinths* und die kunstvollen Töpfe der Insel → *Aigina* finden im 7. Jahrhundert v. Chr. weiteste Verbreitung. Die Metallhandwerker der Stadt Chalkis auf der Insel Euboia (→ *Kolonisation*) stellen Becher und Schwerter her, die genauso gefragt sind wie die Waffen der Stadt Argos auf der Peloponnes. Vom Können der Textilhandwerker Milets zeugen die berühmten Wollstoffe, die bis in den äußersten Westen des Mittelmeeres gehandelt wurden.
Im 6. Jahrhundert v. Chr. führte die gesteigerte Nachfrage nach den soliden Handarbeiten vor allem im Töpferhandwerk zu einer Massenproduktion. Diese zog ihrerseits ab dem 5. Jahrhundert v. Chr., da ein Handwerker z. B. im holzverarbeitenden Gewerbe nicht mehr als »Allroundman« zugleich Häuser bauen, Tische, Betten, Fensterrahmen, Türpfosten, Treppen oder Räder herstellen konnte, eine schnelle berufliche Differenzierung nach sich (vgl. das Xenophon-Zitat S. 141 f.). Diese Spezialisierung traf natürlich nicht alle Handwerke in gleichem Maße, und auch die Entwicklungshöhe der einzelnen Gewerbezweige war recht verschieden. »Allgemein überwogen überall freie, kleine Existenzen mit oder ohne Werkstatt oder Zelt, die teilweise im Lohnwerk und mitunter im Rahmen eines Ergasterions [Großwerkstatt] tätig waren, teilweise in Heimarbeit rein auf Bestellung von Privaten arbeiteten, dazu auch selbst gleichzeitig als Detailverkäufer ihrer Produkte sich betätigen konnten« (Heichelheim). Mittelbetriebe mit einigen Gehilfen oder gar größere Handwerksbetriebe, die Ergasteria, waren selten, und freies Konkurrenzdenken und teilweise recht freizügige wirtschaftliche Grundsätze verhinderten bei den sehr individualistisch angelegten Griechen bis in die Zeit des → *Hellenismus* hinein den Zusammenschluß von Handwerkern zu Zünften.
Hellenistische Zeit. Die Erweiterung des Wirtschaftsraumes durch die Eroberungen → *Alexanders* kam in erster Linie dem Handel zugute, doch profitierte auch das Handwerk davon und beantwortete mit weiterer Berufsdifferenzierung und Verlagerung der Produktion vom Kleinbetrieb auf die für fast alle Gewerbe nachweisbaren Ergasteria die Nachfrage der neugewonnenen Absatzmärkte. Erfindungen im Textil-

gewerbe wie die Stoffpresse oder Verbesserungen am Webstuhl führten bei zunehmender Geldverknappung allerdings nicht zu billiger Massenfabrikation, sondern dienten eher der Herstellung noch exklusiverer Luxusartikel für den Bedarf der reichen Oberschicht.

Die Einzelgewerbe. Die ursprüngliche Hauswirtschaft hielt sich naturgemäß am längsten im Nahrungsmittelgewerbe. Hier stellten die Familienangehörigen oder bei Bedarf gerufenen »Facharbeiter« die wichtigsten Grundnahrungsmittel selbst her, Brot, → *Wein*, Öl, Honig. Erst im 5. Jahrhundert v. Chr. finden sich Bäckereien im Anschluß an Mühlenbetriebe. In diesen Kleinbetrieben mahlten »Müller« das Mehl und verarbeiteten es gleichzeitig als Bäcker zu Brot. Oft war der Müller und Bäcker auch noch Koch in einer Person. Die Griechen schienen allerdings nicht gerade begeistert gewesen zu sein von einer solchen »Personalunion« und den Kochkünsten, sonst hätte → *Xenophon* nicht behaupten können, daß unmöglich einer, »der viele Gewerbe gleichzeitig betreibt, alles gut machen kann«.

Auch das Textilhandwerk bewahrte noch bis ins 5. Jahrhundert v. Chr. weitgehend den hauswirtschaftlichen Charakter. Das zeigt sich nicht nur darin, daß wie früher schon hauptsächlich Frauen weiterhin Wolle, Leinwand, Baumwolle oder in Syrien gefertigte Seide zu Kleidern, Decken und Teppichen verarbeiteten, sondern daß der eigentliche Textilberuf des Webers quellenmäßig erst im 4. Jahrhundert v. Chr. nachweisbar ist. Die zunehmende Nachfrage bedingt rasch eine Reihe von Spezialberufen, die meist in Heimarbeit oder im Auftrag von Ergasteria Einzelkleidungsstücke wie Chiton, Himation, Chlaina oder den Peplos (→ *Kleidung*) anfertigen oder als Kissenhersteller, Sticker, Filzhersteller, Walker und Färber tätig sind.

Wesentlich entwickelter als das Textilhandwerk war die Lederverarbeitung. Der klassische Handwerker war der »Skytotomos«, der nicht nur Schuhwerk, Sandalen (Sandalia), Schuhe (Hypodemata), Stiefelchen (Kothornoi) und Schnürstiefel für Jagen und Reiten lieferte. Als »Lederschneider« fertigte er alle Erzeugnisse aus Leder an, das der Gerber nach noch heute beibehaltenen Methoden gegerbt hatte. Die Sonderberufe, in die der Skytotomos sich im 5. Jahrhundert v. Chr. aufspaltete, waren zahlreich, die einen nähten Handschuhe, andere schnitten Gürtel, fertigten Peitschen, Sattel- und Zaumzeug, Zelte, Wagenverdecke, Schilde, Helme und Panzer. Die ständigen Kriege sorgten für ein krisenfestes Handwerk und brachten den Herstellern von Ausrüstungsgegenständen hohen Gewinn und viel Einfluß beim Volk. Kleon, ein »Demagoge«, der im → *Peloponnesischen Krieg* als entschiedener Kriegsverfechter großen Einfluß beim athenischen Volk gewonnen hatte und nach → *Perikles'* Tod die Politik → *Athens* maßgebend steuerte, war ein Gerber und Lederwarenhändler, »ein Dieb, ein Brüllochs mit einer Donnerstimme, aus dem ich derbe Schuhe nächstens für die Ritter schneiden will«, wie der Komödiendichter Aristophanes in den »Rittern«, der »vielleicht schärfsten und gewagtesten politischen Satire der Weltliteratur« (Newiger) sarkastisch feststellte. Der Redner Lysias besaß zusammen mit seinem Bruder Polemarchos eine Handwerksstätte für Schilderherstellung, in der sicher ein Großteil seiner 120 Sklaven arbeitete.

Zweifellos am weitesten fortgeschritten in der Berufsdifferenzierung und in Qualität und künstlerischem Niveau der Erzeugnisse waren die Holz, Ton und Metall verarbeitenden Handwerker. Der Zimmermann, der in der homerischen Zeit noch für den Hausbau verantwortlich zeichnete, da das Material vorwiegend aus Holz bestand, ist auch nach der Verwendung des Steines anstelle von Holz nicht arbeitslos geworden. Wie der Schreiner heutzutage spezialisierte er sich auf die Herstellung der Fenster, Türen, Treppen, Fußböden, Decken und Stockwerke beim Hausbau oder sorgte als Möbeltischler für die Ausstattung der Räume. Drechsler, Furnierer, Wagen- und Radmacher, Schiffsbauer, Intarsienarbeiter, Kisten- und Sarghersteller waren die Sonderberufe im Bereich der Holzverarbeitung.

Besonders gut können wir heute anhand der zahlreichen Funde Entwicklung und Vollendung der griechischen Keramik ablesen und die unübertroffenen Leistungen vor allem der athenischen Handwerker würdigen, die im 5. Jahrhundert v. Chr. fast im ganzen Mittelmeerbereich das Monopol für den Vasenhandel besaßen und Korinth aus seiner führenden Stellung verdrängt hatten (→ *Vasenmalerei*). Besonders beliebt waren neben den kostbaren Vasen die recht billig zu erstehenden Terrakottafiguren (Figuren aus gebranntem Ton), die in Tanagra in Boiotien seit dem 4. Jahrhundert v. Chr. hergestellt wurden und kleine Alltagsszenen festhielten. Unverändert bis ins 18. Jahrhundert n. Chr. hinein blieb die Behandlung der Metalle die gleich wie bei den Griechen. Für den Bereich der → *Plastik* sollen angeblich Rhoikos und Theodoros (um 550 v. Chr.) aus Samos den Metallguß erfunden haben, den Vollguß für Statuetten und kleinere Gegenstände, den Hohlguß für große Statuen.

Die Nachfolge des homerischen »Bronzeschmiedes« traten im Verlauf der Entwicklung neben dem Metallgießer und Reliefbildner die Gold-

und Silberschmiede an, die Schmuck, Verzierungen für Möbel sowie Eß- und Trinkgeschirr schufen, ferner die Münzschneider, Sportartikelhersteller und die Waffenschmiede, die meist in Ergasteria Helme oder Panzer, Lanzen, Speere und Schleudergeschosse produzierten. (M. F.)

Haus und Einrichtung

Angesichts der öffentlichen Prachtbauten in den griechischen Städten, etwa auf der → *Akropolis* oder an der Agora in → *Athen (Topographie)* ist es nur schwer vorstellbar, daß die Wohnbezirke, gerade auch in Athen zur Zeit des → *Perikles*, vielfach unansehnlich, ja teilweise häßlich waren. Noch im 3. Jahrhundert v. Chr. notierte ein Reisender enttäuscht: »Würde sie (die Stadt) unvorbereitet von einem Fremden betrachtet, so könnte wohl ein Zweifel aufkommen, ob dies die vielgenannte Stadt der Athener sei.«

Das Straßenbild. Durch die planlos angelegten Wohnquartiere wanden sich enge, unregelmäßige Gassen, die meist kein Straßenpflaster kannten, so daß sie sich nach jedem Regenguß in einen Morast verwandelten, der insbesondere bei einem nächtlichen Ausgang verhängnisvoll werden konnte, da es natürlich auch keine Straßenbeleuchtung gab. In den »Wespen« des Aristophanes sind diese Verhältnisse drastisch dargestellt. Küchenabfälle und anderer Unrat wurden sicher ohne Umstände auf die Straße geworfen, wo sie zur Brutstätte von allerlei Ungeziefer wurden. Allerdings spricht → *Aristoteles* von öffentlichen Abfallsammlern, die auf polizeiliche Anordnung den Unrat wenigstens zehn Stadien vor der Stadt zu deponieren hatten. Auch eine Bauaufsicht gab es, die darüber zu wachen hatte, »daß die öffentlichen Straßen nicht durch Neubauten versperrt werden; daß keine über die Straßen hängenden Balkone gebaut und keine Dachrinnen mit Auslauf über die Straßen angelegt werden, endlich daß keine Fenster vorhanden sind, die sich zur Straße hin öffnen«.

Gerade diese letzte Bestimmung läßt ahnen, wie trist die Gassen gewesen sein mögen, an denen die Mauern kaum durch ein Fenster aufgelokkert und nur hie und da durch eine Türe unterbrochen waren. Es darf aber nicht übersehen werden, daß der athenische Mann, den Tag nicht in seiner Gasse oder in seinem Haus verbrachte, sondern an seinem Arbeitsplatz oder auf der Agora (Marktplatz), während er seine Familie und seine Habe hinter der Mauer seines Hauses verschloß.

Verschiedene Hausformen. Rund 10000 Häuser soll es nach einer Nachricht → *Xenophons* um das Jahr 400 v. Chr. in Athen gegeben haben. Gewiß waren die meisten von ihnen höchst anspruchslos, denn »der Athener, der ja größtenteils unter freiem Himmel lebt, umgibt sein Haus nicht mit der Bedeutsamkeit und der liebenden Sorgfalt, die es in kälteren Zonen beansprucht« (Durant). Die bescheidensten Behausungen dürften Höhlenwohnungen gewesen sein, deren Kammern aus dem nackten Fels gehauen oder, als schlichte Schuppen, an den Felsen gelehnt wurden. Ein solches Loch, das man fälschlicherweise »Gefängnis des Sokrates« nannte, diente in römischer Zeit als Grabkammer.

Die Mehrzahl der einfachen Häuser der griechischen Durchschnittsbürger waren selten aus Bruchsteinen errichtet; als Baumaterial dienten vielmehr ungebrannte Ziegel, Holz oder einfach Lehm, der mit Stroh vermischt wurde. So kam es, daß die Wände so dünn und schwächlich waren, daß Diebe sie ohne Umstände mit einem eisernen Werkzeug aufbrechen konnten, ohne sich um Türe und Schloß kümmern zu müssen; »Mauerdurchbrecher« hießen sie darum auch im Volksmund. Wenn eines der Häuser ein Obergeschoß besaß, was durchaus nicht die Regel war, dann führte eine steile hölzerne Treppe an der Außenseite hinauf.

Damit ergab sich für manchen Hausbesitzer die Möglichkeit, ein paar Räume an ärmere Mitbürger oder an Fremde zu vermieten. Eigentliche Mietskasernen mit mehreren Stockwerken und zahlreichen Wohnungen kannte man in Griechenland allerdings nicht. Wenn ein Mieter seinen Mietzins nicht regelmäßig entrichtete, dann drohten ihm Zwangsmaßnahmen, die schließlich darin gipfeln konnten, daß er auf die Straße geworfen wurde und unter die große Zahl der Obdachlosen geriet, die sich des Nachts in irgendeine Ecke betteten oder, in der kälteren Jahreszeit, in den öffentlichen Bädern Zuflucht suchten.

Die Geschichte von → *Diogenes*, dem Besitz- und Obdachlosen aus freiem Willen, der sich mit einem Faß als Wohnung zufrieden gab, gehört jedoch erst dem 3. Jahrhundert v. Chr. an.

Zweifellos gab es in Athen auch ansehnlichere Häuser reicherer Leute und großzügige Villen vor den Mauern der Stadt, aber die Bodenfunde erlauben keine klaren Schlüsse. Erst durch die Grabungen in Olynthos, einer Stadt auf der Chalkidike, die im Jahre 348 durch Philippos von → *Makedonien* zerstört und später nicht wieder aufgebaut wurde, können wir uns ein Bild von anspruchsvolleren griechischen Häusern machen. Anders als in Athen waren die Häuser nicht mehr, »wie in den älteren

Städten, in formlosen Gruppen aneinandergebaut, sondern in rechteckigen Blocks, die durch sich rechtwinklig kreuzende Straßen begrenzt wurden« (Chamoux). Grabungen auf → *Delos* förderten ebenfalls großzügige Wohnquartiere aus dem 4. Jahrhundert v. Chr. zu Tage, die aber keine Rückschlüsse auf die athenischen Verhältnisse im 5. Jahrhundert erlauben. Vielleicht bestand dort tatsächlich »ein demokratisches Tabu, durch adelige Vorsicht verstärkt, auf Prachtentfaltung« (Durant).

Das Innere der Häuser. Das Leben der Frauen und Mädchen (→ *Frau*) und der Kinder spielte sich im großen und ganzen in der Abgeschlossenheit des ummauerten Anwesens ab, das, wie erwähnt, nach draußen außer der Türe kaum eine Öffnung hatte. Da die Häuser in der Innenstadt Wand an Wand nebeneinander gebaut waren, hatten wohl selbst die größeren kaum einen Garten, aber selbst die bescheideneren hatten wenigstens einen Innenhof, in dem die Frauen Luft und Licht genießen konnten, während ein schmaler Laubengang, der auf einfachen Holzpfeilern ruhte, für Schatten sorgte. Im Hof, wo vielfach auch auf offenem Feuer die einfachen Mahlzeiten zubereitet wurden und wo sich bisweilen auch der Brunnen oder wenigstens die Zisterne befand, dürfte sich überhaupt ein großer Teil des täglichen Lebens abgespielt haben. In der kalten Jahreszeit wurde das Feuer im Hause selbst entfacht; doch da Kamine nicht die Regel waren, nahm man einfach ein paar Ziegel aus dem Dach, um dem Rauch des offenen Feuers einen Abzug zu verschaffen.

Charakteristisch für das griechische Haus war die strenge Trennung zwischen den Räumen, die den Frauen vorbehalten waren, und den Räumen der Männer. Die Trennung war häufig so streng, daß außer dem Hausherrn kein Mann, nicht einmal die anderen Männer der Familie, Zutritt zu den Frauengemächern hatten. In den zweistöckigen Häusern befand sich das Reich der Frauen gelegentlich im Obergeschoß, zu dem die erwähnte steile Treppe hinaufführte. Nach einem literarischen Zeugnis stieg die Frau gelegentlich des Nachts unter einem Vorwand die Treppe hinunter, um im Untergeschoß ihren Liebhaber zu empfangen, während der Ehemann oben weiterschnarchte.

Für die Sklaven stand in diesen bescheidenen Haushalten nicht immer ein eigener Raum zur Verfügung. Sie suchten sich ihren Platz je nach der Jahreszeit im Hof oder im Haus, denn außer dem ehelichen Gemach gab es keine feste Einteilung der Schlafplätze. Allerdings mußten sich die Schläfer im Hof den Platz unter Umständen mit dem Hund und den Hühnern teilen.

Großzügiger und geräumiger, aber ebenso streng oder noch strenger abgeschlossen waren die Häuser der Reichen. Die Grundrisse in Olynthos, die wieder freigelegt wurden, lassen erkennen, daß man ein solches Haus zunächst durch eine Vorhalle betrat, die in einen ersten Innenhof führte. Zu beiden Seiten dieser Halle lagen Empfangsräume und Räume für das Hausgesinde, während der gepflasterte Hof durch eine Loggia begrenzt wurde. Erst ein weiterer Durchgang führte zur Säulenhalle und zu den eigentlichen Wohnräumen der Familie, die dem Fremden verschlossen blieben, denn dort bewegte sich die Herrin des Hauses gelegentlich ungezwungen im Untergewand. Speisekammer, Küche und Bad schlossen sich an den Hof oder an die dahinter liegende Säulenhalle an.

Wie erwähnt, waren die Frauen, von Ausnahmefällen abgesehen, auf das Haus beschränkt; ihr Bereich war aber im Rahmen des Möglichen so angenehm ausgestattet, wie es die Mittel der Familie erlaubten. So bestand der Fußboden nicht wie in den anderen Räumen aus gestampftem Lehm, sondern war mit Steinplatten ausgelegt, und die Wände waren verputzt und vielfach in bescheidenem Maße bemalt.

Sanitäre Anlagen. In Athen gab es zwar seit der Zeit der Tyrannen des 6. Jahrhundert v. Chr. eine geordnete öffentliche Wasserversorgung und eine Anzahl öffentlicher Brunnenanlagen. Wasser blieb aber trotz dieser Maßnahmen stets Mangelware in der Stadt. Nur verhältnismäßig wenige Häuser dürften einen eigenen Brunnen, zahlreichere dagegen eine Zisterne besessen haben. So waren die ärmeren Frauen und die Mägde in vielen Fällen gezwungen, in großen Krügen das Wasser vom öffentlichen Brunnen zu holen – ein immer wiederkehrendes Motiv der → *Vasenmalerei:* denn das Reinlichkeitsbedürfnis der Griechen war groß. In den reicheren Häusern fehlte nicht der eigene Baderaum, während sonst irgendein anderer Raum, vielfach die Küche, als Badezimmer zu dienen hatte. Eine Wanne gab es da freilich nicht, so daß die Reinigung des Körpers in einzelnen Abschnitten oder unter einer Art »Dusche« erfolgte; für beide Arten gibt es Belege in der Vasenmalerei. Beim Brausebad stieg ein Sklave oder, wenn die Herrin duschen wollte, eine Sklavin auf einen Hocker und übergoß den Badenden aus einem Gefäß mit Wasser, das sich dann durch die Türöffnung seinen Weg ins Freie suchte.

Sehr schlicht waren auch die Abortanlagen bzw. deren Ersatz: ein einfacher Sitz in einer kleineren abgelegenen Kammer oder ein Tongefäß im Schlafraum selbst.

Die Wohnungseinrichtung. In den meisten Häusern dürfte es nur einen einzigen Raum gegeben haben, in dem die Familie ihre wertvolle Habe aufbewahren konnte, das eheliche Schlafgemach, zu dem kein Außenstehender Zutritt hatte. Dort standen die Truhen, die die Braut einst ins Haus gebracht hatte; sie enthielten die Kleider, Decken und Tuche. Schmuckstücke und Spiegel, ebenfalls Teile des Brautschatzes, waren in einem besonderen, kunstvoll gearbeiteten Kästchen verwahrt. Das eheliche Bett war nicht eine einfache Liege oder Matte aus Stroh oder Schilf, wie sie wohl von den anderen Mitgliedern des Haushalts benutzt wurde, sondern ein kräftiges, gelegentlich verziertes Holzgestell auf vier Beinen, das mit Ledergurten überspannt war. Das Ehepaar ruhte auf Schilf- oder Binsenmatten und auf Kissen und in Decken gehüllt – ruhte, solange es die überall gegenwärtigen Flöhe und Wanzen zuließen, denn trotz der erwähnten körperlichen Reinlichkeit der Griechen war das Ungeziefer aus den Wohnungen nicht zu vertreiben: »und die Läus' und die Wanzen und die Mücken und Flöh, die Schnaken und all das Geziefer, das summend und brummend das Ohr uns umschwirrt und tanzt um das Lager der Armen«, so spottet Aristophanes im »Plutos«. Teppiche, auch importierte, und bequeme Sessel vervollkommneten unter Umständen das Mobiliar des Frauengemachs.

Die übrigen Räume, darunter auch Küche und Innenhof, waren im allgemeinen spärlich und nur mit dem Nötigsten ausgestattet. Die wenigen Möbelstücke wurden je nach Bedarf ohne Mühe hierhin oder dorthin gebracht: Hocker und Stühle und andere Sitzmöbel und dazu kleine Tische aus Holz, Metall und selbst aus Keramik. Sehr viel mehr brachte der griechische Durchschnittshaushalt nicht, da die Hausfrau die vorderen Räume selten betrat und der Hausherr tagsüber meist unterwegs war und sich des Abends bald zur Ruhe begab – wenn er überhaupt heimkehrte. Ein »gemütliches Familienleben« kannte man in Griechenland nicht. Reichere Häuser waren selbstverständlich üppiger, aber nicht verschwenderisch ausgestattet. Da der Grieche beim festlichen Gelage nicht am Tisch saß, sondern lag, war eine Art Sofa oder »Chaiselongue«, eine Liegestatt mit Kopf- und Rückenlehne, unentbehrlich, durch die es dem Zecher möglich war, halb sitzend, halb liegend den Becher zu leeren und die Speisen zu genießen, die auf kleinen Tischchen zwischend den Liegen standen. Die Wände waren im allgemeinen bemalt oder mit Teppichen verkleidet, die Böden in athenischen Häusern vielleicht, in Olynthos mit Sicherheit mit bescheidenen Mosaiken aus schwarzen und weißen Kieseln ausgelegt.

Genauere Nachricht über die Ausstattung eines für griechische Verhältnisse gewiß sehr reichen und vielgerühmten Hauses haben uns die Akten des Gerichtsverfahrens gegen den athenischen Dandy → *Alkibiades* überliefert, dessen Besitz nach dem Hermenprozeß konfisziert und verkauft wurde. Unter dem »bis ins kleinste aufgeführten Mobiliar« war offenbar das Prunkstück »ein ›Eßzimmer‹ mit vier Tischen und zwölf Liegen in ›milesischer Arbeit‹ in einem Gesamtwert von 120 Drachmen« (→ *Geld*); dies ist es anscheinend, worauf sich der Besitz an beweglichen Gütern eines Mannes beschränkte, dessen privater Aufwand an der Spitze der bescheidenen Lebensführung der Athener des 5. Jahrhunderts lag (Zitat nach Flacelière).

Das Riesenschiff des Hieron. Als Kuriosum der Wohnkultur in hellenistischer Zeit (→ *Hellenismus*) sei das Riesenschiff genannt, das der Herrscher von Syrakus, Hieron II. (* 268, † 216 v. Chr.), etwa um das Jahr 240 bauen ließ, um Getreide nach Ägypten bringen zu lassen. Das Schiff selbst wurde bei dieser Gelegenheit dem ägyptischen König zum Geschenk gemacht.

Auf dem mittleren Deck befand sich die Kajüte des Kapitäns, die so groß war, daß sie 15 Betten fassen konnte, wobei diese Zahl allerdings nur die Größe des Raums verdeutlichen soll. »Der Fußboden bestand aus Mosaikfeldern, auf denen die ganze Sage der → *Ilias* dargestellt war.« Auf dem Oberdeck konnten sich die Passagiere zwischen grünen Beeten und im Schatten von Efeu- und Weinlauben ergehen, bevor sie sich ins anschließende Speisezimmer begaben, dessen Boden »aus Achat und anderen schönen Steinen« bestand, wo »Wände und Decke aus Zypressenholz, Türen aus Elfenbein und Thyonholz« (eine duftende afrikanische Holzart) waren; »mit Gemälden, Statuen, außerdem mit Trinkgerät war es verschwenderisch ausgestattet. Daran schloß sich ein Lesezimmer . . . mit einer Bibliothek darin.« Ein großzügig bemessenes Badezimmer, ein riesiger Fischteich und endlich sogar Pferdeställe sollen die Einrichtung vervollständigt haben, wenn wir dem Berichterstatter Athenaios, »der so verläßlich ist wie jeder Schwätzer« (Durant), glauben dürfen.

Treffen diese Angaben zu, dann befand sich an Bord des Schiffes eine ländliche Villa von einem Ausmaß und einer Ausstattung, wie sie in den bescheidenen Verhältnissen in Griechenland während des 5. und 4. Jahrhunderts v. Chr. gewiß nicht anzutreffen war. (R. V.)

Hellenismus

»Der Name Alexanders bezeichnet das Ende einer Weltepoche, den Anfang einer neuen.« Mit diesen Worten hat der Historiker Johann Gustav Droysen (1808–1884) als erster die markante Zäsur, die → *Alexanders* Eroberungen setzten, gewürdigt und mit dem makedonischen König die griechisch-hellenische Geschichte enden und die neue Weltepoche der griechisch-hellenistischen Zeit beginnen lassen. Der Begriff »Hellenismus« ist seitdem in der Geschichtswissenschaft ein fester Terminus geblieben für den Zeitbereich, der mit der Begründung des Alexanderreiches bzw. mit Alexanders Tod einsetzte und erst 30 v. Chr. mit der Eroberung des letzen hellenistischen Staates, des ptolemaischen Ägypten, durch C. Octavianus, den späteren Kaiser Augustus, sein Ende fand.

Gemeinhin versteht man unter diesem Terminus die Ausbreitung griechischer Sprache (Koine) und Kultur in den von Alexander gewonnenen Ländern und die Gräzisierung der orientalischen Welt. Gleichbedeutend neben die entscheidenden und für die Folgezeit bedeutsamen kulturellen Veränderungen treten aber auch die gesellschaftlichen Wandlungen, ganz abgesehen von den tiefgreifenden wirtschaftlichen (→ *Handel und Wirtschaft*) und vor allem politischen Entwicklungen (→ *Diadochenreiche*), die den gesamten Bereich der Oikumene, der bewohnten Welt, erfaßten, von Italien und Griechenland im Westen bis zum Indus im Osten, von der Donau und dem Schwarzen Meer im Norden bis in den Sudan im Süden.

Die Voraussetzungen für die Ausdehnung des Griechentums und die Ausbreitung der Griechen nur nach dem Osten hin waren die in diesem Teil der Welt so rasch gelungenen Feldzüge Alexanders. Wenn die Griechen des Mutterlandes bereitwillig in das Vakuum des Ostens einströmten, lag das zunächst an der speziellen Situation Griechenlands selbst. Die permanenten politischen Krisen des 4. Jahrhunderts v. Chr. unter den Poleis (Stadtstaaten) und die gesellschaftlichen und wirtschaftlichen Probleme hatten sich dort zugespitzt und zu Übervölkerung, zur Verschärfung der politischen Gegensätze und dem Entstehen eines »entwurzelten Elements« von zahlreichen Verbannten, Vertriebenen und Flüchtlingen geführt, aber auch zu einer Stagnation im Handel und daraus resultierend zu einer Verarmung eines großen Teiles der Bevölkerung. Die Eroberungen Alexanders kamen zur rechten Zeit und schufen eine wirkungsvolle Abhilfe der Notsituationen in Griechenland.

Um sich im Osten eine neue Existenz aufzubauen, folgten dem Ruf Alexanders hoffnungsvoll Zehntausende von Griechen, frühe Vorfahen der europäischen Auswanderer der Neuzeit, die als Siedler in den Weiten des amerikanischen Kontinents das große Glück suchten. Ihre Zuversicht schöpften die Griechen aus dem Macht-, Wirtschafts- und Kulturgefälle von Westen nach Osten, das alle Möglichkeiten neuer spannungsfreier politischer Zusammensiedlung, neuer Absatzgebiete für den Handel, eines zufriedenstellenden Wohlstandes auf Grund des zugewiesenen Ackerlandes und ein großzügiges Betätigungsfeld für Künstler und Wissenschaftler bot. Freiberufliche wie Lehrer, Ärzte, Anwälte, Architekten, Maler, Bildhauer, Handwerker, dazu Soldaten, aber auch hochangesehene Staatsmänner und Führer griechischer Städte wurden von Alexander in seinen neugegründeten Städten des Ostens und von seinen Nachfolgern, den Diadochen, in den neuen Hauptstädten angesiedelt. Wie groß die Zahl der Auswanderer war, ist unbekannt, doch ist sicher, »daß sie in den hellenistischen Monarchien, vor allem im Osten und in Ägypten, in der Bevölkerung, die sich über die Einheimischen legte, ein wichtiges Element darstellten« (Rostovtzeff).

Die allermeisten Griechen kamen freiwillig, um sich in Ägypten und im Orient niederzulassen, wo ihnen von den Diadochen Siedlungsgebiet in einer → *Polis* oder auf dem Land zugewiesen wurde. Während die Seleukiden die angekommenen Griechen meist geschlossen in einer neugegründeten Polis oder dörflichen Siedlungen zum Niederlassen bewogen, haben die Ptolemaier in Ägypten die Siedlungswilligen nur in zwei Städten, dem von Alexander gegründeten → *Alexandreia* und in Ptolemais angesetzt, den Rest aber auf die Städtchen und Dörfer der Einheimischen als Grundbesitzer verteilt.

Obwohl den verschiedenen Territorialstaaten der Diadochen zugehörig, waren die eingewanderten Griechen, selbst wenn sie als die Oberschicht keine selbständige politische Körperschaft bildeten, sondern genauso Untertanen des Königs waren wie die Einheimischen, eine Einheit, zwar keine politische, aber eine kulturelle mit gleicher Sprache, gleichen geistigen und religiösen Vorstellungen, gleicher Mentalität, Erziehung und Abstammung. So scheint die hellenistische Welt, wenn gleich politisch geschieden in die drei großen Diadochenstaaten, eine gesellschaftliche und kulturelle Einheit zu sein, war es aber erstaunlicherweise nicht. Denn die Einheit umfaßte nur die Griechen in den hellenistischen Monarchien, nicht die gesamte Bevölkerung. Die damit verbundenen sozialen und kulturellen Gegebenheiten sollen im Folgenden charakterisiert werden (vgl. zur Politik → *Diadochenreiche*, zur Wirtschaft → *Handel und Wirtschaft*).

Gesellschaftliche Veränderungen. Mit Alexanders Siegen über den weitgehend persischen Osten war eine Antinomie gegeben, deren Auflösung Alexanders früher Tod vereitelte, mit der aber die weniger genialen Nachfolger nie zurechtkamen und die sehr viel zur Auflösung des hellenistischen Staatensystems beitrug. Es war der nie einer Lösung zugeführte Konflikt des Verhältnisses zwischen den individualistischen, selbstbewußten griechischen Bürgern und den an ein königliches Regiment mit starkem Gehorsam gewöhnten orientalischen Untertanen.

Alexander war mit seinen Plänen, die geradezu eine Abkehr vom nationalistischen Kurs seines Vaters Philippos signalisierten, bei den Griechen gegen eine Mauer von Unverständnis und Fassungslosigkeit gestoßen. Und doch lag gerade in seinem gesellschaftlichen Zukunftsplan die einzig mögliche Lösung für die Konsolidierung des Riesenreiches, das ohne die Verschmelzung des Griechentums mit dem iranischen Element nicht existieren konnte. Die begonnenen Maßnahmen Alexanders für eine Gleichstellung der Orientalen mit den Makedonen-Griechen revidierten die makedonischen Generale sichtbar nach Alexanders Tod sofort, indem sie größtenteils ihre persischen Frauen entließen und programmatisch den alten und immer noch bestehenden Gegensatz Griechen-Barbaren propagierten, der auch in den entstehenden Teilreichen Geltung haben sollte. Sie wünschten die Beibehaltung der nationalen und kulturellen Eigenart der Griechen ohne regionale Unterschiede und taten alles, um ihr Aufgehen in den Einheimischen zu verhindern. Die Siedlungspolitik verdeutlichte das vor allem: Nie lebten die Griechen allein, sondern immer in einer organisierten Gemeinschaft, einem »Koinon«, einem »Politeuma« oder einer Polis.

Die Polisgründungen der Diadochenherrscher, meist benannt nach ihren Namen oder Angehörigen ihrer Familie (Thessaloniki, Kassandreia, Seleukeia, Ptolemais, Antiocheia, Antigoneia, Alexandreia) waren sehr zahlreich, weil sie als Stützen der Herrschaft gedacht waren. Abgesehen von ihrem vereinheitlichten Charakter unterschieden sich diese neugegründeten Städte im äußeren Erscheinungsbild wenig von denen des Mutterlandes: Innerhalb der Ummauerung überzog nach hippodamischer Bauweise ein schachbrettartig angeordnetes Straßennetz das Stadtgebiet. In seinem Zentrum lagen der Marktplatz, die »Agora«, das Gymnasion, traditionelle Stätte der geistigen und körperlichen Ausbildung eines Griechen. Um diesen Mittelpunkt herum gruppierten sich die Wohnhäuser, aufgelockert durch Säulengänge, Tempel, Palästren (Übungsplätze für den Ringkampf), Bäder, Theater, Stadion und Parkanlagen. Im Gegensatz zu den alten Poleis des griechischen Raumes fehlte diesen Poleis aber ein entscheidendes Charakteristikum, die außenpolitische Freiheit, die »Eleutherie«. Doch waren die Könige weitsichtig genug, den griechischen Siedlern wenigstens die Autonomie, die Selbstverwaltung, zu überlassen. Die Bewohner, die Politen, setzten sich nicht nur aus Makedonen und Griechen, sondern auch aus Einheimischen zusammen, die allerdings an den politischen Rechten keinerlei Anteil hatten und das kulturelle Leben nur wenig mittragen durften. Volksversammlung, Gerichte, der Rat (Bulè) und die Beamtenstellen blieben allein den griechischen Politen vorbehalten, desgleichen auch die Gymnasien, die neben ihrer Funktion als Erziehungsstätte auch Mittelpunkt des gesellschaftlichen Lebens waren. Diese Privilegierung der Griechen setzte sich auch im großen Rahmen fort. Obgleich es für die politischen, militärischen und wirtschaftlichen Aufgaben eines Diadochenstaates keinen rechtlichen Unterschied zwischen eingewanderten Griechen und Einheimischen gab, besetzte der König doch bevorzugt die meisten Stellen im Heer, in der Beamtenhierarchie und im Finanzwesen mit Griechen, ohne die Einheimischen völlig auszuschließen. Wenn sie in der sozialen Stufung höhersteigen wollten, blieb ihnen gar nichts anderes übrig als der Weg über griechische Erziehung und griechischen Lebensstil. Für die Hellenisierung bedeutender Orientalen gibt es wenige, doch bekannte Beispiele: Zenon aus Kition auf Zypern, Begründer der Stoa (→ *Stoiker*), und Poseidonios, den wohl universalsten Gelehrten seiner Zeit (* 135, † 51 v. Chr.), Lehrer des Pompeius und Cicero. So blieb, insgesamt gesehen, das gesellschaftliche Problem weiter bestehen. Eine totale Integration der Einheimischen in völliger Gleichstellung gab es auch weiterhin nicht. Die oberen Schichten Ägyptens, des Seleukidenreiches und wahrscheinlich auch → *Pergamons* waren griechisch, und nur wer unter den Einheimischen griechisch sprechen und denken lernte, konnte in diese obere Schicht aufsteigen.

Kulturelle Verhältnisse. Es ist nicht immer klar zu erkennen, inwieweit echte Begeisterung und Identifizierung mit den vielfältigen kulturellen Erscheinungen oder wieviel die politische Räson die Einstellung der hellenistischen Herrscher zu Kunst und Wissenschaft geprägt hat. Für die Kultur hatten die Realisten auf den königlichen Thronen erstaunlicherweise alle etwas übrig, wenngleich mit bezeichnenden Unterschieden.

Das Verhältnis der Diadochen zu Kunst und Wissenschaft. Die Seleukiden waren zu sehr mit dem Zusammenhalten ihres Reiches beschäftigt und lebten auch nicht im finanziellen Überfluß, um sich am Hofe bedeutende Künstler und Wissenschaftler halten zu können. Erst Antiochos III. (* 242, † 187 v. Chr.) suchte einen Kreis von Gelehrten um sich zu sammeln und stiftete höchstwahrscheinlich eine Bibliothek in Antiocheia, dessen Palastbauten teilweise ausgegraben sind. Ihre Architektur orientierte sich am gängigen griechischen Schema mit Säulenhallen, Tempelbauten und dekorativen Plätzen. Die Residenz blieb »eher eine Stadt der protzigen Banausen, wurde nie eine der Dichter und Gelehrten« (Schachermeyr). Anders geartet als die Seleukidenherrscher war Antigonos Gonatas (um * 319, † 239 v. Chr.), seit 276 König von Makedonien. Selbst ein »Studierter« (er hatte die Weltuniversität Athen besucht), war er ein Freund des Gründers der Stoa, Zenons, und sammelte an seinem Hof in Pella griechische Dichter und Gelehrte um sich. Aratos aus Soloi in Kilikien, der auch eine Zeitlang am Hofe des Seleukiden Antiochos I. gelebt hatte und ein im Altertum berühmtes Lehrgedicht über die Himmelserscheinungen (Phainomena) verfaßte, hielt sich hier auf, zusammen mit Hieronymos von Kardia, dem Geschichtsschreiber der ersten Diadochen. Antigonos Gonatas blieb aber ein Einzelfall in der langen Reihe der Antigoniden. Seinen Eifer für die Wissenschaft teilten die makedonischen Nachfolger nicht mehr.

Umso beeindruckender sind die Leistungen der Attaliden im kleinen Pergamon und ihre fortwährende Liebe zu den bildenden Künsten. Attalos I. (* 241, † 197 v. Chr.) legte in der Hauptstadt nach dem Sieg über die Galater eine private Kunstsammlung an und zog hervorragende Künstler an den Hof. Seinen kunstbegeisterten Fortsetzer fand er in Eumenes II. (* 197, † 159 v. Chr.), der den berühmten Zeusaltar stiftete, den »Pergamonaltar«, der heute in den Staatlichen Museen Berlins (Ost) ausgestellt ist. Oberhalb des Theaters lag die Bibliothek mit ihren rund 200 000 Schriftrollen; es war die größte neben Alexandreia. In Pergamon war alles »schlichter, hellenischer und künstlerischer, in Alexandreia gab es dagegen den großen wissenschaftlichen Betrieb, war alles weltstädtischer«. Das wohlgeordnete, aber drückende Steuersystem und der natürliche Reichtum des Landes, das die Ptolemaier als Privatbesitz ansahen, bildeten die Grundlage ihres fast verschwenderischen Mäzenatentums. Alexandreia, die Residenzstadt, sollte nach dem Plan Ptolemaios I. Sotér (Retter) nicht nur führendes politisches und wirtschaftliches Zentrum der hellenistischen Welt, sondern auch das geistige werden. Selbst schriftstellerisch tätig – er verfaßte ein Geschichtswerk über Alexander, das in Fragmenten bei Arrian erhalten ist –, begründete er das unter dem Schutz der Musen, der Göttinnen der Künste und Wissenschaften, stehende Institut für die Forschung und Lehre, das → *Museion*, mit einer riesigen Bibliothek von etwa 700 000 Buchrollen. Mit einem Großetat ausgestattet, war das Museion zwar eine vom König stets abhängige »Staatsuniversität«, doch ließ der Herrscher den Wissenschaftlern fast alle Freiheit in ihrem Forscherdrang, erstellte ihnen eine Sternwarte, ein anatomisches Institut und einen zoologischen Garten. Der riesige Buchrollenbestand bedurfte nicht nur der Ordnung und Katalogisierung, sondern mehr noch einer kritischen Würdigung. Daraus entwickelte sich eine der bedeutendsten Leistungen im Bereich der Literatur überhaupt, die Philologie, die im Methodischen auch modernen Anforderungen durchaus noch genügt. Zenodot aus Ephesos, Leiter der Bibliothek, gab durch Vergleich mehrerer Handschriften zum erstenmal eine textkritische Ausgabe der Epen → *Homers* heraus, Aristophanes von Byzantion (* 257, † 180 v. Chr.) erweitere mit Hilfe dieser Methode den Katalog der Schriftsteller um → *Hesiod*, die Lyriker und Dramatiker, wobei er den Tragödien kurze Einleitungen voranstellte. Auf ihn geht das noch heute gültige griechische Akzentsystem mit Akut (´), Gravis (`) und Zirkumflex (^) zurück. Unter Aristarchos von der Insel Samothrake (* 217, † 145 v. Chr.), ebenfalls Leiter der Bibliothek, erreichte die textkritische Methode ihren Höhepunkt durch sorgfältigen Handschriftenvergleich und subtile Beurteilung. Seinen Vorgänger übertraf er durch die Verbindung von Exegese (Erklärung) und Kommentierungen zu Homer, Hesiod, Aischylos, Sophokles.

Auf seine wissenschaftlichen Ausgaben unter anderen auch zu den Lyrikern, zu Pindar und Herodot gehen die Texte, die wir heute zur Hand nehmen, zurück, da die Autographen (Originale) längst verloren sind. Auf seinem System und der Terminologie der grammtischen Erscheinungen fußen noch heute unsere Grammatiken durch die Vermittlung des Dionysios Thrax. Eine spezifisch literarische Gattung des Hellenismus ist der Roman, der in rhetorisch-dramatischer Darstellung meist in märchenhaften Ländern spielende Heldenabenteuer oder Liebestragödien beinhaltet. Die bukolische Szenerie setzt sich in feinfühliger Weise als Idealisierung des Landes und Landlebens in der »bukolischen« Dichtung (Hirtendichtung), der Schäferpoesie des 18. Jahrhunderts vergleichbar, fort. Theokrit von Syrakus, ebenfalls am Museion

tätig, fing in seinen Eidyllia (= Idyllen) genannten Gedichten genrehaften Charakters den Zauber einer verklärten Hirten- und Bauernwelt ein. Das Epos des Apollonios von Rhodos, »Argonautika«, das von der Argonautenfahrt handelt, bleibt gegenüber sonst bevorzugten kleinen, aber kunstvoll ausgearbeiteten Gedichten eine Ausnahme, zeichnet sich wie alle alexandrinische Dichtung durch die formale Durchgestaltung in Sprache und Versbau aus. Ihren Höhepunkt erreichte sie zweifellos mit Kallimachos (* 310, † 240 v. Chr). Nicht mehr der Normalverbraucher war der Adressat seiner Dichtungen, der »Aitia« (= Ursprungssagen von Bräuchen, Festen und Namen), der Hymnen, Epigramme oder Epyllien (= kleine Epen), sondern der literarisch gebildete Kenner, der kleine Kreis der Hofgesellschaft. Im Auftrag von König Ptolemaios II. verfaßte er die »Pinakes«, den Katalog der Museion-Bibliothek, ein Verzeichnis aller griechischen Schriftsteller und ihrer Werke, Grundlage für die daraus sich entwickelnde griechische Literaturwissenschaft. Die Komödie des Hellenismus, wie sie Menander aus Athen (* 342, † 293 v. Chr.) als Hauptvertreter geprägt hat, war plastisch und realitätsbezogen. In Verwechslungsszenen werden von gleichbleibenden Spielertypen – dem Schmarotzer, dem pfiffigen Sklaven, dem dummen alten Vater, dem leichtgläubigen Sohn und der gerissenen Dirne – mit feinem Humor die allzu menschlichen Schwächen aufs Korn genommen.
Unter der besonderen Protektion Ptolemaios II. standen in Alexandreia die Mathematiker und Naturwissenschaftler. → *Euklid* (* 360, † 300 v. Chr.) schuf hier sein dreizehn Bücher umfassendes Lehrwerk »Elemente«, eine systematische Zusammenfassung der mathematischen und geometrischen Kenntnisse seiner Zeit, deren Geltung bis ins 19. Jahrhundert andauerte. Sein Schüler am Museion war Apollonios von Perge in Pamphylien (* 260, † 190 v. Chr.). In seinem Hauptwerk von acht Büchern, »Konika« (Kegelschnitte) betitelt, gebrauchte er zum ersten Mal die bis heute benutzten Begriffe Ellipse, Parabel und Hyperbel. Der wohl bekannteste Mathematiker am Museion, Archimedes aus Syrakus (* 287, † 212 v. Chr.), war sicher nicht nur im Hellenismus, sondern in der Antike überhaupt der genialste Rechner.
Aristarch von der Insel Samos (* 320, † 250 v. Chr.) kam auf Grund seiner Beobachtungen in der Sternwarte des Museions zu der für das damalige Weltbild unglaublichen Erkenntnis, daß nicht die Erde, sondern die Sonne Mittelpunkt des Systems sei, und daß die Erde sich um sich selbst und in schiefer Ebene zugleich um die Sonne dreht. Erst

Kopernikus hat 1800 Jahre später dieses heliozentrische Weltbild wieder neu entdeckt. Hipparchos aus Nikaia in Bithynien (* 190, † 120 v. Chr.) ergänzte seinen Vorgänger durch die natürliche Erklärung der verschiedenen Längen der Jahreszeiten infolge der exzentrischen Bewegung der Sonne um die Erde. Der Geograph → *Eratosthenes* schließlich, ein vielseitiger Geist, bewies anhand der Kugelgestalt der Erde die Möglichkeit einer Erdumsegelung und bestimmte den Erdumfang auf 252 000 Stadien.

Die Unvoreingenommenheit der ägyptischen Könige und ihre Aufgeklärtheit gegenüber bisherigen Tabus eröffneten der Medizin neue Wege des Fortschritts. Herophilos sezierte im anatomischen Institut Leichen und entdeckte das Nervensystem und das Gehirn als dessen Zentrum, während Erasistratos von der Insel Keos (* 300, † 240 v. Chr.) seine Forschungen über das Herz und den Blutkreislauf trieb.

Die Kunst. Die Architektur löste sich im Hellenismus von der maßvollen, harmonischen und individuellen Form der Klassik und zeigte einen Zug zum Pompösen, Übersteigerten, Monumentalen. Der Repräsentationswille der Herrscher ließ in ihren weithin gleichartigen Residenzen eine bislang nicht gekannte Pracht in der Massierung von Tempeln, Altaranlagen, Terrassen, großen Freitreppen und weiträumigen Plätzen mit Säulenhallen entstehen. Bezeichnenderweise hat die spielerisch überladene Form des korinthischen Kapitells (→ *Tempel*) den herben dorischen und auch den ionischen Stil fast ganz zurückgedrängt. Die Technik stand weitgehend im Dienste der Politik und leistete Beachtliches im Straßenbau, bei der Errichtung von Wasserleitungen und im Kanalbau. Die großen Erfindungen aber betrafen den militärischen Bereich (Geschütze, Kriegsschiffe, Wurf- und Stoßmaschinen), und von spielerischen Zwecken abgesehen (Orgeln, Wasseruhren, → *Automaten,* Wasserspiele), kamen brauchbare Ansätze nie zu einer gezielten Vervollkommnung. Da genug Sklaven → *Sklaverei* zur Verfügung standen, bedurfte es nicht menschenentlastender Maschinen. Dasselbe Moment »einer gewissen Ziellosigkeit bei höchster technischer Vollendung und Routine treffen wir auch in der hellenistischen Plastik« (Schachermeyr) an: »Es ist ein realistischer Stil, teils unruhig, lebhaft, pathetisch und äußerst theatralisch, dann wieder anmutig, verspielt, oft sogar kitschig anmutend. Er hält das breite Spektrum des menschlichen Lebens mit seinen würdevollen, aber – und das ist neu – auch mit seinen häßlichen und erniedrigenden Zügen fest.« Als ein großartiges Beispiel . . . rückhaltloser Schärfe wie der kraftvollen Prägnanz seiner

Aussage sei die Darstellung der Trunkenen Alten betrachtet, deren beste Replik sich in München befindet. Die Komposition des am Boden kauernden alten Weibes, die faktische Haltung wie die künstlerische Ordnung seiner Glieder konzentriert sich ganz um die große Weinflasche, den Lagynos. Er bildet das Schwergewicht im Schoß der dürren Gestalt. Er ist der Partner in dem Zwiegespräch, das der zurückgeworfene Kopf und sein ausgemergelter Mund zu führen scheint. Ein gewisser bitterer Humor ist nicht zu verkennen . . . Eine menschliche Leistung ist es, in diesem Niedergang der Existenz ein erschütterndes Dokument menschlicher Hinfälligkeit und Schwäche zu sehen, eine künstlerische Leistung, diese Dokumentation in großer Form, in kraftvollem Ernst zu geben« (Schuchhardt). Mit der berühmten Laokoon-Gruppe, einem Werk der im 1. Jahrhundert v. Chr. lebenden rhodischen Bildhauer Hagesandros, Polydoros und Athanadoros hat die hellenistische Plastik ihren Endpunkt erreicht.
Einheitlich war diese Kultur des Hellenismus, was ihre Schöpfer anbelangte. Ebensowenig wie im gesellschaftlichen Bereich gab es auch auf diesem Gebiet einen Verschmelzungsprozeß, der die Einheimischen miteinbezogen hätte. Griechische Wissenschaftler und Künstler erreichten eine letzte Höhe an Aussage- und Gestaltungskraft, die den Keim des unverkennbaren Nachlassens in sich trug, je länger die Zeit fortschritt. »Schöpferphantasie und Abwehrkraft erlahmten. Daran vermochte alles Können und alle Routine nichts mehr zu ändern« (Schachermeyr). (M. F.)

Herodot

»Herodots des Halikarnassiers Darstellung seiner Forschungsergebnisse ist das Folgende, damit weder das von Menschen Geschaffene durch die Zeit ausgelöscht wird noch große und staunenswerte Taten, teils von den Griechen, teils von Barbaren verrichtet, ruhmlos werden, sowohl in allen übrigen Bereichen, insbesondere aber, aus welchem Grunde sie gegeneinander Krieg zu führen begannen.«
Mit einem einzigen, noch etwas ungelenken Satzgefüge, dem ersten seines Geschichtswerkes, umreißt Herodot Namen und Herkunft des Verfassers, Titel des Werkes, Begründung und Zielsetzung: Herodot aus Halikarnassos will allgemein die Geschichte der Menschen schriftlich bewahren, speziell die großen Taten, an denen er, um Objektivität

bemüht, nicht nur Griechen, sondern auch Barbaren beteiligt sein läßt, will allgemein alles Interessante aufführen, speziell aber als Ziel seiner ganzen Darstellung die Gründe für den großen Krieg zwischen Griechen und Barbaren – gemeint sind unter den Barbaren das mächtigste Volk, die Perser – aufzeigen und die große Auseinandersetzung selbst für die Nachwelt festhalten.

Selbstbewußtsein in der Namensnennung, Reflexionen über das Tun der Menschen und eine vertiefte Sichtweite der ursächlichen Zusammenhänge markieren den Fortschritt gegenüber → *Homer* und dem Mythos, den Herodot anschließend an seinen Einleitungssatz in den wechselseitigen Raubzügen von Griechen und Barbaren nur dazu ausbreitet, damit er umso deutlicher seine eigene Position dagegen abgrenzen kann: »Ich will hinsichtlich dieser sagenhaften Erzählungen nicht behaupten, daß es so oder irgendwie anders geschah; wer aber meines Wissens als erster Unrecht gegen die Griechen begann, den will ich deutlich bezeichnen und damit fortschreiten in meiner Darstellung.« An dieser Stelle zeigt sich zum ersten Mal so etwas wie historische Kritik [. . .] als Sondieren dessen, was vorgegeben ist, durch eine selbstbewußte Persönlichkeit (Gährken).

Herodots Geburtsjahr ist uns nicht überliefert, ebensowenig sein Todesjahr. Die antiken Quellen lassen den Schluß zu, daß er um 480 v. Chr. in Halikarnassos im dorisch sprechenden Raum des griechischen Südwestkleinasien geboren wurde. Seine Familie gehörte zum städtischen Adel und mußte, als ihr Mitbürger Lygdamis, von den Persern unterstützt, eine → *Tyrannis* errichtet hatte, nach Samos in die Verbannung flüchten. Ob Herodot nach dem Sturz des Tyrannen 455, als Halikarnassos sich dem Attisch-Delischen → *Seebund* anschloß, nach Hause zurückkehrte oder in Samos blieb, entzieht sich unserer Kenntnis. Aber daß er sich um 445/444 in Athen aufhielt, mit Sophokles, dem großen Dichter, befreundet war, zum Kreis des → *Perikles* gehörte und hier entscheidende Impulse für sein schriftstellerisches Wissen empfing, gehört zu den sicheren Tatsachen in Herodots Leben. Als Athen 444/443 in Unteritalien die Kolonie Thurioi gründete, wanderte Herodot mit aus und wurde ihr berühmtester Bürger. Stellen in seinem Werk zeigen, daß er das erste Jahr des → *Peloponnesischen Krieges*, 431, noch miterlebte, das Jahr 424 dagegen nicht mehr erlebt hat. Herodot muß zwischen 430 und 424 gestorben sein, wahrscheinlich in Thurioi.

Die prägenden Ereignisse in Herodots Leben waren wohl seine Reisen, die aus dem Werk selbst rekonstruierbar sind, soweit Herodot über

Länder oder Orte präzise Angaben macht oder von Eigenbeobachtung (Autopsie) ausgeht. Die Ausklammerung persönlicher oder zeitlicher Details läßt auch bei den Reisen eine absolute zeitliche Bestimmung nicht zu, höchstens eine relative: Das Ende muß auf jeden Fall vor der Auswanderung nach Thurioi 443/443, der Beginn der großen Reisen wahrscheinlich nach 449, dem Jahr eines vergeblichen Aufstandes im persisch besetzten Ägypten, gewesen sein.

Wenngleich Herodot seiner Abstammung nach ein Dorer war, weisen ihn seine ganze Einstellung und Bildung eher dem unmittelbar an Halikarnassos nach Norden sich anschließenden ionischen Sprachraum zu, in dessen Dialekt auch das Werk verfaßt ist. Der den geistig wendigeren Ioniern eigene Forscherdrang, die »historíe«, zeichnete auch Herodot aus und ließ ihn die damals bekannte Welt in ihren wichtigsten Teilen auskundschaften. Nachdem er seine kleinasiatische Heimat gründlich kennengelernt hatte, führte ihn die erste Reise von → *Byzanz* aus an die Ostküste des Schwarzen Meeres, von dort nach Südrußland und über die Nordküste wieder zurück nach Byzanz. Die zweite Reise galt dem geheimnisvollen Ägypten, wo Herodot wohl vier Monate, von Juli bis November, zubrachte. Unmittelbar schloß sich die »Orientreise« an, die ihn über Tyros nach Syrien und auf dem Euphrat bis Babylon brachte. Von → *Athen* aus bereiste Herodot Nord- und Mittelgriechenland, die Peloponnes, von Thurioi aus vielleicht Libyen, sicher jedoch Unteritalien und Sizilien.

Auf diesen ausgedehnten Reisen sammelte Herodot als interessierter Beobachter, bohrender Zweifler, manchmal als naiver Zuhörer ungeheures Material, dessen Verarbeitung eng mit der Frage der »Entwicklung« Herodots verbunden wird. Es ist nämlich mehr als fraglich, ob Herodot diese Reisen unter dem Blickwinkel eines »Historikers« angetreten hat. Viel spricht dafür, daß Herodot in der Nachfolge der frühesten Prosaiker, vor allem in kritischer Auseinandersetzung mit seinem Vorgänger Hekataios von Milet, eine Periegese (Beschreibung der Erde) verfassen und alle seine ethnographischen und geographischen Kenntnisse einbringen wollte. Tatsächlich durchziehen solche »Logoi«, der lydische, der babylonische, assyrische, skythische oder ägyptische nach gleichem Gliederungsschema (Natur des Landes, wunderbare Eigenarten, Sitten der Bewohner, historischer Abriß) noch das Werk Herodots, aber nicht mehr in verselbständigter Form, sondern als Exkurse. Herodots anfänglich völkerkundliches und erdkundliches Interesse muß immer stärker einer geschichtlichen Betrachtung der

menschlichen Vorgänge Platz gemacht haben. Wir dürfen annehmen, daß das klassische Athen der Ort war, der Herodot zum »Vater der Geschichtsschreibung« (Cicero) werden ließ. Es muß für Herodot auffallend gewesen sein, daß in allen »Logoi« die Perser als Eroberer der betreffenden Völker aufgetreten sind und schließlich in dem kleinen Volk der Griechen ihren Bezwinger fanden. Auf den persisch-griechischen Gegensatz, auf den Gegensatz von Europa und Asien war die Geschichte nach Herodots Meinung hinorientiert. Das Zusammenprallen dieser gegensätzlichen Völker und die Vorgeschichte zu deuten, das betrachtete Herodot als die eigentliche Aufgabe, der sich die »Logoi« jetzt in dienender Funktion unterzuordnen hatten. Nach dieser Leitidee erzählt Herodot die »Logoi« der verschiedenen Nationen jeweils an der Stelle, an der sie dem expansiven Perserreich zum Opfer fallen, und gewinnt dadurch zeitliche und räumliche Distanz, ehe er in den letzten drei Büchern seines neun Bücher umfassenden Werkes den Höhepunkt der geschichtlichen Entwicklung darstellte, den Kampf Persiens gegen Griechenland und die berühmten Schlachten bei → *Marathon*, den Thermopylen, Salamis und Plataiai.
Novellen, Reden, Dialoge, Anekdoten und die Exkurse, die gegen Werkende immer spärlicher werden, lockern die Hauptlinie auf, charakterisieren die Menschen und ihre Handlungsweise, suchen Geschichte und ihre Abfolge zu durchschauen. Bei allen Ansätzen zu empirisch-rationaler Betrachtungsweise, bei allem Bemühen um Objektivität und Suchen nach dem Wahrheitsgehalt seiner Quellen, die er durch eigenes Sehen (ópsis), forschende Befragung (historíe) und eigene Meinung (gnóme) kritischer mustert als seine Vorgänger, bleibt für Herodot ein geheimnisvoller Rest uneinsehbarer kausaler Zusammenhänge, der nur noch den Göttern einsichtig ist. Sie bremsen die menschliche Aktivität durch Vorzeichen, Träume, → *Orakel*, Seher und Warner, greifen handelnd in menschliches Planen ein, stutzen alles über das rechte Maß hinausgehende übermütige Tun verblendeter Herrscher.
Man mag Herodots teilweise metaphysische Begründung, seine oft einseitige Materialbeschaffung, seine großzügige und nicht immer genügend kritische Behandlung der Quellen und der Tradition und seine epische Breite im modernen Sinn für ahistorisch halten. Daß er als erster auf den Gedanken kam, das Andenken geschichtlicher Vorgänge und große Kulturwerke durch erzählende und deutende Darstellung vor der Vergessenheit zu bewahren, die Qualität der Tradition zu prüfen und zu berücksichtigen, nicht unter dem Aspekt der Kritik, sondern der

Weitergabe, daß er ein selbsterlebtes Ereignis der griechischen Zeitgeschichte einer Leitidee unterordnete und den Versuch unternahm, die Zusammenhänge zu erforschen, daß er Form und Inhalt dessen festlegte, was zukünftig als »Geschichte« verstanden wurde, sichert ihm bleibenden Ruhm. Es gibt wohl kein größeres Kompliment für die »Vorarbeit« des Historikers Herodot, als daß schon in der nächsten Generation → *Thukydides* für immer die Kriterien entwickelt hat, die an eine historische Darstellung anzulegen sind. (M. F.)

Heroen

In Franz Grillparzers Argonautentragödie »Das goldene Vlies« heißt es: »Ein Held ist, wer das Leben Großem opfert – wer's für ein Nichts vergeudet, ist ein Tor!« Diesem hohem Anspruch werden die Helden des griechischen Sagenkreises ebenso selten gerecht wie die Helden der Germanen, der Kelten, der Araber oder der Chinesen. Edelmut, menschliche Größe, Tugenden sind allesamt so sehr ihre Sache nicht – die Sage schrieb ihnen vor allem all das zu, was den »normalen« Sterblichen offenbar seit eh und je am meisten Bewunderung abringt: ungeheuerliche Kraft, tollkühner Mut, gelegentlich auch Schlauheit und List und vor allem eine gehörige Portion Skrupellosigkeit. Diese Eigenschaften setzten sie in den Stand, mit Blut, Gewalt und Niedertracht ihr jeweiliges Ziel zu erreichen. Bei alledem nimmt aber für die griechischen Helden ein, daß sie sehr menschliche Helden sind. Die Griechen »heroisieren«, idealisieren ihre Helden insofern nicht, als ihre unschönen Eigenschaften – Neid, Bosheit und Hinterlist etwa – keineswegs vertuscht oder verschleiert werden.
Immerhin gibt es unter den griechischen Helden doch einige, die gleichsam den »Drang nach Höherem« verkörpern, die bestimmte Ideale anstreben, die die Grenzen der Menschheit zu überschreiten trachten.
Heldenmut für Ideale. Göttlicher Abstammung ist der erste Rebell gegen die Götter: *Prometheus,* Widersacher gegen den Allmachtsanspruch des Zeus, (→ *Götter*), der mit den Waffen des Geistes, mit List und Witz kämpft. Der Sage nach war er es, der das Menschengeschlecht aus einem Lehmkloß erschuf; er lehrte sie Häuser zu bauen, dem Boden seine Schätze zu entringen, die Schiffsbaukunst und die Kunst des Zählens. Die letzte, die entscheidende Gabe aber versagte dem neuerschaffenen Menschengeschlecht der allgewaltige Göttervater Zeus, aus

Zorn darüber, daß der allzu kluge Prometheus ihn bei der Opferung eines Stiers hatte betrügen wollen: das Feuer. Nun wurde Prometheus auch noch zum Dieb: Als Helios in seinem Sonnenwagen vorbeiraste, entzündete er an der Glut den Stengel eines Riesenfenchels und brachte mit dem brennenden Zweig das Feuer zur Erde nieder. Der überlistete Göttervater sandte *Pandora* mit einem »Geschenk« des Göttervaters zur Erde – mit der berühmt-berüchtigten »Büchse der Pandora«, der sogleich eine ganze Schar von Übeln, von Krankheiten, Sorgen und Krieg entwich und sich um den ganzen Erdball verbreitete; die Hoffnung blieb als einziges in dem Gefäß zurück. Den Rebellen Prometheus aber schmiedeten Gott Hephaistos und seine Gesellen an eine steile Felswand des Kaukasus, hier hing er, hilflos und schlaflos über Jahrhunderte hin und aufs entsetzlichste gefoltert von einem Adler, der jeden Tag kam, um ihm seine immer wieder nachwachsende Leber aufzufressen. Lange Zeit später erst gelang es dem Helden *Herakles*, den Adler mit einem Pfeilschuß zu töten, und der Kentaur Cheiron erlöste den Prometheus endgültig: Zeus hatte bestimmt, daß die Qual des Prometheus erst dann enden sollte, wenn ein Sterblicher freiwillig seine Leben für ihn hingab; Cheiron, den eine unheilbare Wunde peinigte, opferte sich für den göttlichen Rebellen.

Zu denen, die Grenzen überschreiten, Fesseln sprengen möchten, gehören *Daedalŭs* (Daidalos) und *Ikaros*. In der Sage, die von diesen beiden handelt, ist die uralte Sehnsucht des Menschen, fliegen zu können, zugleich aber auch das außerordentliche Wagnis, die Abenteuerlichkeit, vor allem aber auch die Warnung vor frevelhaftem Übermut so sinnfällig und gültig ausgedrückt, daß Daidalos und vor allem Ikaros zu ewig gültig Symbolfiguren geworden sind. Daidalos war ein hochbegabter Bildhauer und Architekt, doch wie viele Künstler auch anmaßend und eitel und von grimmigen Neid gegen erfolgreiche Konkurrenten erfüllt. Dieser Neid machte ihn zum Verbrecher: Er tötete in rasender Eifersucht seinen Neffen *Thalos*, der vor allem als Erfinder der Töpferscheibe, der Säge, des Zirkels berühmt wurde. Daidalos stürzte seinen Neffen eigenhändig vom Burgfelsen der → *Akropolis* hinab, wurde ertappt und vor dem Areopag des Mordes angeklagt, vermochte aber aus → *Athen* auf die Insel → *Kreta* zu fliehen. Hier fand er Brot und Beschäftigung bei König Minos, für den er das berühmte Labyrinth baute, das den Minotauros barg, jenes blutdürstige, menschenverschlingende Doppelwesen aus Mensch und Stier. Daidalos fiel in Ungnade beim König, denn er riet später der Königstochter Ariadne, dem athenischen Königssohn Theseus einen langen Faden mit ins Labyrinth zu geben; Theseus konnte Minotaurus töten und mit Hilfe dieses berühmten »Ariadne-Fadens« den Rückweg aus dem Labyrinth finden. Zur Strafe mauerte Minos den Daidalos und seinen Sohn Ikaros ins Labyrinth ein. Doch Daidalos sann auf Flucht – sie gelang ihm dank seiner Erfindergabe: Er fertigte für seinen Sohn und sich Flügel aus Vogelfedern, die er mit Wachs verband – mit ihrer Hilfe schwangen sie sich in die Lüfte. Der junge Ikaros aber vergaß die Warnungen des Vaters über den Herrlichkeiten des schwerelosen Fluges: Allzu sehr nähere er sich der Sonne, so daß das Wachs zerschmolz, die Flügel zerfielen und der Jüngling ins Meer stürzte. (Die Insel Ikaria, an der der Leichnam an Land trieb, trägt seitdem seinen Namen. Daidalos fand Asyl in Sizilien, wo er noch viele kunstvolle Werke vollendete.)

Zum Kreis jener griechischen Helden und Heldinnen, die ihr Handeln nach Idealen ausrichten, gehört schließlich als eine der wichtigsten Gestalten *Antigone*. Ihre Geschichte ist verflochten mit dem Sagenkreis um die »Sieben gegen Theben«. Polyneikes und Eteokles waren Söhne des Königs Ödipus, sie hatten zwei Schwestern mit Namen Antigone und Ismene. Als Ödipus, aus Gram über die Erfüllung einer schrecklichen Prophezeiung, sich selber geblendet und das Land verlassen hatte, kommt es zwischen den beiden Brüdern zum Machtkampf um die Herrschaft über → *Theben*. Eteokles obsiegt, Polyneikes organisiert von der Fremde aus einen Feldzug von sieben mächtigen griechischen Fürsten gegen seinen Bruder in Theben. Bei dem entsetzlichen Kampf um die Stadt gehen sie alle unter, die sieben Fürsten werden im Kampf getötet, Polyneikes und Eteokles endlich töten einander in Zweikampf. Kreon, der Bruder des Ödipus, übernimmt in Theben die Herrschaft, er ist ein tyrannischer, doktrinärer Herrscher. Polyneikes gilt ihm als ein Landesverräter, dessen Leichnam zu begraben er verbietet. Doch Antigone widersetzt sich dem starren Gebot des Königs. Ihr gilt das Gebot der Götter, die Toten zu ehren und zu achten, höher als das Gebot des menschlichen Diktators, und von höherem Wert als der Gehorsam ist ihr die Liebe zu ihrem toten Bruder. Mit vollem Willen und Wissen um ihr Schicksal übertritt sie das Verbot und bestattet eigenhändig den Leichnam des Polyneikes. Ihr starrsinniger und unbarmherziger Onkel verurteilt sie daraufhin zum Tode – sie erhängt sich in dem Gewölbe, in das eingemauert sie verhungern sollte; der Bräutigam Haimon, Kreons Sohn, stößt sich neben ihrer Leiche das Schwert in die Brust.

Familientragödien. Die vielfältigen Motive der griechischen Sagenwelt sind eng miteinander verflochten. Dennoch gibt es einige Schwerpunktthemen – etwa das Motiv der göttlichen Prophezeiung eines unabwendbaren Schicksals, dem Menschen nicht widerstehen können. Als eine der berühmtesten gehört zu diesem Themenkreis die furchtbare Geschichte um *Ödipus,* den König von Theben. Wie oft in der antiken Sage kündigt die düstere Prophezeiung eine schreckliche Strafe der Götter für vorangegangene Verfehlungen an: Laios, des Ödipus' Vater, hatte dereinst die Gastfreundschaft des Königs Pelops auf der Peloponnes schlecht belohnt, indem er den Sohn des Pelops, Chrysippos, zu entführen versucht hatte. Zeus drohte, Laios werde durch die Hand des eigenen Sohnes umkommen. Als Laios' Gattin Iokaste einen Sohn gebar, ließen die Eltern ihn mit durchstochenen Fersen aussetzen, in der Hoffnung, er werde zu Grunde gehen. Aber das Kind wurde gerettet, wuchs in der Fremde zum Jüngling auf und tötete bei der Heimkehr unwillentlich – versehentlich – den eigenen Vater. Auch dieses Motiv des »Kindes als Unheilbringer« ist in der antiken Sage oft anzutreffen. Der Jüngling Ödipus befreit mit Geist und List seine Vaterstadt Theben von einem grausamen Ungeheuer, der Sphinx. Zum Dank erhält er die Hand der verwitweten Iokaste – ahnungslos gehen Mutter und Sohn einen Ehebund ein. Ihm entstammen vier Kinder: die Zwillinge Eteokles und Polyneikes und die Töchter Antigone und Ismene. Nach vielen Jahren erst kommt das schreckliche Geheimnis an den Tag, der blinde Seher Teiresias erkennt in Ödipus den lange gesuchten Königsmörder, und es wird offenbar, daß er mit seiner eigenen Mutter in Blutschande lebt. Trotz aller Vorkehrungen also hatte sich das grauenhafte Orakel erfüllt. Der Untergang der Familie ist besiegelt: Iokaste erhängt sich an ihrem Schleier, Ödipus blendet sich, mit spitzen Nadeln bohrt er sich die Augen aus den Höhlen. Sein Bruder Kreon treibt ihn aus dem Palast, seine Tochter Antigone führt den Blinden auf jahrelanger Wanderung durch ganz Griechenland, bis er endlich entsühnt das Tor zu Unterwelt durchschreitet. Die Götter Griechenlands lieben es, vernichtende Rache zu üben, und kein Anlaß ist ihnen dafür nichtig genug. Auch hier scheint es, als wenn Menschen und Götter, griechischer Weisheit zufolge, in jeder Beziehung Ebenbilder sind.

Eine zweite Familientragödie, nicht weniger berühmt, das »unwiderstehlich Schicksalhafte« manifestierend, sei hier umrissen.

Es ist die Geschichte vom Untergang des *Tantaliden-Geschlechts,* eine Geschichte voller Blut, Gewalt und Grausamkeiten. Der Urvater Tantalos war auch der Urfrevler: Die Götter hatten ihn zu ihrem Freund erhoben, doch dieses Glück machte ihn übermütig und eitel. Mit einer grausigen Tat wollte er sie übertölpeln und ihre Unwissenheit beweisen: Er schlachtete seinen eigenen Sohn Pelops und brachte ihn als Speise auf den Tisch der Götter, doch diese entdeckten die frevelhafte Tat, erweckten das Kind wieder zum Leben und erdachten jene Strafe für den Tantalos, durch die er zu einem der berühmtesten Dulder der antiken Sagenwelt wurde: Mitten im Wasser stehend, vermochte er niemals zu trinken, nach Nahrung trachtend griff seine Hand immer ins Leere, ein Felsbrocken drohte ihn in jedem Augenblick zu zerschmettern.

Doch die griechischen Götter pflegten sich nicht damit zu begnügen, Rache nur am Schuldigen zu üben – mit Vorliebe dehnten sie diese aus bis ins letzte Glied des Geschlechts. Zwischen den Söhnen des Pelops, Atreus und Thyestes, bricht blutige Zwietracht aus, einer Untreue des Bruders wegen schlachtet Atreus – handelnd wie sein Großvater – die kleinen Söhne des Thyestes und setzt sie dem Bruder zum Mahle vor, Thyestes Sohn Aigisthos mordet aus Rache den Atreus, dessen ältester Sohn wieder, Agamemnon, bringt den Thyestes um. Als Agamemnon aus dem Krieg gegen → *Troja* heimkehrt, geht der Rachefeldzug weiter: Aigisthos wird zum Liebhaber der Klytaimnestra, der Frau des Agamemnon, beide töten den Heimgekehrten im Bade.

Der Todesreigen setzt sich fort mit den Kindern des Agamemnon: Elektra und Orestes sind die Vollstrecker. Orestes tötet mit Elektras Hilfe die Königsmörder. Obwohl diese Rache des Orestes von den Göttern befohlen war, ließen sie ihn durch die Erinnyen, die schrecklichen und unerbittlichen Rachegöttinnen, verfolgen: nach langer Zeit erst wird Orest vom Fluch erlöst.

Krieg und Abenteuer. Vielfältig sind die Geschicke der griechischen Heldenschar mit einander verbunden, oft gebündelt zu großen Sagenzyklen. Sie bilden ein buntes Gemisch von Krieg, Blut, Gewalt und Abenteuer. Zu den berühmtesten gehören die Geschichte vom Zug der *Argonauten* und ihrem Kampf um das *Goldene Vlies,* die Geschichte vom *trojanischen Krieg* und der Bericht über die Irrfahrt des *Odysseus,* endlich auch die Geschichten um *Aeneas.*

Als *Argonauten* bezeichnete man die Schar jener griechischen Helden, die gemeinsam auf dem Schiff »Argo« nach Kolchos aufbrechen, um das Goldene Vlies zurückzubringen. Ihr Anführer ist Iason, Königssohn von Jolkos. Sein Onkel Pelias, der einem göttlichem Orakel zufolge von Iason Gefahr für Leben und Macht fürchten mußte, schickte den ungeliebten Neffen auf einen Weg voller Gefahren und Abenteuer: Er befahl ihm, das berühmte Goldene Vlies nach Jolkos zu holen. Den jungen, kühnen Iason reizte die ungeheure Aufgabe, so brach er denn mit vielen Gefährten auf dem Schiff Argo zur gefahrenreichen Fahrt auf. Viele und unerhörte Abenteuer erlebten die Männer auf ihrer langen Reise: Sie treffen auf der Insel Lemnos mit den Amazonen zusammen, die sie mit ihren Reizen an die Insel fesseln und an der Weiterfahrt hindern wollen, bekämpfen im Land der Dolionen gefährliche Riesen, befreien den hungernden, blinden König Phineus von den gräßlichen Harpyien und gelangen endlich ans Ziel, zum Palast des Königs Aietes auf der Insel Kolchos. Medea, die Tochter des Aietes, verliebt sich in Iason und steht ihm hilfreich zur Seite. Aietes bewillkommnet die Fremden, ist aber nicht gesonnen, ihnen das Goldene Vlies freiwillig zu überlassen. Es handelt sich dabei um das Fell eines goldenen Widders, auf dem einst der Königssohn Phrixos und seine Schwester Helle, Kinder des Königs Athamas von Theben, über das Meer nach Kolchos geflohen waren, weil in der Heimat eine Stiefmutter ihnen nach dem Leben trachtete. Helle war über dem Meer abgestürzt, das von da an ihr zu Ehren Hellespont genannt wurde. Aietes hatte den Phrixos aufgenommen und mit seiner Tochter Chalkiope verheiratet, den goldenen Widder geopfert und sein goldenes Fell von einem furchtbaren Drachen bewachen lassen. Aietes trug dem Iason eine gefährliche Aufgabe auf, in der Hoffnung, ihn dadurch unschädlich zu machen: Mit zwei ehernen Stieren, die Flammen spien, sollte er ein steiniges Feld durchpflügen, in die Furchen die Zähne eines Drachen säen und alle Männer töten, die aus dieser schrecklichen Saat emporwuchsen. Die zaubermächtige Medea überlistet für den geliebten Iason den Drachen, raubt das Goldene Vlies und flieht mit den Argonauten. Auch auf der Heimfahrt haben die Helden viele Abenteuer zu bestehen, doch gelangen sie endlich nach Hause. Iason heiratet aus Dankbarkeit Medea, verliebt sich aber nach einiger Zeit in die junge, schöne Königstochter Glauke; Medea verstößt er. Die verschmähte Medea übt ungeheuerliche Rache: Sie mordet ihre eigenen beiden Kinder, verbrennt die junge Glauke mit einem verzauberten Nesselgewand und treibt Iason in den Tod.

Um den blutigen *trojanischen Krieg* rankt sich eine Fülle von Geschichten: ein Epos für sich, → *Homer* schrieb es in der → *»Ilias«* nieder. Ausgelöst wird das Geschehen dadurch, daß der trojanische Königssohn Paris die schöne Helena entführt, die Gemahlin des spartanischen Königs Menelaos. Menelaos forderte die mächtigsten Fürsten Griechenlands auf, ihn bei einem Rachefeldzug gegen Troja zu unterstützen und brachte ein gewaltiges Heer zusammen, das von den berühmtesten griechischen Helden befehligt wurde: Agamemnon, Odysseus, Achilleus, Ajax und andere. Zehn Jahre dauerte der entsetzliche Kampf um Troja – zehn Jahre voller Auseinandersetzungen auf dem Schlachtfeld, voller Heldenmut und Heimtücke, voller Grausamkeit und Edelmut, zehn Jahre des Kampfes unter entsetzlichen Opfern; ganze Herrscharen verloren ihr Leben, berühmte Anführer, Unschuldige wurden hingemetzelt, Mädchen geschändet und entführt, es wurde geraubt und gebrandschatzt. Die Götter, die in diesem Kampf skrupellos Partei für ihre Schützlinge ergreifen, scheinen vor allem geleitet durch Mißgunst und Neid, Rachsucht und Heimtücke und durch unverhüllte Eifersucht aufeinander. Die bedenkenlose Lüsternheit des weichlichen Schönlings Paris und die Treulosigkeit einer leichtsinnigen Frau entfachen einen gewaltigen Völkerstreit, der in einer Katastrophe endet. Viele Helden verlieren ihr Leben – darunter Hektor, Achilleus, Ajax; den schuldvollen Paris trifft eine schreckliche Strafe, ein vergifteter Pfeil des Philoktet verschafft ihm qualvolles Siechtum; seine verstoßene Gattin Oinone, die allein ihn retten könnte, weigert sich in ihrer Verbitterung und überläßt ihn einem grausamen Tod. Die Entscheidung führte schließlich eine List des griechischen Feldherrn Odysseus herbei. Ein riesengroßes Pferd aus Holz, in dessen Innern er Elitetruppen verbirgt, wird gebaut und vor den Mauern Trojas aufgestellt. Trotz der düsteren Warnungen der Seherin Kassandra, einer Schwester des Paris, holen die Trojaner das trojanische Pferd in die Stadt. In der Nacht verlassen die Griechen den Hohlraum innerhalb des hölzernen Tieres, auf diese Weise gelangt das griechische Heer in die Stadt und besiegelt damit deren Ende: Tausende werden erbarmungslos hingeschlachtet, Troja in einem gewaltigen Flammensturm ausgelöscht.

Unmittelbar an den Sagenkreis um den trojanischen Krieg schließen sich zwei andere an: Die Irrfahrten des *Odysseus* und die Sage um *Aeneas.* Die Irrfahrten des Odysseus beschreibt Homer in seinem zweiten großen Epos, der → »*Odyssee*«. Odysseus' Heimreise nach Ithaka sollte zehn Jahre dauern und zu einer Irrfahrt sondergleichen, voller gefährlicher Abenteuer, werden. Bunter, vielgestaltiger, phantastischer, spannungsreicher geht es kaum anderswo in der griechischen Sagenwelt zu. Die lange, an Abenteuern und Entbehrungen reiche Reise verdankt Odysseus wieder einmal dem Zorn der Götter. Zeus, der Troja beschützt hatte, wollte den Eroberern der Stadt nicht wohl und ließ in Stürmen und Gewittern viele griechische Schiffe untergehen. Auch Odysseus wird durch widrige Winde in unbekannte Gegenden verschlagen, er muß auf der Insel der gefährlichen einäugigen Kyklopen den menschenfressenden Riesen Polyphem besiegen, nicht weniger gefährlich ist der opferreiche Kampf mit den riesigen Lästrygonen, die mit gewaltigen Felsblöcken alle Schiffe des Odysseus bis auf ein einziges zerschmettern. Auf der Insel Aia muß Odysseus mit Hilfe des Gottes Hermes seine Männer aus der Gewalt der Zauberin Kirke befreien, die sie in grunzende Schweine verwandelt hat. Odysseus findet Eingang in die Unterwelt und Rat und Warnung durch den verstorbenen Seher Teiresias, die weitere Fahrt bringt eine Begegnung mit den verführerischen Sirenen, die mit wunderschönem Gesang die Vorüberfahrenden in ihre tödliche Falle locken wollen, das Schiff muß zwischen dem gewaltigen, sechsköpfigen Ungeheuer Skylla und dem tödlichen Meeresstrudel Charybdis hindurch; Kalypso, eine schöne Nymphe und Herrscherin einer Insel, verliebt sich in Odysseus und behält ihn sieben Jahre in ihrem Bann; endlich, zwanzig Jahre nach seiner Abfahrt, kann er in die Heimat zurückkehren. Seine Frau, die schöne Penelope, hat ihm die Treue bewahrt, obwohl sie von vielen Freiern bedrängt wird, die sich an Odysseus' Speisekammern und Weinkellern gütlich tun, mit Unterstützung seines inzwischen erwachsenen Sohnes Telemachos streckt er sie mit Pfeil und Bogen erbarmungslos nieder und gibt sich endlich seiner getreuen Gemahlin zu erkennen.

Auch der jüngste große Sagenkreis der Griechen entwickelt sich aus der Geschichte des trojanischen Kriegs. Der römische Dichter Vergil (* 70, † 19 v. Chr.) erzählt in der zum römischen Nationalepos gewordenen »Aeneis« in zwölf Büchern mit 10 000 Versen die Geschichte und Abenteuer des Aeneas, jenes Heerführers der Trojaner im trojanischen Krieg, der zum Vorfahren der ersten Herrscher Roms wurde. Aeneas floh aus dem brennenden Troja, seinen gelähmten Vater Anchises auf dem Rücken, seine Mutter, die Göttin Aphrodite, schützte ihn vor den Flammen und den Pfeilen der Feinde. Ähnlich dem Verlauf der »Odyssee« muß Aeneas nun auf seiner Flucht zahlreiche Abenteuer bestehen, sein Mut gegenüber Ungeheuern und seine Standfestigkeit gegenüber Göttern beweisen. Er wird am Ende eines blutigen Krieges und vieler Auseinandersetzungen von den Göttern in den Olymp emporgehoben.

Heroische Kraftmeier. Eine ganze Reihe von griechischen Helden sind wenig mehr als bloße Kraftmeier und Muskelprotze, die die Legende zu Protagonisten abenteuerlicher, sensationeller und schauerregender

Abenteuer gemacht hat. Der wichtigste und noch heute bekannteste von ihnen ist sicher *Herakles*. Er ist gewissermaßen zum Nationalheros der Hellenen geworden, ein außerordentlich tätiger, mit allen Wassern gewaschener, mit allen Kräften gesegneter Held, der sich mit Mut und Kraft in vielen Abenteuern bewährt und zur tiefen Befriedigung aller seiner Bewunderer am Ende endlich den gerechten Lohn erhält, indem er in den Olymp erhoben wird. Sympathisch macht ihn sicherlich, daß er ein sehr menschlicher Held ist: Tafelfreuden sehr zugetan, den Frauen alles andere als abgeneigt, zugleich milde und unerbittlich, jähzornig und sanft, grobschlächtig und zartfühlend. Die uneheliche Frucht aus den Lenden des Zeus hatte selbstverständlich Hera von Anfang an zur Todfeindin, doch schon in der Wiege beweist der Knabe Löwenkräfte: Die zwei Schlangen, die Hera an seine Wiege sendet, erwürgt er wie spielend. Zwölf Jahre muß Herakles, nach einem Befehl des delphischen → *Orakels*, im Dienste des Eurystheus in → *Mykene* verbringen und dabei seine berühmten »Zwölf Arbeiten« ausführen – die eine haarsträubender und lebensgefährlicher als die andere. Da muß der fürchterliche Nemeische Löwe erwürgt, die neunköpfige Hydra von Lerna erschlagen, die kerynitische Hirschkuh überwältigt, der erymanthische Eber besiegt, müssen die stymphalischen Vögel verjagt, die Ställe des Augias gereinigt, da soll der kretische Stier gefangen werden, sind die Rosse des Diomedes zu bändigen; das Wehrgehenk der Hippolyte hat er zu holen, die Rinder des Geryoneus zu rauben und die goldenen Äpfel der Hesperiden zu stehlen, als Krönung muß Herakles sogar den Höllenhund Kerberos entführen. Mit Mut, vor allem mit Kraft und mit einem Quantum List besteht er dies alles. Nach mancherlei weiteren dramatischen Höhepunkten und Verwicklungen fällt er endlich weiblicher Eifersucht zum Opfer: er hatte Deianeira, die Tochter des Königs Oineus von Kalydon, geheiratet; auf der Heimreise bedrängt der Kentaur Nessos seine junge Gemahlin auf die zudringlichste Weise, Herakles tötet ihn aus Zorn mit einem Pfeil. Nessos bietet vor seinem Tode der arglosen Deianeira sein Blut als angeblichen Liebeszauber an; als Herakles später den Wortbruch des Königs Eurylos rächt und dessen Tochter Iole zur Sklavin macht, tränkt Deianeira aus Eifersucht das Siegeskleid des Herakles mit dem Blut des toten Kentauren, Herakles legt es an und wird sofort von furchtbaren, brennenden Schmerzen überfallen. Sterbend läßt er sich auf einem Scheiterhaufen verbrennen und wird aus den Flammen von den Göttern empor zum Olymp gehoben – ein wahrhaft heroisches Ende.

Ein anderer griechischer »Nationalheld« nach dem Vorbild des Herakles war *Theseus*. Die Reihe seiner Abenteuer und ihre Motive folgten einem ähnlichen Schema wie das, das den Geschichten des Herakles zugrunde liegt. Zu seinen berühmtesten Heldentaten gehört der Sieg über den berühmt-berüchtigten Riesen *Prokrustes* und vor allem die Überwindung des Stiermenschen Minotauros im Labyrinth auf Kreta mit Hilfe der Königstochter Ariadne. Als ein drittes Beispiel für die wichtigen Einzelgestalten der griechischen Heldensage sei hier noch *Perseus* erwähnt, Sohn des Zeus und der Danae, den besonders die Tötung der Medusa und die Befreiung der Andromeda berühmt gemacht haben.
Die griechischen Heldensagen wurden – wie die Legenden um die griechischen Götterhimmel – zum gemeindeutschen Bildungsgut, seit Gustav Schwab (* 1792, † 1850) sie in einer recht faßlichen, packenden Form im 19. Jahrhundert für Jugend und Erwachsene nacherzählt hatte. (G. R.)

Hesiod

Hesiod (grch. Hesiodos) stammte aus dem Dorfe Askra in Boiotien. Sein Vater war ein kleiner Bauer. Hesiod, ein schwerblütiger, versonnener Dichter, hatte einen Bruder namens Perses, der ein Tunichtgut war und ihn um sein väterliches Erbteil dadurch zu betrügen suchte, daß er die Richter im Erbschaftsprozeß bestach (um 700 v. Chr.).
Hesiod sucht in seinem Gedicht »Werke und Tage« seinen Bruder zum rechten Weg zurückzuführen, indem er ihm Mahnungen gibt und mit diesen einen Arbeitskalender für landwirtschaftliche Arbeiten verbindet. Einen berühmten Teil dieses Gedichtes bilden die Schilderung der fünf Weltalter, die sich immermehr verschlechtern bis herab auf Hesiod, der im eisernen Zeitalter leben muß, und die Fabel vom Habicht und der Nachtigall, die von der Macht der Mächtigen über die Kleinen kündet. Hesiod klagt über die Willkür der Herrscher und schildert Not und Arbeit der kleinen Alltagsmenschen, wodurch er sich scharf von → *Homers* Weltbild abhebt.
Ein zweites großes erhaltenes Werk war die Theogonie, das Gedicht von der Entstehung der Götter (theos + gonia), in dem die griechischen Götter nach Stammbaum und Abstammung dargestellt werden. Hesiod beginnt hier bereits mit einer Vorstufe wissenschaftlicher Forschung, wie sie in den → *Vorsokratikern* weiterwirkt: Er sucht die bunte Fülle

der griechischen Götterwelt in System und Ordnung zu bringen und so die Welt dem ordnenden Zugriff des Geistes zugänglich zu machen. Auch die trotzige Erhebung gegen das Adelsregiment bei Hesiod weist weit in die griechische Zukunft. – Ein späteres Volksbuch berichtete lustig über den sagenhafen »Wettstreit zwischen Homer und Hesiod«. (O. S.)

Homer

Dichter und Werk. Am Anfang der griechischen (und damit der europäischen) → *Literatur* stehen die großen epischen Dichtungen (Heldengedichte) → *Ilias* und → *Odyssee*, die nach der Überlieferung der Griechen von einem Mann namens Homer verfaßt wurden. Frühzeitig nahm sich die Legende des Dichters an und überwucherte sein Bild so nachhaltig, daß darüber die authentische Kenntnis verlorenging. Nicht weniger als sieben Städte wetteiferten schon im Altertum um die Ehre, Homers Geburtsort zu sein. Als sein ursprünglicher Name wird Melesigenes genannt; er soll blind gewesen sein und als fahrender Sänger die griechische Welt durchzogen haben, um seine Dichtungen vom Kampf um → *Troja* und von der Heimkehr des Odysseus an den Fürstenhöfen vorzutragen. Trotz einer Vielzahl weiterer Einzelangaben beruhen jedoch die meisten Nachrichten der antiken Biographen lediglich auf phantasievollen Kombinationen. Immerhin deuten verschiedene Anzeichen sprachlicher, sachlicher und historischer Art darauf hin, daß der Dichter der Ilias in der zweiten Hälfte des 8. Jahrhunderts v. Chr. im ionischen Kolonialland an der Westküste → *Kleinasiens* gewirkt hat. Sein Geburtsort könnte Smyrna (heute Izmir) gewesen sein, sein Wohnsitz die Insel Chios, wo noch im 5. Jahrhundert die Sängerschule der Homeriden ihre Herkunft auf den Dichter zurückführte. Diese Sänger, die sich seit dem 7. Jahrhundert als berufsmäßige Rhapsoden ausschließlich der Verbreitung der homerischen Dichtungen widmeten, gehörten freilich dem Handwerkerstand an, während Homer selbst möglicherweise dem ionischen Adel entstammte, an dessen Höfen der Heldengesang eifrig gepflegt wurde. Das Grab des Dichters zeigte man in späterer Zeit auf der kleinen Insel Ios.

Seit der Antike ist die Diskussion nicht verstummt, ob auch die auf Grund zahlreicher Unterschiede in Sprache, Stil und Gesinnung allgemein als jüngeres Werk angesehene Odyssee den Iliasdichter zum

Verfasser habe. Man neigt heute vielfach dazu, dieses Epos einem besonders begabten Schüler Homers zuzuschreiben, wenn es auch gewichtige Stimmen gibt, die in der Ilias ein Werk der Reife und in der Odyssee ein Alterswerk desselben Dichters erkennen wollen. Dagegen wurden andere Epen des troischen Sagenkreises (der sogenannte Epische Kyklos), die zeitweise unter Homers Namen umliefen, ebenso wie die meisten der »Homerischen Hymnen« (Preisgesänge zu Ehren der Götter, die von den Rhapsoden zur Einleitung ihrer Homer-Rezitiationen vorgetragen wurden) schon von den Philologen des Altertums mit Recht anderen, geringeren Dichtern zugewiesen.

Sprache und Stil. Der Vers der homerischen Gedichte ist der daktylische Hexameter (→ *Metrik*), ein uralter, nach festen Regeln gegliederter Langvers, den der Dichter fern jeder Monotonie virtuos handhabt, der jedoch seinerseits die sprachliche Gestalt des Epos entscheidend bestimmt.

Das auffallendste Merkmal dieser Sprache ist ihr Formenreichtum. Die weit überwiegende Zahl der Formen zeigt die Gestalt der ionischen Umgangssprache des 8. Jahrhunderts, doch findet sich daneben auch das äolische Element; ferner scheint sich entsprechend der Herkunft der Heldensage Sprachgut aus → *mykenischer Zeit* erhalten zu haben, und schließlich sind nachträglich noch Elemente des attischen Dialekts in den Text eingedrungen. Man hat dieses Nebeneinander unter anderem als den in Homers Heimat (Smyrna?) gesprochenen Mischdialekt erklären wollen. Demgegenüber scheint jedoch festzustehen, daß die homerische Sprache niemals als Umgangssprache diente, sondern im Anschluß an die lebendige Tradition des Heldengesangs als eine reine Kunstsprache geschaffen wurde. Dieser Tradition gehören auch die zahlreichen Formeln und Formelverse an, die dem epischen Stil neben den Reden und Gleichnissen sein Gepräge geben (vgl. auch → *Ilias*).

Wirkung. Homers Ruhm verbreitete sich rasch über alle griechischen Stämme und befruchtete seit dem frühen 7. Jahrhundert alles literarische und bildnerische Schaffen. Bei den Festversammlungen der Ionier auf der Apollon-Insel → *Delos* wurde die Ilias an mehreren aufeinanderfolgenden Tagen vollständig rezitiert, eine Übung, die im ausgehenden 6. Jahrhundert von den Söhnen des Peisistratos (→ Athen–Geschichte) auf das Fest der Panathenäen übertragen wurde.

Nach einem Wort des Xenophanes (→ *Vorsokratiker*) haben von Anfang an alle von Homer gelernt. Seine Gedichte waren den Griechen, die keine Heilige Schrift kannten, Fibel und Bibel zugleich. An ihnen übten die Kinder das Lesen und Auswendiglernen, entwickelten sie ihre ästhetischen Maßstäbe; in der Begeisterung für die idealen Heldengestalten des Epos formten sich ihre sittlichen Wertvorstellungen ebenso wie ihre religiösen Überzeugungen. So wurde »der Dichter«, wie man ihn einfach nannte, zum Lehrmeister und zur höchsten Autorität eines ganzen Volkes, dessen bedeutendste Denker bis weit in die byzantinische Zeit nicht müde wurden, im Spiegel der homerischen Epen nach dem Bild des Menschen zu forschen. Aischylos bezeichnete seine gewaltigen → *Tragödien* bescheiden als »Schnitten vom großen Mahl des Homer«, wobei freilich die meisten Tragödienstoffe den kyklischen Epen entnommen wurden; → *Herodot*, der »Vater der Geschichtsschreibung«, knüpfte in seiner Themenstellung bewußt an Homer an; den Rhetoren galten die zahlreichen Reden des Epos als unübertreffliche Stilmuster. Ja selbst → *Platon*, der in übersteigertem ethischen Rigorismus die Dichtung aus seinem »Staat« verbannen wollte, nahm in seinen Dialogen fortwährend auf Homer Bezug.

> Treffend charakterisiert im 1. Jahrhundert n. Chr. der Rhetor Herakleitos die Bedeutung Homers für das geistige Leben der Griechen: »Gleich im zartesten Kindesalter gibt man den Unmündigen, die eben zu lernen beginnen, Homer als erste Kost. Fast noch als Wickelkinder benetzen wir mit der Milch seiner Worte unsere Seelen. Er ist bei uns [. . .], wenn wir allmählich reifer werden, im Erwachsenen blüht er erst richtig auf und wird uns bis zum Greisenalter nie überdrüssig. [. . .] Man könnte sagen, daß der Mensch mit Homer erst dann am Ende ist, wenn er stirbt«
> (übers. von E. Pöhlmann).

Fortwirken Homers. Am Beginn der römischen Literatur steht die Odyssee-Übersetzung des Livius Andronicus, der später die Ilias-Übertragung des Cn. Matius folgte. Vergil versuchte in seiner »Aeneis« (→ *Heroen*), die zum Nationalepos der Römer werden sollte, sogar eine Synthese aus Odyssee (Bücher 1–6: Irrfahrt des aus Troja entkommenen Aeneas) und Ilias (Bücher 7–12: Kämpfe nach der Landung in Italien), mit dem Ergebnis, daß sein Werk vom Mittelalter bis zum Barock in höherem Ansehen stand als das Vorbild. Erst die Abkehr vom literarischen Klassizismus infolge der Begeisterung des 18. Jahrhunderts für das »Originalgenie« gab Homer den ihm gebührenden Vorrang und

Einfluß zurück. Gleichzeitig geriet er freilich in einen erbitterten Streit der Philologen.

Die homerische Frage. Während sich die Homerforscher in der Antike vornehmlich damit befaßt hatten, aus den zahlreichen umlaufenden Varianten der beiden Epen durch Streichung bzw. Anerkennung einzelner Verse oder ganzer Partien eine zuverlässige Textausgabe zu erstellen und das Wort des Dichters zu interpretieren und zu kommentieren (Scholien), blieb es der Hyperkritik der Neuzeit vorbehalten, Persönlichkeit und Leistung Homers im ganzen in Zweifel zu ziehen.

Seit Fr. A. Wolf (1795) im Anschluß an ältere Gedanken die These vertreten hatte, es habe niemals einen Dichter Homer gegeben, die Ilias sei vielmehr eine ohne Gesamtplan entstandene Sammlung einzelner Stücke, die von einem Redaktor zur Zeit des Peisistratos (um 550 v. Chr.) zusammengestellt und aufgezeichnet worden sei, ist die »homerische Frage« nicht mehr zur Ruhe gekommen. Ausgangspunkt aller Überlegungen waren die tatsächlichen oder vermeintlichen Widersprüche im Text und im Aufbau beider Epen, ferner die (verfehlte) Annahme, man habe zu Homers Zeiten die Schrift noch nicht gekannt, die Ilias sei also erst in der »Peisistratischen Redaktion« schriftlich fixiert worden.

Gegenüber dem Jagdfieber der Analytiker, die die Epen in zahlreiche Einzellieder (Rhapsodien) auflösen wollten (»Liederjäger«), hatten die Unitarier als Verfechter der Einheit (»Einheitshirten«) lange Zeit einen schweren Stand. Neben der romantischen Vorstellung vom »Volksgeist«, der die Epen von selber gedichtet habe (J. Grimm), lassen sich im wesentlichen zwei analytische Theorien unterscheiden: Die Kernhypothese (Entwicklungstheorie) geht von einem Kleinepos (»Ur-Ilias« bzw. »Ur-Odyssee«) aus, das im Laufe der Zeit durch Zufügungen mannigfacher Art erweitert worden sei. Unsere Epen entsprächen dem Stand dieses Prozesses bei der ersten schriftlichen Aufzeichnung, seien also letztlich Zufallsprodukte. Die Kompilationstheorie stellt dagegen an den Anfang eine Reihe selbständiger Lieder balladenartigen Charakters aus dem Bereich der Troia-Sage, die später von einem Mann, in dem der große Philologe Wilamowitz im Falle der Ilias den Dichter Homer erkennen wollte, unter dem Thema des Zornes des Achilleus zusammengestellt worden seien.

Unendlicher Gelehrtenfleiß wurde darauf verwendet, nach dem Vorbild der → *Archäologie* duch subtile Schichtenanalyse zwischen älteren und jüngeren Sprach- und Kulturschichten zu unterscheiden, wobei man in

der Regel das Ältere mit dem Besseren gleichsetzte. Zwar förderte diese Methode das Verständnis des Textes durch wertvolle Erkenntnisse zur homerischen Kunstsprache, zur epischen Technik und zu den Lebensbedingungen des frühen Griechentums. Insgesamt jedoch führte sich die analytische Forschung selbst in eine Sackgasse, da zunehmend subjektive Urteile an die Stelle rationaler Beweisführung traten.
Die Auswüchse der Analyse bereiteten den Boden für einen neuen Aufstieg des unitarischen Standpunktes. Der Vergleich der homerischen Epik mit außergriechischer Volksdichtung, die vor allem im südslawischen Raum bis weit in unser Jahrhundert hinein lebendig war, hat den Blick geschärft für die enge Verbindung Homers mit der Tradition des mündlichen Heldengesangs (oral poetry), der aus einem reichen Bestand an Formeln, wiederkehrenden Versen, schmückenden Beiwörtern und typischen Szenen sein Lied in freier Improvisation von Mal zu Mal neu schafft. Hier haben vor allem die Iliasstudien Wolfgang Schadewaldts den überzeugenden Nachweis einer strukturellen Komposition und architektonischen Ausgewogenheit der Ilias erbracht, die auf einem engmaschigen Geflecht von Vor- und Rückverweisen und inneren Fernverbindungen aufruht. Eine solche planmäßige Durchgestaltung setzt die schriftliche Abfassung durch einen großen Dichter voraus. Der Urheber dieser organischen Einheit ist nach Schadewaldt »charakterisiert durch Konzeptionen, die auf das Ganze wie auf Einzelnes gehen, und die handgreiflich die Individualität des Dichters und seine Originalität erkennen lassen«. Wer anders als Homer sollte dieser Dichter gewesen sein? (H. H.)

Ilias

Geschichtlicher Hintergrund. Die Ilias trägt ihren Titel nach der kleinasiatischen Handelsstadt Ilion, auch → *Troja* genannt, die wegen ihrer beherrschenden Lage am Eingang der Dardanellen vielumkämpft war und gegen Ende der → *mykenischen Zeit* (um 1200) dem Ansturm einer Kriegerschar ungesicherter Herkunft erlag. Eine Erinnerung an diese Eroberung scheint sich auch während der »dunklen« Jahrhunderte der griechischen Geschichte erhalten zu haben. Im homerischen Epos verweisen neben den Stoffen der Heldensage selbst zahlreiche Elemente der materiellen Kultur (z. B. Waffen, Streitwagen, Kampfweise, Hausgerät, siedlungsgeographische Verhältnisse) auf die heroische Frühzeit

des Griechentums. Am Beginn des Zeitalters der großen → *Kolonisation* hat dann der Dichter der Ilias diese Traditionen mit der geschichtlichen Situation seiner Epoche, des 8. Jahrhunderts, verschmolzen, in der sich bereits die heraufziehende Ordnung der → *Polis* ankündigte. In dieser Zeit des Übergangs, in der die Phalanx der Hopliten (→ *Kriegswesen*) an die Stelle der adeligen Einzelkämpfer trat, die → *Schrift* in allgemeinen Gebrauch kam, die ersten Kultbilder und → *Tempel* entstanden und die → *Olympischen Spiele* zu allgemeinem Ansehen gelangten, schenkte Homer dem griechischen Volk in der Ilias sein Nationalepos.
Den Griechen galt der Rachefeldzug, den ihre achaischen Vorfahren unter der Führung des Atreus-Sohns Agamemnon von → *Mykene* gegen die Stadt des Königs Priamos unternahmen, weil dessen Sohn Paris die schöne Helena, die Gattin des Menelaos (Agamemnons Bruder) aus → *Sparta* entführt hatte, als das bedeutendste Ereignis ihrer frühen Geschichte. Allen späteren Zweifeln setzte der unerschütterliche Homer-Glaube des genialen Amateurarchäologen Heinrich → *Schliemann* ein Ende, der im Hügel von Hissarlik das »heilige Ilion« erkannte und freilegte (1870). Die seitherigen Ergebnisse der Bodenforschung haben den geschichtlichten Kern der Troja-Sage bekräftigt und unsere Kenntnis der homerischen Welt vertieft.
Konzeption des Werkes. Anders als die Verfasser der kyklischen Epen, die den troischen Sagenkreis vom Urteil des Paris bis zur Zerstörung Trojas und den Schicksalen der heimkehrenden Helden in eine »zyklisch«-chronologische Ordnung zu bringen suchten, stellte der Dichter der Ilias sein Werk unter das Leitmotiv des Zornes des Achilleus. Aus diesem zentralen Gedanken heraus entfaltet sich in nahezu 16 000 Versen ein großartiges Geschehen, das nicht nur die Kämpfer vor Troja erfaßt, sondern auch die Götter in seinen Bann zieht.
Als sich Achilleus, der gewaltigste Kriegsheld im Lager der Achaier, die seit neun Jahren Troja bestürmen, nach einer Kränkung durch den Heerkönig Agamemnon vom Kampf zurückzieht, erreicht seine Mutter, die Meergöttin Thetis, von Zeus das Versprechen, daß die Trojaner solange die Oberhand behalten, bis die Ehre ihres Sohnes wiederhergestellt sei. Ein letzter Versuch, den Krieg durch einen Zweikampf der Rivalen Menelaos und Paris beizulegen, scheitert infolge des Pfeilschusses, durch den der Trojaner Pandaros den Waffenstillstand bricht. Durch diese neue Schuld wird der Untergang der Stadt unausweichlich. Das Gefühl der kommenden Katastrophe erfüllt seither die Herzen der Verteidiger, wenn sie sich auch dagegen aufbäumen. Ja sie können es

nach dem Ausscheiden des Achilleus wagen, zum Gegenangriff vorzugehen. In schwerer Bedrängnis schicken die Achaier eine Gesandtschaft zu Achilleus, um ihn zur Rückkehr aufs Schlachtfeld zu bewegen. Aber der Held ist zu sehr verbittert, als daß er nachgeben könnte. So wirkt der »verderbliche Zorn« weiter. Erst als die Trojaner in das Schiffslager eindringen und der »männermordende« Hektor Feuer an die Schiffe legen will, lenkt Achilleus ein und überläßt seinem Freund Patroklos die eigene Rüstung, damit er an seiner Stelle die Gegner zurückschlage. Nun aber erfährt Achilleus im Tod des Freundes, der von Hektors Hand fällt, »den tragischen Rückstoß seines zu weit getriebenen Zürnens« (Schadewaldt). Im Schmerz um Patroklos versöhnt er sich mit Agamemnon. Und obwohl er von seiner Mutter weiß, daß sein Leben schicksalhaft an das Hektors gebunden ist, tötet er diesen im Zweikampf. Ja selbst den Toten verfolgt er weiter. Erst als der greise König Priamos den Weg in das Zelt des Mannes findet, der ihm den Sohn erschlagen hat, und ihn um die Freigabe des Leichnams bittet, löst sich seine Verkrampfung in Tränen des Mitgefühls. »Auf einer neuen Stufe der Welterkenntnis öffnet sich der Jähe, Harte dem Verstehen fremden Leides« (Lesky).

Der homerische Mensch. Die tragische Verstrickung des Menschen in Schuld und Leid ist dem Dichter der Ilias wohlvertraut. Nichts hassen seine Helden mehr als den Tod, der für sie als das Hinabsinken in ein dämmriges Schattendasein nur Schrecken hat. So ist das Epos frei von jeder Verherrlichung des Krieges, dessen dämonische Brutalität vielmehr schonungslos enthüllt wird. Da aber nun einmal der Kampf das Leben bestimmt, sieht sich der Held schon durch seine → *Erziehung* darauf verwiesen, »immer der Beste zu sein, überlegen den andern, und dem Geschlecht der Väter keine Schande zu machen«. Nur so wird er dauerhaften Ruhm gewinnen, der ihm allein einen Ausgleich für den Untergang bieten kann.

Die Götter im Epos. Überragende Leistung rückt die homerischen Helden in die Nähe der → *Götter*, denen sie sich auf mannigfache Weise verbunden fühlen. Umgekehrt bietet die Welt der Olympischen Götter in vielem ein getreues Abbild der feudalen Gesellschaft des Epos. Schon antike Beobachter haben an der menschenähnlichen (anthropomorphen) Zeichnung der Götter bei Homer Anstoß genommen. Dies verkennt eine wesentliche Eigenart der homerischen Frömmigkeit: Bei aller Ähnlichkeit der Götter mit den Menschen ist der Abstand in Wirklichkeit ungeheuer. Die Götter leben in ewiger Jugend und Schönheit und sind frei von Leid; sie besitzen gewaltige Macht und gehen auch in ihren

Leidenschaften weit über das Menschenmaß hinaus. Dem allgemeinen Schicksal, der Moira, sind freilich auch sie unterworfen. Trotz ihrer »menschlichen« Wesenszüge verkörpern die Götter insgesamt die gerechte Ordnung der Welt. Auch in innerseelischen Vorgängen, klugen Eingebungen und überraschenden Ereignissen sieht der homerische Mensch das Walten der Götter.

Mittel dichterischer Gestaltung. Der häufige Wechsel des Schauplatzes, aber auch die kontrastreiche Abfolge der Szenen, die bald in behaglicher »epischer Breite« dahinfließen, bald in atemberaubendem Tempo vorübereilen, sowie die kunstvolle Ausarbeitung der Reden erweisen Homer als einen Dichter von höchster Gestaltungskraft. Man hat errechnet, daß die Ilias nur 51 Tage, also einen winzigen Ausschnitt des zehnjährigen Völkerringens beschreibt. In Wahrheit aber gelingt es dem Dichter durch ein wohlüberlegtes System von Einspiegelungen, Erinnerungen, Ahnungen und Vorankündigungen, das Geschehen in seiner Komplexheit zu erfassen und gegenwärtig zu halten. Der Blick Homers reicht aber darüber hinaus und umspannt vor allem im Gleichnis die ganze Fülle des Daseins. In großartigen Bildern aus der elementaren und belebten Natur, aus der Arbeitswelt des Alltags ebenso wie aus dem Bereich des Musischen und des Festes (»Schild des Achilleus«) ersteht ein universales Gemälde der Wirklichkeit. (H. H.)

Kalender

Der Bauer und Hirte der griechischen Frühzeit kannte keinen Kalender in unserem Sinne. Der Wechsel der Jahreszeiten, erkennbar an der Vegetation, dem Stand der Sonne und der verschiedenen Sternbilder, genügte ihm, um sich in der Zeit zu orientieren. Aber auch er bemerkte eine Gliederung des Zeitablaufs – durch den Wechsel der Mondphasen. Aus historischer Zeit wissen wir, daß ein solcher Monat mit dem Neumond begann. Er war durch den zuerst zunehmenden, dann abnehmenden Mond in zwei Teile gegliedert. Durch genaue Beobachtung erkannte man, daß zwei Monate (= die Zeit zweier Mondumläufe) etwa 59 Tage dauerten, so daß sich ein Monat mit 30 und einer mit 29 Tagen ergaben. Um ein Datum angeben zu können, teilte man den Monat in drei Abschnitte zu je zehn Tagen, die gezählt wurden. Die Durchzählung aller Tage eines Monats war erst seit hellenistischer Zeit üblich.
Die Namen der Monate, von Stadt zu Stadt oft verschieden, waren

abgeleitet von Festen, von Göttern oder nahmen Bezug auf die Entwicklung in der Natur. So hieß der erste Monat des griechischen Jahres in → *Athen* Hekatombaion (Mitte Juli – Mitte August) nach dem großen Opferfest Hekatombaia, der Monat Poseideon (Dezember/Januar) nach Poseidon und der Anthesterion (Februar/März) nach dem Blütenfest Anthesteria.

Das Jahr. Sobald die Griechen dazu übergingen, mit Jahren zu rechnen, stellte sich bald die Differenz zwischen dem Sonnenjahr (etwa 365,25 Tage) und dem griechischen Mondjahr (354 Tage) heraus, die man durch Schaltungen zu beseitigen suchte. So zählte man zunächst in zweijährigem Wechsel einen Monat doppelt, in Athen den Poseideon. Damit kam man auf eine Folge von 354 bzw. 384 Tagen, was ein »Durchschnittsjahr« von 369 Tagen ergab. Diese noch ziemlich große Ungenauigkeit suchten im 7. Jahrhundert v. Chr. die Priester von → *Delphi* durch einen achtjährigen Schaltzyklus nach babylonischem Vorbild zu beseitigen, bei dem es fünf Jahre mit 354 Tagen und drei mit 384 Tagen (das dritte, sechste und achte) gab. Auch bei diesem Schaltzyklus wich das Durchschnittsjahr noch um etwa eineinhalb Tage vom Sonnenjahr ab. Bei dem hohen Stand der griechischen → *Astronomie* und → *Mathematik* wurde der Fehler natürlich bald entdeckt, und einige Gelehrte entwickelten sehr genaue Schaltzyklen, deren Verwendung aber auf die Wissenschaft beschränkt blieb. In den Städten, d. h. im Alltag, versuchte man, die Ungenauigkeit durch die Einschaltung einzelner Tage auszugleichen. Allerdings ging dabei fast jede Stadt anders vor, so daß sich die Anfänge der Monate und Jahre von Stadt zu Stadt verschoben. Aber auch innerhalb einer Stadt war die Angabe eines Datums schwierig: Der offizielle Kalender berücksichtigte die Schalttage, war also ein Sonnenkalender, im Alltag verwendete man aber weiterhin den von den Mondphasen bestimmten Monat und rechnete in seinen Zehntageabschnitten. Deshalb gab man ein Datum meist gleich nach beiden Rechnungen an. Um etwas mehr Klarheit zu schaffen, entwickelte der Astronom Meton das sogenannte Parapegma: Auf einer Scheibe war der Lauf der Sonne durch die zwölf Tierkreiszeichen dargestellt, dem ein Ring von 365 Löchern zugeordnet war, gegliedert nach dem Mondkalender; ein kleiner Stift wurde jeden Tag um ein Loch weitergerückt, und so konnte man Mond- und Sonnenjahr auf einen Blick vergleichen.

Jahreszählung. Um Jahre zählen zu können, braucht man ein festes Bezugsjahr, das es in Griechenland nicht gab, wenn auch manche Geschichtsschreiber ein solches Jahr festlegen wollten, z. B. 480 als Jahr des Sieges von Salamis. Man behalf sich nun dadurch, daß man dem Jahr einen Namen gab. In Athen hieß es nach einem Archonten (seit 683/682 v. Chr.), in Sparta nach den Ephoren (seit 754/753 v Chr.), in Milet nach dem Oberpriester Apollons. Eine andere Möglichkeit war die Zählung der Amtsjahre eines Priesters. Dieses System übernahmen die hellenistischen Könige, die die Jahre ab ihrer Thronbesteigung zählten. Da die Listen der Beamten und Amtszeiten meist sehr genau geführt wurden und uns vielfach erhalten sind, stellen sie ein unentbehrliches Hilfsmittel dar bei der Datierung von Ereignissen der griechischen Geschichte, sobald es gelingt, die Listen untereinander und dann mit unserer Zeitrechnung in Beziehung zu setzen.

Eine gewisse Vereinheitlichung und Übersichtlichkeit in diesem Wirrwarr brachte die seit der hellenistischen Zeit in der Geschichtsschreibung übliche Zählung der Olympiaden, die in jedem fünften Jahr gefeiert wurden. Als Jahreszahl verwendete man die Zahl der Olympiade mit den Kennziffern 1–4. Wenn man eine Olympiadenangabe in eine Jahreszahl nach unserer Zählung umrechen will, muß man von der Olympiadenzahl 1 abziehen, das Ergebnis mit 4 multiplizieren und von 776, dem Jahr der ersten Olympiade, abziehen. Ein Beispiel: Olympiadenjahr 44.1 = 604 v. Chr. Rechnung: 44 – 1 = 43; 43 x 4 = 172; 776 – 172 = 604. Nun kann man leicht weiterrechnen: oe. 44.2 = 603, oe. 44.3 = 602, oe. 44.4 = 601. Eine gewisse Unsicherheit ergibt sich jedoch aus der Tatsache, daß das griechische Jahr am ersten Neumond nach der Sommersonnenwende begann. Das Jahr oe. 44.1 dauerte also korrekt von etwa Mitte Juli 604 bis Mitte Juli 603, und man müßte sagen oe. 44.1 = 604/603. Erst eine Angabe des Datums mit dem Monat erlaubt es, ein Ereignis auf eines der Jahre festzulegen. (G.St.)

Um den Lesern aus möglichst vielen Staaten verständlich zu sein, mußte → *Thukydides* schreiben, die Feindseligkeiten des → *Peloponnesischen Krieges* hätten begonnen »im 15. Jahr nach der Eroberung Euboias, als Chrysis 48 Jahre Priesterin in Argos, Ainesios Ephor in Sparta und das Amtsjahr des Archonten Pythodoros in Athen bis auf vier Monate abgelaufen war, im sechsten Jahr nach der Schlacht bei Potidaia, zu Anfang des Frühlings«. (»Die Geschichte des Peloponnesischen Krieges«, übers. von Theodor Braun). Dies entspricht nach unserer Zählung und Rechnung dem März des Jahres 431.

Kelten

Schon früh erhielt man in Griechenland aus Massalia (= Marseille; → *Kolonisation*) Informationen über ein Volk, das den ganzen Westen und Norden Europas bis zu den Skythen im Osten bewohne und das man Kelten oder Galater nannte. Die Massalioten unterhielten enge Handelsbeziehungen → *Handel und Wirtschaft* zum keltischen Hinterland und waren zugleich Zivilisationsträger, wie in Glanon bei St-Rémy-de-Provence, wo griechische Händler sich neben ansässigen Kelten niederließen und diese mit griechischer Stadtkultur vertraut machten. Für keltische Inschriften wurden griechische Buchstaben verwendet, massaliotische Münzprägungen wurden nachgeahmt, vielleicht beeinflußte auch die Lehre des → *Pythagoras* die Philosophie der Priesterkaste der Druiden. Die erste Begegnung im Mutterland mit den »Barbaren« erfolgte 368 v. Chr., als die Lakedaimonier gegen → *Theben* keltische Söldner einsetzten. Im 4. Jahrhundert v. Chr. drangen die Kelten in die Balkanhalbinsel vor und hielten die Gegner → *Makedoniens* in Schach; → *Alexander der Große* behandelte jedenfalls eine keltische Gesandtschaft sehr freundlich. Als aber Makedonien durch innere Kämpfe (→ *Diadochenreiche)* gelähmt war, fielen keltische Verbände ein, um die Schätze des delphischen Heiligtums (→ *Delphi)* zu plündern – mit dem Ergebnis, daß griechische Stämme sich zusammenschlossen und die Invasoren verjagten. Illyrien und Thrakien blieben in keltischer Hand. Ein gut organisiertes keltisches Königreich an der unteren Donau wurde Ausgangspunkt für Angriffe auf die benachbarten Skythen und die griechischen Städte am Marmarameer. Zum Sprung nach → *Kleinasien* wurden keltische = galatische Stämme geradezu eingeladen, als 278 v. Chr. König Nikomedes von Bithynien Hilfstruppen anwarb. Diese terrorisierten das Land und ließen sich als Tribut die »Galatike« zahlen. Man suchte sich ihrer zu entledigen, indem man sie ansiedelte. »Galatien« spielte aber weiterhin in den Machtkämpfen mit. 244 v.Chr. von → *Pergamon* besiegt – man vergleiche die Darstellungen auf dem Pergamonaltar –, konnte es dennoch eine gewisse Autonomie retten, bis es 25 als Provinz den Römern zufiel. (J. G.)

Kleidung

Vasenbilder, Statuen und Statuetten, Mosaikbilder und Reliefdarstellungen sind neben selteneren schriftlichen Quellen unsere Hauptbelege für die Kleidung der Griechen. Dem südlichen Klima und der Auffassung von Schönheit angepaßt, war die griechische Tracht ohne modischen Zierat, schlicht und einfach, weitausladend und bequem, nie eng am Körper anliegend.

Sehr früh schon hatte man zwei Kleidungsarten unterschieden, die »Endymata«, die angezogen wurden wie ein Hemd, und die »Epiblemata«, die rechteckigen Überwürfe, die entweder über die Endymata übergezogen wurden oder über den nackten Körper.

Beide Gewandarten bestanden ursprünglich meist aus Wolle; verfertigt waren sie von den Frauen des Haushaltes. Die Männer trugen die »Chlaina«, einen rechteckigen Überwurf, ebenso aus Wolle gewebt wie der »Peplos« der Frauen, ein Rechtecktuch, das zu etwa einem Drittel nach außen umgeschlagen und dann so umgelegt wurde, daß der Überschlag Brust und Rücken bedeckte. Die geschlossene Seite wurde in der Regel links getragen, während die rechte Seite über der Schulter mit Nadeln oder Spangen zusammengehalten wurde, ansonsten aber offen blieb, so daß der nackte Körper zu sehen war.

Als man durch die Berührung mit Ägypten die Leinwand und Baumwolle kennenlernte, änderte sich auch die Mode leicht. Statt der wollenen Umwürfe, trugen Männer und Frauen jetzt den linnenen »Chiton«, der nicht mehr geheftet, sondern genäht und wie ein Hemd übergestreift wurde. Während der weite Chiton am oberen Abschluß die Löcher für Hals und Arme freiließ, ansonsten aber mit Knöpfen versehen war, ist der enger geschnittene Chiton durchgehend bis auf die Löcher für Arme und Hals zugenäht. Der weite Chiton war bei den Frauen meist unter der Brust gegürtet, oftmals mit Goldplättchen verziert und wurde lang, bis zu den Füßen fallend getragen. Die Männer dagegen trugen oftmals den kurzen Chiton, vor allem bei der Arbeit und im Krieg. Ging man aus, warf man über den Chiton die wollene, purpurgefärbte Chlaina. Bis in die Zeit der → *Perserkriege* blieb die Tradition der Kleidungsstücke ungebrochen, modische Neuerungen waren nicht notwendig. Der Chiton blieb weiterhin Untergewand, der kurze Chiton war das normale Alltagsgewand eines Griechen, der Billigkeit wegen meist aus Wolle gefertigt. Neben die Chlaina trat als Umhang die »Chlamys« hinzu, ein rechteckiges Tuch, das um den Hals gelegt und entweder auf der rechten

Schulter oder vor dem Hals geheftet wurde. Der herabhängende Zipfel war mit Bleistückchen beschwert, um einen schöneren Faltenwurf zu erzielen. Zunächst bei den nördlichen Stämmen der Makedonen und Thessaler im Gebrauch, wurde die Chlamys rasch das bevorzugte Übergewand bei Jagd, Reiten und im Krieg. Daneben kam das »Himation« auf, ein mantelförmiges Tuch, das über die Knie reichte und beide Hände in der Regel einband, höchstens die rechte Hand hervorsehen ließ. Nach den Perserkriegen trat, vor allem bei den Männern, die Wollkleidung wieder in den Vordergrund. Die Chlaina kam erneut zu Ehren, wurde bei Arbeiten auf der linken Schulter durch eine Spange gehalten, um die rechte Hand zum Arbeiten frei zu haben. In dieser Form wurde das Gewand als »Exomis« bezeichnet.

Die Frauen verzichteten nicht auf das leinene Untergewand des Chiton, der längst den wollenen Peplos verdrängt hatte. Nur die Dorer hielten zäh an der alten Tracht fest, so daß der Peplos geradezu als *die* dorische Kleidung bezeichnet wurde, wie aus einer Stelle bei → *Herodot* hervorgeht (5, 87), an der er den auffallenden Wechsel der athenischen Frauentracht kommentiert. Als nach einer unglücklich verlaufenen Schlacht gegen → *Aigina* nur ein einziger überlebender Athener sich retten konnte, seien die Frauen der gefallenen Soldaten so aufgebracht gewesen, daß »sie den Mann von allen Seiten gepackt und mit den Spangen ihrer Gewänder erstochen hätten. Er sei nun so umgekommen, den Athenern sei die Tat der Frauen aber noch furchtbarer erschienen als das Unglück. Sie hätten offenbar nichts gehabt, womit sie die Frauen hätten bestrafen können, aber ihre Kleidung änderten sie in die ionische um. Vordem pflegten nämlich die Athenerinnen dorische Kleidung (den Peplos) zu tragen, die der korinthischen sehr ähnlich ist. Sie änderten sie also in den linnenen Leibrock (den Chiton), damit sie keine Spangen mehr benutzen konnten.«

Eine individuelle Note brachte bei weitgehend einheitlicher Kleidung nur die Wahl des Schmuckes und die Stoffqualität. Die feinsten Gewebe kamen aus Kos und Milet, Amorgos lieferte so durchsichtige Stoffe, daß die Körperformen durch die Gewänder hindurchschimmerten. Die Farbe war im allgemeinen weiß, nur bei Trauer wurde Schwarz getragen. Mehr als die Männer achteten die Frauen auf Verzierung der Stoffe. Je nach Zeitgeschmack wurden gesternte oder gewürfelte Muster eingewebt, Bordüren aufgenäht oder Stickereien angebracht.

Um die Mitte des 5. Jahrhunderts v. Chr. setzte, vor allem in Athen, eine Rückbesinnung auf die dorische Gewandung des strengen, gehefte-

ten Peplos ein, verbunden mit einer Abkehr von den bislang getragenen feinen und reich gemusterten Stoffen.
Auch die hellenistische Epoche behielt die alten Gewandformen, Peplos, Chiton, Chlaina, Chlamys und Himation bei, variierte aber mehr als die früheren Zeiten die Zusammenstellung und gewann wieder – nicht zuletzt dank vervollkommneter Technik – Geschmack an reichen Verzierungen mit Tier- und Menschenmustern und üppigen Farbkombinationen. (M. F.)

Kleinasien

Das langgestreckte Rechteck der kleinasiatischen Halbinsel zwischen Ägäis und Marmarameer im Westen und dem armenischen Hochland im Osten, umspült vom Schwarzen Meer im Norden und vom östlichen Mittelmeer im Süden war nicht immer das, was es heute ist: ein rauhes, karges, trostloses Notstandsgebiet zwischen Europa und Asien. Als dort am Ende des 3. Jahrhunderts in der ausgehenden Jungsteinzeit die »Geschichte« begann, erstreckte sich in Anatolien fruchtbares, wald- und wildreiches Kulturland mit dünner Bevölkerung und ohne städtische Siedlungen. Letzteres freilich sollte sich schon sehr bald ändern, denn noch vor 2000 dehnten die altorientalischen Reiche von Sumer und Akkad, Assur und Babylon zunächst ihre Kultur-, später auch ihre direkte Machtsphäre bis gegen Zentralanatolien hin aus. Seit 2000 finden wir die Reste mesopotamischer Handelsposten und Städte in vielen charakteristischen Ruinenhügeln zusammen mit Tausenden von Tontafeln mit Geschäftsbriefen in Keilschrift. Gleichzeitig bekommt dieser Raum die Auswirkungen der ersten indoeuropäischen Wanderung zu spüren: Zwischen 2000 und 1800 beginnen Wellen von Einwanderern entweder vom Nordwesten über die Meerengen oder von Nordosten von Kaukasien her kontinuierlich einzusickern. Die Eindringlinge verfügten im Streitwagen über ein schnell bewegliches Kampfmittel und führten moderne Bronzewaffen. Im Zentralanatolischen Hochland ließen sich diese indoeuropäischen Bauern und Viehzüchter in größerer Anzahl nieder und sind uns heute unter dem vorderasiatischen Namen »Hethiter« bekannt.
Nach längeren Auseinandersetzungen zwischen verschiedenen Fürstendynastien entstand im Halysgebiet die Keimzelle des hethitischen Großreiches, dessen Herrscher noch vor der Jahrtausendmitte in den »Frucht-

baren Halbmond« eindrangen und sogar für die kurze Zeit Babylon eroberten.
Um 1400 tritt das anatolische Hethiterreich sogar in die Reihe der Großmächte der Alten Welt ein; zusammen und in ständiger Konkurrenz mit Babylonien, Altassyrien, Mitanni, der zweiten indoeuropäischen Reichsgründung vom Vorderen Orient, und dem Neuen Reich in Ägypten bildet Kleinasien unter den hethitischen Großkönigen für Jahrhunderte einen Teil des klassischen Vierstaatenblockes der altorientalischen Welt. Dabei öffnet sich Kleinasien voll und ganz der überlegenen Stadtkultur Mesopotamiens, ohne daß jedoch die indoeuropäischen Kulturmerkmale im hethitischen Zentralgebiet untergegangen wären. Dies zeigt sich besonders in der Religion, der Gesetzgebung und der Reichsverfassung, die ebenfalls in ihren Grundzügen indoeuropäisch blieb, während man die Keilschrift und die bürokratischen Verwaltungstechniken aus Mesopotamien übernahm.
Besonders interessant gestaltete sich das Verhältnis Kleinasiens unter den Hethitern mit dem Neuen Reich Ägyptens: Auf Jahrzehnte heftigster militärischer Konfrontation, in denen die Hethiter eine ägyptische Schwächeperiode resolut nutzten, folgte über ein Jahrhundert enger Kooperation, besiegelt durch dynastische Heiraten, auf der Basis des Status quo, bis dann um 1200 mit elementarer Wucht die 2. indoeuropäische Wanderung einsetzte, welche die Staatenwelt des Alten Orient radikal umwandelte, das Hethiterreich nach kurzer Gegenwehr hinwegfegte und selbst das starke, schwer angreifbare Ägypten an den Rand des Abgrunds brachte.
Für Kleinasien bedeutete diese 2. → *Wanderungsbewegung* eine tiefe Zäsur, in der die Halbinsel fast in nahezu geschichtsloses Dunkel und chaotischen Wirrwarr versank; in Zentralanatolien entsteht für längere Zeit ein Machtvakuum, das erst nach und nach durch das Phrygerreich (etwa 800–700) und später durch das Reich der Lyder (etwa 650–546) in etwa aufgefüllt wurde – freilich nicht auf Dauer! Längst war nämlich Kleinasien zuerst von Westen und 150 Jahre später auch von Osten her in das Schwerefeld neuer kultureller und politischer Strukturen geraten. Bereits vor 1000 begann – sicherlich als Sekundärwirkung der Dorischen Wanderung – die Besiedlung der → *Kykladen* durch die griechischen Stämme der Aioler, Ioner und Dorer. Wenig später setzten sich dann über die → *Kykladen* als Trittsteine eben diese Stämme von Norden nach Süden in der gleichen Reihenfolge an der kleinasiatischen Küste fest. Das Verschwinden der hethitischen Großmacht hatte hier im

Westen einen Leerraum hinterlassen, den die griechischen Kolonisten mit nachhaltigem Erfolg zu füllen begannen. Sie ließen sich in städtischen, mauerringbewehrten Siedlungen nieder, in denen das anatolische und so indirekt mesopotamische Vorbild sichtbar wird. Hier, am äußersten Westzipfel Asiens, entstand also die Siedlungsform, welche Gesellschaft und Staat der Griechen ein für allemal formen sollte: die → *Polis!* Auch in ihrer neuen kleinasiatischen Heimat blieben die alten griechischen Stämme erhalten; die dazu gehörenden Poleis waren in sakralen Städtebünden, den Amphiktyonien (→ *Delphi*) mit jeweils einem Zentralheiligtum zusammengeschlossen. Als stärkster griechischer Stamm auf asiatischem Boden übernahm die Ioner die Führung; städtischer Schwerpunkt dieses Stammes war Milet.

Freilich gelang es den Griechen erst Jahrhunderte später bei völlig anderen Voraussetzungen, vom Küstenstreifen weg, der ja bald ein geschlossen griechisches Siedlungsgebiet geworden war, in nennenswerter Weise ins Binnenland vorzudringen; dort behaupteten sich die einheimischen Völker eindeutig, traten aber nach und nach in einen intensiven wirtschaftlichen und kulturellen Austausch mit den griechischen Kolonistenstädten. Diese Poleis entwickelten sich mit geradezu atemberaubender Schnelligkeit und gewannen vor dem Mutterland einen materiellen und kulturellen Entwicklungsvorsprung von mehreren Generationen. So kam es, daß im reichen kleinasiatischen Ionien Verbindungen zu aller Welt aufgenommen, die Geldwirtschaft (→ *Geld*) erfunden, in → *Astronomie*, → *Physik* und Naturphilosophie die Frage nach Wesen und Ursprung der Welt gestellt wurde, während das griechische Mutterland eben dabei war, sich aus dem »finsteren« Mittelalter herauszutasten (→ *Pythagoras*, → *Technik*, → *Mathematik*, → *Kolonisation*).

Mitten in diese Blütezeit des kleinasiatischen Kolonialgriechentums fällt der Aufstieg des Perserreiches, das seit der Vernichtung des Lyderreiches 547/546 von Osten her die kleinasiatische Halbinsel »aufrollte« und gegen Ende des 6. Jahrhunderts v. Chr. mit dem kleinasiatischen Griechentum zusammenstieß, um dieses schließlich in zunächst verhältnismäßig liberaler Form in seinen kleinasiatischen Satrapien zu vereinnahmen. Diese persische Expansion stoppte für lange Zeit die griechische Siedlungsbewegung, welche der kleinasiatischen Halbinsel nicht nur im Westen, sondern auch im Norden und Süden – hier freilich mit viel geringerer Dichte – einen Kranz griechischer Städte umgelegt hatte; die langsam von außen nach innen fortschreitende Hellenisierung des Bin-

nenlandes wurde jedoch nur verlangsamt, nicht gänzlich abgebrochen. Nachdem Kleinasien nahezu 200 Jahre Bestandteil des persischen Weltreiches gewesen und diesem die ertragreichsten Provinzen gestellt hatte, wurde es nach 334 dem → *Alexander*reich einverleibt und erlebte eine neue große Welle griechischer, besser gesagt, hellenistischer (→ *Hellenismus*) Stadtgründungen, die diesmal auch größere Teile des Binnenlandes erfaßte und hellenisierte.
Mit dem Zerfall von Alexanders Reichsschöpfung kamen wieder unruhige Zeiten herauf – Kleinasien wurde für Jahrzehnte zum Kampfplatz der Diadochen (→ *Diadochenreiche*). Als sich die Verhältnisse stabilisiert hatten, zeigte die Landkarte ein recht buntes Fleckenmuster: Um 240 v. Chr. teilten sich die Seleukiden und Ptolemaier den West- und Südostteil; darin eingebettet lag das selbständige Reich von → *Pergamon* sowie die Territorien einer ganzen Reihe griechischer Poleis, die sich während der Wirren die Selbständigkeit zurückgeholt hatten. In Zentralanatolien und im Nordostteil waren mit Bithynien, Paphlagonien, Galatien (→ *Kelten*), Kappadokien und Armenien eine ganze Reihe autonomer Fürstentümer und Königreiche mit einer eigenartig wuchernden gräkoasiatischen Mischkultur und -religion entstanden. Der Hellenismus bildete dort nur einen sehr dünnen Firnis, unter dem jedoch in den breiten Volksschichten besonders auf religiösem Gebiet der Orient wieder auf dem Vormarsch war. Neben Ägypten blieb Kleinasien immer ein äußerst fruchtbarer Boden für Religionen, Sekten und Erlöserbewegungen aller Art.
Hierin änderte sich auch nichts, als Rom nach dem Bankrott der Diadochenreiche auf dem Plan erschien und als ersten Stützpunkt aus der Erbmasse des pergamenischen Reiches 133 v. Chr. die Provinz Asia errichtete (→ *Römer und Griechen*). Sie umfaßte zuerst lediglich den am meisten hellenisierten Westrand und überließ den größten Teil der Halbinsel einem System indirekter Beherrschung durch verschiedene Klientelstaaten; dieses System schien Rom lange Zeit am billigsten zu sein. Erst Augustus und seine Nachfolger richteten dann mehrere Provinzen ein, ohne jedoch das Klientelstaatensystem jemals ganz aufzugeben. Für das Imperium Romanum war besonders das griechische Kleinasien eine wahre Goldgrube; besonders begehrt war die Statthalterschaft der Kernprovinz Asia. Doch galten auch Bithynien und Pontus als angenehme Aufenthaltsorte.
In den beiden ersten Jahrhunderten der Kaiserzeit erreichte die Urbanisierung Westkleinasiens ihren Höhepunkt; dort faßte auch das Chri-

stentum sofort kräftig Fuß (→ *Ephesos*) und war bereits um 150 eine der großen Religionsgemeinschaften, um dann gegen 300 eindeutig zu dominieren. Nach der diokletianischen Reichsteilung wurde der Westteil der Halbinsel zum wichtigsten Kernbereich der östlichen Reichshälfte, darauf des byzantinischen Staates, (→ *Byzanz*) des Ottomanenreiches und schließlich der Türkei von heute. (D. R.)

Knossos

»Gewaltig«, »breit«, »baumreich«, »weitbewohnt«, »Stadt des Minos« – das sind die Attribute, die → *Homer* und der Verfasser des Apollon-Hymnus Knossos zulegen, dem Palast und der umliegenden Stadt mit mindestens 40 000 Bewohnern. Etwa fünf Kilometer südlich Heraklions erheben sich auf dem niedrigen Kephalàhügel die Überreste dieses Zentrums der → *minoischen Kultur*, zum Teil wieder aufgerichtet vom Entdecker Evans. Auf einer Grundfläche von 20 000 Quadratkilometern errichtet, war der einstige Bau vier Stockwerke hoch und in etwa 1200 Räume gegliedert.

Man empfindet beim ersten Anblick der Relikte genau das, was die Griechen in Sagenform gegossen und als Labyrinth bezeichnet haben: Um das Zentrum jeden minoischen Palastes, den meist in Nord-Süd-Richtung ausgerichteten Hof, rankt sich eine verwirrende Fülle von Räumen, Gängen, Korridoren, Lichtschächten, Treppen – ohne klaren, geordneten Bezug, für unser Empfinden völlig unsymmetrisch, wahllos, undurchschaubar gebaut.

Der Palastplan verstärkt diesen Eindruck. Von der Schautreppe im Nordwesten (1) führt der Weg über den Westhof (2) zum Westeingang (3). Hier beginnt der Prozessionskorridor (4), der nach 24 Metern nach Osten abknickt und zum Südpropylon (5) führt, nach 26 Metern nördlich abbiegend den Mittelhof (6) erreicht, der auch vom Süden her durch einen eigenen Eingang (7) mit Südkorridor (8) betreten werden konnte. Der Westflügel wird durch einen 70 Meter langen Nord-Süd-Gang (9) in zwei Hälften geteilt, in die Magazinräume (10) und die Kult- und Repräsentationsräume, wie den Thronsaal (11) mit dem Alabasterthron des Minos und den heiligen Schrein (12). Dem Nordflügel vorgelagert ist der Schautreppenkomplex (1) mit zwei rechtwinklig zusammenstoßenden Treppen, davor ein heiliges Bassin (13), an dessen Außenmauer der von Westen kommende Weg zum Nordeingang (14) führt, hinter dem der Pfeilersaal mit elf Pfeilern (15) zu einer Schaurampe leitet, die links und rechts mit Stierköpfen geschmückt, ebenfalls dem Mittelhof (6) zustrebt.

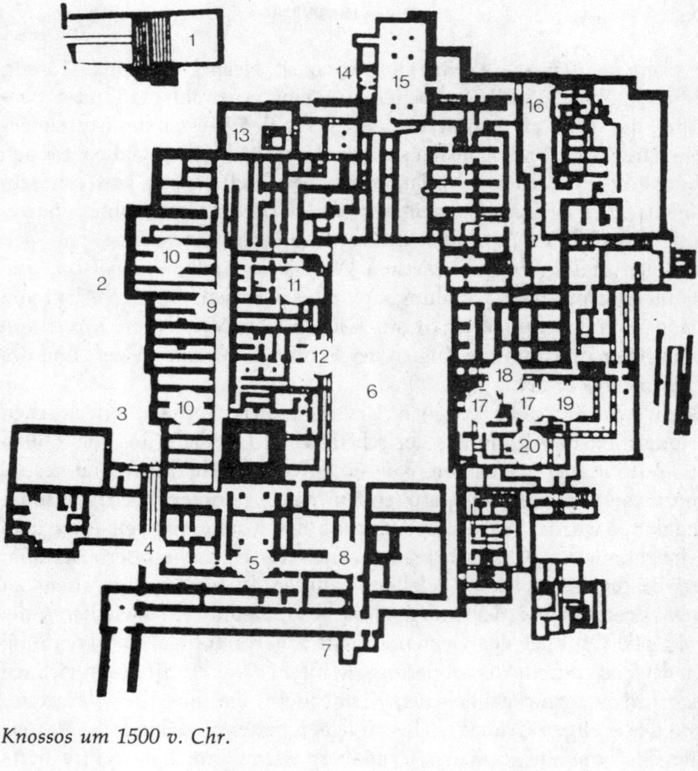

Knossos um 1500 v. Chr.

Der Ostflügel wird durch einen Ost-West-Korridor (16) in nördlich gelegene Magazine und das südliche königliche Wohnquartier geteilt, das mit zwei Stockwerken in den Hang hineingebaut ist. Zwischen zwei Lichtschächten (17) befindet sich die Schilderhalle (18), dahinter die Halle der Doppeläxte (Labrys, davon wohl Labyrinth = Haus der Doppelaxt) (19). Von dort führt ein zweimal gewinkelter Gang in das

Gemach der Königin (20), ausgemalt mit Delphinfresken und Spiralornamenten. Bäder, Wassertoiletten und eine unterirdisch geführte Kanalisation bezeugen den hohen Stand der minoischen Zivilisation. (M. F.)

Kolonisation

Sewastopol, Odessa, → *Byzanz,* Syrakus, Neapel, Messina, Tarent, Monaco, Nizza, Antibes, Marseille – eine Auswahl berühmter Seestädte, die sich vom Schwarzen Meer bis in den Westen des Mittelmeeres erstrecken. So verschieden sie ihrer Lage, Bedeutung und politischen Zugehörigkeit nach im Verlauf von über 2000 Jahren gewesen sein mögen, eines ist ihnen gemeinsam: die Herkunft ihrer Namen. Sewastopol, Neapel und Antibes z. B. tragen in ihrer letzten Silbe -pol, -pel, -bes, den Stamm des griechischen Wortes für Stadt, → *»pol-is«,* und bekunden damit ihre Gründung durch die Griechen, die im Verlauf von knapp zwei Jahrhunderten, etwa von 750 bis 550, einen Kranz von Siedlungen rings um die Küsten des Pontos (Schwarzes Meer) und des Mittelmeeres legten.

Wir wissen über die genauen Ursachen dieser großen griechischen Kolonisationsbewegung aus der schriftlichen Überlieferung nicht allzu viel, dürfen aber annehmen, daß sie durch wirtschaftliche und gesellschaftliche Veränderungen großen Ausmaßes gefördert, vielleicht sogar eingeleitet wurde. Nach der Ablösung des Königtums seit etwa dem 8. Jahrhundert v. Chr. führte die beginnende Herrschaft der »Aristoi«, der »Besten«, wie sich die Adeligen nannten, in den »Aristokratien« zu einer Verschärfung der innenpolitischen Spannungen zwischen Adel und Volk. Oft blieb den Gegnern nichts anderes übrig als die Trennung von der Polis durch Auswanderung. Kritischer war die Situation vielfach noch für die zurückgebliebenen Kleinbauern, die unter der Vergrößerung des adeligen Grundbesitzes zu leiden hatten und durch die Aufteilung des ohnehin schmalen Grundbesitzes an ihre Söhne ihre wirtschaftliche Basis weiter einschränkten. Da Griechenlands Entwicklung in diesen Jahrhunderten ungestört von äußeren Feinden verlief, nahm die Bevölkerung bei gleichbleibend knappem Ackerland rasch zu. Kamen noch äußere ungünstige Naturbedingungen hinzu, kann man sich leicht vorstellen, daß alle diese Faktoren den Wunsch des kleinen Mannes verstärkten, aus der vorgegebenen Welt mit allen negativen Einwirkungen auszubrechen und in der Fremde neu anzufangen.

Lange Perioden der Trockenheit, Mißernten, Hungersnöte, politische Unterdrückung und die daraus entstehende Sehnsucht, einer ständig gefährdeten Existenz bäuerlichen Lebens aus dem Wege zu gehen, sind die bei den Schriftstellern immer wiederkehrenden Ursachen für den griechischen Bauern gewesen, sein zusammengeschrumpftes und oft verschuldetes Stück Land in der Hoffnung auf eine befriedigendere Zukunft zu verlassen. Es waren ganz handfeste, der politischen, sozialen, vor allem aber der wirtschaftlichen Realität entwachsene Gründe, welche die Kolonisation bedingten, und nicht in erster Linie das Spüren und Empfinden »eines elementaren neuen Lebensgefühles, dem die Grenzen der Heimat zu eng geworden sind« (Bengtson). Die Zielsetzung der Kolonisationstätigkeit ergab sich damit von selbst, und die allermeisten Wissenschaftler haben sie auf den kurzen und einfachen Nenner gebracht: »Die Kolonisten suchten Ackerland, keine Häfen« (Kahrstedt). Primär die Suche nach ausreichendem, fruchtbarem Land und nicht der Handel veranlaßten die Griechen, um die Mitte des 8. Jahrhunderts v. Chr. zu fremden Küsten aufzubrechen. Doch haben sich als Folge der weiträumigen Ausdehnung und des Entdeckens reichlicher Rohstoffe in den neu erschlossenen Gebieten sehr schnell Handel und Gewerbe entwickelt. Viele Städtegründungen des 7., da und dort wohl schon des ausgehenden 8. Jahrhunderts, waren sicher schon mehr im Hinblick auf den Handel als auf die Landwirtschaft angelegt worden. Der Austausch der handwerklichen Erzeugnisse in den als Absatzmärkten noch stark aufnahmefähigen Kolonialstädten und ihrem Hinterland – die Griechen siedelten weitgehend im Bereich der Küste und stießen kaum ins Landesinnere vor – und der Import von Rohstoffen führten in den aufstrebenden Mutterstädten am Meer zu schnellem Reichtum und zur Hebung des Lebensstandards, so in → *Korinth,* Chalkis auf Euboia, in Megara und Milet, während das Hinterland noch weitgehend agrarisch ausgerichtet blieb.

Die Auswanderung setzte recht unvermittelt ein, ohne zentrale Planung oder Organisation. Einzelne kleine Mutterstädte (Metro-poleis) entsenden nach der Wahl eines offiziellen Führers (Oikistes) die auswanderungswilligen Bürger, denen sich auch die Bürger anderer Poleis anschließen konnten. Oft tragen die Expeditionen auch ganz privaten Charakter: adelige Herren mit ihrem Gefolge machen sich auf die Suche nach Neuland. Allerdings fuhr man nicht einfach ins »Blaue«, sondern erkundigte sich zuvor entweder bei einzelnen weitgereisten Kaufleuten oder, um ganz sicher zu gehen, beim Orakel in → *Delphi.* Diese

Maßnahme bedeutet nicht nur eine religiöse Rückversicherung gegen die unbekannte Zukunft, sondern galt auch oft nur der Bestätigung des feststehenden Zieles und der besten Route. Ohne Delphi übertrieben als »zentrale Auswanderungsbehörde Griechenlands« bezeichnen zu wollen, verfügten die dortigen Priester angesichts der vielen Anfragen aus aller Welt, auch von Seiten der Barbaren (→ *Lyder*) über so viele Informationen und genaue Einzelkenntnisse, daß man schwerlich die Beratung bei ihnen versäumte.

Wenn die Kolonisten in See gestochen waren, segelten sie längs der Küste und gingen dort an Land, wo ihnen der Boden für die Bebauung und die Lage für eine zukünftige Siedlung geeignet erschienen. Sehr selten scheint vorgekommen zu sein, was uns → *Herodot* von den Theraiern erzählt, die auf Geheiß des delphischen Orakels nach Libyen ausgewandert waren: »Nachdem sie nach Libyen gesegelt waren – denn sie wußten nicht, was sie anderes tun sollten – kehrten sie wieder nach Thera zurück. Die zurückgebliebenen Theraier aber schossen, als sie in den Hafen einfuhren, auf sie und ließen sie nicht landen, sondern befahlen ihnen, zurückzusegeln. Diese segelten, dazu gezwungen, wieder zurück und besiedelten die vor der libyschen Küste liegende Insel Platea« (4, 156). Mit der Auswanderung scheinen die Kolonisten auch die rechtliche Bindung zur Mutterstadt verloren zu haben, die zurückgebliebenen aber, obwohl verwandtschaftlich weiterhin mit den Ausgewanderten verbunden, verteidigen zäh die neuen, entspannten Lebensbedingungen.

Nach der Landung an fruchtbarer Stelle verteilte der Oikist das Neuland unter die einzelnen Kolonisten oder verloste es, nachdem er den Göttern zuvor einen bevorzugten Platz (Temenos) zugewiesen hatte. Nach dem Vorbild der Mutterstadt wurde die neue Siedlung, die sich »Apoikia« nannte, ein »Zuhause außerhalb der Mutterstadt«, mit einer Mauer umgeben und in der Regel nach denselben Gesetzen wie die Metropolis regiert.

Das heilige Feuer der Mutterstadt wurde in die »Tochterstadt« mit übernommen, und die gleichen Kulte verbanden beide Gemeinden. Aber trotz aller Ähnlichkeiten, trotz dieser Zeichen der Pietät, Dankbarkeit und Achtung unterschied sich die Apoikie grundlegend von der Mutterstadt: Die Apoikiegründung schuf ein völlig eigenständiges, eigenrechtliches Gemeinwesen, das rechtlich der Mutterstadt nicht mehr unterstand. Der Bürger der Tochterstadt besaß ihr neues Bürgerrecht und verlor konsequenterweise, wenn er nicht innerhalb von fünf Jahren in die Mutterstadt zurückkehrte, deren Bürgerrecht. Der »Apoikos«, der Bürger einer solchen Apoikie, ist somit auch verschieden von einem sogenannten »Kleruchos«, der in seiner neuen Kolonie = Kleruchie, die meist aus militärischer Notwendigkeit entstand, Bürger der aussendenden Mutterstadt blieb. Die politische Selbständigkeit der Tochter- von der Mutterstadt konnte zu ernsten Auseinandersetzungen führen. Die kriegerischen Verwicklungen z. B. zwischen der Mutterstadt Korinth und der Tochterstadt Kerkyra (Korfu), die → *Thukydides* im ersten Buch des »Peoloponnesischen Krieges« schildert, sollten für ganz Griechenland fatale Folgen haben. Von ungleich weitreichenderem Einfluß war die rechtliche Unabhängigkeit der Tochterstädte für die Zukunft. Als Abbilder der von Sonderinteressen geleiteten mutterländischen Städte, die nie zu einer einheitlichen Griechennation zusammenfanden, ließen diese Kolonialstädte in einem geographisch weit ausgedehnterem Rahmen ebensowenig die Bildung eines einheitlichen griechischen Reiches zu.

Das Verhältnis der Apoikie zur fremden Umgebung fiel verschieden nach Gebiet und Charakter der Kolonien aus. Handelskolonien wie Naukratis in Ägypten wurde von den Einheimischen weniger Widerstand entgegengesetzt als den Ackerbaukolonisten, die den in Aussicht genommenen Boden oft nur durch Kampf in Besitz nehmen konnten. Im Nomadengebiet wie in Libyen oder im Pontosbereich herrschten friedliche Verhältnisse, die oft zu einer Vermischung der Griechen mit der einheimischen Bevölkerung führten. Doch im allgemeinen bestimmte der klare Abstand zu den »Barbaren« die Lebensweise der Apoiken in der Fremde.

An der Kolonisation beteiligten sich ohne Ausnahme alle griechischen Stämme, Ioner, Dorer und Aioler, allerdings mit qantitativen Schwankungen. Erstaunlich bleibt, daß gerade kleine Mutterstädte wie das ionische Phokaia in Kleinasien, das ionische Chalkis (die »Erzgießerstadt«) und das ionische Eretria, beides Städte auf der Insel Euboia, oder auch das dorische Megara, zwischen Athen und Korinth gelegen, bedeutende Expeditionen entsandt haben. Neben ihnen kolonisierten als Mutterstädte vor allem noch das dorische Korinth und das ionische Milet, ferner die dorischen Inseln → *Rhodos* und Thera und die Landschaft Achaia an der Nordküste der Peloponnes.

Die Stoßrichtung der Kolonisatoren erstreckte sich in drei Richtungen: zuerst nach dem Westen des Mittelmeerraumes, wo Siziliens West- und dann die Südküste besiedelt wurden, dann Unteritalien, dessen griechische Städte so dichtgedrängt lagen, daß man es ab dem 6. Jahrhundert v. Chr. als »Megale Hellas«, als → »*Großgriechenland*« bezeichnete, und, räumlich am weitesten entfernt, die heutige Côte d'Azur und der nördliche Teil der ostspanischen Küste. Erst später erfolgten die Städtegründungen im Norden und Osten, in Thrakien, an der Propontis und um das Schwarze Meer, schließlich im Süden, im Gebiet Libyens und Ägyptens.

Chalkis und Eretria auf der Insel Euboia kolonisierten vor allem im Westen, wo Chalkis wahrscheinlich schon um 775 Pithekussai auf der Insel Ischia gründete und gegen 750 zusammen mit Siedlern aus dem ionischen Kyme das am italischen Festland gegenüber Ischia liegende Kyme (Cŭmae) anlegte. Auf Sizilien zählten unterhalb von Taormina Naxos zu ihren Gründungen, dann Leontinoi, Katane, Zankle, das spätere Messana = Messina, gegenüber der Meerenge Rhegion (Reggio). Außerdem gründeten sie im Wettstreit mit Eretria im Nordosten auf der Chalkidike – der dreifingrigen Halbinsel, die nach Chalkis benannt wurde – über dreißig Städte.

»Die Phokaier haben als erste unter den Griechen weite Seefahrten unternommen, und sie sind es, die die Adria, Tyrsenien (Etrurien), Iberien (Spanien) und Tartessos entdeckt haben. Zur See aber fuhren sie nicht mit runden Schiffen (also Handelsschiffen), sondern mit Fünfzigruderern. Als sie einst in Tartessos ankamen, schlossen sie Freundschaft mit dem König der Tartessier namens Arganthonis, der 80 Jahre lang Herrscher über Tartessos war und nicht weniger als 120 Jahre gelebt hat. Bei diesem Mann wurden die Phokaier so beliebt, daß er sie zunächst aufforderte, Ionien zu verlassen und in seinem Land zu wohnen, wo immer sie wollten. Dann aber, als er die Phokaier dazu nicht überreden konnte, gab er ihnen Geld, damit sie eine Mauer um ihre Stadt ziehen konnten« (Herodot, 1, 163). Die phokaiische Kolonisationstätigkeit ist vor allem im weitesten Westen spürbar. Die phokaiische Gründung Massilia (um 600 v. Chr.) entwickelte sich bald zu einer gefragten Handelskolonie (Emporion) für den griechischen Westmittelmeerhandel. Als die Phokaier im Jahre 564 v. Chr. auf Korsika die Kolonie Alalia als weiteren Zwischenstützpunkt für den Handel zwischen Griechenland und dem Westen gründeten, gerieten sie in Konflikt mit der Handelsmacht der Etrusker und Karthager, wurden 540 v. Chr. von ihnen besiegt und wanderten daraufhin nach Elea (lateinisch: Velia) in Unteritalien aus, wo Xenophanes → *Vorsokratiker* die älteste griechische Philosophenschule, die der »Eleaten«, ins Leben rief.

Die Handelsstadt Megara in Mittelgriechenland, die große Konkurrentin Athens, das an der Kolonisationsbewegung nicht teilgenommen hat, legte in Sizilien Megara Hyblaia an, das seinerseits in der Mitte des 7. Jahrhunderts v. Chr. die westlichste Griechenstadt auf Sizilien, Selinunt, gründete, kolonisierte dann vor allem in der Propontis, wo seine Apoikien Byzantion (Istanbul) und Chalcedon den Zugang zum Schwarzen Meer sicherten, dann auch auf der Halbinsel Krim.
Milets Siedlungsreserven scheinen unerschöpflich gewesen zu sein, denn es soll über 90 Tochterstädte rings um das Schwarze Meer angelegt haben, unter denen Sinope und Trapezunt die bekanntesten sind. Um 650 v. Chr. legte es außerdem im Nildelta die Handelskolonie Naukratis an, der Pharao Amasis (570–526) das Monopol für den Handel zwischen Griechenland und Ägypten ausstellte.
Korinths Handelsinteressen ließen ein mächtiges Kolonialreich entstehen, dessen äußerste Punkte in Sizilien das 734 v. Chr. gegründete Syrakus, an der Westküste Griechenlands Kerkyra (Korfu) und Epidamnos und auf der Chalkidike Poteidaia waren.
Die Insel Rhodos legte hauptsächlich auf Sizilien Städte an. »Gela gründeten Antiphemos aus Rhodos und Entimos aus Kreta gemeinsam, mit neuen Siedlern, 44 Jahre nach der Anlage von Syrakus. Die Stadt erhielt ihren Namen von dem Fluß Gelas. Dorisches Gesetz wurde ihr gegeben. Ziemlich genau 108 Jahre später nach ihrer eigenen Gründung legten die Geloer Akragas (Agrigento) an – den Namen gaben sie der Stadt vom Fluß Akragas, zu Gründern (Oikisten) machten sie Aristonus und Pystilos und gaben ihr das Gesetz von Gela« (Thukydides, 6, 3, 4).
Herodot berichtet im 4. Buch ausführlich über den Kolonisationsvorgang in Libyen. Die Anschaulichkeit seines Berichtes erwuchs aus eigenen Erfahrungen, war er doch selber Kolonist der 444 von Athen gegründeten Kolonie Thurioi in Unteritalien: Als die etwa 200 Siedler keinen günstigen Platz gefunden und mit zwei Fünfzigruderern zurückgesegelt, von den Theraiern aber abgewiesen worden waren, ließen sie sich in ihrer Not nochmals auf einer Insel vor der Ostküste der Kyrenaika nieder. Von hier aus durchstreiften sie das Festland und nahmen Verbindung mit der einheimischen Nomadenbevölkerung auf, die sie freundlich empfing. Aber erst nach sechs Jahren konnten sie mit Einverständnis der Eingeborenenbevölkerung an einer besonders günstigen Stelle die Stadt Kyrene gründen, wo der Boden durch eine Quelle gut zu bewässern war und wo man deshalb eine Ackerbaukolonie gründen konnte.

Der kleine Stamm der Achaier am Gold von Korinth besiedelte hauptsächlich die Stiefelspitze Italiens. Sybaris (um 710 v. Chr. gegründet), Kroton und das im 7. Jahrhundert v. Chr. von Sybaris aus erbaute Poseidonia, das lateinische Paestum, mit seinen beiden berühmten Heratempeln und dem sogenannten Ceres-Tempel waren seine wichtigsten Städtegründungen.

Mit dem Ende des 6. Jahrhunderts v. Chr. ist auch die Zeit der »Großen Kolonisation» oder der »Zweiten Kolonisation«, wie sie im Unterschied zur ersten, der »Dorischen Wanderung« (→ *Wanderbewegungen*), bezeichnet wird, vorbei. Rings um das Mittelmeer saßen die Griechen jetzt »wie die Frösche um einen großen Teich« (Platon), und nur zwei Gegenden blieben total ausgespart, die syrisch-phönikische Küste und der lange Streifen der Nordküste Afrikas von Libyen bis hinüber nach Gibraltar, den »Säulen des Herakles«. Im Osten des Mittelmeeres haben die Phöniker selbst, und im Süden die mächtigste Handelskolonie der Phöniker, Karthago, eine Ausdehnung der Griechen in ihren Handelsbereich unterbunden, unterstützt von den Etruskern. Noch später haben beide Verbündete eifersüchtig jede Ausdehnung Roms zur See überwacht, ehe die Römer nach den Punischen Kriegen ihren Rivalen besiegen und dessen Nachfolge im westlichen Mittelmeerhandel antreten konnten.

»In Tanais an der Mündung des Don, Pantikapaion (Kertsch) und Chersonnes (Sewastopol) auf der Krim, Dioskurias am Fuße des Kaukasus, Olbia an der Mündung des Bug gegenüber der des Dnjepr, Tyras an der Dniestrmündung, in Tomoi (Constanza) und Trapezunt, im Soloi Kilikiens und auf Zypern, an einem westlichen Nilarm und im Vorlande der libyschen Wüste wurde griechisch gesprochen, und griechische Kultur setzte sich dort siegreich durch« (Kranz). Neben der verschieden tief dringenden Gräzisierung der Mittelmeerküsten und der reichen Verbreitung griechischer Kultur und Sprache brachte die Kolonisation für die griechischen Städte und Siedler selber eine ungeheure Erweiterung des geistigen Horizontes, die den Boden bereitete, auf dem ionische Philosophie und Naturwissenschaft erwachsen konnten. Im Mutterland vollzogen sich daneben wirtschaftliche und soziale Wandlungen als Folge der Kolonisation, die ihrerseits die politische Situation entscheidend verändert haben. (M. F.)

Kommunismus

Die Griechen waren es gewohnt, auf allen Gebieten die gedanklichen Ansätze grundsätzlich bis zur letzten Konsequenz durchzudenken, und zwar nicht nur in wissenschaftlichen Fragen, sondern auch im politischen und sozialen Bereich. Aus diesem Grunde schufen sie auch die radikale → *Demokratie*, weil sie den Gedanken der Herrschaft durch das Volk bis zur letzten Folgerung durchdachten.
So taten sie es auch beim Kommunismus, doch gab es einen wirklichen Kommunismus im Sinne der Gütergemeinschaft aller in Wirklichkeit nie. Höchstens in der »Goldenen Zeit« konnte man sich so etwas denken. Der Dichter Aristophanes schilderte aber dann in seiner → *Komödie* »Die Weiber-Volksversammlung« eine Gütergemeinschaft, wo alles Gemeingut ist, alles allen gehört und es weder Arme noch Reiche gibt. Doch war dies mehr ein lustiges Spiel, in dem der Kommunismus – dessen Gedanke aber doch wohl umging – verspottet wurde. → *Platon* schildert in seinem Idealstaat eine Ordensgemeinschaft von Philosophen und Wächtern mit Güter- und Weibergemeinschaft, doch war dies nur die soziale Lebensform für die Elite der Staatslenker, die durch nichts, auch nicht durch Frau und Kind oder Besitz, vom Streben nach Vollkommenheit und von der Sorge für den Staat abgelenkt werden sollten. Immerhin konnte Platon sich hier an manche Zustände in → *Sparta* anlehnen.
Auch andere antike Reformer strebten nie nach einem radikalen Kommunismus; an eine Vergesellschaftung der Produktionsmittel scheint man nie gedacht zu haben. Andererseits geht der moderne Kommunismus – Marx war ein guter Kenner des Altertums – auf die eben geschilderten griechischen Grundgedanken zurück, verändert sie freilich nicht wenig. (O. S.)

Komödie

Name und Ursprung. → *Aristoteles* führt den Begriff »Komödie« auf den Gesang des »Komos« zurück, des ausgelassenen Schwarmes trunkener Dionysosverehrer, die sich an den ländlichen Festen zu Ehren des Gottes (= Dionysien) am Abschluß der Weinlese maskierten, den Phallos herumtrugen und alle, die ihnen begegneten, verhöhnten. Zeitweise gab man den Ableitungen von »Kome« (= Dorf) oder »Koma« (=

Schlaf) den Vorzug. Auch wenn sich diese als irrig erwiesen, enthielten sie dennoch ein wesentliches Element der späteren literarischen Gattung, die Verspottung: Bauern seien zu nachtschlafener Zeit in die Stadt gezogen und hätten sich für das ihnen angetane Unrecht mit »Rügeliedern« an den Bürgern gerächt. Auf jeden Fall agierten zunächst Chöre, die in der weiteren Entwicklung zum tragenden Element der attischen → *Tragödie* und Komödie wurden, in den dramatischen Spielen der Dorer aber fehlten.

Entwicklung. Im dorischen Stammesgebiet hielten sich lange primitive Volkspossen. Genauere Informationen darüber geben zahlreiche Vasenbilder aus Unteritalien, die Szenen aus der italisch-griechischen Phlyakenposse wiedergeben: Schauspieler, grotesk kostümiert und maskiert, vermitteln ein verzerrtes Bild der Götter- und Heldensage oder des Alltagslebens. Die megarische Posse, benannt nach der Handelsstadt zwischen Athen und Korinth, war wegen ihrer derben Komik berüchtigt. Zweifellos handelte es sich in allen diesen Fällen um Stegreifspiele. Literaturfähig machte die dorische Posse der in Syrakus tätige Epicharmos (550 + 460 v. Chr.). Er parodierte unterhaltend die Sagenwelt, machte Herakles (→ *Heroen*) zu einem Vielfraß und Odysseus (→ *Heroen*) zu einem Schlauberger, stellte aber ebenso treffsicher Charaktertypen auf die Bühne, z. B. den Schmarotzer (= Parasiten) oder den ganz groß angebenden (= bramarbasierenden) Soldaten. Auch hier fehlt der Chor, ebenso der gezielte Spott, der persönlich verletzen soll; Phallos und Zote treten in den Hintergrund. Epicharmos führte die Gattung auf einen ersten Höhepunkt; bewundert wurden unter anderem seine Kunst der Szenenführung und sprachschöpferische Kraft. Im gleichen Syrakus dichtete um 430 v. Chr. Sophron Szenendialoge, sogenannte Mimoi (= Mimen). Das Publikum schätzte sicher den z. T. recht pikanten Inhalt, → *Platon* beeindruckte vor allem die kunstvolle Form. Diese Mimoi beeinflußten nicht die Entwicklung der Komödie, denn sie waren zum Lesen oder Vortrag bestimmt. Auch der Pantomimos, die Nachahmung einer Handlung durch Tanz und Gesten ohne Hife des Wortes, im 4. Jahrhundert v. Chr. entstanden, gehört nicht hierher.

Die alte attische Komödie erwuchs in → *Athen* aus dem Kult des älteren Dionysos, zu dessen Ehren die Lenäen gefeiert wurden, also getrennt von der Tragödie, die sich aus dem Kult des jüngeren Dionysos entwickelte, so daß zwei literarische Gattungen aus zwei verschiedenen Kulten der gleichen Gottheit entstanden. Während die Komödienaufführungen an den Lenäen lange von Freiwilligenchören getragen wurden, genehmigte der Staat für die städtischen Dionysien auch der Komödie besoldete Chöre. 486 v. Chr. fand zum erstenmal ein Wettkampf statt, wie er bei den Tragödienaufführungen üblich war, aus dem der Komödiendichter (= Komiker) Chionides als Sieger hervorging. 472 v. Chr. als Aischylos mit seinen »Persern« den Tragödienpreis gewann, errang Magnes, wohl der erfolgreichste Vertreter der vorklassischen Komödie, den ersten von insgesamt elf Titeln. Dieser ersten Generation gelang es, von der megarischen Posse abzurücken und zu einer eigenen Form zu finden; freilich war noch keine Geschlossenheit im Zusammenspiel von Chor und Schauspielern erreicht, die sich wie in der Tragödie allmählich aus dem Chor lösten und ihm gegenübertraten. Doch schon unter dem klassischem Dreigestirn Kratinos, Eupolis und Aristophanes gelangte die Gattung zu vollkommener Kritik an Personen und Zuständen des öffentlichen Lebens. Die Dichter fühlten sich als Vertreter des Volksgewissens an keine bestimmte Partei gebunden, doch stets in Opposition befindlich zu den jeweiligen Trägern der Macht, aber auch zu den Exponenten des kulturellen Lebens, den Philosophen, Dichtern und Musikern. Die bildende Kunst war hiervon eigenartigerweise ausgeschlossen. Die Handlung wurde frei erfunden, auf Geschlossenheit im allgemeinen kein Wert gelegt. Aristophanes insbesondere läßt seiner Phantasie freien Lauf und versetzt die Akteure in eine märchenhafte, phantastische, närrische Welt, in der die Chöre als Vögel, Frösche, ja als Wolken auftreten. Wie bei Epicharmos wurden die mythischen Figuren ins Lächerliche verzerrt (= Travestie), was sie andererseits nicht hinderte, ungeniert über die athenische Politik herzuziehen. Mißstände wurden, wie in einem Hohlspiegel albern vergrößert, bloßgestellt. Wohl gingen manche Machthaber gegen die Dichter vor, die ihrerseits auf unbeschränkter, exzessiver Meinungsäußerung als ihrem heiligen Recht bestanden, doch erzielten polizeiliche Maßnahmen nicht die erhoffte Wirkung. Als der aggressive und ehrgeizige Politiker Kleon beleidigt reagierte und Aristophanes durch die Theaterpolizei verprügeln ließ, rächte sich dieser mit neuem Spott im nächsten Stück. Das Publikum hatte aber auch seinen Spaß an der Karikatur des Großstadtlebens, wenn auf der Bühne über Trunksucht, Modenarrheit, Prozeßwut und Erpresserei (Sykophantentum) hergezogen wurde, besonders aber wenn Hetären auftraten und ihre Bewerber gegeneinander ausspielten. Ohne daß viel geschah, lebten die Komödien von der ständigen Abwechslung, die das ganze Stück über erhalten blieb, wenn den Hauptdarstellern das

gewöhnliche Leben in den Masken seiner Vertreter gegenübertrat. Der Effekt wurde dadurch erhöht, daß dazugehörige Gegenstände, überdimensional vergrößert als Dingsymbole, entsprechende Lachsalven auslösten. Der entarteten Gegenwart wird die gute alte Zeit als Muster gegenübergestellt, auch verliert sich die Handlung bisweilen hintergründung in utopische heile Welten, z. B. in das Wolkenkuckucksheim.
In der Organisation der Aufführung hat die Komödie vieles mit der Tragödie gemeinsam: Sie spielt auf der Bühne und Orchestra, kennt drei, manchmal vier Schauspieler, die in zahlreiche Rollen schlüpfen müssen und dabei wie der Chor maskiert auftreten, sie wird in Form des Wettstreites (= Agon) ausgetragen. Allerdings werden nur Einzelstücke aufgeführt mit einem Chor von 24 Mitgliedern (= Choreuten), die im Gegensatz zur feierlichen Emmeleia der Tragödie den wilden Kordax tanzten. Die Schauspieler gingen nicht wie ihre Kollegen von der Tragödie auf (angeblich von Aischylos eingeführtem) hohem Kothurn (= Schaftstiefel, später Stöckelschuhe), sondern im leichten, niedrigen Sokkus, da sie sich viel bewegen mußten. Und die Masken lassen als Porträtmasken die Zielscheibe des Spottes ganz persönlich erkennen.
Der auffallendste Unterschied liegt aber in der kunstvoll aufgebauten Parabase (= Danebentreten), einem der alten attischen Komödie ureigenen chorischen Element. Sie nimmt den Verfremdungseffekt des modernen epischen Theaters vorweg. Der Chor unterbricht einfach die Handlung, nimmt die Masken ab und schwenkt zu den Zuschauersitzen. Im ersten astrophischen Teil – der eigentlichen Parabase – fungiert er nun als Sprachrohr des Dichters und verdolmetscht in vertraulichem Gespräch dessen Anliegen. Die zweite, strophisch gegliederte Hälfte erinnert an die kultischen Ursprünge; dem phallischen Lied entspricht die Anrufung eines Gottes (Ode/Antode), den spöttischen Ausfällen des einstigen Komos gegen die Vorbeigehenden die bissige Kritik an Stadt und Volk (Epirrhema/Antepirrhema). Das Ganze ist metrisch reich ausgestattet. Der Parabase ähnelt im formalen Aufbau ein anderes wichtiges Kompositionsglied, der sogenannte Agon. Zwei Gegner streiten nicht einfach miteinander, sondern dieser Streit wird unter Mitwirkung des Chors groß aufgezogen, wobei eine spaßige dritte Person durch dumme Witze die beiden wiederholt unterbricht. Typisch für die alte Komödie sind auch die lose aneinander gereihten Episoden.
In der Sprachbehandlung gilt die alte Komödie in vieler Hinsicht als musterhaft. Insgesamt darf man sie als den deutlichsten Ausdruck athenischer → *Demokratie* betrachten. Die Grenzen zur mittleren

Komödie sind schwer zu erkennen. Mit ihr (380–330) kommt die megarische Posse und die sizilianische Komödie Epicharmos' wieder zum Vorschein: Man fand zum Spaß zurück, denn der Spott in der bisherigen Schärfe war im Athen nach dem → *Peloponnesischen Krieg* nicht mehr möglich. Mit der Parabase verkümmerte auch der Chor, da er nicht mehr Sprachrohr des Dichters sein konnte. → *Aristoteles* fand, daß die Komödie nun anständiger geworden sei, Phallos, Dickbauch und großen Hintern legten die Schauspieler nun endgültig ab. Für eine geschlossene, spannende Handlung zu sorgen, wurde nun Hauptaufgabe der Dichter, die sich als Rivalen der Tragiker fühlten. Von Euripides übernahm man das Liebesmotiv in den verschiedensten Variationen (Intrige, Eifersucht usw.). Die Produktion von Stücken war erstaunlich groß; Komödien wurden nun über Athen hinaus im ganzen hellenischen Raum gespielt und erschienen auch in Buchform. Mit der neuen Komödie wird der wohl beliebteste Bühnenschriftsteller des Altertums identifiziert: Menandros (*342 – 293 v. Chr.). Bis Anfang des 20. Jahrhunderts kannte man seine Stücke nur aus den Übersetzungen und Bearbeitungen der römischen Dichter Plautus und Terenz, seit neuestem liegt sein »Menschenfeind« vollständig vor. Der Chor wurde nun völlig von der Handlung abgetrennt und füllte nur die Pausen. Spott und Kritik schwanden aus dem Text, auch mythologische Stücke wurden selten. An Stelle von realen Persönlichkeiten traten unverbindliche allgemeine Typen, die Handlung wechselte ins bürgerliche Leben, das Liebesmotiv nahm die zentrale Stelle ein, das »Happy-end« beschloß das Stück. Menander allerdings zeigte seine innere Überlegenheit über die Spießerwelt, die unterhalten werden wollte, durch seine virtouse Darstellung, die eine Fülle lebenswahrer Charaktere der Bühne schenkt. (J. G.)

Königtum

Das Urbild des Königtums war dem Griechen nur aus → *Homer* gegenwärtig; in der politischen Realität war es zwischen dem 8. und 6. Jahrhundert v. Chr. fast überall beseitigt worden. Der König (Basileus) der heroischen Zeit war oberster Kriegsherr mit z. T. sehr weitgehenden Befugnissen, Vertreter des Staats vor den Göttern und Inhaber der Gerichtsbarkeit, der wichtigsten Funktion der inneren Verwaltung. Zu seinen Vorrechten gehörte es z. B., sich das schönste Beutestück zu wählen. Es war üblich, ihn zu beschenken. Seine Gewalt war nicht durch

Institutionen beschränkt (»Berater« äußerten allenfalls ihre Meinung). Aber die Sitte und der göttliche Ursprung der Herrschaft erlegten Verpflichtungen auf. De facto mußte wohl auch das Wohlwollen der Adelsgeschlechter immer aufs neue und in zunehmendem Maße durch Konzessionen gewonnen werden. Ein Relikt aus der heroischen Zeit war in → *Athen* das Amt des Archon Basileus, der zusammen mit seiner Gemahlin (Basilissa; übrigens das einzige öffentliche Amt, das einer → *Frau* zukam) die Oberaufsicht über den gesamten Kultus hatte. In → *Sparta* erhielt sich das Königtum in der Form der Doppelherrschaft je eines Sprosses der Familien der Agiaden und Eurypontiden, uralter, bis auf Herakles (→ *Heroen*) zurückreichender Geschlechter. Das Kollegialitätsprinzip war vermutlich unter dem Druck des Adels zur Herrschaftsbeschränkung eingeführt worden. Die politischen Funktionen waren weitgehend auf die Gerusia (Senat), dann auf die Ephoren übergegangen. Die Könige waren eigentlich nur Feldherrn und Repräsentanten des Staates. In einigen »barbarischen« Völkern blieb das Königtum in seiner archaischen Form länger bestehen, so bei den Makedonen. → *Alexanders* Herrschaftsstil ist aber sicher nicht repräsentativ für den der wenigen verbliebenen Könige. (F. R.)

Korinth

Der vorgriechische Name der Stadt hat alle Eroberungen und Zerstörungen überdauert und gehört jetzt einer Stadt, die nach einem Erdbeben 1858 nur 6 km von Alt-Korinth entfernt gegründet wurde. Daß hier immer wieder eine Stadt aufgebaut wurde, kommt von der einzigartigen Lage auf der Landbrücke zwischen Mittelgriechenland und der Peloponnes. Der Korinthische und der Saronische Meerbusen nähern sich hier auf 6 km, weshalb die Stadt zwei Häfen besaß: Lechaion am Korinthischen und Kenchreai am Saronischen Golf. Mit Lechaion war sie durch Mauern, in römischer Zeit durch eine breite Hallenstraße verbunden. Stärker frequentiert war der Hafen Kenchreai, wo die Waren des Orients ausgeladen und auf Tragtieren über den Isthmos zum Markt Korinths geschafft, dann zur Verschiffung zum heute völlig verschütteten Hafen Lechaion transportiert wurden. Schon im 8. Jahrhundert v. Chr. wurde Korinth der wichtigste Umschlagplatz des griechischen Festlandes und rivalisierte erfolgreich mit → *Athen.* Vor allem der Handel mit orientalischen Ölen und Parfümen, die in korinthische Salbgefäße abgefüllt

wurden, bereicherte die Stadt, deren einheimische Produkte der Töpferei (Vasen) und des Erzgusses bis an die Grenzen der damaligen Kulturwelt verbreitet waren und in großer Zahl aus Heiligtümern und Gräbern geborgen werden konnten.
Die Pläne, den Isthmos zu durchstechen und dadurch den Handel zu beschleunigen, gehen bis in die Zeit Perianders (um 600 v. Chr.) zurück, der erstmals eine Grabung begann. In späteren Jahren legte man eine Schleifbahn für Schiffe (Diolkos) an, deren Spuren neuerdings freigelegt wurden. Kaiser Nero tat zwar 67 n. Chr. den ersten Spatenstich für einen Kanal, mußte jedoch wegen eines Aufstandes in Gallien die Arbeiten wieder einstellen. Genau auf der Linie Neros wurde 1881 bis 1893 der schleusenlose, 6,3 km lange und 21 m breite Kanal angelegt, der allerdings nur für je ein Schiff passierbar ist.
Zur günstigen Lage kam noch das »Göttergeschenk« eines steilen Felsklotzes (575 m), auf dem um 1000 v. Chr. dorische Adlige des Geschlechtes der Bakchiaden eine Burg bauten, die den Weg in die Täler und Küstenebenen der Peloponnes sperren konnte. Nach einem antiken Wort waren Akrokorinth und der Ithome-Berg in Messenien die Hörner, an denen man den Stier von Hellas packen konnte. Die Befestigungen der griechischen Zeit sind der Sockel der mittelalterlichen Mauer geworden, die im 10. Jahrhundert aufgerichtet wurde. Ausgebaut haben die Burg dann die Franken des vierten Kreuzzuges (um 1210), später die byzantinischen Herren der Peloponnes und die Florentiner. 1458 fiel Akrokorinth nach dreimonatiger Belagerung in die Hände der Türken, 1687 in die der Venezianer, die Batteriestellungen für schwere Geschütze einbauten, 1715 wieder in die der Türken, schließlich 1822 wieder in die der Griechen.
Korinth hatte seinen Höhepunkt im 7. Jahrhundert v. Chr., als unter dem Tyrannen Kypselos (um 657 v. Chr.) und seinem Sohn Periander (um 627–586) das erste griechische Kolonialreich begründet wurde und der Handel nach Ost und West stürmisch zunahm. Nach dem Sturz des Tyrannen Psammetich (um 583), eines Neffen Perianders, kam der Adel wieder zur Herrschaft, der sich ein Denkmal im Apollontempel gesetzt hat, war dieser Gott doch nicht nur der Schützer städtischer Ordnung, sondern auch der Eunomia, der aristokratischen Lebensform, die Pindar am alten Korinth rühmte. Der nach 550 v. Chr. erbaute → *Tempel*, von dem sieben Säulen der Westseite die Erdbeben überdauerten, war eines der bedeutendsten Zeugnisse des dorischen Tempelbaues und wurde häufig zum Vorbild genommen. Nach Vitruvius, dem wichtigsten römi-

schen Architekturschriftsteller, wurde das »Korinthische Kapitell« von Kallimachos in Korinth erfunden und vollendet durchgebildet. Auch die Eindeckung der Tempeldächer mit tönernen Flachziegeln und Traufleisten wurde hier erstmals angewendet, hieß daher »Korinthisches Dach«. Das ausgeprägte Zusammengehörigkeitsgefühl der Aristokraten Griechenlands machte Korinth zum religiösen Mittelpunkt mit den »Isthmischen Spielen« (→ *Festspiele und Wettkämpfe*) seit 582 v. Chr., deren Sieger Dichter wie Pindar feierten. Poseidons Pinienhain (Schiller irrte mit »Fichtenhain«) wurde 1952 in einer Mulde beim Dorf Isthmia festgestellt, die Fundamente eines Poseidon-Tempels von amerikanischen Archäologen ermittelt. In römischer Zeit war der 116 Meter lange Tempelplatz von Säulenhallen über hellenistischen Wasserbassins eingefaßt gewesen; unter Nero wurde das Theater stark erweitert, Thermen und ein neues Stadion angelegt. Doch wurden alle Bauten abgebrochen, um Steine für das Festungswerk zu gewinnen, das Kaiser Justinian quer über den Isthmus bauen ließ; Reste der Kastelle und Mauern sind noch zu sehen.
Die dritte Gottheit, die in Korinth starke Verehrung genoß, war Aphrodite, die orientalischen Ursprungs war und deren Kult wie die zahlreichen orientalischen Sagen, Mythen und Märchen von Korinth aus sich auf dem Festland verbreitete. Im Aphrodite-Heiligtum gab es zahlreiche Hierodulen, heilige Sklavinnen, die zunächst beim Opfer halfen und den Tempel reinigten, später aber als Tempeldirnen Besuchern zur Verfügung standen. Moralischen Anstoß nahm daran niemand, weil man eine Art Gottesdienst trieb, gab man sich geschlechtlichem Genuß im Tempel der Liebesgöttin hin. Die Fremden erregten sich höchstens über die Preise, nicht nur der Hierodulen, sondern für jegliche Dienstleistung in Korinth, weshalb das Sprichwort umging: »Nicht jedermanns Sache ist die Reise nach Korinth.« Außer Geschäftssinn wurden den Korinthern noch Erfindungsgabe, Improvisationsgeist und großstädtische Vergnügungssucht nachgesagt.
Im → *Perserkrieg* 480 v. Chr. Hauptquartier des Hellenenbundes, stand Korinth im *Peloponnesischen Krieg* (431–404) gegen → *Athen*, trieb → *Sparta* in den Krieg, um die athenische Konkurrenz im Westhandel zu beseitigen. Als 337 v. Chr. erneut ein Griechenbund gebildet wurde, war Korinth wieder Mittelpunkt, in dessen Mauern Philippos II. und → *Alexander* von Makedonien als Führer der Griechen im Kampf gegen die Perser ausgerufen wurden. Da die 21 km lange Mauer um Akrokorinth, Unterstadt und Hafen Lechaion nur spärlich besetzt werden konnte,

wurde die Stadt in der Diadochenzeit mehrfach überrumpelt. Nach der Einnahme durch die Römer verkündete hier 196 v. Chr. der Konsul Flamininus Roms Programm zur Befreiung aller Griechen von der Unterdrückung der Makedonier und Aitoler. 50 Jahre später allerdings zerstörte der römische Konsul Lucius Mummius Stadt und Hafen, die mit römischen Handelsstädten zu sehr konkurriert hatte, raubte oder zerstörte sämtliche Kunstwerke, wurde durch einen Triumph und den Beinamen Achaicus (Sieger über Achaia = Griechenland) geehrt. Erst 110 Jahre später besiedelte Caesar 44 v. Chr. mit einer Bürgerkolonie aus römischen Freigelassenen den Platz wieder. Unter Kaiser Augustus blühte die Julia Corinthiensis auf, wurde zur Hauptstadt Griechenlands, da der römische Statthalter der Provinz Achaia in Korinth residierte. In Lechaion ging 52 n. Chr. der Apostel Paulus an Land, gründete eine Christengemeinde, an die er die zwei erhaltenen »Korintherbriefe« schrieb. Hier war, wie an anderen Hafenplätzen, die vor allem aus dem Osten stammende Hafenarbeiterschaft früh für die christliche Lehre gewonnen worden. Die erste Basilika in Lechaion wurde kurz nach 450 erbaut und dem Andenken des Bischofs Leonides und sieben frommer Mädchen geweiht, die unter Kaiser Decius den Märtyrertod durch Ertränken gefunden hatten. Sie wurde 551 durch ein Erdbeben zerstört. Was Beben und Eroberungen in Altkorinth übrig ließen, wird seit 1896 sehr sorgfältig von amerikanischen Archäologen ausgegraben, freilich ohne sensationelle Funde. (W. D.)

Kreta

Kretas alte und glanzvolle Geschichte ist noch jung – für uns jedenfalls –, entdeckt erst seit knapp 50 Jahren (→ *Minoische Kultur*). Zwar bewahrten die späteren Griechen in ihren Fabel- und Mythenstoffen wie der Sage von Theseus und Ariadne, von Daidalos und Ikaros, vom Minotaurus und dem Labyrinth in Knossos oder vom Geburtsort ihres höchsten Gottes Zeus in der Höhle von Psychró an den Ausläufern des Diktegebirges ein Ahnen ihrer eigenen Vorgeschichte, die ja zum großen Teil ohne die kretisch-minoische Zeit gar nicht denkbar wäre. Doch dieses Erahnen blieb für sie dunkel, geheimnisvoll, verdichtete sich nie zu genauem Wissen, mochte auch → *Homer*, etwa 700 Jahre nach dem Höhepunkt der minoischen Kultur in der Neupalastzeit, noch recht genaue Kenntnisse der Insel besitzen: »Kreta ist ein Land, mitten im weinfarbenen Meere, schön und reich, rings umspült. Es bewohnen viele, unzählige Menschen, und 90 Städte gibt es da. Verschieden sind dort die Völker und Sprachen; Achaier wohnen da, tapfere Eteokreter, Kydonen, Dorer, dreifach geteilt, und edle Pelasger.«

Die Ausgrabungen von Evans bewiesen die Richtigkeit der Angaben Homers über die Völker Kretas, über die »Minoer« (die Keftiu, wie von den Ägyptern genannt wurden), Achaier, Eteokreter und Dorer. Darüber hinaus vermochte Evans auch die Reihenfolge dieser Völker mit ihrem Besiedelungszeitraum auf der Insel festzulegen, vor allem aber die konkrete minoische Kultur wieder zum Leben zu erwecken und ihren Anteil an der Kultur der Achaier (mykenische Kultur) zu verdeutlichen. Seitdem haben die griechischen Sagen mit ihren angedeuteten Beziehungen zu Kreta an Umriß gewonnen und beginnen, den zugrundeliegenden historischen Kern freizugeben.

Seit der Mitte des 3. Jahrhunderts entfaltete sich in Mittel- und Ostkreta für etwa 1000 Jahre eine rasch fortschreitende Kultur, die sich auffallend von der langsameren Entwicklung der vorangehenden Jungsteinzeit abhob, aber auch gegenüber den alten Kulturen des Orient einen ausgeprägten Eigencharakter besaß. Neben den Minoern als Kulturträgern haben sicher die Umgebung und geographischen Gegebenheiten Kretas viel zu dieser Hochkultur beigetragen.

Die Insel, etwa 260 km lang und an der schmalsten Stelle nur 12 km, an der größten 60 km breit, liegt äußerst günstig als Anlaufplatz zwischen Norden und Süden, Westen und Osten, zwischen Europa und Afrika, südlicher als Algier und Tunis. Eine Reihe von Gebirgszügen zieht sich wie ein durchgehender Rücken von West nach Ost über Kreta hin: Die »Weißen Berge« (Lefka Ori), das Idagebirge, das Lassithibergland, das Diktemassiv und die Berge bei Sitia. Sie schließen die Insel gegen Süden hin ab und bedingen ihre Ausrichtung vor allem nach dem Norden und Osten. Schmal, aber fruchtbar sind die Ebenen, die sich vor allem an der Nordküste finden. Im Süden gibt es nur eine, allerdings die größte Kretas, die Messará-Ebene, an deren westlichem Rand die Paläste von Phaistos und Hagia Triada liegen, während am nördlichen Ende, an den Abhängen des Idagebirges nahe dem Dorf Kamares, die »Kamareshöhle« liegt, Fundort der bezaubernden Kamareskeramik.

Etwa 4 km östlich Heraklions liegt an der Küste Amnisós, »bei der Höhle der Eilythia« (Homer), der alte Hafen von → *Knossos,* das 5 km landeinwärts auf dem flachen Kephalahügel errichtet, Zentrum der Insel

während der minoischen Zeit war. Hier regierte der Sage nach Minos, der König, in dessen Labyrinth, dem Palast mit seinem unentwirrbaren Geflecht von Räumen, der Minotauros hauste, der »Minosstier«, Hinweis auf den von den Griechen als völlig fremdartig empfundenen Stierkult in der minoischen Religion. Südwestlich und südlich von Knossos hat man zwei der »Herrenhäuser«-Anlagen freigelegt, in Vathipetro, mit Resten von Ölpresse, Weinpresse, mit Brennöfen und zahlreichen Webgewichten, und in Týlissos, dessen ausgegrabene drei Herrenhäuser aus der Neupalastzeit stammen.
35 km östlich Heraklions befindet sich in der rotbraunen Küstenebene nahe dem Meer der nach Knossos und Phaistos drittgrößte Palast von Malia, der nach der Sage der Griechen Sarpedon, einem Bruder des Minos gehörte. Da die ältere Anlage um 2000 wesentlich größer war als die zweite, nach 1700 errichtete, kommt in der Sage vermutlich die spätere Oberherrschaft des »Minos« von Knossos über den »Bruder« in Malia zum Ausdruck. Am Mirabellogolf, 20 km südlich von Agios Nikólaos, dessen kleines Museum vor allem die frühminoischen Funde von Mochlos und der Insel Pseira sowie Ausgrabungsstücke aus mittel- und subminoischer, aus griechischer und römischer Zeit beherbergt, dehnt sich auf einem sanften Hügel die minoische Stadt Gurnia aus, deren Überreste einen sehr guten Einblick in die minoische Siedlungs- und Lebensweise während der Nachpalastzeit geben. Mit Zakros im östlichsten Teil der Südküste verbinden sich die jüngsten Ausgrabungen durch N. Platon seit 1963. Es ist der erste entdeckte Palast, der nach der Zerstörung um 1400 nicht geplündert wurde und noch eine Reihe von unveröffentlichten Überraschungen bereithalten dürfte, die sicher nicht spektakulär sind, unser Bild der Neupalastzeit aber in vielen Punkten ergänzen werden und weiter beweisen können, wie schwelgerisch, daseinsbejahend, sinnenfroh und naturbezogen das Leben der Minoer war.

In der späteren Geschichte Griechenlands spielte Kreta nur eine untergeordnete Rolle. Dank ihrer günstigen Lage war die Insel auch weiterhin vermittelnder Faktor zwischen dem Osten und Griechenland, maßgeblich beteiligt an der Ausformung des »daidalischen« Stils der griechischen Plastik im 7. Jahrhundert. Politisch trat sie immer mehr in den Schatten des griechischen Festlandes. Die ehemalige Seeherrschaft hatte Kreta schon lange an die Phöniker und dann die Griechen abgetreten, die in der Kolonisationszeit (→ *Kolonisation*) den ehemaligen minoischen Einflußbereich weit überschritten und das Erbe Kretas voll angetreten haben. In den → *Perserkriegen* und Auseinandersetzungen zwischen Athen und Sparta im → *Peloponnesischen Krieg* war es fast vergessen. Die nie endenden Streitigkeiten der autonomen Städte bedingten einen ständigen weiteren politischen Verfall, den immer ein »lachender Dritter« ausnutzte, Spartaner, Rhodier, Philipp V. von Makedonien, die Ptolemaier Ägyptens, schließlich die Römer. Sie eroberten 69 bis 67 v. Chr. die Insel. (M. F.)

Kriegswesen

Im archaisch-homerischen Zeitalter, das weit ins 2. Jahrtausend hinaufreicht, sind unsere Hauptquelle die homerischen Epen (→ *Ilias*, → *Odyssee*, → *Mykenische Zeit*) sowie bildliche Darstellungen. Die Kriegführung bestimmt der adelige Einzelkämpfer, gerüstet mit Bronzewaffen: Ein längeres, zweischneidiges Schwert für Hieb und Stich, eine lange Stoßlanze, Lederkoller und Helm, dieser oft mit Federn geschmückt, metallbeschlagen oder aus einem Wolfs- oder Eberkopf gearbeitet, eherne Beinschienen und ein mannshoher, aus mehreren Lagen Rindsleder bestehender, am Rande und in der Mitte metallbeschlagener und gewölbter Schild. Der Krieger begab sich mit seinem Fahrer im Streitwagen ins Gefecht, das in einer Summe von Einzelduellen in ritterlicher Manier entschieden wurde: Die Gegner versuchten zuerst, einander mit Worten einzuschüchtern oder zu reizen, eröffneten dann mit Feldsteinen den Fernkampf und gingen schließlich mit Speer und Schwert aufeinander los. Der Bogen als Schußwaffe war weit verbreitet, galt jedoch nicht so recht als ritterlich. Die nichtadeligen, leicht bewaffneten Gefolgsleute der »Recken« waren Kämpfer zweiter Klasse.

Klassische Zeit, Zeitalter der Polis. Zu Beginn des 7. Jahrhunderts

v. Chr. erfolgt eine große Umstellung: der homerische Held hat seine Rolle ausgespielt; an seine Stelle tritt der geschlossen kämpfende, gleichförmig gerüstete und bewaffnete Infanterieverband, die Phalanx. Hier zählten nicht mehr die Bravourstückchen des Helden, sondern die disziplinierte, kameradschaftliche Pflichterfüllung des schwerbewaffneten Fußsoldaten, des Hopliten, im Bürgeraufgebot der Polis. Zahlenmäßige Stärke wurde nun viel wichtiger.
Diese Änderung der Taktik wurde möglich, weil die Anzahl derer viel größer geworden war, die sich die immer noch teure Vollrüstung aus eigenen Mitteln beschaffen konnten. Die Hopliten führten als Ausrüstung Helm, Brustpanzer, Beinschienen und einen viel kleineren, mit einer Hand voll bewegbaren Rundschild. Der eherne Helm hatte Nakken-, Wangen- und Nasenschutz und wurde oft von einem Busch geziert. Der Brustpanzer bestand aus starkem Leinen mit aufgenähten Metallplatten; daran hing ein Kranz von ebenfalls metallbeschlagenen Lederstreifen zum Schutz der unteren Körperpartien, so daß die Beweglichkeit der Beine nicht beeinträchtigt wurde. Der Panzer war in Maßarbeit verfertigt, wurde miederartig angelegt und vorne und an den Schultern durch Haken und Riemen geschlossen. Als Angriffswaffen dienten ein kurzer Stoßspeer und das Kurzschwert. Die Masse der Kämpfer kam nun aus dem sich von der Adelsherrschaft emanzipierenden Bürgertum der Städte und aus dem Bauernstand. Genauso wie ein Jahrhundert später in Rom wurde die Änderung der militärischen Taktik Grund für tiefgreifende politisch-soziale Umwälzungen: Wer nun die Kosten der Hoplitenausrüstung aufbringen konnte, verlangte nachdrücklich und mit der Zeit auch mit Erfolg ein Mitspracherecht bei der Regierung des Staates (→ *Soziale Verhältnisse*, → *Politische Begriffe*); Wehrfähigkeit und Bürgerrecht treten in enge Beziehung zueinander. So entspricht die solonische Klassenordnung von 594 (→ *Solon*), deren Grundzüge weit ins 7. Jahrhundert hinaufreichen, genau der Heereseinteilung in Ritter (oberste Bürgerklasse), Hopliten und schließlich der Leichtbewaffneten als unterster Bürger- und Steuerklasse.
Die Hoplitentaktik setzte sich zuerst in → *Sparta* durch, mit extremen Auswirkungen auf Staat und Gesellschaft: Die Disziplin des Hoplitenkorps, in dem niemand ohne Befehl seinen Platz verlassen durfte, wo eine große Menschenmasse in psychisch außerordentlich belastenden Situationen den Anordnungen eines Befehlshabers ohne Zögern folgen mußte, wo die neuen Anforderungen militärische Führerschaft allmählich zu einer Kunst werden ließen, machte auf den ganzen Staat

übertragen Lakonien zu einer großen Kaserne. Den militärischen Oberbefehl hatte jeweils einer der Könige, jedoch nicht unbeschränkt, da in disziplinärer und politischer Hinsicht noch andere Behörden mitzureden hatten. Stellvertreter waren eine Reihe von Polemarchen (Feldherrn); darunter folgten als eigentliche Truppenoffiziere noch drei weitere Befehlshaber. Das spartanische Hoplitenaufgebot zerfiel im 5. und 4. Jahrhundert v. Chr. in sieben bzw. sechs Lochen (Abteilungen) von je etwa 620 Mann Stärke. Ihrer Bedeutung nach entsprachen diese Abteilungen etwa der römischen Legion. Die uneingeschränkte militärische Dienstpflicht dauerte vom 20. bis zum 60. Lebensjahr; nach dem 60. Geburtstag konnte ein Spartaner nur mehr für eine Inlandsverwendung aufgeboten werden. Das Ephorat führte die Liste der Dienstpflichtigen nach Geburtsjahrgängen; jeweils ein Drittel, zwei Drittel oder das gesamte Aufgebot wurden zum Wehrdienst einberufen. Jeder Krieger konnte zu seiner persönlichen Bedienung eine Anzahl Sklaven ins Feld mitnehmen. Schuster, Schmiede und andere Handwerker wurden vom Wehrdienst mit der Waffe freigestellt, begleiteten aber das Heer im Troß.

Die Aufstellung zur Schlacht erfolgte linear, d. h. die Phalanx bestand aus einer langen Aufreihung von Unterabteilungen von acht Mann Tiefe und vier Mann in der Front. Die Kampfplätze wurden sorgfältig nach Geländebeschaffenheit ausgewählt, wobei man Bacheinschnitte und dergleichen mied, weil dadurch die Phalanx leicht zerrissen und so ihrer Schlagkraft beraubt werden konnte. Schwerpunkt und Ehrenplatz in der Phalanx lag auf dem rechten Flügel; dort standen die besten Truppen, dort pflegte auch die Entscheidung zu fallen. Der Angriff erfolgte zugleich auf der ganzen Linie – bei den meisten Griechen mit Geschrei und auf den letzten Metern im Laufschritt, nur die Spartaner bewegten sich ruhig in gemessenem Gleichschritt, begleitet von Flötenspiel. Dies war wohl auf psychologische Wirkung berechnet: Man kaufte dem Gegner dadurch den Schneid ab, daß man ihm ruhig und selbstbewußt gegenübertrat und seine gelockerte Front dann durchbrach. Sieger war, wer die gegnerische Phalanx zum Weichen brachte und das Schlachtfeld behauptete. Eine Verfolgung fand kaum statt.

Das athenische Hoplitenheer war ähnlich ausgerüstet und organisiert; auch das Aufgebot erfolgte nach Jahrgängen. Im Gegensatz zu Sparta verfügte jedoch Athen über eine zahlenmäßig nennenswerte Kavallerie, deren Kampfwert im Gegensatz zur makedonsichen und thessalischen jedoch gering war.

Seit dem 5. Jahrhundert v. Chr. beruhte → *Athens* militärische Stärke in seiner großen und gut trainierten Kriegsflotte (→ *Seefahrt*). Auf ihrem Höhepunkt zu Beginn des → *Peloponnesischen Krieges* umfaßte sie 300 Trieren (→ *Seefahrt*), deren Bau vom Staat finanziert wurde, die aber zum Einsatz von je einem Privatmann auf dessen Kosten ausgerüstet und instand gehalten werden mußten. Die klassische athenische oder korinthische Triere war kein hochseegängiges Schiff für jedes Wetter, sondern ein Ruderkampfschiff für ruhige Gewässer, lang und schmal gebaut. Der Kampfwert beruhte auf der Schnelligkeit, einer gut trainierten Rudermannschaft und fähigen Steuerleuten; Hauptwaffe war der eherne Rammsporn am Bug. Im Gefecht war es die bevorzugte Taktik der Athener, den gegnerischen Schiffen die Ruderreihen abzufahren oder sie durch einen Rammstoß in die Breitseite in den Grund zu bohren. Dazu war es nötig, immer in Bewegung zu bleiben, dem Gegner immer nur den Bug zu zeigen und ihn auszumanövrieren: Geistige Beweglichkeit zusammen mit guter Teamarbeit entschied über den Erfolg. Das Entern durch eingeschiffte Hopliten kam erst in zweiter Linie und wurde bezeichnenderweise von den spartanischen Flotteneinheiten gesucht, die als »Landratten« – wie später die Römer – versuchten, den Seekampf nach den Regeln des Landkampfes zu führen. Brennpunkte des Seekrieges in klassischer Zeit waren die Ägäis sowie die für den Import-Exporthandel und die Getreideversorgung der griechischen Metropolen so wichtigen Meerengen am Hellespont oder der Einfahrt in den Golf von Korinth, wo ja 1000 Jahre später die Schlacht von Lepanto stattfand.

Makedonisch-hellenistische Zeit. Das 4. Jahrhundert v. Chr. brachte auf allen Gebieten der Kriegsführung nahezu revolutionierende Änderungen. Zunächst wird die klassische Hoplitentaktik durch den Thebaner Epameinondas in den Schlachten von Leuktra (371) und Mantineia (362) auf ihren Höhepunkt geführt und Sparta als bis dahin führende Militärmacht ausgeschaltet. Epameinondas stellte das thebanische Hoplitenaufgebot nicht mehr gleichmäßig acht Mann tief auf, sondern konzentrierte auf dem linken Flügel seine besten Truppen in einem bis zu 50 Mann tiefen und 60 Mann breiten Karree, das »wie eine Triere« (Xenophon) mit großer Wucht den rechten feindlichen Flügel durchbrach und dann durch Einschwenken zur Mitte hin das gegnerische Heer aufrollte. Zentrum und rechter Flügel des thebanischen Heeres zusammen mit leichter Infanterie und Schützen führten derweilen ein hinhaltendes Gefecht mit dem Ziel, den Gegner hinzuhalten und zu binden. Diese Taktik der »schiefen Schlachtordnung« mit ihrem Offensivflügel und den defensiv kämpfenden restlichen Heeresteilen wurde zum Grundschema der großen Alexanderschlachten. Sie ermöglichte nicht nur ein Behaupten des Schlachtfeldes, sondern zielte auf die Vernichtung des Gegners, dessen geschlagene Truppen auch weiter verfolgt wurden. Als neue Waffengattungen treten Kontingente von leichter Infanterie gemischt mit Schützen und vor allem die makedonische und thessalische schwere Kavallerie in den Vordergrund; in den makedonischen Sarissen-(= Spieß)trägern entsteht eine Infanterie völlig neuen Typs. Daneben besteht die schwere Hopliteninfanterie weiter. Seit etwa 350 v. Chr. wird → *Makedonien* zum militärischen Zentrum Griechenlands und später der Welt.

Das neue makedonische Heer ist kein Bürgerheer mehr, sondern ein vom König allein geführtes Gefolgschaftsheer; die gepanzerte Adelsreiterei ist dabei die ursprüngliche Waffengattung, da erst Philippos die Fußarmee der Sarissenphalanx schuf. Im makedonischen Heer, mit dem → *Alexander* nach Asien zog, wirkten mehrere Waffengattungen koordiniert zusammen: Die schwere Reiterei, gerüstet mit Helm, starkem Panzer, Schwert und einer massiven Stoßlanze, war die Hauptoffensivwaffe; sie stand unter dem persönlichen Kommando des Monarchen und griff dicht geschlossen geschwaderweise vom rechten Flügel her an. Ihr Stoß richtete sich auf einen Punkt links vom feindlichen Zentrum, nicht jedoch auf den äußeren linken feindlichen Flügel. Beabsichtigt war, die feindliche Aufstellung zu durchbrechen, ihren linken Flügel abzutrennen und dann auf das feindliche Zentrum selbst nach links einzuschwenken; dieses wurde nämlich in diesem Augenblick vom Stoß der Sarissenphalanx getroffen. Als kompletter Kampfblock war sie in der Lage, ganze Truppenteile zu zersprengen; sie stand im makedonischen Zentrum, rechts von ihr waren die Durchbruchskontingente der Panzerreiter postiert. Die Flügel des makedonischen Heeres deckten gemischte Verbände von Hopliteneinheiten, Schützen und leichter Kavallerie; diese kämpften hinhaltend. Bei dieser makedonischen Standardtechnik kam alles auf das Gelingen des Offensivstoßes an (Reserven waren keine vorhanden); schlug er fehl, entstand eine prekäre Lage. Dies zeigte sich vor allem dann, als die »makedonisch« ausgerüsteten und operierenden Heere der Diadochen (→ *Diadochenreiche*) auf die elastischen römischen Legionen und Manipel trafen und dabei regelmäßig empfindlich litten. Die makedonische Phalanxtaktik war zu schwerfällig geworden; der römischen Infanterie gehörte die Zukunft.

Belagerungskrieg. Bis weit ins 5. Jahrhundert v. Chr. hinein konnten sich Griechenlands Städte mit kunstlosen Befestigungen begnügen, da die Belagerungstechnik noch in den Kinderschuhen steckte: Einschließung und Aushungerung war das Standardverfahren. Erst nach 450 hörten wir von Rammböcken (Widdern) für das Schlagen einer Bresche und von Schildkröten als fahrbaren Schutzdächern, um Sturmtruppen über das Vorfeld an die Stadtmauer heranzubringen. Gegen Ende des Jahrhunderts baute man Dämme, um den Sturmangriff auf die Mauerkrone der belagerten Stadt vorzutragen.

Das 4. Jahrhundert bringt auch auf diesem Gebiet große Fortschritte: In Sizilien erfand man das sehnengetriebene Geschütz und den beweglichen Belagerungssturm. Diese technisch hochwertigen Instrumente wurden ergänzt durch eine Vervollkommnung der Pioniertechnik: Jetzt wurden Stadtmauern unterminiert, in feindliche Minengänge Qualm und Wespen hineingeblasen, Meerengen mit Dämmen überbrückt, Flüsse umgeleitet und die Vorfelder der Festungen »vermint«, d. h. große Tongefäße dort vergraben, wo man das Anrollen schweren Belagerungsgeräts erwartete; Türme und Widder brachen dann in die Tongefäße ein und blockierten das Vorfeld. Verschiedene Sorten von Mauerbohrern wurden schräg von unten an die Festungsmauern angesetzt, und Bohrloch saß an Bohrloch. Die Zwischenräume schlug man dann heraus, stützte das Ganze mit pechbestrichenen Holzstempeln ab und zündete zum gegebenen Zeitpunkt die Verbauung an: Streben und Mauer brachen zusammen. In der Diadochenzeit erreichte die Belagerungstechnik ihren Höhepunkt, über den auch Rom nicht hinauskam; dies gilt besonders für die Artillerie (→ *Technik*): Alle Geschütztypen holten die Schußenergie aus starken, gedrillten Sehnensträngen, manchmal auch aus Frauen- oder Roßhaar; diese Sehnenbündel wurden beim zweiarmigen Typ senkrecht, beim einarmigen Typ waagerecht in einen massiven, metallarmierten Rahmen gespannt, und durch die Sehnenstränge wurden die »Bogenarme« bzw. der Wurfarm gesteckt. Eine Winde zog beim zweiarmigen Typ die Bogensehne, beim einarmigen den Wurfarm zurück, eine Arretierung schnappte ein, das Geschütz wurde geladen und mittels einer Art von Armbrustauslösung abgefeuert. Das zweiarmige Geschütz, auch Katapult genannt, wurde auch als Mehrlader hergestellt für Schnellfeuer und verschoß sowohl große Pfeile als auch Stein- oder Bleikugeln mit ziemlich gestreckter Flugbahn und guter Punktgenauigkeit; das einarmige Geschütz war eine ziemlich ungenaue Steilfeuerwaffe von geringerem Wert. Der Nachteil dieser

EPOCHE	ARCHITEKTUR
GEOMETRISCH	Neuanfang der griechischen Kunst
900 v. Chr. Frühgeometrisch	
850 v. Chr. Strenggeometrisch	
800 v. Chr. Reif-geometrisch 750 v. Chr. Reich-geometrisch 730 v. Chr. Spätgeometrisch	formale Übernahme von mykenischem Grundriß (Megaron) und Bauelement (Säule): einfache Tempel in Holzbauweise
ARCHAISCH	Suche nach den Urformen der mythischen und der menschlichen Welt. Vorstellungen von der Vergegenwärtigung
700 v. Chr. Früharchaisch (Dädalisch)	Bauwerke sind eng mit der umgebenden Landschaft verbunden. Tempel – als Wohnhaus Gottes – auf der Grundform des Megaron basierend: geschlossene Halle (Cella) und Säulenvorhalle. Dieser Antentempel wird mehrmals erweitert zum langgestreckten Rechteck, auf allen Seiten von Säulen umgeben.
625 v. Chr. Hocharchaisch	Entstehung der Dorischen Ordnung: klare Abfolge von Säulenbasis, Säule, Kapitell, Gebälk (Architrav, Fries, Kranzgesims) und Giebel. Ionische Ordnung (schlankere Säule, Volutenkapitell)

Plastik	Malerei
nach den Zerstörungen der mykenischen Kultur durch die Dorische Wanderung	
Kleinplastik: Tierfiguren, auch Reiter, Wagenlenker usw. in einfachen, klar aufgebauten Formen	Vasenmalerei: strenge Gliederung der Dekore, lineare Ornamente und fest umrissene Flächen (z. B. Mäander)
	wie auch später sind bemalte Vasen Grabbeigaben und Weihegeschenke im Unterschied zur Gebrauchskeramik
auch Anlehnung an orientalische Vorbilder	vereinzelte figürliche Darstellungen, ebenfalls stark geometrisch bestimmt
durch den Kunstgegenstand, d. h. der wirklichen Präsenz etwa des Gottes im Kunstwerk – gilt auch noch für die klas-	sische Kunst
Nun auch Monumentalplastik; kennzeichnend sind: festgebaute Tektonik, frontale Sicht, starre Haltung, Symmetrie. Einzelplastik: Kuros (nackte Männerstatue) und Kore (bekleidete Frauenstatue) als Weihebild für Götter oder auch Tote. Bauplastik: an Fries und Giebel der Tempel. Material: Stein, Ton	Erhalten sind fast ausschließlich Vasen; Wandbilder u. Tafelmalerei können nur erschlossen werden; kennzeichnend ist die Zweidimensionalität der Malerei. Orientalisierende Vasenmalerei: organischer, dichter als bisher; Zentrum Korinth
	Schwarzfigurige Vasenmalerei: schwarze Gestalten auf rotem Hintergrund, Grundfläche und Körpervolumen unverbunden; Zentrum: Athen

EPOCHE	ARCHITEKTUR
570 v. Chr. Spätarchaisch	Dorische Tempel in Paestum.
KLASSISCH	Darstellung der Menschen, wie sie dem klassischen Menschenbild nach sind; das
500 v. Chr. Frühklassisch (streng)	Ausbildung der kanonischen Ordnung der Tempelbauten, innere Einheit der einzelnen Bauteile – dadurch weniger starr und blockhaft.
450 v. Chr. Hochklassisch	Bau des Parthenon in Athen (448–432)
420 v. Chr. »Reicher Stil«	Schmuckfreudiger Stil, z. B. Korinthisches Kapitell (Akanthusblätter). Bau des Erechtheion in Athen (421–406). Vorliebe für Rundtempel, z. B. Tholos in Delphi. Die Tempelarchitektur beeinflußt auch die öffentlichen Bauten wie Theater, Gymnasien usw. Architekt: Hippodamos von Milet
380 v. Chr. Spätklassisch	
HELLENISTISCH	Darstellung der Menschen, wie sie erscheinen: der optische Eindruck der Naturvorbilder soll wiedergegeben werden; aber auch Bloßlegung menschlicher Lei-
320 v. Chr. Frühhellenistisch 230 v. Chr. Hochhellenistisch	Wohnbau erhält stärkere Bedeutung. Großräumige, symmetrische Platzanlagen, repräsentative Profanbauten; geplante Stadtanlagen.
170 v. Chr. Späthellenistisch (Ende evtl. erst im 1. Jh. n. Chr.)	»Wunderbauten«: Leuchtturm von Alexandria, Koloß v. Rhodos, Zeusaltar v. Pergamon.

Plastik	Malerei
	ab 530 Rotfigurige Vasenmalerei: rote Figuren auf schwarzem Grund; dramatischere Gestaltung. In der Vasenmalerei wird der Alltag der Griechen lebendig.
Ethos steht im Mittelpunkt: Ausgleich und Harmonie zwischen Gegensätzen	(wie Kunst und Wirklichkeit).
Die Formen zeigen einen organisch-funktionellen Zusammenhang, der Kontrapost, die Harmonie von Strand- und Spielbein (durch Polyklet) ermöglicht den Ausgleich von Ruhe und freier Bewegung; Einzelplastik ist meist nicht im Original (oft Bronze) erhalten, sondern in römischen Marmorkopien. Werke: z. B. Skulpturen des Parthenon (Pheidias); Diskuswerfer (Myron), Wagenlenker von Delphi. Künstler: Myron (arbeitet 460–430), Erzgießer; Pheidias (460–430), Athen. Bildhauer; Polyklet (450–410), Bildhauer aus Argos; Praxiteles (370–320), ath. Bildhauer; Lysipp (370–310), Bronzebildner der Peloponnes.	Rotfigurige Vasenmalerei stark illusionistische Malerei auch auf den Vasen. Künstler: Polygnot, Maler aus Thasos (1. H. 5. Jh.): Beginn der Vierfarbenmalerei (Weiß, Rot, Schwarz, Ocker); Agatharch, Maler in Athen (2. H. 5. Jh.): entwickelt angeblich die räumliche Perspektive. Rückkehr zu Linearität
denschaften; Hang zur Monumentalität, Gefahr, das Maß zu verlieren; griechische Kunst wird Weltkunst. Kunst dringt nun auch in den privaten Bereich ein,	damit ist ein Wandel der Themen möglich.
Malerischer Charakter auch der Plastik, die Figuren sind – als Ausdruck innerer Erregung – stark bewegt.	Spannung zwischen Figur und Raum beherrscht die Wandmalerei, Vasenmalerei nicht mehr so bedeutend.
Werke: z. B. Laokoon-Gruppe, Fries des Pergamon-Altars	

Geschütze bestand darin, daß ihre Sehnenstränge feuchtigkeitsempfindlich waren und schnell erschlafften, der Vorteil besonders der Katapulte war, daß man mit ihnen auf viel größere Entfernung als vorher einen gepanzerten und geschirmten Soldaten außer Gefecht setzen konnte.
Während Alexander ein Weltreich eroberte und unter seinen Erben der Orient in den Bann griechischer Lebensart und Kultur geriet, blieb Griechenland selbst ein Land des Bürgerkrieges und der blutigen Parteikämpfe (→ *Peloponnesischer Krieg*, → *Söldner*). Während es draußen um halbe Kontinente ging, schlugen sich die griechischen Poleis immer noch verbissen um kleine Landfetzen, und innerhalb ihrer Mauern bekämpften sich verfeindete Gruppen der Bürgerschaft mit Fanatismus. Dabei kam es oft zu Schreckensszenen, die unser vielleicht manchmal zu iedealistisch getöntes Griechenlandbild drastisch zurechtrücken; → *Thukydides* schildert: ». . . Nachher führte die siegreiche Partei die gefangenen Oligarchen zu je zwanzig aus dem Haus und durch eine Doppelreihe Hopliten; sobald einer von diesen einen persönlichen Feind unter den Vorgeführten erkannte, schlug oder stach er zu . . . Als der Morgen anbrach, verluden sie die Leichen der Oligarchen auf mehrere Karren und schafften sie aus der Stadt. Auf diese Weise wurde die Oligarchenpartei (→ *Politische Begriffe*) von Korfu vernichtet, und ein langwieriger Parteikampf war zu Ende – wenigstens für eine gewisse Zeit! Von der unterlegenen Partei war nämlich kaum einer mit dem Leben davongekommen.« (D. R.)

Kykladen

Die 39 kreisförmig um die Insel → *Delos* liegenden Inseln heißen »Kykladen« (grch. »kyklos« = Kreis). Sie waren das Zentrum einer ausgeprägten Kultur der Bronzezeit (Kykladenkultur 1600–1400 v. Chr.). Charakteristisch für diese Kultur sind die zahlreichen aus Marmor gefertigten Figuren, die trotz der Verzerrung der Glieder im Verhältnis zu dem langgestreckten Rumpf von großer Aussagekraft und Modernität sind. Diese Idole, die mit etwas zurückgenommenem Kopf, vor der Brust verschränkten Armen, im Knie leicht gebeugten Beinen dastehen, weisen unterschiedliche Größe auf: 15 cm. bis 1,5 m.
Geschichte. Aus der geographischen Lage ergaben sich in der Blütezeit des 3./2. Jahrtausends starke kulturelle Verbindungen ihrer seefahrenden Bewohner zu den Einwohnern Anatoliens und → *Kretas*. Der größte

Teile der Kykladen wurde in der → *Kolonisationszeit* von ionischen Griechen besiedelt; im 5. Jahrhundert v. Chr. gehörten die Kykladen zum Attischen → *Seebund,* in hellenistischer Zeit bildete sich der Bund der Inselgriechen (Nesioten), der zumeist von den Großmächten Ägypten oder → *Makedonien* abhängig war. Kea hat in den → *Perserkriegen* als erste Insel seine Dreiruderer den Athenern zu Hilfe geschickt. Antike Schriftsteller erwähnen eine außergewöhnliche Sitte: Die älter als siebzigjährigen Bürger begingen Selbstmord, indem sie den Schierlingsbecher tranken. Zwei berühmte Dichter stammen von der Insel: Simonides (5./6. Jahrhundert) und Bakchylides (5. Jahrhundert). Auf die Insel Seriphos soll der Sage nach die von ihrem Vater verstoßene Danae mit ihrem Sohn Perseus (→ *Heroen*) verschlagen worden sein. Von dem hohen kulturellen Leben auf der Insel Melos zeugen zahlreiche Funde: Der berühmte archaische »Kuros« (Jüngling), die Venus von Milo sowie die schönen melischen Vasen im orientalischen Stil. Den Mittelpunkt der Zentralen Kykladen bildet die Insel Paros. Die beiden bedeutendsten Persönlichkeiten der Insel waren der Dichter Archilochos (7. Jahrhundert) und der Bildhauer Skopas (4. Jahrhundert), dessen Werke (»Herakles mit der geschulterten Keule«, »Eberjäger Meleager«) tiefe menschliche Leidenschaft widerspiegeln. Ihren Reichtum verdankt die Insel dem lichten, weißen »Marmor« (»Lychnites«). Die Insel Naxos ist die mythische Geburtsstätte des Dionysos (→ *Götter*). In Beziehung zu ihm steht Ariadne, die vorhellenische Gottheit der Fruchtbarkeit, die in Kreta verehrt wurde. Die Vasen zeichnen sich durch feine Linienführung aus, die Betonung der Vertikalen läßt die Darstellungen langgezogen erscheinen. Die Insel Santorin (antik: Thera) liegt im Schnittpunkt des Verkehrs vom Saronischen Golf nach Kreta/Ägypten und von der Peloponnes nach Rhodos und zur Südküste → *Kleinasiens.* Um 1500 v. Chr. zersprengte ein gewaltiger Vulkanausbruch das Zentrum der Insel, die den Beinamen »Kalliste« (die »sehr Schöne«) trug. Von dieser Rundinsel blieb nur die Form einer Mondsichel übrig. Die durch diese Naturkatastrophe hervorgerufene Flutwelle verheerte die ganze Inselwelt, die Küsten Kleinasiens und Griechenlands, schließlich auch Kreta, das sich von diesem Schlag nicht mehr erholte. Mykonos ist die meistbesuchte Insel der Ostkykladen; mit seinen Windmühlen und seinen schneeweißen kubischen Häusern hinterläßt es bei dem Reisenden einen tiefen Eindruck; in der griechischen Geschichte stand Mykonos stets im Schatten von Delos. Delos – im Zentrum der Kykladen – ist eine der kleinsten Inseln (Länge: 5 km, Breite: 1,5 km).

Nach der Legende sprang Asteria auf der Flucht vor dem zudringlichen Zeus (→ *Götter*) ins Meer. Ruhelos trieb sie als Insel durch die Ägäis, bis sie Leto, der von der eifersüchtigen Hera verfolgten Geliebten des Zeus, Zuflucht gewährte. Unter einer Palme gebar Leto ihren Sohn Apollon. Darauf stand die gejagte Asteria still, vier Säulen hoben sie aus dem Meeresgrunde, und Zeus machte sie für alle »sichtbar« (grch: »delos«). Seit dem 8. Jahrhundert v. Chr. wird die einst karge Zufluchtsstätte für Seefahrer zum religiösen Mittelpunkt, zur führenden Handels- und Seemacht der Ägäis, im 5. Jahrhundert v. Chr. faßten die Athener Fuß auf der Insel (Attisch-Delischer Seebund 477). Im Norden der Insel arbeiten französische Archäologen seit 1872 an der Freilegung des »Heiligen Bezirkes«. Eine 13 Meter breite, von gut erhaltenen Tempeln und Schatzhäusern gesäumte Wallfahrtsstraße führt zu den drei schlichten Apollontempeln. Weltberühmt ist die Löwenallee auf dem Wege zum Heiligtum der Leto: es handelt sich um die einzige plastische Reihenschau wilder Tiere in ganz Griechenland. Von besonderer künstlerischer Aussagekraft sind zahlreiche Mosaiken: Delphine, Dionysos auf dem Panther. (K. S.)

Landwirtschaft

Obwohl nach griechischer Überlieferung der Ackerbau göttlichen Ursprungs ist, weil Demeter (→ *Götter*) dem Triptolemos das erste Samenkorn schenkte, damit die Menschen sich nicht weiter von Eicheln nähren mußten, war die Viehzucht ungleich wichtiger. Die auf die Balkanhalbinsel vordringenden griechischen Stämme fanden nur wenige Ebenen und Flußtäler für den Ackerbau vor und drangen rodend in die Wälder und Bergländer vor, die der Viehzucht erschlossen werden konnten.

Viehzucht. Rind, Schwein, Schaf und Ziege nahmen den wichtigsten Platz ein, mit weitem Abstand folgten Pferd, Maultier und Esel. Früh hatten die Besitzer erkannt, daß sich grasreiches, ebenes Gelände mit weichem Boden für die Rinder- und Rossezucht am besten eigne, waldreiches Terrain für die Schweine-, Bergweiden und Steinhalden für die Schaf- und Ziegenhaltung nutzbar waren. Da Herden der wertvollste Teil des Besitzes und der örtlichen Macht waren, überfielen Feinde zuerst diese und ruinierten den Besitzer durch Wegnahme seines lebenden Vermögens. Selbstverständliche Pflicht aller Wehrfähigen war die

Verteidigung der Herden, deren Raub auch für Fürsten nicht schimpflich war. Auch als Metall als Zahlungsmittel schon üblich war, wurde der Wert von Waren in Rindern abgeschätzt. So betrug das Lösegeld eines Gefangenen lange Zeit 100 Rinder, der Kaufpreis einer schönen Sklavin, einer Ware im antiken Rechtsverkehr, nur 20 Rinder, einer geschickten Haussklavin nur 4 Rinder. Selbst das Brautgeschenk, das an den Schwiegervater ging, bestand aus Vieh, weshalb begehrte Töchter den Beinamen »rindereinbringend« erhielten; auch die Morgengabe an die junge Frau bestand aus Rindern. Das höchste Opfertier, das nur Gutsbesitzer aufbringen konnten, war ein Jungstier, der noch keinen Pflug gezogen hatte. Da sich alle Dorfbewohner zu Opfer und Opferschmaus um den Dorfherrn scharten, wuchsen dessen Ansehen und Macht. – Während Kühe und Jungtiere den größten Teil des Jahres weideten, wurden die Arbeitstiere in Ställen gehalten. Unentbehrlich für jeden Bauern waren zwei an Größe und Kraft gleiche Pflugstiere, die auch zum Ziehen der Lastwagen und Austreten des Getreides genutzt wurden. Bei der Schlachtung der Tiere wurde auf eine gute Haut besonders geachtet, die für Decken, Sandalen, Riemen usw. genutzt und so geschätzt wurde, daß sie als Wettkampfpreis begehrt war.

In höheren und grasärmeren Lagen wurden Schafe gehalten, deren Milch meist zu Käse, und deren Wolle, vor allem als sie mit milesischen Schafen gekreuzt waren, von den Frauen aller Stände zu feiner Kleidung verarbeitet wurde. Zartes Lammfleisch war in Athens großer Zeit schließlich so im Preis gestiegen, daß sich Einfuhren aus Epirus lohnten. Vielfach wurden zusammen mit den Schafen Ziegen gehalten, die »Kühe des kleinen Mannes«, die auch in den Gebirgen noch Futter fanden, allerdings auch die jungen Bäume verbissen und so für Krüppelwald sorgten. Aus ihrer fetten, aromatischen Milch wurde der zu Brot und Wein beliebte Ziegenkäse bereitet, der auch, getrocknet, in den Wein gerieben wurde. Das Fleisch der Zicklein war etwas für Feinschmecker. Aus Ziegenhaut waren die Lederkappen und die Weinschläuche, die z. T. drei Jahrtausende unversehrt überstanden haben.

Auf jedem Bauernhof hielt man Schweine; auf den großen Gütern hatte ein eigener Schweinehirt die Herde unter die Eichen, Kastanien und Obstbäume zu treiben. Zur Mast wurden die Tiere in enge Koben gesteckt und mit Kleie, Feigen und Hülsenfrüchten ernährt. Einen Mastgroßbetrieb schildert das 16. Buch der → *Odyssee*. Das damals so begehrte Schweinemett wurde schließlich vom Olivenöl völlig aus der Küche verdrängt.

Da Pferde nie in der Landwirtschaft eingespannt wurden, sondern nur im Herrendienst standen, war ihre Aufzucht ein Luxus, den sich nur Begüterte leisten konnten. Der wehrfähige Bauer, der auch nur ein Roß halten konnte, entfernte sich von seinen Standesgenossen und wuchs in den Stand der adeligen Grundbesitzer hinein. Zuchtbetriebe konnten sich nur sehr reiche Landbesitzer leisten, denn die Pferdeweiden lagen gerade in der weizenreichen Argolis und in Thessalien, wo die Böden dreißigfältige Frucht trugen. Da die Rosse für Wagenrennen und Schlacht trainiert wurden, waren schönes Äußeres und Laufschnelligkeit Zuchtziele. Die Lastwagen wurden nie von Pferden gezogen, sondern von Maultieren, die im Gebirge besser als Rinder zurechtkamen. Der Esel schließlich war das Lasttier der Armen, zog auch ihren Pflug, war aber noch nicht das Arbeitstier der Müller.
Bis ins 6. Jahrhundert v. Chr. gab es als Geflügel nur die weiße Gans, die mit gequollenem Weizen gemästet wurde, und die Haustaube; erst dann wurde der »persische Vogel«, das Huhn, importiert, später Pfau, Perlhuhn und Ente. Gepflegt wurden auch die Bienen, lieferten diese doch den einzigen Süßstoff und obendrein das wohlriechende Wachs. In Wein gemischter Honig galt fast als universales Heilmittel; Hippokrates verordnete gegen bösartige Anämien in Honig getränkte Schweineleber (→ *Medizin*).

Ackerbau. Als alle brauchbaren Böden gerodet und bestellt waren, erwies sich das Areal für den Getreidebau als zu gering, um alle Griechen zu ernähren. Seit alters mußte Getreide eingeführt werden, vor allem aus Südrußland und Sizilien, wohin dann vor allem keramische Produkte und Metallwaren exportiert wurden. Da das Getreide von den Häfen der Krim durch die Dardanellen transportiert werden mußte, konnte ein Gegner die Griechen (vor allem die Athener) empfindlich schädigen, wenn er die Meeresstraße sperrte. Geschickte Börsianer nutzten das gelegentlich ausgestreute Gerücht, die Dardanellen seien blockiert, zur Preistreiberei. Die sizilische Expedition (415–413) im → *Peloponnesischen Krieg* zielte ja auch darauf ab, das Getreideland Sizilien für Athen zu sichern. – Der heimische Landmann baute zunächst Gerste, Spelt und Hirse an, später Weizen; die Körner wurden nur von Frauen und Knechten gemahlen. Nachdem die »Rinderwährung« überholt war, teilte → *Solon* die Klassen nach dem Ernteertrag ein. So mußte die 1. Klasse jährlich mindestens 500 Scheffel Gerste aufbringen, was ein Areal von 18 bis 20 ha voraussetzte; da die Hälfte brach lag, mußte dies aber ein Gut von 36 bis 40 ha Fläche sein, wobei die Weingärten und

Olivenhaine nicht mitgezählt sind. Die 2. Klasse, die einen Streitwagen oder ein Roß zu halten hatte, mußte jährlich zwischen 300 bis 500 Scheffel Gerste ernten. Der spartanische Vollbürger hatte auf seinem staatlichen Erbgut 120 Scheffel Getreide Ertrag, seine Frau auf ihrem Sonderbesitz weitere 12 Scheffel, so daß er mit den Landstücken zur Ernährung zweier Helotenfamilien auf etwa 20 ha kam. Die Latifundien, die später durch das Auskaufen der verschuldeten Kleinbauern entstehen, sind mit ihren 100 bis 800 ha Zwerge gegenüber denen in Sizilien und Nordafrika, werden aber wie dort zumeist an Pächter vergeben, deren eingehende Instruktion durch Theophrast überliefert wurde. Die Arbeit auf den großen und mittleren Gütern verrichteten freie Arbeiter, meist landlos gewordene Bauern, dann unfreie Arbeiter, die zumeist der vorgriechischen Bevölkerung wie Spartas Heloten entstammten, schließlich vor allem Sklaven, die zum Inventar des Gutes gehörten wie Egge und Pflug, mit ihm an- und verkauft wurden. → *Xenophon* hat den Großgrundbesitzer mit einem Feldherrn verglichen, der vor allem Selbsterziehung, Fleiß, Beobachtungsgabe, Gerechtigkeitssinn und Organisationstalent besitzen müsse.

Ohne mühselige Pflege wuchs der Ölbaum, vor allem auf dem kreidigen Boden Attikas; dessen unerlaubtes Abschlagen wurde streng bestraft. Der wichtigste Fruchtbaum war die Feige, ein Geschenk der Demeter, wie alle anderen Obstsorten gerne um die → *Tempel* gepflanzt. An den sonnigen Hängen gedieh der Weinstock (→ *Wein*), dessen Beeren zum Teil getrocknet wurden (Sultaninen, Korinthen). Im Umkreis der Städte rentierte sich der Anbau von Kohl, Lattich, Rüben, Lauch, Zwiebel, Knoblauch, Rettich, Spargel und Gurken. Als zu Beginn des Peloponnesischen Krieges die Gärten in der Ebene von Eleusis verwüstet wurden, empfanden die Athener das als Katastrophe. Seltene Gemüse und feines Tafelobst bezogen die Athener von den Inseln, der kleinasiatischen Küste, aus → *Kreta* und Phoinikien. (W. D.)

Literatur

Die Geschichte der griechischen Literatur umfaßt einen Zeitraum von nahezu eineinhalb Jahrtausenden. Der Umfang der erhaltenen Schriften beträgt rund das Zehnfache des aus der römischen Literatur Erhaltenen. Man pflegt vier Perioden zu unterscheiden: In der *archaischen* (etwa 750–450 v. Chr.) entwickeln sich die Gattungen, zunächst getrennt nach Stämmen und Dialekten; in der *klassischen* (etwa 450 bis 323 v. Chr.) setzt sich der attische Dialekt durch; in der *hellenistischen* (etwa 322–27 v. Chr.) wird die Koine zur Weltsprache; die *Kaiserzeit* (von Augustus bis zum 6. Jahrhundert n. Chr.) bevorzugt wieder das Attische als Literatursprache.

I. Die archaische Periode

Homeros. Am Beginn der uns bekannten griechischen Literatur stehen → *»Ilias«* und → *»Odyssee«*, Epen von so ausgereifter Meisterschaft, daß vor ihnen eine lange, uns nicht greifbare Entwicklung angenommen werden muß. Die Gestalt des Dichters → *Homeros* liegt im Dunkeln, seine Verfasserschaft ist umstritten. Aber die Epen selbst sind bis heute lebendig, desgleichen die Hauptpersonen im zehnjährigen Kampf um → *Troia* und in der Geschichte von der Heimkehr des Odysseus: Achilleus, Patroklos, Agamemnon, Hektor und Paris, Nausikaa, Telemachos und Penelope samt den → *Göttern* des Olympos und den Fabelwesen, z. B. Polyphemos und den Sirenen.

Der epische Kyklos und Hesiodos. Die Odyssee wurde zum Vorbild anderer Epen, die die Heimkehr von Troia behandelten. Diese sogenannten Nostoi und weitere Gedichte aus dem troianischen Sagenkreis wurden vermutlich von Rhapsoden (Rezitatoren) verfaßt und tradiert, aber dem Homer zugeschrieben. Die Wissenschaft nennt sie den epischen Kyklos (Kreis), der auch Mythen um Theben und die Danaiden umfaßt. Das meiste davon ist verloren. → *Hesiodos* ist der erste Dichter des Abendlandes, dessen Lebensumstände wir genauer kennen. Er lebte um 700 v. Chr. Seine Dichtungen, die »Theogonie« (Ursprung der Welt und der Götter) und die »Werke und Tage«, schrieb er zwar im Vers und in der Sprache der homerischen Epen, aber er verlegte sie aus der ritterlichen Welt des Wohlstandes in die bäuerliche Welt der Arbeit und Mühe. Statt der heiteren, oft menschenähnlich gezeichneten Olympier herrschen ernste, ehrfurchtgebietende, gerechte Mächte. Tierfabeln verstärken das moralisierende Element (Ähnliches wie Hesiod beabsichtigte einige Generationen nach ihm → *Aisopos* mit seinen schon im Altertum vielgelesenen Prosafabeln). Hesiod nimmt die konkrete Notlage zum Anlaß, um auf die Umwelt einzuwirken, indem er die Regeln des rechten Verhaltens vorträgt.

Elegie und Iambos. Auch die lyrischen Dichter versuchten Einfluß zu nehmen auf ihre Zeit. Gerade im 7. und 6. Jahrhundert v. Chr. traten politisch Engagierte auch als Lyriker hervor, besonders in der Form der Elegie, d. h. in Distichen (→ *Metrik*). *Kallinos* von Ephesos trieb um

650 seine Landsleute zum Widerstand gegen die eingefallenen Kimmerier an. *Tyrtaios* beschwor das Ideal männlicher Bewährung im Kampf der Spartaner gegen die Messenier. → *Solon* bekämpfte in seinen Gedichten Ehrgeiz und Habsucht als Ursachen der Schwäche und verkündete seine eigenen politischen Grundsätze. Zu Maßhalten und Tüchtigkeit rief *Phokylides* auf. *Xenophanes* wandte sich gegen die Geringschätzung geistiger Bildung, gegen naive Gottesvorstellungen und weichlichen Lebensstil. Eine streng aristokratische Denkweise vertrat *Theognis* entgegen den Ideen der aufkommenden → *Demokratie;* Volksverachtung und Pessimismus kennzeichnen seine Spruchweisheit (Gnomen). Heute verbinden wir mit der Gattungsbezeichnung Elegie eher gefühlvolle, von Liebe und Tod handelnde Gedichte. Diese Art pflegte *Mimnermos.* Er wurde zum Vorbild für die römischen Elegiker. Während die dem Epos nahestehende Form der Elegie sich mehr für erhabene, ideale Inhalte eignete, bevorzugte man die alternierenden Rhythmen des Iambos und Trochaios wegen ihrer Ähnlichkeit mit der alltäglichen Sprechweise für die realistische, scherzhafte oder polemische Darstellung. Der Iambos wurde geradezu zum Schmähgedicht. *Archilochos* (um 650) schimpfte auf Lykambes, der ihm seine Tochter nicht zur Frau geben wollte. *Semonides* spottete über die Sinnlosigkeit menschlichen Tuns und über die Schwächen der Frauen. Der Bettelpoet *Hipponax* (um 540) verband in seinen Hinkiamben Witz und Boshaftigkeit mit der Bitte um Essen und warme Kleidung.

Einzelgesang und Chorlied. Lyrik als reinen Ausdruck persönlicher Gefühle und Einsichten schufen die Griechen in der Form des zur Lyra gesungenen Einzelliedes (Melos). *Alkaios* aus Mytilene (um 600) gestaltete in revolutionärer Bedrängnis das Bild vom Staatsschiff in stürmischer See. Seine Zeitgenossin → *Sappho* pries er als »die Dunkelgelockte, Reine, Goldlächelnde«. Sie pflegte in ihrem »Musenheim« Freundschaft und feine Gesittung und gab in ihren Liedern vielfältigen Stimmungen fein nuancierte Gestalt. Einen leichten, lebensfrohen Ton schlug der Ionier *Anakreon* an. Seine Lieder handeln von Jugend, Liebe und Wein.

Seit dem 7. Jahrhundert entwickelte sich in Verbindung mit dem Reigentanz die Chorlyrik, begleitet von Kithara und zunehmend Flöten. Die Chöre, in ihrer Form teils strophisch, teils triadisch (Strophe – Gegenstrophe – Abgesang), teils durchkomponiert, wurden von Kultvereinen zu festlichen Anlässen aufgeführt. *Alkman* (um 625) verband ernste mit neckischen Partien. Die z. T. sehr umfangreichen Chöre des

Stesichoros (um 600) enthalten neben heroischen Stoffen auch volkstümliche Liebesgeschichten. Ein vielseitiger und sehr erfolgreicher Lyriker war der weltmännische und geschäftstüchtige *Simonides* aus Keos (*556, † 468). Sein Neffe *Bakchylides* war stärker dem konventionellen Denken verpflichtet, kleidete es jedoch in elegante Form. Der große Meister der Chorlyrik war *Pindaros* (etwa 518–446). Mit seiner streng aristokratischen Einstellung, seiner Bindung an den überkommenen Götterglauben und seiner Abneigung gegen alles Modische und Neuartige stand er im Gegensatz zum attischen Zeitgeist. Neben seinen berühmten Epinikien (Siegesgesängen zu den panhellenischen Festen) und Paianen (hymnischen Anrufungen des Apollon) schrieb er z. B. Begrüßungschöre, die bei der Rückkehr eines Siegers in seine Heimatstadt gesungen wurden.

Die Anfänge des Dramas. Der Ursprung des Dramas liegt in kultischen Handlungen zu Ehren bäuerlicher Gottheiten. Die Feste, oft dem natürlichen Geschehen im Jahreslauf entsprechend, wurden mit Umzügen und Vermummungen, Darstellungen von Göttergeschichten und Spottliedern begangen. Die → *Tragödie* hat ihre Wurzeln im Dithyrambos, einem Kultlied mit Bezug zur Dionysosgeschichte. Als der Dichter → *Thespis* dem Chor einen Schauspieler als Antworter (Hypokrites) gegenüberstellte und dieses »Ensemble« erstmals an den Dionysien des Jahres 534 in Athen auftreten ließ, war die Tragödie geboren. *Pratinas* brachte eine zweite, mehr possenhafte dramatische Form nach Athen, das Satyrspiel. Lieblingsthemen waren Schelmenstreiche des Hermesknaben und derbe Abenteurergeschichten. Zwei weitere dramatische Formen kamen aus Sizilien: → *Komödie* und Mimos. Die Komödie ging aus lustigen Aufzügen (Komoi) hervor, wurde aber bereits seit *Epicharmos* (etwa 550–460) mit satirischem Witz und philosophischem Tiefsinn durchsetzt. *Sophron* aus Syrakus schuf den Mimos: kurze, realistische, derbe Alltagsszenen.

Anfänge der → Geschichtsschreibung und → Philosophie. In dem Maße, wie das mythische und religiös bestimmte → *Weltbild* an Bedeutung verlor und der Drang nach Wissen und Erkenntnis zunahm, entwickelte sich neben der »schönen«, kunstvoll geformten Sprache der Poesie die mehr sachliche Darstellungsform der Prosa. Der Bedeutungswandel des Wortes Logos (Wort, Sprache) spiegelt diese Entwicklung wider. Zunmehmend bezeichnet Logos den Gegensatz zum Mythos als der unbeglaubigten Erzählung und zur *Ode* als der metrisch gebundenen Ausdrucksform. Die ersten Prosaschriftsteller nennt man Logographen.

Der bedeutendste unter ihnen war *Hekataios* von Milet (um 500). Er unternahm weite Reisen, um durch eigene Anschauung alles Wißbare zu sammeln. Ergebnis des »Sehens« (idein) ist »Wissen« (Historia); beide Wörter gehen im Griechischen auf die Wurzel »vid« zurück. Da das Wort Historia später vorwiegend für »Geschichte« verwendet wurde, vermittelt es oft eine falsche Vorstellung. Bei den Logographen umfaßt es ohne strenge Begrenzung die Disziplinen Geschichte, Erd- und Völkerkunde, z. T. auch Naturkunde. Die Erdbeschreibung des Hekataios z. B. informierte über Gründungsgeschichten, Sitten und Gebräuche, über Sehenswürdigkeiten und wirtschaftliche Erzeugnisse. Wie Hekataios stammten auch drei der berühmtesten Naturphilosophen (→ *Vorsokratiker*) der Epoche aus der fortschrittlichen ionischen Stadt Miletos: *Thales, Anaximandros* und *Anaximenes.* Sie versuchten die Erscheinungen der Welt auf *einen* Grundstoff zurückzuführen, den sie sich belebt vorstellten (Hylozoismus). Ihre Naturlehre (Physik) umfaßte ohne deutliche Trennung Naturphilosophie und Naturwissenschaften einschließlich → *Medizin* und → *Astronomie.* Die in Unteritalien wirkenden Philosophen *Xenophanes, Parmenides* und → *Empedokles* trugen ihre Lehren in dichterischer Form vor. Aber die Prosa setzte sich als Sprache der Philosophie durch. Dazu haben neben *Herakleitos,* der die aphoristische Form liebte, vor allem *Anaxagoras* und *Demokritos* beigetragen. Als erste Einzelwissenschaft verselbständigte sich die Medizin. Zusammenhängende Texte sind von *Hippokrates* (*um 460) erhalten.

II. Die klassische Periode

Die → Tragödie. Die drei großen Tragiker repräsentieren in einzigartiger Weise den Geist der klassischen Zeit. Bereits in der Antike hat man ihr Leben in unmittelbaren Zusammenhang gebracht mit dem für den politischen Aufstieg Athens und ganz Griechenlands bedeutsamsten Ereignis, der Schlacht bei Salamis (480 v. Chr.): Aischylos soll mitgekämpft, der sechzehnjährige Sophokles den Siegesreigen der Epheben angeführt und Euripides an diesem Tag auf Salamis das Licht der Welt erblickt haben. *Aischylos* (*525, †456) schuf die Form der klassischen Tragödie, und zwar als Trilogie, d. h. er entnahm die Stoffe der drei einzureichenden Tragödien demselben Sagenkreis. Von den etwa 90 Tragödien sind sieben erhalten, darunter als einzige vollständige Trilogie die Orestie (»Agamemnon«, »Choephoren«, »Eumeniden«). Die Welt der sündigen und leidenden Menschen ist Teil der gerechten göttlichen Ordnung. Die Figuren tragen weniger individuelle als typische, aber ins Riesenhafte gesteigerte Züge. *Sophokles* (*496, †406) knüpfte an Aischylos an, verlieh aber den Inhalten stärkeren Realitätsbezug und den Charakteren mehr Individualität. Er kehrte zum Einzeldrama zurück und achtete besonders auf Bühnenwirksamkeit und Spannung. Er schrieb 123 Dramen und errang 24 Siege. Sieben Dramen sind erhalten, darunter »Antigone«, »König Oidipus« und »Elektra«. Die Spannung zwischen göttlichem Recht und menschlicher Satzung, der Zusammenhang von Schicksal und Schuld, der Widerstreit von menschlichem Fühlen und sittlicher Pflicht sind die Themen, die hier in zeitlos gültiger Form gestaltet wurden. Ein Grundmotiv ist die Bewahrung der inneren Größe (Arete) und des unverwechselbaren Wesens (Physis) auch unter schwersten Bedingungen. *Euripides* (etwa 480–406) handhabte die dramatische Form in virtuoser Weise. Die Lösung wird oft durch einen deus ex machina (»Gott von oben«) herbeigeführt. Die Sprache ist stark von der Rede- und Streitkunst (Eristik) der zeitgenössischen Sophistik (→ *Sophisten*) geprägt. Die Stoffe werden zwar noch dem Mythos entnommen, aber weitgehend in die Alltagswelt übertragen. Euripides' Haltung ist, auch der Religion gegenüber, die des kritischen Aufklärers. Er gilt als Entdecker der → *Frau* für die Bühne und als Meister in der Darstellung seelischer Vorgänge. 88 Dramen von ihm wurden aufgeführt, achtzehn sind erhalten, darunter mehrere mit berühmten weiblichen Titelfiguren, z. B. »Alkestis«, »Medeia«, »Elektra« und zwei Iphigeneiadramen.

Die → Komödie. Der kritische Zug der Euripideischen Tragödie ist nicht dem der Komödie gleichzusetzen. Entsprechend der Tradition der Spottgesänge machte sich der Komödiendichter über Gegenwartsgeschehen und Zeitgenossen lustig. In der klassischen Zeit blühte in Attika die sogenannte »alte Komödie«. Ihr bedeutendster Vertreter war *Aristophanes* (etwa 446–385), ein Feind der entarteten Demokratie und der Sophistik. Er kämpfte für den guten alten Athenergeist. Elf seiner 40 Stücke sind erhalten, z. B. die »Ritter«, die »Wolken«, »Lysistrate«. Die »mittlere« Komödie wandte sich, bedingt durch die politische Ohnmacht Athens, der Mythenparodie und der lustigen Verwechslungskomödie zu. Auch sie verspottete Dichter und Philosophen.

Die → Geschichtsschreibung. Als »Vater der Geschichtsschreibung« gilt → *Herodotos* aus Halikarnassos (etwa 484–425). Er knüpfte an die Tradition der Logographen an. Aber er ging über sie hinaus. Sein Werk »Histories Apodexis« (Darlegung der Erkundungen) weist Einflüsse des Epos, der Tragödie und der Philosophie auf. Herodot verarbeitete aufklärerische Gedanken, z. B. Nützlichkeitserwägungen bei der Wahl der Staatsform, stand aber wie sein Freund Sophokles dem traditionellen Denken näher. Er schrieb noch in ionischem Dialekt wie die Prosaiker der archaischen Periode, begann aber bereits bewußt stilistische Kunstmittel einzusetzen, indem er z. B. episches Sprachgut verwandte und aus der locker reihenden Erzählung einzelne Partien durch wirkungsvollen Periodenbau hervorhob. → *Thukydides* (etwa 455–396), nur eine Generation jünger als Herodot und in manchem ihn weiterführend, bildet in vielem einen Gegensatz zu ihm: Er schrieb nicht ionisch, sondern attisch; er formulierte nicht flüssig, gewandt, lebensvoll, sondern rang mit der Sprache, um sie dem gedankenschweren Inhalt gefügig zu machen; er ließ sich nicht von der Freude am Erzählen leiten, sondern von dem Willen, das wahre Geschehen objektiv darzustellen. Er wollte dazu anregen, aus der Geschichte zu lernen. Sein Werk, die »Geschichte des Peloponnesischen Krieges«, nannte er daher ein »Besitztum für immer«. → *Xenophon* (etwa 430–354) gab Thukydides' Werk heraus und setzte es mit seinen »Hellenika« fort. Seine »Anabasis« enthält Erinnerungen an den Zug des jüngeren Kyros gegen seinen Bruder Artaxerxes. Die Eindrücke, die Xenophon als Schüler des → *Sokrates* empfangen hatte, legte er in historisch interessanten, philosophisch aber unbedeutenden Schriften nieder, u. a. in den »Erinnerungen an Sokrates«.

Von anderen Fortsetzern des Thukydides, *Kratippos, Theopompos, Ephoros,* haben wir nur Fragmente.

Die Beredsamkeit. Seit die Sophisten differenzierte Formen und Techniken der Rede zu lehren begannen, entwickelte sich die Beredsamkeit als literarische Gattung. In der Zeit des Augustus wurde ein Kanon der zehn attischen Redner aufgestellt, der wohl die bedeutendsten Namen enthält. Der erste, *Antiphon*, gehört noch ganz dem 5. Jahrhundert an. Von ihm sind drei Gerichtsreden in Mordsachen erhalten. Die Rede »Über die Verfassungänderung« hielt er in eigener Sache in dem Prozeß, der mit seiner Hinrichtung endete (411). Von *Andokides* haben wir drei Reden, u. a. eine »Verteidigung gegen die Klage wegen unberechtigter Teilnahme an den Mysterien«. *Lysias* (etwa 445–380) war berühmt für seinen sachlichen, schlichten Stil und für seine Kunst, die Rede auf den Typ der Person, die sie zu halten hatte, zuzuschneiden, so in der Rede, in der ein Kriegsversehrter um Fortzahlung seiner Rente stritt. Fast alle seine Reden schrieb Lysias als Auftragswerke; er war »Redenschreiber« (Logographos; der Begriff hatte seit der Zeit des Hekataios seine Bedeutung gewandelt). In eigener Sache hielt er nur die Rede »Gegen Eratosthenes«, einen der Dreißig, der für den Verlust seines Vermögens und den Tod seines Bruders verantwortlich war. Von *Isokrates* (*436, †338) besitzen wir 21 Reden und neun Briefe, ihrer Funktion nach überwiegend politische Flugschriften, die stilistisch mit äußerster Sorgfalt ausgearbeitet und ihrer Tendenz nach auf die panhellenische Politik (besonders Philippos' von Makedonien) ausgerichtet waren. Isokrates versuchte mit seinen Schriften und mit seiner Lehrtätigkeit – in Athen mit → *Platons* Akademie konkurrierend – sein Ideal von einer allgemeinen Bildung zu verbreiten. Er war einer der erfolgreichsten Autoren der Antike; viele seiner Schüler wurden bedeutende Geschichtsschreiber oder Politiker. Als »der« Redner der Antike galt und gilt → *Demosthenes* (*384, †322), der aus der Schule des *Isaios* hervorgegangen war. Im Unterschied zu Isokrates war sein Stil nicht elegant, sondern kraftvoll, sein Temperament nicht ausgleichend, sondern leidenschaftlich, seine politische Einstellung nicht panhellenisch, sondern vaterländisch orientiert, sein ganzes Wirken nicht auf Erfolg, sondern auf Artikulation einer Überzeugung gerichtet. Von 33 erhaltenen (echten) Reden sind 18 Staatsreden, darunter die acht »Philippischen Reden« (gegen König Philippos von Makedonien). Eine Rechtfertigung seiner eigenen Politik enthält die »Kranzrede«; als Demonsthenes durch einen goldenen Kranz öffentlich geehrt werden sollte, mußte er sich gegen die Widerstände zur Wehr setzen, die von seinem Kollegen *Aischines* ausgingen. Dessen Ruhm freilich beruht nur auf diesem Konflikt. Zum Kanon der zehn Redner gehörten ferner: *Hypereides,* ein Mitstreiter des Demosthenes, *Lykurgos* und *Deinarchos.*

Wissenschaften und → Philosophie. Aus der philosophischen Literatur können hier nur die wichtigsten Autoren und die für die Entwicklung der literarischen Formen bedeutsamsten Neuansätze berücksichtigt werden. Die → *Sophisten* begannen der Sprache als Mittel zur Beherrschung des praktischen Lebens ihr Interesse zuzuwenden. Sie schufen ein System der Argumentationsformen und Kunstmittel und gaben ihre rhetorischen Techniken in einem mehr oder weniger organisierten Unterrichtsbetrieb weiter. Die starke Intensivierung der literarischen Produktion und Rezeption seit der Mitte des 5. Jahrhunderts v. Chr. geht auf ihre Tätigkeit zurück. *Protagoras, Prodikos* und *Hippias* trieben auch sprachwissenschaftliche Studien. *Gorgias* begründete mit seiner Theorie von der »berechtigten Täuschung« die Ästhetik. Es war der Ehrgeiz der Sophisten, möglichst viele Künste zu beherrschen. So gaben sie der fachwissenschaftlichen Literatur starken Auftrieb. → *Sokrates*, der selbst nichts geschrieben, in den Schriften seiner Schüler aber ein reiches Erbe hinterlassen hat, wurde durch seine Art des Lehrens zum Erfinder des philosophischen Dialogs, in dem die Aporie und die Ironie als Mittel der Wahrheitsfindung eine wichtige Rolle spielen. Durch sein Bemühen, die Wahrheit begrifflich zu fassen, bereicherte er die wissenschaftliche Sprache. → *Platon* gestaltete den Dialog zur Kunstform aus. Mit seinem wandlungsfähigen, fein nuancierten Stil beherrschte er alle Tonarten, Witz und Hohn ebenso wie Ernst und Feierlichkeit. Gedanken, die sich der begrifflichen Formulierung entzogen, kleidete er in gleichnishafte philosophische Mythen. → *Aristoteles'* Stil ist trotz umfangreicher Hinterlassenschaft kaum zu beurteilen, denn bei fast allen aristotelischen Schriften handelt es sich um Entwürfe für mündliche Vorträge oder um Nachschriften von Schülern. Deutlich ist der Zug zur Versachlichung und Systematisierung in Inhalt und Sprache. Die Schule des Aristoteles, der Peripatos, sammelte und verarbeitete das geistige Erbe der Vergangenheit und förderte die Entwicklung der Einzelwissenschaften. Der fruchtbarste Aristotelesschüler war *Theophrastos* (etwa 372–287), von dem eine kleine, amüsante Schrift erhalten ist: die »Charaktere«.

III. Die hellenistische Periode

Philosophie und Einzelwissenschaften. In der Zeit des Aufstiegs der stoischen und epikureischen Philosophie entwickelten sich neue Darstellungsformen. Die Diatribe wendet sich, entsprechend dem Anliegen der Kyniker und → *Stoiker*, an ein breites, philosophisch nicht gebildetes Publikum. Ähnlich der aus ihr abgeleiteten christlichen Predigt hat sie teils ernsten, teils witzigen, aber stets belehrenden Charakter. Die Mahnschrift (Protreptikos) und die Trostschrift zielen mehr auf Lebensbewältigung durch den einzelnen. Noch intimer wirken philosophische Briefe, wie sie vor allem → *Epikuros* schrieb. Infolge der Verehrung, die den Schulgründern in ihren Schulen zuwuchs, wurde auch die Biographie zur literarischen Gattung ausgebildet.

Zum Sitz der hellenistischen Gelehrsamkeit wurde seit dem 3. Jahrhundert das → *Museion* in → *Alexandreia*. Der erste Leiter der Bibliothek war *Zenodotos* (etwa 325–260), der als Herausgeber Homers die Textkritik begründete. → *Eratosthenes* (etwa 275–195) nannte sich als erster »Philologe«; er wirkte als Geograph, Mathematiker, Historiker und auch als Dichter. *Aristophanes* von Byzantion (etwa 257–180) besorgte viele Textausgaben der Klassiker, begründete die Lexikographie und die wissenschaftliche Grammatik. *Aristarchos* von Samothrake (*217, †145) verfaßte zahlreiche Kommentare, u. a. zu Homer, die sachliche und historische Erklärungen boten. Dagegen versuchten die Philologen in Pergamon, vor allem *Krates*, die homerischen Gedichte im Sinne der Stoa allegorisch zu interpretieren. Um 300 faßte *Eukleides* in Alexandreia das mathematische Wissen seiner Zeit – gültig für zwei Jahrtausende – in den dreizehn Büchern seiner »Elemente« zusammen. Der berühmteste Mathematiker und Mechaniker war → *Archimedes* (*287, †212). Einen letzten Aufschwung nahm die Geschichtsschreibung mit *Polybios* (etwa 201–120), der ähnlich wie Thukydides das Gesetzmäßige im historischen Ablauf herausarbeitete. In der Rhetorik herrschte der Asianismus, teils durch schwülstige Perioden, teils durch zerhackte, rhythmisierte Sätzchen charakterisiert. Begründet wurde der Stil durch *Hegesias* im 3. Jahrhundert. Eine differenziere Technik der Gerichtsrede (Stasislehre) schuf um 200 *Hermagoras*.

Die Dichtung. Aus dem poetischen Schaffen der hellenistischen Zeit ragen fünf Gestalten heraus: Menandros als Komödiendichter, Apollonios und Aratos als Epiker, Kallimachos und Theokritos als Lyriker. Die »neue« Komödie des *Menandros* (etwa 342–293) knüpfte mehr an die euripideische Tragödie als an die eigentliche Komödientradition an. Ihre Merkmale sind: Gegenwartsnähe, klischeehafte Motive (Liebe, Verführung, Aussetzung, Wiedererkennung), Happy-End, starke Typisierung der meisten Figuren außer der Hauptfigur. Alltagsweisheiten werden in meisterhaft geschliffene Sentenzform gebracht; schon im Altertum hat man Hunderte dieser Sentenzen gesammelt. – Das heroische Epos schien längst überholt, als *Apollonios* von Rhodos (etwa 295–215) mit seinen »Argonautika« hervortrat. Den uralten Stoff, die Argonautensage (→ *Heroen*), bot er in zeitgemäßer Form: Das heroische Geschehen ist ins Kleinbürgerliche übertragen. – Mehr dem Zeitgeschmack entsprach die Form des epischen Lehrgedichtes, das wissenschaftliche Erkenntnisse breiteren Leserschichten zugänglich machen und zugleich zeigen sollte, daß der Verfasser auch sprödeste Gegenstände der poetischen Form gefügig zu machen verstand. So verfaßte *Aratos* (etwa 310–245) mit durchschlagendem Erfolg seine »Himmelserscheinungen« in 1154 Hexametern. Sie beschreiben das stoische Weltbild, sodann die einzelnen Himmelskörper und ihre Bahnen, daneben Sternsagen und Wetterzeichen. Aratos' Altersgenosse *Kallimachos* repräsentierte am reinsten den hellenistischen Typ des Dichters und Gelehrten. Als Wissenschaftler wollte er »nichts Unbezeugtes besingen«, als Ästhet »nicht aus der Zisterne trinken«. Das Epyllion »Hekale« war ein Gegenbild zum großen Epos. Die »Aitia« enthielten Gründungsgeschichten zu Festen und Gebräuchen. Virtuosität zeigen die sechs erhaltenen Götterhymnen. – Der Eleganz und Überfeinerung der Stadtkultur war die kynische Philosophie stets mit ihrem Ruf zur Einfachheit und Natürlichkeit entgegengetreten. Nun fand diese Haltung ihren dichterischen Ausdruck in einer neuen Gattung, der *Bukolik* (Hirtendichtung). Ihr Schöpfer war *Theokritos* (*um 305). Der gebürtige Sizilianer kannte das großstädtische Leben Alexandreias und war mit Kallimachos befreundet. Seine Gedichte erhielten bald die an sich nichtssagende Bezeichnung »Idyllen« (eigentlich »Bildchen«, dann allgemein »kleine Gedichte«). Einiges von dem, was wir heute unter Idylle verstehen, ist bei Theokritos deutlich erkennbar: das Motiv der anmutigen Landschaft, die Beschreibung von Kunstwerken, eingelegte Lieder oder Erzählungen, das Thema Liebeslust und Liebesleid, realistische Zeichnung der Hirten und ihrer Welt, schließlich das Erleben der Jahreszeiten und Feste. Obwohl die bukolische Dichtung keineswegs naiv empfunden ist, obwohl gerade die Ursprünglichkeit und Naturverbundenheit Ergebnis philosophischer Reflexion und artifizieller Absicht sind, gilt Theokritos als der letzte originelle Dichter der griechischen Literatur.

IV. Die Periode der Kaiserzeit

Die Dichtung. Bedeutende poetische Leistungen hat die Kaiserzeit nicht aufzuweisen. Beliebt waren geschliffene Epigramme, wie sie neben vielen anderen *Meleagros* und *Krinagoras* verfaßten. Von *Musaios* haben wir ein liebenswertes Kleinepos »Hero und Leander«. Im 5. Jahrhundert n. Chr. griff *Nonnos* noch einmal auf das Epos mythischen Inhalts zurück. Sein schwülstiges, aber formvollendetes Riesenwerk »Dionysiaka« besingt in 48 Büchern die Dionysosgeschichte. Nonnos übertrug auch das Johannesevangelium in Verse. In religiöser Dichtung klingt die griechische Poesie aus; so haben wir von dem neuplatonischen Philosophen *Proklos* (*410, †485 n. Chr.) sieben hymnische Gebete.

Unterhaltungsliteratur. In der Prosa ist ein bemerkenswerter Stilwandel zu beobachten. Gegen die als gewöhnlich geltende Weltsprache der Koine und gegen die – mit Recht – als schwülstig empfundene Literatursprache des Asianismus setzte sich mehr und mehr ein archaisierender, puristischer Stil durch, der an den Mustern der attischen Redner geschult war (Attizismus). Dies gilt ebenso für die unterhaltende wie für die wissenschaftliche und rhetorische Literatur. Bevor die der Unterhaltung dienenden literarischen Formen sich verselbständigten, hatten sie im Rahmen der gängigen Gattungen bereits eine lange Tradition. Schon in der Odyssee werden in sich geschlossene Geschichten erzählt. Herodot hatte Novellen in sein Geschichtswerk eingeflochten. Im Mimos, in der Komödie, in der Euripideischen Tragödie begegnen immer wieder novellistische Motive und satirische Elemente. Die Form des fingierten Briefes hatte man in den Rhetorenschulen gepflegt. Im 3. Jahrhundert v. Chr. hatte der kynische Philosoph *Menippos* die Form der teils aus Prosa, teils aus Versen bestehenden Satire geschaffen. Und im 1. vorchristlichen Jahrhundert war *Aristeides* mit seinen pikant-erotischen »Milesischen Geschichten« hervorgetreten. Viele dieser Anregungen verarbeitete *Lukianos* (etwa 120–180 n. Chr.) in seinen Satiren. In lockerer, oft dialogischer Form und mit seinem hintergründigen Humor verhöhnte er Einzelpersönlichkeiten und Berufsstände, Religion, Philosophie und Wissenschaft. In der »Philosophenversteigerung«, einer der 80 erhaltenen Schriften, lesen wir z. B., wie die Vertreter der verschiedenen Richtungen auf einem Sklavenmarkt angepriesen und schließlich zu Schleuderpreisen verkauft werden. Neben der Satire war die sogenante Buntschriftstellerei eine beliebte Form der Unterhaltungsliteratur. Man sammelte Auszüge aus älterer Literatur, Anekdoten, Kuriositäten aus der Tierkunde, Merkwürdigkeiten aus der Geschichte. Die Gattung, die diese Zeit neu hervorbrachte, ist der Roman, übrigens nicht unter dieser Bezeichnung, sondern merkwürdigerweise unter der des Dramas. Kennzeichen des Romans sind: freie Erfindung, Abenteuerfahrt und Erotik. Als Verfasser von Romanen sei nur Longos genannt; von ihm stammt der Hirtenroman »Daphnis und Chloe«.

Philosophie, Rhetorik und Grammatik. Die beiden Vertreter der sogenannten »mittleren« Stoa, *Panaitios* und *Poseidonios*, gehören noch in die Zeit der ausgehenden Republik. Von ihnen sind nur Fragmente erhalten, aber ihre Lehren zur Ethik, Kosmologie und Geographie haben sich in der lateinischen Literatur seit Cicero niedergeschlagen. In der Kaiserzeit entwickelte sich die »jüngere« Stoa. Die bekanntesten Schriften sind das »Handbüchlein der Moral« von *Epiktetos* (etwa 60–140 n. Chr.) und die »Selbstbetrachtungen« des Kaisers *Marcus Aurelius* (*121, †180 n. Chr.). Das gesamte philosophische Erbe der Vergangenheit nahm der → *Neuplatonismus* auf, der durch *Plotinos* (*204, †270 n. Chr.) seine entscheidende Prägung erfuhr.

Reiche, wenn auch nicht durchwegs hochwertige Früchte trug die Rhetorik. Berühmt waren für seine Sprachgewalt (daher der Beiname

Chrysostomos = Goldmund) *Dion* von Prusa (etwa 40–120 n. Chr.), der in einem bewegten Leben von sophistischer Oberflächlichkeit zu philosophischem Ernst fand, und für sein reines Attisch *Tiberius Claudius Herodes Atticus* (*101, †178 n. Chr.), 143 Consul und Lehrer der späteren Kaiser Marcus Aurelius und Verus. Von *Flavius Philostratos* haben wir u. a. die anregende Beschreibung einer Bildergalerie und Sophistenbiographien. Er gehörte zum religiösen Kreis der Iulia Domna (†217 n. Chr.), der Gemahlin des Septimius Severus. Enge Beziehungen zum Kaiserhaus hatte im 4. Jahrhundert n. Chr. auch *Libanios,* Lehrer des Kaisers Iulianus, übrigens auch des christlichen Kirchenvaters Iohannes Chrysostomos. Kaiser *Iulianus* (*332, †363 n. Chr.), genannt Apostata (der Abtrünnige), verfaßte Reden, Briefe, Epigramme und Satiren. Die Literaturwissenschaft wurde mit großem Fleiß betrieben. Der Fleißigste (daher der Beiname Chalkenteros – der mit den ehernen Eingeweiden) war *Didymos* (1. Jahrhundert n. Chr.), der 4000 Bände geschrieben haben soll, u. a. Lexika zu den Tragikern. Bedeutende Lexikographen waren u. a. *Pollux, Harpokration* und *Hesychios.* Die Ergebnisse der Forschungs- und Sammeltätigkeit wurden um 1000 n. Chr. in dem Riesenwerk der »Suda« zusammengefaßt, einem anonymen Lexikon mit etwa 30 000 Artikeln.

Geschichtsschreibung und Einzelwissenschaften. Die herausragende Gestalt unter den Schriftstellern der Zeit ist *Plutarchos* (etwa 46–120 n. Chr.). In seinen philosophischen Schriften kommt es ihm nicht auf Originalität an, sondern auf Vermittlung zwischen extremen Positionen, auf die Darstellung bewährter Muster, auf Lebenshilfe. Berühmt wurde er vor allem durch seine »Parallelbiographien«, in denen er je einen Griechen und einen Römer einander gegenüberstellt. An Geschichtsschreibern sind noch zu nennen: aus dem 1. Jahrhundert v. Chr. *Diodoros,* Verfasser einer populären Weltgeschichte, *Strabon,* von dem die »Geographie« erhalten ist, *Dionysios* von Halikarnassos, der eine »Römische Geschichte« schrieb; aus dem 1. Jahrhundert n. Chr. *Iosephus Flavius,* der Verfasser des »Jüdischen Krieges«; aus dem 2. Jahrhundert n. Chr. *Arrianos* (»Anabasis Alexanders«), *Appianos* (»Römische Geschichte«), *Pausanias* (»Rundreise durch Griechenland«, daher der »antike Baedeker« genannt); *Cassius Dio Cocceianus* (»Römische Geschichte«); schließlich aus dem 6. Jahrhundert n. Chr. *Prokopios,* der die Kriegszüge des Kaisers Iustinianus gegen Perser, Goten und Vandalen beschrieb. Im Bereich der Einzelwissenschaften ragten heraus: der Physiker und mathematische Geograph *Klaudios*

Ptolemaios (etwa 100–178 n. Chr.), der Mathematiker *Diophantos* (3. Jahrhundert n. Chr.) und der Mediziner *Klaudios Galenos* (etwa 129–199 n. Chr.), der größte Systematiker und letzte schöpferische Geist der antiken Medizin.

Die christliche Literatur. Die Ausbreitung des → *Christentums* wäre ohne das Medium der Weltsprache Griechisch nicht vorstellbar. Die Sprache ist zunächst die der Koine. Die ältesten griechischen Schriften des neutestamentlichen Kanons sind die aus der Missionsarbeit erwachsenen Briefe des *Paulus.* Die vier Evangelien sind alle erst nach dem Jahre 70 verfaßt. Um der verbreiteten Einschätzung des Christentums als Aberglauben entgegenzuwirken und die christliche Lebensform auch höheren Schichten zu empfehlen, begannen gebildete Christen um die Mitte des 2. Jahrhunderts apologetische (der Verteidigung dienende) Schriften zu verfassen, z. B. *Aristeides, Iustinus Martyr* und *Athenagoras.* Mehr theologische und katechetische Absichten verfolgten *T. Flavius Clemens* von Alexandreia (etwa 150–215) und sein äußerst fruchtbarer Schüler *Origenes* (etwa 184–253). Am Ende dieser Bemühungen stand *Eusebios* (etwa 260–340), der u. a. eine Weltchronik (beginnend mit Abraham) und eine Kirchengeschichte schrieb. (F. R.)

Lyder

Über die Herkunft der Lyder und ihre Verwandtschaft mit anderen Völkern wissen wir nur wenig. Nach → *Herodot* stammen die Etrusker von ihnen ab, während die moderne Forschung eine Beziehung zu den Indogermanen für möglich hält. Die meist sehr kurzen Inschriften bieten zu wenig Material zur Klärung dieser Frage. Dafür geben griechische Quellen und archäologische Funde über Kultur und Geschichte hinreichend Auskunft. Das ursprüngliche Siedlungsgebiet der Lyder lag im Westen → *Kleinasiens,* etwa zwischen den Flüssen Kaikos (heute Bakir) im Norden und Maiandros (Mäander, heute Menderes) im Süden; Hauptstadt war Sardeis. Der Reichtum des Landes beruhte auf Landwirtschaft, Handel und einem hochentwickelten Handwerk und war so groß, daß Kroisos, der letzte König, zum Inbegriff eines Reichen werden konnte. Ein König, neben dem ein mächtiger Adel stand, regierte das Land. Sein Aufstieg begann im 7. Jahrhundert v. Chr., und es umfaßte auf dem Höhepunkt fast ganz West- und Mittelkleinasien. 547/546 wurde das Land von den Persern erobert. Die Lyder erreichten nie mehr ihre nationale Unabhängigkeit und wurden im Lauf der Zeit völlig hellenisiert. Die Bedeutung der Lyder liegt einmal in ihrer Rolle als Vermittler zwischen Griechenland und dem Orient, sie gaben aber auch zahllose eigene Errungenschaften an die Griechen weiter, z. B. die Prägung von Münzen – eine lydische Erfindung (→ *Geld*). Auch religiöse Einflüsse sind feststellbar. Umgekehrt waren die griechischen → *Orakel* in Lydien sehr angesehen, besonders → *Delphi*, das Kroisos vor seinem Angriff auf Persien die Auskunft gab: »Wenn Kroisos den Halys (den Grenzfluß) überschreitet, wird er ein großes Reich zerstören.« Das Orakel behielt recht – nur führte der Angriff zur Vernichtung des lydischen Reiches. Den Griechen waren die besonderen Beziehungen zu den Lydern bewußt. Sie sahen in ihnen keine Barbaren, sondern erkannten sie dankbar als Lehrmeister an. So ist es auch kein Wunder, daß → *Solon* nach seiner freiwilligen Verbannung zu König Kroisos gegangen sein und mit ihm über das Wesen des Glücks philosophiert haben soll. (G. St.)

Makedonien

Land und Volk von Makedonien waren lange geschichts- und gesichtslos; der erste makedonische König, Perdikkas I., dürfte um 680 v. Chr. regiert haben, doch historisch halbwegs sicheren Boden erreichen wir erst mit Amyntas I. um 530. In der modernen Forschung war man lange Zeit uneins, ob die Makedonen überhaupt den griechischen Stämmen zuzurechnen seien, heute jedoch hat sich die Ansicht durchgesetzt, daß es sich bei den Makedonen um einen von der allgemeinen griechischen Entwicklung lange isoliert gebliebenen nordwestgriechischen Randstamm handelt. Wenn wir auch vom makedonischen Dialekt selbst kaum Zeugnisse besitzen, so sprechen doch die Orts- und Personennamen für diese Annahme; das Vorhandensein illyrisch-thratischer Einflüsse schließt dies freilich nicht aus. Das makedonische Kerngebiet lag an der thessalischen Grenze am Oberlauf des Flusses Haliakmon südlich des heutigen Ochridasees. Von dort erfolgte eine langsame Expansion nach Norden und Osten; um 400 umfaßt Makedonien das Land zwischen Haliakmon und Strymon; seine Nordgrenze fällt etwa mit dem heutigen jugoslawisch-griechischen Grenzverlauf zusammen. Dieses verhältnismäßig kleine Gebiet bildete den Ausgangspunkt für die Reichsschöpfung Philippos' und Alexanders im 4. Jahrhundert v. Chr.

Im 5. und anfangs des 4. Jahrhunderts zeigte Makedonien eine archaische Staats- und Gesellschaftsverfassung, wie sie der Zeit der dorischen Wanderung Jahrhunderte vorher entsprach und die alle anderen griechischen Stämme – mit Ausnahme vielleicht der Ätoler – schon lange hinter sich gelassen hatten. Bis ins 5. Jahrhundert bestanden kaum Kontakte zur übrigen griechischen Welt. Makedonien war damals ein meerferner Binnenstaat von Bauern und Hirten mit einem ausgeprägten, in viele Fürstentümer und Adelsherrschaften zersplittertem Feudalsystem und dem archaischen Heerkönigtum der Argeadendynastie an der Spitze. In patriarchalischer Weise war der König Priester, Richter und Feldherr zugleich. Neben dem König stand die makedonische Heeresversammlung der Waffenfähigen; bei Thronwechseln und besonders bei dynastischen Wirren sprach sie ein gewichtiges Wort und bildete auch den höchsten Gerichtshof des Landes.

Die Wirtschaftsstruktur war rein agrarisch, die Siedlungsweise dörflich, eine Polisbildung (→ *Polis*) fehlte, Reichtum bestand in Grundbesitz, wobei vor allem der Wald eine erhebliche Rolle spielte, da Schiffbauholz, Teer und Pech die wichtigsten Exportgüter in die griechischen Seestädte darstellten.

Drei Könige nahmen die für die künftige Rolle Makedoniens wichtigsten Weichenstellungen vor: Alexander I., der »Griechenfreund« (R 495–450?), Archelaos I. (R 414–399) und schließlich Philippos II. (R 359–336). Alle drei betrieben gegenüber Griechenland und seiner Kultur eine bewußte Öffnungspolitik und wurden auf dem Höhepunkt ihres Wirkens ermordet. Alexander I. verschaffte den Makedonen Zugang zu den → *Olympischen Spielen* und damit die offizielle Anerkennung als Griechen; seine Heeresreform legte den Grundstein der künftigen makedonischen Militärmacht. Archelaos I. machte das Land zu einem Faktor in der internationalen Politik, indem er für den Landesausbau und die Stärkung der königlichen Macht Entscheidendes tat. Von ihm erhält das Rekrutierungssystem des Milizheeres eine feste Organisation. Durch den Anschluß an das persische Währungssystem tat Makedonien einen großen Schritt aus seiner wirtschaftlichen Isolierung heraus. An seinen Hof zog Archelaos eine Reihe berühmter griechischer Maler, Musiker und Dramatiker, u. a. den Dichter Euripides (→ *Tragödie*, → *Literatur*); auch der Philosoph → *Sokrates* bekam von ihm eine Einladung. Der gewaltsame Tod des Archelaos' beendete 399 abrupt diese hoffnungsvolle Entwicklung, und durch innere Wirren und Angriffe balkanischer Völkerschaften drohte Makedonien sogar der Untergang.

In dieser kritischen Situation übernahm 359 Philippos II. die Regierung; als fähiger Herrscher und Offizier, durchtriebener Diplomat und großer Organisator riß er Makedonien vom Abgrund zurück und mischte sich mit Glück und Geschick in die griechischen Händel des 4. Jahrhunderts, die er durch seinen mehrjährigen Aufenthalt als Geisel in → *Theben* bestens kannte. Was seine beträchtlichen finanziellen Mittel durch Bestechungsaktionen nicht vermochten – seit etwa 355 war er unbeschränkter Herr der thrakischen Goldminen, und sein Ausspruch, »keine Stadtmauer sei zu hoch, als daß sie ein goldbeladener Esel nicht übersteigen könne«, wurde zum geflügelten Wort –, das setzte die von ihm neu organisierte makedonische Militärmacht (→ *Kriegswesen*) rücksichtslos durch: Die nordgriechischen Küsten mit ihren Städten und die Halbinsel Chalkidike wurden makedonisch; dasselbe geschah mit den für die Getreideeinfuhr so wichtigen Meerengen (→ *Seebund*, → *Tyrannis*). Athen war damit schwer bedroht, und seine nach 404 (→ *Peloponnesischer Krieg*) neu erstandene Machtstellung brach zusammen; daran änderte auch der fanatische Patriotismus eines → *Demosthenes* nichts, zumal ein Teil der öffentlichen Meinung Griechenlands sich – teilweise durch makedonisches Gold befeuert – Philippos zuzuneigen begann. Diese Leute mit dem angesehenen Redner Isokrates (→ *Literatur, II*) an der Spitze sahen in Philippos die einzige Kraft, die im Stande war, Hellas aus seiner permanenten Selbstzerfleischung herauszureißen und in einer großen nationalen Aufgabenstellung, der Fortsetzung des → *Perserkrieges*, zu einigen. Athen und Boitien erkannten die Gefahr aus dem Norden und brachten eine Koalition gegen Philippos zusammen. Die Entscheidung fiel 338 bei Chaironeia: Sarissenträger und schwere Kavallerie (→ *Kriegswesen*) des königlich-makedonischen Heeres zersprengten die Aufgebote der griechischen Poleis; Phillipos Sohn Alexander kommandierte den entscheidenden Reiterangriff.

Der folgende Friedenskongreß zu → *Korinth* zeigte nun den ganzen Umfang der makedonischen Macht: In die Schlüsselfestungen Griechenlands zogen makedonische Besatzungen ein, ein allgemeiner Landfriede, von Philippos nachdrücklich durchgesetzt, unterband den permanenten Bruderkrieg, schränkte jedoch auch in einer »Pax Macedonica« die Souveränität der Stadtstaaten empfindlich ein. Schließlich mußten sich die meisten griechischen Staaten in einem gesamtgriechischen Bund zusammenschließen, dessen Führer und »Bevollmächtigter Feldherr« Philippos war. Offizielles Bundesziel war der Rachekrieg gegen Persien. Die Rolle der selbständigen griechischen Polis war damit beendet. Die

Zukunft gehörte den makedonisch-hellenistischen Königsstaaten, zentralisierten Militärmonarchien, wie sie aus den Reichen Philippos und Alexanders hervorgingen (→ *Hellenismus*, → *Alexander der Große*, → *Diadochenreiche*). Unter der Dynastie der Antigoniden existierte Makedonien bis zum römischen Sieg von Pydna, der 168 v. Chr. Makedonien zu einer römischen Provinz machte. (D. R.)

Marathon

Im September des Jahres 490 v. Chr. kam es bei Marathon unweit der Ostküste Attikas zur ersten bedeutenden Schlacht der → *Perserkriege*. Die zahlenmäßig den etwa 10 000 athenischen Schwerbewaffneten (Hopliten) weit überlegenen Perser hatten im Schutze ihrer Flotte in der Nähe der Landzunge, die den Golf von Marathon im Norden begrenzt, ein Lager aufgeschlagen. Die Athener bezogen auf einem Ausläufer des Pentelikongebirges Stellung. Die Schlacht selber entbrannte in der Ebene. Die Griechen, die von Miltiades und dem später im Kampf gefallenen Kallimachos geführt wurden, legten die letzte Strecke im Laufschritt zurück, um den Pfeilhagel der Perser zu unterlaufen. Während ihr Zentrum zurückweichen mußte, entschieden die einschwenkenden Flügel den Kampf. Die Perser mußten zwar nicht unerhebliche Verluste hinnehmen, doch konnte der Großteil ihrer Landstreitmacht die rettenden Schiffe erreichen.

An der Stelle, wo sich der Kampf für die Athener entschieden hatte, errichtete man das Grab für die 192 gefallenen Griechen. Archäologen haben den Grabhügel, den man noch heute aufsuchen kann, genau erforscht und Gebeine und Grabbeigaben gefunden.

Die Geschichte von dem athenischen Krieger, der in voller Rüstung nach Athen geeilt und dort mit den Worten »Wir haben gesiegt« erschöpft zusammengebrochen sei, ist historisch nicht gesichert. Der Marathonlauf, der mit seinen 42,2 Kilometern der Entfernung Athen–Marathon entspricht, erinnert an dieses Ereignis. Seit der Wiedererweckung der → *Olympischen Spiele* im Jahre 1896 gehört er zu den olympischen Laufdisziplinen.

Die Bedeutung der Schlacht lag vor allem in ihrer moralischen Wirkung. Ein griechisches Heer hatte gezeigt, daß es die zahlenmäßig weit überlegenen Streitkräfte einer Weltmacht besiegen konnte. Der Lyriker Simonides von Keos hat das in einem Epigramm schön ausgedrückt:

»Als Vorkämpfer der Hellenen haben die Athener bei Marathon der goldtragenden Meder (= Perser) Macht niedergestreckt.« (S. G.)

Masse und Gewichte. Münzen

Die antiken Maße waren unpraktischer als die unseren, da sie nicht dem Dezimalsystem folgten; andererseits läßt sich mit ihrem Namen manchmal ein Begriff verbinden: Wie lange ein menschlicher Fuß ist, weiß jeder und kann sich bei dem Maß Pūs (= Fuß) etwas denken.

Die Längenmaße

Daktylos, die Fingerbreite	=	1,85 cm
Pūs, der Fuß	=	29,60 cm
Pēchys, die Elle	=	44,40 cm
Orgyia, die Klafter, der Raum zwischen den Spitzen der beiden ausgestreckten Arme	=	1,78 m
Plethron, 100 Podes, Füße,	=	29,60 m
Stadion	=	178 m (Länge der Rennbahn)
Parasange(s), persisches Maß	=	5,34 km

Die Hohlmaße

Kyathos, »Becher«	=	0,5 dl
Kotyle, »Napf«	=	0,25 l
Amphora, »Urne«	=	26,0 l
Medimnos, Scheffel (für Trockenes)	=	52 l

Gewichte

Obolos	=	0,73 g
Drachmē = 6 Oboloi	=	4,36 g
Mnā (Mine) = 100 Drachmai	=	436 g
Talanton (Talent) = 60 Minen	=	26,2 kg

Münzen

Obolos	= 13 Pf	in Goldmark
Drachmē = 6 Oboloi	= 75 Pf	
Mnā (Mine) = 100 Drachmai	= 75 Mark	
Talanton (Talent) = 60 Minen	= 4500 Mark	

Der Geldwert ist nur höchst annäherungsweise angegeben; es ist sehr problematisch, Geldwerte zu vergleichen. Grundlage für solche Vergleiche bilden zumeist die Preise für Lebensmittel, aber auch diese mit größtem Vorbehalt. (O. S.)

Mathematik

»Die eigentliche mathematische Wissenschaft ist das Kind griechischen Geistes«, urteilt ein Mathematikhistoriker. »Mathematik« läßt sich beschreiben als Wissenschaft, die sich mit den Eigenschaften und Verknüpfungen von Zahlen und Figuren beschäftigt und deren wechselseitige Beziehungen untersucht. Das griechische Wort »mathema« bedeutet »Wissenschaft«; »Mathematik« ist also ursprünglich für die Griechen »wissenschaftliche Bildung« überhaupt. Der Begriff »Mathematik« im engeren Sinn als einer bestimmt umrissenen Wissenschaft hat wohl seinen Ursprung in der Schule des → *Pythagoras*, deren in die Geheimnisse der pythagoreischen Lehre eingeweihte Mitglieder »Mathematiker« genannt wurden. Die vier »Mathemata« (Lehrfächer) der Pythagoreer waren die Geometrie, die Artihmetik, die → *Astronomie* und die Musiklehre.

Viele mathematische Kenntnisse haben die Griechen von den Ägyptern und Babyloniern übernommen (um 2000 v. Chr. konnten die Sumerer z. B. bereits quadratische Gleichungen lösen). Vollständig neu und charakteristisch für die griechische Mathematik ist aber die Form des mathematischen Denkens. Exakt formulierte Sätze werden hergeleitet, streng bewiesen. Durch logische Verbindung einer Reihe mathematischer Sätze entsteht eine lückenlose Theorie eines Gebiets.

Achills bekannten Wettlauf mit einer Schildkröte erklärt der Philosoph Zenon von Elea (um 450) verloren für Achill. Jedesmal wenn Achill den Platz der Schildkröte erreicht hat, ist diese in der Zwischenzeit um ein auch noch so kleines Stück weitergekrochen, so daß er sie unbegrenzt oft nicht erreicht. Ein interessantes mathematisches und zugleich philosophisches Problem! An diesem kleinen Beispiel über die Frage des Unendlichen zeigt sich die enge Verbindung von Mathematik und → *Philosophie* bei den Griechen im 5. und 4. Jahrhundert. → *Platon* (*427, †347), zwar selbst kein Mathematiker, hat die Mathematik philosophisch als eine »freie Wissenschaft« begründet. Die Bedeutung der Mathematik besteht für ihn in dem klärenden und befreienden Einfluß, den sie auf den Geist ausübt. Sie vermittelt zwischen dem sinnlich Wahrnehmbaren und dem nur durch die Vernunft zu Erkennenden, der Idee. Ihre Aussagen knüpfen zwar an die Gegenstände der Wahrnehmung an, sind aber Prozesse des reinen Denkens. Deshalb fordert Platon, daß keiner das Studium der Philosophie beginnen solle, ohne vorher gründlich Mathematik gelernt zu haben. Über dem Eingangstor seiner Akademie soll der Spruch gestanden haben: »Kein der Geometrie Unkundiger trete unter mein Dach.«

Die Geometrie ist es auch, die die zentrale Stellung in der griechischen Mathematik einnimmt. Die griechische Geometrie war so hochentwikkelt, daß erst nach zwei Jahrtausenden wesentlich Neues in der Geometrie entstehen konnte. Geometrische Probleme führten zur Entdeckung des Irrationalen und des Infinitesimalen. Die Algebra der Griechen war »geometrische Algebra«. Jeder algebraische Satz mußte geometrisch ausgedrückt werden. Die griechische Zahlschrift (→ *Zahlen*) verwendete die Buchstaben als Ziffern, so daß diese nicht zur Bezeichnung unbestimmter Größen zur Verfügung standen wie in der modernen Algebra. Drei große geometrische Probleme beschäftigten immer wieder die griechischen Mathematiker: die Verdoppelung des Würfels (»Delisches Problem«, → *Eratosthenes*), die Dreiteilung des Winkels und die Quadratur des Kreises (Konstruktion eines zu einem gegebenen Kreis flächengleichen Quadrates). Mit den Mitteln der klassischen Geometrie, die nach einer auf Platon zurückgehenden Forderung nur Zirkel und Lineal als Konstruktionsmittel zuläßt, sind alle drei Probleme unlösbar. Die wissenschaftliche griechische Mathematik beginnt wie die ionische Naturphilosophie mit *Thales* von Milet (etwa 624–548), dem ersten der → *»Sieben Weisen«*. Hat Thales auch nichts Geschriebenes der Nachwelt überlassen, so kennen wir doch eine ganze Reihe der wissenschaftlichen Leistungen dieses Großkaufmanns, Politikers, Philosophen, Mathematikers und Astronomen, der die Sonnenfinsternis vom 28. Mai 585 mit unglaublicher Genauigkeit vorhersagte. Eine Ägytenreise inspiriert ihn, die Höhe der Pyramiden aus der Länge ihres Schattens durch

ähnliche Dreiecke zu berechnen. Thales hat viel von der babylonischen Geometrie übernommen und versucht, dieses logisch aufzubauen. Die meisten seiner Sätze sind aus Symmetrieverhältnissen am Kreis und am Rechteck ableitbar, wie z. B.: Scheitelwinkel sind gleich; oder jeder Durchmesser halbiert den Kreis. Der bekannte »Satz des Thales« besagt: Alle Peripheriewinkel im Halbkreis betragen 90° (*»Thaleskreis«*). Aus dieser Zeit stammt auch der Satz über die Winkelsumme im Dreieck.
Der → *Pythagoras,* damit ist genauso oft der große Philosoph und Mathematiker (etwa 580–500) gemeint wie der nach ihm benannte mathematische Satz babylonischen Ursprungs: Das Quadrat über der Hypotenuse eines rechtwinkligen Dreiecks ist gleich der Summe der Quadrate über den Katheten. Für Pythagoras und seine Anhänger, die Pythagoreer, war das mathematische Wissen Grundlage ihrer philosophischen Weltauffassung. Die Zahl ist das Wesen der Welt. Die Harmonie ist göttlich und drückt sich in Zahlenverhältnissen aus. Die Pythagoreer befreien die Mathematik von praktischen Anwendungen; sie stehen am Anfang der reinen Mathematik. Besonders widmen sie sich den Eigenschaften der Zahlen (gerade, ungerade, vollkommene, befreundete, figurierte Zahlen) und ihren Verhältnissen. Sie begründen damit Zahlentheorie und Proportionenlehre. *Pythagoreische Zahlen* sind ganzzahlige Lösungen der Gleichung $a^2+b^2=c^2$ (vgl. pythagoreischer Lehrsatz). Die Meinungen gehen auseinander, ob die Pythagoreer schon alle fünf – man überlegt leicht, daß es genau fünf gibt – regulären Polyeder gekannt haben. Die Oberfläche dieser Körper besteht aus lauter regelmäßigen, untereinander kongruenten Vielecken. Nach Platon verkörpern sie die Elemente des Kosmos (Erde – Würfel, Feuer – Tetraeder, Luft – Oktaeder, Wasser – Ikosaeder, Weltgebäude – Dodekaeder), weshalb sie auch *platonische Körper* heißen.

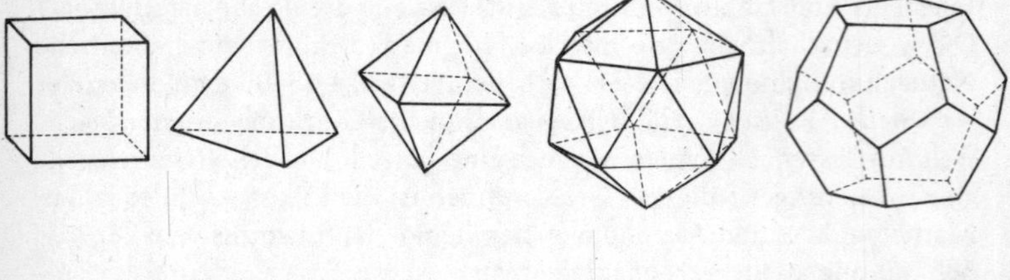

Die Entdeckung der Pythagoreer, daß sich nicht jedes Streckenverhältnis durch ein Verhältnis ganzer Zahlen ausdrücken läßt – z. B. Seite und Diagonale eines Quadrats –, also die Entdeckung des *Irrationalen* hat weitreichende Folgen für die griechische Mathematik. *Hippasos* von Metapont (um 450) soll die Konstruktion des regelmäßigen Fünfecks und die Inkommensurabilität von Seite und Diagonale dieser Figur gefunden haben. Für den Verrat seines Geheimnisses sei er aus dem pythagoreischen Bund ausgeschlossen worden und im Meer umgekommen.

Hippokrates von Chios, der berühmte Geometer der zweiten Hälfte des 5. Jahrhundert v. Chr. (»Möndchen des Hippokrates«), gibt in seinen »Elementen« die erste Zusammenfassung der damals weitgehend bekannten Geometrie der Ebene. Die Lösung der drei klassischen, oben genannten Probleme beschäftigt ihn wie fast alle Mathematiker des ausgehenden 5. Jahrhunderts. Erwähnt seien *Demokrit* (etwa 460–370; Pyramiden- und Kegelvolumen, → *Atomistik), Theodoros* von Kyrene (Platons Mathematiklehrer, Irrationalitätsbeweise), *Theaitetos* (etwa 415–369; Theorie des Irrationalen, reguläre Polyeder), *Antiphon* (um 430; Annäherung der Kreisfläche durch eingeschriebene regelmäßige Vielecke), *Bryson* von Herakleia (um 410; dem Kreis ein- und umbeschriebene Vielecke), *Hippias* von Elis (um 420; Quadratrix), die Brüder *Menaichmos* (um 350; Kegelschnitte) und *Deinostratos* und schließlich der bedeutende *Archytas* von Tarent (etwa 430–365; geniale Lösung des Delischen Problems, Musiktheorie).

Sein großer Schüler ist *Eudoxos* von Knidos (etwa 408–355; → *Astronomie),* Mathematiker, Astronom, Geograph, Philosoph und Arzt. Seine Freunde nannten ihn scherzhaft »Endoxos«, den Berühmten. Berühmt sind auch seine beiden herausragenden mathematischen Leistungen: seine allgemeine *Proportionenlehre* unter Einbeziehung des Irrationalen und seine *Exhaustionsmethode,* d. h. »Ausschöpfungsmethode«, ein Verfahren zur Inhaltsbestimmung krummlinig begrenzter Ebenenstücke (→ *Archimedes*).

Wie Platon ist auch → *Aristoteles* wohlvertraut mit der Mathematik. Die Auffassungen beider Philosophen über das Mathematische gehen jedoch auseinander. Aristoteles ist besonders interessiert am Problem des Unendlichen und des Kontinuierlichen in der Mathematik. Die enge Beziehung von Mathematik und Philosophie löst sich aber mit Beginn der hellenistischen Epoche.

Die drei großen Geometer der alexandrinischen Zeit Euklid, Archimedes und Apollonios brachten die Mathematik zu einer ungeahnten Blüte. Diese Epoche der formalen Vollendung bedeutet den Höhepunkt der griechischen Mathematik. Den Übergang bildet → *Euklid* (um 300), der in seinen »*Elementen*« eine einzigartige Zusammenfassung der gesamten Mathematik seiner Zeit gibt. Sein Werk bleibt für zwei Jahrtausende das klassische, streng logisch aufgebaute Lehrbuch der Elementargeometrie. Der größte Mathematiker des Altertums ist → *Archimedes* (*287; †212), unerreicht in seiner Vielseitigkeit und Tiefgründigkeit. Durch sein Verfahren zur Inhaltsbestimmung krummliniger, ebener Figuren wie zur Oberflächen- und Volumenberechnung von Körpern mit gekrümmten Oberflächen wird er zum Vorläufer der modernen Integralrechnung. Ihm gelingt als erstem die »*Ausmessung des Kreises*« und Eingrenzung der Kreiszahl π zwischen $3^{10}/_{71}$ und $3^{1}/_{7}$. Erst im 17. Jahrhundert n. Chr. überschritt die mathematische Forschung die von Archimedes erreichte Höhe.

Apollonios von Perga (etwa 262–190) war Mathematiker und Astronom (→ *Astronomie*) am → *Museion* in Alexandreia, bekannt unter dem Beinamen »Epsilon«. Sein Hauptwerk sind die acht Bücher »Konika«, d. h. *Kegelschnitte*. Es gilt als Meisterwerk der Mathematik und behandelt die umfassende Theorie dieser Kurven (Ellipse, Parabel, Hyperbel), die durch ebene Schnitte eines geraden oder schiefen Doppelkegels entstehen. Zu seinen berühmten Berührungsproblemen gehört die Aufgabe, einen Kreis zu konstruieren, der drei gegebene Kreise berührt.

Ein Zeitgenosse von Archimedes ist → *Eratosthenes* von Kyrene (etwa 280–200), von dem das nach ihm benannte »Sieb« zur Auffindung der *Primzahlen* und eine neue Lösung des »Delischen Problems« stammen. Sein Konkurrent *Nikomedes* entdeckt die Konchoide.

Die späthellenistische Zeit bringt eine Hinwendung zur angewandten Mathematik. Am Ende des 2. Jahrhunderts v. Chr. ist die klassische Zeit der reinen Mathematik vorüber. Mit der → *Astronomie* entwickelt sich die ebene und sphärische *Trigonometrie*. An dieser großen Leistung sind vor allem beteiligt *Hipparch* (etwa 190–120; → *Astronomie*), *Menelaos* von Alexandreia (um 100 n. Chr.) und *Ptolemaios* (um 150 n. Chr.; → *Astronomie*). Einen Einblick in die praktische Geometrie und Rechentechnik geben *Herons* (zwischen 150 v. und 250 n. Chr. → *Physik*) mathematische Werke. Sie sind nicht wissenschaftlich aufgebaut, sondern eher als Formelsammlung mit Übungsaufgaben aus dem gesamten Gebiet der *angewandten Mathematik*. Die bekannte »Heronische Formel« stammt von Archimedes.

Die letzte herausragende Mathematikerpersönlichkeit der Griechen ist *Diophant* von Alexandrien (um 250 n. Chr.). In seinem dreizehnbändigen Werk »Arithmetika« entwickelt er eine ganz vom Geometrischen losgelöste *Algebra*. Er behandelt lineare und quadratische Gleichungen mit einer und mehreren Unbekannten sowie unbestimmte oder »diophantische« Gleichungen (Gleichungssysteme mit mehr Unbekannten als Gleichungen).
Dank einer Reihe von Sammelwerken und Kommentaren ist uns ein Großteil des mathematischen Denkens und Könnens der Griechen überliefert, wie z. B. durch Pappos (Ende 3. Jahrhundert n. Chr.), Theon (um 380 n. Chr.) und seine Tochter Hypatia, Proklos (410–485 n. Chr.) oder Eutokios (um 500 n. Chr.). (E. P.)

Medizin

Lange dachte man sich die Krankheiten als von den → *Göttern* gesandt und meinte, sie könnten nur von ihnen oder folgerichtig von den ihnen nahestehenden Priestern und Priesterinnen geheilt werden. Der hervorragendste der Heilgötter war Apollon, der mit silbernem Pfeil in seinem Zorn Seuchen und den Tod schickte, seinen Lieblingen hingegen Segen und Gesundheit brachte. Als Götterarzt bereitet er schmerzstillende Mittel und läßt das Blut der Wunden gerinnen. Dem Odysseus (→ *Odyssee*) verschafft er gegen Kirkes Zauberkraft das Kraut Moly, dem Pluton die heilkräftige Paeonia. Seine Schwester Artemis bringt mit ihren Pfeilen besonders den Frauen plötzlichen Tod, ist aber auch Göttin der Geburten und pflegt die gefallenen Helden. Pallas Athene, die besonders die Pflege des Ölbaums anbefohlen hatte, der den wichtigsten Grundstoff für Salben lieferte, wurde bei Augenleiden als Ophthalmitis angerufen. Nicht nur als Erretter des feuerspendenden Prometheus feierte man Herakles (→ *Heroen*), sondern auch als Befreier von Krankheiten und Landplagen, daher sein Beiname »Wurm- und Heuschreckenvertreiber«. Dem Sieg über die Hydra im Sumpfe Lerna in Argos, der Tochter des verderblichen Glutwindes Typhon (vgl. Typhus) und einer Schlangenjungfrau, kann, wie man schon meinte, das heilbringende Werk der Austrocknung des Sumpfes zugrunde liegen, das man dem Herakles zuschrieb. Die Vorzüge dieser allmählich verblassenden Heilgötter wurden auf die Gestalt des Asklepios konzentriert, vermutlich der von → *Homer* und Pindar genannte vortreffliche Arzt, der zum Sohn Apollons und der Nymphe Koronis erhoben wurde und, damit die Chirurgie schon am Anfang der Heilkunst stehe, von Hermes mittels Kaiserschnittes entbunden wurde. Dem Kentauren Cheiron zur Erziehung übergeben, lernt Asklepios dessen Wunderkuren, bringt sogar Tote wieder zum Leben zurück, gebraucht das Blut der Gorgo bald als Arznei, bald als Gift.

Die Asklepios-Tempel waren die ersten medizinischen Schulen, deren Priester ihre Kenntnisse allerdings streng hüteten und nur an den Priesternachwuchs weitergaben. Das älteste Asklepieion stand in Trikka, einer Grenzfestung gegen die Illyrer, das berühmteste in → *Epidauros*, mit dem allerdings die Asklepieen auf Kos und in → *Pergamon* wetteiferten. Gemeinsam war ihnen die gesunde Lage, die Umgürtung durch einen heiligen Hain, der die Luft rein hielt, eine wohlschmeckende, heilkräftige Quelle oder wenigstens ein warmer Sprudel für kräftigende Bäder. Der Kult zielte darauf ab, den Leidenden in eine mystische Stimmung zu versetzen, die ihn für die Heilung empfänglich machte, und ihm den Glauben an Genesung aufzuzwingen. Um die Gottheit gnädig zu stimmen, waren Geschenke an die Priesterärzte angebracht, Reinheit des Körpers und Geistes aber unabdingbar. Sie war durch Fasten, Beten, Singen und Baden zu erreichen. Nach den rituellen Bädern, die bereits zur Therapie gehörten, wurden die Kranken mit der Xystra, einem aufgerauhten Terrakottakegel, massiert, dann gesalbt, schließlich Räucherungen unterzogen, um alles Unreine zu vertreiben und sie in tiefen Schlaf zu versetzen. Die Heilungssuchenden schliefen in den → *Tempeln* und erfuhren im Traum das zutreffende Heilmittel oder wurden durch Suggestion geheilt. Hatte der Patient mehrfach keine Träume, so schlief der Priester für ihn, deutete seinen Traum und verordnete Heilmittel, allerdings gegen Bezahlung, weshalb sie Traumhändler hießen. Als Heilfaktor wurde neben → *Musik* auch die Asklepiosschlange in reicher Zahl in den Tempeln eingesetzt, schließlich nach Rom exportiert und in den Häusern gehegt; das jährliche Abwerfen der Haut war das Symbol sich verjüngender Lebenskraft. Die reichlich erhalten gebliebenen Iamata (Heilmittel)-Inschriften erzählen von Heilungen, auch von – durch Narkose und Hypnose ermöglichten – Operationen; die von dankbaren Patienten gespendeten kostbaren Nachbildungen der geheilten Glieder mehrten den Ruhm des Heiligtums. In den Arzneischatz der Asklepiaden gingen zahlreiche Produkte der Volksmedizin aus Kräutern, Wurzeln, Kröten- und Schlangenhaut ein, aber auch der Glaube an die Heilkraft von Amuletten mit göttlichgeheimnisvollen Inschriften. Diese von den Laien scharf getrennten, unter schweren Eiden stehenden Priester-Ärzte wurden mit dem Beginn des → *Peloponnesischen Krieges* von einer fortschrittlichen Bewegung verdrängt, die in der wissenschaftlichen Medizin endete.

Die wissenschaftliche Medizin hat ihre kräftigste Wurzel in den Kampfschulen, die dem Apollon geweiht waren. Wegen der zahlreichen Verletzungen mußten sich die Gymnasiarchen (Vorstände) und Iatralipten (Salbärzte) chirurgische Fertigkeiten aneignen, um Knochenbrüche, Geschwüre und Infektionskrankheiten zu heilen. (Claudius Galenus, der bedeutendste spätantike Arzt, praktizierte sieben Jahre als Gladiatorenarzt, ehe er eine Praxis in Rom eröffnete). Das Schneiden und Brennen dieser Chirurgen lehnte der weitgereiste → *Pythagoras* ab, der in Kroton zu seinen philosophischen Lehren auch ärztliche Unterweisung fügte und mit großem Erfolg Breiumschläge, Senf- und Meerzwiebelkuren anwandte. Die bei ihm und den Orphikern schon angedeutete Lehre von den vier Elementen baute → *Empedokles* zur Theorie aus, die endgültig dem Glauben von der gottgeschickten Krankheit den Todesstoß versetzte. Nach ihm entsteht und vergeht nichts, das Bestehende mischt und entmischt sich nur. Die Körper bestehen aus vier Elementen (Wärme, Kälte, Trockenheit, Feuchtigkeit oder: Feuer, Luft, Erde, Wasser), und zwar in ihren kleinsten, gleichgestalteten, beständig bewegten und veränderlichsten Teilchen. Sie werden von »Wahlverwandschaft« oder Feindschaft beseelt, die sie zu Verbindungen und Trennungen zwingt. Je vollkommener die »Wahlverwandtschaft«, desto höher organisiert ist das Wesen; auf der höchsten Stufe steht der Mensch. Der Arzt hat also die Aufgabe, die Verwandtschaft zu begünstigen, die Feindschaft der Teilchen zu bekämpfen. Leider hat Empedokles seine Einsichten mit einer Dämonenlehre indischer oder assyrischer Herkunft verdunkelt. Von diesen abergläubischen Einengungen, die besonders in → *Sparta* gepflegt wurden, machten sich zahlreiche Ärzte frei, die der Erfahrung mehr als der Phantasie trauten. Zu ihnen zählt etwa Herodikos aus Selymbria, der um 420 v. Chr. zum Bahnbrecher der Heilgymnastik wurde, nach Plinius auch der Erfinder der Salbenheilkunst war, der »Errichter neuer Einnahmen für die Salbenschmierer und sonstigen Handlanger der Ärzte«. Er schöpfte bei seinen Studien in Knidos aus den »Knidischen Sentenzen«, den Krankheitsbeschreibungen und Therapieanweisungen, die von den Votivtafeln abnotiert worden waren. Während man in der Ärzteschule zu Knidos mehr den Arzneien und Salben vertraute, schwor die Schule auf Kos, der Knidos vorgelagerten Insel, auf diätetische Maßnahmen wie die sorgfältige Abstimmung der Speisen, auf Fasten und Schleimsuppen. In diesen und anderen griechischen Pflanzstädten an der kleinasiatischen Küste kamen der wissenschaftlichen Ausbildung der Ärzte zwei griechische Eigenarten zu Hilfe: die scharfe Beobachtungsgabe und Fähigkeit zur exakten Beschreibung. Beide sollen nicht nur eine Diagnose sichern, die aus wenigen charakteristischen Symptomen zu ziehen ist, sondern eine Prognose liefern, für die auch ein so unscheinbares Symptom wie die Krümmung eines Nagels im Nagelbett beitragen kann. Da der Arzt stets das fernere Schicksal des Patienten im Auge hatte, kannte er keine Spezialisierung auf einzelne Organe (die wurde aus Ägypten eingebracht) noch den Trieb, aus dem Harn oder der Iris alle Krankheiten ablesen zu wollen. In den Lehrbüchern der Prognostik finden sich ausgezeichnete Symptomschilderungen, so über den Mumps, Wechselfieber, Flecktyphus und Diphterie, die an Aussagekraft bis heute nicht übertroffen wurden. Diese Erkenntnisse gewannen die Ärzte ohne Hilfe des Thermometers, Mikroskopes, Röntgen- oder eines anderen Apparates. Die wertvollsten Schriften laufen unter dem Namen des Hippokrates aus Kos.

Hippokrates II. (*466, †377) stammt aus einer Ärztedynastie der Küste Kleinasiens, die in drei Jahrhunderten sieben berühmte Mediziner hervorgebracht hat, deren Arbeiten alle ihm zugeschrieben wurden, ebenso wie zahlreiche unterschobene Schriften mit seinem Namen geschmückt wurden. Seine Bildung erhielt er bei seinem Vater Herakleides, der als Ahnherrn Herakles (→ *Heroen*) verehrte, und bei den Philosophen Gorgias von Leontinoi und Demokritos von Abdera. Nach längerem Aufenthalt in Thessalien (Trikka) bereiste er → *Kleinasien* und die Länder ums Schwarze Meer und soll während der Pest in Athen gewirkt haben; er starb in Larissa. Zu den echten Werken, die sich durch knappe Klarheit vom Schwulst der unterlegten abheben, gehören z. B. »Von der alten Heilkunde«, worin das eigene Sehen und Sichten dem Dogmenglauben vorgezogen wird, oder »Von der Luft, dem Wasser und dem Wohnort«, wo klimatische Bedingungen für Konstitution, Krankheit und Genesung haftbar gemacht werden. Bei der Behandlung und beim Vorbeugen steht die Diätetik bei Hippokrates an erster Stelle. Das geregelte Verhältnis von Wachen und Schlafen, Arbeiten und Ruhen, Essen und Fasten trägt ebenso zur Gesundheit bei wie Massagen, Bäder, heiße und kalte Umschläge samt Heilgymnastik. Größte Aufmerksamkeit wurde der Zusammensetzung und Verträglichkeit der Nahrung geschenkt, ohne die chemische Zusammensetzung zu kennen, die daher auch nicht manipuliert werden konnte. Erst in zweiter Linie kam die arzneiliche Behandlung, die bei den Koern und Hippokratikern mit Hausmitteln, pflanzlichen Drogen und einfachen Komposita (→ *Pharmazie*) gehandhabt wurde. Erst nach dem Aufschwung der Botanik im 4. Jahrhundert wurde eine Vielfalt von Arzneien hergestellt, hochgeschätzt bei den Empirikern und Alexandrinern. Es galt der Grundsatz contraria contrariis, also Heißes wurde mit Kaltem, Feuchtes mit Trokkenem bekämpft. Hippokrates sprach aber auch klar den Gedanken aus, daß in gewissen Fällen Stoffe, welche die Krankheit erzeugen, sie auch zu heilen vermögen. Erst wenn diese Therapien versagten, durfte der Chirurg tätig werden, dessen Handwerk, von ägyptischen Schulen beeinflußt, zumeist auf dem Sportplatz erlernt wurde, weshalb die Lehre von den Brüchen und Verrenkungen am besten entwickelt war. Mit Hippokratismus bezeichnet man aber mehr als die Weitergabe seiner Lehren, sondern vor allem die gediegene, stets kritisch durchforschte ärztliche Erfahrung, das wissenschaftliche Denken und ein hohes Ethos, das im Hippokratischen Eid seinen Niederschlag gefunden hat, dessen Gehalt im heutigen »Ärztegelöbnis« für den Arzt verbindlich ist.

Der Ärztestand wurde nicht durch ein Regelstudium auf ein gewisses Niveau verpflichtet, sondern es blieb dem Adepten überlassen, bei welchem Lehrer er die Grundlagen erlernte; am teuersten waren die Ärzteschulen auf Kos und zu Knidos. Um Scharlatane von ihren Bürgern fernzuhalten, konzessionierten viele Stadtstaaten einen Arzt erst dann, wenn er seine Vorbildung nachgewiesen und vor einem Ärztekollegium seine Methoden erläutert hatte. Einige Staaten stellten auch besoldete Amtsärzte ein, einige Feldherrn auch Militärärzte, deren Zeichen heute noch die Äskulapschlange ist. Obwohl der Stand sich energisch von den Pharmazeuten, Hebammen, Badern und Kräutersammlern distanzierte, wurden doch innerhalb des Standes feine Unterschiede gemacht; da Chirurgen und Steinschneider Werkzeuge benutzten, wurden sie als Banausen weniger geachtet. Manche entschädigten sich durch hohe Honorare. So bezog schon Demokedes um 528 v. Chr. als Gemeindearzt von → *Aigina* 1 Talent pro Jahr, später auf Samos als Leibarzt des Polykrates gar 2 Talente; besser zahlten nur die römischen Kaiser. (W. D.)

Metrik

Metrik ist die Lehre von den Maßen der dichterischen Sprache. Gemessen wird in der klassischen griechischen Dichtung die Silbenlänge (Quantität). Ob eine Silbe im einzelnen Wort kurz oder lang ist, lehrt die Prosodie. Gegenstand der eigentlichen Metrik sind Verse im weiteren Sinn, d. h. Texte, die durch regelmäßigen Wechsel von Kürzen und Längen gekennzeichnet sind. Der Deutsche hat Schwierigkeiten, antike Verse korrekt zu sprechen. Denn während im Griechischen (ähnlich im Lateinischen) die Wortakzente nur durch höhere Tonlage ausgedrückt werden (musikalischer Akzent) und im Versbau keine Rolle spielen, ist beispielsweise der deutsche Vers vom Akzent bestimmt, wobei die akzentuierte Silbe lauter gesprochen wird (exspiratorischer Akzent). Gewohnheitsmäßig gibt daher der Deutsche meist auch in antiken Versen lange Silben laut, kurze leise wieder und achtet auch nicht darauf, den natürlichen Wortakzent durch musikalische Differenzierung auszudrücken. Die griechische Literatur hat eine Fülle von Versformen hervorgebracht. Die Versschemata können durch metrische Analyse gefunden werden, sie sind aber etwas Sekundäres. Primär ist die dichterische Schöpfung, der künstlerisch empfundene und geformte Rhythmus einer Wortgruppe, eines Satzes, eines Liedes. Wer freilich heute griechische Verse genießen möchte, wird den Rang der künstlerischen Leistung ohne metrische Analyse kaum ermessen können, zumal da es üblich geworden ist, nur mit dem Auge, nicht laut zu lesen oder – wie in der Antike – einem Vorleser zuzuhören.

Silbenquantität. Die kleinste Einheit, die der Metrik zugrunde liegt, ist die Silbe. Kürze wird durch ◡, Länge durch – versinnbildlicht. »Von Natur« kurz ist eine Silbe, wenn ihr Vokal kurz, z. B. ein Epsilon oder Omikron ist, »von Natur« lang, wenn der Vokal lang, z. B. ein Eta, ein Omega oder ein Diphthong ist. Durch dichterische Konvention (»durch Satzung«) können bestimmte Konsonantenverbindungen den vorhergehenden kurzen Vokal zu einer Länge machen. In anderen Fällen bewirken die folgenden Konsonanten »anceps«, d. h. Länge oder Kürze; so gewinnt das sprachliche Material, der Wortschatz, für den Dichter mehr Elastizität.

Metra. Aus Silbenquantitäten setzt sich das Metrum zusammen. Die Grundformen der wichtigsten Metra sind:

der Daktylos — ⏑⏑	der Jambus ⏒ — ⏑ —	der Ioniker ⏓ — ⏑⏑
der Anapaistos (Anapäst) ⏑⏑ —	der Trochaios (Trochus) — ⏑ — ⏒	oder oder ⏑⏑ — ⏓

Zahlreiche Varianten der Grundformen entstehen, wenn Doppelkürze durch Länge oder Länge durch Doppelkürze ersetzt wird, ferner wenn am Anfang oder am Ende des Metrums eine Silbe wegfällt oder hinzukommt. Von den Sonderformen seien genannt:

der Spondeios (Spondeus) — —	der Baccheus ⏑ — —
der Creticus — ⏑ —	und seine Umkehrung: der Palimbaccheus — — ⏑
der Molossus — — —	

Einige davon spielen auch in der Kunstprosa eine Rolle.

Monosticha und Disticha. Die nichtlyrischen Dichtungen sind aus gleichartigen Metra zusammengesetzt. Der Name der Versform gibt jeweils an, welches Metrum zugrunde liegt und wie oft es in einer Verszeile vorkommt: zweimal (Dimeter), dreimal (Trimeter), fünfmal (Pentameter) oder sechsmal (Hexameter). Das Schema kann Zeile für Zeile (Monostichon) oder nach jeder zweiten Zeile (Distichon) wiederholt werden. Das Epos besteht aus daktylischen Hexametern:

1 — ⏔ 2 — | ⏔ 3 — | ⏔ 4 — | ⏔ ‖ 5 — ⏑⏑ 6 — ⏒

Die senkrechten Striche bezeichnen die häufigsten Einschnittte (Zäsuren). In Elegie und Epigramm gesellt sich zum daktylischen Hexameter jeweils ein Pentameter, dessen Grundform sich so darstellt:

— ⏔ — ⏔ — ‖ — ⏑⏑ — ⏑⏑ ⏒

Schiller charakterisiert mit einem Distichon den besonderen Reiz dieser Versform, vor allem die pointierte Stelle in der 2. Zeile:

> Im Hexameter steigt des Springquells flüssige Säule.
> Im Pentameter drauf fällt sie melodisch herab.

Der iambische Trimeter wird im Drama als Dialogvers und in der Lyrik besonders für das Schmähgedicht verwendet. Seine Grundform ist:

1 ⏒ — ⏑ — 2 ⏒ | — ⏑ | — 3 ⏒ — ⏑ ⏒

Lyrische Versmaße und Strophen. Die ganze Pracht der griechischen Verskunst entfaltet sich in der Lyrik und in den Chorliedern des Dramas. Das wohl wichtigste Bauelement ist der Choriambus — ⏑ ⏑ —, der durch Doppelung oder Kombination mit anderen Metren varriiert werden kann. Aus derartigen metrischen Elementen werden Strophen gebildet. In Chorliedern folgen auf die Strophe meist eine ebenso aufgebaute Gegenstrophe (Antistrophe) und ein abweichend gebauter Nachgesang (Epodos). Diese triadische Abfolge kann ihrerseits wiederholt werden. Als Beispiel sei die erste Strophe des Einzugsliedes aus Sophokles' »Antigone« (→ *Tragödie*) wiedergegeben. Wie der Vers zum Stimmungsträger werden kann, mag man sich anhand der Übersetzung vergegenwärtigen:

	Strahl der Sonne, du schönstes Licht,
— ⏑ — ⏑ ⏑ — ⏑ —	wie es schöner noch nie für dies
— ⏑ — ⏑ ⏑ — ⏑ —	siebentorige Theben schien!
— — — ⏑ ⏑ — ⏑ ⏒	Beginn du des goldenen Tags!
⏑ — — ⏑ — ⏑ ⏑ —	Endlich gehst du auf deiner Bahn
— ⏑ — ⏑ ⏑ — — —	leuchtend über den Fluten Dirkes.
— ⏑ — ⏑ ⏑ — ⏑ — —	Doch den Mann mit glänzendem Schild,
— — — ⏑ — ⏑ ⏑ —	

— ∪ — ∪ — ∪ ∪ —	der aus Argos gegen uns zieht,
∪ ∪ ∪ ∪ ∪ ∪ — ∪ ∪ —	jagst du in kopfloser Flucht vor dir her,
— — — ∪ ∪ — ⏓	schneller führst du die Zügel.

(F. R.)

Minoische Kultur

Entdeckung, Periodisierung, Bedeutung. Kindheitsträume mit ins Erwachsenenalter zu nehmen und sie dann gar zu verwirklichen, diese Vorstellung wirkt so aus dem Rahmen fallend wie das von Wissenschaftlern nachsichtig belächelte Vorhaben jenes Mannes, der anhand der Epen → *Homers* die ins Reich der Sage verwiesenen Stätten des Troianischen Krieges auffinden wollte, → *Troia* selbst, → *Mykene*, → *Tiryns*, Pylos. Heinrich → *Schliemann* (*1822, †1890) verwirklichte seinen Kindheitstraum und eröffnete mit zäher Beharrlichkeit, glücklicher Intuition und dem Glauben an das Gelingen seiner Aufgabe der Menschheit den Blick in die europäische Frühzeit über das Jahr 1000 v. Chr. hinaus bis etwa zur Mitte des 2. Jahrtausends. Doch scheint er geahnt zu haben, daß dieser Zeitraum der von ihm entdeckten »Mykenischen Kultur« (1600–1100) nicht das Ende seiner Forschertätigkeit markieren konnte, sondern erst den Anfang. 1887 war er nämlich mit dem Gefühl nach → *Kreta* gegangen, einen entscheidenden geschichtlichen Schritt weiter zu kommen. Doch der Ankauf des Geländes in → *Knossos* zerschlug sich, und Schliemann kehrte zu den Ausgrabungen aufs griechische Festland zurück. Sieben Jahre später, nach Schliemanns Tod, versuchte es der Engländer Arthur Evans. Aber er mußte sich auch sechs lange Jahre gedulden, ehe er am 23. März 1900 mit den Ausgrabungen auf dem Kephala-Hügel von Knossos beginnen konnte. Gereizt hatte ihn eigentlich nur der Wunsch, hier in Kreta Beweise für das Vorhandensein der ersten Schrift Europas zu finden. Am Ende seiner Ausgrabungen jedoch hatte er, ähnlich verwöhnt vom Finderglück wie Schliemann, die Kenntnis der Frühgeschichte Europas innerhalb atemberaubender 25 Ausgrabungsjahre nochmals um rund 1000 Jahre hinaufschieben können bis etwa 2500 und der griechisch-mykenischen Geschichte die kretische hinzufügen können. Er benannte sie »kretischminoisch« – nach Minos, dem legendären König von Knossos, und unterteilte sie, hauptsächlich anhand der Keramikfunde, in drei große Gruppen (FM = Frühminoicum 2600–2100; MM = Mittelminoicum 2100–1600; SM = Spätminoicum 1600–1200), wobei er jede Gruppe nochmals drittelte. Diese Einteilung von Evans, nicht unumstritten, hat sich bis heute weitgehend gehalten. Die Ausgrabungen der letzten Jahrzehnte zwingen indes allmählich zu Revision und anderen Einteilungskategorien wie etwa denen nach Blüte und Verfall der Paläste (so N. Platon).

Evans: Minoicum			Platon: Palatialzeit	
			Jungsteinzeit = Subneolithicum	
2600				
2500		I		I
2400				
2300	FM	II	Präpalatiale Zeit	II
2200			(Vorpalastzeit)	
2100		III		
2000				III
1900	MM	I		I
1800		II	Paläopalatiale Zeit	II
1700			(Altpalastzeit)	III
1600		III		I
				II
1500		I	Neopalatiale Zeit	
1400			(Neupalastzeit)	III
1300	SM	II		I
1200		III	Postpalatiale Zeit	II
			(Nachpalastzeit)	III
1100	Subminoicum			
1000			Subminoicum	

Die Ausgrabungen, die Evans in Kreta durchführte, sind eine Großtat der Archäologie, nicht nur wegen der verfeinerten Methoden, sondern natürlicherweise auch vom großen Gegenstand her. Sie beweisen, daß die kretisch-minoische Kultur (2600–1100) die erste Hochkultur, das erste Glied der Zivilisationskette Europas war, begeisternde Ouvertüre zunächst der griechisch-mykenischen, dann, nach der Dorischen Wanderung, der griechisch-hellenischen Geschichte.

Das Frühminoicum (FM). Um die Mitte des 3. Jahrtausends liegt, bedingt durch die aufkommende Kenntnis der Bronze, ein deutlicher Bruch in der bisherigen subneolithischen (= jungsteinzeitlichen) Kultur Kretas vor. Bis heute ist in der Wissenschaft umstritten, ob die folgende

Zeit des FM eine kontinuierliche Weiter- und Eigenentwicklung der subneolithischen Epoche in nur schnellerer »kultureller Gangart« war oder ob nicht fremde Zuwanderer mit aufgeschlossenerer Geisteshaltung für das höhere Niveau gesorgt haben. Für die erste These sprächen die frühminoischen Keramikfunde, die den subneolithischen Charakter der vielformigen Gefäße mit mehrfarbiger Bemalung beibehielten. Allerdings setzte dann bald eine Eigenentwicklung ein, die neue Stilformen ausprägte, der »Vassiliki-Stil« mit orange-rot-schwarzer Flammung auf braunem Tongrund oder der »Barbotine-Stil«, dessen Gefäße über und über mit Tontupfen verziert sind, Nachahmung der »runzligen Gehäuse von Krebstieren«. Am Ende des FM ist von subneolithischem Einfluß nichts mehr zu spüren. Spiralen, Bänder und Wellen in weißer, oranger und rotbrauner Farbe auf dunklem Gefäßgrund deuten eine Entwicklung an, die sich im »Kamares-Stil« vollenden sollte. Die künstlerisch immer gelungeneren Steingefäße, die Funde der Goldschmiedekunst, die zarte, naturalistische Schmuckstücke geschaffen und am Ende des FM die Granulation (das Auflöten von Gold- und Silberkörnchen) technisch perfektioniert hatte, runden unser Bild von einer schnellen Entwicklung der handwerklichen Fähigkeiten ab.

Die fehlenden Rohstoffvorkommen bedingten schon bald einen Überseehandel und den Austausch der Erzeugnisse mit den kykladischen Inseln, mit Ägypten und Westanatolien, der Westküste der heutigen Türkei. Schiffmodelle wie die in Mochlos gefundenen und Siegelsteine am Ende des FM mit eingeschnittenen Segelschiffen bestätigen den Seehandel ebenso wie Skarabäen oder Fayence-Halsketten, die aus Ägypten bezogen und in den Begräbnisstätten, den »Tholoi«, entdeckt wurden. Diese Rundgräber hat man vor allem in der Mesara-Ebene ausgegraben. In ihnen lagen neben reichlichen Grabbeigaben oft mehrere Hunderte von Toten übereinandergebettet, die Angehörigen einer Sippe. Da für das FM schriftliche Zeugnisse völlig fehlen, darf man aus dem Vorhandensein solcher Sammelgräber schließen, daß auch die Gesellschaft in Einzelsippen gegliedert war, ohne daß einzelne Klans eine führende Machtposition erreicht hätten. Das Leben dieser Verbände spielte sich in dörflichen Siedlungen ab, die im Osten der Insel teilweise schon städtische Züge annahmen. Sie bestanden aus einer Aneinanderreihung mehrräumiger Häuser, deren kleine Zimmer sich meist um einen gepflasterten Hof mehr oder minder geordnet herumgruppierten.

Mittelminoicum (MM) – Altpalastzeit. Mit Beginn des MM entstanden die ersten großen Palastanlagen in Knossos, Phaistos, Mallia, vermutlich auch schon in Zakros. Vorangegangen sein muß diesen Zentren politischen, wirtschaftlichen und kulturellen Lebens eine Machtkonzentration in der Hand von Königen, deren Titel vielleicht »Minos« gelautet hat. Eine Periode langen Friedens, gesichert durch die bei → *Thukydides* überlieferte Seeherrschaft (Thalassokratie), ermöglichte eine ungestörte Entfaltung der Kultur und ließ die Herrscher auf jede Ummauerung ihrer Paläste verzichten. Den Anlagen war in entwikkelterer Form das Bausystem der frühminoischen Häuser zugrunde gelegt: Um einen zentralen Mittelhof »wucherten« zellenförmig die Räume, unterbrochen von Treppenanlagen zu oberen und teilweise in den Hang hineingebauten unteren Stockwerken, von Lichtschächten und Verbindungsgängen. Im Westteil, vor einem großen Westhof, lagen die Magazinräume mit den bis zu zwei Meter hohen »Pithoi«, Vorratskrügen für Wein, Öl, Getreide. Gegliederte Fassaden mit vorspringenden Teilen, verschiedenem Niveau und nicht zuletzt die erstmals auftauchenden Holzsäulen mit nach oben zunehmender Schwellung, rot bemalt, mit schwarzem Kapitell (→ *Tempel)*, müssen dem Betrachter ein faszinierendes Bild geboten haben.

Die Bedeutung der Paläste mit ihren Palastwerkstätten für die Verfeinerung des Lebensstiles ist in der Keramik am deutlichsten faßbar. Auf fußbetriebener Drehscheibe oder immer noch von Hand geformt, entstehen die Gefäße des nach dem Fundort, der Kamareshöhle, benannten »Kamares-Stils«. Dem metallisch glänzenden, dunklen Grund sind die Ornamentformen des FM aufgemalt, Spiralen, Bänder, tropfenförmige Gebilde, doch kündigt sich zugleich auch ein Einfließen neuer Motive an, die der Natur entlehnt sind. Vielleicht das schönste Beispiel dieser Stilrichtung ist ein prächtiger Pithos (Krug) aus Phaistos, dessen auf die drei Henkel bezogener Dekor höchst einfallsreich gestaltet ist. Eingerahmt von einem weißen Wolkenband am oberen Rand und drei weißen Wellenlinien zwischen zwei weißen Ringen am Gefäßfuß ist im Bildfeld zwischen den Henkeln dreimal dasselbe Motiv dargestellt, ein brauner Fisch, der in seinem Maul die Schlinge der Reuse faßt, mit der ihn Fischer zu fangen gedachten. Spiralornamente in den noch freien Feldern schließen die Bemalung ab und formen den Schmuck des Kruges zu organischer Geschlossenheit. Ein anderer Teil der ausgegrabenen Gefäße zeichnet sich durch eine solch zerbrechliche Dünnwandigkeit aus, daß man geradezu von einer »Eierschalenware« spricht. Die frühminoische »Barbotine-Technik« wird ebenfalls wieder aufgenommen

und beweist eher Fortsetzung der Tradition als einen Bruch, der nach Meinung mancher Forscher am plötzlichen Entstehen der Paläste aufgrund fremder Zuwanderung ablesbar sein soll.
Gegenüber der Keramik bleibt die Plastik aus Ton zurück. Neben einfachen Tierformen werden männliche und weibliche Adorantenfiguren (Figuren in betender Haltung) geformt, die Jünglinge nackt bis auf einen Schurz, die Frauen mit langen, bis zum Boden reichenden glokkenförmigen Gewändern, die in einem hochstehenden Kragen enden und die Brust freilassen.
Für die Siegelsteine werden Amethyst und Karneol verwendet, die Gravuren zeigen mannigfaltige Motive – Menschen, Tiere, Landschaften –, die ersten Bildschriftzeichen tauchen auf ihnen auf. Funde einer kleinen Anzahl von Tontäfelchen in Knossos, Phaistos und Mallia mit dieser Bilderschrift, teilweise schon der »Linear-A-Schrift«, einer Silbenschrift, lassen Rückschlüsse zu auf eine bestehende Bürokratie im Palastzentrum, die nicht nur die spezialisierten Palasthandwerker erfaßte, sondern auch abhängige Bauern und Kaufleute, die den Handelsaustausch mit den Inseln, Kleinasien und Ägypten verstärkten, um Kupfer aus Zypern, Zinn aus Kleinasien, Gold und Elfenbein aus Ägypten und Syrien zu importieren, als Gegenleistung für feine Keramik.
Bruchstückhaft bleibt unser Wissen um Gesellschaft und religiöse Zustände. Der strengen hierarchischen Gliederung der Menschen scheint auch eine religiöse mit der höchsten Göttin, der Natur, entsprochen zu haben. Höhlen, Bergheiligtümer und Schreine mit Kultsymbolen von Stier und Doppelaxt (= Labrys, davon Labyrinth = Haus der Doppelaxt) waren die Kultstätten. Mitten in das MM – und dies zeigt, wie schematisch die Einteilung von Evans manchmal bleibt – fällt gegen 1700 die vollständige Zerstörung der alten Paläste. Erdbeben, in dieser Zone keine Seltenheit, scheinen dafür verantwortlich gewesen zu sein, nicht äußere Feinde.
Mittelminoicum (MM) – Neupalastzeit. Nach 1700 werden die neuen Paläste errichtet, meist auf den alten Plätzen, noch geräumiger, prächtiger und höher. Selbst die Überreste aus dieser Zeit, die wir in Knossos, Phaistos, Mallia und Zakros bestaunen können, wirken großartig in der sie umgebenden Landschaft. Verschachtelt, ohne erkennbare Ordnung, für unser Empfinden völlig asymmetrisch, verteilen sich um das Zentrum, den Mittelhof, Wohn-, Empfangs-, Kult- und Schatzräume, Werkstätten und Vorratsmagazine, verbunden durch gewinkelte

Gänge, Treppen, lange Korridore, unterbrochen durch Lichtschächte – ein wahres Labyrinth mit 1200 Zimmern z. B. in Knossos, durch die Theseus wirklich nur mit Ariadnes Faden hindurchfinden konnte. Um die Paläste lagen die Städte, mit modern anmutender Wasserversorgung und sanitären Einrichtungen, unbefestigt. Verstreut über das Land finden sich die für das ausgehende MM typischen »Herrenhäuser«, Sommerresidenzen der Könige vielleicht oder Sitze höherer Verwaltungsbeamter.

Spätminoicum (SM) – Neupalastzeit. Die zusammenhängende Neupalastzeit (1700–1400), in die Evans den Schnitt vom MM zum SM legt (sie umfaßt bei ihm MM III bis SM II) war eine Zeit höchster Kultiviertheit und gänzlich verfeinerter Lebensformen, in der alle Lebensfreude, Empfindsamkeit, Sinnengenuß, Vorliebe für Prunk und Repräsentation zu voller Entfaltung kamen. Die Keramik gibt auch hierzu wieder den Leitfaden. Die zunächst noch beibehaltene Kamares-Keramik machte bald einer neuen Stilrichtung Platz, dem sogenannten »Flora- und Meeresstil«, benannt nach den naturalistischen Motiven wie Gräsern, Palmen, Lilien, Schilf, Efeu, Papyros oder Muscheln, Tintenfischen, Seesternen, Purpurschnecken und Delphinen, die als dunkle Muster auf hellbraunem Grund erscheinen. Nur in Knossos erlebte der »Palaststil« um 1450 seinen Höhepunkt. Er behält zwar die Motive des Flora- und Meeresstiles bei, doch verlieren diese ihre Lebendigkeit und das Fließende ihrer Bewegung, erstarren und werden zunehmend in ihrer Anordnung regelmäßiger, symmetrischer, offensichtlich unter dem Einfluß mykenischer Einwanderer, die um diese Zeit Kreta erobert und die Paläste zerstört haben.

Kapriziöse Anmut und intesives Naturempfinden ist der Freskenmalerei zu entnehmen, die in den alten Palästen zwar vorhanden, aber noch wenig entwickelt war. Heitere Szenen aus der Welt des Hofes, der Religion und der Natur schmücken die Wände, Decken und Fußböden der Gemächer in den Palästen, ja selbst der Stadthäuser, von deren Aussehen wir uns aufgrund aufgefundener Fayenceblättchen ein anschauliches Bild machen können. Wen anders als einen verständnisvollen Franzosen konnte die kretische Damenwelt auf den Fresken so gefangennehmen, daß er beim Anblick einer schwarzhaarigen Schönheit mit kecker Stirnlocke, leicht aufgestülpter Nase, fein geschwungenen Brauen und großen dunklen Augen, die trotz Profilansicht wie von vorne gesehen wirken, begeistert ausrief: »Mais ce sont des Parisiennes!« (Aber das sind ja Pariserinnen!); fortan war dieser Prototyp einer

Minoerin »La petite Parisienne« (die kleine Pariserin). Das Lebensvolle dieser kretischen Dame fehlt den großfigurigen Darstellungen einer Prozession oder dem »Lilienprinzen«. Diese Personen sind zwar individuell gestaltet, doch wirkt die lange Prozession insgesamt steif, unbewegt, erinnert an vergleichbare ägyptische Malereien. Die Stärke der minoischen Kunst lag sicher nicht im Monumentalen, weder in der Freskenmalerei noch in der Keramik oder Plastik. Kleine, aber kunstvoll ausgearbeitete Statuen wie die beiden bekannten Schlangengöttinnen aus Knossos, plastische Vasen oder Reliefgefäße mit Szenen minoischen Lebens wie die berühmte »Schnittervase« oder der »Prinzenbecher« verraten Liebe bis in kleinste Detail. In den Siegelbildern konnte sich dieser minoische Zug zum Miniaturhaften herrlich entfalten. Auf runden oder ovalen Steinen war der Motivvielfalt keine Grenze mehr gesetzt. So entstanden kleine, kunstvolle Siegel, »die den Nachhall der Natur vielleicht glücklicher ausdrücken, als es der großen Kunst möglich gewesen wäre« (Platon). Dasselbe läßt sich auch von den Erzeugnissen der Goldschmiedekunst behaupten, für die der Begriff »vollendet« zutrifft.

Höhepunkt und Vollendung der minoischen Kunst in der Zeit der neuen Paläste sind nicht denkbar ohne eine Periode ungestörter Entfaltung. Die verschiedenen Könige der Insel waren die Garanten der Friedenszeit. Ihre Macht war unbestritten. Im Namen der Gottheit regierten sie über das Land, über die Menschen, deren soziale Gliederung nicht mehr die alte Sippenzugehörigkeit ausmachte, sondern der Grundbesitz und die Stellung zum König. Der Palast war Verwaltungszentrum, Vorratslager, großer Handwerksbetrieb, Wohnhaus der Hofbediensteten, Sitz des Königs und der Gottheit in einem. Es wäre sicherlich verkehrt, wollte man unter »Gottheit« personifizierte Götter mit fest umrissenen »Zuständigkeitsbereichen« wie etwa später die olympischen Götter der Griechen verstehen. Bildliche Darstellungen einer immer wiederkehrenden weiblichen Gottheit mit allen Attributen, die sie als Fruchtbarkeitsgöttin ausweisen, als Herrin der Tiere oder als Schlangengöttin, symbolisieren die Fruchtbarkeit der Natur, deren Zeugungskraft vielleicht in der Gestalt des Stieres beschworen wurde. Die richtige Einordnung des Stierkultes in die minoische Religion ist bisher ebenso wenig gelungen wie die Entzifferung des »Linear-A«, der Silbenschrift der Neupalastzeit.

Grundlage des hohen Lebensstandards dieser Periode war der allgemeine Aufschwung der Landwirtschaft. Intensivere Bodennutzung, aus Bronze gefertigtes Ackergerät, Überwachung der bäuerlichen Arbeit von der Zentrale aus, Kultivierung der Ölbäume und Reben verschiedener Sorte und systematischer Anbau von Obst und Gewürzen steigerten die Erträge, so daß ein Großteil des Überschusses dem Außenhandel zugute kam, der vielleicht ebenfalls vom König gesteuert wurde. Die Intensivierung des Handels führte zu ausgedehnter Kolonisation mit Stützpunkten auf den Inseln Melos, Thera, Kea, Rhodos, in Phönikien und Ugarit in Nord-Syrien. »Zu dieser kolonialen Expansion gehört auch die Entstehung der mykenischen Kultur« (Platon).

Spätminoicum (SM) – Nachpalastzeit. Um 1450 werden die neuen Paläste zerstört, diesmal völlig, ob durch Beben, durch Feinde oder durch den Vulkanausbruch von Thera ist unklar. Die Entzifferung der in dieser Periode gebräuchlichen Weiterentwicklung des »Linear-A«, des »Linear-B« als schriftliche Fassung eines frühgriechischen Dialektes würde beweisen, daß die Mykener zu dieser Zeit Kreta besetzt hätten, vielleicht unter Ausnutzung der vulkanischen Explosion. Mit der Zunahme der mykenischen Siedlungen ordnete sich auch die minoische Nachpalastkultur der mykenischen Kultur allmählich unter. Die Keramik beschränkt sich auf reine Gebrauchsgegenstände, im Dekor tritt bei weiterverwendeten Motiven der Neupalastzeit eine auffällige Schematisierung ein, die naturalistisch beschwingte Darstellungsweise der Minoer weicht der Symmetrie und Abstraktion der Mykener, bis am Ende der Periode die Gefäße in äußerster Einfachheit ohne Bemalung erstarren. Derselbe Rückschritt ist auch in der Plastik unverkennbar. Minoische Motivtradition verbindet sich mit provinzieller Ausführung. Kretas geschwächte Macht brach in der Dorischen Wanderung endgültig zusammen. Die mykenischen Zentren wurden zerstört, die Minoer flüchteten in die Bergwelt Ostkretas, wo sie als die »echten Kreter«, »Eteokreter«, die primitive subminoische Kultur weiterpflegten, die nur noch ein schwacher Nachhall jener großartigen Vergangenheit war. (M. F.)

Museen und Fundstätten

Naturgemäß bietet das griechische Mutterland die schönsten antiken Fundstätten, an denen für den Besucher Geschichte lebendig wird und wo er an Ort und Stelle auch den Überresten griechischer Architektur begegnen kann. Die Museen Griechenlands bergen darüber hinaus eine

Fülle teils hochkünstlerischer, teils alltäglicher Funde. Kaum weniger bedeutsam sind aber auch die antiken Plätze und Museen an der kleinasiatischen Küste oder in → *Großgriechenland.* Schließlich verbleiben noch einige Museen in Europa – nicht zuletzt auch in Deutschland –, die ebenfalls auf eindrucksvolle Art eine Begegnung mit griechischer Kunst und Kultur vermitteln.

Die Zeugnisse der → *minoischen Kultur* erlebt man am eindringlichsten an den Ausgrabungsstätten auf Kreta, vor allem in den Palastanlagen von Phaistos, Hagia Triada, Mallia und → *Knossos.* Bei Gurnia kann man die Überreste einer ganzen kleinen minoischen Stadt mit Straßen und Häusern besichtigen. Den stärksten Eindruck auf den Laien hinterläßt der Palast von Knossos, weil hier Sir Arthur Evans (→ *Archäologie*) versucht hat, einige wichtige Gebäude zu rekonstruieren, so daß man eine im wahrsten Sinne farbige Vorstellung von einer großen minoischen Palastanlage vor ihrem Untergang im 16. Jahrhundert gewinnt. Die an diesen und anderen Ausgrabungsstätten geborgenen Funde kamen durchweg in das Archäologische Museum von Heraklion, einer der bedeutendsten Sammlungen der Welt, die einen Überblick über die Entwicklung der minoischen Kultur bietet. Zu den schönsten und berühmtesten der zahllosen Ausstellungsstücke gehören vor allem die abgelösten Fresken und -fragmente aus den Palästen und Villen der mittel- und spätminoischen Epoche, sowie der Sarkophag aus Hagia Triada. Die Freskensammlung von Heraklion hat heute in den vorerst provisorisch aufgestellten Fresken aus den Funden von Thera im Nationalmuseum von Athen eine Konkurrenz erhalten.

Wer die Überreste mykenischer Burgen aufsuchen will, wird sie, nahe beieinander, auf der nördlichen Peloponnes in → *Mykene* und → *Tiryns* finden, wobei vor allem Mykene mit seinen sechs Meter dicken Festungsmauern, dem Löwentor und dem Schatzhaus des Atreus den großartigen Eindruck einer Burganlage aus der homerischen Zeit vermittelt. Die Funde aus den von → *Schliemann* entdeckten Königsgräbern sind fast ausnahmslos im Nationalmuseum in Athen untergebracht, darunter vor allem die großartigen goldenen Totenmasken mykenischer Fürsten, Golddiademe, prachtvoll verzierte Bronzedolche und verschiedene Goldgefäße. Die schönsten Stücke wurden ähnlich wie die oben erwähnten Fresken von Thera einem breiten Publikum durch Abbildungen auf griechischen Briefmarkenserien bekannt.

Zu den berühmtesten archäologischen Plätzen aus der klassischen Zeit auf dem griechischen Festland gehören → *Delphi,* → *Olympia,* →

Epidauros, Eleusis und → *Korinth*, zu denen sich noch die Tempelruinen von Sunion und Bassai gesellen. Eine Sonderstellung nimmt → *Athen* ein.

Delphi beeindruckt vor allem durch die grandiose Lage, während vom eigentlichen Heiligtum nur noch die Grundmauern und sechs wieder aufgerichtete Säulen von einstiger Größe zeugen. Die Funde sind fast alle im Museum unmittelbar neben dem Ausgrabungsgelände untergebracht. Zu ihnen gehören vor allem die Skulpturen der verschiedenen Schatzhäuser. So ist dem Schatzhaus von Siphnos ein ganzer Saal gewidmet, vom Schatzhaus von Sikyon stammen fünf Metopen, sowie einige vom Schatzhaus der Athener. Vom Tempel der Alkamioniden sind die Skulpturen des Westfrieses und Marmorstatuen des Ostgiebels erhalten. Das berühmteste Ausstellungsstück ist die Bronzestatue des Wagenlenkers Polysalos, eines Griechen aus Sizilien, der 478 v. Chr. im Wagenrennen siegte. In seiner eindrucksvollen Schlichtheit gehört die von einem Künstler aus Samos 474 ausgeführte Statue zu den schönsten Werken griechischer Kunst.

Olympia. An der Ausgrabungsstätte von Olympia mag den Besucher auf den ersten Eindruck eine gewisse unübersichtliche Vielfalt verwirren, zumal auch von dem berühmten Zeus-Tempel nur noch der Unterbau erhalten ist. Doch vermitteln die umherliegenden riesigen Säulentrommeln noch einen Eindruck von der einstigen Größe des Heiligtums. Man muß sie im Zusammenhang mit der etwa 100 Meter westlich davon gelegenen »Werkstätte des Pheidias« sehen, die den Maßen des Tempelheiligtums entsprach, weil hier der Künstler das naturgroße Modell seiner Zeus-Statue (eines der Sieben Weltwunder) entwarf; sie wurde in byzantinischer Zeit in eine Kirche umgewandelt und blieb so erhalten. Den Besucher werden vor allem auch die Reste des Stadions interessieren, Schauplatz der Spiele, das einst 20 000 Zuschauer faßte. Auch hier sind die Ausgrabungsfunde in einem Museum an Ort und Stelle untergebracht. Zu seinen berühmtesten Werken gehören die Giebelskulpturen des Zeus-Tempels. Die Figuren des Ostgiebels schildern das Wagenrennen zwischen Pelops und Oinomaos, die des Westgiebels den Kampf der Lapithen mit den Kentauren (→ *Heroen*). Ähnlich wie in Delphi birgt das Museum auch ein Meisterwerk griechischer Plastik, die dem Praxiteles zugeschriebene Hermes-Statue aus prachtvollem parischem Marmor. Unter den kleineren Ausstellungsobjekten bestechen zahlreiche bronzene Weihegaben, darunter ein Helm, den Miltiades (→ *Perserkriege*) gestiftet hat.

Epidauros. Das wohl sehenswerteste Theater Griechenlands ist in Epidauros erhalten geblieben. In seiner herrlichen Lage beeindruckt es auch heute noch jeden Besucher. Es liegt am Rande des großen Asklepios-Heiligtums (→ *Medizin*), einer der bedeutendsten griechischen Kultstätten, deren Überreste sich aber auf die ausgegrabenen Grundmauern beschränken.

Athen. Das Zentrum des klassischen Griechenlands ist auch heute noch Athen mit den Ruinen der → *Akropolis* und den umliegenden Fundorten, der Agora, dem Olympieion, dem Dionysos-Theater und dem Kerameikos-Friedhof, die alle im Gewühl und häufig auch Schmutz der Großstadt noch immer den Glanz einstiger Größe ausstrahlen und mit Recht alljährlich von vielen tausend Touristen aus aller Welt bewundert werden. Auf der Agora und der Akropolis gibt es zwei kleinere, aber bedeutende Museen mit den wichtigsten dort geborgenen Fundstücken. Drittes und größtes Museum griechischer Kunst ist das Archäologische Nationalmuseum, eines der bedeutendsten Museen der Welt; denn es birgt die größte geschlossene Sammlung griechischer Altertümer. Im Erdgeschoß sind die Skulpturen von der Steinzeit bis zur hellenistischen Epoche untergebracht, zu den schönsten Exponaten gehören der »Apoll vom Piräus«, der »Jüngling von Marathon« und der »Poseidon von Artemision«. Der erste Stock birgt in acht Sälen eine in der Vollständigkeit der Formen und Stile einmalige Vasensammlung. Den neuen minoischen Funden von Thera ist ein provisorischer Aufstellungsplatz eingeräumt.

Wer den Zusammenklang von Natur und Architektur erleben will, wie ihn die griechischen Baumeister mit dem ihnen eigenen Gespür immer wieder großartig erfaßt haben, wird die Tempelruinen von *Kap Sunion* an der Ostspitze der attischen Halbinsel, *Bassai* (Bassä) auf einem einsamen Plateau in 1151 Meter Höhe auf der westlichen Peloponnes, und den Aphaia-Tempel auf der Insel → *Aigina* besuchen, die alle drei einen gleichermaßen tiefen Eindruck auf den Besucher hinterlassen.

Korinth. Vorwiegend mit den Spuren des römischen Griechenlands konfrontieren die Ausgrabungsstätten von Korinth und Eleusis. An die Anfänge der klassischen Zeit Korinths erinnern noch die sieben Monolith-Säulen des Apollon-Tempels, eines der ältesten Heiligtümer Griechenlands. Die Agora dagegen mit ihren Ladenreihen, der Südportikus und den anliegenden Basiliken stammt aus römischer Zeit. Ein kleineres Museum birgt die im Ausgrabungsgelände gemachten Funde.

Eleusis. Aus römischer Zeit stammen auch die meisten Ruinen und

Fundamente auf dem Ausgrabungsgelände von Eleusis. Das scheinbare Durcheinander der Ausgrabungen auf der Stätte des einstigen Mysterienheiligtums enttäuscht den Besucher, und dieser negative Eindruck wird noch verstärkt durch die häßlichen Zementfabriken, die sich zwischen die Ausgrabungsstätten und das Meer geschoben haben und den einst freien Blick auf die Bucht von Salamis verhindern.

Neben den hier aufgeführten wichtigsten Fundorten und Museen birgt das griechische Festland noch manche andere, heute für den Reisenden und Besucher weniger bedeutende. Neben dem schon erwähnten Kreta und Aigina wird er vor allem noch auf den Inseln → *Delos, Kos* und → *Rhodos* mit den Spuren der griechischen Antike konfrontiert. Delos könnte man fast das griechische Pompeji nennen; denn hier sieht man nicht nur die Überreste der einst bedeutenden Heiligtümer, sondern auf dem Kynthos und im Theaterbezirk auch noch die engen Gassen und Spuren der Wohnhäuser, die einen Eindruck von einer griechischen Siedlung vermitteln. Ein Asklepios-Heiligtum ähnlich wie in Epidauros beherbergte auch die Insel Kos. Die eindrucksvolle Terrassenanlage stammt in der ausgegrabenen Form aus der römischen Zeit.

Während die kärglichen Ruinen der antiken Stadt Rhodos mit den Resten des Theaters, des Stadions und eines Apollon-Tempels für den Besucher nur von geringem Interesse sind, bietet die Akropolis von *Lindos* an der Ostseite der Insel mit dem heiligen Bezirk der Athene oberhalb einer mittelalterlichen Burg ein weiteres Beispiel für die harmonische Einheit von Architektur und Natur.

An der kleinasiatischen Küste werden im Norden an den Dardanellen die Überreste → *Troias* den unvorbereiteten Besucher enttäuschen. Weit eindrucksvoller dagegen sind die Ruinenfelder von → *Pergamon* und von → *Ephesos,* die allerdings überwiegend aus römischer Zeit stammen. Gerade Ephesos vermittelt ein auch den Nichtfachmann beeindruckendes farbiges Bild einer hellenistisch-römischen Stadt mit ihren Prachtstraßen, Wohn- und Vergnügungsvierteln, öffentlichen Bauten und Tempeln und einem hervorragend renovierten großen Theater.

Großgriechenland. Nicht weniger reizvoll und besuchenswert sind die archäologischen Fundorte und Museen Großgriechenlands. Sie übertreffen an Schönheit oft sogar das Mutterland. In Sizilien sind es der unvollendet gebliebene, in grandioser Einsamkeit liegende Tempel von *Segesta,* das riesige Trümmerfeld der Tempel von *Selinunt* und die schönen Tempel von *Agrigent.* Der Athena-Tempel von *Syrakus* wurde in die Kathedrale einbezogen und blieb deshalb weitgehend erhalten. In Syrakus besticht den Betrachter darüber hinaus das imposante griechische Theater; die Latomien oder Steinbrüche erinnern heute noch an das Schicksal der Gefangenen nach dem Sizilischen Feldzug der Athener (→ *Peloponnesischer Krieg*) und das Fort Euryalos ist eine der bedeutendsten erhalten gebliebenen griechischen Verteidigungsanlagen. Einer anderen begegnen wir in *Gela* an der Südküste Siziliens, wo man in den Ausgrabungen seit 1948 die eindrucksvollsten Mauern der westgriechischen Welt bewundern kann. Mit diesen Fundorten können einige in Süditalien durchaus konkurrieren. Allen voran wohl die Ruinen von *Paestum* bei Salerno, wo der Besucher die einzigartige Möglichkeit hat, eine vollständige griechische Stadt zu überblicken und zugleich die – wie mancher Altertumsfreund behauptet – wohl schönsten griechischen Tempelanlagen zu sehen. Die hier gebrauchten Superlative dürfen auch für die Museen gelten. In Sizilien ist es vor allem das »Museo Nazionale Archeologico« in Palermo, das u. a. die berühmten Metopen der Tempel von Selinunt birgt, und das Nationalmuseum von Syrakus mit den zahlreichen Funden aus Ostsizilien. In Unteritalien befinden sich die großen Sammlungen im »Museo Nazionale Archeologico« in Neapel, einer der reichsten Altertumssammlungen der Welt. Die hier ausgestellten griechischen Plastiken, Mosaiken und Keramiken stammen größtenteils aus den Städten Pompeji und Herculanum, aber auch, wie etwa der »Farnesische Stier«, aus Rom oder aus Capua. Es sind überwiegend Beute- oder Importstücke, aber auch römische Kopien hellenistischer Werke. Kaum weniger bedeutsam sind auch die Sammlungen der Nationalmuseen von Tarent und Reggio di Calabria.

Übriges Europa. Es gehört zu den Eigenheiten griechischer Kunstgeschichte, daß man einige der schönsten Stücke heute bequem auch in Museen außerhalb des griechischen Mutterlandes und der Kolonialgebiete bewundern kann. Wichtige Funde aus römischer Zeit sind vor allem in den Vatikanischen Museen untergebracht, darunter die Laokoongruppe aus dem ersten vorchristlichen Jahrhundert und der Torso vom Belvedere, ebenfalls aus der gleichen Zeit. Aber auch das Thermenmuseum in Rom birgt herrliche Stücke, darunter das Kolossalhaupt einer griechischen Göttin, den »Sitzenden Boxer», eine hellenistische Bronze und die Kopie des »Diskuswerfers« von Myron.

Das Britische Museum in London birgt die »Elgin Marbles«, die von Lord Elgin (→ *Archäologie*) nach England verbrachten Marmorskulpturen des Parthenon-Tempels (→ *Akropolis*), der Louvre in Paris die

»Venus von Milo« und die »Nike von Samothrake«. Aber auch die Bundesrepublik Deutschland verfügt über zwei großartige Sammlungen, die beide auf den Sammeleifer König Ludwigs I. von Bayern zurückgehen (→ *Archäologie*): Würzburg besitzt im Martin-von-Wagner-Museum eine in ihrer Art einmalige Sammlung griechischer Vasen mit einigen Exponaten von Weltruf wie etwa die Schale des Brygos-Malers. In München verfügt die »Staatliche Antikensammlung« ebenfalls über schöne Vasen und Kleinkunst, und die »Glyptothek« birgt verschiedene griechische Plastiken und vor allem den Giebelschmuck des Aphaia-Tempels von → *Aigina*. (H. P.)

Museion

Wer heute in ein Museum geht, denkt wohl kaum daran, daß die Bezeichnung »Museum« auf das Griechische zurückgeht. Im → *Hellenismus* gründeten die Ptolemaier in → *Alexandreia* ein großes wissenschaftliches Forschungsinstitut, das man etwa mit dem heutigen Princeton in den USA vergleichen kann. Dort wurden viele Gelehrte, die im Solde des Königs standen, zu freier wissenschaftlicher Forschung zusammengefaßt. Hier gab es zum ersten Male in der Weltgeschichte das, was wir unter Organisation der wissenschaftlichen Forschung verstehen. Die Gelehrten erhielten Forschungsaufträge oder stellten sich diese selbst, unterstützt und angeregt von ihren mit-forschenden Kollegen. Diese Stätte der Forschung war den Musen als den Göttinnen der geistigen Tätigkeiten gewidmet.
Das Museion in Alexandreia besaß eine riesige Bibliothek; angeschlossen waren ein botanischer und sogar ein zoologischer Garten, in denen die Funde und Entdeckungen besonders des Alexanderzuges aufbewahrt und ausgewertet wurden. Auch ein astronomisches Institut (→ *Astronomie*) war angeschlossen.
Den Betrieb im Museion muß man etwa mit dem unserer modernen Akademien vergleichen. Die Forscher diskutierten und wetteiferten in ihren Wissenschaften, wobei es natürlich auch an Neid und Konkurrenz nicht fehlte. Der große Archimedes machte sich gelegentlich sogar den Spaß, seinen Kollegen ein mathematisches Problem zu stellen und sie zur Lösung aufzufordern. Ein bissiger Dichter verspottete die Gelehrten einmal in einem Epigramm: »Zahlreich werden gefüttert im stämmereichen Ägypten Bücherkritzler im Käfig der Musen, beständig sich zan-

kend.« Die Vorsteher des Museions standen in Alexandreia in höchstem Ansehen; regelmäßig war z. B. der Direktor des Instituts zugleich auch der Erzieher der Ptolemaierprinzen.
Eigentliche Museen in unserem Sinne gab es im Altertum nur in Ausnahmefällen. Privatleute und Kaiser sammelten wohl Kunstgegenstände, doch Sammlungen, wie wir sie kennen, für die Öffentlichkeit – etwa ein Deutsches Museum – gab es kaum. Im Grunde ist unser Wort Museum ein Mißbrauch, denn Plastik und Malerei haben z. B. mit den Musen, nach denen das Museum ja benannt ist, gar nichts zu tun. (O. S.)

Musik

Bis zur dorischen Wanderung war Musik in Griechenland wie im Orient an den Kult gebunden; sie galt als zauberkräftig und wurde von Priestern ausgeübt. Ihren Ursprung führte man auf Götter zurück. Die Sagenwelt weist enge Beziehungen zu Kleinasien und Ägypten nach. So war Osiris, begleitet von neun sangeskundigen Jungfrauen, Schöpfer der Musik; ihm gleicht der Musenführer Apollon (→ *Götter*). An ägyptisches Vorbild erinnert auch der Hermesmythos: Auf einer Wanderung stolpert der Gott über die Sehnen eines ausgetrockneten Schildkrötenpanzers; entzückt über den Klang schuf er aus dem Gehäuse die erste Lyra. Im kleinasiatischen Phrygien spielt die Sage vom Dämon Marsyas. Als Athena die Flöte weggeworfen und verflucht hatte, weil das Flöteblasen das Gesicht entstelle, hob Marsyas diese auf und brachte es in der Kunst des Flötenspiels so weit, daß er in seinem Übermut Apollon zum Wettkampf herausforderte. Dem Unterlegenen ließ der Gott bei lebendigem Leib die Haut abziehen. Die magische Kraft der Musik bezeugt die Orpheussage: Der thrakische Sänger rührt wilde Tiere, Bäume, Felsen, ja selbst den Herrn der Unterwelt. Arion wiederum bewegt durch sein Kitharaspiel einen Delphin so sehr, daß dieser ihn auf seinem Rücken über das Meer trägt. Aus der → *Odyssee* erfahren wir, daß die Sirenen ihre Opfer durch Zaubergesänge betören. Im Wettstreit zwischen Apollon und Marsyas spiegelt sich das apollinische und das dionysische Prinzip griechischer Musik wider. Marsyas, der unter Silenen und Nymphen im Gefolge des Dionysos anzutreffen ist, unterliegt dem Gott des Lichtes und der Wahrheit, der Musik und Dichtung. Doch auch Dionysos, Zeussohn gleich Apollon, beansprucht seinen Platz im festlichen Reich der Musik; er, der Gott der sinnlich berauschenden Urkräfte der Natur, des Weines, Tanzes und Theaters, befreit, wenn auch auf andere Weise als der Traumdeuter und Heilgott Apollon, die Menschen von Sorgen und Ängsten. Apollinische Musik ist Ausdruck heiterer Klarheit, dionysische dagegen ist erfüllt von Rausch und Leidenschaft. Diese Polarität meint ein Satz, der → *Pythagoras* zugeschrieben wird: »Was ist die Harmonie, in der die Sirenen singen? – das wohlgeordnete Weltall!« Dieser Theoretiker lehrt das System der Quintverwandtschaft, d. h. Töne im Abstand einer Quinte sind im 1. Grad verwandt, im Abstand zweier Quinten im 2. Grade usw., doch diese Intervallproportionen bestimmen auch die Bewegungen des Kosmos wie die der Menschenseele. Musik ist nach dieser Auffassung Abbild der Weltordnung, nimmt aber aus diesem Grund auch Einfluß auf den Menschen und formt seinen Charakter. Sie ist demnach ein unverzichtbares Element individueller und allgemein politischer Erziehung und wirkt so unmittelbar in das öffentliche Leben hinein. Allerdings wird sie zur Gefahr, wenn sie in orgiastische Tonwelten ausbricht und nicht ihre alte Ordnung bewahrt. → *Platon* lehnt deshalb alle Neuerungen in der Musik ab, → *Aristoteles* dagegen erstellt eine Ästhetik. Sein Schüler Aristoxenes von Tarent um 350 v. Chr. negiert die pythagoreische Theorie: »Das Gehör entscheidet, nicht die Mathematik!« Pythagoras war der Schöpfer der ersten vollständigen diatonischen Reihe gewesen, in der die Töne einer bestimmten Tonart angehören; sie war zusammengesetzt aus zwei unverbundenen gleichartigen Viertonreihen. Sie soll in Erz gegossen im Heratempel zu → *Samos* ausgestellt worden sein. Davor hatte Terpander, der im Musikwettbewerb beim Apollofest in Sparta 676 v. Chr. siegte, eine ältere Fünftonreihe, die halbtonlos war, durch eine siebentönige ersetzt. Aristoxenes erfand eine Reihe von zwölf gleichen Halbtönen innerhalb der Oktave. So wurde das griechische Tonsystem die Grundlage des neuzeitlichen. In Spätklassik und → *Hellenismus* entwickeln sich Chromatik und Enharmonik. Hauptelement des Systems ist die absteigende Quarte, der Viersaiter, was der Saitenzahl des ältesten griechischen Saiteninstrumentes, der Phorminx, entspricht. Im 7. Jahrhundert v. Chr. entwikkelte sich aus der Phorminx, deren halbrunder Schallkörper zwei Arme für das Querloch mit den Saiten trug, die Kithara. Sie ist dem Apollon gewidmet. Der Resonanzkasten ist vorne flach, hinten gewölbt und im Gegensatz zur Phorminx unten gerade. Die – ab dem 5. Jahrhundert – zwölf Saiten laufen über einen Steg. Man trug sie an einem Schulterband, die rechte Hand zupft die Saiten oder spielt mit einem Plektron, die linke dämpft sie. Die Wiegenkithara war handlicher, sie wurde von Frauen im Hause benutzt. Die Lyra – von Hermes erfunden – besteht aus der Schildkrötenschale mit Ziegenhörnern, einem Querjoch und sieben Saiten. Bei Trinkgelagen verwendete man zur Gesangsbegleitung das Barbiton. Es kam im 7. Jahrhundert auf und entstammte dem Dionysoskult. Es ist schlanker als die anderen Saiteninstrumente. Erst im 5. Jahrhundert taucht die Harfe auf, vor allem in Unteritalien als Naueninstrument. Ab dem 4. Jahrhundert begegnet man der Laute, einem Dreisaiter. Die Blasinstrumente begleiten den Dionysoskult. Das bekannteste ist der Aulos, Bombyx oder Kalamos, eine Art Schalmei aus Holz, Elfenbein oder Metall mit einem Doppelrohrblatt wie bei einer Oboe. Meist blies man zwei Auloi, die durch Bänder zusammengehalten wurden. Der Ton soll aufregend gewesen sein. Ihn soll Marsyas geblasen haben. Die Syrinx oder Panpfeife verwendeten dagegen meist nur Hirten. Mehrere Pfeifen – im 3. Jahrhundert bis zu vierzehn – verschiedener Länge und Tonhöhe wurden aneinandergebunden. Die Querflöte dagegen ist erst ab dem 4. Jahrhundert belegt. Als Signalinstrument wurde die Salpinx, ähnlich einer Trompete, verwendet; ihr Geschmetter eröffnete die Pferderennen und Wettkämpfe. Den Tanzrhythmus unterstützten Schlaginstrumente, wie das kastagnettenähnliche Krotalon, das tamburinartige Tympanon, die Kymbala, zwei Becken, das Krupezion, eine mit dem Fuß getretene Klapper und schließlich ab dem 4. Jahrhundert das in Apulien aufkommende Xylophon. Es gab übrigens kein polyphones Orchester; ein oder mehrere Instrumente folgten der Stimme des Sängers im gleichen Ton oder in der Oktave, oder die Singstimme wurde umspielt. Der Gesang selbst war mehr rezitierend als melodisch. Wort und Musik waren eng verbunden, griechische Dichter waren zugleich Komponisten. Aber das Wichtigste war nicht die Melodie, sondern die eindringliche Wiedergabe des Versrhythmus. Die wichtigsten Gattungen griechischer Musik waren die Kitharodie und Aulodie (Sologesang mit Kithara- bzw. Aulosbegleitung) und der Chorgesang. → *Sparta* war das erste Musikzentrum. Schon um 1000 begegnen wir dort Berufssängern – den Aöden –, die ihren Vortrag mit der Phorminx begleiten. Vasen und die homerischen Epen (→ *Homer*) belegen, daß die Helden selbst oder Aöden singen und spielen. Dabei wurden wahrscheinlich die Verszeilen auf die gleiche Melodieformel gesungen. Vorangestellt wurde ein Hymnus auf die Götter – das Proömium –, das sich im 7. Jahrhundert zu einem eigenen

Musikstück verselbständigt, den ein Kitharode unabhängig vom Epos vorträgt, während das Epos selbst von einem Sprecher, dem Rhapsoden, rezitiert wird. Um 750 v. Chr. führt der Sage nach der Phrygier Olympos den Gesang zum Aulos ein – die Aulodie –, wobei das Instrument die menschliche Stimme imitiert, besonders aber den Schmerzensschrei nachahmt. Sicher ist dieser Vorgang mit der Verbreitung des Dionysoskultes in Verbindung zu bringen. Auch im chorischen Verband wurde nun gesungen: Hymnen im Gottesdienst und Totenkult.

Im 7. Jahrhundert kommt auf der Insel Lesbos die neue Gattung der Lyrik auf, Gesang zur Lyra – lesbische Kitharodie –; erhalten sind allerdings nur die Texte. Der griechische Vers bildet eine Einheit von Musik und Wort, was der Begriff »musike« umfaßt. Die Versrhythmen werden bestimmt durch eine quantitierende Folge von Kürzen und Längen. Zugleich wird der Vers aber auch unmittelbar musikalisch durch eine Tonhöhenbewegung, die ungefähr eine Quinte umfaßt. Sprache kommt zum Klingen, wird Melodie; der griechische Dichter ist zugleich Musiker. Diese Einheit zerfiel im 4. Jahrhundert in Sprache (Prosa) und Musik, vor allem Instrumentalmusik. Der griechische Vers wurde damals systematisiert; die uns bekannten Versfüße stammen aus dieser Zeit. Auch der Chorgesang wurde instrumental begleitet: der Apollon gewidmete Päan auf der Kithara, der dionysische Dithyrambos von Auloi oder Barbiton, die Hymnen – feierliche Götterlieder – mit der Kithara, mit Auloi die Totenklagelieder (Threnoi) wie auch die Brautlieder (Hymenaioi) und schließlich das Skolion, ein Trinklied, mit Auloi oder Barbiton. Ab dem 7. Jahrhundert verselbständigt sich zunehmend das Instrumentalspiel, 586 v. Chr. stellt Sakados von Argos den Drachenkampf Apolls mit dem Aulos dar und komponiert wohl damit die erste Programmusik; er trägt damit den Sieg bei den delphischen Spielen → *Delphi* davon. Aus den Dionysosfesten mit ihren von Chören gesungenen Dithyramben entwickelte sich die Tragödie. In einem halbrunden Raum stehen Instrumentalisten und Chor vor der Bühne. Auf dieser Orchestra werden das Eingangslied, die Standlieder während des Stückes und das Auszugslied vorgetragen; oft sind sie mit Tanz und Pantomime verbunden. Die Solisten korrespondieren im Dialog mit dem Chor, singen aber auch zur Aulosbegleitung. Nach Aischylos und Sophokles läßt Euripides (→ *Literatur*) den Chor zurücktreten. Jetzt singen die Solisten strophische oder durchkomponierte Arien und Duette oft in schon stark expressiv gefärbter Musik. Diese neue Musik ist auf subjektiven Ausdruck ausgerichtet, der Tonumfang wird erweitert, Chromatik fließt immer mehr ein. Die Hauptvertreter dieser Richtung sind Phrynis von Mytilene um 450 und Timotheos von Milet um 400 v. Chr. Es liegt im Zuge der Zeit, daß nun auch große Instrumentalvirtuosen auftreten. Von insgesamt 40 bisher entdeckten Notenbeispielen griechischer Musik sind aus der Zeit vor Christi Geburt erhalten ein Euripides-Fragment, sechs weitere Dramenfragmente, zwei Apollohymnen vollständig aus dem 2. Jahrhundert, eingemeißelt in die Südwand des Athener Schatzhauses in Delphi und das Seikilos-Lied (2./1. Jahrhundert) auf einer Grabsäule, heute in Kopenhagen. (J. G.)

Mykene

Für den Reisenden, der, von → *Korinth* her kommend, in die Ebene von Argos (Peloponnes) hinabfährt, hebt sich der sagenumwobene Burghügel von Mykene nur schwach vor dem Hintergrund eines schroffen Gebirgszuges ab. So versteckt im nordöstlichen Winkel der Argolis (Landschaft um Argos) liegt der Ort, der einer ganzen Epoche den Namen gegeben hat (→ *Mykenische Zeit*). Doch wer den 278 Meter hohen Burgberg erstiegen hat, versteht, daß seine Lage geschützt und beherrschend zugleich ist; denn der Blick umfaßt die gesamte Ebene der Argolis.

Mit diesem Ort verbinden wir die berühmtesten Namen der griechischen Heldensage. In seinen Epen → *»Ilias«* und → *»Odyssee«* schildert → *Homer* den zehnjährigen Kampf der Griechen um Troja. Mächtigster der griechischen Fürsten ist Agamemnon, der Herrscher von Mykene. Als er nach Kriegsende in die Heimat zurückkehrt, wird er hier von Aigisthos, dem Liebhaber seiner Gattin Klytaimnestra, heimtückisch erschlagen. Sieben Jahre herrscht Aigisthos dann über Mykene, bis Orestes, Agamemnons Sohn, den Vater rächt, indem er die eigene Mutter und den Mörder seines Vaters tötet. Homers Epen und Aischylos' Tragödientrilogie »Orestie« haben Namen und Schicksale dieser Gestalten (→ *Heroen*) im Bewußtsein der Menschen lebendig erhalten. Aber erst → *Schliemanns* sensationelle Funde von 1876 und die sich daran anschließenden Ausgrabungen (→ *Archäologie*) der letzten hundert Jahre bestätigten, daß viel geschichtliche Wahrheit in der Sage enthalten ist. Wir wissen heute, daß die Siedlung zu Beginn des 2. Jahrtausends v. Chr. von griechischen Stämmen angelegt wurde, ihre

Glanzzeit in die Jahrhunderte zwischen 1600 und 1100 fiel (→ *Mykenische Zeit*) und daß sie dorische Einwanderer aus dem Norden gegen Ende dieser Epoche erobert und weitgehend zerstört haben.
Von den heute freigelegten Resten beeindruckt vor allem der Mauerring, der eine Fläche von etwa 30 000 Quadratmetern umschließt. Geschickt paßte sich die durchschnittlich 6 Meter starke Mauer dem Gelände an, ist in ihrer ursprünglichen Höhe jedoch nirgends erhalten. Das aus großen Steinblöcken gefügte Befestigungswerk erschien späteren Geschlechtern von Riesenhand erbaut, so daß sie von »Kyklopenmauern« sprachen. Der Haupteingang liegt im Nordosten der Anlage. Das berühmte Löwenrelief auf dem Entlastungsdreieck über dem mächtigen Türsturz verlieh ihm den Namen Löwentor. Zwei aufrecht stehende Löwinnen, die dem Eintretenden ihre (nicht erhaltenen) Köpfe zuwenden, sind wohl als Torwächter zu deuten. Ein seitlich vorspringender Turm bedrohte den Angreifer auf der rechten Flanke und machte so die Burg fast uneinnehmbar. Auf der Nordseite durchbricht ein weiteres Tor die Mauer.
Vom Löwentor führt ein breiter Rampenweg, der nur in seinem unteren Teil erhalten ist, hinauf zum Palast. Obwohl Teile der obersten, 35 Meter über dem Eingangstor liegenden Terrasse in die Tiefe gestürzt sind, erkennen wir ein Treppenhaus, einige Vorräume, vor allem aber einen Palasthof von 15 mal 11,50 Meter Grundfläche. Von ihm aus betrat man durch Vorhalle und Vorraum das Herrenhaus (Megaron), den beherrschenden Mittelpunkt der gesamten Burganlage. Bei den Ausgrabungen hat man dort eine kreisrunde Herdstelle und zwei Steinsockel, die Holzsäulen trugen, freigelegt. Dieser Palast entstand etwa gleichzeitig mit dem Löwentor, d. h. um die Wende vom 14. zum 13. Jahrhundert, und ersetzte einen älteren Bau.
Als die Bedrohung von außen zunahm, entschloß man sich im späten 13. Jahrhundert, im äußersten Osten der Burg noch eine zusätzliche Verteidigungsanlage, den sogenannten Zwinger, anzufügen. Von hier aus gelangte man durch eine Spitzbogengalerie in die unterirdische Brunnenkammer, in der das Wasser einer 350 Meter entfernten Quelle gespeichert wurde.
Wenige Meter vom Löwentor entfernt, innerhalb der Burgmauer, umschließt eine doppelte Reihe aufrecht stehender Steinplatten ein Rund von 26 Metern Durchmesser. Sechs unterschiedlich große Schachtgräber wurden dort freigelegt. Diese Begräbnisstätte stammt aus dem 16. Jahrhundert, lag ursprünglich außerhalb der weiter oben

verlaufenden älteren Mauer und wurde erst im 14. Jahrhundert beim Bau der neuen Mauer in den umfriedeten Bezirk einbezogen. Hier fand Heinrich Schliemann 1876 die Leichname von neun Männern, acht Frauen und zwei Säuglingen. Die überaus reichen und wertvollen Grabbeigaben sind heute ein Hauptanziehungspunkt des Athener Nationalmuseums (→ *Museen*). Waffen, Schmuck, Gold- und Silbergefäße, vor allem die Goldmasken, die die Gesichter der Toten bedeckten, zeigen, daß es sich um Königsgräber handelt, und bestätigen den sagenhaften Goldreichtum Mykenes.
Nicht weit von dieser Grabanlage, aber außerhalb der Mauer, wurde in jüngster Zeit ein entsprechendes, noch etwas älteres Gräberrund freigelegt. Weiter im Westen liegen die Kuppelgräber, die Schliemann irrtümlich als »Schatzhäuser« bezeichnete, so auch das sogenannte »Schatzhaus des Atreus«. Sein Kuppelraum mit einer Höhe von 13,20 Metern und einem Durchmesser von 14,50 Metern wurde durch Vorziehen ober Überkragen der ringförmig geschichteten Blöcke gebildet (»Falsches Gewölbe«). Eine seitlich angebrachte Grabkammer nahm den Leichnam auf. Daß im Bereich der Burg auch viele Gefolgsleute und Handwerker wohnten, beweisen zahlreiche Wohnhäuser, deren Fundamente Archäologen freigelegt haben. (S. G.)

Mykenische Zeit

Die Epoche hat ihren Namen von → *Mykene*, einem Herrensitz in der Argolis, der sehr deutlich eine interessante Entwicklung erkennen läßt: Ein einwanderndes Volk setzt sich mit der vorgefundenen Kultur und mit verschiedenen anderen Einflüssen auseinander; daraus entsteht eine neue – eben die »mykenisch« genannte Kultur, die selbst wieder weit ausstrahlt. Diese Epoche wird in drei Abschnitte und eine folgende Phase unterteilt.

Frühmykenisch	etwa 1580–1500 v. Chr.
Mittelmykenisch	etwa 1500–1400 v. Chr.
Spätmykenisch	etwa 1400–1225 v. Chr.
Submykenisch	etwa 1225–1050 v. Chr.

Unsere Kenntnis dieser Epoche beruht vorwiegend auf den Ergebnissen der Ausgrabungen (→ *Archäologie*) der letzten 100 Jahre. Sie werden nur in geringem Maße durch schriftliche Nachrichten ergänzt, eher noch durch die Überlieferung, die sich in Epen und Heldensagen erhalten hat. Bei deren Deutung ist aber Vorsicht geboten, denn die Meinungen der Gelehrten stimmen nicht immer überein, jedes Jahrzehnt der Forschung bringt neue Erkenntnisse, viele Fragen sind noch nicht geklärt.

Schon die Herkunft der Einwanderer ist nicht unumstritten. Sicher ist nur, daß die Hellenen Indogermanen waren und durch die Balkanhalbinsel nach Süden vordrangen. Sie kamen nicht zu genau bestimmbarer Zeit in einem großen Heereszug, sondern wahrscheinlich in Scharen, in Gruppen und Sippen, allmählich im Laufe von Jahrhunderten. Wie es sich gerade ergab, besiedelten sie unbewohntes Land für kürzere oder längere Zeit, trieben ihre Herden auf Weideflächen, die bisher kaum genützt waren, oder bauten ihre Hütten am Rand schon bestehender Dörfer, vertrugen sich mit den Einheimischen und waren willkommene Bundesgenossen in deren Kampf mit den Nachbarn oder kamen von vornherein als Eroberer. Manche mögen auch einem einheimischen Fürsten als Leibwache gedient haben und erlangten schließlich selbst die Burg als ihren Besitz, sei es durch Einheirat, sei es mit Gewalt.

Die Sagen schildern auch das Äußere der Hellenen: hochgewachsen mit breiten Schultern und langen Beinen, hellen Augen und blondem oder braunem Lockenhaar, im Gegensatz zu den dunkelhaarigen, dunkeläugigen Einheimischen, die wohl auch einen kräftigen Oberkörper, aber kürzere Beine haben und körperlich wie geistig wendiger sind. Aber schon nach wenigen Generationen vermischen sich beide Elemente. Die Fürsten der Schachtgräber von Mykene zeigen bereits in frühmykenischer Zeit sowohl nordische wie mediterrane Züge: das Gesicht ist schmal, der Nasenrücken gerade, die Augen stehen nahe beisammen, die Stirn kann über die Nasenwurzel vorspringen.

Wie in den Fürstensitzen dürften sich beide Bevölkerungselemente auch in den anderen Gebieten vermischt haben, in denen sich die Einwanderer niederließen, während in unzugänglichen Berggegenden, zum Beispiel in Lokris, und auf vielen Inseln die einheimische Bevölkerung (das sogenannte »Substrat«) sich reiner erhielt. Wenn die heutigen Griechen eher dem mediterranen Typ entsprechen als den nordischen, wie ihn Epos und bildende Kunst verherrlichen, ist das weniger auf spätere Zuwanderung zurückzuführen als einfach darauf, daß die Urbevölkerung zahlenmäßig stärker war, während die einwandernden Hellenen meist nur eine Oberschicht bildeten. Die Sprache, die sie mitbrachten, setzte sich in ganz Griechenland durch, in der Lebensart aber glichen sich die Einwanderer bald den Einheimischen an.

Vieles war beiden Bevölkerungselementen von vornherein gemeinsam, vor allem die Viehwirtschaft. Große Herden von Schafen lieferten Fleisch und Wolle; weitere Grundlage der Ernährung bildeten Ziegen, Schweine und Rinder, ferner Bienenhonig, Fische und natürlich Brotgetreide. Das Pferd war den Reichsten vorbehalten; es zog nicht den Pflug, diente noch nicht als Reittier, sondern wurde nur vor den leichten zweirädrigen Wagen gespannt, auf dem der Fürst in den Krieg (→ *Kriegswesen*) und zur Jagd fuhr. Ob die Hellenen Pferd und Streitwagen aus ihrer nördlicheren Heimat mitbrachten oder erst in Griechenland kennenlernten, ist umstritten; Esel und Maultier als Haustiere wurden ihnen erst in der neuen Heimat vertraut.
Die Pflanzen des Mittelmeerraumes waren den Einwanderern zunächst fremd, so daß sie dafür die einheimischen Bezeichnungen übernahmen: Zypresse, Kastanie; dazu das Wermutkraut, Minze, Kirsche, Artischocke, Origanon. Gleich den Gartenblumen Hyazinthe und Narzisse weisen auch manche neue Gebrauchsgegenstände auf verfeinerte Lebenskultur hin, Musikinstrumtente wie die Kithara, ferner das Salbenöl, das Brettspiel, die Badewanne. Das lernten die Hellenen freilich nicht von den einheimischen Bauern und Hirten, sondern von → *Kreta* her kennen. Aus Vorderasien dagegen – auf dem Weg über → *Kleinasien* und die ägäische Inselwelt – kam die Kenntnis des »Megaron«, des rechteckigen Herrenhauses. Die Kunst, aus Steinen zu bauen, war ja überhaupt etwas Neues, ebenso die → *Seefahrt.* Auch Kleidung, Schmuck und viele Waffen übernahmen die Einwanderer so, wie sie diese entweder gleich vorfanden oder im Lauf der ersten Generationen kennenlernten, behielten aber fast nichts unverändert bei, sondern gestalteten selbständig weiter und ließen eine eigene neue Kultur entstehen, die Mykenische.
Diese Entwicklung beschränkte sich selbstverständlich nicht auf Mykene, sondern ist an vielen Orten festzustellen. Hauptsächlich handelt es sich um die Peloponnes und die östliche Hälfte von Mittelgriechenland; aber auch außerhalb dieses Bereiches sind vereinzelte Siedlungen mit Mykenischer Kultur nachgewiesen, so in Thrakien und Epirus, westlich vom Festland auf den Jonischen Inseln, östlich in der Ägäis und sogar an der Küste Kleinasiens, häufig auf Kreta und → *Rhodos.* Daraus entstand die Theorie von einem »Großmykenischen Reich«, das einen bedeutenden Machtfaktor im östlichen Mittelmeer gebildet habe, doch ist das wenig wahrscheinlich.
Der kriegerische Charakter der Burgherren von Mykene, von dem

benachbarten → *Tiryns* und anderen Bergfestungen ist jedoch nicht zu bestreiten; dafür zeugen außer den Sagen die vielen kostbaren Waffen, die sich in den Schachtgräbern von Mykene fanden, sowie die starken Festungsmauern. Man nennt diese Bauweise aus riesigen Blöcken »kyklopisch«, denn nach der Meinung späterer Jahrhunderte hatten nur die Kyklopen (→ *Götter*), sagenhafte Riesen, solche Steinmassen bewegen können. Tatsächlich sind die Mauern stärker, als die bloße Sicherheit es erfordert hätte. Sie mußten die Machtfülle des Herrschers beweisen, sowohl seinen eigenen Untertanen gegenüber wie allen Nachbarn und fremden Gesandten. Der Reichtum von Mykene ist jedenfalls durch Kriege errungen worden; die vielen Kostbarkeiten kretischen Ursprungs, die in den Gräbern gefunden wurden, können Beutestücke sein, Tribut oder Lohn für geleistete Waffenhilfe.

Der Burgherr herrschte patriarchalisch und unumschränkt. In der Regel war er mit der Tochter eines Nachbarfürsten verheiratet, deren Kinder allein erbberechtigt waren, während die Kinder von Nebenfrauen keinen Anspruch hatten, oft aber mit den vollbürtigen gemeinsam erzogen wurden. Unterricht wurde nur mündlich erteilt, alles mußte dem Gedächtnis eingeprägt werden, Gebete und Opferriten, Rechtssatzungen, Kunde von den Vorfahren, Geographie, Regeln für die Landwirtschaft und Seefahrt. Die körperliche Ausbildung bezog sich in erster Linie auf die kriegerische Notwendigkeit, also Speer- und Steinwurf, den Gebrauch von Stoßlanze und Schwert, ferner Laufen, Springen und Schwimmen, Ring- und Faustkampf. Die Reigentänze erlernte der Jüngling in der Gemeinschaft der Gleichaltrigen, die Taktik und vielleicht sogar Strategie in der Praxis, wenn er seinen Vater auf Kriegszügen begleitete. Ob er auch lesen und schreiben lernte, ist ungewiß. Man schrieb wohl griechische Worte in einer aus → *Kreta* übernommenen Silbenschrift (»Linear-B«), aber die erhaltenen Tontafeln aus Mykene und Pylos enthalten fast nur Abrechnungen und Listen, Inventare, vielleicht Quittungen über Abgaben: Damit beschäftigte sich kaum der Herr, eher sein Verwalter oder die Händler.

Mädchen erhielten keinen Unterricht, sondern lernten an der Seite der Mutter, was sie dereinst können sollten, wenn der Vater sie (ohne lange nach ihrem Einverständnis zu fragen) einem standesgemäßen Freier zur → *Frau* gab. So blieb es in Griechenland mehr als drei Jahrtausende lang üblich.

Zum Hofstaat gehörten neben dem Verwalter und seiner weiblichen Entsprechung, der Schafferin, sowie dem Erzieher und Waffenmeister

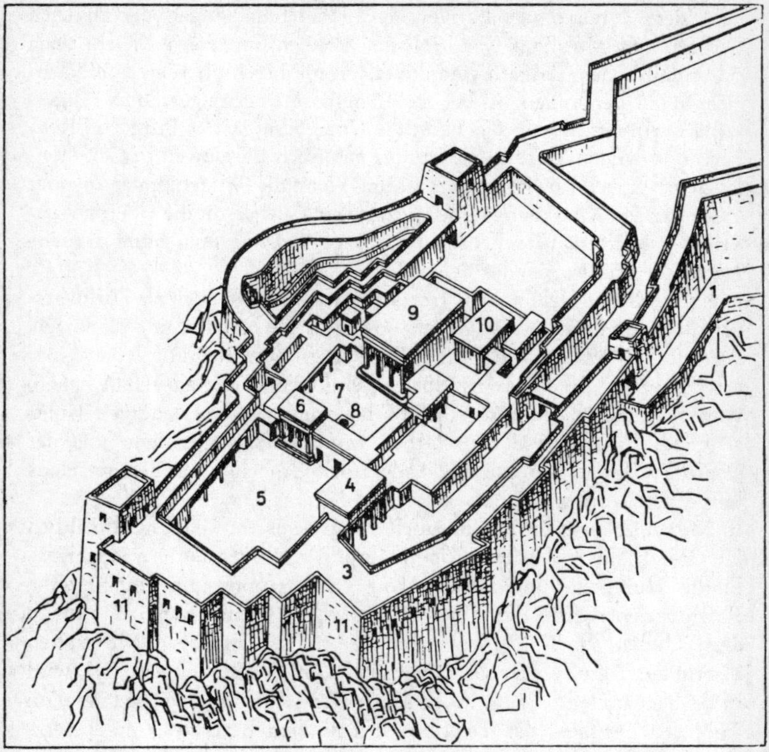

Palast von Tiryns

1. *Rampenweg*
2. *Haupttor*
3. *Ringmauer*
4. *Propylon*
5. *Äußerer Burghof*
6. *Torbau*
7. *Binnenhof*
8. *Altar*
9. *Megaron, links davon Bad*
10. *Frauengemach*
11. *Galerie mit Vorratskammern*

auch der Mundschenk, die Herolde und oft ein Sänger, der zugleich Dichter und Musikant war. Solchen Hofdichtern und vielleicht auch schon fahrenden Sängern sind die ersten mündlich überlieferten Nachrichten zu verdanken, wobei die Ereignisse übersteigert und religiös erklärt wurden: Wenn ein Fürst die Umgebung seiner Burg von Räubern und wilden Tieren säuberte (es gab noch Berglöwen in Griechenland), tat er es im Auftrag eines Gottes, wenn die Fürstenkinder an einer ansteckenden Krankheit starben, strafte ein Gott damit die Überheblichkeit der Mutter. Was heute uralte Sage ist, war manchmal aktuelle Nachricht und warnendes Beispiel.

Die Burg diente nicht nur als Herrschersitz, sondern auch als Zufluchtsort für die Bauern der Umgebung sowie für die Händler und Handwerker, die am Fuß des Burgberges in unbefestigter Siedlung lebten. Das erste ausgeprägte Handwerk dürfte sich mit dem Metall befaßt haben, vom Erzgießer über den Schmied bis zum kunstverständigen Goldschmied. Es folgten der Architekt, der Schiffszimmermann und der Töpfer, während Gewebe und Lederarbeiten noch lange Zeit im Haus hergestellt wurden.

In Mykenischer Zeit gewann auch die griechische Religion allmählich die Gestalt, die aus späterer Überlieferung vertraut ist. Der indogermanische Himmels- und Gewittergott Zeus heiratet die einheimische Fruchtbarkeitsgöttin Hera; viele Sagen zeigen, wie reich an Spannungen diese Ehe ist. Noch deutlicher sind in Artemis Züge der mediterranen Herrin der Tiere zu erkennen. Poseidon, Gott der Binnengewässer, wird in der neuen Heimat zum Meeresgott. Der Licht- und Heilgott Apollon tötet den Drachen, das Tier des chthonischen Bereiches, und besetzt dessen Orakelstätte. So bleibt → *Delphi* weiterhin ein heiliger Ort; auch von Eleusis, Dodona, → *Olympia* ist zu vermuten, daß dort vorgriechische Kulte bestanden.

Die Schachtgräber, die meistens innerhalb der Burgen lagen, werden in mittelmykenischer Zeit durch Kuppelgräber außerhalb der Burg ersetzt (Mykene, Vaphio, Pylos, Orchomenos, Thorikos u. a.), die wieder mediterraner Tradition entstammen. Der Kontakt mit Kreta wird enger, je mehr Achaier sich dort niederlassen. Diese Achäer, die Träger der Mykenischen Kultur, empfangen nun nicht nur, sondern üben auch ihren Einfluß aus. Ihre Wagen gehen die Wege des früheren kretischen Handels und erreichen Ägypten, Syrien, Zypern und Kilikien, im Westen Tarent, Sizilien, die Liparischen Inseln und Ischia.

Diese Auswirkungen merkantiler und militärischer Macht gehören zum

Teil schon der spätmykenischen Epoche an. Es sind unruhige Zeiten, denn aus der Balkanhalbinsel beginnen neue Völker nach Süden und Südosten vorzustoßen. Die Festungsanlagen werden gegen Ende des 13. Jahrhunderts v. Chr. gewaltig verstärkt, aber auf die Dauer können sie den andringenden Völkerschaften nicht widerstehen. Es ist die sogenannte »Dorische Wanderung« (→ *Wanderbewegungen*), an der freilich auch andere beteiligt sind, Phoker, Lokrer, Aitoler sowie thrakische und illyrische Stämme. Unter ihrem Ansturm fallen Mykene, Tiryns und Pylos, schließlich auch → *Athen*. Die Achaier ziehen sich ins Bergland der nördlichen Peloponnes zurück oder weichen auf die Inseln aus, sogar nach → *Kleinasien*. Was auf dem Festland von ihrer Kultur übrigbleibt, reicht aus, eine epigonenhafte »submykenische« Phase erkennen zu lassen, dann beginnen in Griechenland die dunklen Jahrhunderte. Um so teurer wird den Nachkommen die Erinnerung an die Mykenische Epoche: sie erscheint als das große Heldenzeitalter; an die Ruinen knüpfen sich Sagen, die Fürsten werden zu Söhnen von Göttern, ihre Gräber zu Kultstätten. (G. S.)

Mysterien

Die ursprüngliche Bedeutung des Wortes und seine Herkunft sind umstritten, ebenso die Herkunft der Kulte und der dabei geübten Bräuche. Schon im Altertum glaubte man, die Mysterien aus Ägypten oder → *Kreta* herleiten zu können, und diese Meinungen bestehen heute noch. Jedenfalls unterscheidet sich die Art des Kultes so grundlegend von der Verehrung der Olympischen → *Götter*, daß er als Rest aus helladischer Zeit angesehen werden kann, als Religionsgut der vorgriechischen Bevölkerung. Solche Relikte haben sich sonst nur in Randgebieten der hellenischen Welt erhalten, im Westen → *Kleinasiens*, auf Samothrake, Kreta und anderen Inseln; in Griechenland selbst ist Eleusis der älteste Ort eines Mysterienkultes.

Es könnte sich bei den Mysterien um eine Art Familien- oder Geschlechterkult gehandelt haben, zu dem allmählich auch andere Leute zugelassen wurden. Dafür spricht die Tatsache, daß die höchsten Priesterämter von Eleusis sich in zwei uralten einheimischen Priestergeschlechtern vererbten. Auch als der athenische Staat den Schutz des Kultes übernahm und damit den Archon Basileus betraute, der die alten priesterlichen Funktionen des Königtums weiterführte, blieb das Recht, jemand in den Kult aufzunehmen und ihm Weihen zu erteilen, nur diesen beiden Priestergeschlechtern vorbehalten, den Eumolpiden und den Keryken. Beide Namen dürften von einem Amt herzuleiten sein: In Eumolpos, dem mythischen Stammvater der Eumolpiden, sind die Wortteile »eu« = »gut« und »melpo« = »singen, spielen, tanzen« zu erkennen; »keryx« ist das griechische Wort für den Herold. Beides, sowohl die Hymnen, die zu Musikbegleitung gesungen wurden, wie das Amt des Herolds, behielt in den eleusinischen Mysterien seine Bedeutung.

Eine weitere antike Nachricht besagt, in Kreta seien die Mysterienfeiern öffentlich veranstaltet worden. Die Treppen, Stufenreihen und Rampen, die besonders eindrucksvoll im Palast von Phaistos freigelegt wurden, können diese Angaben bestätigen. Auch in Eleusis wurden Stufenreihen gefunden, aber sie befanden sich nicht im Freien, sondern in einem überdachten Raum; man kann eine in mancher Hinsicht ähnliche Zeremonie vermuten. Hier in Eleusis knüpften sich die Mysterien an die Demetersage: die Fruchtbarkeitsgöttin sucht nach ihrer Tochter Kore (= »das Mädchen«), die der Unterweltsgott geraubt hat, irrt umher, kommt in Gestalt eines alten Weibes nach Eleusis und wird von der Königstochter mitleidig in den Palast geholt. Sie erfüllt den Saal mit göttlichem Licht und will sogar den kleinen Königssohn unsterblich machen, aber Neugier und Unverständnis der Königin verhindern es.

Dieser Teil der Sage wurde gleich anderen Abschnitten bei den jährlichen Mysterienfeiern dargestellt: Wie Kore mit ihren Gefährtinnen auf der Wiese Blumen pflückt und tanzt, wie sie geraubt wird, wie die Mutter verzweifelt sucht; dann die Rückkehr der Kore aus der Unterwelt und schließlich, wie Demeter der Menschheit die Getreideähre schenkt. Diese Darstellungen des Mythos, die »Dromena«, waren kein Drama, sondern eher Aufzüge und Reigen mit dazugehörigen Hymnen. Das spielte sich teils im Weihehaus ab, dem »Telesterion«, teils im Freien als Nachtfeier mit Lichterglanz und Feuerschein. Der Wechsel von Hell und Dunkel bildete ein wichtiges Element, das im geschlossenen Raum wie unter dem Nachthimmel starke Wirkung ausübte. Entsprechende Musik verstärkte den Eindruck. Vielleicht umfaßten die Dromena auch die heilige Ehe und die heilige Geburt: Der Regen (Zeus) befruchtet die Mutter Erde (Demeter), sie gebiert ihm den Plutos-Knaben, den Reichtum, und sendet den Eleusinier Triptolemos aus, die Menschheit den Getreideanbau zu lehren.

Demeter und Kore dürften auch die Göttinnen eines alten Bauernfestes

in dem attischen Dorf Agrai gewesen sein; ab dem 7. Jahrhundert v. Chr. wurden aus diesem Fest »kleine Mysterien« als Vorstufe zur Aufnahme in die Mysterien von Eleusis: Im Blütenmonat Anthesterion (Februar/März) wurden die Mysten im Wasser des Ilissos-Baches rituell gereinigt, und zwar unter der Leitung von Priestern und Beamten aus Eleusis. Die großen Mysterien fanden im Monat Boedromion (September/Oktober) statt: Am 13. Tag des Monats wanderte eine Abordnung aus Athen nach Eleusis, die heiligen Geräte nach Athen zu holen, am 15. versammelten sich die Mysten, d. h. die Leute, welche die Weihen empfangen sollten. Der nächste Tag brachte die Reinigungszeremonie, ein rituelles Bad im Meer; darauf folgten Opfer, an denen die neuen Mysten aber noch nicht teilnahmen. Am 19. Boedromion begann die zweitägige Prozession, eine Wallfahrt mit vielen Unterbrechungen durch Opfer, Gebete und Reigentänze. Nach Fasten und neuerlicher Reinigung durfte der Myste bei Sonnenuntergang einen Trank zu sich nehmen, dem heiliges Gerstenmehl beigemischt war. Die Prozession endete mit Fackelzug, Kultgesang und Reigentanz: Ein starker Eindruck für die Mysten, die glauben mochten, die Göttinnen seien persönlich anwesend. Frühestens nach einem Jahr, wenn der Myste wieder an der großen Prozession teilnahm, konnte er den nächsten Grad der Einweihung erreichen; er wurde zum »Epoptes« und gewann wahrscheinlich damit das Recht, die Dromena mitanzusehen.
Während des → *Peloponnesischen Krieges* war einige Jahre lang die Heilige Straße von Athen nach Eleusis unterbrochen, weil in der Festung Dekeleia eine spartanische Besatzung lag. Die Athener verzichteten jedoch nicht auf die Prozession, sondern führten sie zu Schiff aus. Als → *Alkibiades* jedoch im Jahre 408 v. Chr. nach Athen zurückgekehrt war, ließ er das ganze Heer ausrücken, um die Prozession zu schützen, so daß sie wieder auf der Heiligen Straße entlangziehen und an den gewohnten Zwischenstationen beten und opfern konnte. Das hob Alkibiades' Ansehen so sehr, wie sieben Jahre vorher seine Gottlosigkeit ihm geschadet, sogar das Feldherrenamt gekostet hatte; seine Feinde hatten ihm vorgeworfen, er habe mit seinen Freunden in einem Privathaus die eleusinischen Mysterien zum Spott nachgeahmt, was als todeswürdiges Verbrechen galt.
Die Ausgrabungen im heiligen Bezirk von Eleusis haben sowohl den Tempel nachgewiesen, in dem das Kultbild von Demeter und Kore stand und die täglichen Gebete verrichtet wurden, als auch das Weihehaus, das durch alle Bauperioden seine von allen hellenischen Tempeln abwei-

chende Architektur bewahrte. Das älteste Telesterion in Eleusis stammt aus → *Mykenischer Zeit;* der Bau aus der Zeit des Peisistratos war größer, noch viel größer der aus der Zeit des → *Perikles.* Daraus ist zu erkennen, wie sehr die Zahl der Mysten im Laufe der Jahrhunderte zunahm; um alle einzuweihen, waren schließlich mehrere Feiern im Jahr notwendig. Jeder Hellene konnte die Weihen empfangen, in Einzelfällen sogar Sklaven, nur keine Mörder und keine Barbaren. Sobald die Römer über Griechenland herrschten, galten sie nicht mehr als Barbaren; auch Kaiser ließen sich einweihen, Augustus, Hadrian, Marcus Aurelius. Der Muttermörder Nero versuchte es gar nicht, dem Sohnesmörder Constantinus verweigerten es die Priester.
Zu den ethischen Forderungen, die an den Mysten gestellt wurden, gehörten Ehrfurcht vor den Eltern, Gottesdienst und Schonung der Tiere; die Weihen allein genügten noch nicht, das Dasein in der traurigen Unterwelt zu erleichtern. Der fromme Myste hatte nur die Gewißheit, auch in der Unterwelt das beglückende Mysterienfest feiern zu können. Der Eingeweihte war verpflichtet, über alles zu schweigen, was er bei der Mysterienfeier gesehen und gehört hatte; dieses Gebot der Geheimhaltung hat verhindert, daß die Glaubenslehre von Eleusis geklärt werden konnte.
Die Verehrung in Form von Mysterien entspricht dem Wesen der unterirdischen Gottheiten, das sowohl Tod wie Wachstum und Fruchtbarkeit umfaßt. So gab es in Kleinasien Mysterienkulte der Großen Mutter, Hekate-Mysterien auf den Inseln → *Aigina* und Samothrake. Wenn auf Kreta sogar Mysterien des Zeus gefeiert wurden, knüpften sie sich gewiß nicht an den obersten der olympischen Götter, sondern eine ältere vorgriechische Gottheit, auf die später der Name des hellenischen Zeus übertragen wurde. Aus religiöser Scheu wurden die Mysteriengötter nur selten mit ihrem Namen angesprochen: In Eleusis hießen Demeter und Kore einfach »die beiden Göttinnen«; die Kabiren (Vater und Sohn) auf Samothrake wurden – nach dem Zeugnis der Inschriften – fast ausschließlich als »die großen Götter« bezeichnet. Ihr Kult dürfte phönikischen Ursprungs sein, so wie die Aphrodite-Mysterien auf Zypern, doch darüber ist wenig Verläßliches bekannt.
Der Mangel an Nachrichten macht es oft schwer, die Mysterienkulte von einander zu scheiden; die Kultformen waren ähnlich und wurden mitunter von einer Gottheit auf die andere übertragen. In Andania in der südlichen Peloponnes verehrte man neben Demeter und Kore auch die Kabiren, andrerseits spielten die Kabiren eine große Rolle in →

Theben, wo Semele, die Mutter des Dionysos, gelebt hatte. Die Verehrung des Dionysos wiederum vermischte sich mit dem ausgelassenen, ja wilden Treiben der Anhänger thrakischer und kleinasiatischer Gottheiten; so kam es zum Kult eines »Dionysos Sabazios« und »Dionysos Zagreus«.

Unter dem Namen »Iakchos« ist Dionysos auch im Bereich der Eleusinischen Mysterien anzutreffen. Das blühende Leben der Natur, das dem Tode verfällt und wieder erwacht, liegt ja auch den Dionysos-Mysterien zugrunde, aber der orgiastische Kult dieser Gottheit steht im Gegensatz zu den ernsten, erhebenden Feiern von Eleusis.

Das Element der »Ekstasis«, des Heraustretens aus dem normalen Leben, findet sich in vielen Religionen vom Mittelmeerraum bis zu den Schamanen Sibiriens: Im heiligen Rausch überschritt der Mensch die Grenzen seiner gewöhnlichen Existenz und fühlte sich eins mit der Gottheit. Im Dionysoskult bereitete die Teilnahme am orgiastischen Treiben auf die eigentlichen Weihen vor. Vom Inhalt dieser Weihen ist wenig bekannt; als sichere Bestandteile gelten nur heiliges Schweigen, Reigentanz, Hymnen und Weingenuß. In Griechenland sind die Dionysos-Mysterien erst seit dem 5. Jahrhundert v. Chr. nachweisbar, in Attika waren sie nie so angesehen wie die Demeter-Mysterien und gehörten nicht zur Staatsreligion. Viele Anhänger der Mysterien mögen weniger von ihrem religiösen, als von ihrem rein sinnlichen Charakter angezogen worden sein, wie das auch von den Feiern der thrakischen Göttin Kotys und der kleinasiatischen Kybele bezeugt ist.

Verwandt mit den Dionysos-Mysterien, nicht immer klar von ihnen zu trennen sind die Orphischen. Ihre zentrale Gestalt ist neben Dionysos der thrakische Sänger Orpheus. Die Religion, die sich daran schloß, war gleichfalls ekstatisch wild, stellte aber den Eingeweihten für das ganze Leben unter strenge Gesetze: Er durfte weder Fleisch noch Bohnen oder Eier essen, nur Gewänder aus Leinen, nicht aus Wolle tragen. Diese Religion erreichte in Griechenland ihren Höhepunkt im 6. Jahrhundert v. Chr., wirkte aber besonders stark in Unteritalien. Sie verkündete die Seelenwanderung und lehrte, der Mensch sei durch seine Abstammung von den Titanen mit einer Erbsünde behaftet, von der ihn erst die Weihen der Mysterien befreiten. Priester zogen als Wanderprediger umher, verkauften heilige Bücher mit Hymnen und versprachen den Frommen ein seliges Leben im Jenseits, während sie den Uneingeweihten mit Höllenstrafen drohten. Allzu geschäftstüchtige Missionare, übertreibende Asketen sowie wüste Ausschweifungen trugen dieser

Religion Spott und Verachtung ein; ihre Gedanken von ethischer Verpflichtung, Reue und Buße, ausgleichender Gerechtigkeit im Jenseits und schließlicher Erlösung wirkten jedoch stark und nachhaltig.
Zwei Jahrtausende übten die Mysterien ihren Einfluß aus. Mit Einschränkungen gilt für sie alle, was Cicero über die Eleusinischen sagte: »Einweihungen heißen sie, und wir sind durch sie in die Grundsätze des Lebens eingeweiht worden, wir haben durch sie gelernt, nicht nur mit Freude zu leben, sondern auch mit einer besseren Hoffnung zu sterben.« (G. S.)

Nachrichtenwesen

Amtliche Bekanntmachungen erfuhr der Bewohner einer Polis stets auf dem Marktplatz, wo die Behördenerlasse, Gerichtsurteile, Stiftungen, Bürgeraufnahmen u. a. verkündet wurden, während die Ehrungen und Preisverleihungen im → *Theater* miterlebt werden konnten. Damit Termine und Daten nachgeprüft werden konnten, wurden die amtlichen Nachrichten auf weißgrundierte Holztafeln eingeritzt und einige Zeit an den Rathäusern oder Heiligtümern ausgehängt. Wichtige Urkunden wie Staatsverträge, Steuerdekrete und Schenkungen an den Stadtstaat wurden in Stein gemeißelt und zumeist vor oder in Tempeln aufgestellt, also archivarisch gesichert. Überwacht und signiert wurden alle Veröffentlichungen durch die Ratsschreiber, die, als die Bekanntmachungen an Zahl zunahmen, auch auf den weißen Stuck der Wände des Amtsgebäudes schreiben ließen, die rasch übertüncht werden konnten. Da auch Unterbehörden und Vereinigungen Meldungen ans »Weiße Brett« bringen durften, konnte man dort eine Art Zeitung lesen, der allerdings die aktuellen Nachrichten aus dem Ausland und der Inseratenteil fehlten. Kaufleute mußten ihre Werbung durch Ausrufer besorgen lassen, die zu schweigen hatten, wenn ein Ratsbeamter Amtliches verkündete.
Die feinste Ausgestaltung erfuhr das öffentliche Nachrichtenwesen im Ptolemaierreich. Die Herrschaft einer straff organisierten Beamtenschaft und ein billiger Beschreibstoff (papyros; → *Buch und Bibliotheken*) erlaubten es, alle Erlasse und Verfügungen an alle Provinzorte versenden zu lassen. Die Adressaten bestätigten mit Unterschrift, das amtliche Schreiben gelesen und den Inhalt gerafft in griechischer und demotischer Sprache auf weißen Tafeln den Einwohnern nahegebracht zu haben.

Die Gesandten waren die offiziellen Übermittler staatlicher Mitteilungen an andere Staaten, genossen großes Ansehen in ihrer Heimat und konnten auswärts eine ehrenvolle Aufnahme beanspruchen. Ihre wichtigste Aufgabe waren Verhandlungen, ihr tägliches Tun die Übergabe und Entgegennahme amtlicher Schreiben, deren Kenntnis ihnen und ihrem heimatlichen Bekanntenkreis einen erheblichen Informationsvorsprung verschaffte. Bei längerem Aufenthalt in der Fremde waren sie inoffizielle Nachrichtenvermittler im weitesten Sinne, die dank der relativ geringen Einwohnerzahl griechischer Städte vielen Bürgern nützlich sein konnten.

Die Boten, die Überbringer amtlicher oder privater Briefe, waren wegen der zahlreichen Gebirge und schlechten Wege Griechenlands mehr beschäftigt als Reiter oder Kurierwagen. Ein regelmäßiges und schnelles Postsystem wie etwa im persischen Reich, existierte schon wegen der zahlreichen, unter sich meist zerstrittenen Kleinstaaten nicht. So wurden von den Städten und reichen Privatleuten Boten nach Bedarf angeheuert, die gegen Gebühr auch fremde Briefe mitnahmen; in Hafenstädten waren Briefdepots angelegt, in denen bis zur Abfahrt der Schnellsegler Briefe gesammelt wurden. Von den Boten erwartete man große Leistungen, im Schnitt 50–60 km pro Tag, während 70 km bereits als gesundheitsschädlich qualifiziert werden. Vor allem Boten aus dem Stamm der Liburner in Illyrien wurden für Sonderaufträge eingesetzt. → *Herodot* berichtet von einem Rekordläufer, dem Pheidippides, der den 240 km langen Weg von Athen nach → *Sparta* in zwei Tagen zurücklegte. Perser und Römer überboten diese Leistung durch ein Relaissystem, das sich kein griechischer Staat leisten konnte, so daß berittene Kuriere z. B. die 450 km von Susa nach Ekbatana in 1 1/2 Tagen zurücklegten. Griechische Kaufleute waren weniger an Schnelligkeit als an Zuverlässigkeit und Diskretion interessiert.

Nachrichtensignale benutzte man beim Heer und in der Marine, um Befehle und Meldungen zu überbringen, wobei man am Tage Signalflaggen, nachts auf See Laternen benutzte, niemals Fackeln, da offenes Feuer auf Schiffen wegen Brandgefahr nie benutzt werden durfte. Da mit diesen Nachrichtenträgern die Übersendung von Buchstaben Stunden beansprucht hätte, vereinbarte man eine begrenzte Zahl von Wörtern und Sätzen, was die Übermittlung von unvorhergesehenen Ereignissen ebenso unmöglich machte wie die unbefugte Teilnahme von Dritten, die den Code nicht kannten.

Eine Vorform der Telegraphie, die der Taktiker Aineias verbessert haben soll, beschreibt Polybios. Dabei war das Alphabet so in Fünferreihen aufgeteilt, daß z. B. »K« in die 2. Reihe kam. Wollte nun jemand »K« senden, so gab er zwei Feuerzeichen links, damit der Beobachter die 2. Reihe nahm, dann fünf Zeichen rechts, damit der 5. Buchstabe genommen wurde. Die praktische Auswertung dieser Erfindung scheiterte daran, daß bei größerer Entfernung die Lichtpunkte zu einem einzigen verschmolzen und daß niemand das Personal zahlen konnte, denn auf jeder Station wären nachts fünf Männer zum Signalisieren nötig gewesen. (W. D.)

Namen

Üblicherweise hatten die Griechen nur einen Namen, den das Kind zehn Tage nach der Geburt erhielt. Nur bei wichtigen Anlässen – in Urkunden oder Inschriften – fügte man weitere Angaben hinzu, z. B. den Namen der Vaterstadt, des Vaters oder – in Athen – des Demos (→ *Athen-Geschichte*). Ein Beispiel soll dies verdeutlichen: Ein Athener namens Hippokles wurde beispielsweise in Sizilien Hippokles ho Athenaios (der Athener) genannt. In Athen hieß er Hippokles Hippostratu Paianieus: Hippokles, (Sohn) des Hippostratos, aus (dem Demos) Paianeia. Eine Art Familienname war nur bei Adelsgeschlechtern üblich. Er wurde mit den Nachsilben -eides, manchmal auch e(i)lios, die beide die Zugehörigkeit ausdrücken, vom Namen des – oft sagenhaften – Ahnherrn gebildet. So führte z. B. Kleisthenes den Sippennamen Alkmeoneides als Nachfahre des Alkmeon, der aus der Sage vom Zug der Sieben gegen → *Theben* bekannt ist.
Nach alten – auch griechischen – Vorstellungen haftet dem Namen etwas Magisches an. Er ist ein wesentlicher Teil des Menschen selbst. Wer ihn kennt, hat Macht über den Träger (vgl. unser Märchen von Rumpelstilzchen). Damit drückt die Wahl eines bestimmten Namens Wünsche, Hoffnungen und Erwartungen der Eltern aus, wenn natürlich auch bei den Griechen Tradition und Mode eine gewisse Rolle spielten. Aus der Vorliebe für manche Namen und Namensbestandteile kann man geradezu ein Bild griechischer Wertvorstellungen gewinnen. Eine solche Behauptung ist kaum übertrieben, da die Griechen fast nur Bestandteile ihrer Sprache zur Namensbildung verwendeten, die Namen also jedem verständlich waren wie unser Traugott oder Gottlieb.
Wie die folgenden Beispiele griechischer Namen zeigen, standen Kampf,

Sieg und Ehre an erster Stelle, aber auch im Frieden waren Ruhm, die Auszeichnung vor anderen, die Macht über andere oberstes Ziel. Im Vergleich zu diesen Namen waren nur noch solche, die von Göttern abgeleitet waren, weiter verbreitet, andere traten dagegen weit zurück.

Zusammengesetzte Namen. Sehr beliebt waren, wie in anderen indogermanischen Sprachen auch, zusammengesetzte Namen (deutsch Ludwig: »berühmter Kämpfer« oder russisch Wladi-mir: »der die Welt beherrscht«). Die Bildungselemente sind in den folgenden Beispielen in der Form angeführt, wie sie in den Namen vorkommen, nicht in einer grammatischen Grundform.

Zum Kampf gehören die Namensbestandteile -polemo(s) (Krieg), -macho- (Kampf), -strato- (Heer), -hippo- (Pferd), -nike/niko- (Sieg), alex-/amyn- (abwehrend), ly(si)- (auf-/erlösend). Man hoffte, dabei Ruhm zu erwerben: -kles, -kleitos (berühmt), -gnotos (bekannt), -timo- (Ehre). Auf die angestrebte führende Stellung in der Stadt (polis), im Volk (demos, laos), auf dem Marktplatz (agora) oder in der Ratsversammlung (bule) deuten die folgenden Elemente hin: arist(o)- (der Beste), -archi/archo-/-kreon/-krato-/-krates (herrschend), -medon (waltend), anax (Herr), age-/agesi-/hege- (führend), so(si) (rettend). Dazu brauchte man Mut (thymos), Gewandheit und Kühnheit (thrasys kühn, tapfer), aber auch Gerechtigkeit (dik-), Klugheit (-medes/medos planend/Plan), Tapferkeit (alke), Kraft (bia) und Stärke (-sthenes/-sthenos). Der Verstärkung diente peri- (um – herum), eury- (breit), mega- (groß), poly- (viel), ana- (über – hin).

Zu den folgenden Beispielen ist zu bemerken, daß wir die Art der Zusammensetzung zwar sprachwissenschaftlich erklären und angeben können, wie das Verhältnis der Teile zueinander ist, die Griechen selbst aber sicher weniger auf die Bestimmung eines Namensteiles durch den anderen achteten. Für sie kam es offensichtlich vor allem auf den »Reizwert«, den Klang eines Namens an, wie die möglichen Umstellungen zeigen. So kannten sie z. B. den Namen Nikandros (der Männer besiegt) auch in der Form Andronikos. Arist-archos (der als Bester herrscht), Alex-andros (der Männer abwehrt), Ana-kreon (der weithin herrscht), Demo-sthenes (der im Volk stark ist), Lysi-stratos (der das feindliche Heer auflöst), Peisi-stratos (der das Heer überzeugt), Poly-krates (der über viel/viele herrscht), Niko-laos (der über das Volk siegt), Peri-kles (der weithin Ruhm hat), Sopho-kles (der durch Weisheit berühmt ist).

Sehr beliebt waren auch von Göttern abgeleitete Namen wie Apollonios,

Dionysios oder Demetrios. Hier finden wir auch viele Zusammensetzungen mit -dotos/-doros (Gabe, Geschenk), z. B. Hero-dotos, Apollodoros oder einfach Theo-dotos/-doros: Geschenk Gottes. Die Nachsilben -genes bezeichnen die Abstammung wie in Dio-genes (von Zeus abstammend). Auch Ruhm sollten die Götter verleihen, wie Hera-kleitos und Hera-kles (durch Hera berühmt/Ruhm erwerbend) zeigen.

Einstämmige Namen. Namen dieses Typs sind in klassischer Zeit viel seltener als zusammengesetzte. Es handelt sich dabei um alte Namen dieser Art wie Bias, abgeleitet von bia (Kraft), um Berufsbezeichnungen oder Ableitungen von Verben mit der Nachsilbe -tor wie Amyn-tor (von amyno – ich wehre ab). Vielfach sind es aber wohl Zusammenziehungen wie Agis aus Agesilaos (der das Volk führt) oder Nikias aus Nikolaos oder Nikarchos (der das Volk besiegt bzw. der durch Sieg herrscht). Verbreitet waren auch Weiterbildungen von Adjektiven wie Agathon (von agathos – gut) oder einfach Adjektive, z. B. Dikaios (gerecht). Vereinzelt finden wir auch Tiernamen wie Alopex (Fuchs) oder Korax (Rabe), die sicher oft zunächst als Spitznamen gebraucht wurden. Ähnlich verhält es sich auch mit Namen wie Rhinon (der mit der großen Nase), Platon (der mit der breiten Stirne), Strabon (der Schielende) oder Simon (von simos – stumpfsinnig). In nachklassischer Zeit und gegen Ende der Antike wurden Namen mit dem Suffix -ides/(i)ades häufiger, das eigentlich die Zugehörigkeit oder Abstammung bezeichnet. So bedeutet Alki-bia-(a)des eigentlich »Abkömmling eines Starken und Gewaltigen«.

Frauennamen. Als weibliche Namen finden wir viele Tier- und Pflanzennamen wie Melissa (Biene) oder Chelidon (Schwalbe) und Daphne (von daphne Lorbeerbaum). Auch Eigenschaften wie arete (Vollkommenheit, Tugend) und Adjektive verwendete man gern als Namen für Frauen, z. B. Hedeia von hedys (angenehm), Glykeia von glykys (süß) oder Phile von philos (lieb), oft auch in Steigerungsformen wie Philtera und Philtate – die »Liebere« bzw. die »Liebste«. Beliebt waren auch Verkleinerungsformen wie Glykion. Am häufigsten aber fügte man an einen männlichen Namen die weibliche Endung -a/-e an: So wurde aus Lysistratos Lysistrate, aus Xanthippos Xanthippe, aus Theodoros Theodora.

Verwandschaftsbeziehungen in Namen. Vater und Sohn hatten so gut wie nie denselben Namen, man nannte aber gern den Enkel nach dem Großvater. Um Verwandschaftsbeziehungen zu kennzeichnen, bildete man oft den Namen des Kindes aus Elementen des väterlichen und des mütterlichen Namens. So kann man sich »sinnlose« Namen wie Lysikles (der den Ruhm löst) erklären, dessen Eltern vielleicht Lysimachos (der die Schlacht auflöst) und Eurykleia (die Weitberühmte) hießen. Üblich war dieses Verfahren wohl vor allem in ahnenstolzen Adelsfamilien. Um so komischer wirkt deshalb der kleine Bürger in Aristophanes' »Wolken«, der seinen Sohn Pheidonides (sparsam) nennen will, während die Mutter ihren Sohn als künftige Sportsgröße sieht und Wert auf einen Namen mit -hippo- (Pferd) legt. Schließlich einigen sich die beiden auf Pheidippides (»Sparpferd«). Sinnvoller und deshalb auch weit verbreitet war der Brauch, Geschwistern einen teilweise gleichen Namen zu geben wie bei Hippias und Hipparchos, den Söhnen des Peisistratos.

Sklavennamen. Ursprünglich war die Trennung von Namen für Freie und Sklaven sehr streng. Man nannte Sklaven nach ihrer Herkunft, z. B. Thrax oder Delios (Thraker, Delier), woraus dann, ohne Rücksicht auf die Abstammung, typische Sklavennamen wurden. Verbreitet waren auch Sklavennamen, die sich auf körperliche Eigenschaften bezogen (Spitznamen), oder Kurzformen sonst üblicher Namen. Die Bedeutung des Namens für den sozialen Rang sehen wir am Beispiel eines Sklaven mit dem Namen Sosias (zu sozo – ich rette). Aufgrund besonderer Umstände erhielt er die Erlaubnis, in das thebanische Heer einzutreten, worauf er den Namen Sosistratos (Retter des Heeres) annahm. Als er später sogar das Bürgerrecht bekam, nannte er sich Sosidemos (Retter des Volkes). (G. St.)

Neuplatonismus

Die griechische → *Philosophie* hat seit dem 4. Jahrhundert v. Chr. in allen ihren Richtungen (→ *Aristoteles*, → *Stoiker*, → *Epikur*) Gedankengut → *Platons* übernommen, verarbeitet oder sich kritisch davon abgesetzt. Doch erst Ammonios Sakkas aus → *Alexandreia* (*175, †242 n. Chr.) und sein bedeutendster Schüler, der im Jahre 204 in Ägypten geborene und später in Rom wirkende Plotinos (†270), schufen noch einmal ein auf einheitlichen Grundprinzipien beruhendes philosophisches System. Dieser sogenannte Neuplatonismus hatte vom 3. bis zum 6. Jahrhundert unter den Gebildeten viele Anhänger. Sein Gedankengut ging auch nach der Eroberung Alexandreias durch die Araber (642 n. Chr.) nicht unter. »Er absorbierte fast alle anderen philosophischen

Schulen des Altertums und darf als Erbe des gesamten geistigen Lebens der Antike angesehen werden« (Ph. Merlan). Der spätantike Neuplatonismus, der sich in mehrere Richtungen aufspaltete, befand sich in steter Auseinandersetzung mit dem → *Christentum* und dessen Trinitätslehre.
Die Lehre Plotins leitet alles Einzelne und alles Vereinzelte von einem letzten Urgrund her. Dieses Ewige, Höchste, Gute (→ *Platon*) ist in sich vollendet, ruht in sich selbst, ist Einheit jenseits aller Gegensätze. Wie aber entsteht das »Andere«, die »Welt«, d. h. die im Menschen wirksamen und beobachtbaren Bereiche des Geistes, der Seele und der Materie? Das höchste Wesen »strömt gleichsam über und seine Überfülle schafft das andere«. Dieses Überströmen, diese Emanation (lat. emanare = herausfließen, hervorgehen) vollzieht sich in Stufen, die je nach ihrer Entfernung vom Göttlich-Einen die Seinssphären Geist, Weltseele, Materie darstellen. Dabei ist in den Einzelseelen die ganze Weltseele wirksam und gegenwärtig, während die von Gott am weitesten entfernte Materie als das Prinzip des Bösen erscheint.
Sittliche Aufgabe des Menschen aber ist es, den Weg zur Emanationsquelle, zu dem göttlichen Einen, zurückzulegen, also die eigene Seele zu Gott zurückzuführen. Das kann weder die Bewährung von Tugenden noch das philosophische Denken ganz erreichen. Vielmehr soll und muß sich der Mensch durch eine alles Denken überschreitende Versenkung in sich selbst, durch selbstvergessene Hingabe an das Göttliche, das ja in ihm ist, in einem ekstatischen Aufschwung mit Gott vereinigen. Das letzte Wort dieser religiös gefärbten Philosophie ist also eine die Grenzen des menschlichen Denkens sprengende mystische Vereinigung mit dem göttlichen Urgrund. (S. G.)

Odyssee

→ *Homers* Odyssee ist eines der bestkomponierten Epen der Weltliteratur. Es schildert in vier Hauptteilen die Suche des Telemachos, Sohnes des Odysseus, nach seinem Vater (1 bis 4), die Heimkehr des Odysseus (5 bis 8), die Irrfahrten des Odysseus (Rahmenerzählung, 9 bis 12) und schließlich die Rache an den Freiern (13 bis 23).
Homer soll die Odyssee im Alter geschrieben haben, und wirklich zeigt das Werk eine reife Kunstgestalt. Abenteuer wechseln mit besinnlichen Szenen, gelassene Ruhe der Erzählung geht über in dramatische, oft fast

tragische Darstellung. Hinzu tritt eine riesige Weite des Horizontes; Odysseus durchmißt beinahe die ganze damals bekannte Welt. Aber auch die inneren Vorgänge sind mit großer Tiefe und Schönheit dargestellt. Homer schildert, indem er das Geschehen auf Odysseus konzentriert, die unbeirrbare Willensanstrengung eines Menschen, der durch lange Jahre und viele Rückschläge und Versuchungen hindurch immer wieder sein Ziel – die Rückkehr in die Heimat – verfolgt und alle Kräfte seines Körpers und seines gewandten Geistes einsetzt, um dieses Ziel zu erreichen. Odysseus weiß, daß er nur in der Heimat Erlösung und letztlich sich selbst finden kann. Aber Homer schildert auch andere Züge, Kühnheit, Wagemut, Leichtsinn, Begierde, Angst, Rachedurst, Gattenliebe und die zarte Knospe einer jungen, sich entfaltenden Liebe. Die Odyssee hallt nicht mehr – wie die → *Ilias* – wider vom Klang der Waffen und vom Ruhm der Helden. Nun ist ein neuer, mehr »bürgerlicher« Held aufgetreten, einer, der sein Selbst durch alle Bedrohungen, die von innen und außen kommen, zu retten und zu erhalten sucht.

Die Odyssee mit ihrem bunten Geschehen ist zum Urkeim für viele andere Literaturgattungen geworden: Die → *Tragödie* hat von ihr dramatisches Gestalten und Konzentrationen auf eine Person mit ihren inneren und äußeren Schicksalen gelernt; der Roman ist in Analogie zur Nausikaa-Episode und in Nachahmung der Abenteuer des Helden entstanden; die Geographie und Ethnologie lehnte sich an die geographischen Bezüge des Epos an usw. Auch hier war Homer Fibel und Bibel der Griechen, besonders auch im steten Hinweis auf die Gerechtigkeit, die sich im Geschehen der Odyssee immer wieder verwirklicht.

Die Handlung des Epos ist folgende: Telemachos, der Sohn des Odysseus, begibt sich auf die Suche nach seinem Vater zu Nestor nach Pylos und später zu Menelaos nach → *Sparta*. Homer zeigt hier das Reifen eines jungen Mannes, der sich in der Welt zurechtzufinden beginnt und in der Suche nach dem Vater das eigene Wesen entdeckt und verwirklicht. Auf der Rückkehr lauern die Freier Penelopes, der vereinsamten Gattin des Odysseus, dem Telemachos auf, um ihn zu töten, doch retten diesen die → *Götter*.

Die Götter senden nun ihren Boten, Hermes, zu der Nymphe Kalypso, die Odysseus in ihren Banden hält, und befehlen ihr, ihn, der sich sehnt, auch nur den Rauch der Heimat zu sehen, freizugeben. Odysseus fährt mit einem Floße ab, erleidet jedoch Schiffbruch. Nausikaa, die Tochter des Phaiakenkönigs, findet Odysseus am Strande der Phaiakeninsel Scheria, gibt ihm Kleider und bringt ihn, der ihr sehr gefällt, in die Stadt zu ihren Eltern. Dort bewährt sich Odysseus als kluger und starker Mann; abends erzählt zuerst ein Sänger vom hölzernen Pferde und der Einnahme → *Troias*, worauf Odysseus seine Irrfahrten vorträgt (Rahmenerzählung).

Die Irrfahrten. Kikonen und Lotographen; Abenteuer in der Höhle des Kyklopen Polyphemos. Dann Abenteuer bei der Zauberin Kirke, die seine Gefährten in Schweine verwandelt, von Odysseus aber besiegt wird. Im Anschluß daran muß Odysseus, um zu erfahren, ob und wie er heimkehren kann, sogar in die Unterwelt, um dort den Seher Teiresias zu befragen. Sein Weg führt ihn dann an den Seirenen (Sirenen) vorbei, deren Gesang so süß ist, daß er alle Vorüberfahrenden anlockt und ins Verderben stürzt. Weiter führt sein Weg an den beiden Seeungeheuern Skylla und Charybdis vorüber, die ihm viele Gefährten rauben und denen er nur mit äußerster Mühe entkommt. Dann landet Odysseus mit seinen Gefährten auf der Insel Trinakria, wo diese, während Odysseus schläft, die heiligen Rinder des Sonnengottes Helios schlachten und verzehren. Diesem Frevel folgt die Strafe auf dem Fuße. Ein Sturm zertrümmert das Schiff; alle Gefährten kommen um, nur Odysseus gelangt auf die Insel Ogygia, die Insel der Kalypso. Damit hat er alle Irrfahrten erzählt. Natürlich hat man schon bald – und bis zum heutigen Tage – versucht, die Irrfahrten des Odysseus auch geographisch festzulegen.

Die Phaiaken bringen Odysseus schlafend nach Ithaka zurück, wo er erwacht und »weinend das Vaterland nicht« erkennt (Schiller). Odysseus kehrt zuerst bei dem treuen Schweinehirten Eumaios ein, begibt sich dann in seinen Palast und untersucht dort – von Athene in einen alten Bettler verwandelt – die Verhältnisse. Nur sein alter Hund Argos erkennt sterbend den zurückkehrenden Herren. Odysseus muß mit einem unverschämten Bettler, Iros, kämpfen, und beteiligt sich dann an einem Wettbewerb: Wer mit dem riesigen Jagdbogen des Odysseus durch 12 Axt-Ösen schießen kann, wird Penelope zur Gattin erhalten. Odysseus gewinnt den Wettbewerb und tötet anschließend mit Telemachos und anderen Getreuen die Freier, die sein Hab und Gut ruiniert haben. Zögernd und hilflos erkennt Penelope den zurückgekehrten Gatten. Endlich wird in einem Vertrag in der Volksversammlung die rechtliche Seite des Freiermordes bereinigt. Damit schließt das Lied der Treue.

Dichtung oder Wirklichkeit? Die Frage, ob die »Odyssee« reine Poesie ist oder einen historisch-geographischen Kern birgt, bewegt seit mehr als zweieinhalb Jahrtausenden die Gemüter. Schon Eratosthenes (→ *Astronomie*) spöttelte, daß man die Reiseziele des Odysseus erst finden werde, wenn man auch den Schuster gefunden habe, der die Schläuche für den Wind des Aiolos nähte. Umgekehrt betonte ein so bedeutender klassischer Philologe und Homer-Kenner wie U. v. Wilamowitz-Moellendorf (*1848, †1931), daß man bei der Beurteilung der Dichtung um die Frage ihrer geographischen Ansätze nicht herumkomme. Die lange Reihe der Persönlichkeiten, die sich mit den Reisewegen des Odysseus beschäftigt haben, beginnt mit → *Thukydides* und → *Platon*, sie führt über Plutarch, Aristarch und Strabo zu Cicero und Vergil. Im Mittelalter versuchten Dante und Petrarca Lokalisierungen. Zahlreiche Theorien tauchten im 18. Jahrhundert auf, u. a. bei Goethe und J. H. Voß, im 19. Jahrhundert bei William Gladstone, Karl Ernst von Baer und U. v. Wilamowitz-Moellendorf. Zu den moderneren Hypothesen gehören die Untersuchungen von Albert Hermann, Richard Hennig und Wilhelm Dörpfeld. In den letzten Jahren versuchte der Engländer Ernle Bradford mit Segelbooten die Spuren zu verfolgen, seiner Auffassung schloß sich der Fotograf Erich Lessing an. Der Kolumbianer Mauricio Obregón glaubte den Reiseweg vom Flugzeug aus bestimmten zu können, die Brüder H. und A. Wolf stellten ihre Theorie nach sorgfältigstem Quellen- und Seekartenstudium zusammen und Hans Steuerwald griff die Atlantik-Theorie in einem neuen Buch wieder auf.

Wenn man von der »skeptischen Theorie« absieht, die davon ausgeht, daß die Odysseus-Fahrt jeder realen Grundlage entbehrt, und ganz ausgefallene Hypothesen ausklammert, wonach Odysseus z. B. Afrika umsegelt und im Südpolargebiet gewesen sei (A. Krichenbauer) oder das Epos als verschleierte Geschichte des Volkes Israel gesehen werden müsse (J. Schreiner), bleiben drei grundlegende Theorien, die seit der Antike bis heute in gewissen Abwandlungen immer wieder vertreten werden.

Die erste und bekannteste verlegt die Fahrten in das Mittelmeer, wobei wiederum zwei Varianten auftauchen. Nach der einen sollen die Küsten und Seegebiete Siziliens den Schauplatz gebildet haben, nach der anderen habe Odysseus die latinisch-kampanische Küste erreicht. Moderne Wissenschaftler folgen vielfach mit Ergänzungen und Variationen diesen alten antiken Auffassungen, verlegen aber die Wohnsitze der Lotophagen nach Nordafrika an die Küste der Großen Syrte.

Ebenso alt wie diese »Mittelmeer-Theorie« ist die »Schwarzmeer-Theo-

rie«, zu deren bekanntesten Vertretern im 19. Jahrhundert der Russe Baer und der englische Premier Gladstone gehörten. Sie steht allerdings in der Beweisführung auf wesentlich schwächeren Füßen und wurde auch nicht so häufig geäußert.
Als drittes begegnen wir der Atlantik-Theorie. Nach ihr soll Odysseus die Säulen des Herkules durchschifft haben und in den Nordatlantik gelangt sein. So verlegte Plutarch die Insel Ogygia fünf Tagereisen westlich Britannien, Tacitus spricht von der Möglichkeit, daß Odysseus an die Küsten Germaniens gekommen sei, der dänische Theologe J. Ramus suchte Skylla und Charybdis in Norwegen und neuerdings will H. Steuerwald beweisen, daß Odysseus bis Schottland kam. (O. S.)

Olympia

Olympia, im Nordwesten der Peloponnes gelegen, ist nicht nur ein Ort uralter Kulte, sondern vor allem eine Idee: Hier feierten die Griechen jahrhundertelang das schönste und größte panhellenische Fest, in dem Religion und Sport eins waren. Schon in der Zeit der mykenischen Kultur gab es in Olympia Kultstätten mit Festlichkeiten für die verehrten Göttinnen und → *Götter.* Auch als → *Orakel* war Olympia berühmt. Es darf heute als erwiesen gelten, daß lange vor der Einwanderung der Dorer im 12. vorchristlichen Jahrhundert Erdgottheiten in Olympia verehrt wurden und daß ihnen zu Ehren jahreszeitlich geregelte Spiele stattfanden. Pelops und Hippodomeia waren die Hauptgötter, aber auch Demeter wurde in Olympia schon sehr früh verehrt. Ihr Kult wurde noch in der Blütezeit der Olympischen Spiele hochgehalten; im Stadion gab es einen Ehrenplatz für die Priesterin der Demeter. Sie war die einzige verheiratete Frau, die bei den Wettkämpfen zuschauen durfte. Herakles (→ *Heroen*), einer der mythischen Gründer der Olympischen Spiele, mag mit dem »Olivengott« Jasios identisch sein, auch er eine Erdgottheit und vor den olympischen Göttern und Göttinnen in Olympia heimisch.
Später, als die Dorer die Peloponnes erobert hatten, wurden die Gottheiten Pelops und Hippodomeia auf den Heroenkult zurückgestuft, genossen aber auch noch unter der Herrschaft des Göttervaters Zeus tiefe Verehrung.
Olympia war nie eine → *Polis,* eine politische Gemeinde; die politische Funktion übten die Eleer aus. Olympia war ein heiliger Ort, wo täglich

dem Gottvater Zeus, monatlich dem Zeus, der Göttermutter Hera und anderen Gottheiten, jährlich dem Kronos (Vater des Zeus) und der Artemis geopfert wurde, alle vier Jahre dem Göttervater Zeus. Dies waren die Olympischen Spiele, zuallererst ein religiöses Fest. Nur wenn man diese Verbindung von Religion und Sport begreift, versteht man die Geschichte der Olympischen Spiele, die nach einer griechischen Überlieferung von 776 v. Chr. bis 393 n. Chr. dauerten, nach einer anderen Überlieferung sogar schon im Jahre 884 v. Chr. von Iphitos, einem Nachkommen des mythischen Begründers Herakles, gestiftet wurden. Schließlich gibt es noch die kaum glaubliche Datierung auf das Jahr 1580 v. Chr., die uns auf einer Diskusscheibe des Poplios Asklepiades genannt wird, einem Weihegeschenk, das der Fünfkampfsieger der 255. Olympiade (241 n. Chr.) dem Zeus widmete.
Olympia war Jahrhunderte hindurch eine Kult- und Orakelstätte einfacher Art, ohne prunkvolle Tempel, die erst im Laufe der Zeit diesen Ort zu einer der bedeutendsten Kunststätten der antiken Welt gemacht haben. Sehr alt sind der Hera-Tempel; das Buleuterion als Rathaus des obersten Schiedsgerichts; das Pelopsgrab; die Schatzhäuser kolonialgriechischer Inseln und Städte, zwölf an der Zahl, alle von dorischen Gemeinschaften errichtet und voller wertvoller Weihgaben. Die große Zeit der künstlerischen Gestaltung Olympias ist aber das 5. Jahrhundert, die Blütezeit der Olympischen Spiele, als nach 472 v. Chr. endgültig die Eleer die Leitung der Spiele übernommen hatten. 468 bis 456 v. Chr. baut ein sonst unbekannter Architekt, Libon aus Elis, den großen Zeus-Tempel, der im Altertum farbenfroh gestaltet war, mit Meisterwerken der Plastik in den Giebelfeldern und Metopen, berühmt vor allem durch das Kultbild des Zeus im Tempel, das der Bildhauer → *Pheidias* nach 438 v. Chr. geschaffen hat; Griechen und Römer feierten es als eines der Sieben Weltwunder. Der Zeusaltar, auf dem die Brandopfer dargebracht wurden, wuchs im Laufe der Jahrhunderte auf sieben Meter Höhe; er wurde »der König der Altäre« genannt.
Im 4. vorchristlichen Jahrhundert entstand die Echohalle von 96,5 Meter Länge und 12,5 Meter Tiefe, die den Heiligen Hain zum Stadion hin abschloß, das Heilige vom Profanen trennend. Früher ging der Lauf der Athleten in die Altis hinein, endete unweit des Zeus-Altares und bekundete so die Einheit von Religion und Athletik.
Der Heilige Bezirk, Altis genannt, in dem sich alle Tempel und Heiligtümer, aber auch unzählige Standbilder von Siegern befanden, war ein annähernd viereckiges Feld, das im Norden vom Kronoshügel begrenzt

wurde und drei gemauerte Seiten hatte, das Ganze in der Größe 200 mal 175 Meter.

Das Stadion schloß sich im Nordosten an die Altis an. Es hatte eine wechselvolle Baugeschichte. Was von den Deutschen in der Zeit nach den Olympischen Spielen 1936 und dann wieder in den fünfziger Jahren ausgegraben wurde, war das Stadion III aus der Zeit um 350 v. Chr. Aber auch die früheren Kampfstätten hatten für die Laufbahn das gleiche Längenmaß von 600 Fuß. Es sollen die Füße des Herakles das olympische Maß abgegeben haben, das denn auch, der Stärke des Herakles gemäß, etwas größer ausfiel als das anderer griechischer Landschaften. Der olympische Fuß maß etwa 0,32 Meter, das ergab bei 600 Fuß eine Länge von Startschwelle zu Zielschwelle von 192,28 Metern.

Das Stadion von Olympia hatte keine steinernen Sitzplätze, selbst in der hellenistisch-römischen Zeit nicht, als man sich in unzähligen Stadien die prächtigste Ausstattung in Marmor leistete. Nur für die Kampfrichter waren Bänke vorgesehen; die Zuschauer (das III. Stadion faßte bis zu 45 000) saßen auf den aufgeschütteten Wällen, die außen durch Mauerwerk abgestützt waren.

Weit größer als das Stadion war in seinen Ausmaßen das Hippodrom, in dem die Pferderennen ausgetragen wurden. Dieses Hippodrom lag parallel zum Stadion östlich der Altis. Wegen der Veränderungen im Flußlauf des Alpheios konnte es nicht wieder rekonstruiert werden. Schriftliche Überlieferung erlaubt wenigstens eine Rekonstruktion der Ausmaße. Die innere Länge betrug zwei Stadien = 384,56 Meter. Der Gesamtkomplex mit allen Nebeneinrichtungen und Zuschauerwällen hatte eine Ausdehnung von 608,887 Metern. Außer dem Stadion und dem Hippodrom gehörten zu den sportlichen Anlagen eine Palaistra und ein Gymnasion, die beide auf der Gegenseite der Altis, im Westen, lagen, am linken Ufer des Kladeos.

Das Gymnasion war zur Vorbereitung der Laufwettbewerbe und des Fünfkampfes bestimmt. Es maß in der überdeckten Laufhalle 192,27 Meter, war also genau so lang wie die Kampfbahn selber. Auf allen vier Seiten spendeten Säulenhallen Schatten. Die Gesamtlänge betrug 212,75 Meter. Der Innenraum war an die 90 Meter breit; er diente den Fünfkämpfern für ihre Wurfübungen mit Speer und Diskus. Die neueren Ausgrabungen haben auch ein Schwimmbad für die frühe klassische Zeit nachgewiesen, 100 olympische Fuß lang und 75 Fuß breit (24 mal 16 Meter), Wasserhöhe 1,60 Meter, so daß die Athleten ihre Kondition verbessern und in spielerischem Treiben sich nach hartem Training entspannen konnten. Wettkämpfe im Schwimmen gab es nachweislich in Olympia nie, auch andernorts nur sehr selten.

Die Palaistra schloß sich an die Südseite des Gymnasion an. Sie war quadratisch (66,36 mal 66,75 Meter), der Umgang im Innern maß 41 mal 41 Meter. Ringsum waren 19 überdachte Räume, unter anderem ein Übungsraum für die Faustkämpfer, die hier am Sandsack ihre Schlagkraft verbesserten. Wie das Gymnasion den Leichtathleten und Fünfkämpfern vorbehalten war, so die Palaistra den Schwerathleten.

Altis. In der Altis standen viele hundert Siegerstatuen, die von den Siegern selbst oder von ihren Gemeinden aufgestellt und dem Gott Zeus geweiht wurden. Sie durften nicht die wirkliche Körperhöhe des einzelnen überragen, auch mußten die Gesichtszüge idealen, durften keinen persönlich-individuellen Ausdruck haben. Porträtgleich konnten sich nur solche Sieger darstellen lassen, die dreimal in Olympia gesiegt hatten, und das waren nach unseren Kenntnissen nur 40 Athleten in mehr als 1100 Jahren.

Pausanias, der griechische »Baedeker«, der zwischen 160 und 180 n. Chr. die antike Welt bereiste, hat uns von den künstlerisch bedeutendsten Statuen, die ein Myron, Polykleitos oder Lysippos geschaffen hatten, und von besonderen Leistungen der dargestellten Athleten oft ausführlich berichtet, die beste Quelle, die wir aus dem Altertum überhaupt für Olympia und die Olympischen Spiele haben.

Olympische Spiele

Am Anfang soll es nur den Stadionlauf gegeben haben, der stets das höchste Ansehen genoß, so daß die Sieger im Stadionlauf von Geschichtsschreibern und Chronographen, von diesen bis zum Ende der Olympischen Spiele, sogar zur Zeitbestimmung herangezogen wurden: 432 v. Chr. wurde so bestimmt: »Im 1. Jahr der 87. Olympiade, als Sophron von Abrakia den Stadionlauf gewann.« Es gehört zum Rühmlichsten in der Geschichte der Olympischen Spiele, daß in den 1168 Jahren, in denen wir Kunde von den Wettkämpfen haben, nie mehr als 18 bei einer Olympiade stattfanden. Es kamen einige Wettbewerbe hinzu, andere wurden dafür abgeschafft; die Zahl 18 wurde nie überschritten, das Festprogramm blieb überschaubar.

Die Olympischen Spiele fanden alle vier Jahre statt. Anfangs beschränkte sich der Teilnehmerkreis auf die Bewohner der Landschaft Elis, breitete sich aber rasch auf die ganze Peloponnes aus. → *Sparta* dominierte lange Zeit. Dann wurden die Olympischen Spiele ein panhellenisches Ereignis. Die Teilnehmer kamen von den Inseln und aus → *Kleinasien*, von Unteritalien und Sizilien, von der Kyrenaika und später auch aus dem hellenistischen Ägypten. Schließlich durften sogar Römer starten, die lange Zeit, wie alle Nichtgriechen, von der Teilnahme ausgeschlossen waren.

Die letzten vier Wochen mußten die Teilnehmer, die durch einen Gottesfrieden (Ekecheiria) sicheres Geleit nach Olympia hatten, in Elis gemeinsam trainieren. Daheim – so hatten sie zu beeiden – mußten sie sich während der letzten Monate gewissenhaft vorbereitet haben. Das Training war hart, wie uns Schriftsteller bezeugen, »Olympisches Training« war eine Metapher für Härte gegen sich selbst. Kampfrichter, lange von Pisa, später von Elis gestellt, wachten über die Einhaltung der Regeln und sorgten für gerechte Entscheidungen. Ihre Sachlichkeit war berühmt. »Hellanodike«, wie sie genannt wurden, war ein Ehrentitel.

Die Olympischen Spiele fanden in der heißesten Jahreszeit statt, was nur aus ihrer kultischen Vergangenheit zu erklären ist. Die Hitze muß in diesen Hundstagen unerträglich gewesen sein. Zusammen mit der riesigen Menschenansammlung – bis zu 45 000 – war das Fest eine Strapaze, so daß ein Herr seinem lässigen Sklaven schon einmal drohen konnte, er werde ihn nicht in die Tretmühle schicken, sondern nach Olympia. Und doch strömten sie aus ganz Hellas herbei, auch Berühmtheiten des Geisteslebens und der Kunst. Einige kamen aus Interesse an den Wettkämpfen, andere um sich in Olympia darzustellen, um berühmt zu werden und ihre neuesten Werke der Dichtung und Literatur vorzutragen, wie dies der Geschichtsschreiber → *Herodot* tat. Zu den »Prominenten« zählten Lysias, Isokrates, → *Thukydides*, der Maler Zeuxis, die Philosophen → *Platon* und → *Aristoteles* (der sogar eine Liste der Olympiasieger verfaßte). Zwei der → *Sieben Weisen* sind angeblich in Olympia während der Spiele gestorben: Thales von Milet und Cheilon von Sparta. Der greise Cheilon starb an übergroßer Freude über den Sieg seines Sohnes. → *Empedokles* und Anaxagoras, die Naturphilosophen, sind als Besucher bezeugt. König Philippos von Makedonien ließ Viergespanne laufen, während seinem Sohn → *Alexander* der Trubel wohl zu groß, der Sieg nicht verlockend genug war. Denn obwohl man ihm Siegesaussichten im Lauf eingeräumt hatte, verzichtete er, es sei denn, er hätte mit lauter Königen laufen können!

Der Festplatz in Olympia

Zuschauen durften alle Griechen, aber keine verheirateten Frauen, die Priesterin der Demeter ausgenommen, deren Ehrenplatz im Stadion bei den letzten Grabungen wieder gefunden wurde. Die Tochter des großen Faustkämpfers Diagoras von Rhodos, Kallipateira (oder Pherenike), wurde unter den Zuschauern entdeckt, als sie, vor Freude über den Sieg des von ihr trainierten Sohnes Peisidoros (im Knabenboxen) über die Barriere springend, ihre Weiblichkeit verriet. Nur der Ruhm ihrer Familie – außer dem Vater waren drei Brüder Olympiasieger – bewahrte sie vor der Strenge des Gesetzes, vor der Todesstrafe. Und dies in einer schon so aufgeklärten Zeit wie um 404 v. Chr!

In welcher Reihenfolge die Wettkämpfe ausgetragen wurden, an welchen Tagen die wichtigsten Opferhandlungen, nach welchem Ritual die Siegerehrungen vorgenommen wurden, darüber gibt es keine ganz genauen Angaben; doch dürfte Ludwig Drees, dem wir mit »Olympia, Götter, Künstler und Athleten« (Stuttgart 1967) das beste Olympiabuch seit dem preisgekrönten Werk des Ungarn Franz Mezö (München 1930) verdanken, mit seinem Programmvorschlag des seit 472 v. Chr. fünftägigen Festes der historischen Wahrheit am nächsten kommen.

1. Tag: Feier in der Altis, Eid der Athleten, Wettstreit der Herolde und der Trompeter, Knabenwettkämpfe.
2. Tag: Hippische Agone (Wagenrennen, Pferderennen); Fünfkampf (Pentathlon); Totenfeier für Pelops.
3. Tag: Opfer am Zeusaltar, Laufwettbewerbe.
4. Tag: Schwerathletische Wettkämpfe (Ringen, Faustkampf, Allkampf-Pankration); Waffenlauf.
5. Tag: Prozession in der Altis, Siegerehrung, Festmahl.

Die Strecke beim angesehensten hippischen Agon, dem Rennen der Viergespanne, betrug 12 mal eine Runde zu 769,12 Meter = 9229,44 Meter. Die Zweigespanne und die Fohlen hatten die Bahn achtmal zu durchlaufen = 6152,96 Meter. Die Flachrennen mit Reitern wurden nur in einem einzigen Umlauf von vier Stadien = 769,12 Meter ausgetragen. Geehrt wurden weder die Reiter noch die Wagenlenker, sondern die Besitzer der Pferde und Gespanne.

Es gab vielerlei *Laufwettbewerbe*, den Stadionlauf = 192,28 Meter, den Doppellauf (Diaulos) = 384,56 Meter, den Dolichos (Langlauf) = 4614,72 Meter, das sind 24 Stadionlängen, die hin und her gelaufen wurden, nicht, wie heute, auf einer ovalen Bahn. Ganz selten gewann ein Athlet alle drei Laufwettbewerbe. Genau wissen wir es nur von Polites aus Karien. Die Notiz, die uns über seine einmalige Leistung

überliefert ist, stellt uns auch die Reihenfolge der drei Laufwettbewerbe sicher: Erst gewann Polites den Dauerlauf, dann den Stadionlauf und noch am selben Tag den Diaulos. So geschehen im Jahre 69 n. Chr. bei der 212. Olympiade.
Der *Waffenlauf* war ein Wettbewerb, der schon mehr ins Schwerathletische ging; denn er wurde anfangs mit Schild, Beinschienen und Helm, der Kriegsausrüstung eines Hopliten, ausgeführt, später nur noch mit dem Schild. Die Strecke dieses Hoplitenlaufes betrug zwei Stadien. Es war ein kraftraubender Lauf, der aber sehr beliebt war, seit er bei der 65. Olympiade (= 520 v. Chr.) ins Programm aufgenommen wurde. An diesem Wettbewerb beteiligten sich oft auch die besten Stadion- und Diaulos-Läufer. Wer dann diese drei, dem gleichen Läufertyp entsprechenden Rennen gewann, wurde als Triastes (= Dreisieger) gefeiert. In Olympia glückte dies – soweit uns bekannt – nur fünf Athleten! Unerreicht jener Leonidas von Rhodos, der zwischen der 154. und 157. Olympiade (164–152 v. Chr.) viermal den Stadion-, Diaulos- und Hoplitenlauf gewann, also viermal Triastes wurde.
Die *schwerathletischen Wettkämpfe* fanden an einem einzigen, dem vierten Tage, statt, so daß Doppelsieger selten, Dreifachsieger überhaupt nicht bekannt sind. Wer im Ringen und im Pankration gesiegt hatte, wurde als Heraklessieger gefeiert. In den mehr als elfhundert Jahren waren es nur sieben, denen der große Wurf gelang (zwischen der 142. und 204. Olympiade, also zwischen 212 v. Chr. und 37 n. Chr.). Im Ringen, das ein Standringen war, mußte der Gegner dreimal zu Boden gezwungen werden; im Faustkampf und Pankration (bei dem alle Griffe und Schläge erlaubt waren) konnte der schwächere aufgeben, weshalb die Spartaner in diesen Agonen nicht antraten, denn ein Spartaner gibt nicht auf! Der größte Ringer des Altertums war Milon von Kroton; er siegte von 540–516 v.Chr. sechsmal. Der berühmteste Pankratiast war Theogenes von Thasos; von 490 bis 470 sammelte er 1300 Siege, war zweimal Periodensieger, gewann also zweimal nacheinander in Olympia, bei den Isthmien in → *Delphi* und in Nemea sechs Siege. In Thasos wurde er nach seinem Tode als Gott verehrt, sein Standbild hatte heilende Wirkung. Die erfolgreichsten Faustkämpfer waren Diagoras von Rhodos und seine Familie, von der es drei Söhne und zwei Enkel zu acht Siegen in Olympia brachten.
Seit der 37. Olympiade (632 v. Chr.) gab es *Wettbewerbe für Knaben*, zuerst im Ringen und Wettlauf (Stadion), einmal (38. Olympiade) im Fünfkampf, seit der 41. Olympiade auch im Faustkampf. 200 v. Chr.

kam der grausame Allkampf (Pankration) hinzu, was verwundert angesichts der Gefährlichkeit dieser Kampfart. Wer noch Knabe sei, war ein Problem, das die Kampfrichter, die Hellanodiken, in eigener Vollmacht lösten. Nur selten hat ein Sieger im Knabenkampf bei der folgenden Olympiade unter den Erwachsenen gesiegt. Nicht einmal dem legendären Milon von Kroton ist dies gelungen; er mußte eine Olympiade abwarten, um dann allerdings fünfmal in der Männerklasse Olympiasieger zu werden (532–516 v. Chr.).

Die Sieger von Olympia wurden unmittelbar nach ihrem Sieg mit einem Palmzweig ausgezeichnet; aber die feierliche Siegerehrung vollzog sich am Schlußtag nach einer festlichen Prozession durch die Altis. Bei dieser Ehrung am Zeusaltar gab es für die Sieger einen Zweig vom heiligen Ölbaum. Diese Bekränzung war als eine Vereinigung mit der Gottheit gedacht, von der Kräfte auf den Sieger übergehen sollten. Weniger fromm, aber dafür um so aufwendiger war dann die weltliche Ehrung der Sieger, wenn sie in ihre Heimat zurückkehrten. Stadtmauern wurden – eine symbolische Handlung – eingerissen, um dem Sieger den Weg zu bahnen. Es wurden oft großzügige Geschenke gemacht. Athen – so hatte es der weise → *Solon* schon im 6. Jahrhundert v. Chr. bestimmt – gab seinen Siegern von Olympia 500 Drachmen. Nicht wenig, wenn man bedenkt, daß man für eine Drachme ein Schaf oder einen Scheffel Getreide kaufen konnte. Solons höchste Steuerklasse waren die Fünfhundertscheffler. Anders gesagt: Athen gab seinen Olympiasiegern das Jahreseinkommen eines Vollbürgers der höchstbesteuerten Klasse. Wir wissen aus der hellenistisch-römischen Zeit von Städten, die ihren Olympiasiegern 5 Talente (→ *Geld*) schenkten, das sind nach dem heutigen Wert an die 50 000,– Mark.

Der Ehrgeiz, in Olympia zu siegen, war groß. Trotzdem erscheint in der Chronik der Spiele erst bei der 98. Olympiade des Jahres 388 v. Chr. ein strafbarer Bestechungsskandal. Wir kennen die Zahl der Sünder genau: es sind vier. Und dies in 1168 Jahren! Die Gottesfurcht mag mitgespielt haben, daß nicht mehr manipuliert wurde. Nicht strafbar war es, einen Olympiasieger zu bewegen, sich für eine andere Stadt ausrufen zu lassen, wie dies der »Triastes« Astylos von Kroton tat, der 488 v. Chr. noch für Kroton, aber 484 und 480 für Syrakus startete, wo ihn der Tyrann Gelon vielleicht zum Wechsel ermuntert hatte.

Der Glanz der Olympischen Spiele überdauerte auch den politischen Niedergang Griechenlands. Eroberer wie Philippos von Makedonien oder später römische Konsuln und Kaiser, allen voran der ruhmsüchtige

Nero und im 2. nachchristlichen Jahrhundert der Philhellene Hadrian, bemühten sich um Olympia und die Olympischen Spiele. Man erkennt dies auch an den Prachtbauten, die seit dem 4. vorchristlichen Jahrhundert in Olympia gestiftet wurden, herrliche Brunnenanlagen, die Thermen südlich der Altis oder der Palast des Nero.

Der geistige Gehalt, die enge Bindung an die Zeusreligion, verlor sich erst in der römischen Kaiserzeit. Doch hätte im Jahre 394 n. Chr. Kaiser Theodosius I. die Olympischen Spiele nicht ausdrücklich auflösen müssen, hätte man sie nicht immer noch vorwiegend als einen heidnischen Kult gesehen. Die heidnischen Kulte aber hatte der gleiche Kaiser im Jahre 391 verbieten lassen. 426 erging der Erlaß des Kaisers Theodosius II., daß alle heidnischen Tempel zu zerstören seien. Dies war das Ende für Olympia als Kultstätte.

Der letzte Olympiasieger, von dem wir gesicherte Kunde haben, war ein Armenier, Varazdat, der dann 374–378 n. Chr. König seines Landes wurde. Die Stürme der Völkerwanderungszeit taten ein übriges; den Rest besorgten zwei Erdbeben in den Jahren 522 und 551. Die Flüsse Kladeos und Alpheios, die das Olympiagelände auf zwei Seiten begrenzten, veränderten in den folgenden Jahrhunderten ihren Lauf, schwemmten Erde an, die bis zu 4 Meter die Altis schützend bedeckte, bis dann anfangs des 19. Jahrhunderts durch Franzosen, dann (1875–1881) im großen Stil durch die Deutschen die Kult- und Sportstätte Olympia wieder freigelegt wurde. Ernst Curtius und Wilhelm Dörpfeld, im 20. Jahrhundert dann vor allem Prof. Emil Kunze haben sich in Olympia bleibenden Ruhm erworben.

Olympia als Idee hat, nicht zuletzt angeregt durch die Ausgrabungen, den französischen Pädagogen Pierre de Coubertin bewogen, die Olympischen Spiele der Neuzeit zu schaffen. Allerdings hatte Coubertin eine geistig viel tiefer gründende Vorstellung von seinen Weltspielen als die Männer und Mächte, die im internationalen Sport heute zu bestimmen haben. Viel mehr als das Ringen um den Sieg und einige klassische Sportarten ist von den alten Olympischen Spielen nicht geblieben, vielleicht noch die ungewöhnlichen Ehrungen in der Heimat. Von religiöser Scheu und Götterfurcht, aber auch von der maßvollen Selbstbescheidung auf ein überschaubares Programm blieb keine Spur. »Olympische Spiele« als Name für das heutige Weltspektakulum der Ahtletik ist Mißbrauch eines der größten Gedanken, die von den Griechen gedacht worden sind. (J. Gö.)

Orakel

Die Zukunft, für die Menschen oft noch wichtiger als die Gegenwart, war nur den allwissenden Göttern bekannt, die allerdings durch besondere Naturerscheinungen (Blitze, Erdbeben, Mißgeburten) oder durch das, was den Menschen zustieß, z. B. Niesen oder Stolpern, einen Hinweis auf künftige Ereignisse gaben. Die Interpretation dieser Zeichen war durch die Tradition festgelegt und unterschied sich vielfach kaum vom Aberglauben. In gewissen Fällen – meist nur aus der Sage bekannt – wandten sich auch die Götter an bestimmte Seher wie Teiresias oder Kassandra. In den Kreis der Sagen gehören auch die weissagenden Sibyllen. In historischer Zeit gab es in Griechenland kaum Seher oder Propheten im eigentlichen Sinne des Wortes. Wer in einer bestimmten Angelegenheit etwas über die Zukunft wissen wollte, bediente sich der Orakelkunst (mantiké, Mantik).

Orakelstätten. In früher Zeit glaubten die Griechen, daß alle Götter Auskunft über die Zukunft geben könnten. Diese Vorstellung blieb vielfach, vor allem auf dem Land, erhalten: Man wandte sich gern an eine Gottheit, die man überall treffen konnte, z. B. Pane und Nymphen (→ *Götter*). Bald aber wurden in wichtigen Angelegenheiten nur noch zwei Götter befragt – Zeus und Apollon, die beide nur an bestimmten Stellen eine Auskunft gaben. Eine gewisse Bedeutung hatte daneben nur das Orakel von Oropos, wo Amphiaraos, ein besonderer Schützling von Zeus und Apollon, die Zukunft verkündete.

Das älteste und wichtigste Orakel des Zeus war Dodona; Priester hörten aus dem Rauschen heiliger Eichen, später auch aus dem Tönen eherner Becken die Antwort des Gottes auf eine Frage heraus. Ein weiteres Zeus-Orakel war → *Olympia*, wo man aus der Flamme des Opferfeuers auf dem Altar die Zukunft deutete.

Wichtiger als andere Orakelstätten war → *Delphi*, in grauer Vorzeit ein Orakel der Erdmutter Gaia. Apollon hatte hier einen Drachen namens Python getötet, weshalb er den Beinamen »Pythios« erhielt. Zwischen diesem Mythos und der Orakelstätte muß es einen Zusammenhang geben, den wir allerdings nicht kennen; denn das Medium beim delphischen Orakel, gewöhnlich eine ältere Frau, hieß Pythia. Diese Priesterin saß bei der Prophezeiung – es gibt auch anderslautende Schilderungen – auf einem Dreißfuß über einer Erdspalte und sprach, durch aufsteigende Dämpfe halb betäubt, zusammenhanglose Worte, aus denen der anwesende Priester einen oder mehrere Verse als Antwort auf die Frage

formte. Die Szene spielte sich im Tempel des Gottes ab; die Allgemeinheit war nicht zugelassen. Die Fragen mußten vorher schriftlich eingereicht werden und lagen während der Befragung versiegelt in einer Urne. Die Fragenden – Privatpersonen, Gesandschaften von Städten oder Königen – mußten gewisse Reinheitsvorschriften erfüllen und vorher ein Opfer bringen, meist verbunden mit einer Geldspende oder der Hinterlegung eines größeren Betrages in einem der Schatzhäuser, wie sie viele Städte und Könige in Delphi hatten. Die Fragen berührten alle Bereiche des menschlichen Lebens, allerdings waren manche nicht zulässig, so die Frage nach dem Zeitpunkt des Todes.
Da man glaubte, Apollon inspiriere persönlich die Pythia, war eine Befragung nur während seiner Anwesenheit möglich, die man für eine kurze Zeit im Frühling annahm. Später wurde die Frist verlängert, und es lösten sich zwei, sogar drei Priesterinnen als Pythia ab.
Die Antworten des Orakels waren oft dunkel und doppeldeutig. So sagte es dem König Kroisos von Lydien (→ *Lyder*) vor seinem Angriff auf das Perserreich, er werde ein großes Reich zerstören – er zerstörte jedoch sein eigenes Reich, da er besiegt wurde. Ähnlich unklar war die Antwort, die die Athener 480 v. Chr. erhielten (→ *Perserkriege*). Neben solchen Antworten, die auch in der Antike schon Spott und Kritik hervorriefen, gab es Aussagen des Gottes, die sich mehr allgemein auf das Verhalten der Menschen bezogen wie das berühmte »gnothi seauton« (»erkenne dich selbst«) oder »medèn ágan« (»Nichts im Übermaß«). Zu diesen Anweisungen paßt auch das Orakel, das Delphi auf eine entsprechende Frage gab, nämlich daß → *Sokrates* der weiseste Mensch sei. Dies alles führt weit über reine Zukunftsdeutung hinaus, es soll vielmehr das Denken des Menschen in eine bestimmte Richtung gelenkt werden. So ist es verständlich, wenn manche Forscher von den Ansätzen einer »delphischen Theologie« sprechen. Der Einfluß des delphischen Orakels im 7. bis 5. Jahrhundert kann kaum überschätzt werden; es genoß auch in Italien und → *Kleinasien* höchstes Ansehen. Dies veranlaßte die Priester – wenigstens zeitweise – eine Art Führungsrolle über alle Griechen zu beanspruchen, auch in politischen Fragen. Diese Bestrebungen stießen aber auf scharfe Kritik, und man warf dem Orakel Parteilichkeit und Manipulation vor. Zum Schwinden des Ansehens trugen auch die Sammlungen von Orakelsprüchen bei, die, oft sogar gefälscht und losgelöst vom eigentlichen Zusammenhang, wie Zauberbücher primitivster Art verwendet wurden.
Ein weiterer Grund für den Niedergang Delphis ab dem 4. Jahrhundert

v. Chr. war der Rückzug der Religion ins Private und der zunehmende Einfluß der → *Astrologie.* Als Orakelstätten waren nur noch einige Heiligtümer des Asklepios (→ *Götter*) von Bedeutung, vor allem → *Epidauros,* wo der Gott durch Träume den Kranken den Weg zur Heilung wies.

Losorakel. Es gab natürlich bei den Griechen unzählige Methoden, etwas über die Zukunft zu erfahren. Von Wichtigkeit waren aber neben den Orakelstätten und der Astrologie nur die Losorakel. Die Lose enthielten entweder selbst schon eine Auskunft oder eine Zahl, zu der man in einem Losbuch die passende Antwort suchen mußte. Ähnlich verhielt es sich bei den Orakelwürfeln: Aus der Zahl der geworfenen Augen bildete man nach bestimmten Regeln eine Gesamtzahl, zu der ein Orakelbuch eine Antwort bereithielt. Einige solche Orakelsammlungen sind uns erhalten. Sie enthalten oft einzelne Verse aus → *Homer,* denen man eine tiefere Bedeutung zuschrieb, oder allgemeine Lebensregeln, die vielleicht nicht immer paßten, aber klar waren wie das überlieferte »Man streckt seine Hand nicht in den Rachen eines Wolfes«. (G. St.)

Peloponnesischer Krieg

Der lange schwelende Konflikt zwischen Athen und Sparta – beide Mächte strebten nach der Vorherrschaft in Griechenland – führte 431 v. Chr. zur offenen Auseinandersetzung, die mit der Kapitulation Athens 404 endete. In diesem Zeitraum gab es militärische Aktionen und Waffenstillstand, Flottenoperationen an fernen Küsten und Friedensverträge. Es ist aber unverkennbar, daß trotz aller Unterbrechungen und trotz der vielen scheinbar isolierten Einzelunternehmen ein Gesamtzusammenhang besteht, den → *Thukydides* erkannte und der deshalb seinem Werk, in dem er den Verlauf der Auseinandersetzungen beschreibt, den Titel »Peloponnesischer Krieg« gab, eine Bezeichnung, unter der auch wir noch diese Einzelkriege zusammenfassen. Der Krieg hatte neben der machtpolitischen auch noch eine ideologische Seite; denn die beiden Städte → *Sparta* und → *Athen* standen stellvertretend für Oligarchie bzw. → *Demokratie.* So gab es z. B. in Athen Kreise, die aus innenpolitischen Gründen den außenpolitischen Gegner begünstigten. So lag über allen politischen Diskussionen Haß und Mißtrauen, und man war mit dem Vorwurf des Verrats schnell bei der Hand. Der Krieg selbst wurde mit einer in Griechenland bisher unbekannten Härte, ja

Brutalität geführt. Wir finden unglaubliche Grausamkeit, skrupellosen Verrat und zynischen Machtmißbrauch – und daneben auch in Athen das Wirken von Männern wie Sophokles, Euripides oder → *Sokrates*. So gibt der Krieg und seine Zeit ein Bild von den Möglichkeiten – im Guten wie im Bösen –, zu denen Griechen fähig waren.

Vorgeschichte und Anlaß. Schon bald nach den → *Perserkriegen* hatte sich die Rivalität zwischen Athen und Sparta abgezeichnet. Um Zeit zu gewinnen vor der großen Auseinandersetzung, vielleicht auch um sie ganz zu vermeiden, schlossen die beiden Städte 446/445 ein auf dreißig Jahre befristetes Stillhalteabkommen, das den gegenwärtigen Besitzstand garantierte. Die beiden Bündnissysteme, der Attische → *Seebund* und der Peloponnesische Bund, waren dabei eingeschlossen. → *Perikles* jedoch nahm keine Rücksicht, wenn es um Athens Macht ging. So ließ er die athenische Flotte in die Auseinandersetzungen zwischen der Insel Korkyra und ihrer Mutterstadt → *Korinth*, einem Mitglied des Peloponnesischen Bundes, eingreifen, um die Insel für Athen zu gewinnen und so Athens Stellung im Ionischen Meer zu stärken. Auch in der nördlichen Ägäis stießen Athens und Korinths Interessen zusammen. In beiden Fällen ging es um eine Veränderung der Einflußsphären, was gegen den Vertrag verstieß. Als Athen schließlich gegen Megara, auch einen Verbündeten Spartas, aus ziemlich fadenscheinigen Gründen ein Handelsembargo verhängte, wurde der Peloponnesische Bund aktiv. Er stellte formell fest, daß Athen den Vertrag gebrochen hatte. Der Krieg begann.

Verlauf des Krieges bis zum Frieden des Nikias 421. Die Seemacht Athen konnte dem spartanisch-peloponnesischen Heer nichts entgegensetzen; deshalb ließ Perikles Attika räumen und evakuierte die Bevölkerung in das Festungsdreieck, das Athen, Phaleron und der Hafen Peiraieus (Piräus) bildeten, die durch die »Langen Mauern« verbunden waren. Die Versorgung blieb durch Athens Überlegenheit zur See gesichert. Sparta und seine Verbündeten besetzten und verwüsteten Attika, ohne Athen selbst schaden zu können, während die athenische Flotte die Peloponnes heimsuchte. Perikles setzte offensichtlich auf eine Ermattung des Gegners, die ihn zum Frieden zwingen sollte. 430 brach aber eine Katastrophe über Athen herein. Ein Getreideschiff aus Ägypten schleppte eine tödliche Seuche ein, meist als »Pest« bezeichnet, die unter der zusammengepferchten Bevölkerung schrecklich wütete. Bis zu ihrem Erlöschen 424 fiel ihr mehr als ein Drittel der Bevölkerung Attikas zum Opfer. Das Gebiet des Peloponnesischen Bundes blieb verschont, da man sich brutal schützte: Jeder gefangene Athener wurde sofort getötet. Zu der physischen Qual der Seuche in Athen kam noch ihre demoralisierende Wirkung, die das Entsetzen in Haß auf Perikles umschlagen ließ. Er wurde als Stratege abgesetzt, sogar angeklagt. Seine Wiederwahl 429 rehabilitierte ihn zwar, er starb aber im selben Jahr an der Seuche. Sein Tod war für Athen eine Katastrophe, denn trotz aller Fehler war er der einzige, der die Stadt auch wieder aus dem Krieg hätte herausführen können.

In den folgenden Jahren gab es für beide Seiten Erfolge und Mißerfolge. Insgesamt verschlechterte sich aber die Lage Athens, denn die Verluste durch die Seuche waren nicht zu ersetzen, und für eine Handelsstadt wie Athen war ein langer Krieg existenzbedrohend. Deshalb sollten höhere Abgaben der Verbündeten die Handelsverluste ausgleichen. Diese ziemlich kurzsichtige Politik Kleons, des neuen führenden Mannes in Athen, quittierten einige wichtige Bundesgenossen damit, daß sie zu Sparta übergingen. Die allgemeine Kriegsmüdigkeit führte 424 zu einem Waffenstillstand und nach dem Tode des Kriegstreibers Kleon 421 zum Frieden, genannt nach Nikias, der ihn in Athen durchsetzte. Der Vertrag zeigt die ganze Sinnlosigkeit des Krieges, denn beide Seiten beschränkten sich darauf, den Besitzstand von 431 erneut zu garantieren.

Schwierigkeiten machten die Verbündeten Spartas, die sich mehr erhofft hatten und z. T. besetztes athenisches Gebiet nicht räumen wollten. Die Spannungen wurden schließlich so groß, daß es zu einem Bündnis zwischen Sparta und Athen kam, das sich vor allem gegen Spartas alte Bündnispartner Korinth und Megara richtete.

Alkibiades und die Landung in Sizilien. Auch in Athen war die Enttäuschung groß. Die eigenen Großmachtpläne waren zerstoben, und die Vorteile des Nikias-Friedens wollten sich nicht einstellen. So setzte sich eine Richtung durch, die auf einen neuen Krieg hinarbeitete. Ihr Führer war → *Alkibiades,* ein entfernter Verwandter des Perikles, Schüler des Sokrates und trotz – oder wegen – seines Hochmuts und exzentrischen Wesens beliebt. Er hielt eine Schwächung Spartas, des augenblicklichen Verbündeten, für notwendig und versuchte auf diplomatischem Wege in den Konflikt zwischen Sparta und seinen störrischen Bundesgenossen einzugreifen, und zwar zu deren Gunsten, obwohl Sparta Athens Interessen durchzusetzen versuchte. Durch einen Sieg über die Bundesgenossen stellte Sparta aber rasch wieder die alte Abhängigkeit her, und ein Vertrag mit Perdikkas III., dem König von → *Makedonien,* ließ seinen politischen Einfluß wieder wachsen. In Athen gelang es inzwischen Alkibiades, den friedenswilligen Nikias zu überspielen und eine reine Machtpolitik durchzusetzen, deren erstes Opfer die bisher neutrale Insel Melos war: Die Männer wurden getötet, Frauen und Kinder versklavt, aber Athen hatte einen Flottenstützpunkt mehr. Bald folgte das nächste Unternehmen, die Expedition nach Sizilien (415–413), wo Segesta Athens Hilfe gegen Syrakus benötigte. Alkibiades sagte Unterstützung zu, plante aber noch weiter: Ganz Sizilien, Unteritalien, ja sogar Karthago sollten unterworfen werden, dann wäre Athen stark genug, um zum entscheidenden Schlag gegen Sparta auszuholen. Kurz vor der Abfahrt der Flotte kam es in Athen zu einem religiösen Frevel – Säulen des Hermes waren umgestürzt und verstümmelt worden. Eine gerichtliche Untersuchung verlief ergebnislos, aber in ihrem Verlauf wurde Alkibiades eine Verletzung der → *Mysterien* von Eleusis vorgeworfen, allerdings keine Klage erhoben. Die athenische Flotte fuhr unter dem Oberkommando des Alkibiades, Nikias und Lamachos nach Sizilien. Dort hatte man zwar auf Athens Hilfe gehofft, aber nicht eine so gewaltige Streitmacht auf 134 Schiffen erwartet. So war der Empfang recht kühl, und die meisten Städte weigerten sich, Athens Schiffen ihre Häfen zu öffnen. Inzwischen kam ein Schiff aus Athen, um Alkibiades wegen des Mysterienfrevels vor Gericht zu holen. Er fügte sich scheinbar, setzte sich aber auf der Rückreise ab und floh nach Sparta. Dort baten Gesandte aus Syrakus, das von Nikias belagert wurde, um Hilfe. Alkibiades, der ehemalige athenische Oberbefehlshaber und Anstifter des ganzen Unternehmens, unterstützte sie. Darauf schickte Sparta Truppen nach Sizilien, wo es ihnen gelang, das athenische Heer völlig aufzureiben. Wer nicht fiel, wurde als Staatssklave in die Steinbrüche von Syrakus geschickt, was bei den dort herrschenden Lebensbedingungen einem Todesurteil gleichkam. Nikias wurde in Syrakus hingerichtet. Athens Flotte war schon vorher durch ungeschicktes Taktieren verlorengegangen. Dazu kamen für Athen noch weitere Mißerfolge. Es hatte sich in → *Kleinasien* militärisch engagiert, wo sein Heer von Persern und Spartanern besiegt wurde, die 412 einen förmlichen Vertrag schlossen, in dem Sparta Athens Besitz in Kleinasien den Persern überließ; dafür bekam es persisches → *Geld*, um eine Flotte bauen zu können. Damit war Ionien, dessen Freiheit die Griechen soviel Blut gekostet hatte, wieder persisch. In Athen suchte man einen Schuldigen für all diese Schläge und fand ihn in der Demokratie, wie wenn überspannte Großmachtpolitik ein Merkmal der Demokratie wäre.

Letzte Erfolge und die Niederlage Athens. Die innenpolitischen

Thukydides über Parteikämpfe und den Verfall der politischen Moral in und durch den Krieg: »Der beständige Parteikampf [. . .] trug nicht wenig dazu bei, die Sinnesart der Menschen völlig umzuwandeln und dem Gegner gegenüber jede Art von Hinterlist und maßloser Rache für erlaubt zu halten. Selbst die gewöhnliche Bedeutung der Wörter änderte man nach Belieben. Unverschämtheit hieß Freiheit [. . .], vernünftige Überlegung bloße Feigheit, der besonnene Mann war ein Hasenfuß. [. . .] Wer auf alles schimpfte, war gesinnungstüchtig, wem ein hinterlistiger Streich geglückt war, galt für klug. [. . .] Rache galt als ehrenvoll, Eide betrachtete man als einstweiligen Notbehelf . . .« (Thukydides, »Geschichte des Peloponnesischen Krieges« III, 82; übers. von Theodor Braun)

Wirren in Athen führten zu einem Umschwung in Athen und einer Annäherung an Alkibiades, der sich von der nun herrschenden oligarchischen Richtung etwas erhoffte. Er wurde – in Abwesenheit – zum Strategen gewählt und errang zwei glänzende Siege über die Flotte des peloponnesischen Bundes (411 und 410). Sparta war wie schockiert und bot Frieden an auf der Basis des augenblicklichen Besitzstandes. Athen lehnte ab, obwohl sich das nahende Unheil deutlich abzeichnete. So nahmen der persische Kronprinz Kyros und der spartanische Feldherr Lysander den Kampf wieder auf. Alkibiades erkannte, daß der Anfang vom Ende gekommen war und floh nach Thrakien. Athen mußte einige Mißerfolge hinnehmen, errang aber 406 noch einmal einen großen Seesieg bei den Arginusen (zwischen Lesbos und Kleinasien). Da wegen widriger Umstände schiffbrüchige Athener nicht hatten gerettet werden können, wurden die überlebenden Feldherrn von der Volksversammlung – rechtlich gar nicht zulässig – zum Tode verurteilt, ein weiteres Beispiel für die Verblendung und Selbstzerfleischung in Athen. Man ist versucht zu sagen, die Strafe folgte auf dem Fuße: 405 vernichtete Lysander die athenische Flotte bei Aigospotamoi und ließ 3000 gefangene Athener hinrichten als Vergeltung für athenische Grausamkeiten. Athen rüstete sich nun für eine Belagerung, aber die von Lysander durchgeführte Blockade ließ keine Wahl – Hunger erzwang die Übergabe, Friedensverhandlungen begannen. Die Friedensbedingungen waren für Athen hart: Es mußte die »Langen Mauern« abreißen,

wodurch eine Verteidigung der Stadt unmöglich wurde, ferner mußte es alle Schiffe ausliefern, den Seebund auflösen, auf überseeischen Besitz verzichten und Mitglied des Peloponnesischen Bundes werden, d. h. Spartas Oberhoheit anerkennen. Athen hörte damit auf, als politische Macht zu existieren.
Der Dualismus zwischen Sparta und Athen war jetzt beseitigt, aber auch das politische Gleichgewicht, und es konnte nur eine Frage der Zeit sein, bis sich Griechenland gegen das nun übermächtige Sparta wenden würde. (G. St.)

> Thukydides über die Seuche und ihre Folgen: »Die Pest war für Athen der Anfang mehr und mehr um sich greifender Gesetzlosigkeit. Dinge, denen man früher höchstens im geheimen gefrönt, trieb man jetzt mit schamloser Offenheit. [. . .] Alles trachtete nach hastigem Genuß und stürzte sich in den Taumel der Sinnenlust, da es ja mit dem Leben wie mit dem Geld über Nacht vorbei sein konnte. [. . .] Weder Furcht vor den Göttern noch menschliches Gesetz wehrte dem Verbrechen; denn da man alle ohne Unterschied sterben sah, schien es ja doch einerlei zu sein, ob man die Götter fürchtete oder nicht.« (Thukydides, »Geschichte des Peloponnesischen Krieges« II, 53; übers. von Theodor Braun)

Pergamon

Pergamon (heute Bergama) liegt im nordwestlichen → *Kleinasien*, etwa 30 km von der Küste entfernt. Aus der Kaikos-Ebene erhebt sich dort ein über 300 Meter hoher Berg, dessen Kuppe die ursprüngliche Siedlung trug. Ihre Glanzzeit erlebte die Stadt in der hellenistischen Epoche (→ *Helenismus*) unter den Attaliden-Königen. Eumenes II. (R 197–159) ließ am Fuße des Berges eine starke Mauer errichten, so daß nun das Stadtgebiet den ganzen Berghang umfaßte. Unter-, Mittel- und Oberstadt erhoben sich stufenweise übereinander, wobei man dem steilen Abhang durch künstliche Terrassierung Plätze für die verschiedensten Bauten abgewann. Eumenes, der mit den Römern einen Vertrag schloß, konnte den pergamenischen Einflußbereich sogar bis zum fernen Tau-

rosgebirge ausdehnen. Attalos III., der Sohn von Eumenes' Nachfolger Attalos II., vermachte sein Land durch Testament der römischen Republik (133 v. Chr.).
Auch als römische Provinz erlebte Pergamon noch einmal eine Glanzzeit. Seine Bibliothek soll im 1. Jahrhundert n. Chr. nicht weniger als 200 000 Schriften umfaßt haben. Im 2. Jahrhundert n. Chr. bewohnten die in der Ebene sich immer weiter ausbreitende Stadt 120 000 Menschen. Das schon im 4. Jahrhundert v. Chr. gegründete Asklepieion, ein dem griechischen Gott Asklepios (→ *Götter*) geheiligter Bezirk, war eine der berühmtesten und besuchtesten Heilstätten (→ *Medizin*) jener Zeit. Die umfangreichen, seit 1878 von deutschen Archäologen durchgeführten Ausgrabungen legten eine Reihe von bedeutenden Heiligtümern frei. Zu ihnen gehört auch der weltberühmte, unter Eumenes II. errichtete Zeusaltar, den man nach Berlin verfrachtete und dort im Pergamonmuseum in mühevoller Kleinarbeit wieder aufbaute. Ein aus 120 Marmorplatten bestehender Fries umzog diesen Altar. Das gewaltige Reliefband von über zwei Meter Höhe stellte die Schlacht zwischen den Göttern und Giganten (→ *Religion*) dar. Die in ausdrucksvoller Lebendigkeit und Leidenschaft wiedergegebenen Figuren sind ein vollendetes Zeugnis der hellenistischen Kunst jener Zeit. Auch die verlorenen Originale von so berühmten Kopien wie dem sterbenden Gallier und dem sein Weib tötenden Gallier (heute in römischen Museen) schmückten den Athenetempel in Pergamon und erinnerten an die Siege Attalos' I. über die keltischen Galater. (S. G.)

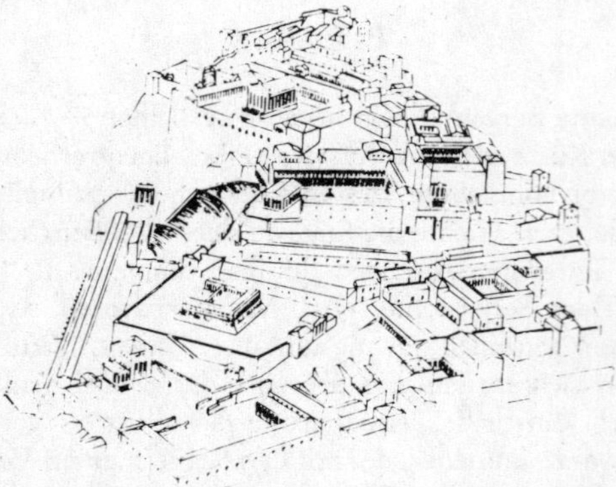

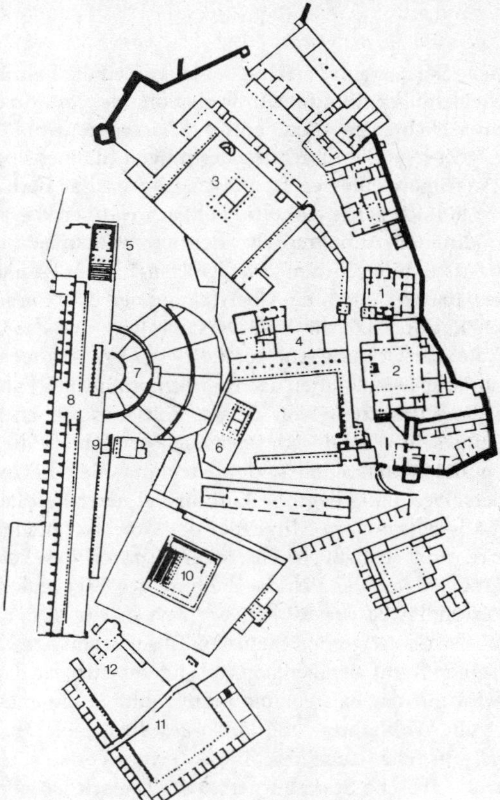

Pergamon

1. *Alter Palast*
2. *Neuer Palast mit dorischen Säulenhallen*
3. *Trajaneum mit Trajan-Tempel (korinthischer Peripteros)*
4. *Bibliothek*
5. *Römischer Tempel (Prostylos, ionisch)*
6. *Tempel der Athena Polias (dorischer Peripteros)*
7. *Theater*
8. *Theater-Terrasse*
9. *Burgtor*
10. *Zeus-Altar*
11. *Dionysos-Markt mit Säulenhallen*
12. *Dionysos-Tempel (Prostylos)*

Perikles

Der athenische Staatsmann Perikles, der lange Zeit die Politik Griechenlands entscheidend beeinflußte, wurde als Sohn des Xanthippos und der Agariste, einer Nichte des Alkmaioniden Kleisthenes, wohl um das Jahr 490 v. Chr. geboren. Die Erziehung des jungen Mannes übernahm der Philosoph Anaxagoras, dessen freundschaftlichen Rat Perikles auch in späteren Jahren noch gerne einholte. Politisch war Perikles als Angehöriger des traditionell demokratisch orientierten Alkmaioniden-Hauses Gegner des Aristokraten Kimon und Gefolgsmann des Radikaldemokraten Ephialtes, der 461 durch die Übertragung der Befugnisse des Areopags auf den Rat der 500, die Volksversammlung und das Geschworenengericht die Entwicklung zur totalen (→ *Demokratie*) vorantrieb; Perikles' politische Maßnahmen nach der Ermordung des Ephialtes (461) sind sicher als Fortsetzung von dessen Politik zu sehen. Er betrieb zusammen mit seinen Gesinnungsgenossen erfolgreich die Zulassung der Zeugiten, des dritten Standes, zum Archontat, dem höchsten Staatsamt. Auf derselben Linie liegt die Einführung einer Besoldung für die 6000 durch Los bestimmten Mitglieder des Geschworenengerichts, für die Ratsherrn und schließlich alle anderen durch das Los bestellten Beamten. Einerseits erwies sich die Zahlung der Tagegelder als unumgänglich notwendig, da der Bürger, der sich in einem der genannten Gremien politisch betätigte, an manchen Tagen schon aus Zeitgründen nicht auch seinen Beruf ausüben konnte, andererseits war damit – auch wenn der Staat nur das Existenzminimum zahlte – ein entscheidender Schritt hin zum Wohlfahrts- und Fürsorgestaat getan. Den Zielen der Demokraten entsprach auch das 451/450 von Perikles eingebrachte Gesetz über die attische Staatsbürgerschaft: Danach hatten nur solche Athener Anspruch auf das athenische Bürgerrecht, die väterlicher- und mütterlicherseits von Athenern abstammten. Ohne Zweifel profitierte von dieser Maßnahme in erster Linie die breite Masse der athenischen Bürger. Schließlich sollte damit aber auch der Adel getroffen werden, dessen über ganz Griechenland hinwegreichenden stark familiären Verbindungen nun die Basis entzogen war.

Außenpolitisch sah sich Perikles mit einer doppelten Gefahr konfrontiert: Der athenische Sieg über die Perser bei Salamis hatte noch zu keinem Frieden mit diesem Gegner geführt; die kriegerischen Auseinandersetzungen konnten jederzeit erneut entbrennen. Andererseits machte sich eine immer stärkere Entfremdung im Verhältnis Athen –

Sparta bemerkbar. Sicher trägt Perikles Mitverantwortung für die Entsendung eines athenischen Expeditionskorps zur Unterstützung des ägyptischen Aufstandes gegen den Perserkönig, ein Unternehmen, das die Kräfte Athens weit überstieg und mit einem Fiasko für die Stadt endete. Die Lage war so prekär, daß man sich entschloß, die bisher auf der Insel → *Delos* stationierte Kasse des Delisch-Attischen → *Seebundes* aus Sicherheitsgründen nach Athen in den Tempel der Athene zu überführen. Man darf annehmen, daß diese Veränderung dem Perikles nicht unwillkommen war: Erhielt doch Athen damit unumschränkte Verfügungsgewalt über die Finanzmittel des Bundes. Allerdings erkannte Perikles, daß Griechenland und Athen nun Frieden für längere Zeit benötigten. Hatten die Athener nach dem Sieg Kimons 450 v. Chr. bei Salamis auf Zypern über die Perser durch den mit den Persern 449/448 vereinbarten Frieden (sogenannter Kalliasfriede) zumindest eine Abgrenzung der Interessensphären in der Ägäis und in Kleinasien erreichen können, so scheiterten Perikles' Bemühungen um einen von allen Griechen unterstützten Friedenskongreß am Einspruch → *Spartas.* Einen auf dreißig Jahre befristeten Frieden mit dem Rivalen konnte Perikles 446/445 noch zustande bringen. Auf der anderen Seite nahmen die Seebundstädte den Friedensschluß mit Persien zum Anlaß, ihre Beitragszahlungen einzustellen, zumal sich Perikles nicht verpflichtet fühlte, über die Verwendung der Tribute Rechenschaft abzulegen. Solche Versuche, sich von Athen zu lösen, warf Perikles, wie etwa im Falle des Aufstandes der Samier 440/439 mit Gewalt nieder. Er war bestrebt, in den Mitgliedsstaaten demokratische Regierungen ans Ruder zu bringen und durch Entsendung von Kleruchien (→ *Kolonisation*) die politischen Vorgänge im Seebundgebiet wirksam zu kontrollieren. Hier wie auch in der Institution einer ständig kreuzenden, 60 Trieren umfassenden Flotte trafen sich außenpolitisch-militärische und innenpolitisch-soziale Interessen in glücklicher Weise: Fanden doch mit beiden Maßnahmen zahlreiche Angehörige der untersten Vermögensschicht entweder als Mitglieder einer Militärkolonie oder als Matrosen auf einem Kriegsschiff eine Tätigkeit. Auf Initiative des Perikles wurde in Unteritalien als eine von allen griechischen Stämmen unterstützte Kolonie die Stadt Thurioi gegründet. Vielleicht darf man in dieser Unternehmung ein Anzeichen für eine stärkere Westorientierung der perikleischen Außenpolitik sehen. Die Bündner freilich hatten angesichts der auf der → *Akropolis* entstehenden Prachtbauten Bedenken gegen die Finanzpolitik des Perikles. Thukydides, der Schwiegersohn Kimons und Anführer

der Konservativen (nicht der Historiker!), hatte sich immer wieder vergeblich zum Sprachrohr der Interessen der Bundesgenossen gemacht. Da die Arbeit an den Akropolisbauten zahlreichen Athenern Brot und Verdienst gab, konnte sich Perikles der Sympathie der Athener sicher sein, als er 443 Thukydides durch das Scherbengericht (→ *Athen-Geschichte*) in die Verbannung schicken ließ. Seither war er, jährlich neu zum Strategen gewählt, Herr der athenischen Politik, wiewohl er nominell nicht mehr Macht hatte als seine Kollegen im Strategenamt. Vor allem in seiner Fähigkeit, mit der Kraft der Rede die Massen zu lenken, zeigte sich seine Begabung zur Menschenführung. Dabei waren die äußeren Voraussetzungen für ein solches Wirken in der Öffentlichkeit bei Perikles nicht nur positiv; mit Erstaunen bemerkte man bei ihm Ähnlichkeit mit dem Tyrannen Peisistratos: der Wohllaut seiner Stimme und seine rhetorische Brillanz erinnerten an diesen Gewaltherrscher. Auch sein Kopf war unverhältnismäßig groß – die Komödiendichter nannten ihn deshalb spöttisch »Meerzwiebelkopf« – und er selbst pflegte aus diesem Grunde einen Helm als Kopfbedeckung zu tragen. Wenn jedoch die Komiker ihm den Beinamen »Olympier« beilegten und von ihm sagten, »er donnere und blitze, wenn er zum Volke rede, und trage einen furchtbaren Wetterstrahl auf der Zunge«, schwang dabei doch ein hohes Maß an Anerkennung mit. Politische Gegner versuchten, da sie Perikles selbst nichts anhaben konnten, durch Prozesse gegen ihm nahestehende Persönlichkeiten, gegen seine Gattin Aspasia, den Philosophen Anaxagoras und Pheidias, den Mitschöpfer der Akropolis, das Ansehen des Staatsmannes zu schmälern. Doch erst die zu Beginn des → *Peloponnesischen Krieges* sich einstellenden militärischen Mißerfolge und die Wirren im Gefolge der Pest des Jahres 430 v. Chr. brachten für ihn ein Ende des Strategenamtes und eine Anklage wegen Unterschlagung. Kurz nachdem er 429 rehabilitiert worden war, starb er an den Folgen der Pest.
→ *Thukydides* charakterisiert die Herrschaft des Perikles: »Es war dem Namen nach eine Demokratie, in Wirklichkeit eine Herrschaft des Ersten Mannes«. (W. M.)

Perserkriege

Griechische Geschichte im 5. Jahrhundert v. Chr. ist nur verständlich vor dem Hintergrund der Auseinandersetzung mit der Großmacht

Persien. Dieser Zeitraum ist verhältnismäßig gut bekannt, allerdings fast nur durch griechische Quellen (→ *Herodot*, → *Thukydides*).

Der Beginn: der ionische Aufstand. Zur ersten direkten Begegnung zwischen Griechen und Persern kam es, als Persien 547/546 Lydien (→ *Lyder*) eroberte, um den Westen des Reiches zu sichern. Dabei gerieten die ionischen Griechen, die bisher geachtet und frei im lydischen Reich gelebt hatten, unter persische Herrschaft. Was diese so verhaßt machte, war weniger der direkte persische Druck, sondern die zahlreichen kleinen Tyrannen in den ionischen Städten, die von den Persern gestützt wurden und im Interesse ihrer eigenen Macht ein strenges Regiment führten. Verschärft wurde die Situation durch wirtschaftliche Schwierigkeiten, da die Eingliederung in das persische Reich die traditionellen Handelsbeziehungen abschnitt oder zumindest störte. So genügte es, daß im Jahre 500 v. Chr. Aristagoras, Tyrann von Milet, aus persönlichen Gründen zum Kampf gegen die Perser aufrief, um einen Aufstand in ganz Ionien zu entfachen. Das griechische Mutterland, von Aristagoras um Hilfe gebeten, verhielt sich passiv. Nur Eretria (auf Euboia) und Athen schickten Hilfe. Athen war an einer Zurückdrängung der Perser sehr interessiert, die von Thrakien aus, ihrem europäischen Stützpunkt, die Versorgung Athens mit Getreide aus den Gebieten am Schwarzen Meer bedrohten. Andererseits wurde das athenische Engagement dadurch gebremst, daß es in der Stadt eine starke Partei gab, die Hippias, den Sohn des Peisistratos (→ *Athen-Geschichte*) mit persischer Hilfe als Tyrannen einsetzen wollte.

Nach Anfangserfolgen gegen die völlig überraschten Perser gerieten die Ionier bald in Bedrängnis: Schlechte Organisation, Eifersüchteleien, geringe Bereitschaft zur Unterordnung führten zu mehreren Niederlagen, und die Eroberung Milets durch die Perser 494 v. Chr. bedeutete das Ende. Eine planlose Erhebung gegen die Weltmacht Persien, die alles daransetzte, um eine sichere und ruhige Grenze zu haben, konnte keinen Erfolg haben.

Die Verteidigung: Marathon (490). In den folgenden Jahren stellten die Perser ihre Macht in der Ägäis wieder her, und bald waren die Vorbereitungen für einen Rachefeldzug abgeschlossen: Eine persische Flotte sollte etwa 25 000 Mann nach Griechenland bringen, um Eretria und Athen zu bestrafen und Hippias, der an der Expedition teilnahm, in Athen als Tyrannen einsetzen. In Athen war es Miltiades (→ *Athen-Geschichte*) gelungen, die Anhänger des Hippias zurückzudrängen und die Stadt auf Widerstand einzustimmen. Als die Perser nach der Zerstö-

rung Eretrias in der Ebene von Marathon gelandet waren, führte Miltiades, der athenische Feldherr, die gesamte athenische Streitmacht – etwa 10 000 Mann – gegen sie.
Auf der Seite der Athener kämpften noch 1000 Soldaten aus Plataiai; ein spartanisches Kontingent kam zu spät, weil es vor Neumond nicht in den Krieg hatte ziehen dürfen.
Miltiades ging ein großes Risiko ein; denn Athen hatte nur dieses eine Heer, und nach einer Niederlage war die Stadt wehrlos. In der Schlacht gelang es aber den Flügeln des athenischen Heeres, die Perser zurückzudrängen, so daß deren Zentrum eine Umzingelung drohte. Sie zogen sich deshalb auf die Schiffe zurück. Miltiades und sein Heer waren Sieger. Aber noch war nicht alle Gefahr gebannt: Die Perser umfuhren die Südspitze Attikas und planten offensichtlich eine Landung in der Bucht von Phaleron, um das wehrlose Athen anzugreifen. Aber bei Phaleron erwartete schon das athenische Heer die Perser. Miltiades hatte die Absicht der Perser geahnt und das Heer quer durch Attika hierher geführt. Die Perser gaben deshalb ihr Unternehmen auf und fuhren nach Asien zurück. Nach Herodot hatten die Perser über 6000 Tote zu beklagen, die Athener 194.
Für Persien bedeutete die Niederlage bei Marathon nur das Mißlingen einer Strafexpedition, für Athen aber war die Bedeutung ungeheuer. Die Stadt erschien als Vorkämpferin griechischer Freiheit, wenn auch die kleinasiatischen Griechen zunächst noch weiter unter persischer Herrschaft leben mußten. Außerdem hatte sich gezeigt, daß auch eine Großmacht verwundbar war, und es war bewiesen worden, daß eine Stadt durch den persönlichen Einsatz freier Bürger erfolgreich verteidigt werden konnte. Sinnbild dieses Einsatzes wurde der Bote von Marathon, der die Siegesbotschaft nach Athen brachte und, erschöpft von Kampf und Lauf, mit dem Ruf »Wir haben gesiegt!« tot zusammenbrach.
Salamis (480)/Plataiai (479). Gewarnt durch die Niederlage bei Marathon bereiteten die Perser die nächste Auseinandersetzung sorgfältiger vor. Es dauerte allerdings wegen der riesigen Entfernung im Reich und wegen innerer Schwierigkeiten zehn Jahre, bis der neue König Xerxes, der 485 v. Chr. seinem Vater Dareios auf dem Thron gefolgt war, das gewünschte Heer beisammen hatte: Nach antiken Angaben waren es 800 000 bis 1,7 Millionen Mann (moderne Schätzungen bewegen sich zwischen 50 000 und 100 000), dazu kam eine Flotte von 1200 Einheiten. Aufmarschwege, Nachschub, Verpflegung und Meldesystem wurden genau geplant und organisiert. Xerxes sicherte das Unternehmen,

dessen Führung er persönlich übernahm, auch außenpolitisch: Er schloß einen Vertrag mit Karthago, das gleichzeitig mit seinem Feldzug gegen Griechenland die reichen Griechenstädte auf Sizilien angreifen sollte, um sie an einer Hilfe für das griechische Mutterland zu hindern.
Gegenüber den zielstrebigen Vorbereitungen der Perser erschien die Lage der Griechen fast hoffnungslos. Mit Mühe gelang es Themistokles (→ *Athen-Geschichte*), dem führenden Athener dieser Zeit, ein Flottenprogramm durchzusetzen, das aber bis zum Kriege noch nicht erfüllt war. Ein Abwehrbündnis der meisten griechischen Staaten, bei dem aber wichtige Städte wie Argos und → *Theben* fehlten, kam erst im Herbst 481 zustande. Immerhin bildeten die Griechen ein gemeinsames Heer – unter → *Spartas* Führung – und eine gemeinsame Flotte, deren Hauptkontingent Athen stellte.
480 v. Chr. begann der persische Angriff. Auf zwei Schiffsbrücken – für die damalige Zeit eine außerordentliche technische Leistung – überschritt Xerxes den Hellespont. Das persische Heer zog durch Thrakien nach Thessalien, es wurde von der Flotte begleitet, die an der Küste entlangfuhr. Um alle Zwischenfälle auszuschalten, ließ Xerxes durch den östlichen Finger der Halbinsel Chalkidike einen Kanal für seine Flotte graben, die nicht noch einmal hier am Berg Athos scheitern sollte wie 492, als – noch vor Marathon – der erste Versuch eines Straffeldzuges im Sturm an den Klippen der Halbinsel gescheitert war. Spuren dieses Kanals sind heute noch sichtbar. Die Griechen hatten zuerst an eine Abwehr in Thessalien gedacht, zogen sich dann aber zu den Thermopylen zurück, um an diesem Engpaß, der Mittelgriechenland nach Norden sperrt, die Perser zu erwarten. Ihr Plan war dabei folgender: Das feindliche Heer sollte aufgehalten werden, bis die Flotte am Kap Artemision im Nordwesten Euboias die Perser geschlagen hatte, wodurch das persische Heer in eine schwierige Lage gekommen wäre. Allerdings schlug der Plan fehl: Ein Teil der persischen Flotte versuchte, Euboia zu umsegeln und in den Rücken der griechischen Flotte zu kommen; außerdem hatte ein Grieche namens Ephialtes dem persischen Heer einen Weg durch die Berge gezeigt, das so den Engpaß umgehen und das griechische Heer einschließen konnte. Der griechische Feldherr, der Spartaner Leonidas, erkannte die Gefahr rechtzeitig und befahl den Rückzug. Er selbst blieb mit einer kleinen Truppe – angeblich 1000 Mann, wahrscheinlich waren es aber etwa 5000 bis 6000 – zurück, um das persische Heer zu binden, bis sich die griechische Flotte von der persischen gelöst und zurückgezogen hatte. Dies gelang, aber Leonidas

und seine Männer bezahlten dafür mit dem Leben. Später ehrte man sie durch ein Denkmal mit der berühmten Inschrift (in Schillers Übersetzung): »Wanderer, kommst du nach Sparta, verkündige dorten, du habest uns hier liegen gesehn, wie das Gesetz es befahl.«
Für die Perser war nun der Weg nach Mittelgriechenland frei. Das griechische Heer baute auf dem Isthmus von → *Korinth* eine neue Verteidigungslinie auf, während die Perser kampflos Athen besetzten und teilweise zerstörten. Themistokles hatte die Stadt räumen und die Einwohner nach Salamis und → *Aigina* bringen lassen; denn er hatte den delphischen Orakelspruch, die Griechen sollten sich hinter hölzernen Mauern verteidigen, so interpretiert, daß damit eine Verteidigung durch Schiffe gemeint sei und nicht – wie einige Athener vermuteten – hinter einem Palisadenzaun um die → *Akropolis.*
Nach den zwar sieg-, aber auch verlustreichen Kämpfen bei den Thermopylen wollte Xerxes offensichtlich die Entscheidung in einer Seeschlacht suchen, ließ sich damit aber Zeit, so daß Themistokles schon ein Auseinanderlaufen seiner ungeduldigen Landsleute befürchtete. Er schickte deshalb angeblich einen Sklaven zu Xerxes: Er, Themistokles, sei ein Perserfreund und rate deshalb dem König, die Griechen sofort anzugreifen, um sie in einer einzigen Schlacht alle zu vernichten. Tatsächlich griffen die Perser die griechische Flotte, die in einer Bucht der Insel Salamis lag, an. In dem engen Sund kam es zu einer erbitterten, zwölfstündigen Schlacht, in der die Griechen ihre zahlenmäßige Unterlegenheit (310 Schiffe gegenüber etwa dreimal so vielen auf persischer Seite) durch Tapferkeit und genaue Kenntnis der Winde und Strömungen wettmachen konnten. Die persische Flotte mußte eine vernichtende Niederlage hinnehmen. Ihre Reste zogen sich zum Hellespont zurück, Xerxes folgte mit dem Heer auf einem fluchtartigen Rückzug, da er eine Zerstörung der beiden Schiffsbrücken fürchtete. Das Gros des Heeres ließ er jedoch in Thessalien und zog nur mit einer kleinen Truppe nach Asien zurück.
Der grandiose Erfolg bestätigte erneut die griechische Meinung: Bürger, die aus innerer Überzeugung für Freiheit und Heimat kämpfen, sind einer noch so großartigen Kriegsmaschine überlegen, die nur auf Befehle reagieren kann. Der Stolz der Griechen ist verständlich. Hier war nicht eine Polizeiaktion vereitelt worden, sondern eine Weltmacht erlitt vor den Augen ihres Königs, der auf einem Thron an der Küste sitzend den Untergang der Griechen hatte genießen wollen, eine vernichtende Niederlage. Auch um diese Schlacht rankten sich bald Legen-

den: So hat Aischylos mitgekämpft, soll Sophokles an der Siegesfeier teilgenommen haben und Euripides (→ *Literatur*) an diesem Tage geboren worden sein. Im Frühjahr 479 griff das persische Heer unter Mardonios noch einmal an, wurde aber in der Schlacht von Plataiai endgültig geschlagen – die persische Gefahr war vorbei.

Die Offensive/Friede des Kallias (449). Nach Salamis rückte das politische Ziel, die Befreiung Ioniens, wieder in den Vordergrund. Sparta, von Natur aus einem überseeischen Engagement abgeneigt und durch Unruhen auf der Peloponnes gebunden, lehnte politische Verpflichtungen in der Ägäis ab, so daß die ionischen Städte und Inseln der Ägäis mit Athen Verträge schlossen (1. Attischer → *Seebund*). Das Ziel, der Kampf gegen die Perser, wurde aber nur planlos verfolgt. Man vertrieb die Perser aus ihren letzten Stützpunkten in der Ägäis und setzte, mit wechselndem Erfolg, den Kampf im östlichen Mittelmeer fort. 449 v. Chr. schließlich kam es zu einem Friedensvertrag, den der Athener Kallias im Auftrag des → *Perikles* in der persischen Hauptstadt Susa schloß. Die Perser erkannten darin an, daß die kleinasiatischen Städte und Inseln der Ägäis, die für persische Schiffe gesperrt war, soweit sie zum Seebund gehörten, athenisches Herrschaftsgebiet waren. Daß die Perser noch nicht ganz auf Ionien verzichtet hatten, war den Griechen bewußt, und so wirkte allein die Existenz des persischen Reiches auf die innergriechische Politik. Die Perser hielten sich aber zurück, bis nach dem → *Peloponnesischen Krieg* Ionien persisch wurde – nahezu kampflos und mit der Zustimmung Spartas und anderer griechischer Staaten. (G. St.)

Pharmazie

Je mehr die Ärzte auf eigene mechanische Arbeit bei der Arzneizubereitung verzichteten, desto mehr gerieten sie in die Hand geschickter Kaufleute, die als Alipten, Pharmakopolen oder Migmatopolen (Pharmazeuten) einen schwunghaften Handel mit Arzneien, kosmetischen Artikeln, Amuletten, manchmal auch Giften betrieben. Am angesehensten war der Emporos (Großhändler), der von → *Korinth*, später von → *Athen* aus die Rohprodukte aus → *Kleinasien* über → *Ephesos*, die von Kypros, Ägypten und Innerafrika über Naukratis bezog. Ähnlich geschätzt war der Produzent, der direkt mit dem Großhändler abschloß. Gering geachtet war der Banausos, der »am Ofen arbeitende« Mischer von Salben

und Tränklein, verachtet war schließlich der Kleinkrämer (ähnlich dem römischen caupo), der in einer Bude seine Ware in kleinsten Mengen verkaufen mußte, wobei als kleinstes Maß 1 Kochliarion (Löffelchen, 0,0046 l) galt.
Der Arzneischatz eines griechischen Pharmakopolen enthielt erprobte volksmedizinische Artikel ebenso gut wie erfolgreiche Mittel berühmter Ärzte. In einer gutgeführten Apotheke gab es: Absinth, aus dem Pontos und Kappadokien, später aus Santones (heute Saintonge/Westfrankreich) bezogen, als Mittel gegen Fieber und Magenschmerzen; Früchte und Blätter der Akazie gegen Augenleiden; ihre Blüten wurden für die weiße oder ägyptische Salbe benötigt; Bittermandelöl gegen Frauenleiden; Kamille (Anthemis) gegen Augenschmerzen; Samen von Asparagus (Spargel) zur Behebung von Sterilität; der von Hippokrates (→ *Medizin*) so empfohlene Kohl wurde als Diureticum (harntreibendes Mittel), als Laxans (Abführmittel) oder als Galaktagoga (frauenmilchtreibendes Mittel) angewendet; Feigenmilch wurde äußerlich als Adstringens (zusammenziehendes Mittel) neben Alaunstein verwendet oder wie Feigenwein gegen Durchfall getrunken; Krokus, zumeist aus Indien eingeführt, aber am höchsten bezahlt, wenn er aus Kyrene oder Korkyra kam, sollte als Kranz ums Haupt gegen Trunksucht schützen, ein Glaube, der erst im 17. Jahrhundert n. Chr. ausstarb; der eingedickte Saft der Springgurke (Spritzgurke) führte ab; aus Frucht, Blüte und Schale des Granatapfels wurde ein Magenmittel destilliert, aus der Wurzel des Baumes ein Pulver gegen Bandwürmer gerieben; der hochgeschätzte Helleboros vom Oitagebirge war ein Abführmittel, der weiße Helleboros von Antikyra (Phokis) war Brechmittel oder Arznei gegen Wahnsinn; Kreißenden gab man pulverisierten Helleboros zum Schnupfen, damit ihr Niesen den Fötus ausstoße; gegen Gebärmutterleiden war der geröstete Samen von Urtikaria (Nesselgewächsen) einzunehmen.
An unsere Reformhäuser wird man erinnert, wenn vorbeugend Rhabarber gegen Hartleibigkeit, wenn Milch- Butter- und Käseumschläge gegen Hautleiden und Molkekuren gegen Gicht empfohlen werden. Während die Anhänger des Dioskorides in volksmedizinischen Beigaben schwelgen, Fische, Kröten, Schlangen und deren Absonderungen für ihre Arzneien vorschreiben, lehnen die Hippokratiker dies ab, auch die Blutegel, und verordnen statt dessen Aderlässe. Unentbehrlich war Honig zum Konservieren und Kandieren (etwa des aus Indien bezogenen Ingwer) und Olivenöl, am besten aus unreifen Früchten, das nicht nur

Wunden heilte und zu Sitzbädern genutzt wurde, sondern Grundstoff der meisten Salben war, die in der Kosmetikabteilung angeboten wurden.
Da die teuren Rohstoffe (z. B. Indigo, Opium, Styrax, Krokus) gerne gefälscht waren, wurden Prüfverfahren entwickelt, z. B. die Weinprobe mit der Bleiplatte oder die Milchnagelprobe, bei der ein fetthaltiger Milchtropfen nicht vom Nagel abfloß. Wehren mußten sich die Pharmakopolen gegen Konkurrenten, die mit Zauberringen, Giften und Abtreibemitteln handelten. Schon Lykurgos (817 v. Chr.) und → *Solon* (600 v. Chr.) mußten gesetzlich gegen die Verbrecher vorgehen, die Liebestränke, Abortiva und Schlaftränke für Frauen mischten, die ihren Mann betäuben wollten, um ungestört ihren Liebhaber zu empfangen. Den größten Umsatz machten dabei »weise« Frauen phrygischer und thessalischer Herkunft. (W. D.)

Pheidias

Pheidias (lat. Phidias) stammte aus Athen und war nach der Ansicht der Alten der größte Bildhauer der Antike. Er schuf die berühmtesten plastischen Werke, so um 480 v. Chr. das Standbild der Athena Promachos (»Vorkämpferin«) auf der → *Akropolis* zu Athen (7 Meter hoch, im Freien stehend, die Lanzenspitze vom Meer aus sichtbar), um 450 v. Chr. die Athena Lemnia, die in der Nähe der Promachos stand. Durch diese Werke berühmt geworden, erhielt Pheidias den Auftrag, die Goldelfenbeinstatue des Zeus im Tempel zu → *Olympia* zu schaffen (um 448 v. Chr.). Dieses Werk galt während der ganzen Antike als höchster Ausdruck der Kunst, und die Menschen wallfahrteten geradezu nach Olympia, um es zu sehen. Noch ein spätantiker Redner sagt, die Sorgen hätten den Menschen geschwiegen, wenn sie vor dem herrlichen Bild standen, das uns nur durch Spiegelung auf elischen Münzen und die Beschreibung des Pausanias greifbar ist. Pheidias hatte sich für dieses Bild die homerischen Verse (→ *Homer*) zum Muster genommen, in denen Zeus Gewährung einer Bitte nickt und durch sein Kopfnicken den großen Olympos erschüttert.
Dem olympischen Zeus folgte die ebenfalls aus Gold und Elfenbein gefertigte Statue der Athena Parthenos (»Jungfrau Athene«) im Parthenon auf der Akropolis in Athen. Diese Statue wurde 438 v. Chr. vollendet und spiegelte die Macht und den Reichtum Athens wider.

PHILOSOPHIE

I. Vorsokratiker (→)

600

Milesische Naturphilosophen (Hylozoisten)

Thales
- ○ Sonnenfinsternis 28. 5. 585
- ○ Ursprung aus dem Wasser

Anaximandros ~ 610–540
- ○ Ursprung aus dem Unendlichen

550

Anaximenes ~ 580–520
- ○ Ursprung aus der Luft

500

450

Atomisten (~ *Atomistik*)

Leukippos Mitte 5. Jahrh.
Demokritos ~ 460–370
- ○ Grundeigenschaften der Atome: Gestalt und Lage
- ○ Mechanische Erklärung der Sinneswahrnehmung

400

- ○ »Recht ist: zu tun, was notwendig ist.«

Diogenes von Apollonia ~ 460–390
Gedanken der Milesier, des Anaxagoras, der → Sophisten und Atomisten verknüpft

350

→ *Herakleitos* ~ 550–480 »der Dunkle«
- ○ »Alles fließt.«
- ○ Logos im Weltfeuer als sinngebendes Prinzip
- ○ »Der Gegensatz ist der Vater aller Dinge.«

Synthesen aus milesischer Naturphilosophie und Ontologie des Parmenides

Anaxagoras ~ 500–425
- ○ Sinnesqualitäten in Seinspartikeln (Homöomerien)
- ○ Ordnung durch Weltgeist (Nūs)

Empedokles (→) ~ 500–430
- ○ philosophische Mythen
- ○ vier Elemente
- ○ Bewegung durch Liebe u. Streit

Sophisten (→)

Gorgias ~ 485–380, Protagoras ~ 480–420
Prodikos 2. Hälfte 5. Jahrh., Hippias um 400
- ○ Der Mensch das Maß aller Dinge
- ○ »Die schwächere Sache zur stärkeren machen«
- ○ Macht durch Wissen
- ○ Bildung gegen Honorar

→ *Pythagoras* ~ 570/560–480
- ○ Seelenwanderung
- ○ »Alles ist Zahl.«

Eleaten

Xenophanes ~ 570–470
- ○ gegen anthropomorphe Göttervorstellungen

Parmenides ~ 515–445
- ○ Einheit, Unbewegtheit und Unveränderlichkeit des Seins
- ○ Kritik der »Meinungen«

Zenon von Elea ~ 490–430
- ○ Paradoxien als Beweise gegen die Vielheit und die Bewegung

Melissos 1. Hälfte 5. Jahrh.
- ○ Verteidigung der Lehre des Parmenides gegen Atomisten, → Empedokles und Anaxagoras

Archytas von Tarent 1. Hälfte 4. Jahrh.
- ○ Erklärung des Schalls als Luftbewegung
- ○ mathematische Behandlung mechanischer Probleme
- ○ Tonintervalle als Zahlenverhältnisse

II. Sokrates und die sokratischen Schulen

→ *Sokrates* ~ 470–399 ○ Wendung zur Anthropologie, ○ Kritik des Scheinwissens ○ Wissen des Guten führt zu gutem Handeln, ○ Glaube an das »Daimonion«

	Kyniker	Megariker	Akademiker	Peripatetiker	Kyrenaiker
400 350 300 250	*Antisthenes* ~ 450/445–365 ○ Erkenntnistheorie ○ Sprachphilosophie ○ rigoristische Ethik → *Diogenes v. Sinope* ~ 400/390–328/323 »der Hund« ○ Kampf gegen Konventionen ○ Bedürfnislosigkeit als Provokation *Krates von Theben* ~ 360–280 fühlt sich als »Kosmopolit« dessen Schwager *Metrokles* ○ Lebenshilfe durch Anekdoten und Maximen *Monimos* um 300 ○ Leben wie »Phantasien eines Wahnsinnigen« ○ Philosophie in scherzhafter Form *Menippos* 1. Hälfte 3. Jahrh. ○ literarischer Spott (menippeische Satire)	*Eukleides* ~ 450–370 ○ Einheit des Guten *Stilpon* Oberhaupt seit ~ 330 ○ Dialektik ○ Lebensauffassung ähnlich der kynischen *Diodoros Kronos* 2. Hälfte 4. Jahrh. ○ Logik ○ Sprachphilosophie	→ *Platon* 427–348/347 ○ Ideenlehre ○ Idealstaat *Eudoxos* ~ 400–347 zeitweilig stellvertr. Schulhaupt ○ Mathematik ○ Astronomie ○ Geographie Platons Neffe *Speusippos* bis ~ 339 ○ Einteilung des gesamten Seins ○ Betonung der Mathematik (wie bei Pythagoras) *Xenokrates* Schulhaupt ~ 339–315 ○ Seinseinteilung ähnlich wie bei Aristoteles ○ Ideen als Zahlen interpretiert ○ Dämonologie	→ *Aristoteles* 384–322 ○ Erforschung der realen Wirklichkeit ○ Systematisierung ○ Tugend: Mitte zwischen Extremen *Theophrastos* 371–287 ○ Fortsetzung der umfassenden Forschungen ○ »Charaktere« ferner: *Eudemos* (Wissenschaftsgeschichte) *Aristoxenos* (Musiktheorie) *Dikaiarchos* (Kulturgeschichte) *Demetrios von Phalēron* (Einrichtung des → Museion in → Alexandreia	*Aristippos von Kyrene* ~ 425–355 ○ Grundlage des Glükkes: die Lust (Hedonismus) ○ Philosoph als Herr der Lust ○ Wertschätzung der Freundschaft Fortführung der Lehre durch: dessen Tochter *Arete* deren Sohn *Aristippos*

III. Die Zeit des Aufstiegs der stoischen und epikureischen Philosophie

	Skeptiker	Akademiker	Peripatetiker	Stoiker (→)	Epikureer
300	*Pyrrhon von Elis* ~ 360–270 ○ Glück durch Freiheit von Meinungen u. Neigungen ○ »Ich bestimme nichts.«	Schulhäupter der älteren Akademie bis 268 *Polemon* u. *Krates von Tarsos* ○ Frömmigkeit ○ Sittenstrenge ○ Weltabgewandheit	*Straton* Schulhaupt 287–269 ○ Aufspaltung der Philosophie in Fachwissenschaften *Lykon* 300–224 *Ariston* ~ 270–190	*Zenon von Kition* ~ 334–263 ○ Synthese aus kynischen, akademischen und peripatetischen Lehren ○ Leben in Übereinstimmung mit der Natur ○ ethischer Radikalismus	→ *Epikuros* 341–270 ○ Synthese aus atomistischer Naturphilosophie, Peripatos und Hedonismus ○ Befreiung von Angst und Aberglauben ○ Glück durch Unerschütterlichkeit ○ Freundschaftskult ○ Distanz zur Politik
250	Weiterführung in der Akademie	*Arkesilaos* ~ 316–241 ○ Skepsis ○ Polemik ○ weltmännisches Auftreten	Krise der Schulorganisation, aber Treffpunkt für politisch Ambitionierte Ausstrahlung auf alle Bereiche der Fachwissenschaften	*Kleanthes* ~ 331–232 ○ Rückgriff auf Herakleitos *Chrysippos* ~ 281–208 ○ systematischer Ausbau der Lehre ○ Dialektik ○ kausale Verknüpfung allen Geschehens	
200				dessen Schüler und Nachfolger als Schulhaupt *Zenon von Tarsos* ○ Zweifel an der Lehre vom Weltbrand	Epikureer des 2. Jahrh.: *Apollodoros, Demetrios Lakon, Zenon von Sidon* ○ Mathematik ○ Logik ○ Sammlung epikureischer Schriften
		Teilnehmer an der Philosophengesandtschaft (155) in Rom *Karneades* ~ 180–137	*Kritolaos* ~ 210–130	*Diogenes von Seleukeia* (Schulhaupt)	
150		○ umfassende Gelehrsamkeit ○ Disputationskunst	○ Rückgriff auf die reine Lehre des Aristoteles	○ vernünftig verfahren in der Wahl des Naturgemäßen *Krates von Mallos* 2. Jahrh. ○ stoische Literaturinterpretation	

IV. Die Zeit der Verschmelzung

	Skeptiker	Akademiker	Peripatetiker	Stoiker (→)	Epikureer
100	*Ainesidemos* 1. Jahrh. v. Chr. ○ Skepsis auch gegenüber der Skepsis ○ »Tropen« zur Widerlegung von Urteilen	*Philon v. Larisa* *Antiochos von Askalon* um 100 v. Chr. ○ Rückgriff auf Lehren der älteren Akademie (Dogmatik)	*Andronikos* Mitte 1. Jahrh. v. Chr. ○ Erneuerer der Schule ○ Herausgeber und Kommentator des Aristoteles	»Mittlere Stoa« *Panaitios* ~ 180–110 ○ Rückkehr zu den Alten, bes. Platon u. Aristoteles *Poseidonios* ~ 135–51 v. Chr. ○ vielseitiger Systematiker ○ Historiker ○ Lehrer Ciceros	*Siron, Philodemos* 1. Jahrh. v. Chr. ○ Verbreitung der Lehre in Italien (in lat. Sprache: *Lukrez* ○ Lehrgedicht »Über die Natur«)
0		Betonung der inneren Konvergenz der Lehren, Abgrenzung gegenüber dem Epikureismus			
	Agrippa, Menodotos, Herodotos ○ gegen Dogmatik ○ Empirismus		Kommentatoren zu Aristoteles, bes. zu den logischen Schriften	»Jüngere Stoa« *Areios Didymos* (Philosophiegesch.) *Strabon* (Geographie) *Herakleitos* (Mythenallegorie)	
100		Literaten wie *Plutarchos* ~ 45–125 n. Chr.		(Stoiker lat. Sprache: *Seneca*) *Epiktetos* ~ 60–140 n. Chr. ○ Handbüchlein der Moral ○ Askese	Annäherung an die Stoa
200	*Sextus Empiricus* 2. Hälfte 2. Jahrh. n. Chr. ○ Zusammenfassung der Lehren ○ Kritik der dogmatischen Schulen			*Marcus Aurelius* 121–180 n. Chr. ○ Selbstbetrachtungen	
300		→ Neuplatoniker			
		Plotinos 205–270 n. Chr. *Porphyrios* ~ 234–301/305 n. Chr. *Iamblichos* ~ 250–330 n. Chr. *Proklos* ~ 410–485 n. Chr. Ende im Westen: 529 n. Chr. im Osten: 642 n. Chr.	○ Anknpüpfung an Platons Ideenlehre ○ Emanationslehre ○ Integration des gesamten geistigen Erbes der Antike ○ Ablehnung des Christentums (Schließung der Akademie in Athen) (Eroberung von Alexandreia)		

Pheidias machte die goldenen Teile der Statue abnehmbar, um – was prompt eintrat – im Falle einer Anklage wegen Veruntreuung von Gold leicht den Gegenbeweis erbringen zu können. Die Göttin stand in ruhiger Haltung da mit einem in vollen Formen gebildeten Kopfe und einer Gewandung, die in steilen, gerade und regelmäßig laufenden Falten die Gestalt umhüllte.
Pheidias war auch der Leiter der Arbeiten an den Skulpturen des Parthenon (was gelegentlich bestritten wird), die heute weitgehend im Britischen Museum in London aufbewahrt sind. So weit uns die Kunst des Pheidias kenntlich ist, war sie durch eine strenge Ausgewogenheit und Disziplin der Darstellung und Komposition bestimmt und zeigte das Menschliche und Göttliche in höchster Vollendung und Würde.
Vor einigen Jahren wurde übrigens die Werkstätte des Pheidias in Olympia ausgegraben und dabei ein Becher gefunden, auf dessen Boden eingeritzt war »Ich gehöre dem Pheidias« (Pheidiu eimi). (O. S.)

Physik

Die Vorgänge in der Natur (grch. »physis«) zu erklären versuchen, gesetzmäßige Zusammenhänge zwischen ihnen herzustellen, sowie Aufbau und Eigenschaften der Stoffe verstehen zu lernen, das sind die hauptsächlichen Inhalte der Physik des Altertums, die fast ausschließlich die Physik der Griechen ist, ebenso wie der Neuzeit. Dennoch bestehen wesentliche Unterschiede. Die Methode der physikalischen, d. h. planvoll unter gewissen Bedingungen angestellten Beobachtung, das Experiment, seit Galilei grundlegend für physikalisches Arbeiten, kannten die Griechen nicht. Für sie ist Physik zunächst reine Naturphilosophie, während die zweite Periode der griechischen Physik – ungefähr von 300 v. Chr. bis 150 n. Chr. – ganz von der Mathematik geprägt wird.
Die griechischen Naturphilosophen kommen auf der Suche nach den »Prinzipien aller Dinge« zu unterschiedlichen Theorien von der Entstehung der Welt und ihren Veränderungen. Die ionische Philosophenschule, begründet von *Thales* von Milet (etwa 624–548), nimmt einen Urstoff an, aus dem sich alles entwickelt. Für Thales – die Anziehungskraft des Magneten und auch des geriebenen Bernsteins sollen ihm schon bekannt gewesen sein – ist dieser einheitliche Stoff das Wasser, für *Anaximandros* (etwa 610–547) ein unbestimmter, unendlicher Urstoff, für *Anaximenes* (um 550) die Luft. → *Pythagoras* (etwa 580–

500) und seine Schüler versuchen die Natur durch Zahlengesetze zu erfassen, da sie in den Zahlen und ihrer Ordnung die Elemente aller Dinge sehen. So schaffen sie u. a. die Grundlage für die Harmonielehre, indem sie harmonische Intervalle auf Zahlenverhältnisse zurückführen. Nach *Anaxagoras* aus Klazomenai (etwa 500–428), der die Naturvorgänge durch Verbinden und Trennen unsichtbar kleiner, verschiedenartiger Materieteilchen erklärt, → *Empedokles* (etwa 494–434) von Akragas (→ *Großgriechenland*), nach dessen Auffassung alle Dinge aus den vier unwandelbaren Elementen Erde, Wasser, Luft und Feuer entstehen, und den Atomisten *Leukipp* (um 450) und *Demokrit* (etwa 460–370; → *Atomistik)* – unteilbare Teilchen aus dem gleichen Urstoff, unterschiedlich in Gestalt und Größe, sind die Bausteine der Körper; diese »Atome« bewegen sich im leeren Raum – erreicht die Naturphilosophie schließlich in → *Aristoteles* ihren Höhepunkt.

Aristoteles (*384, †322 v. Chr.) beeinflußt das naturwissenschaftliche Denken bis in Mittelalter. Für ihn ist der Raum stetig mit Materie erfüllt; es gibt weder einen leeren Raum noch Atome. Die Elementarstoffe sind Erde, Wasser, Luft und Feuer, die Elementarqualitäten heiß und kalt, trocken und feucht. Der Himmel besteht aus Äther, dem fünften Element (»quinta essentia«). Da alle Körper relativ schwer oder leicht sind (Erde schwer, Feuer leicht), bewegen sie sich geradlinig zur Erde oder zum Himmel. Alle anderen irdischen Bewegungen sind erzwungen. Auf der Erde kommt jede Bewegung einmal zum Erliegen, während die Bewegungen der Himmelskörper ewig gleichförmig fortdauern. Diese Vollkommenheit erfüllt nur die Kreisbewegung. Aus den umfangreichen physikalischen Überlegungen des Aristoteles, niedergeschrieben vor allem in seinem achtbändigen Werk »Physik«, sind noch herzvorzuheben das richtig erkannte Hebelgesetz und die Ausbreitung des Schalls als Bewegung der Luft.

Mit Aristoteles schließt die schöpferische Periode der griechischen Naturphilosophie. Die → *Mathematik* und mit ihr die Physik trennen sich immer mehr von der → *Philosophie*. Das eigentliche Interesse der alexandrinischen Gelehrten (→ *Museion*) gilt jetzt jedoch der Mathematik; Physik ist für sie deren Anwendung auf die Natur. Dennoch bedeutet diese »mathematische Physik« einen wesentlichen Fortschritt. So begründet → *Euklid* (um 300 v. Chr.) die geometrische Optik, indem er die geradlinige Ausbreitung des Lichtes und das Reflexionsgesetz lehrt. → *Archimedes* (*287, †212 v. Chr.), der gern als erster oder berühmtester Physiker der Antike bezeichnet wird, beschäftigt sich

ausführlich mit Fragen der Statik fester und flüssiger Körper (Gleichgewicht, Schwerpunkt, Beweis des Hebelgesetzes, Auftrieb in Flüssigkeiten). Von seinen zahlreichen praktisch-mechanischen Erfindungen seien genannt: Flaschenzug, Wasserschraube, Brennspiegel. An *Heron* (zwischen 150 v. und 250 n. Chr.), einen sehr produktiven »Mechaniker« in → *Alexandreia,* erinnern heute noch »Heronsbrunnen« und »Heronsball«, wo durch den Druck komprimierter Luft eine Flüssigkeit hochgetrieben wird. Seine Werke bilden eine Art Enzyklopädie der angewandten Geometrie und Mechanik (Beweis des Reflexionsgesetzes; Beschreibungen von Wasseruhren, Luftdruckmaschinen, Hebewerkzeugen usw.). Abschließen kann man die griechische Physik mit *Ptolemaios* (um 150 n. Chr.; → *Astronomie*), der in seinen fünf Büchern über die »Optik« die optischen Kenntnisse seiner Zeit zusammenfaßt. Er behandelt die Theorie des Sehens, der Reflexion, der ebenen und sphärischen Spiegel und die Brechung (noch ohne Brechungsgesetz).
Fehlte den Griechen auch die eigentliche Methode systematischer, experimenteller Naturforschung, so leisteten sie doch auf einigen Gebieten der Physik noch heute Grundlegendes, wie in der Harmonielehre, in der Statik und Hydrostatik, in der geometrischen Optik und in den Anfängen der Atomistik. (E. P.)

Plastik

Von allem, was uns die Griechen hinterlassen haben, scheinen uns die Werke der griechischen Plastik am unmittelbarsten anzusprechen. Das war in der Geschichte der Rezeption griechischer Kultur nicht immer so. Und vielleicht versteht man die griechische Plastik, gerade wenn man sie besonders gut zu verstehen meint, besonders schlecht. Die Begeisterung für die Schönheit griechischer Bildwerke hat in der Neuzeit J. J. Winckelmann geweckt und wohl am nachhaltigsten beeinflußt. Bald nach seiner Ankunft in Rom 1755 sah er im Belvedere den berühmten Apoll und den Torso eines ausruhenden Herakles. Diese beiden späten Zeugnisse griechischer Kunst wurden ihm zum Inbegriff griechischer Kunst überhaupt. Den Torso zählte er »unter die höchsten Hervorbringungen der Kunst«. Er beschrieb ihn so: »Vermagst du . . . in die Geheimnisse der Kunst einzudringen, so wirst du ein Wunder derselben erblicken, wenn du dieses Werk mit einem ruhigen Auge betrachtest. Da, wo die Dichter aufgehört haben, hat der Künstler angefangen.« Die von Winckelmann angeregte erlebende Betrachtungsweise mag dem Stilwillen der Künstler der Caesarzeit zum Teil noch gerecht werden. Aber sie täuscht doch über manches hinweg: Der Künstler des 1. Jahrhunderts greift auf den Formenschatz der Klassik zurück, die über 300 Jahre vor seiner Zeit liegt. Und er meißelt, vermutlich im Auftrag eines reichen Römers, eine Figur, die wie ein altes, wertvolles griechisches Original aussehen soll. Noch weniger angemessen ist die unmittelbar erlebende und deutende Betrachtungsweise gegenüber Plastiken mit magischen oder kultischen Funktionen.

Dazu kommen weitere Gründe, die eine distanzierte Haltung geboten erscheinen lassen: Viele griechische Bildwerke sind uns nur durch Kopien bekannt (→ *Museen*). Diese geben sich überdies nicht als solche zu erkennen und sind oft keineswegs eindeutig mit den Originalen, die wir aus antiken Literaturzeugnissen kennen, zu identifizieren. Die erhaltenen Originale wiederum sind häufig verstümmelt oder durch Oxydation entstellt. Unsere Begeisterung für alles Alte läßt uns dabei oft vergessen, daß die Patina, die Unebenheiten und Verstümmelungen durchaus nicht zum antiken Stil gehören. Insbesondere vermögen wir uns kaum vorzustellen, daß griechische Marmorplastiken in aller Regel bemalt waren, und zwar in oft recht grellen Farben.

Kunstlandschaften und Stilperioden. Auch die zusammenfassende Bezeichnung »griechische Plastik« ist fragwürdig. Nach der Zerstörung der alten, im östlichen Mittelmeerraum ziemlich homogenen Kulturen, erst der kykladischen, dann der kretisch-mykenischen (→ *Kykladen*, → *Kreta*, → *Mykenische Zeit*), haben sich bis weit in die klassische Zeit hinein die Stile mehr oder weniger getrennt und unterschiedlich entwikkelt. Mit zunehmendem → *Handel* und Verkehr, etwa seit dem 8. Jahrhundert v. Chr., begann man überall Einflüsse von außen aufzunehmen und zu verarbeiten: aus den Randkulturen und aus anderen griechischen Zentren (→ *Korinth*, → *Kreta*, → *Sparta*, Argos, Sizilien, Naxos, Milet und Samos; später → *Athen*, → *Aigina*, Chios und Paros). Seit etwa 620 v. Chr. wurde der Einfluß Athens so übermächtig, daß man für einige Zeit tatsächlich von *einer* griechischen Kunst sprechen kann. Bereits im 4. Jahrhundert v. Chr. jedoch bildeten sich wieder neue Zentren, die Sonderstile entwickelten und rivalisierend an die Seite Athens traten, zunächst erneut Ionien (→ *Kleinasien*), dann → *Alexandreia*, → *Rhodos* und → *Pergamon*.

Bei aller Verschiedenheit der Stile in den einzelnen Kunstlandschaften bleibt doch eine einheitliche Epocheneinteilung möglich. Denn wie bei allen Modeerscheinungen setzten sich auch in der Kunst neue Formen bald überall durch und bestimmten zumindest das äußere Gepräge der Kunstwerke. Dahinter standen aber auch geistige Veränderungen, die von allen Griechenstämmen in ähnlicher Weise vollzogen wurden. Den äußeren Veränderungen von Stilepoche zu Stilepoche entspricht das in Kunstgeschichte und → *Archäologie* übliche Einteilungsschema: geometrische Epoche (etwa 1000 bis 700), archaische Epoche (etwa 700 bis 500), klassische Epoche (etwa 500 bis 300), hellenistische Epoche (etwa 300 bis 100 oder bis Augustus). Innerhalb dieser Epochen unterscheidet man jeweils eine Früh-, Hoch- und Spätphase, die z. T. eigene Bezeichnungen tragen: Der früharchaische heißt auch »dädalischer Stil«, der frühklassische auch »Strenger Stil«, der Stil der → *Pheidias*zeit auch »Schöner Stil« usw. Die geistigen Veränderungen, die hinter dem äußeren Stilwandel wirksam sind, hat Ernst Buschor untersucht und epochenmäßig zugeordnet. Alle Kunstgattungen haben an diesen Veränderungen Anteil, aber in der statuarischen Plastik zeichnet sich der Wandel des → *Weltbildes* und Menschenbildes am deutlichsten ab.

»Vom Sinn der griechischen Standbilder«. So lautet der Titel von Buschors Schrift. *»Ahnungswelt«* nennt er die Sphäre, aus der die Werke des geometrischen Stils entstanden sind. Die überquellende Phantasie wird gebändigt durch »eine verborgene Mathematik, die die Bezüge der Teile ordnet«. Die Gestalten scheinen, statt fest auf dem Boden zu stehen, »eher am Feuer des Blickes aufgehängt«. Sie »sind nicht hineingenommen in unsere Wirklichkeit, sondern bleiben ein Stück des geahnten flutenden Lebens«. In der Plastik der archaischen Zeit dagegen wird die Wirklichkeit gestaltet, das nahe Leben, voll von ungebrochener Wärme und Dinglichkeit. Buschor wurde zum eigentlichen Entdecker dieser *»Wirklichkeitswelt«*. Die Standbilder gewinnen monumentales Format, dichte Substanz und skelettgebundene Proportion. Die Figur und jedes der Details an Gliedern, Haartracht und Gewändern sind als köstliche Eigengebilde »in unmittelbarer Frische und Deutlichkeit um ihrer selbst willen vorgetragen«. In den Inschriften werden die Statuen zum Sprechen gebracht: »Mich hat der und der geweiht«, »Ich bin der und der«. Ihrer Funktion nach gehören sie in Kultstätten, als Gottheiten, als deren Diener oder einfach als Kuroi und Korai (Jünglinge und Mädchen), die »dem Gott gleichsam nur ihre untadelige Jugendschönheit entgegenstrahlen«.

Die Welt der Klassik nennt Buschor *»Hohe Schicksalswelt«* und meint damit die ewigen Schicksalsmächte im »Reich des Werdens und Verge-

hens, . . . der Freiheit und des Todes«. Die Gestalten sind nicht mehr »Lebensträger«, sondern »Schicksalsträger . . ., vom Hauch der Unteren angeweht«. Sie verkörpern nicht mehr das volle, sondern ein »gebrochenes«, ein »halbes Leben«. Sie sind einbezogen in einen großen Zusammenhang, der sich am augenfälligsten im Kontrapost ausdrückt; die Gegenbewegung der Gliedmaßen setzt sich fort in der Haltung des Hauptes, im Blick, in den Gewandformen und in den Nebenfiguren. So wie die Gestalten der klassischen → *Tragödie* wollen auch die Standbilder »erlitten« werden, sie reißen »in eine geistige Welt hinein, . . . die bei aller abgründigen Ruhe den Betrachter zutiefst berührt und gefangen hält«. Dies gilt für die profanen Bildwerke ebenso wie für die sakralen. Der Mensch ist menschlicher, freier geworden. Er ist nicht mehr Eigentum des Gottes, sondern Glied der Bürgergemeinschaft. Auch der Gott (→ *Götter*) erscheint vermenschlicht. Beide aber stehen unter dem *einen* großen Schicksalsgesetz.
In der Zeit des → *Hellenismus* verlieren die Standbilder ihr eigenständiges Leben und ihren stellvertretenden Charakter. Sie werden für den Liebhaber, den Besitzer und Sammler geschaffen und sollen ihm die Vielfalt der Welt abspiegeln. Gegenstände dieser *»Bild- und Scheinwelt«* sind Augenblickssituationen, scharf profilierte Charaktere, »pathetisch sich verströmende Gestalten«. Im letzten vorchristlichen Jahrhundert wird die Kunst endgültig souverän: in der *»Kunstwelt«*. »Die plastischen Bildwerke . . ., sind überall und nirgends zu Hause.« Sie werden »verwendet« – als Schmuck, als Nischenfüllung, als Zeichen des Prunks. Die Thematik ist unbegrenzt. Der Künstler schneidet willkürlich Stücke aus seinem Beobachtungsfeld heraus. Es zählt das Wie der Darstellung: raffinierte Technik, intellektuell konzipierter Aufbau, virtuose Imitation, Variation klassischer Vorbilder. Neues und Großes gelingt nur in der Porträtplastik, durch die »der Mensch in seiner Einsamkeit als ganz persönliches Wesen« Gestalt findet. Die Kunstwelt wird in der Spätantike abgelöst durch die *»Zeichenwelt«*, die nur das am Menschen darstellt, was an der universalen geistigen Ordnung Anteil hat und Zeichen dafür sein kann.
Material und → Technik. Bequem zu bearbeiten und billig ist geschlemmter Ton. Daraus lassen sich nicht nur Gefäße, sondern auch plastische Architekturteile und freistehende Figuren formen, die durch das Brennen Härte und Witterungsbeständigkeit gewinnen. Das Wort Terrakotta (»gebrannte Erde«) wird aber nur zur Bezeichnung von *Figuren* (Statuetten) aus Ton gebraucht. In mykenischer Zeit werden sie

auf der Töpferscheibe, später aus freier Hand massiv modelliert. In archaischer Zeit verwendet man für die Vorderseite Hohlformen (Matrizen). Beim Hinzumodellieren der Rückseite läßt man ein Brennloch offen. Die Bemalung erfolgt entweder vor oder nach dem Brennen. Die Tonstatuetten dienen fast ausschließlich sakralen Zwecken: als Opfer- und Votivgaben der einfachen Leute, als Grabbeigaben, als Kultbilder im Wohnraum.
Der Marmor, auf den → *Kykladen*inseln seit Jahrhunderten verarbeitet, wird seit dem Ende des 7. Jahrhunderts v. Chr. neben dem Kalkstein zunehmend auch auf dem Festland für Plastiken verwendet, in Athen bis ins 5. Jahrhundert der heimische pentelische, anderwärts vorzugsweise der parische und naxische Marmor. Man fertigt daraus vor allem Architekturteile, Weihegeschenke und Grabmäler. Der griechische Steinmetz benutzt nicht das moderne Punktierverfahren,sondern geht von vier Seiten an seinen Block heran und zieht mit seinem Meißel eine dünne Steinschicht nach der anderen herunter. Als Werkzeuge dienen verschieden starke Spitzmeißel aus Bronze, die senkrecht zum Steinblock angelegt werden. Die Kristalle werden dadurch bis in Zentimetertiefe zerdrückt, die Oberfläche wird stumpf und undurchsichtig. Erst seit dem 2. Jahrhundert v. Chr. bearbeitet man die Teile einer Statue in getrennten Arbeitsgängen und verwendet auch verschiedenartige Werkzeuge, insbesondere das glatte Schlageisen, das, schräg angesetzt, die unter der Oberfläche liegenden Kristalle schont. Das ist die Voraussetzung dafür, daß die Figur nach der Politur den porzellanartigen Glanz gewinnt, der für viele Plastiken der Spätzeit charakteristisch ist. Im Unterschied zu den Späteren pflegen die griechischen Bildhauer auch keine Stege (z. B. um einen Arm gegen den Körper abzustützen) zu verwenden und die Rückseite ihrer Figuren (bis auf die Politur) ebenso sorgfältig auszuführen wie die Vorderseite. Zum Polieren dienen Schmirgel, Bimsstein, gelegentlich auch ein flaches Eisen. Die Statuen werden im Enkaustikverfahren bemalt, d. h. die Farben werden mit Wachs verbunden und heiß aufgetragen.
Seit der Erfindung der Gußtechnik bevorzugt man, besonders für die Denkmalplastik, mehr und mehr das Material Bronze. Zunächst werden nur kleinere Bronzefiguren hergestellt, und zwar als Vollgüsse. Für Großfiguren sollen um 570 v. Chr. in Samos Rhoikos und Theodoros den Hohlguß erfunden haben. Die Form geht beim antiken sogenannten Wachsausschmelzverfahren verloren, so daß jeweils nur ein einziges Exemplar gegossen werden kann. Zunächst modelliert der Künstler um

einen plastischen Kern herum die Figur aus Wachs, genau in der Dicke und mit der Oberflächengestalt des späteren Bronzegebildes. Darum legt er, sozusagen als Negativ, einen »Mantel« aus Tonschlicker, Schamotte u. ä. Das Ganze versieht er mit einem komplizierten System von Stützen und Röhren. Das Wachs wird herausgeschmolzen und die Form gebrannt. Dann folgt der eigentliche Metallguß. Nach dem Erkalten der Bronze wird die Form zerschlagen und die Oberfläche der Figur kalt bearbeitet, gelegentlich sogar vergoldet oder versilbert. Die Augen werden meist aus farbigem Glas eingelegt. Leider sind die Originale der Großbronzen aus klassischer Zeit fast alle verloren – Gold und Elfenbein gelten als wertvollste Materialien. Sie werden für die Kultbilder besonders bedeutender Heiligtümer verwendet, z. B. für die Figuren der Athena und des Zeus, die Pheidias für den Parthenon und den Zeustempel in → *Olympia* fertigte. Für Gewandpartien nimmt man Gold, für Gesicht, Arme und Füße Elfenbein. Erhalten ist keines dieser Werke.

Grenzgebiete der Plastik. Das Feld plastischer Gestaltungsmöglichkeiten ist unabsehbar. In der Keramik gibt es Übergangsformen zwischen Gefäß und Figur, z. B. in Tier- oder Menschenform gestaltete Henkel, Ausgüsse, Deckel, ferner Figurenreliefs am Gefäßkörper, z. T. in Stempel- oder Matrizentechnik hergestellt, in hellenistischer Zeit auch als zweite Schicht auf die Gefäßwand aufgelegt. Ähnliches gilt für die Toreutik (Metalltreibkunst). Die mit Reliefs geschmückten Außenflächen werden dabei meist gesondert gearbeitet und mit Hilfe einer Füllmasse gegen die Innenschale abgestützt. Berühmt sind die Goldtreibarbeiten aus mykenischen Gräbern (Gesichtsmasken, Tassen von Vaphio), ferner die figürlichen Elemente an Bronzekesseln und Dreifüßen, z. B. ein Greifenkopf aus Olympia (7. Jahrhundert v. Chr.).

Weitere Grenzgebiete zur Reliefplastik sind die Glyptik und die Münzkunst (→ *Geld*). Der Steinschneider gestaltet den Edelstein entweder durch versenkte Reliefs zum Siegelstein (Gemme) oder durch erhabene zur Kamee. Die Gemmenkunst, schon in den frühen Kulturen hoch entwickelt, wurde bei den Griechen seit der archaischen Zeit gepflegt. Viele Gemmen wurden aus Etrurien importiert. Bevorzugtes Material war der bläuliche Kalzedon. Kameen, meist aus Sardonyx geschnitten, gab es seit der → *Alexander*zeit. Ein seltenes Beispiel für eine große, in Form eines tiefen Tellers gearbeitete Kamee ist die sogenannte »Tazza Farnese« mit der beziehungsreichen Darstellung segenbringender Gottheiten, die die Gesichtszüge von Mitgliedern des Herrscherhauses tragen (alexandrinisch um 175 v. Chr., Durchmesser 20 cm.).

Die griechische Münzkunst hat eine Fülle hervorragender Werke hervorgebracht. Die Stempelschneider gravierten Bronze- oder Eisenstempel wie Gemmen. Der konkave Vorderseitenstempel wurde im Amboß befestigt, der Schrötling eingelegt, der konvexe Rückseitenstempel aufgesetzt und mit dem Hammer niedergeschlagen. Auf attischen Münzen begegnen die bekannten, oft variierten Motive der behelmten Athena (Vorderseite) und der Eule mit Olivenzweig (Rückseite).

Bauplastik. Ein weites Betätigungsfeld finden die Bildhauer in der Bauornamentik, deren Formenschatz seit dem Hellenismus auch auf Möbeln, Geräten, Prunkgefäßen, Brunnenschalen usw. verwendet wird. In der Tempelarchitektur (→ *Tempel*) gibt es einige für das plastische Ornament besonders geeignete Bauteile: Die Akrotere über den Giebelspitzen werden zunächst als geometrisch verzierte Scheiben gestaltet, dann als Anthemien (»Blumen«) aus Palmetten und Voluten, Ranken und Akanthosblättern oder als vollplastische Figuren. Alle diese Akroterformen kommen, z. T. kombiniert, auch als Stelenbekrönungen (auf Grabmälern) vor. Die Gesimse tragen oft Ornamente aus verschiedenen Kombinationen von Palmetten und Lotosblüten. Unter den mannigfachen Profilformen (Kymatien) dominieren die dorische und ionische (Eierstab). Das Kapitell wird zunehmend ornamental überformt: Statt der schmucklosen dorischen Wulstform zeigen ionische Kapitelle Voluten, korinthische Akanthosblätter in vielerlei Variationen. Ornamental verziert werden ferner Kassetten (vertiefte Felder im Dachgebälk) und vor allem Friese. Die letzteren tragen so wie die Metopen in zunehmendem Maße auch figürliches Dekor. Diese Reliefs und die Skulpturen der Giebelfelder zählt man zur Plastik im engeren Sinn, desgleichen Karyatiden (Mädchenstatuen, die anstelle von Säulen das Gebälk tragen) und andere figürliche Bauteile, z. B. Wasserspeier in Form eines Tierkopfes, Akrotere in Form einer Gorgo, einer Sphinx oder Nike, in der Spätzeit auch Nischenfiguren. Aus der Vielzahl von Motiven, Strömungen, Einzelwerken und Künstlernamen können hier nur wenige herausgegriffen werden.

Die Zeit vor der Klassik. Die geometrischen Ton- und Bronzefiguren stellen vorwiegend Tiere dar, Pferde vor allem und Vögel, dazu Menschen mit erhobenen Armen, Krieger, Reiter, Wagenlenker. Die Gestalten sind auf zylindrische Formen reduziert. Ein differenzierteres, aber gleichwohl abstraktes Körperschema zeigen die Werke des reifen geometrischen Stils, z. B. die Bronzegruppe *Mann und Kentaur* (um 750 v. Chr.) und die von Mantiklos geweihte *Apollonstatuette* (um 700

v. Chr.). Die sogenannte »schwebende Tektonik« des geometrischen Stils weicht einer sehr standfesten in der ersten, nach dem sagenhaften Ingenieur Daidalos benannten Phase der archaischen Kunst, die deutlich ägyptische Stilelemente aufweist. Ein Beispiel für die frühen bekleideten Mädchenstatuen (Korai) dieses Typs ist die *Kore von Auxerre* (um 640 v. Chr., aus Kreta) mit ihrer geraden, starren Haltung, der engen Taille, der perückenartigen Frisur und den ausdrucksstarken Gesichtszügen, aber noch bescheidener Höhe (75 cm). Monumentale Ausmaße (bis weit über Lebensgröße) und stilistische Eigenständigkeit gewinnen die schreitenden nackten Jünglingsfiguren (Kuroi). Sie sind ebenfalls noch streng frontal, aber weniger flächig als plastisch angelegt. Als Beispiele seien genannt: der kolossale *Kopf vom Dipylon* (um 600 v. Chr.) mit den liebevoll stilisierten Locken und die Gruppe *Kleobis und Biton* (um 590/580 v. Chr.). Kopf- und Körperhaltung lassen sie unmittelbar präsent erscheinen. Alles ist prall gefüllt mit Wirklichkeit. Das »archaische Lächeln« ist Ausdruck innerer Sicherheit. Aus den Jahrzehnten um die Jahrhundertmitte seien angeführt: der sogenannte *Apoll von Tenea*, die *Peploskore*, der *Kalbträger* und der wundervolle *Reiter Payne-Rampin* mit den feinen Löckchen an Stirn und Bart und dem heiteren Gesichtsausdruck. Ab etwa 530 v. Chr. kündigt sich bereits klassisches Stilempfinden an, z. B. in dem *Bronzekuros* aus dem Hafen von Piräus (Peiraieus), in vielen *Koren* mit reichgefalteten, detailliert ausgeführten Gewändern. Die archaische Architekturplastik spiegelt dieselbe Entwicklung wider. Man vergleiche z. B. die folgenden Giebelskulpturen: die *Medusagruppe* am Artemistempel in Korkyra (Anfang 6. Jahrhundert), den sogenannten *Dreileibigen*, einen Meeresdämonen am alten Athenatempel auf der → *Akropolis* (Mitte 6. Jahrhundert), und den *Streit zwischen Apollon und Herakles* am Siphnierschatzhaus in → *Delphi* (um 525 v. Chr.). In den *Giebelskulpturen des Aphaiatempels* in → *Aigina* (zwischen 500 und 480 v. Chr.) überschneiden sich bereits zwei Welten. Zu dem Kult der reinen Form tritt das Bemühen um lebensnahe, schicksalsbewußte Gestaltung.

Früh- und Hochklassik. Die frühklassische Plastik Athens ist durch die Zerstörungen der Perser 480 v. Chr. relativ gut bewahrt geblieben: Viele der umgestürzten Figuren fanden sich im Schutt, z. B. der sogenannte *Kritios-Knabe*. Die Bewegung ist hier nicht mehr als Zustand, sondern als Vorgang aufgefaßt; dennoch wirkt die Figur ruhig und ausgewogen, sie ist Teil des bewegten Seins. Da der Bildhauer Kritias diesen Stil »gefunden« haben soll, trägt der Kuros seinen Namen.

Zusammen mit Nesiotes schuf Kritias die Bronzegruppe der Tyrannenmörder *Harmodios und Aristogeiton* (477 v. Chr.). Auch der berühmte *Wagenlenker von Delphi* gehört diesem »Strengen Stil« an. Mehr Bewegtheit weisen Darstellungen von sogenannten Götterlieben und Göttergeburten auf, z. B. die Terrakotta *Zeus entführt Ganymed* aus Olympia (um 470 v. Chr.) und das Relief *Geburt der Aphrodite* auf dem Ludovisischen Thron (um 460 v. Chr.). Die *Giebelfiguren und Metopenreliefs des Zeustempels in Olympia* wirken schwerer, gedrungener. In der hohen Klassik finden Myron und Polykleitos die jahrhundertelang gültigen Lösungen für den gesetzlich bewegten und doch harmonisch ausgewogenen menschlichen Körper. Myrons *Diskoswerfer* (um 450 v. Chr., Kopie in Rom) und Polykleitos' *Speerträger* (um 440 v. Chr., Kopie in Neapel) sind die bekanntesten Beispiele. Der mit Abstand bedeutendste Bildhauer der Zeit, vielleicht aller Zeiten, ist → *Pheidias*, der maßgebliche Künstler beim Bau des Tempels der Athena Parthenos auf der Akropolis. Er vereint die Stilelemente der verschiedenen Stämme, beherrscht souverän die Regeln der Anatomie und läßt »das Göttliche alldurchdringend auf der Erde erscheinen« (K. Schefold). Die *mittleren Giebelfiguren des Parthenon* sind wahrscheinlich von seiner Hand (u. a. die Torsen des Poseidon und der Athena), aber auch die Werke seiner Schüler und Mitarbeiter sind von ihm geprägt. Als Meister der feinen Psychologie war Alkamenes beliebt, von dem wir die Gruppe *Prokne und Itys* besitzen. Von seiner Hand stammten auch viele Kultbilder und aus seiner Werkstatt vermutlich die *Karyatiden am Erechtheion*. Das Erhabene vor allem drückt Agorakritos aus. Sein Hauptwerk war die Kolossalstatue der *Nemesis in Rhamnus*. Vielleicht schuf er auch die *Stele eines jungen Mannees* (aus Salamis), ein schönes Beispiel für die Grabreliefs der Jahrzehnte um 400 v. Chr., in denen sich familiäre Stimmung mit schweigender Unterwerfung unter das Walten des Geschicks verbindet. Ähnlich die *Stele der Hegeso* (Athen), etwas bewegter die *Stele des Dexileos zu Pferd* (Athen 394/393 v. Chr.). Unter die Vorbilder solcher Grabstelen könnte man die *Aussendung des Triptolemos* auf einem Weihrelief von Eleusis rechnen.

»Reicher Stil« und Spätklassik. Der → *Peloponnesische Krieg* zwingt viele attische Künstler, Athen zu verlassen. Aus der Verbindung des Pheidiasstils mit lokalen, insbesondere ionischen Stilelementen gehen zahlreiche Meisterwerke des »Reichen Stils« hervor. In der *Nikestatue vom Zeustempel in Olympia* offenbart sich uns erstmals der »sinnenfrohe und zugleich dekorative Charakter« (Charbonneaux) dieser Epo-

che. Ihr Schöpfer ist der vermutlich durch ionische Meister geschulte Paionios. Auch der *Akroter an der Stoa des Zeus* in Athen ist als geradezu barock anmutende Nike gestaltet. Windbewegte, faltenreiche und doch transparente Gewänder umspielen viele der laufenden, tanzenden, schwebenden weiblichen Figuren an *Fries und Balustrade des Niketempels* auf der Akropolis, am *Nereidenmonument in Xanthos,* am *Asklepiostempel in Epidauros* und ähnlich auch einer *Metope vom Athenaheiligtum* in Delphi.
Die führenden Bildhauer der Zweiten Klassik sind Praxiteles und Lysippos. Neben ihrem Ruhm verblassen selbst die Namen bedeutender Zeitgenossen, so des Skopas, Leochares, Bryaxis und Timotheos (die alle an den *Friesen des Mausolleion* mitgewirkt haben). Praxiteles' Vater (Lehrer?) Kephisodotos weist bereits den Weg zu Großzügigkeit, Ebenmaß und feiner Menschlichkeit in der politischen Allegorie *Eirene mit dem Plutosknaben* (Friede und Reichtum). Der Sohn gestaltet mit unvergleichlicher Sensibilität seine schlanken, jugendlich-anmutigen Figuren mit ihrer s-förmig schwingenden Linienführung und abgewogenen Verteilung von Licht und Schatten. Mit einer (umstrittenen) Ausnahme, dem *Hermes mit dem Dionysosknaben,* kennen wir nur Kopien, u. a. den *Einschenkenden Satyr,* die *Aphrodite von Knidos,* den *Apollon Sauroktonos* (Eidechsentöter) und den Torso eines Knaben. Einen ganz anderen Charakter haben die aus der realistischen Tradition stammenden Plastiken des Lysippos, am berühmtesten der *Ruhende Hermes* und die beiden Athletenstatuen *Der Schaber* (Apoxyomenos) und *Der Ringer,* auch sie nur in Kopien erhalten. Wie die meisten seiner Zeitgenossen schafft Lysippos, selbst Hofbildhauer → *Alexanders des Großen,* auch Porträtplastiken, u. a. von *Alexander,* → *Sokrates, Euripides,* → *Aristoteles.* Im Porträtstil der Zeit stehen sich verschiedene Richtungen gegenüber. Die schlichte des Silanion (*Platonbildnis*), die fein individualisierende des Praxiteles und die Art des Skopas, der »dorische Kraft mit ionischem Zauber und attischer Leidenschaft und Größe verbindet« (Schefold). Viele Werke der Zeit um 300 lassen sich epochenmäßig schwer zuordnen, da neben dem herrschenden, von Praxiteles geprägten Stil einerseits archaisierende Tendenzen wirksam sind, andererseits bereits hellenistische »Bild- und Scheinwelt« sich ankündigt und außerdem orientalische Elemente durchbrechen, so etwa in den Reliefs des *Alexandersarkophags.*

Hellenismus. Einen Hang zum Kolossalen offenbaren um 300 v. Chr. zwei der politischen Repräsentationen dienende Statuen von Schülern des Lysippos: die *Tyche von Antiocheia* (Syrien) sowie der 34 Meter hohe *Koloß von → Rhodos* (Statue des Sonnengottes), geschaffen von Chares. Die Steigerung ins Riesenhafte setzt sich fort im *Großen Altar von → Pergamon* (180–160 v. Chr.), dessen gewaltiger Sockelfries mit der *Gigantenschlacht* in Dynamik, Thematik und Dimensionen das Gigantische geradezu verkörpert. Pathos (Leidenschaft) ist das Ziel der Darstellung in vielen Werken der hellenistischen Plastik; oft haftet ihr auch etwas Theatralisches an, z. B. der Gruppe *Der Gallier und sein Weib* und dem *Sterbenden Gallier.* Ebenfalls aus Pergamon stammen die Teile einer Marsyasgruppe: der *Hängende Marsyas* und der *Skythische Henker.* In diesen Zusammenhang gehört ferner die *Laokoongruppe,* die seit Winckelmann und Lessing zum Anlaß fruchtbarer Auseinandersetzungen über das Pathetische geworden ist. Die im pathetischen Stil gewonnene realistische Expressivität kommt auch der Porträtplastik zugute. Für viele andere seien genannt: als Fürstenbildnis der sogenannten *Thermenherrscher* (wahrscheinlich Demetrios I. von Syrien), als Bildnis eines Kaufmannes oder Beamten der *Kopf des Mannes aus Delos,* als Athletenbildnis der *Sitzende Faustkämpfer* des Apollonios, aus dessen Hand wohl auch der von Winckelmann so sehr bewunderte *Torso des ausruhenden Herakles* stammt. Aus anderen Wurzeln, nämlich aus der Tradition der Kleinkunst, wachsen die teils genrehaft-idyllischen, teils mythologisch-galanten Figuren, die seit dem 3. Jahrhundert v. Chr. in großer Zahl auftauchen. Zunächst dominiert der Wille zu sensibler Gestaltung, besonders bei Mädchen- und Kinderfiguren. Neben Meisterwerken wie der *Kauernden Aphrodite* und dem *Mädchen von Antium* finden sich zahlreiche eher zweitrangige, aber deshalb nicht minder begehrte Werke, z. B. *Hypnos* (Personifikation des Schlafes), *Schlafender Eros, Schlafender Satyr* (sogenannter Faun Barberini), *Knabe mit Gans, Dornauszieher, Trunkene Alte.* Später schätzt man besonders das Erotische, so in mehreren *Hermaphroditen* (Verschmelzung männlicher und weiblicher Formen) und in mythologischen Gruppen wie *Eros und Psyche* und *Aphrodite mit Eros und Pan.* Als Beispiel für das Fortwirken guter klassischer Tradition in Verbindung mit dem neuen Formengut der Realistik sei als letztes Werk griechischer Plastik die *Venus von Milo* (um 100) genannt.

Das Ende der griechischen Plastik. Plinius der Ältere, wissenschaftlicher Publizist der römischen Kaiserzeit und wichtige Quelle für die antike Kunstgeschichte, läßt die griechische Kunst um das Jahr 300 v. Chr. enden und erst mit dem Jahr 156 v. Chr., also mit dem römischen Klassizismus, wieder aufleben. Zweifellos verkennt Plinius damit die hellenistische Epoche, gerade in ihrer Bedeutung für die weitere Entwicklung der römischen Kunst. Auch in der indischen Kunst lebt hellenistisches Formengut weiter. Nur in → *Byzanz* vollzieht sich eine deutliche Wendung: eine Abwendung nicht allein von der Schein-, Bild- und Kunstwelt der hellenistisch-römischen Zeit, sondern überhaupt von der bei aller Geistigkeit sinnenhaften Wirklichkeitserfassung der griechischen Kunst. Es vollzieht sich eine Hinwendung zu einer jenseitigen Wirklichkeit und rein geistigen Ordnung, deren Vergegenwärtigung das Kunstwerk um so vollkommener leistet, je weiter seine körperliche Substanz schwindet. »Der Weg führt nicht in eine neue Zukunft rundplastischer Formung, sondern in Mosaiken mit Goldgrund« (Buschor). (F. R.)

Platon

Platon, Sohn des Ariston, lebte von 428/427 bis 347 v. Chr. Er entstammte einem der vornehmsten und reichsten Geschlechter → *Athens.* Die Vorfahren seiner Mutter Periktione waren mit → *Solon* verwandt. Kritias, der Führer der dreißig Tyrannen, war sein Onkel. Politiker zu werden, und zwar im Lager der Aristokraten, war dem hochbegabten und vielseitig (u. a. auch in Zeichnen, Malerei und Musik) gebildeten jungen Mann geradezu vorbestimmt. Aber die bitteren Erfahrungen während der Herrschaft der Dreißig (404/403) und im weiteren Verlauf der athenischen Politik verleideten ihm die Mitarbeit an diesem Staat. Entscheidend war die Begegnung mit → *Sokrates;* er hatte schon in dem Zwanzigjährigen das scharfsichtige und kritische Urteil gegenüber gesellschaftlichen Vorgängen geschult und das Bewußtsein sittlicher, philosophisch begründeter Werte geschaffen. Als gerade er, der bewunderte Meister, dann zum Tod verurteilt wurde (399), dürfte es Platon klargeworden sein, daß politisches Wirken in Athen für ihn nicht in Frage kam.

Die Reisen. Er unternahm nun ausgedehnte Reisen, die seinem philosophischen Bemühen starke Impulse gaben. Nachdem er im sokratischen Kreis bereits mit der pythagoreischen und eleatischen → *Philosophie* bekanntgeworden war, begab er sich nach Megara zu dem Sokratesschüler Eukleides, der ebenfalls ontologischen und logischen Fragen nachging. In Kyrene studierte er wahrscheinlich bei dem Mathematiker

Theodoros. Auch Ägypten, das Land alter Priesterweisheit, dürfte er besucht haben. In Unteritalien trat er in Verbindung mit Archytas, der in Tarent als Politiker und pythagoreischer Philosoph wirkte. Sicher bezeugt sind Reisen nach Sizilien in den Jahren 388/387, 367 und 361. Am Hofe Dionysios' I. gewann er einen Freund und Bewunderer in dessen Schwager Dion. Aber sobald er versuchte, die Politik in Syrakus in seinem Geiste zu beeinflussen, scheiterte er am Herrscherwillen des Tyrannen und an den Spannungen zwischen den rivalisierenden Kräften. Schließlich wurde Dion ermordet (353), und Platon widmete sich nun ganz seiner Lehrtätigkeit an der Akademie.

Die Akademie. Platon hatte die Akademie bereits um 387 im Hain des Heros Akademos zu Athen gegründet. Ähnlich den pythagoreischen Bruderschaften Unteritaliens war sie eine Art Hochschule, deren Ziel vor allem darin bestand, die künftigen Staatsmänner an die Philosophie als Grundlage aller Politik heranzuführen. Eine Stelle aus dem 7. Brief, einer Art Autobiographie, gibt eine Vorstellung von den Intentionen:

> »Mit Hilfe der echten Weisheit kann man erkennen, was recht ist im öffentlichen Leben und im Leben der einzelnen. Die Mißstände in der Gesellschaft werden daher erst dann aufhören, wenn entweder die Gruppe derer, die sich wirklich auf die wahre Philosophie verstehen, die politischen Ämter übernimmt oder die Gruppe der politisch Mächtigen – vielleicht durch eine göttliche Fügung – sich tatsächlich der Philosophie zuwendet.«

Platons Akademie hatte Parkanlagen, Räume für Diskussionen, Forschung und Vortrag, eine Bibliothek und Wohnungen für den Schulvorsteher und Schulgenossen von auswärts. Man lebte einfach, hielt aber regelmäßig Symposien und kultische Feiern. Die Schule bestand bis in die Zeit Iustinians, der sie 529 n. Chr. schloß. Der Name lebt fort in modernen Akademien und Hochschulen, wie sie an vielen Orten ins Leben gerufen wurden, nachdem Cosimo von Medici 1459 in Florenz eine Platonische Akademie gestiftet hatte. Dort wirkten griechische Gelehrte, die nach dem Fall Konstantinopels (1453) das weithin unbekannte Werk Platons nach Westeuropa gebracht hatten.

Die Werke. Platons Schriften dürften vollständig erhalten sein. Ob freilich alles unter seinem Namen Überlieferte echt ist, wird bezweifelt. Auch die Entstehungszeiten sind umstritten. Platon schrieb alle wichtigen philosophischen Werke in Dialogform, als künstlerisch komponierte Zwiegespräche. Diese Form entsprach der Methode des Sokrates, der im Wechsel von Frage und Antwort den Gesprächspartner zum Zweifeln und Staunen bringen, bei der »Entbindung« schlummernder Gedanken unterstützen und schließlich zum rechten Handeln anleiten wollte. Die Schriften des *Frühwerks* stehen noch unter dem unmittelbaren Eindruck des Meisters: »Apologie« (fiktive Verteidigungsrede des Sokrates), »Kriton« (Darstellung von Sokrates' Treue zu den Gesetzen), fünf kleinere Dialoge (über Wissenschaft, Dichtung, Tugenden, Freundschaft und Liebe) und »Protagoras« (Zusammenfassung der Tugendlehre, Abgrenzung von den → *Sophisten*). Die Werke der *zweiten Periode* gelten der Überwindung der Sophistik in Teilproblemen: »Gorgias«, »Euthydemos«, »Kratylos«, »Menon« und Buch I der »Politeia«. Hauptthemen sind: Rhetorik, Trugschlüsse, Sprachwissenschaft, Lehrbarkeit der Tugend, Gerechtigkeit. Im Mittelpunkt der Dialoge der *Reifezeit* steht die Ideenlehre: »Symposion« (Eros als philosophischer Grundtrieb), »Phaidon« (Unsterblichkeit), »Politeia« Buch II–X (der beste Staat), »Theaitetos« (Erkenntnistheorie), »Parmenides« (die Ideen und das Eine), »Phaidros« (die Ideen und die Seele). Von den *Alterswerken* gelten der »Politikos« und die »Gesetze« Problemen der praktischen Politik, der »Sophistes« und der »Philebos« wiederum der Sophistik und dem Hedonismus (Lustlehre), der »Timaios« und der »Kratylos« kosmologischen und geschichtsphilosophischen Fragen.

Die Grundgedanken. Das umfangreiche Werk und die Vielzahl der Probleme erschweren an sich schon den Zugang zu Platons Philosophie. Hinzu kommen Eigentümlichkeiten des Stils und der Methode: Platon schreibt keine Lehr- und Handbücher, sondern lebendige Dialoge, in denen die Fragen stets von Grund auf neu erörtert werden, ja in denen stellenweise kaum feststellbar ist, ob ein Gesprächsbeitrag die Meinung des Verfassers wiedergibt oder nicht. Platon entwickelt ferner keine Systematik; er hält sich, und zwar in voller Absicht, nicht einmal an eine einheitliche Terminologie. Platon bleibt natürlich auch in seinem Denken nicht ein halbes Jahrhundert lang derselbe. Im folgenden wird ein Grundbestand an typisch Platonischen Gedanken herausgearbeitet. Der Nachteil der Vereinfachung dürfte durch die Vorteile einer besseren Orientierung aufgewogen werden. Auch wer das Original liest, wird, wenn er die spezielle Aussage in den größeren Rahmen des Gesamtwerks einordnen möchte, auf eine gewisse Systematik nicht verzichten können. Die Tabelle stellt für die einzelnen Problemfelder die Stufenordnung dar, die sich aus der Spannung zwischen Wirklichkeit und Nichtwirklichkeit ergibt.

Ontologie (Seinslehre)	Epistemologie (Wissenslehre)		Ehtik (Wertelehre)	Psychologie (Seelenlehre)	Politik (Staatslehre)
Stufen des Seins	Mittel des Erkennens	Stufen des Wissens	Tugenden	Teile der Seele	Stände im Staat
das Seiende (to on)	Ideen	Erkenntnis	Weisheit	Vernunft	Herrscher
das Werdende (Genesis)	Wahrnehmungen	wahre Meinung	Tapferkeit	das Mutartige	Wächter
		Meinung	Maßhalten	Begierde	Volk

Die zwei Welten und was wir von ihnen wissen können. Mit seinen bohrenden Fragen hatte Sokrates bei Platon wie bei anderen das Bedürfnis geweckt, ewige, allgemein gültige ethische Normen aufzuspüren, unabhängig vom Wandel der Zeiten und Gesellschaften. Nicht was zu irgendeiner Zeit bei irgendwelchen Menschen als fromm galt, sollte gefunden werden, sondern »jene Form selbst, durch welche alles Fromme fromm ist« (Eutyphron). Die Überzeugung, daß es solche allgemeingültige Formen gebe, wurde durch die → *Mathematik* bestärkt: »Geometrie ist Erkenntnis des ewig Seienden« (Politeia). Da nun die Begriffe der Mathematik im Bereich der sinnlich wahrnehmbaren Körper, Flächen, Linien, Punkte nie ganz rein zum Vorschein kommen, schloß Platon, daß das ewig Seiende jenseits der Sinnenwelt liegen müsse. Damit wurde »ausdrücklich und vollbewußt die Behauptung von einer immateriellen Wirklichkeit aufgestellt« (Windelband), einer Welt, die nicht nur neben der Körperwelt existiert, sondern über ihr steht, unzerstörbar, wahrhaft seiend im Unterschied zu den sich verändernden, vergänglichen, scheinhaften Dingen der Körperwelt. Was über die Welt des Werdens und Vergehens (Genesis) mit Hilfe der Wahrnehmung ausgesagt werden kann, ist Meinung (Doxa), bloße Mutmaßung, hat keinen Wahrheitswert; bezieht es sich doch auf Dinge, denen gar kein wirkliches Sein zukommt. Einen kleinen Schritt weiter führt die »wahre Meinung, verbunden mit begrifflicher Erklärung«. Was jedoch über das ewig Seiende (to on; davon Ontologie) der unkörperlichen Welt ausgesagt werden kann, ist wahr und absolut gültig, also wissenschaftliche Erkenntnis (Episteme). Das Mittel der Erkenntnis sind die allgemeinen Begriffe. Platon nannte sie »Ideen«. Oft werden sie mit dem Seienden gleichgesetzt.

Die Ideen. Der Name Idee (von idein = sehen) deutet mehr auf ein künstlerisches Schauen hin als auf verstandesmäßiges Erkennen. »Auf die Idee hinschauend« verfertigt der Tischler eine Bettstelle. Außer von konkreten Dingen gibt es Ideen von Abstraktem (Gesundheit, Stärke), insbesondere von ethischen Werten (das Gute, das Fromme) und mathematischen Bestimmungen (das Gerade, das Ungerade; das Doppelte, das Einfache). Beispielhaft für viele Ideen entwickelt Platon im »Phaidon« die Idee des Gleichen: Die Menschen nehmen Ähnlichkeiten, also eine relative Gleichheit wahr. Da es aber in der Körperwelt keine zwei wirklich gleichen Gegenstände gibt, kann aus der Wahrnehmung die Kenntnis des Gleichen an sich nicht gewonnen werden. Diese Vorstellung »müssen wir, wie es scheint, schon vor der Geburt gewonnen haben«. Die Seele hat die Urbilder (Ideen) geschaut, bevor sie in einen Körper und in die Körperwelt gelangte, und kann sie sich, angeregt durch sinnliche Wahrnehmungen, vergegenwärtigen in einer Art von Wiedererinnerung (Anamnesis). Ziel allen Lernens, aller Bildung ist es, die in der Seele schlummernden Ideen zu wecken, bewußt zu machen. Die »Hebammenkunst« des Sokrates wird so von Platon weitergeführt und verfeinert. Durch geeignete Fragestellung kann der Lehrende bewirken, daß der Schüler wahre Erkenntnisse aus sich selbst findet, z. B. die Einsicht, daß der doppelte Flächeninhalt eines Quadrats durch das über der Diagonale errichtete Quadrat dargestellt wird. Der Eros, der Drang der Sehnsucht, führt den begnadeten Menschen zu immer höheren Einsichten, zur Idee des Schönen, des Guten.

Probleme der idealistischen Philosophie. Alle Ideen zusammen faßte Platon als Einheit auf, als ein Reich der Ideen, dessen oberste Stelle die Idee des Guten einnimmt. Eine auch nur annähernd vollständige Begriffspyramide hat Platon indessen nicht ausgearbeitet, wie er auch die Frage, ob es vom Häßlichen, vom Bösen ebenfalls Ideen gebe, nicht endgültig beantwortet hat. Gleichwohl forderte er, daß durch die Kunst der Dialektik erforscht werden müsse, durch welche Bezüge die Ideen zur Einheit zusammengehalten werden.

Das Höhlengleichnis und das Gleichnis vom Wagenlenker. Ein Gleichnis in der »Politeia« macht deutlich, daß das Erkennen der Wahrheit ein totales Umdenken erfordert: Wie in einem Schattentheater sitzen die Höhlenmenschen des Gleichnisses, von Geburt an festgebunden, unfähig, sich umzuwenden. Sie sehen nur Schattenbilder. Sie halten sie für echt. Wer nun losgebunden und gezwungen würde, zur Lichtquelle zu blicken, wäre geblendet. Mühsam müßte er lernen, die Figuren zu erkennen, von denen er bisher nur Abbilder gesehen hat. Schließlich aber würde er auch den Anblick des Lichtes selbst ertragen. Wollte er dann jedoch versuchen, die anderen über ihren Irrtum aufzuklären, würde man ihn auslachen oder umbringen. Das Licht ist hier Symbol der Wahrheit. Wer sie geschaut hat, ist aus der Masse herausgehoben und, ungeachtet der Widerstände, zur Führung im Staat berufen. Das Gleichnis vom Wagenlenker im »Phaidros« stellt das Verhältnis der Seelenkräfte so dar: Ein Zweigespann wird gezogen von einem zügellosen Roß, der Begierde, und einem edleren Roß, dem »Mutartigen«. Die Richtung aber muß der Wagenlenker bestimmen, die Vernunft. Aus dem Zusammenwirken der Kräfte entsteht die Bewegung. Ziel ist das Erkennen des Guten. Wer das Gute kennt, wird es auch tun. Es kommt darauf an, daß jeder Teil das ihm Zukommende tut. Die Spannung innerhalb der Seele bleibt bestehen. So sah Platon auch politische Gerechtigkeit nicht in einer Gleichmacherei, sondern in einer Ordnung, die jedem das Seine zuweist.

Der ideale Staat. Wie die Seele ein Staat im kleinen ist, so der Staat eine Seele im großen. Dem begehrenden Teil der Seele entspricht im Staat das »Volk«, der Stand der Bauern, Handwerker und Kaufleute, deren Streben sich in der Befriedigung der täglichen Bedürfnisse erschöpft. Sie werden in ihrem Tun gefördert und geschützt, haben jedoch keinen Anteil an der Herrschaft. Der Stand der Wächter oder Helfer hat Funktionen, die »muthaften« Einsatz erfordern: Abwehr äußerer Gefahren und Durchführung der Gesetze im Innern. Aus diesem Stand rekrutieren sich die Herrscher und Philosophen. Ihre Aufgabe entspricht dem vernünftigen Teil der Seele: forschen, lehren, Gesetze geben und ihre Durchführung überwachen. Wer die ihm zukommende Aufgabe erfüllt, hat Tugend (Arete). Die Tugend des Volkes liegt im Maßhalten, die der Wächter in der Tapferkeit, die der Herrscher in der Weisheit. Der höchste Wert, die Gerechtigkeit, wird dargestellt durch den Staat, in dem das Glück der einzelnen durch das Wohl des Ganzen bestimmt ist. Der einzelne muß auf vieles verzichten, gerade auch der Angehörige des Wächter- oder Philosophenstandes: keine Vergnügungen, die zu Verweichlichung führen könnten, kein Privateigentum, keine Familie, Erziehung der Jugend durch den Staat, Partnerwahl und Bestimmung des Zeitpunkts der Zeugung durch den

Staat. Durch mehrmalige Auslese sollen die wissenschaftlich weniger Befähigten aus dem weiteren Bildungsgang aussortiert werden, zunächst für Aufgaben als Krieger, dann für mehr praktische Staatsämter, dann für höhere Regierungsämter. Nur wer sich darin fünfzehn Jahre lang bewährt hat, ist reif für den Stand der Herrscher oder Philosophen.

Der zweitbeste Staat. Mit seinem Idealstaat übte Platon Kritik an den politischen Mißständen seiner Zeit. Weitergewirkt haben vor allem die Einteilung in Verfassungsformen (→ *politische Begriffe*) sowie die Darstellung der Übergänge von einer Form in die andere. Eine Konsequenz seiner Kenntnis der politischen Realität ist Platons umfänglicher Altersdialog, die »Gesetze«. Hier rückt er ein wenig ab von Forderungen, wie sie »vielleicht für Götter und Göttersöhne« zumutbar sein mögen, nicht aber »für das jetzige Geschlecht, wie es aufwächst und erzogen wird«. Er forderte nun eine Bindung der Herrschenden an geschriebene Gesetze und gewisse demokratische Mitspracherechte. Die → *Erziehung* soll allen Volksschichten zuteil werden. Eigentum und Familie sollen, wenn auch unter öffentlicher Kontrolle, so doch im privaten Verfügungsbereich bleiben.

Naturphilosophie und Kosmologie. Platon stand in allen Diziplinen, die damals zur Philosophie zählten, auf der Höhe seiner Zeit. In der Physik wußte er um die Schwere der Luft, um die Schwingungsbewegungen des Schalls, um Phänomene des Magnetismus und der Elektrizität. Auf die medizinischen Erkenntnisse seines Zeitgenossen Hippokrates (→ *Medizin*) griff er in der Seelenlehre oft zurück. Wissenschaftliche Theorien über die Natur im großen hat Platon jedoch nicht aufgestellt. Seine kosmologischen Spekulationen im »Timaios« betrachtete er als »Spiel«, als »wahrscheinliche Mythen«. Ein Thema, das er immer wieder diskutierte, ist die Unsterblichkeit der Seele. Als sittliche Forderung stand sie für ihn außer Zweifel, aber ob die Seele als Lebenskraft der Natur als Ganzem, ob sie als das die Menschheit Auszeichnende oder ob sie als Einzelseele unsterblich sei, wagte er nicht mit Sicherheit zu sagen. Seine Theologie kann man in einem Satz zusammenfassen: Der Formel des Protagoras »Der Mensch ist das Maß aller Dinge« setzte Platon pointiert entgegen: »Aller Dinge Maß ist Gott.« (F. R.)

Polis

Die vielen Gebirgszüge, die → *Griechenland* durchziehen und im Altertum den Zugang von einer Landschaft zur anderen erheblich erschwerten, haben das Ihre dazu getan, daß im 8. und 7. Jahrhundert v. Chr. eine fast unübersehbare Zahl von kleineren Staatsgebilden entstand. Der Mittelpunkt dieser Gemeindestaaten oder Poleis war eine Stadt, die mit ihrem Um- und Hinterland das Gebiet der Polis (gr. Pólis bedeutet ursprünglich ›Burg‹) bildete. Die Größe der einzelnen Poleis war außerordentlich verschieden. Hatte die Polis → *Athen* zusammen mit der Insel Salamis und Oropos (an der Nordküste Attikas) eine Fläche von über 8000 qkm, so war das Gebiet der sich auf eine Insel beschränkenden Poleis naturgemäß meist wesentlich kleiner → *Delos* = 5 qkm, → *Aigina* = 85 qkm, Samos = 470 qkm).
Oft erreichten die Kolonien (→ *Kolonisation*), die ja als Neugründungen ihren Stolz darein setzten, die Mutterstädte nicht nur in der Großzügigkeit der Bauten (Tempel, Theater, Straßenzüge) zu übertreffen, sondern auch durch einen größeren, 1000 qkm übersteigenden Umfang. Auf Sizilien (→ *Großgriechenland*) umfaßte das Staatsgebiet von Syrakus mehr als 4500 qkm, das von Akragas (Agrigent) über 4000 qkm und das von Gela etwa 1700 qkm. Neben diesen Poleis, die als Gemeindestaaten sozusagen den fortschrittlichen Typus staatlich organisierten menschlichen Zusammenlebens darstellten, erhielten sich vor allem in West- und Mittelgriechenland mehrere Stammesstaaten (z. B. Aitolien und Akarnanien), deren Mittelpunkt keine städtische Siedlung, sondern ein Kultzentrum des gemeinsam verehrten Stammesgottes war.
Doch läßt sich die Bedeutung der griechischen Polis kaum überschätzen: »Die Polis war der weitaus am häufigsten vorkommende und politisch wirksamste Staaststyp, sie und nur sie ist auch der Träger der griechischen Kultur gewesen. [. . .] Die Polis war überall der Exponent und Träger griechischer Kultur, und das im doppelten Sinne, einmal, weil nur sie die großen geschichtlichen Taten vollbracht, nur sie auch den griechischen Geist zu seinen höchsten kulturellen Leistungen nach → *Homer* geführt hat; sodann, weil die Polis die Lebensform des Griechentums in ungriechischer Umwelt darstellte, zuerst in → *Kleinasien*, dann durch die → *Kolonisation* im ganzen Mittelmeergebiet und schließlich durch die Gründungen → *Alexanders (→ Hellenismus)* und der hellenistischen Herrscher noch in später Zeit bis tief nach Asien hinein« (V. Ehrenberg).

Die einzelnen Poleis waren nicht nur nach Größe und Bevölkerungszahl sehr verschieden, sondern auch ihre Verfassungen bieten ein sehr buntes Bild, je nachdem, ob mehr aristokratisch-oligarchische oder demokratische Elemente, wie z. B. im Athen der klassischen Zeit, vorherrschten. Trotzdem lassen sich einige Grundtatsachen feststellen und beschreiben:

Die religiöse Grundlage. Wie die Einheit der einwandernden Stämme der Frühzeit in erster Linie durch den gleichen Götterkult gesichert war, so ist auch in den späteren Poleis die im Götterkult sich ausdrückende gemeinsame religiöse Überzeugung der Politen (Bürger) ein unverzichtbarer Bestandteil des staatlichen Lebens. Die Religion ist also alles andere als eine Privatsache. Ein guter Bürger von Athen z. B. konnte nur der sein, der an die Schutzgöttin der Stadt, also an Athene, glaubte und auch am Kult der anderen in der Stadt seit jeher verehrten Götter tätig teilnahm. Wer nicht die allgemeine religiöse Überzeugung teilte und dies sogar noch öffentlich äußerte, mußte mit einem Prozeß rechnen. Der Vorwurf, nicht an die Götter zu glauben, konnte zum Todesurteil führen, wie der tragische Verlauf des Prozesses gegen → *Sokrates* im Jahre 399 v. Chr. beweist.

Es gab einen genauen Kalender für die von den als Staatsbeamte fungierenden Priestern zu vollziehenden Opfer. Alle wichtigen staatlichen Handlungen, z. B. die Volksversammlungen oder Sitzungen von Regierungsgremien, wurden durch Gebet und Opfer eingeleitet (→ *Religion*, → *Theater)*.

Die Bevölkerung. Bei der Bevölkerung der Polis lassen sich grundsätzlich drei Teile unterscheiden. Neben den Vollbürgern (Politen), die in der Volksversammlung über die wichtigen Staatsangelegenheiten berieten und entschieden und die in demokratisch verfaßten Poleis des 5. und 4. Jahrhunderts v. Chr. auch das passive Wahlrecht zu allen wichtigen Ämtern und zu den Gerichten besaßen, stand die mittlere Schicht der Metoiken (»Mitbewohner«), die zwar persönlich frei war, aber kein Bürgerrecht besaß. Diese Bevölkerungsgruppe, die im Athen des 5. Jahrhunderts ungefähr halb so groß war wie die der Vollbürger, war unentbehrlich für das Funktionieren des Wirtschaftslebens. Sie beherrschte ganze Handwerkszweige, z. B. die Töpferei und Weberei, und spielte eine wichtige Rolle im Großhandel. Natürlich mußten die Metoiken Steuern zahlen und Kriegsdienst als Hopliten (Schwerbewaffnete) und leichtbewaffnete Infanteristen leisten. Sie konnten nur Ämter von untergeordneter Bedeutung bekleiden (Herold, Arzt u. ä.).

Die niedrigste Schicht war die der Sklaven. Diese setzte man z. B. in Bergwerken ein, so in den Silbergruben von Laurion in Attika. Unentbehrlich waren sie, vor allem in den Hafenstädten, als Lastenträger (→ *Sklaverei*, → *Soziale Verhältnisse*). Sie verrichteten Arbeiten im Hause und halfen in der Landwirtschaft. Sie waren politisch rechtlos. Athen dürfte z. B. um 400 v. Chr. etwa 20 000 bis 25 000 männliche Vollbürger gehabt haben, die zusammen mit ihren Familien 80 000 Personen ausmachten. Ihnen standen etwa 20 000 Metoiken (mit Familien) und 50 000 Sklaven gegenüber.

Die politischen Institutionen. Aus der Heeresversammlung der Frühzeit entwickelte sich die Volksversammlung (Ekklesia) der männlichen Vollbürger. Sie kam mindestens einmal im Monat zusammen. Für die fern der Stadt wohnenden Bürger war ihr Besuch mit wirtschaftlichen Nachteilen verbunden, die erst entfielen, als im 4. Jahrhundert v. Chr. Diäten den ausgefallenen Tagesverdienst ausglichen. Grundsätzlich war die Entscheidungsgewalt der Volksversammlung nicht eingeschränkt. Als höchste Exekutive entschied sie über Krieg und Frieden, schloß Staatsverträge und Bündnisse, verlieh das Bürgerrecht, sprach Verbannungen aus und beschloß die Konfiskation von Vermögen.

Der Rat (Bulé) war die regierende Behörde. Unterabteilungen (Phylen, Demen), die etwa unseren Wahlbezirken entsprachen, wählten ihn, wobei man z. B. in Athen einen recht komplizierten Wahlmodus erfand, um eine Benachteiligung der Landbevölkerung auszuschließen. Der Rat bestand meist aus 400 bis 600 Mitgliedern.

Die eigentlichen Regierungsgeschäfte führte vielfach ein monatlich wechselnder Ausschuß des Rates von etwa 50 Ratsherrn (Buleuten), so daß also jeder einmal zum Zuge kam. In Athen konnte kein Vollbürger mehr als zweimal in seinem Leben Ratsherr werden, so daß ein großer Teil der Politen Aussicht hatte, einmal den regierenden Gremien anzugehören.

An die Stelle aristokratischer Gerichte, zu denen nur ein Teil der Bevölkerung Zugang hatte, traten mit dem Fortschreiten des demokratischen Gedankens Geschworenengerichte, die mit Vollbürgern besetzt wurden. In Athen war dafür ein Mindestalter von 30 Jahren vorgeschrieben. »Im 5. Jahrhundert v. Chr. wurden in Athen 6000 aus den sich Meldenden erlost und dann durch weitere Losung auf mehrere, unter verschiedenen Namen bekannte Gerichtshöfe verteilt« (V. Ehrenberg).

Zusammenfassung und Ausblick. Die griechische Polis hat, gerade in ihrer demokratischen Ausprägung, ihren Vollbürgern ein großes Maß an Mitwirkung im Staat (Politeia) ermöglicht. Sicher hatte sie auch Schattenseiten. Ihr Streben nach möglichst großer, vor allem auch wirtschaftlicher Unabhängigkeit (Autarkie), verwickelte die einzelnen Poleis in einen Konkurrenzkampf, der so viele Kräfte verbrauchte (→ *Athen*, → *Sparta*, → *Peloponnesischer Krieg*), daß in der 2. Hälfte des 4. Jahrhunderts v. Chr. → *Makedonien*, der unverbrauchte Bauernstaat im Norden, leichtes Spiel hatte. Trotzdem beweisen gerade die unzähligen Stadtgründungen der hellenistischen Zeit (→ *Hellenismus*), daß sich Griechen ein interessantes, menschenwürdiges Leben nur in einer Polis vorstellen konnten. (S. G.)

Politische Begriffe

Unsere Gegenwartssprache ist reich an Wörtern, die aus dem Griechischen und Lateinischen kommen, und ihr Anteil nimmt, wie es scheint, ständig zu. Das hat verschiedene Gründe: Der rasche Wandel in allen Lebensbereichen, insbesondere in Wissenschaft und Technik, schafft das Bedürfnis nach Begriffen, die noch nicht in Gebrauch sind. Da bieten sich Wörter aus den sogenannten »toten« Sprachen als Fachtermini geradezu an. Am Griechischen hat man von jeher zwei zusätzliche Vorteile geschätzt: Es erlaubt vielerlei Modifikationen durch Suffixe (Nachsilben) und Präfixe (Vorsilben), und es begünstigt Zusammensetzungen aus mehreren Wörtern. So läßt sich etwa aus dem Wort Polis (Stadt, Staat) eine Fülle von Begriffen bilden: Politik, politisch, Politiker, Politikaster, politisieren, apolitisch, Politologe, Politologie, Geopolitik, Kosmopolit usw. Die vielen »Ismen«, die in unserer politischen Sprache vorkommen (Parlamentarismus, → *Kommunismus*, Institutionalismus, um nur einige zu nennen), enthalten das griechische Suffix -ismos zur Bezeichnung von Denksystemen oder Gesamterscheinungen, die nach einem bestimmten Prinzip ausgerichtet sind. Verwandt sind die Verbalbildungen auf -isieren (z. B. demokratisieren) und die meist eine Übersteigerung bezeichnenden Adjektivbildungen auf -istisch (z. B. liberalistisch, nationalistisch).

Infolge der zunehmenden Polarisierung und Ideologisierung – beides übrigens griechische Begriffe – der Gesellschaft haben nun freilich gerade im politischen Bereich manche der aus der Antike stammenden Begriffe ihre Eindeutigkeit eingebüßt. Unter → *Demokratie* versteht man in Ost und West sehr Verschiedenes. Gleichwohl wird das Wort weiterhin verwendet. Was die einen als Demokratie preisen, verurteilen die anderen als Demokratismus. Der Dogmatismus (von Dogma = Beschluß) und die Polemik (von Polemos = Krieg) erklären sich aus der Tatsache, daß oft dieselben antiken Wörter zu Inbegriffen von Wertvorstellungen und Leitbildern verschiedener Richtungen geworden sind, außer Demokratie z. B. noch Hegemonie, Dialog, Harmonie und natürlich griechische Wertbegriffe, die in die Nationalsprachen übersetzt worden sind, z. B. Freiheit (Eleutheria) und Gleichberechtigung (Isonomia), wohingegen »Brüderlichkeit« aus der Bibel stammt. Als höchste Norm gilt nach wie vor das Recht (Dike), wobei bereits bei den Griechen das Verhältnis zwischen menschlicher Satzung und göttlichem ungeschriebenen Gesetz kontrovers war.

Daß so viele griechische Wörter in die Sprache der Politik Eingang gefunden haben, ist kein Zufall. Es darf auch nicht einfach auf den Bildungsdünkel einer exklusiven Politikerschicht zurückgeführt werden. Vielmehr haben die Griechen, wie in den meisten Wissenschaften, auch in der politischen Wissenschaft Denkmuster geschaffen, die in der abendländischen Kultur bis heute nachwirken. Während nun aber in den Naturwissenschaften und auch in den meisten der sogenannten Geisteswissenschaften die Forschungsergebnisse der Griechen – freilich mit Hilfe des von ihnen bereitgestellten wissenschaftlichen Instrumentariums – nach und nach überholt worden sind, benutzen wir im Bereich der Politik die griechischen Denkmuster im wesentlichen immer noch, und sogar den griechischen Wertungen folgen wir weitgehend.

Politische Denkmuster. Die verwirrende Vielfalt gesellschaftlicher Phänomene ist insbesondere durch → *Platon* und → *Aristoteles* leichter überschaubar geworden. Grundformen nennt man noch heute Typen (von Typos = Schlag, besonders beim Münzbild), Sonderarten Kategorien (eigentlich Aussagen über etwas). Max Weber hat angesichts der Komplexität der Erscheinungen noch den Terminus Idealtypus für die reine, in der Wirklichkeit nicht vorkommende Form geprägt. Die Formen politischer Herrschaft (Arche, Kratos) werden mit den Begriffen Monarchie – Oligarchie – Demokratie zunächst quantitativ unterschieden nach der Zahl der Herrschenden (einer – einige – Volk), sodann qualitativ abgestuft, indem der Königsherrschaft die Tyrannis, der Aristokratie (»Herrschaft der Besten«) die Cliquenherrschaft und der Herrschaft des Volkes die des Pöbels (Ochlokratie) entgegengesetzt wird, in welcher der Demagoge, der Volksführer oder -verführer, seine

Chance findet. Weitere, z. T. moderne Bezeichnungen von Herrschaftsformen sind: Anarchie, Technokratie, Bürokratie, Filzokratie. Formen, die anderen ähneln, werden mit dem griechischen Suffix -id bezeichnet, z. B. faschistoid.
Eine moderne Betrachtungsweise politischer Prozesse, die kybernetische, hat nur den Namen aus dem Griechischen (kybernein = steuern). Antik jedoch sind Theorien über Regelmäßigkeiten in der Aufeinanderfolge von Herrschaftsformen (Kreislauftheorie); die moderne Massenpsychologie hat sie z. T. bestätigt. Analog der quantitativen Unterscheidung der Herrschaftsformen hat man später die Marktformen eingeteilt in Monopol – Oligopol – Polypol (von Polein = verkaufen, anbieten; einer – einige – viele Anbieter). Eine antike Vorstellung im Bereich der Wirtschaft und der Politik zugleich ist die Stufenordnung Haus – Dorf – Stadt (Staat). Die Wirtschaftsordnung (Nomos = Gesetz) des Hauses (Oikos) – daher das Wort Ökonomie – wird als Volkswirtschaft im kleinen (mikro-), die Volkswirtschaft als Hauswirtschaft im großen (makro-) verstanden. Noch heute verabschieden Parlamente den »Haushaltsplan«. Und die Verflochtenheit von kleiner und großer Ordnung drückt man auch heute noch in Wortpaaren aus wie Mikro- und Makroanalyse, Mikro- und Makrostruktur, Mikro- und Makrofunktionalismus. Wirtschaften, die sich selbst (autos) genügen (arkein), nannte und nennt man autark. Dem Wortbestandteil autos entsprach als Gegensatz heteros (fremd), eine Unterscheidung, die sich gerade zur Analyse gesellschaftlicher Phänomene als ergiebig erwiesen hat: autonom – heteronom (eigengesetzlich – fremdgesetzlich); auch wenn nur eine der Wortbildungen gebräuchlich ist, schwingt der Gegensatz mit: autokratisch, heterogen, Autochthone (Ureinwohner).
Wenn Aristoteles den Menschen ein »politisches Wesen« nennt, so will er damit sagen, daß der Mensch primär ein Gesellschaftswesen, nicht ein Individuum sei. Das ist eine griechische Grundüberzeugung. Mit diesem Primat des Politischen hängt auch die Vorstellung vom Gemeinwesen als einer Ganzheit zusammen, als eines Systems (Systema = Zusammenstellung), speziell als eines Organismus, eines Körpers, an dem die einzelnen und ihre Gruppierungen die Glieder (Organa) bilden. Noch heute sehen wir in einer politischen Institution ein Organ, dem eine Funktion (Ergon) für das Ganze zukommt; und die moderne Pluralismustheorie fußt z. T. auf dieser antiken Vorstellung, die durch die korporatistische Theorie des Mittelalters ausgebaut worden ist. In ähnlicher Weise hat Platon die Stände in der Gesellschaft analog den Seelen-

kräften des einzelnen erklärt. Mit den Begriffen Nährstand, Wehrstand und Lehrstand verbindet man noch heute Tugendklischees wie »besonnen«, »tapfer« und »weise« sowie die Vorstellung einer funktionalen Einheit. So werden auch manche Ausdrücke aus Psychologie und → *Medizin* unmittelbar auf gesellschaftliche Verhältnisse übertragen: Krise, Symptom, Prognose, Apathie, Hysterie, überhaupt die Adjektive »gesund« und »ungesund«.

Politische Wertungsmuster. Politische Betätigung galt dem Griechen grundsätzlich als ehrenvoll und wurde auch von den Philosophen (außer → *Epikur*) ernstgenommen. Den ungeistigen Mitbürger verachtete man als Banausen (»Handwerker«). Wer sich im Gemeinwesen nur um seine eigenen (idios) Angelegenheiten kümmerte, den nannte man abschätzig Idiot. Dieser ursprüngliche Sinn lebt fort in unserem Wort Fachidiot. Mit der von den Griechen vorgezeichneten Wertschätzung des Politischen nennen wir die führenden Männer nicht nur in der Wissenschaft, sondern auch in der Politik Koryphäen (eigentlich die Sprecher des Chores in der → *Tragödie*).

Die Mitte (meson) zwischen den Extremen zu suchen, galt in der griechischen Spruchweisheit und in der philosophischen Ethik seit Aristoteles als gute Politik. Auch wir halten diese Norm für selbstverständlich; was »unter« (hypo) ihr liegt, halten wir meist für ebenso gefährlich wie das, was »darüber hinaus« (hyper) geht. Die welterfahrenen Athener lehnten »spartanische« Kargheit (→ *Sparta*) ebenso ab wie »sybaritische« Ausschweifung. Beide Wörter haben wir noch in Gebrauch.

Im Staat sollte jeder »das Seine« (to heautu) leisten und erhalten; darin sah man Gerechtigkeit (Dikaiosyne) und Harmonie (Harmonia, etwa »wohlgefügte Ordnung«). Dieser Gerechtigkeitsbegriff schloß Privilegien durchaus ein. Zwar gab es auch egalitäre Ideen, aber sie haben in der → *Literatur* kaum Niederschlag gefunden und daher nicht weitergewirkt. Auch gegenüber dem gesellschaftlichen Wandel verhielt der Grieche sich im allgemeinen eher konservativ. Sein Forschen nach den Anfängen (Arche), nach den Archetypen oder Prototypen (»Urbildern«) zielte auf das Eigentliche, Echte, ewig Gültige. Dahinter stand das Bewußtsein vom fortschreitenden Verfall, das sich im Mythos von den Weltaltern ausdrückt und auch durch den christlichen Erlösungsglauben keine wesentliche Änderung erfahren hat, wenigstens was das Diesseits betraf. Das »Heimweh« nach der sogenannten guten alten Zeit nennen wir heute Nostalgie (Nostos = Heimkehr; Algos = Schmerz). Erst mit dem neuzeitlichen Fortschrittsglauben, der ein Paradies auf Erden verheißt, trat dieser retrospektiven Haltung eine Gegenideologie zur Seite. »Nicht mehr« klingt nun bei dem einen bedauernd, bei dem anderen zufrieden, »noch nicht« kündigt bei dem einen den drohenden Verfall, bei dem anderen den baldigen Erfolg an. Aber die Suche nach Alternativen zur Gegenwart, die rationale Kritik (von krinein = beurteilen) am Bestehenden ist etwas durchaus Griechisches. Das Wort Idee (Idea) als Zielvorstellung ist von Platon in die Philosophie eingeführt worden (dagegen verwendet man das griechische Wort Programm für die Veröffentlichung von Zielvorstellungen einer Partei erst seit dem 18. Jahrhundert). Platon war sich wohl darüber klar, daß manche seiner Forderungen utopisch seien (eigentlich »an keinem Ort« verwirklicht; Utopia ist ein griechisches Wort, das aber erst Thomas Morus geprägt hat). Utopien können jedoch die Zukunft verändern, auch wenn Zeitgenossen sie als Hirngespinste eines Gelehrten im »Wolkenkuckucksheim« verspotten, wie es Aristophanes in den »Vögeln« (→ *Komödie*) tut. Wenn Griechen über Politik nachdachten, war ihnen stets das Schreckbild orientalischer Despoten (Despotes = Fürst) gegenwärtig. Demgegenüber suchten sie nach der Form des Staates, der die Voraussetzungen für das Glück (Eudaimonia) der Bürger bot. Politik als die Kunst, Krieg, Grausamkeit und Unterdrückung einzuschränken, dafür Frieden, Recht und Selbstentfaltung zu sichern, das ist vielleicht das wertvollste Vermächtnis griechischer Kultur. (F. R.)

Pythagoras

Wer sich einmal mit Geometrie befaßt hat, kennt den sogenannten Satz des Pythagoras, nach dem die Summe der Quadrate über den Katheten (Seitenlinien) eines rechtwinkligen Dreiecks gleich dem Flächeninhalt des Quadrates über der Hypotenuse (Grundlinie) ist ($a^2 + b^2 = c^2$). Der Mann, nach dem dieser Lehrsatz benannt ist, wurde wohl um das Jahr 565 v. Chr. auf der Insel → *Samos* geboren. Als Vierzigjähriger verließ er seine Heimat, um nicht länger unter der Tyrannis des Polykrates leben zu müssen, und wandte sich nach Unteritalien *(→ Großgriechenland)*, wo er in den Städten Kroton und Metapont als Mittelpunkt eines ausgedehnten Schülerkreises eine tiefgreifende Wirksamkeit entfaltete. Er starb gegen 495 oder 480 v. Chr.

Pythagoras muß eine faszinierende Persönlichkeit von umfassender Bildung gewesen sein, denn schon die ältesten Zeugnisse schwanken zwischen geradezu schwärmerischer Bewunderung seiner Gelehrsamkeit *(→ Empedokles)* und bissiger Kritik wegen nichtiger Vielwisserei (Heraklit). Da er selbst keine Schriften hinterlassen hat, sind wir für die Kenntnis seines Lebens und seiner Lehre auf die Angaben späterer Schüler, der Pythagoreer, angewiesen, die ihren Meister zwar als einen Propheten und Wundertäter nahezu göttlich verehrten, ihn aber auch hinter einem dichten Schleier von Legenden versteckten und nicht selten eigene Meinungen mit der Berufung auf seine Autorität deckten (»autós épha«, d. h. Er selbst hat es gesagt.). So bleibt manches im unklaren.

Psychologie. Pythagoras hat seine Lehre als Offenbarung vorgetragen und sich selbst als Verkörperung Apollons oder doch als Sohn eines Gottes betrachtet. Die Ansicht, daß der Mensch von den Göttern stamme und nur in einem Zwischenstadium auf der Erde sei, teilt Pythagoras mit den orphischen Mysterienkulten, einer religiösen Strömung des 6. Jahrhunderts v. Chr., die sich von dem mythischen Sänger Orpheus herleitete und Spekulationen über Wesen und Schicksal der menschlichen Seele anstellte. Die Seele geht nach dieser Lehre bei der Geburt als Hauch in den Körper ein, von dem sie sich im Tod wieder löst, um in ein Tier, eine Pflanze oder einen neuen menschlichen Leib überzugehen, bis sie völlig geläutert ist. In dieser Seelenwanderungslehre liegen die Wurzeln des abendländischen Glaubens an die Unsterblichkeit der Seele, in die hinein nunmehr die eigentliche Existenz des Menschen verlegt wird, während der Leib nur als Fessel oder Grab der Seele betrachtet wird. Die Lehre von der den Tod überdauernden Seele schließt den Gedanken an ein Gericht, an Seligkeit oder Qual ein. Der Mensch, der sich in dieser Welt nicht zu Hause weiß, spürt die Verantwortung für das spätere Schicksal seiner Seele und sucht sich durch ein untadeliges Leben entsprechend vorzubereiten.

Pythagoreische Lebensform. Die Forderung nach einem reinen Leben führte zur Bildung von Kultgemeinschaften, die rasch den Charakter eines Ordens oder einer religiösen Sekte annahmen. Ehrfurcht vor dem Göttlichen, den Eltern und dem Gesetz waren die obersten Grundsätze. Wer sich in freier Entscheidung einer pythagoreischen Lebensgemeinschaft anschloß, war zu Gütergemeinschaft, sittlicher Lebensführung, gewissenhafter Selbstprüfung und unverbrüchlicher Freundestreue verpflichtet (vgl. Schillers Ballade »Die Bürgschaft«). Eine Fülle kultisch-ritueller Tabu-Vorschriften bestimmte das tägliche Leben. So war es dem Pythagoreer nicht erlaubt, Kleidung aus Wolle zu tragen und Bohnen oder weiße Hähne zu essen. Überhaupt verzichtete man auf

Fleischgenuß, doch durften unter bestimmten Umständen Opfertiere verzehrt werden, allerdings ohne das Herz. Die Angehörigen des aristokratisch orientierten Bundes gewannen in den Städten Großgriechenlands zeitweilig auch bedeutenden politischen Einfluß, bis die Gemeinden um die Mitte des 5. Jahrhunderts durch eine demokratische Revolution zerschlagen wurden. Die späteren Pythagoreer, unter denen Platons Freund Archytas von Tarent hervorragt, erschienen eher als Vertreter einer gemäßigen → *Demokratie*, die sich vorwiegend wissenschaftlichen Problemen zuwandten. Ihre Unterscheidung in Akusmatiker, d. h. asketisch-strenge Befolger der Lebensregeln, und Mathematiker, d. h. Wissenschaftler, ist im einzelnen umstritten.

Zahlenlehre. Pythagoras darf als einer der Begründer der wissenschaftlichen → *Mathematik* gelten. Der eingangs genannte pythagoreische Lehrsatz zeigte, daß sich jedes arithmetische Verhältnis (z. B. $3^2 + 4^2 = 5^2$) auch geometrisch darstellen läßt. Die Beobachtung, daß den musikalischen Intervallen bestimmte Zahlenverhältnisse zugrunde liegen, führte die Pythagoreer zu der These, nicht die Materie, sondern die Zahl sei die Wesensstruktur der Dinge, das Grundprinzip der Welt.

> Aristoteles bemerkt dazu in seiner »Metaphysik«:
> »Weil sie also glaubten, alle anderen Dinge glichen ihrer ganzen Natur nach den Zahlen und die Zahlen seien das Erste in der ganzen Natur, nahmen sie an, daß die Elemente der Zahlen die Elemente aller Dinge seien und der gesamte Himmel sei Harmonie und Zahl.«
> (Übers. von Franz F. Schwarz)

Die Bedeutung dieser Erkenntnis für die moderne Naturwissenschaft hat der große Physiker Werner Heisenberg so charakterisiert: »Die pythagoreische Entdeckung gehört zu den stärksten Impulsen menschlicher Wissenschaft. [. . .] Wenn in einer musikalischen Harmonie [. . .] die mathematische Struktur als Wesenskern erkannt wird, so muß auch die sinnvolle Ordnung der uns umgebenden Natur ihren Grund in dem mathematischen Kern der Naturgesetze haben.« Die Entwicklung verlief freilich nicht geradlinig; vielmehr verloren sich viele Pythagoreer in mystischer Zahlenspekulation, bei der die symbolbeladene Zahlenreihe 1 bis 4 mit ihrer Summe 10 geradezu zur Zauberformel wurde. Die Anwendung der Gesetzmäßigkeiten in der → *Musik* auf den ganzen Kosmos ließ die Vorstellung von der Sphärenharmonie entstehen, die noch in Goethes »Faust« nachklingt (»Die Sonne tönt nach alter Weise in Brudersphären Wettgesang . . .«). Pythagoreische Astronomen entwickelten auch die Lehre vom großen Weltenjahr, der zyklischen Wiederholung aller Vorgänge in ewigem Kreislauf.

Nachwirkungen. Die Lehren der Pythagoreer sind vor allem durch die Vermittlung → *Platons* fruchtbar geworden, dessen Anschauungen über die Seele stark von ihnen beeinflußt sind. Im »Timaios« legt er seine Natur- und Zahlenlehre einem Pythagoreer in den Mund. Der Zweck seiner ersten Sizilienreise scheint geradezu die Bekanntschaft mit ihnen gewesen zu sein.

Auch die Gründung seiner Akademie, des Vorbilds aller späteren Hochschulen, erfolgte unter dem Eindruck der pythagoreischen Gemeinschaften. Platon war es schließlich auch, durch dessen Vermittlung die Teilbereiche der pythagoreischen Mathematik (Arithmetik, Geometrie, → *Astronomie,* Musik) als sogenanntes Quadrivium zur Grundlage aller naturwissenschaftlichen Bildung bis in die frühe Neuzeit wurden. Der Neuplatoniker Iamblichos (um 300 n. Chr.; → *Neuplatonismus)* stellte christlichen Angriffen auf die griechische Philosophie Pythagoras als den Inbegriff vernünftigen und heiligmäßigen Philosophentums entgegen. In der Renaissance führte die Lehre von der Zahlenharmonie des Alls den Astronomen Johannes Kepler zur Entdeckung der nach ihm benannten Gesetze. Und noch der zeitgenössische Architekt Le Corbusier griff in seinem »Modulor-System« den von den Pythagoreern erkannten »Goldenen Schnitt« wieder auf, den schon der griechische Bildhauer Polykleitos *(→ Plastik)* im 5. Jahrhundert v. Chr. seinem »Kanon« zugrunde gelegt hatte, und wandte ihn seit 1945 für alle seine Projekte an. (H. H.)

Recht

Rechtsbegriff. Während das moderne Rechtsverständnis – fußend auf den Vorstellungen des römischen Rechts – eine gewisse Einheitlichkeit der Anschauungen voraussetzt, gibt es kein gemein-griechisches Recht, auch wenn sich die Rechtssysteme der griechischen Poleis *(→ Polis)* in den Grundzügen ähneln. Die Dürftigkeit der Überlieferung gestattet es zudem kaum, ein exaktes Bild des griechischen Rechts zu gewinnen, und da die Griechen, abgesehen von philosophischen Spekulationen über den Rechtsbegriff, das Thema nicht als Gegenstand einer an der Praxis ausgerichteten Wissenschaft betrachteten, fehlt es insgesamt an einer durchgehenden Systematik.

Vorklassische Zeit. Vor der Kodifizierung des Rechts im 7. Jahrhundert v. Chr. war eine Rechtsfindung nur möglich, indem man entweder durch ein Gottesurteil oder durch einen Schiedsspruch der Ältesten die Sache beilegte. Die berühmte Schildbeschreibung → *Homers* erzählt von einer »Gerichtssitzung«:

»Volk war dicht auf dem Markte geschart; es hatte ein Hader
Dort sich erhoben, zwei Männer lagen im Streit um die Sühnung
Eines getöteten Manns. Es beteuerte dieser dem Volke,
Alles hab' er bezahlt, doch leugnete jener die Zahlung.
Beide heischten, den Streit vor dem kundigen Richter zu enden.
Beiden lärmte die Menge, geteilt sie begünstigend, Beifall.
Herolde hielten indessen das Volk in Ordnung. Die Greise
Saßen umher im heiligen Kreis auf geglätteten Steinen,
Hatten in Händen die Stäbe der heiligtönenden Boten,
Sprangen mit ihnen dann auf und redeten wechselnd ihr Urteil.
Zwei Talente von Gold aber lagen inmitten des Kreises,
Dem von den Männern bestimmt, der das Recht am geradesten spräche.«

(Homer, Ilias 18, 497–508; übers. von H. Voss und H. Rupé)

Hier zeigt sich ein Vorgehen, wie wir es teilweise auch noch in klassischer Zeit miterleben: Das Gerichtsverfahren war etwas Sekundäres, vorausging der auf privater Initiative beruhende Versuch, »sein Recht zu bekommen«; das Gremium, welches diesen Fall aufgrund eines Beistandsgesuchs des Angeklagten zu beurteilen hatte, entschied ausschließlich über die Zulässigkeit jener privaten Maßnahmen. Wenn nun an die Stelle von Blutrache und unkontrollierten Versuchen zur Rechtserzwingung ein Sühnegeld tritt, so ist das ein Fortschritt in der Rechtsentwicklung. In der vorsolonischen Zeit lag die Rechtssprechung ausschließlich in den Händen der Fürsten, die nach ihren aristokratischen Rechtsvorstellungen entschieden. → *Hesiod*, der in seinem Lehrgedicht »Werke und Tage« gewissermaßen als Korrektiv zu der adeligen Welt der homerischen Epen die Nöte und Sorgen der unteren Schichten aufzeigt, übt herbe Kritik an den bestechlichen, »geschenkefressenden« Richtern:

> »Und die Gerechtigkeit stöhnt, gezerrt von gabengefräßigen
> Männern, und sie entscheiden mit schiefgebogenem Urteil.
> Weinend wandert das Recht durch Städte und mancherlei Stätten,
> Dicht in Nebel gehüllt, und bringt den Menschen Verderben . . .«
> (Hesiod, Erga, 220–224; übers. von Th. v. Scheffer)

In seiner berühmten Fabel vom Habicht und der Nachtigall, der ersten in der europäischen Literatur, schildert der Dichter die Willkürherrschaft der Mächtigen. Abhilfe in dieser bedrückenden Situation sieht er in einer Rechtsordnung, die für alle verbindlich ist. Der Adel war angewiesen auf die Unterstützung der Untertanen im Hoplitenheer *(→ Kriegswesen)* und zeigte sich konzessionsbereit. Man betraute einen »Gesetzgeber« (Nomothetes), der auch das Vertrauen des Volkes besaß, mit der Aufzeichnung des geltenden Gewohnheitsrechts – wohl nach orientalischem Vorbild (vgl. die Gesetzgebung des Hammurabi). In diesem Zusammenhang ist auch das Werk Drakons von Athen zu sehen. Zwar sagte man angesichts der von ihm vorgesehenen »drakonischen« Strafmaßnahmen, seine Gesetze seien mit Blut geschrieben, doch entzog er durch die gesetzliche Fixierung des Strafmaßes der Willkür des Richters ein für allemal den Boden. An die Stelle der Blutrache sollte nun grundsätzlich ein Schiedsgericht treten; und erstmals unterschied Drakon zwischen vorsätzlichem Mord, Totschlag und nichtstrafbarer Tötung.

Klassische Zeit. Die brennendste Frage der Zeit, eine Reform des Schuldrechts – von der verarmten Bauernschaft immer wieder gefordert – sollte erst → *Solon* mit Erfolg in Angriff nehmen. Wenn in seiner Zeit die unterste Schicht der Bürger Stimmrecht in der Volksversammlung und vor allem Zugang zu den neu eingerichteten Volksgerichten (Heliaia) erhielt, während der aus Adeligen bestehende Areopag im wesentlichen auf die Blutgerichtsbarkeit beschränkt wurde, bedeutete dies eine Demokratisierung auch des Rechts. Mit der Einführung der Popularklage – jeder Bürger konnte an das Volksgericht appellieren – war die »Emanzipation des Einzelnen aus dem Rahmen des Geschlechts« (Bengtson) vollzogen. Auch das Recht von Gortyn um 475 v. Chr., das ein wesentlich älteres Stadium der Rechtsentwicklung widerspiegelt, weist in Stein gehauen detaillierte Bestimmungen zu Personen-, Familien-, Vermögens- und Schuldrecht auf. Über die Tätigkeit der Gerichte freilich sind wir nur für → *Athen* hinlänglich unterrichtet. Kennzeichnend für das antike Gerichtswesen ist das Fehlen einer in unserem modernen Gerichtswesen wichtigen Institution, des Staatsanwaltes. Bei Privatklagen hatte der Geschädigte selbst den Prozeß anzustrengen, während bei öffentlichen Klagen jeder Angehörige der Bürgerschaft, insofern er glaubte, als Mitglied der Polis Schaden genommen zu haben, den Weg zum Gericht antreten konnte. Aufgabe der Behörden war es lediglich, nach Entgegennahme der Klage die nötigen Vorbereitungen für den Prozeß zu treffen und beim Verfahren selbst den Vorsitz zu führen. Diese Regelung bedeutete zwar einerseits für den einzelnen Bürger einen Ansporn zum Eintreten für die Belange der Polis, öffnete aber andererseits dem Denunziantentum Tür und Tor, nicht zuletzt, weil dem Ankläger, falls der Prozeß in seinem Sinne entschieden wurde, eine erhebliche Belohnung aus der vom Gericht festgesetzten Geldbuße zufiel. Um einem Mißbrauch der Klage vorzubeugen, hatte man freilich festgesetzt, daß der Kläger eine Geldstrafe von 1000 Drachmen zu zahlen habe, falls er bei der Abstimmung über seinen Urteilsantrag weniger als ein Fünftel der Stimmen erhielt. Hatte der Kläger die Klage schriftlich eingereicht und der Beamte das Verfahren dem zuständigen Gericht zugewiesen, konnte die Hauptverhandlung beginnen. Während die Geschworenen schweigend dasaßen, hatten die beiden Parteien ihre Sache selbst zu führen, wobei jede Partei zweimal zu Worte kam. Die hier vorgetragenen Reden waren oft im Auftrage des Prozessierenden von einem juristisch und rhetorisch versierten Redenschreiber (Logographen) gegen Entgelt verfaßt worden und wurden vor Gericht nur vorgelesen: Zweifellos hatte eine geschliffen formulierte Rede bei der Unkenntnis der Heliasten in juristischen Angelegenheiten oft größere Erfolgschancen als ein auf Argumenten basierendes Plädoyer. Zum Zwecke einer straffen Verhandlungsführung wurde die Redezeit der Gegner durch eine Wasseruhr begrenzt. Die Zusammensetzung des Geschworenengerichts spiegelte den Versuch wider, in demokratischer Weise die gesamte attische Bevölkerung zu repräsentieren. Bei einer Mindestzahl von 6000 Heliasten wurden jeweils 600 aus jeder der 10 Phylen durch Los ermittelt. Um eine Bestechung der Geschworenen durch die Prozeßgegner zu verhindern, hatte man alle nur erdenklichen Vorkehrungen getroffen, damit die Namen der Richter nicht vorzeitig bekannt wurden. Erst am Verhandlungstag wurden sie einem der jeweils 501, 1001, 1501 oder 2001 Männer (diese Zahlen garantieren immer eine Entscheidung) umfassenden Gerichtsausschuß zugewiesen. Dabei hatten sie sich am Eingang des Gerichtsgebäudes durch ein Täfelchen aus Bronze oder Buchsbaumholz mit Namen und Herkunftsort auszuweisen. Hatten beide Parteien ihre Sache dargelegt, so schritten die Geschworenen ohne vorhergehende Besprechung zur Abstimmung: In zwei bereitgestellte Amphoren warfen sie je einen Stimmstein für »schuldig« und »nicht schuldig«. Die Entscheidung wurde mit einfacher Mehrheit gefällt, wobei die Richter nur zwischen Verurteilung und Freispruch zu wählen hatten. Sah das Gesetz keine bestimmte Strafe vor, hatte sich der Angeklagte zur Festsetzung des ihm angemessen erscheinenden Strafmaßes zu äußern. Wenn → *Sokrates* an dieser Stelle als »Strafe« für sich »Speisung im Prytaneion auf Staatskosten« (wie sie bei Olympiasiegern üblich war) beantragte, so mußten die Heliasten dies als Provokation empfinden: Der Philosoph sprach ihnen einfach die Legitimation zu einem qualifizierten Urteil ab. Man kann das verstehen, wenn man bedenkt, daß viele Bürger das Richterspielen zu ihrer Hauptbeschäftigung gemacht hatten, seit → *Perikles* 462 v. Chr. den Heliastensold eingeführt hatte *(→ Demokratie).* Für den Vollzug der vom Gericht festgesetzten Strafen waren vor allem die sogenannten Elfmänner zuständig, bei Privatprozessen gelegentlich auch die siegreiche Partei selbst. Neben Geldstrafen sah das athenische Recht vor: Verbannung auf Zeit oder für immer, meist mit Einziehung des Vermögens verbunden, Verlust der Bürgerrechte, Gefängnis (diese Strafe wurde selten ausgesprochen und galt nur für Nichtbürger und solche, die wie Sokrates auf ihre Hinrichtung warteten), Verkauf in die Sklaverei und schließlich den Tod. Besondere Strafen galten für Sklaven, die rechtlos waren: Geißelung, Rad, Brennen mit einem glühenden Eisen und Einspannen in den »Block« und schließlich die Hinrichtung. Da das Urteil durch die Heliasten als Vertreter des souveränen athenischen Volkes gefällt war, gab es keine Berufungsmöglichkeit an eine höhere Instanz. Wurde ein Verurteilter mit einer Geldstrafe belegt, blieb ihm die Flucht in die Verbannung, falls er zahlungsunfähig oder -unwillig war.

Hellenistische Zeit. Im ptolemäischen Recht Ägyptens verschmolzen griechische und einheimische Rechtsvorstellungen miteinander. Während zunächst für Griechen und Einheimische getrennte Gerichtshöfe unter dem Vorsitz eines königlichen Beamten tagten, zog der absolute Monarch schließlich die gesamte Rechtsprechung an sich.

Rechtsphilosophie. Seit Hesiods radikaler Kritik des geltenden Rechts ist die Frage nach dem, was eigentlich »Recht« ist, immer wieder Gegenstand philosophischer Betrachtungen gewesen. Insbesondere die

→ *Sophisten* kamen, ausgehend von den Überlegungen zum Thema »Naturrecht – positives Recht« zu der Erkenntnis, daß die Gesetze, da sie auf Konvention beruhten, keine Verbindlichkeit beanspruchen dürften:

> »Es dürfte [. . .] daher ein Mensch für sich selber am vorteilhaftesten Gerechtigkeit üben, wenn er vor Zeugen die Gesetze (des Staates) achtet, dagegen ohne Zeugen die Gesetze der Natur. Denn die Gesetze (des Staates) sind willkürlich gesetzt, die der Natur notwendig.«
>
> (Antiphon 11 aus fr. A; übers. von W. Capelle)

Kein Zweifel, diese neue Interpretation der Gerechtigkeit mußte, in die Praxis umgesetzt, die Ordnungsfunktion der staatlichen Gesetzgebung zerstören. Da der Begriff des Naturrechts verschiedene Auslegungen zuläßt, können sich beide auf die »Natur« berufen: Sowohl der Sophist Kallikles im »Gorgias« des Platon, wie auch die Sophokleische Antigone (→ *Literatur),* die angesichts der Willkürmaßnahmen Kreons auf das »ungeschriebene und ewige Gesetz der Götter« verweist, das das »sterbliche Gebot« des Herrschers übertreffe: »Denn nicht bloß heut und gestern, nein, in Ewigkeit
Lebt dies, und keiner weiß, wann und woher es kam.« (W. M.)

Reisen

Die politischen und geographischen Verhältnisse machten das Reisen in Griechenland zu einem zeitraubenden, beschwerlichen und oft auch gefahrvollen Unternehmen. Kaum besiedeltes, meist gebirgiges Land trennte die einzelnen Stadtstaaten voneinander. Zum Transport schwerer Lasten wählten die Kaufleute deshalb meist den Seeweg. In allen Hafenstädten des Mittelmeerraumes, mit Ausnahme des von Karthago bis ins 2. Jahrhundert v. Chr. kontrollierten westlichen Teils, waren griechische Schiffe und griechische Kaufleute anzutreffen. Eine Seereise auf diesen Schiffen darf man sich nicht allzu bequem vorstellen. Sie waren in erster Linie zur Beförderung von Handelsgütern gedacht *(→ Seefahrt);* der Mitreisende hatte nicht viel Komfort zu erwarten. Im günstigsten Fall fand er an Deck einen kleinen Bretterverschlag, den er

häufig auch noch mit dem Kapitän oder dem Schiffseigner teilen mußte. Für seine Verpflegung sorgte er selbst, indem er genügend Proviant mit an Bord brachte. Gefahr drohte nicht nur von Wind und Wetter, sondern vor allem von Piraten, die die Schiffe ausraubten und die Gefangenen als Sklaven *(→ Sklaverei)* verkauften oder gegen ein hohes Lösegeld freiließen.
Das Reisen zu Land war keineswegs angenehmer. Gab es doch kein einheitliches, alle Landschaften miteinander verbindendes Straßensystem, wie etwa im Perserreich. Die Hauptstraße nach → *Delphi* soll noch im 2. Jahrhundert n. Chr. auf ihrem letzten Stück sogar für Fußgänger schwer passierbar gewesen sein, und die Straße von → *Korinth* nach Megara war ein auf halber Höhe in steil abfallenden Fels gehauener Pfad, berüchtigt wegen seiner Gefährlichkeit. Der Wagenverkehr bewegte sich auf meist einspurigen Straßen mit Ausweichstellen für Begegnungen. Um die Straße nicht in ihrer gesamten Breite einebnen zu müssen, hatte man auf manchen Strecken, z. B. von → *Athen* nach Eleusis oder zu den Marmorsteinbrüchen des Pentelikon, geleiseähnliche Fahrrinnen in den felsigen Boden gehauen. Sie waren 20 bis 25 cm breit und verliefen in einem Abstand von etwa 1,50 Metern. Auf so unterschiedlichen Verkehrswegen bewegte sich der Reisende meist zu Fuß oder auf dem Rücken eines Esels fort. An Karren gab es einen kleinen zweirädrigen mit einem leichten Wagenkasten; seltener war der schwere vierrädrige Karren. Allein zu reisen, war nicht ratsam. Wer immer es sich leisten konnte, nahm zum Schutz gegen Räuber und Wegelagerer mehrere Sklaven mit. Zwar gab es an den Straßen und in den Städten Herbergen, doch boten sie dem Gast nicht viel mehr als ein dürftiges Strohlager in einem kleinen Raum, den er oft genug noch mit anderen teilen mußte. Wer am Ziel seiner Reise auf private Gastfreundschaft rechnen konnte, war gewiß in einer angenehmeren Lage.
Wer aber außer den Kaufleuten, die in Geschäften unterwegs waren, begab sich sonst noch auf Reisen? Einmal eine große Zahl von Kranken und Gebrechlichen, die eines der Heiligtümer aufsuchten, wo sie sich Heilung von ihren Leiden versprachen. Diese meist dem Heilgott Asklepios *(→ Medizin)* geweihten Heiligtümer lagen häufig in einer klimatisch und landschaftlich begünstigten Gegend, unseren modernen Sanatorien nicht unähnlich. Zu den berühmtesten zählte seit dem 6. Jahrhundert v. Chr. *Epidauros*, dazu kamen später noch Kos, die Heimat des Hippokrates, und → *Pergamon*, wo der Arzt Galenos wirkte. Daneben zogen die Orakelstätten *(→ Orakel)* eine große Zahl von Besuchern an,

die dort als Abgesandte von Regierungen oder als Privatpersonen vor einer wichtigen Entscheidung den Willen der Götter zu erfahren suchten. Eine besonders große Anziehungskraft übten das Zeusorakel von Dodona in Nordwestgriecheland und das Apollonorakel in Delphi aus. Standen panhellenische Festspiele *(→ Olympia)* bevor, wuchs die Zahl der Reisenden sprunghaft an. Man kann sich die Masse der Besucher nicht bunt genug vorstellen. Zu den offiziellen Vertretern der einzelnen Städte und den Wettkämpfern mit ihren Begleitern kamen das Heer der Zuschauer und alle, die etwas zu verdienen hofften, wie Händler, Gaukler und Gewerbetreibende aller Art. Die meisten hatten keine feste Unterkunft und nächtigten unter freiem Himmel.
Die genannten Schwierigkeiten waren sicher der Grund dafür, daß wir in klassischer Zeit unter den Reisenden in Griechenland sehr wenig Touristen antreffen. Einer der wenigen war → *Herodot*, der im 5. Jahrhundert v. Chr. große Teile Griechenlands und des Perserreiches bereiste und seine Eindrücke niederschrieb. Erst in hellenistischer Zeit *(→ Hellenismus)* und vor allem, seitdem Griechenland Teil des römischen Imperiums geworden war, wurde es immer mehr Mode, eine Vergnügungs- oder Bildungsreise zu unternehmen. Dabei bevorzugte der Reisende nicht so sehr landschaftlich besonders reizvolle Orte, sondern vielmehr die durch Geschichte und Mythologie *(→ Religion)* berühmten Stätten. Athen, Korinth, Delphi und Olympia, → *Troia* und die Inseln → *Delos* und → *Rhodos* zählten zu den attraktivsten Zielen. Der antike Bildungsreisende bestaunte, genauso wie der moderne, alles, was ihm durch die Überlieferung verehrungswürdig erschien, wobei er nicht immer zwischen Sage und geschichtlicher Wirklichkeit unterschied. So stand der Besucher ebenso ergriffen an Helenas Grab auf Rhodos oder vor dem Haus des Menelaos *(→ Homer)* in → *Sparta*, wie vor den Häusern des → *Sokrates* oder des → *Demosthenes* in Athen. Nur noch musealen Charakter hatten in dieser Zeit für viele Besucher die berühmten Heiligtümer, in denen sie neben der architektonischen Schönheit vor allem die äußerst kostbaren und zum Teil auch künstlerisch sehr wertvollen Weihegaben bewunderten. Als Begleiterscheinung des Tourismus gab es damals wie heute jede Art von Beutelschneiderei. Reiseandenken, wie Miniaturmodelle des Parthenon oder der Athena-Statue auf der → *Akropolis*, wurden in großer Zahl angeboten. Ein Heer von Fremdenführern lebte davon, den Touristen die Sehenswürdigkeiten zu erklären, wobei sie Wissenslücken ohne Bedenken durch persönliche Erfindungen füllten. Auch geschriebene Reiseführer kannte man schon,

doch nur ein einziger ist uns erhalten: die »Beschreibung Griechenlands« des Pausanias. Der aus Kleinasien stammende Grieche bereiste im 2. Jahrhundert n. Chr. seine Heimat Ägypten, dann Italien und vor allem Griechenland. Sein Werk über Griechenland ist zwischen 160 und 180 n. Chr. entstanden, umfaßt zehn Bücher und bietet eine eingehende Beschreibung der Orte, ergänzt durch Erklärungen der geschichtlichen, religiösen und mythologischen Zusammenhänge. Es vermittelt dem Leser bis heute unschätzbare Kenntnisse über das antike Griechenland und machte seinen Verfasser zum Ahnherrn der abendländischen Reiseschriftsteller. (S. G.)

Religion

Die vielen archäologischen und literarischen Quellen machen es scheinbar leicht, ein genaues Bild von der griechischen Religion zu gewinnen. Dabei muß man aber berücksichtigen, daß die Aussagen über Religion in einem philosophischen Werk oder die Darstellung eines Mythos in → *Literatur* oder bildender Kunst *(→ Plastik)* nicht die Religion selbst zeigen, sondern die Auseinandersetzung mit ihr oder die künstlerische Gestaltung eines religiösen Gedankens. Kompliziert wird die Sache dadurch, daß frühe Werke, z. B. die Epen → *Homers*, ihrerseits wieder die Religion beeinflußten. So sagen einige Forscher, ein erheblicher Teil der griechischen Religion sei das, was Homer und → *Hesiod* aus den religiösen Vorstellungen ihrer Zeit gemacht haben. Eine solche Wechsel- und Rückwirkung war leicht möglich, weil die griechische Religion keine Sammlung religiöser Schriften besaß, etwa vergleichbar der Bibel; sie war kein geschlossenes theologisches System, sondern bestand aus dem Nebeneinander von Kulten verschiedener Götter, um die sich Mythen rankten, und war einer Veränderung somit jederzeit zugänglich. Außerdem muß man die Aufgliederung der Griechen in verschiedene Stämme, ihre politische Zerrissenheit, das verschiedene kulturelle Niveau der einzelnen Staaten und die vielfältigen Berührungen mit anderen Völkern im Laufe der über tausendjährigen Geschichte berücksichtigen. So wird klar, daß eine Aussage über die Religion nicht für alle Griechen aller Stände und zu jeder Zeit gelten kann. Wie sich aber andererseits auch oft zeigte, war gerade die Religion, neben der Sprache, vielfach ein letztes Band der Gemeinsamkeit zwischen den so zerstrittenen und verfeindeten Griechen.

Die griechische Religion der Frühzeit. Da literarische Quellen für diese Zeit fehlen, sind wir auf Archäologie und Kombinationen angewiesen. Wir wissen aber, daß die großen, auch später verehrten Götter und Naturgottheiten im Zentrum der Religion standen, die viele Elemente einer mittelmeerischen Fruchtbarkeitsreligion enthielt. Die zum Teil mythisch-magische Vorstellungswelt dieser Zeit blieb auch später noch bestimmend; denn wir finden bei keinem anderen Volk eine solche Lebenskraft des Mythos, und Naturgottheiten wie Nymphen, Pane oder Silene *(→ Götter)* starben nie aus, ja sie waren auch in klassischer Zeit für die Bauern und Hirten wichtiger als die großen Götter, die dem täglichen Leben dieser Menschen ferner standen. Auch der Glaube an Ungeheuer, Gespenster und andere unheimliche Wesen, z. B. Sirenen, Erinnyen oder Harpyien stammt aus dieser Zeit.

Der dunkle Untergrund. Die Religion der historischen Zeit ist gekennzeichnet durch ein Nebeneinander der Welt der olympischen Götter und Formen religiösen Lebens, die durch Ekstase oder ein strengen Regeln unterworfenes Leben (Askese) der Gottheit näherkommen wollten. Dazu gehören neben den → *Mysterien* der Dionysos-Kult und die Orphik. Allerdings schloß die Teilnahme an diesen Kulten die Verehrung der olympischen Götter nicht aus, man sah in ihnen nur eine Ergänzung oder Erweiterung religiöser Erfahrung. Unser Wissen über den Dionysos-Kult und besonders über die Orphik ist sehr lückenhaft, da die antiken Quellen oft absichtlich dunkel, sogar unverständlich sind. Die Wurzeln des Dionysos-Kultes reichen in vorgriechische Zeit. Verkleidete Frauen zogen nachts durch die Wälder und gerieten durch Tanz, Gesang und Wein in einen Zustand der Raserei, die im Zerreißen und Verzehren eines Tieres gipfelte. Erst im Laufe der Zeit läuterte sich dieser wilde Kult und konnte dann für die Entwicklung des Dramas *(→ Tragödie, → Komödie)* wichtig werden.

Kennzeichnend für die Orphik, die auf den sagenhaften Sänger Orpheus zurückgehen soll, war das religiöse Leben in einer Gemeinde, die nur Eingeweihten zugänglich war. Der Gläubige wollte durch die Befolgung bestimmter Regeln, die in heiligen Schriften niedergelegt waren, sich selbst läutern, so daß er das Gericht, das ihn nach dem Tode erwartete, gut überstehen und ein glückliches Leben im Jenseits führen konnte. Es gibt Berührungspunkte zwischen der Orphik und der Philosophie *(→ Pythagoras, → Empedokles)*, oft geriet das Geheimwissen, als magische Formel mißbraucht, in die Nähe von Aberglauben und Zauberei.

Die Welt der olympischen Götter. Die olympischen Götter kennen wir vor allem aus den Werken Homers und Hesiods. Damit befinden wir uns in der Gesellschaft der Griechen selbst, deren religiöse Vorstellungen für Jahrhunderte durch diese beiden Dichter geprägt wurden. Hesiod hatte über die Hierarchie unter den Göttern, ihre Herkunft, Verwandtschaft und Herrschaftsbereiche geschrieben, bei Homer erleben wir die Götter als Handelnde. Die Götter, als die »Stärkeren« oder die »leichter Lebenden« bezeichnet, standen wegen ihrer Unsterblichkeit und größeren Macht über den Menschen, die ihnen fromme Ehrerbietung schuldeten und dafür Hilfe erwarten durften. Die Götter stellten keine bestimmten ethischen Forderungen an die Menschen – die Ethik gehörte nach griechischer Auffassung ganz in den Bereich der Menschen –, sondern wachten nur ganz allgemein darüber, daß Ordnung auf Erden herrschte, d. h. daß die Normen nicht verletzt wurden. Sie griffen nur ein, wenn kein menschlicher Rächer da war oder bei besonders schweren Verbrechen, z. B. bei Verwandtenmord. Da die Götter nicht unmittelbar über die Menschen wachten, war den Griechen zunächst auch der Gedanke an ein Gericht nach dem Tode fremd. Sie wußten nur, daß der Fährmann Charon die Toten über den Unterweltsfluß Styx in den Hades fuhr, wo sie aus dem Fluß Lethe tranken, um ihr irdisches Leben zu vergessen, und dann als machtlose Schatten dahinvegetierten. Eine Strafe in der Unterwelt gab es nur für Götter, z. B. die Giganten *(→ Götter)* oder solche Menschen, die den Göttern zu nahegetreten waren wie Tantalos. Erst spät – vielleicht unter orphischem Einfluß – entwikkelte sich die Vorstellung von einem Totengericht. Die Richter hießen Minos, Rhadamanthys, Aiakos und Triptolemos. Dazu gehörte der Gedanke an ein Paradies, das Elysium, auch die »Inseln der Seligen« genannt, für Menschen, die die Götter besonders auszeichnen wollten. Die anderen mußten im Hades bleiben. Im allgemeinen war aber das Leben die Zeit, in der sich Menschen und Götter begegneten. Der Mensch erwartete von den Göttern Hilfe und gab dafür Opfer und Gebete. Wichtig war, daß der Mensch nicht in Anmaßung verfiel, griechisch »hybris«, und versuchte, die Grenze zwischen Menschen und Göttern zu überschreiten, wie es in der Mythologie Niobe, Arachne oder Tantalos getan hatten – denn dann trafen ihn fürchterliche Strafen. Die Götter ihrerseits verhielten sich kaum anders als Menschen. In aller Unbefangenheit zeigt Homer, daß sie wie Menschen dachten, fühlten und handelten, sie kannten Freude und Leid, Liebe und Schmerz, Hoffnung und Enttäuschung, Rache und Haß. Zu dieser Unbefangenheit gehörte auch die Vorstellung von Helden *(→ Heroen)*, die, oft halbgöttlicher Herkunft, durch ihre Leistungen zu echten Göttern werden konnten, z. B. Herakles. Wahrscheinlich stammte der Heroen-Kult aus der Ahnenverehrung, er ist aber sehr bezeichnend für die griechische Auffassung, die eine sehr menschliche Beziehung zwischen Menschen und Göttern für möglich hielt. Die Götter waren mächtig, allerdings nicht allmächtig, über ihnen standen Schicksal und Tod, dem sie zwar nicht selbst unterworfen waren, den sie aber auch von ihren Lieblingen unter den Menschen nicht abwenden konnten.

Die Vorstellung, die Götter seien göttliche Wesen in menschlicher Gestalt und mit menschlichen Empfindungen (Anthropomorphismus), forderte aber auch Kritik heraus. Die aufkommende Philosophie lehnte dieses Bild von den Göttern ab – die Liebesabenteuer des Zeus paßten nicht mehr zu der neuen Auffassung vom Wesen des Göttlichen. Xenophanes *(→ Philosophie)* schrieb: »Alles haben Homer und Hesiod den Göttern angehängt, was bei den Menschen als Schande und Vorwurf gilt: Diebstahl, Ehebruch und gegenseitiger Betrug. Es gibt nur einen Gott, unter göttlichen Wesen und Menschen der größte!« Dies war aber nur ein Anfang. Je weiter die Philosophie fortschritt, je umfassender die Probleme waren, denen sie sich zuwandte, desto mehr wandelten sich auch die Gottesvorstellungen und die Rolle der Religion, die sich nicht mehr in Mythos und Kult erschöpfte. Die Philosophie leitete aus der Religion ethische Forderungen ab, die philosophisch begründet waren. Wenn diese Entwicklung auch nur bei wenigen Gelehrten vor sich ging, so wirkte sie doch auch mehr oder weniger stark auf die gesamte Zeit, und man kann für das Ende des 5. Jahrhunderts v. Chr. von einer religiösen Krise sprechen. Zu ihr trug wohl auch der → *Peloponnesische Krieg* bei, dessen Schrecken eine geordnete und durch Zeus gerecht regierte Welt als fraglich erscheinen lassen mußten. Dazu kamen die → *Sophisten,* deren Rationalismus – vielfach bekämpft – der naiven Gläubigkeit der alten Zeit entgegentrat. Die Bedeutung dieser Entwicklung, ihr Zusammenhang mit Politik und Staatskult und die innere Unruhe der Zeit lassen sich am Prozeß gegen → *Sokrates* deutlich erkennen.

Erweiterung und Untergang. Wegen der allgemeinen Unsicherheit in religiösen Fragen war die Bereitschaft groß, neue Formen des Glaubens und neue Götter zu übernehmen, wie sie nach → *Alexanders* Zug ins Bewußtsein der Griechen kamen. Meist wurde der fremde Gott nicht gleich übernommen, sondern zunächst mit einem griechischen gleichgesetzt, z. B. Herakles mit Baal. So verschieden diese neuen Götter, die ohne Ausnahme aus dem Orient stammten, auch waren, so zeigen sie doch einige auffallende Gemeinsamkeiten. Sie wurden alle, ob es sich um Kybele, Isis, Osiris, Adonis oder einen anderen handelte, nicht einfach neben die olympischen Götter gestellt, sondern sie verdrängten allmählich im Bewußtsein ihrer Anhänger die alten Götter und übernahmen die Rolle eines allmächtigen Helfers, der seinen Anbetern – und meist nur ihnen – in diesem Leben und im Jenseits half. In dieser Zeit nahmen auch die → *Mysterien* einen neuen Aufschwung, und aus dem Orient drangen auch → *Zauberei* und → *Astrologie* nach Griechenland. Dazu kam die göttliche Verehrung der hellenistischen Herrscher, mit der Alexander begonnen hatte und an die sich später der römische Kaiserkult anschloß. In den Jahrhunderten nach der Zeitwende ging dieser Prozeß weiter: Geheimkulte, daneben auch Zauberei und Aberglauben breiteten sich immer mehr aus auf Kosten der olympischen Götter; deren Kulte wurden allerdings weiterhin gepflegt und oft sogar – aus politischen Gründen – mit reichlichen Mitteln ausgestattet. Auffallend ist für diese Zeit die Hinwendung zum Schicksalsglauben. Schon bei Homer waren die drei Schicksalsgöttinnen (Moiren) Klotho, Lachesis und Atropos stärker als Zeus, nun weihte man aber der Tyche (Schicksal, Zufall) sogar Tempel, d. h. man sah in ihr die eigentliche Herrin der Welt. Es ist verständlich, daß in dieses religiöse Vakuum das Christentum siegreich vorstoßen konnte – Zeus war schon lange vorher gestorben.

Der Kult – Priester und Opfer. Die griechischen Priester bildeten – von einigen Ausnahmen abgesehen – keinen besonderen Stand. Sie handelten als Beauftragte des Staates oder eines Privatmannes. Man konnte in dieses Amt gewählt werden, es manchmal auch kaufen. Voraussetzung war im allgemeinen nur bürgerliche Unbescholtenheit und Vertrautheit mit den Geboten des Kultes. Etwas strenger waren die Anforderungen an die Priester der großen Heiligtümer, z. B. Dodonas, die dieses Amt hauptberuflich ausübten. In den Städten lebten die Priester meist von den Einkünften eines anderen Amtes oder sonst eines Berufes. Allerdings genossen die Priester hohes Ansehen, das darauf beruhte, daß sie die Vorschriften bei Gebet und Opfer genau kannten und somit den Göttern etwas näher standen. Es war ihre Aufgabe, die Opfer dem Ritus gemäß darzubringen. Bei den regelmäßigen, vom Kult vorgeschriebenen Opfern mußten Gebete gesprochen werden, deren Form und Inhalt genau festgelegt waren. Von einigen solchen Gebeten sind uns Fragmente erhalten; sie kann man als die einzigen echten religiösen Texte bezeichnen, die wir aus der griechischen Antike kennen. Andere Opfer wurden im Auftrag des Staates zu bestimmten Anlässen oder auf Veranlassung eines Privatmannes dargebracht, der ein bestimmtes Anliegen hatte. Dabei war vorgeschrieben, welches Tier z. B. welchem Gott bei welchem Anlaß zu opfern war. Es mußte bestimmten Vorschriften entsprechen, was Alter und Farbe anbetraf. Das Fleisch wurde in manchen Fällen ganz dem Gott geweiht, d. h. ganz verbrannt, während gewöhnlich nur ein Teil zum Opferfeuer übergeben wurde; den Rest erhielten die Priester und die Teilnehmer am Opfer, bei großen Opfern auch die Armen der Stadt. Außer Tieren opferte man auch Brot, Mehl, Öl, Honig, Wein oder Früchte. Menschenopfer hat es in alter Zeit sicher gegeben; so opferte Achilleus am Grabe seines Freundes Patroklos gefangene Troianer, in historischer Zeit wurden aber Menschenopfer als barbarisch scharf abgelehnt.

Öffentlicher Kult – Feste. Zum Kult, der im Auftrag und auf Kosten des Staates durchgeführt wurde, gehörten regelmäßige Opfer. Sie waren unerläßlich, um sich des dauernden Wohlwollens der Götter zu versichern, besonders natürlich des Schutzgottes der Stadt. Dabei mitzuwirken war auch Aufgabe des einzelnen Bürgers; Religion blieb so also nicht Privatsache. Meist beschränkte sich seine Teilnahme am öffentlichen Kult aber auf dessen angenehmsten Teil, die Feste. Man feierte sie an einem festgelegten Datum zu Ehren eines bestimmten Gottes, um seine Hilfe zu erbitten oder ihm zu danken. Auch Gedenktage wurden festlich begangen, und es gab auch Feste aus besonderem Anlaß, z. B. nach einem Sieg. So kannte der athenische Monat Hekatombaion (Juli/August; → *Kalender)* das Fest Kronia als Feier des Ernteabschlusses, das Fest Synoikia zum Gedenken an den Zusammenschluß der einzelnen Stadtteile durch Theseus und die Panathenaia zu Ehren der Stadtgöttin Athene. Die Feste waren über das ganze Jahr verteilt und dauerten meist einen Tag. Teilnehmen konnten alle Bürger, vielfach sogar Sklaven. Zu den Festen gehörten Opfer und Gebete, Tänze, Prozessionen zu Tempeln des Gottes oder heiligen Orten – mit einigen solcher Umzüge hängt die Entstehung des Dramas zusammen – und oft auch musische und sportliche Wettkämpfe. Neben den Festen der einzelnen Städte, zu denen auch befreundete Staaten eingeladen wurden, gab es auch die gesamtgriechischen Feste, zu denen Griechen aller Staaten Zutritt hatten, z. B. die Olympischen oder die Isthmischen Spiele. Die → *Olympischen Spiele* zeigen deutlich, welche Entwicklung die Feste nahmen: Stand ursprünglich die Verehrung der Götter im Mittelpunkt, so wurde schließlich das – wir würden sagen – »Rahmenprogramm« immer wichtiger. Dies kann man auch bei den städtischen Festen beobachten. Sie wurden immer prunkvoller und aufwendiger, und je mehr der religiöse Sinn verlorenging, desto deutlicher dienten sie der Selbstdarstellung des Staates, eine Erscheinung, die man auch beim Tempelbau beobachten kann.

Der Einzelne und die Religion. Der Kult des Staates beruhte zwar auch auf der Frömmigkeit des einzelnen Bürgers; die allmähliche Sinnentleerung ließ ihn aber zur Formel erstarren, die dem Menschen kein religiöses Erleben mehr geben konnte. Um so wichtiger wurde der private Kult. Dazu gehörten zunächst feste, durch die Tradition vorgeschriebene Riten und Opfer, z. B. bei Geburt und Tod eines Menschen. Im Mittelpunkt standen dabei die kultische Reinigung von Mutter und Kind bzw. der Angehörigen des Verstorbenen und ihr Schutz vor dem Toten. Bei Hochzeiten finden wir vor allem Fruchtbarkeitsriten und mehr magische Praktiken zur Abwehr böser Einflüsse. Auch private regelmäßige Opfer auf Hausaltären gab es in Griechenland; besonders wichtig aber war die Verbindung zu den Überirdischen bei außergewöhnlichen Anlässen, z. B. bei einer Krankheit oder vor Antritt einer → *Reise*. Dazu konnte man einen Priester als Vermittler und Helfer einschalten, sich aber auch unmittelbar an einen Gott wenden, durch Gebete und Opfer zu Hause. Verständlicherweise überwogen bei den privaten Anliegen die Bitten um Hilfe. Deshalb finden sich in der Religion des einzelnen Bürgers immer viele Anklänge an Aberglauben und Zauberei, die ja nichts mit Gottesverehrung zu tun haben, sondern dem Schutz der eigenen Person dienen. Allerdings sind gerade im Bereich der privaten Frömmigkeit allgemeingültige Aussagen sehr schwierig, da hier Bildung und persönliche Erfahrung eine große Rolle spielen und direkte Zeugnisse selten sind. (G. St.)

Rhetorik

In der Rhetorik, einer ihrer großen theoretischen Leistungen, entwickelten die Griechen ein bis ins Kleinste ausgeklügeltes System, das den drei Grundauffassungen von Rede in der Antike entsprechen sollte: 1. der Rede als Überredung; 2. der Rede als Kunst – der Auffassung, daß das gesprochene Wort besonders dann wirkt, wenn es treffend und »schön« eingesetzt wird; 3. der Rede als einer lernbaren Technik, einer handwerklichen Fertigkeit.

In diesem *System der Rhetorik*, das seit → *Aristoteles* im wesentlichen festliegt, werden grundsätzlich drei Arten von Reden unterschieden: die Gerichtsrede (Genos dikanikón), die Anklage und Verteidigung umfaßte; die beratende Rede (Genos symbuleutikón), die bestimmtes Vorgehen in politischen Versammlungen empfahl; und die Prunkrede (Genos epideiktikón), die (meist) Lob und (selten) Tadel bei feierlichen Anlässen zum Ausdruck brachte. Für die Ausarbeitung der Rede gab es eine genau vorgeschriebene Abfolge von fünf Arbeitsgängen. Zunächst mußte der Redner in der Héuresis (»Erfindung«) die Hauptgesichtspunkte seiner Rede herausfinden, also das Material sammeln und bereitstellen. Danach war der Stoff zu gliedern und sinnvoll zu ordnen; das geschah in der Taxis (»Ordnung«). Nun konnte der Redner freilich nicht eine Gliederung nach seinem Belieben wählen; vielmehr war der große Rahmen einer Rede schon innerhalb der Vorschriften für die Heuresis durch die Lehre von den Teilen der Rede festgelegt. Diese Redeteile waren z. B. in der Gerichtsrede: a) Einleitung (Proóimion); in ihr sollten Interesse und Wohlwollen der Zuhörer auf verschiedene Weise gewonnen werden; b) Darstellung der Tatbestände (Diégesis), ebenfalls mit bis in die Einzelheit reichenden Vorschriften. Der dritte Redeteil war c) die Feststellung der Streitpunkte (Próthesis); darauf folgte d) die Darlegung der Beweisgründe (Pistis). Dieser zentrale Teil wurde mehrfach untergegliedert; daran schloß sich e) die Widerlegung der Beweisgründe des Gegners (Elenchos) und zuletzt der Epilog (Epílogos) an. Anhand dieses sechsteiligen Schemas vollzog sich also die Auffindung der Hauptgesichtspunkte, während es in der Taxis um Wirkung durch die Anordnung des Stoffes ging; so konnte der Redner die jeweils stärksten Argumente an den Anfang oder an den Schluß stellen, hatte die Wirkung gegenüber der Abwechslung zu berücksichtigen und anderes mehr. Auf Héuresis und Taxis folgte ein besonders wichtiger Arbeitsgang, die Lexis (»Formulierung« und Stilisierung). Darunter verstand man die stilistische und sprachliche Durchformung des gegliederten Rohmaterials. Dabei hatte der Redner zunächst zu überlegen, in welcher Stilart (Charaktér) seine Rede oder ihre Teile abzufassen waren. Grundsätzlich gab es je nach Stoff und Redezweck drei solcher Stilarten: den schlichten, den mittleren und den erhabenen. Außerdem mußten auf jeden Fall die Stilqualitäten (Aretái) beachtet werden, wie z. B. sprachliche Richtigkeit (Hellenismós), Deutlichkeit (Saphéneia), Angemessenheit (Prepón) u. a.

Die sprachliche Ausarbeitung im einzelnen umfaßte den Redeschmuck

(Kosmos) durch Tropen und Figuren. Mit Tropos bezeichnete man den Redeschmuck, der das einzelne Wort verändert; dazu gehören z. B. die Metapher, d. h. die Verwendung einer übertragenen Bezeichnung statt der eigentlichen (z. B. »Hase« statt Feigling); die Allegorie: »Staatsschiff«; die Personifikation; die Übertreibung; die Ironie und vieles andere. Unter Figuren (Schemata) verstand man – aufgegliedert in Rede- und Gedankenfiguren – den Schmuck der Rede, der sich auf mehrere Wörter oder ganze Sätze bezieht. Wichtige Figuren sind z. B. die rhetorische Frage, d. h. die in Frageform verkleidete Behauptung (»Wer könnte das leugnen?«); die Alliteration (z. B. im Deutschen »mit *M*ann und *M*aus«); die Antithese.

Besonderes Augenmerk war noch der Rhythmisierung und Periodisierung der Sätze zuzuwenden. Dazu diente z. B. das Isókolon, d. h. die Verwendung gleichlanger Sätze bzw. von Sätzen gleicher Silbenzahl. Die dadurch erreichte Ausgewogenheit der einzelnen Teile war ein wesentliches Merkmal der sogenannten rhythmischen Prosa, die sich unter dem Einfluß der Rhetorik herausbildete. Der Redner Isokrates galt als ein Meister der Rhythmisierung; er achtete vor allem bei den Satzschlüssen auf die sogenannten Klauseln, d. h. eine geregelte Abfolge von langen und kurzen Silben, die freilich keine Verstakte ergeben durften. Wir müssen beim antiken Zuhörer eine wesentlich größere Sensibilität für derartige rhythmische Feinheiten annehmen, als wir sie heute haben.

Die der Lexis folgenden beiden letzten Arbeitsphasen lassen sich kurz abhandeln. Auf die sprachliche Ausformung folgte das Auswendiglernen der Rede, auf das großer Wert gelegt wurde; zumindest die Abfolge der Gedanken prägte man sich ein; wenn es irgend möglich war, auch den Wortlaut. Der letzte Arbeitsgang war die Realisierung der Rede im Vortrag. Dieser Vortrag war tatsächlich oft mehr eine Vorführung, bei der der Redner nach Art eines Schauspielers agierte und dabei mit Stimme, Mimik, Gestik und Körperhaltung Wirkung zu erzielen versuchte.

Die Fähigkeit, eine Rede so zu verfassen, nannten die Griechen »Techne«. Sie basierte auf Begabung (Physis), Ausbildung (Paidéia) und Erfahrung (Empeiría), die man durch Übung erhielt.

Die griechische Rhetorik bis Aristoteles. Dieses theoretische System entwickelt zu haben, war nicht Leistung und Verdienst eines einzelnen, sondern das Werk von Generationen. Verschiedene Voraussetzungen trugen zumal in Athen dazu bei, daß die Redekunst besonders gedeihen konnte. Sieht man von der allgemeinen Redefreudigkeit der alten Griechen einmal ab, dann ist es zum einen die attische → *Demokratie*, in der die Fähigkeit zur öffentlichen Rede für jedermann wichtig war; zum anderen die ausgesprochene Vorliebe der Athener für Gerichtsverhandlungen, die ebenfalls der Rede zustatten kam; und schließlich die Empfänglichkeit der Griechen für Wohlklang und schöne Form. Mehr oder weniger unreflektierte Redekunst hat es in Griechenland schon immer gegeben, ehe die Rhetorik als Theorie, als »Techne« existierte. Diese läßt sich verhältnismäßig genau bis auf ihre Anfänge zurückverfolgen.

Es waren Sizilianer – Korax und Teisias –, die in der 1. Hälfte des 5. Jahrhunderts v. Chr. die Rede als Kunstfertigkeit begründeten. Von ihnen stammt vielleicht schon die grundsätzliche Einteilung einer Rede in Proóimion, Diégesis, Pistis und Epílogos und die Unterscheidung der zwei grundlegenden Arten: Gerichtsrede und beratende Rede. Erst Gorgias, ein Schüler des → *Empedokles*, ebenfalls aus Sizilien, brachte 427 v. Chr. als Führer einer politischen Gesandtschaft diese sizilianische Rhetorik nach Athen. Er ist der wichtigste Rhetor unter den → *Sophisten*, deren Denkvorstellungen zahlreiche Berührungspunkte mit den leitenden Auffassungen der Rhetoren aufweisen. So trafen sich die Sophisten in ihrem Glauben an die Macht der Unterweisung und die Relativität aller Dinge mit der rhetorischen Theorie, die davon ausging, daß man mit dem gesprochenen Wort zu allem überreden könne, und zwar ohne moralische Einschränkung. Schon den ersten Rhetoren wird der Satz zugeschrieben, Rede könne ebensogut, wenn nicht besser, zum Wahrscheinlichen überreden als zum Wahren. Diesem Ziel ordnete auch Gorgias Theorie und Praxis unter. Von seiner Rede sollen die Athener fasziniert gewesen sein, und seine Redefiguren, die Gorgianischen »Schemata«, waren als Mittel zum effektvollen Reden in der Antike berühmt. Dazu gehörte neben den schon erwähnten Isókolon und Antithese das Homoiotéleuton, d. h. ein reimähnliches Satzende.

Andere Sophisten neben Gorgias, der über die Rede hinaus auch auf die literarische Prosa überhaupt stark wirkte, bauten das rhetorische System weiter aus; so Thrasymachos, der als Erfinder des Prosarhythmus galt. Diese Verbindung von Sophistik und Rhetorik konnte durchaus auch zur Folge haben, daß man versuchte, nach einem Satz des Sophisten Protagoras, »die schwächere Sache« mittels raffinierter Argumentation »zur stärkeren zu machen«, was man heute noch als »sophistische Beweisführung« bezeichnet. Doch waren die Sophisten keineswegs

notorische Verdreher der Wahrheit, sondern setzten nur die rhetorischen Mittel pointiert ein.
Die souveräne Handhabung der Redekunst wurde in Athen bald von berufsmäßigen Redenschreibern, den sogenannten Logographen (einer Art antiker »ghostwriters«) übernommen, die auf Wunsch gegen Bezahlung für jeden Standpunkt die gewünschte Rede anfertigten. Zu solcher Logographentätigkeit war auch Lysias, einer der zehn bedeutendsten attischen Redner *(→ Literatur)* des 4. Jahrhunderts v. Chr., gezwungen. Da er kein athenischer Bürger war, konnte er seine Reden nicht selbst halten; also schrieb er sie für andere. Neben ihm sind die wichtigsten in diesem Kanon rhetorischer Größen: Isokrates, ein Gorgias-Schüler, und der große → *Demosthenes;* beide aus dem 4. Jahrhundert. Lysias soll 233 Reden geschrieben haben, von denen etwa dreißig erhalten sind. Er beherrschte die von den Sophisten entwickelten Methoden der Überredung und war ein Meister überzeugender Beweisführung, ohne in gekünstelte Darstellungsweise zu verfallen. Sein Stil galt als musterhaft attisch. Isokrates, wohl der größte Schüler des Gorgias, schrieb ebenmäßige Prosa, wobei der schönen gefälligen Form auch öfters gedankliche Tiefe geopfert wird. Mit seiner stilistischen Eleganz ist er besonders in seinem Panegyrikos, einer Lobrede auf Athen, berühmt geworden. War Isokrates Anhänger der panhellenischen Idee, so stellt Demosthenes seine Redekunst in den Dienst des griechischen Polisgedankens und des Kampfes gegen Philippos von Makedonien und seinen Sohn → *Alexander den Großen.* Auch er handhabt die rhetorischen Möglichkeiten souverän, ja skrupellos; Rhetorik steht für ihn im Dienst des politischen Konzepts, und er geht mit seinen politischen Gegnern alles andere als zimperlich um, was man an seinen Reden gegen seinen innenpolitischen Gegner Aischines ebenso ablesen kann wie an seinen Philippischen Reden gegen den Makedonenkönig. Noch heute nennt man eine haßerfüllte Streitrede eine »Philíppika«.
Die rhetorische Theorie, wie sie von den Sophisten ausgebaut wurde, hoben die führenden Köpfe der griechischen Klassik, → *Sokrates,* → *Platon* und insbesondere → *Aristoteles,* auf eine neue Ebene. Sokrates war ebenfalls von der Sophistik beeinflußt, »verinnerlichte« aber die Ziele der Rhetorik, indem er es nicht als ihren Zweck definierte, mittels trickreicher Argumentation (auch mit Trugschlüssen oder ähnlichem) zu überreden, sondern durch die Wahrheit zu überzeugen. Mit ihm setzte die Annäherung der Rhetorik an die → *Philosophie* ein; sie wurde von seinem genialen Schüler Platon fortgesetzt, der sich in seinen

Dialogen »Gorgias« und »Phaidros« kritisch mit dem Anspruch der Sophistik auseinandersetzt, bildend und erziehend wirken zu wollen. Besonders im »Gorgias« erteilt er der Rhetorik, wie sie die Sophisten verstanden, eine Absage. Aristoteles zieht die Summe aller bisherigen Bemühungen. In seiner drei Bücher umfassenden »Rhetorik« gibt er eine Zusammenfassung aller bisherigen Lehrmeinungen zum Thema; er baut zwar auf der Sophistik auf, denkt aber selbständig weiter und schafft so eines der bedeutendsten Rhetorik-Lehrbücher der Antike. Seine Leistung liegt dabei sowohl im Sammeln als auch im systematischen Ordnen des Stoffes. So übernimmt er die Aufteilung der Rhetorik in drei Gattungen, wie sie schon von seinen Vorgängern entwickelt wurde. Jeder der drei Gattungen ordnet er eine Zeitstufe zu: der Gerichtsrede die Vergangenheit, der politischen Rede die Zukunft, der Prunkrede die Gegenwart. Weiter zerlegt er sie in jeweils einen positiven und einen negativen Aspekt: Anklage – Verteidigung, Mahnung – Warnung, Preis – Tadel. Im übrigen geht er nach den üblichen Arbeitsschritten des Redners vor: Buch I und II behandeln die Heuresis (Stoff – Findung), innerhalb derer er zwischen »untechnischen«, d. h durch sich selbst überzeugend wirkenden Argumenten (z. B. Gesetze, Zeugenaussagen) und »technischen« unterscheidet, die der Redner selbst erst entwickeln und »wahrscheinlich« machen muß. Hilfe erhält er dabei von den Topoi, den »Gemeinplätzen«, d. h. festen, formelhaften Denkmustern, die als sprachliche Versatzstücke in eine Argumentation eingebaut werden können. Auch solche Topoi stellt Aristoteles zusammen. Ähnlich differenziert wie die Heuresis werden in Buch III Fragen der Disposition und des Stils erörtert.

Die Rhetorik nach Aristoteles. Mit Aristoteles ist der Aufbau des theoretischen Gebäudes der griechischen Rhetorik im ganzen abgeschlossen. In den folgenden Jahrhunderten wurde es im einzelnen verfeinert, ohne daß wesentlich Neues in der Theorie dazukam. So fügte Theophrast, ein Schüler des Aristoteles, den drei Arbeitsschritten des Redners den Vortrag hinzu, andere das Auswendiglernen. Aristoteles aber blieb die Autorität schlechthin bis in die römische Kaiserzeit, ebenso wie die attischen Redner des 4. Jahrhunderts v. Chr. das klassische Muster blieben. Zunächst kam es aber in den folgenden Jahrhunderten des → *Hellenismus* zu einer Verlagerung des kulturellen Schwerpunkts nach → *Kleinasien*, wo eine Tendenz zum übertriebenen Schwulst und zu formaler Manieriertheit die Oberhand gewann, der »Asianismus«. Die Gegner dieses »barocken« Stils, der z. B. im Vortrag zum Singsang ausartete, nannten sich »Attizisten«. Sie traten gegen asianische Regellosigkeit und sprachlichen Wildwuchs an und orientierten sich an den alten attischen Rednern als Vorbild. Der Kampf zwischen beiden Richtungen bestimmte die Folgezeit. Etwa um Christi Geburt trug Dionysios von Halikarnaß mit seiner Schrift »Über die Wortfügung« wesentlich zum vorübergehenden Sieg des Attizismus bei. Die Auseinandersetzung flammte jedoch immer wieder neu auf, und noch in der sogenannten Zweiten Sophistik des 2./3. nachchristlichen Jahrhunderts spielte sie eine wichtige Rolle. Die Vertreter dieser Zweiten Sophistik knüpften an Gorgias und seine »Schemata« an, die sie oft in übertriebener Weise verwendeten. Dadurch sank die Rhetorik mehr und mehr zur gefälligen Unterhaltung ab, zur »Show«, die von virtuosen Könnern gestaltet wird und nur auf Beifall aus ist.

Zur gleichen Zeit wird die Rhetorik im wesentlichen Schuldisziplin. Zwar spielte sie als Schulfach schon seit der Ersten Sophistik eine Rolle; z. B. hatte Isokrates eine Schule. Aber seitdem die politische Selbständigkeit Griechenlands schwand, verlegten sich die Rhetoren immer mehr auf die »Spielwiese« Schule: Die öffentlichen Betätigungsmöglichkeiten wurden ja immer geringer, und im Unterricht dominierte die formale Unterweisung. So ist für die hellenistische Zeit ein ausgeprägter Schulbetrieb bezeugt. Neben → *Rhodos* – wo z. B. Cicero seine Ausbildung vervollkommnete – gab es vor allem in → *Pergamon,* Milet und → *Alexandreia* staatliche Schulen, in denen man Rhetorik von den Grundkenntnissen bis zur Abfassung einer Musterrede erlernen konnte. Auch Hermogenes von Tarsos, der wichtigste Vertreter der Zweiten Sophistik, schrieb ein Lehrbuch der Rhetorik für Schulzwecke, das später großen Einfluß ausübte. Dieser letzte griechische Theoretiker der Antike baute das rhetorische System in einzelnen Punkten noch aus.

Nachwirkung und Bedeutung. In der Schulstube lebt die antike Rhetorik ungebrochen weiter, ja hier tritt sie ihren Siegeszug durch die Jahrhunderte an, als eines der drei Fächer des »Triviums«, des Grund-Unterrichts, ebenso wie als methodisches Prinzip im gesamten Unterrichtsbetrieb. Noch heute lebt die Rhetorik in der Schule fort, bis vor kurzem z. B. im Gliederungsschema der »Chrie« in der Aufsatzlehre. Auf die noch wichtigere Bedeutung der antiken Rhetorik für die → *Literatur* der Antike und der lateinischen Tochtersprachen kann hier nur hingewiesen werden.

Diese Tradition vollzieht sich indessen nicht bruchlos, und zumal die christlichen Autoren der Kaiserzeit verhalten sich durchaus uneinheitlich gegenüber dem Phänomen der Rhetorik: Von radikaler Frontstellung gegen die heidnische Freude an Wortgeklingel und schöner Form bis zur Anerkennung und enthusiastischen Übernahme der von den antiken Autoritäten bereitgestellten Stilmuster reicht die Skala der Möglichkeiten. So wendet sich der große Prediger Johannes Chrysostomos (4. Jahrhundert n. Chr.) immer wieder gegen das Beifallklatschen während der kirchlichen Predigt, einen Brauch, der bei den Rede-Vorführungen der Sophisten üblich geworden war. Oft ging der Riß durch ein und denselben Menschen, wie wir es z. B. vom Kirchenvater Hieronymus, dem Schöpfer der Vulgata, wissen; der Heilige war zugleich begeisterter Verehrer der antiken Formkunst, ohne daß er diese Spannung je ganz gelöst hätte. Doch auch hier blieb die antike Rhetorik Siegerin: Bis heute gibt es kaum eine Gattung, die stärker von ihr geprägt ist als die kirchliche Predigt. Und es ist kein Zufall, daß sich gerade bei der Predigt, wo es auf Klarheit der Gedanken, planmäßigen Aufbau und Sauberkeit des Audrucks besonders ankommt, die überlegene geistige Konzeption der Antike durchsetzte. (G. M.)

Rhodos

Die Insel Rhodos, heute das Lieblingsziel vieler sonnenhungriger Touristen, bildet den östlichen Eckpfeiler der Inselbrücke vom Balkan nach Kleinasien. Mit 77 Kilometer Länge, bis zu 35 Kilometer Breite und einer Fläche von 1400 Quadratkilometern ist sie zugleich nach → *Kreta* die zweitgrößte dieser Inseln. Schon um 1500 wurden hier minoische Handelsniederlassungen gegründet; etwa hundert Jahre später kamen die ersten Griechen, Achaier aus dem mykenischen Reich *(→ Mykenische Zeit).* Noch einmal vergingen dann vierhundert Jahre, bis nach dem Abzug der Achaier die Dorer auf der Insel landeten und an der Nordspitze bei Ialysos, an der Westküste bei Kameiros und im Osten bei Lindos drei Stadtstaaten gründeten, die dank eines weitreichenden Seeverkehrs und guter Handelsverbindungen bald zu einem so beachtlichen Wohlstand gelangten, daß ihn schon → *Homer* in der → *»Ilias«* besang: »Dreifach wohnten sie dort, in Stämme geteilt, und gediehen, geliebt von Zeus, der Götter und Menschen beherrscht, denn segnend herab goß der Kronide des Reichtums Schätze.«

Schiffe von Rhodos, so erzählt Homer weiter, unterstützten die Griechen im Kampf gegen → *Troja.* Handelsgeist und Unternehmungslust trieb die Rhodier schon seit 700 v. Chr. zur Gründung von Kolonien an Spaniens Küste ebenso wie in → *Großgriechenland,* wo Parthenope, die Vorläuferin des heutigen Neapel, auf sie zurückgeht. Gela in Sizilien war ebenfalls eine ihrer Pflanzstädte, und an der Gründung von Naukratis im Nildelta waren sie auch beteiligt.

Die Rhodier waren nicht nur tüchtige Seefahrer und Händler *(→ Seefahrt),* sondern auch recht geschickte Politiker. Die Lage der Insel zwischen dem griechischen Festland im Nordwesten und dem Perserreich im Osten zwang ihre Bewohner zu vorsichtigem Taktieren. In der Schlacht von Salamis kämpften ihre Schiffe auf persischer Seite. Nach dem Sieg der Griechen verbündeten sie sich mit Athen und traten dem delisch-attischen → *Seebund* bei. Aber schon während des → *Peloponnesischen Krieges* setzten sie erneut auf eine andere Karte und betonten strikte Neutralität.

400 v. Chr. gründeten die oben genannten Städte an der Nordspitze der Insel eine neue gemeinsame Hauptstadt gleich für 100 000 Bewohner, mit Tempeln, Theatern, einem Stadion und fünf Hafenbecken, schnurgeraden Straßen und Häuserblocks in Rechtecken, geplant von Hippodamos von Milet, dem besten und berühmtesten Stadtbaumeister seiner Zeit. Man spürte bei der ganzen Anlage förmlich den Reichtum, der den Rhodiern erlaubte, entsprechend großspurig aufzutreten. Die neue Stadt Rhodos blühte in kürzester Zeit auf und konnte ihren Reichtum zur Schau stellen, so daß zeitgenössische Reisende berichten, sie habe allein soviele Statuen besessen wie die anderen griechischen Städte zusammen. Gleichzeitig mit dem raschen Wachstum der neuen Hauptstadt verloren die anderen Gemeinden an Bedeutung.

Seit der Mitte des 4. Jahrhunderts v. Chr. mußte sich das bis dahin freie und autonome Rhodos wieder dem Einfluß der Perser beugen und wurde einer ihrer Stützpunkte in der Ägäis. 305 v. Chr. belagerte auf Befehl des Diadochenkönigs *(→ Diadochenreiche)* Antigonos dessen Sohn Demetrios Poliorketes, der »Städtebelagerer«, die Stadt, aber die damals 6000 wehrfähigen Männer verteidigten sich hinter den festen Mauern so tapfer, daß Demetrios schließlich unverrichteter Dinge wieder abziehen mußte.

Der Sage nach soll er selbst den berühmten Bildhauer Chares aus Lindos angeregt haben, aus dem von ihm zurückgelassenen bronzenen Kriegsmaterial eine gewaltige Statue zu gießen. Gleichgültig, ob der Auftrag vom Belagerer oder den Belagerten kam, Chares schuf in zwölfjähriger Arbeit jenes Standbild des Sonnengottes Helios, das zu den Sieben

Weltwundern gezählt wurde, über der Hafeneinfahrt an der Mole stand und 227 bei einem Erdbeben einstürzte.
Um 200 v. Chr. verbündete sich Rhodos mit dem kleinen Königreich → *Pergamon* an der vorderasiatischen Küste und unterstützte gemeinsam mit diesem die Römer, ein politischer Schachzug, der den rhodischen Kaufleuten erhebliche wirtschaftliche Vorteile brachte. Merkwürdigerweise schwenkten sie dann aber noch einmal in das Lager der Feinde Roms um. Dessen Sieg im 3. römisch-makedonischen Krieg brachte für Rhodos dementsprechend empfindliche Einbußen und den von nun an unaufhaltsamen Niedergang seiner politischen Macht. Dafür aber wuchs das kulturelle Ansehen. Eine neu gegründete stoische Philosophenschule *(→ Philosophie, → Stoiker)* lockte zahlreiche Hörer an und wurde im Lauf einiger Jahrzehnte zu einer Art Universität ausgebaut. Bei jungen Römern, die Zugang zu griechischer Bildung suchten, gehörte ein Aufenthalt in Rhodos bald zum guten Ton. Cicero und Caesar, Lucrez und Pompejus zählen zu den prominenten Persönlichkeiten, die in ihrer Jugend dort studierten. Auch das Handwerk und vor allem die Bildhauerkunst blühten. Zu den berühmtesten in Rhodos geschaffenen Werken gehört die Laokoon-Gruppe *(→ Plastik)*, die heute in den Vatikanischen Museen bewundert werden kann.
Noch einmal erlebte die Stadt einen schweren Schicksalsschlag, als sie in den Bürgerkrieg nach Caesars Tod hineingezogen und 42 n. Chr. von Cassius erobert und geplündert wurde. Viele ihrer berühmten Kunstwerke kamen damals nach Rom. In der Folgezeit zeigten sich die römischen Kaiser Rhodos stets gewogen, und es blieb nach wie vor Studienplatz und beliebter Aufenthaltsort vornehmer Römer. Erdbeben, Goten- und Isauriereinfälle schlugen schwere Wunden, und erst im hohen Mittelalter erlangte Rhodos unter dem Ritterorden der Johanniter etwas von seiner alten Bedeutung zurück. Die Kreuzritter prägten auch das Bild der Stadt, die nur noch wenig Spuren antiker Größe zeigt. Wer diese sucht, wird besser nach Lindos an der Ostküste gehen. Die mittelalterlichen Befestigungen eines Johanniter-Kastells umschließen dort antike Ruinen mit prachtvollen Propyläen, einem Vorhof und einem Athena-Tempel. Der Zusammenklang von Antike und Mittelalter, von Meer und Himmel offenbart sich dabei in einmaliger Schönheit. (H. P.)

Römer und Griechen

Es war ein beliebtes Thema griechischer »Stammtischgespräche«, welchen Verlauf die Weltgeschichte wohl genommen hätte, wenn → *Alexander der Große* (R 336–323) auch nach dem Westen gezogen wäre. Hätten die Römer, die gegen Ende des 4. Jahrhunderts v. Chr. ganz Mittelitalien beherrschten und sich eben anschickten, auch den Rest der Apenninenhalbinsel ihrem Einfluß zu unterwerfen, dem Welteroberer erfolgreich widerstehen können?
Solche Spekulationen entzündeten sich vor allem am Beispiel des Königs Pyrrhos von Epirus, der in einem kühnen Feldzug (280–275) versucht hatte, die Kräfte der westlichen Griechen zusammenzufassen. Als aber dieser Plan am entschlossenen Widerstand der Römer gescheitert war (verlustreiche »Pyrrhussiege«), mußten sich die stolzen Griechenstädte Unteritaliens und schließlich auch Siziliens der römischen Herrschaft beugen (272 v. Chr. Tarent, 270 Rhegion, 212 Syrakus).
Römischer Imperialismus. Konnten die Römer gegenüber Pyrrhos noch damit argumentieren, daß Italien ihr natürlicher Einflußbereich sei, so äußerte sich in ihrem Eingreifen im östlichen Mittelmeerraum unverhohlener Imperialismus. Den Anlaß lieferte ein militärisch wertloses Bündnis des Königs Philippos V. von Makedonien mit Roms karthagischem Erzfeind Hannibal (215 v. Chr.). Das römische Vordringen wurde erleichtert durch die heillose Zerstrittenheit innerhalb der hellenistischen Staatenwelt, zumal nicht wenige Griechen die Macht der Makedonen für bedrohlicher hielten als die der fernen Römer. Es fehlte freilich auch nicht an hellsichtigen Warnern vor der sich abzeichnenden Fremdherrschaft, die indes kaum Gehör fanden.
Die Freiheitserklärung für die Griechen, die Roms Feldherr Flamininus bei den Isthmischen Spielen des Jahres 196 v. Chr. unter ungeheuerem Jubel verkünden ließ, schien solchen Pessimismus Lügen zu strafen. Aber die gleichzeitig ausgesprochene Garantieerklärung zog die Römer nahezu zwangsläufig in den innergriechischen Parteienstreit hinein. So folgte einer Phase indirekter Beherrschung die brutale Unterwerfung, die in der Zerstörung → *Korinths* (146 v. Chr.) gipfelte. Auch die mächtigen → *Diadochenreiche* bekamen bald den römischen Soldatenstiefel zu spüren. → *Makedonien* wurde gedemütigt und dann vernichtet (168 v. Chr. Schlacht von Pydna). Im gleichen Jahr konnte es ein einzelner römischer Gesandter wagen, den zur Eroberung Ägyptens angetretenen Seleukiden Antiochos IV. (→ *Diadochenreiche*) zum

Der Historiker Polybios überliefert die mahnenden Worte eines Bürgers von Naupaktos aus dem Jahre 217 v. Chr.:
»Wenn [. . .] die jetzt drohend im Westen stehende Wolke über Griechenland heraufzieht, dann bin ich in schwerer Sorge, daß uns die Waffenstillstände, die Kriege und all die Kinderspiele, die wir jetzt miteinander spielen, gründlich ausgetrieben werden; vielleicht werden wir einmal die Götter auf den Knien anflehen, uns die Freiheit wiederzugeben, Krieg miteinander zu führen und Frieden zu schließen, wann wir wollen, überhaupt die eigene Entscheidung in allen Streitigkeiten zwischen uns zurückzuerhalten.«
(Übers. von H. Drexler)

Rückzug zu zwingen, indem er mit dem Stock im Wüstensand einen Kreis zog, den der König nicht vor der Annahme eines römischen Ultimatums verlassen durfte. Pompeius versetzte dem Seleukidenreich den endgültigen Todesstoß und gab dem Orient eine neue Ordnung im römischen Sinne (63 v. Chr.). Die Griechen → *Kleinasiens* waren schon 133 v. Chr. durch das Testament des letzten Königs von → *Pergamon* unter Roms unmittelbare Herrschaft geraten, und schließlich erlag das lange dahinsiechende Ptolemäerreich trotz aller Bemühungen der Königin Kleopatra dem Ansturm des Octavian-Augustus (30 v. Chr.).
Es gehört nicht viel Phantasie dazu, sich die Gefühle der unglücklichen Menschen vorzustellen, deren Wohlstand durch die ständigen Kriege weitgehend ruiniert wurde, zumal auch noch die meisten Schlachten der römischen Bürgerkriege im Osten des Reiches geschlagen wurden. Schutzlos waren Städte und Dörfer der Willkür und Beutegier der durchziehenden Legionen und ihrer Feldherrn ausgeliefert, vor denen weder Nahrungsmittel noch Kunstwerke sicher waren. Statthalter und Steuerpächter preßten das erschöpfte Land buchstäblich bis aufs Mark aus. Ungezählte Kriegsgefangene mußten als Sklaven oder Geiseln den Weg nach Italien antreten, wo ein ungewisses Schicksal auf sie wartete. Verzweifelte Erhebungen der geschundenen Bevölkerung wie z. B. die grausige »Vesper von Ephesos«, der in Kleinasien etwa 80 000 Römer und Italiker zum Opfer fielen, wurden von der Besatzungsmacht mit gnadenloser Härte niedergeschlagen.
Kulturelle Begegnungen. Trotz dieser ungünstigen Voraussetzungen kam es schließlich doch zu einer dauerhaften Annäherung und Versöh-

nung der beiden Völker, die der Dichter Horaz mit dem klassischen Wort charakterisiert hat: »Das eroberte Griechenland eroberte seinerseits den wilden Sieger und brachte dem bäurischen Latium Kultur bei.« Tatsächlich setzte der Kulturexport nach Italien frühzeitig ein. Von den Westgriechen übernahmen die Römer schon im 7. Jahrhundert v. Chr. neben zahlreichen Errungenschaften ihrer hochstehenden Zivilisation das Alphabet, das uns als lateinische Schrift noch heute dient, sowie das Maß- und Währungssystem. Am Beginn der römischen Literatur (um die Mitte des 3. Jahrhunderts v. Chr.) stehen Übersetzungen aus dem Griechischen, wie überhaupt die von den Griechen entwickelten → *Literatur*gattungen für die römischen Schriftsteller Vorbild und Richtschnur blieben. Auch Religion, Kunst, Medizin und Technik verdankten den Griechen entscheidende Impulse, wobei allerdings der aufs Praktische gerichtete Sinn der Römer durchaus eigenständige Lösungen zu entwickeln vermochte.

Aber auch die Griechen mußten allmählich erkennen, daß in dem gefürchteten Barbarenvolk nicht nur ein blindwütiger Eroberungstrieb, sondern auch positive Kräfte am Werk waren, ja daß manche Ideale ihrer großen Philosophen (z. B. das ausgewogene Spiel der politischen Kräfte in der Mischverfassung) im römischen Staat verwirklicht schienen. Dem Kreis um den jüngeren Scipio Africanus (*185, †129 v. Chr), in dem sich führende Männer aus dem römischen Adel und hervorragende griechische Denker wie der → *Stoiker* Panaitios und der Historiker Polybios zusammenfanden, ist es wohl in erster Linie zu verdanken, daß ein solides Fundament gegenseitigen Verstehens gelegt wurde, auf dem spätere Generationen aufbauen konnten. Diese Männer schufen aus der Synthese der stoischen Pflichtenlehre mit altrömischen Wertvorstellungen das Bild einer höheren Menschlichkeit, in der sich das griechische Ideal der harmonischen Entfaltung der Persönlichkeit mit dem römischen Gedanken des Dienstes an der Gemeinschaft verbinden sollte.

Es fehlte freilich auch nicht an Gegenströmungen eines engstirnigen Nationalismus, der die Hinneigung zur griechischen Kultur als Verrat an der Sitte der Vorfahren verdächtigte. Der ältere Cato wurde nicht müde, seine Mitbürger vor den Gefahren einer Überfremdung zu warnen. Aber weder die Unterdrückung östlicher Kulte noch Bücherverbrennungen oder Vertreibungen griechischer Philosophen und Rhetoren aus Rom konnten verhindern, daß die Kinder der römischen Führungsschicht schließlich zweisprachig aufwuchsen und mit der Sprache auch die Denkgewohnheiten der Griechen annahmen. Bildungsreisen und

Studienaufenthalte in Athen, Rhodos oder an einer anderen hellenistischen Hochschule taten ein übriges. Und obwohl man sich gelegentlich darin gefiel, römisches Selbstbewußtsein betont zur Schau zu stellen und auf die »Graeculi« (Griechlein) verächtlich herabzusehen, überwog doch bei weitem der Respekt vor der beispielhaften kulturellen Leistung des griechischen Volkes.

Integration zweier Kulturen. Die bedeutendsten Vertreter des römischen Geisteslebens wie Cicero, Horaz, Vergil, Seneca, Plinius und viele andere machten es sich zur Aufgabe, ihr Volk immer tiefer in das griechische Denken einzuführen. Daß die Römer schließlich bewußt an den griechischen Mythos anknüpften, indem sie ihre Abstammung von dem trojanischen Helden Aeneas *(→ Heroen)* und seinen Gefährten herleiteten, darf als ein bedeutsames Zeichen der fortgeschrittenen Annäherung der Kulturen gewertet werden. Im römischen Nationalepos, der »Aeneis« Vergils, ist der Integrationsprozeß vollendet. Roms Weltherrschaft wird hier nicht mehr machtpolitisch, sondern moralisch begründet, so daß auch die Griechen das Reich des Augustus und seiner Nachfolger als die Verwirklichung ihres Traumes vom ewigen Frieden bejahen konnten.

Noch heute zeugen in allen Teilen des hellenisierten Ostens Denkmäler und Inschriften, Märkte und Hallen, Tempel und Basiliken, Wasserleitungen und Thermen, überhaupt römisches Mauerwerk in jeder Verwendung von dieser neuen Blütezeit. Die Opposition eines Teils der Intelligenz gegen das als Tyrannis gescholtene Kaisertum verstummte angesichts der »geistigen und materiellen Wiedergeburt des Hellenentums« (Bengtson) durch die Förderung der Kaiser, unter denen Hadrian (R 117–138 v. Chr.) zweifellos der größte Philhellene war. Das römische Reich war zum gemeinsamen Vaterland geworden, und noch im 15. Jahrhundert nannten sich die griechischen Bewohner des Reiches → *Byzanz*-Ostrom voller Stolz niemals anders als »Römer«. (H. H.)

Samos

Nur ein schmaler Sund trennt die 491 Quadratkilometer große Insel vom kleinasiatischen Festland, wo steil das Vorgebirge Mykale aufragt. Samos ist die Heimat zahlreicher Wissenschaftler und Künstler, unter denen besonders → *Pythagoras*, → *Epikur*, der Ingenieur Mandrokles (um 514 v. Chr.; Erbauer der ersten Bosporus-Brücke) und der Astronom Aristarchos (Lehre von der Sonne als Zentrum des Weltsystems; → *Astronomie)* hervorzuheben sind. Nach uralter Überlieferung galt die Insel auch als die Geburtsstätte der Hera (→ Götter). In ihrem hochverehrten Heiligtum begingen die Samier alljährlich das Frühlingsfest der »Heiligen Hochzeit« der Göttin mit Zeus und die kultische Feier ihrer jungfräulichen Reinigung.

Darüber hinaus war die Insel nach dem Zeugnis → *Herodots* durch drei technische Meisterleistungen aus dem 6. Jahrhundert v. Chr. berühmt, die in Griechenland nicht ihresgleichen fanden:

An erster Stelle steht der 1035 Meter lange Tunnel, den der Baumeister Eupalinos aus Megara durch den Berg Ampelos getrieben hatte, um die Wasserversorgung der Inselhauptstadt zu sichern. Obwohl sich die Bauleute mit Meißel und Spitzhacke von beiden Seiten her durch das Kalkgestein des Berges durcharbeiten mußten, gelang es der Ingenieurkunst des Eupalinos, die beiden Stollen tatsächlich mitten im Berg aufeinandertreffen zu lassen. Der mannshohe Tunnel mit seinen Nischen für Lampen und Arbeitsgeräte und der tief unter dem Gehweg verlegten Tonröhrenleitung ist neuerdings wieder begehbar.

Fast ebensoviel Bewunderung verdient eine fast 400 Meter lange und bis zu 30 Meter tiefe Mole, die als Wellenbrecher gegen die gefürchteten Herbst- und Winterstürme um den Hafen herumgeführt war.

Und schließlich ist noch der monumentale Heratempel zu nennen, der sich mit seinem doppelten Säulenumgang auf einer Plattform von 55,16 mal 112,20 Meter erhob. Dieser größte → *Tempel* auf griechischem Boden, der freilich niemals vollendet wurde, gilt als der früheste Zeuge der ionischen Baukunst. Von seinem Wald von 133 Säulen (»Labyrinth von Samos«) steht heute nur noch eine einzige aufrecht.

Diese gewaltigen Bauwerke, zu denen noch eine meisterhaft dem Gelände angepaßte Stadtmauer von 6,4 km Länge zu zählen ist, verdanken ihre Entstehung dem Herrscherwillen des nicht zuletzt durch Schillers Ballade »Der Ring des Polykrates« bekannten Tyrannen, der um 538 v. Chr. aus den Parteikämpfen der adeligen Grundbesitzer und der neureichen Kaufherren als Sieger hervorgegangen war. Wie jeder Tyrann entfaltete Polykrates eine rege Bautätigkeit, zu der ihm weitgespannte Handelsbeziehungen und skrupellose Seeräuberei die Mittel lieferten. An seinem Musenhof scharte er Künstler und Dichter wie Anakreon und Ibykos um sich. Als er sich, gestützt auf eine Kriegsflotte von 100 Schiffen, auf eine riskante Schaukelpolitik zwischen den Großmächten Ägypten und Persien einließ, verließ ihn sein sprichwörtliches

Glück: Er ging einem persischen Satrapen (Statthalter) in die Falle und wurde im Angesicht seiner Heimatinsel ans Kreuz geschlagen (522 v. Chr.). Samos fiel in die Hände der Perser, von denen es erst im Verlauf der → *Perserkriege* befreit wurde (479 v. Chr.). Als Mitglied des Attischen Seebundes *(→ Athen-Geschichte)* war die Insel zur Stellung von Kriegsschiffen verpflichtet. Nach einem Aufstand, den → *Perikles* unterdrückte (441–439), hielten die Samier Athen bis zum bitteren Ende des → *Peloponnesischen Krieges* die Treue. Das hinderte die Athener später nicht, den größten Teil der Bevölkerung zu vertreiben und attische Kleruchen (Siedler) anzusiedeln (365 v. Chr.). Erst 321 konnten die verbannten Samier in ihre Heimat zurückkehren. (H. H.)

Sappho

Das Einzigartige an der Dichterin Sappho, die um 600 v. Chr. auf der Insel Lesbos lebte, begreift man vielleicht am ehesten, wenn man sich vergegenwärtigt, daß ihr Ruhm bis heute andauert, obwohl von den neun Büchern ihrer Lieder neben vielen Bruchstücken nur ein vollständiges Gedicht auf uns gekommen ist; auch muß man sich bewußt machen, daß sie in der reinen Männerwelt dieser Frühzeit als einzige Frau selbstbewußt ihre Stimme erhebt, nicht etwa um von großen Helden oder weltbewegenden Taten zu erzählen, sondern um von ihrer eigenen privaten Befindlichkeit, ihren subjektiven Gefühlen und Stimmungen zu sprechen. Aus den erhaltenen Resten ihres Werkes erfahren wir auch das Wenige, was wir über ihr Leben wissen: Ihr Lebensraum war ein Kreis junger Mädchen, die sie in Tanz, Gesang und Lebensart unterwies, ehe sie heirateten. Ergriffen besingt sie in ihren im äolischen Dialekt geschriebenen Liedern die mit Blumen geschmückten Gefährtinnen, die sich zum festlichen Reigen ordnen und deren Schönheit sie als harmonischen Gleichklang mit der Natur begreift. Dieses elementare Betroffen-Sein von der Schönheit spricht auch aus dem vollständig erhaltenen Gebet an Aphrodite, die Göttin von Schönheit und Liebe, die ihr helfen soll, die Zuneigung eines Mädchens zu gewinnen. Vor allem im Moment des Abschieds, wenn eine der Gefährtinnen als Braut den Kreis verläßt, bricht ihre Erschütterung durch, die bis an den Rand der Todessehnsucht reicht. Gewiß spielt hier auch eine erotische Komponente mit, doch ist der Vorwurf, der im Begriff der »lesbischen Liebe« seinen Ausdruck findet, sicher unberechtigt; direkte Körperlichkeit wird bei Sappho nirgends artikuliert. Eines ihrer sehr persönlichen Abschiedsgedichte ist uns in der teilweise wörtlichen Übertragung des lateinischen Lyrikers Catull (Cat. 51) erhalten. Auch die von ihr verwendete Strophenform lebt als die »sapphische« fort und zeugt von ihrer Wirkung durch die Jahrhunderte ebenso wie ein Epigramm → *Platons*, in dem er sie als »zehnte Muse« bezeichnete. (G. M.)

Schliemann

Heinrich Schliemann wurde am 6. Januar 1822 als Sohn eines Pastors in dem kleinen Städtchen Neubukow in Mecklenburg-Schwerin geboren. Wie er später selbst in seinen »Lebenserinnerungen« erzählt, interessierte er sich schon früh für die historischen Zeugnisse und Sagen seiner Heimat. Als Achtzehnjähriger erhielt er zum Weihnachtsfest Jerrers »Weltgeschichte für Kinder«. Als er ein Phantasiebild dieses Buches mit dem brennenden → *Troja* für eine realistische Darstellung ansah und vom Vater belehrt wurde, daß Troja untergegangen sei und niemand seine Lage kenne, beschloß er, die verschollene Stadt später einmal zu suchen und auszugraben. Sein Lebensweg schien allerdings anfangs wenig Aussichten für die Verwirklichung dieses Traumes zu bieten. Der kränkelnde Knabe kam mit vierzehn Jahren zu einem Krämer in die Lehre. Als Neunzehnjähriger beschloß er, der Enge dieses Lebens zu entfliehen und nach Amerika auszuwandern. Völlig mittellos heuerte er als Kajütenjunge auf einer Brigg an, erlitt aber vor der holländischen Küste Schiffbruch und wurde nur durch einen glücklichen Zufall gerettet. In Amsterdam wurde er nun Laufbursche in einem Kontor. Während er tagsüber hart arbeitete, studierte er nachts moderne europäische Fremdsprachen, die er dank seiner einmaligen Sprachbegabung in wenigen Wochen fließend erlernte. Daraufhin erhielt er eine schon gut bezahlte Stellung als Korrespondent und wurde mit vierundzwanzig Jahren als kaufmännischer Agent nach Rußland geschickt, wo er 1847 ein eigenes Handelsunternehmen gründete. Zäh und verbissen arbeitete er am Aufbau seiner Firma und brachte es, nicht zuletzt auch dank einer gewissen Portion Glück, schon in wenigen Jahren zu beachtlichem Wohlstand.

Nun fand er auch wieder Zeit für weitere Studien. Ähnlich wie einige Jahre zuvor die modernen Sprachen lernte er nun Altgriechisch, das er bald so gut wie eine lebende Sprache beherrschte, stürzte sich dann auf

das Lateinische und danach auf das Arabische. Da sein Unternehmen immer besser florierte, war er mit etwa vierzig Jahren mehrfacher Millionär und beschloß nun, das Geschäft aufzugeben und sich ganz seinen wissenschaftlichen Interessen zu widmen. Zuerst unternahm er eine Weltreise und ging dann 1868 nach Griechenland und Kleinasien. Nur auf → *Homers* → *»Ilias«* gestützt, begann er an der Nordküste → *Kleinasiens* mit der Suche nach dem verschollenen Troja. Tatsächlich gelang es ihm bei Hissarlik, sechs Kilometer landeinwärts der Dardanellen, den richtigen Ruinenhügel zu finden, unter dem Troja begraben lag. 1869 heiratete er in Athen eine achtzehnjährige Griechin, die in den folgenden Jahren seine engste Mitarbeiterin wurde. Von 1870 an begann er mit der ihm eigenen Energie den Ruinenhügel von Hissarlik auszugraben. Da er kein Fachmann war, beging er bei seinen Grabungen anfangs schwerwiegende wissenschaftliche Fehler, die ihm mißgünstige Wissenschaftler natürlich sofort vorhielten. Da der Hügel die Überreste gleich von neun Städten barg, irrte sich Schliemann, als er das homerische Troja in der zweiten Schicht von unten vermutete *(→ Troja)*. Doch begünstigte ihn trotzdem das Glück, denn er entdeckte in den Ruinen »seines« Trojas einen wertvollen Goldschatz, den er mit der ihm eigenen Begeisterung »Schatz des Priamos« nannte.
1876 entschloß er sich, die Ruinen von → *Mykene* näher zu untersuchen und dort nach den Gräbern der Könige zu forschen, über die noch Pausanias berichtet hatte, deren Lage aber völlig in Vergessenheit geraten war. So wie ihn bei der Suche nach Troja sein Vertrauen auf Homer nicht enttäuscht hatte, so enttäuschte ihn nun das Vertrauen auf Pausanias nicht. Noch einmal konnte er seine Erfolge steigern, als er in der Burganlage von Mykene fünf Königsgräber entdeckte, deren Reichtümer den »Schatz des Priamos« übertrafen. Schliemann war sicher, die Gräber König Agamemnons und seiner Gefährten *(→ Ilias)* gefunden zu haben, täuschte sich aber wie bei Troja; denn die Gräber waren 400 Jahre älter als die trojanischen Helden. In Wirklichkeit hatte er durch die Funde, die zum Teil nach Berlin, zum Teil in das Nationalmuseum *(→ Museum)* nach Athen kamen, zu den damals unbekannten Anfängen griechischer Kultur *(→ Mykenische Zeit)* zurückgeführt.
Seit 1882 unterstützte ihn bei seinen Ausgrabungen der junge Archäologe Wilhelm Dörpfeld (*1853, †1940) vom damaligen Deutschen Archäologischen Institut in Athen. Ihm hatte es Schliemann zu danken, daß seine Arbeiten die notwendigen wissenschaftlichen Grundlagen erhielten. 1880–1886 arbeiteten die beiden Männer mit Unterbrechun-

gen in Orchomenos in Boiotien *(→ Griechenland)*, wo er das »Schatzhaus des Minyas«, ein Kuppelgrab, freilegte. Zwischendurch grub er 1882 noch einmal in Troja und 1884/1885 in → *Tiryns* und gab überall wichtige Anstöße für weitere archäologische Forschungen.
Zwischen 1885 und 1888 unternahm er Reisen nach Mittelamerika und Ägypten, 1890 noch einmal Ausgrabungen in Troja. Ein Ohrenleiden zwang ihn, im Novemer 1890 sich in Deutschland einer Operation zu unterziehen. Er überschätzte dabei seine physischen Kräfte und wollte gleich wieder nach Griechenland zurück, starb aber unterwegs an den Nachwirkungen der Operation am 26. Dezember 1890 in Neapel. Sein Leichnam wurde nach Athen überführt, wo er auf dem neuen Friedhof, nahe der Akropolis, seine letzte Ruhestätte fand. (H. P.)

Schrift

Die Griechen haben die Schrift nicht erfunden. Die Buchstabenschrift ist bereits eine Erfindung der Mesopotamier und insbesondere der Ägypter. Die Ägypter schrieben ursprünglich eine Bilderschrift. So bedeutete z. B. das Bild eines Auges das Auge selbst, stand aber auch für »sehen« (Ideogramm). Aus dieser Bilderschrift entstand schon bei den Ägyptern selbst eine gewisse Abstraktionsform, indem man jeweils die ersten Laute eines Wortes als einzelne Buchstaben verwendete, etwa so, daß man das Bild einer Schwalbe als »S« verstand. Eine eigentliche Buchstabenschrift ist freilich damit noch nicht gewonnen, doch hatten die Ägypter schließlich immerhin ein Alphabet mit 24 Buchstaben, die allerdings nur Konsonanten darstellten. Ein solches Verfahren bietet auch das hebräische Alphabet, das nur Konsonanten kennt.
Jedenfalls war mit dieser Schrift von den Ägyptern die Buchstabenschrift erfunden, und im Laufe der Zeit breiteten sich diese Zeichen weiter aus, so etwa zu den Juden und besonders zu den Phoinikern (Phöniziern) in Syrien. Diese Völker gestalteten die Formen der ägyptischen Buchstaben zum Teil sehr stark um; andererseits erkennt man unschwer in den Namen der vier ersten Buchstaben des hebräischen Alphabets die Vorläufer unserer eigenen Schrift: aleph, beth, gimel, daleth. Die Phoiniker selbst gestalteten die Schrift nicht weiter um, verwendeten sie jedoch für ihren eigenen Gebrauch.
Bei den ausgedehnten Handelsbeziehungen der Phoiniker ist es nicht verwunderlich, daß nun die ungemein praktische Erfindung der Laut-

schrift auch zum Exportartikel wurde, und so wird gegen Ende des ersten Jahrtausends auch in Griechenland die Schrift bekannt. Die Griechen gaben in ihrer Sage noch zu erkennen, daß sie die Buchstaben von den Phoinikern übernommen hatten. → *Herodot* spricht von den übernommenen Buchstaben als »phoinikischen« oder »kadmeischen« Buchstaben.

Wie alles, was sie aus dem Orient oder von sonstwoher übernehmen, gestalteten die Griechen auch die Buchstabenschrift um und machten aus ihr das geschmeidige Instrument, das wir bis zum heutigen Tag fast überall auf der Welt benützen, um unsere Gedanken aufzuzeichnen. Erstens gestalteten die Griechen die Zeichen selbst zu klaren, schön geformten Zeichen um; es gibt griechische Inschriften, deren Anblick ein Genuß hohen Grades ist. Zweitens verwendeten die Griechen manche Zeichen, für die sie keine Verwendung hatten, dazu die – bisher nicht bezeichneten – Vokale auszudrücken, wodurch das Alphabet in viel höherem Maße geeignet wurde, Lautkombinationen einigermaßen verläßlich nachzuzeichnen. So vermittelten die Griechen das von ihnen umgestaltete und geschickt gemachte Alphabet wieder an andere Völker weiter. Die Griechen in Unteritalien oder die Etrusker gaben die Schrift an die Römer weiter, die ihrerseits einiges am Alphabet veränderten.

Von den Römern übernahmen die Germanen (deren Runen ebenfalls auf das griechisch-römische Alphabet zurückgehen) die Schrift, dann im Laufe der Zeit das ganze übrige Europa, danach die Neue Welt und Afrika und Australien. Heute hat das griechisch-römische Alphabet einen großen Teil unserer Welt erobert. Aber auch der Osten schreibt mit griechischen Buchstaben. Die Russen, Bulgaren, Serben übernahmen das griechisch-römische Alphabet in den Formen, die ihnen insbesondere durch die sogenannten Sklavenapostel Kyrillos und Methodios zugebracht wurden.

Am Beispiel der Schrift erkennt man deutlich, ein wie ungeheures Phänomen die kulturelle Tradition (Überlieferung) und Kontinuität (Zusammenhang zwischen Altertum und Neuzeit) darstellt. Hier spürt man, wie weitgehend unsere Kultur von den Griechen vorgebildet und grundlegend gestaltet wurde. (O. S.)

Seebund

Nach der erfolgreichen Abwehr des persischen Angriffs *(→ Perserkriege)* entstand in Griechenland eine völlig neue politische Situation; in sich trug sie bereits den Keim für den verheerenden → *Peloponnesischen Krieg*, da sie zwischen → *Athen* und → *Sparta* ein Konkurrenzverhältnis begründet. Bis Salamis und Plataiai nämlich war Sparta als Hegemon (grch. Hegemonia = Vorherrschaft, Vormachtstellung) des Peloponnesischen Bundes die unumstrittene Führungsmacht in Griechenland gewesen; nach 479 v. Chr. änderte sich dies jedoch, als Athen den Perserkrieg offensiv zur See fortsetzte, Sparta aber als kriegführende Macht ausschied. Die befreiten und ihre Befreiung von der (milden) persischen Oberherrschaft erhoffenden Griechenstädte des ägäisch-kleinasiatiscchen Raumes sahen jetzt in der neuen Seemacht Athen ihren Schutz gegen die persische Bedrohung und begründeten 478/477 mit Athen als Führungsmacht den sogenannten Attisch-Delischen Seebund; am Eurotas nahm man dies ungern zur Kenntnis!

Die Organisation dieses neuen Bündnissystems, für das die athenischen Politiker Themistokles und Aristeides verantwortlich waren, sah so aus: Eine Reihe griechischer Städte und Inseln schlossen sich zusammen, um einen persischen Angriff militärisch abzuwehren. Jedes Mitglied war verpflichtet, entsprechend seiner wirtschaftlichen Leistungsfähigkeit entweder Kriegsschiffe zu stellen, was die größeren Staaten auch meist taten, oder aber entsprechende Beitragszahlungen in eine Bundeskasse zu leisten, die sich auf der Insel → *Delos* im Tempel des Apollon und der Artemis befand. Die Summe dieser »Ausgleichszahlungen« (Bengtson) belief sich unverändert über mehr als fünfzig Jahre hindurch auf 460 Talente *(→ Geld)*; die Zahlungsveranlagung erfolgte alle vier Jahre; die Verwaltung der Bundeskasse oblag besonderen Beamten, die aus Athen entsandt wurden. Beschlußfassendes Organ des Bündnisses war die alljährlich in Delos stattfindende Bundesversammlung, in der jedes Mitglied ohne Berücksichtigung seiner tatsächlichen Bedeutung *eine* Stimme hatte; dies galt auch für Athen. Das Bundesgebiet umfaßte bald den ganzen ägäischen Raum; auf dem Höhepunkt um 430 v. Chr. belief sich die Mitgliederzahl auf über 400.

Ziemlich bald zeigte sich jedoch, daß aufgrund seiner wirtschaftlichen und militärischen Kraft Athen ein erdrückendes Übergewicht im Bündnis besaß. So änderte sich im Laufe der Zeit auch die Zielsetzung des Bundes: Statt Perserabwehr stand bald die Errichtung eines attischen

Reiches auf dem tatsächlichen Programm, und die Rolle der freiwillig eingetretenen Bündner begann sich zu wandeln. Denn nach der endgültigen Beseitigung der Persergefahr durch den großen Seesieg Kimons am Eurymedon um 467 v. Chr. griff Athen besonders auf wirtschaftlichem Gebiet (→ *Geld*) immer mehr in die Souveränität der Bundesgenossen ein, die ihrerseits die Existenzberechtigung des Bündnisses dahinschwinden sahen. Austrittsgelüsten jedoch begegnete Athen mit brutalen militärischen Strafexpeditionen und Entsendung von Militärkolonien, was formal dadurch gerechtfertigt war, daß das Bündnis auf ewige Zeit bestand. Um 450 v. Chr. war aus dem Seebund eine Art von Comecon geworden, dessen Abgaben den ständig wachsenden imperialen Bedürfnissen und Ambitionen der athenischen Politik zur Verfügung zu stehen hatte – besonders, seit 454 v. Chr die Bundeskasse von Delos nach Athen verlegt worden war.

Unter → *Perikles*, der seit 450 v. Chr. maßgeblich die Politik Athens bestimmte, wurden die egoistischen Griffe in die Bundeskasse immer unverhüllter, und aus Bündnern wurden haßerfüllte, tributpflichtige Untertanen, die zusehen mußten, wie Athen mit ihren Beiträgen zum künstlerischen Kleinod Griechenlands ausgebaut (→ *Athen-Topographie*, → *Pheidias*) und das mit der Zeit arbeitsentwöhnte athenische Proletariat mit Bündnergeld durchgefüttert wurde. Athen beging hier den Fehler, nicht auf Loyalität und geistige Durchdringung, sondern auf Unterwerfung zu setzen. → *Sparta*, auf das sich zusehends die Blicke der unzufriedenen Bundesgenossen richteten, konnte dagegen nichts Entscheidendes tun, da es in der Mitte des 5. Jahrhunderts v. Chr. selbst in einer Krise steckte. Seine Regierung jedoch beobachtete die Entwicklung gespannt und wartete auf ihre Stunde: 431 v. Chr. sollte sie kommen (→ *Peloponnesischer Krieg*). (D. R.)

Seefahrt

I. Handelsschiffahrt. Das Verhältnis der Griechen zur See war zwiespältig und schwankte zwischen Furcht und Liebe. Beides spiegelt sich in den Dichtungen wider, die sich seit → *Homer* sehr oft mit diesem Doppelgefühl auseinandersetzen. Der Grund mag in der frühen Besiedlungsgeschichte zu suchen sein: Die etwa ab 1850 v. Chr. in Wellen einwandernden protogriechischen Stämme kamen aus dem »dunklen« Norden und waren Binnenländer; sie stießen auf Völker, die seit

Jahrtausenden an den »Küsten des Lichts« saßen und durch die geographische Lage zur Seefahrt gezwungen waren. In vielen Bereichen von Kunst, Kultur und Sprache ist dieser Überlagerungs- und Assimilierungsvorgang zu beobachten. So ist z. B. das griechische (indogermanische Wort) für Meer *pelagos*, das vorgriechische (»pelasgische«) aber *thalassa* – bekannt durch den Freudenruf der griechischen *Söldner* beim Anblick des Meeres nach dem in der »Anabasis« geschilderten langen Marsch. Andere Beispiele kommen aus dem Bereich des Seewesens, wo etwa die Wörter *aphlaston* (Heckzieher) und *karchesion* (Mastkopf) nicht griechisch sind. Später flossen nautische Fachausdrücke aus dem Ägyptischen und Phönizischen ins Griechische und von dort über das Lateinische in die romantischen Sprachen; so wurde aus griechisch *kybernetes* lateinisch *gubernator*, französisch *gouverneur* (Steuermann, später mit übertragener Bedeutung).

Quellenlage. Der Forschung stehen genügend Quellen zur Verfügung, mit denen das griechische Seewesen untersucht werden kann:

1. Text- und
2. Bildquellen,
3. Wrackfunde,
4. lebendige Traditionen.

Während die Analyse von Texten und Bildmaterial zur klassischen Forschungsmethode gehört, ist die schwierige und teure Wrackforschung noch sehr jung. Wenig erschlossen ist bisher das noch heute lebendige Brauchtum als Quelle. So kann z. B. aus dem Verhalten des neugriechischen Schiffers im *meltémi* (Nordwind), aus den religiösen Bräuchen des heutigen Fischers mancher Schluß für die Antike gezogen werden. Das aber hat sehr behutsam zu geschehen, um die Ergebnisse nicht zu verfälschen.

Vorgeschichte. Die Tatsache, daß die griechischen Inseln schon vor mindestens 12 000 Jahren besiedelt worden sind, setzt einen Seeverkehr voraus, dessen technische Mittel wir aber nicht genau kennen. Die ältesten Wasserfahrzeuge werden auf den »Kykladenpfannen« abgebildet: Es sind lange, schmale, geruderte (gepaddelte?) Boote mit flachem, spornartigem Heck und einem hohen, von einem Fischbild geschmückten Bug (eine andere Meinung deutet die Enden umgekehrt). Welchem Zweck die Bilder und die Boote gedient haben, ist unklar. Erst im kretischen Seewesen werden die Abbildungen gesprächiger. Kraft und Stolz einer maritimen Großmacht drücken sich in stilisierten Schiffsbildern auf Siegeln, Wänden und auf einem Sarkophag sowie in Modellen aus. So schwer auch das Material zu deuten ist, fest steht, daß es sich im wesentlichen um Frachtschiffe unter Segeln handelt. Hier tritt zum erstenmal das für Jahrhunderte wichtigste Antriebsmittel für Kauffahrer überhaupt auf, während das Rudern den Kriegsschiffen vorbehalten blieb. Die Ursprünge des Segelns – eine Elementarerfindung des Menschen – liegen im Dunkeln, werden aber am Nil oder Euphrat vermutet. – Als Handelsmacht war → *Kreta* von der Schiffahrt abhängig. Seine bauchigen, behäbigen und langsamen Frachter brachten große Warenmengen heran und exportierten u. a. die berühmten Kamaresvasen und andere kunsthandwerkliche Produkte nach Ägypten: Schmuck, Waffen usw. Als Gegenleistung lieferte das Nilland Gold, Elfenbein, Edelsteine und andere Roh- und Fertigprodukte.

Frachtschiffahrt: Die Dichtungen Homers sind eine der wichtigsten Quellen für die Schiffahrtsgeschichte des frühen Griechenland. Sie belegen eine Fülle von Ausdrücken für viele Aspekte des Seefahrens, besonders für Piraterie und Kriegsschiffahrt, die die griechischen Stämme betrieben, ehe sie sich unter phönizischem Einfluß mehr dem Handel zuwandten. Um 750 v. Chr. begann eine zweihundertjährige → *Kolonisations*epoche, die ökonomische (Aufschwung des Handwerks, Ausweitung des Seehandels, Verschuldung der Bauern), soziologische (Bevölkerungsüberschuß) und politische Ursachen hatte und ein großgriechisches Lebensgefühl bewirkte. Mutterstädte gründeten »Töchter« am Schwarzen Meer, in → *Kleinasien*, auf Sizilien und Korsika, in Italien, Spanien und Griechenland selbst, so etwa Megara (das heutige Istanbul) oder Thera, 632 v. Chr. Kyrene (Libyen). Tausch- und Transithandel und Handwerk waren Grundlagen eines steigenden Wohlstandes, der ohne zuverlässige Schiffahrt undenkbar war.

Wie sahen die Schiffe aus? Einige Bezeichnungen, die der griechische Handelsschiffer seinem Fahrzeug gab, deuten ebenso karikierend wie charakterisierend auf typische Bauformen hin: *Gaulos* (Lastschiff) heißt eigentlich »Melkeimer«, und *skaphos* (Boot) »Topf«. Das Langsame, Gemächliche, das Breite und Solide drückt sich darin aus. Das Breiten-Länge-Verhältnis eines Frachters war damals 1:4 oder 1:3, eines Kriegsschiffes aber 1:7. Es wurde durchweg gesegelt; die Takelage bestand aus Pfahlmast, Rahe, rechteckigem Rahsegel und einem einfachen System aus laufendem und stehendem Gut. Der unterste Raum war mit Ballast gefüllt; auch das Trinkwasser wurde hier gestaut. Darüber war der Platz für die Ladung, ob sie nun lose war oder aus Stücken (z. B. Steinen) oder Amphoren bestand. Diese massengefertigten Krüge waren die Container des Altertums und nicht nur für Flüssiges (Öl, Saucen), sondern auch für Festes (Nüsse, Obst usw.) geeignet. Insgesamt können wir uns eine sehr gute Vorstellung von dem enormen Umfang der Warenarten und -mengen machen, der von Korn und Sklaven, Architekturteilen und Rohmetall bis zu Statuen und Keramik reichte und wohl so ziemlich alles einschloß, was einer herstellte und ein anderer begehrte und erwerben wollte.

Wrackfunde. Die Erforschung antiker Handelsschiffe und ihrer konstruktiven Eigenarten hat in den letzten Jahren große Fortschritte gemacht. Für das alte Hellas sind dabei die Wracks vom Kap Gelidonya (um 1200 v. Chr.) und Kyrenia/Cypern (4. Jahrhundert v. Chr.) besonders wichtig; neben den Wracks von Antikythera, Artemision, Methone, Yassi Ada und anderen – von denen z. T. nur die Ladung bekannt wurde – sind hervorragende Zeugen der Technikgeschichte. Das Wrack vom Kap Gelidonya/Türkei ist durch seine interessante Fracht, eine Tonne Metall (34 Kupfer-, Bronze- und Zinnbarren typischer Formgebung), wirtschaftshistorisch wertvoll.

Der sorgfältigen Bergung und der detaillierten Publikation des seit 1967 untersuchten Wracks von Kyrenia verdanken wir u. a. aufschlußreiche Informationen über die »Trampschiffahrt« seiner Zeit. Das 18 Meter lange Schiff hatte eine Tragfähigkeit von etwa 20 Tonnen. Die Ladung spiegelt große Teile des damals überhaupt möglichen Frachtaufkommens: Auf dem Schiff waren Amphoren von zehn verschiedenen Typen geladen, insgesamt 404, meist rhodischer Fabrikation. Mit ziemlicher Sicherheit haben die Winzer von → *Rhodos* darin ihren Wein verschifft. Neben den Amphoren waren auf dem Schiff etwa 10 000 Mandeln – ursprünglich wohl in Säcken – verstaut, deren Schalen sich erhalten haben. Ferner hatte das Schiff 29 sorgfältig längs des Kiels gestaute Mahlsteine geladen.

Die Forscher konnten auch Einzelheiten über die Besatzung und das Leben an Bord ermitteln. Es waren mindestens vier Seeleute an Bord, die vermutlich in getrennten Kajüten (Deckshäusern) an Bug und Heck wohnten. Die Kombüse (Küche) lag am Heck, aber es wurde wohl wie üblich wegen der überhöhten Brandgefahr nicht an Bord, sondern an Land gekocht. Man weiß auch, wie das Schiff untergegangen sein muß: Ein plötzlicher Sturm ließ es scheitern, die Mannschaft konnte es noch mit dem Großteil ihrer Habe verlassen. Mit seinen 80 Jahren hatte das Schiff eine auch für unsere Begriffe lange Dienstzeit hinter sich und war vielleicht nicht mehr völlig betriebssicher.

Schiffstypen. Eine Reihe griechischer Handelschifftypen ist namentlich bekannt: Ein *keles* beförderte Nachrichten, die *phaseloi* Fracht aller Art, doch ist keiner der vielen bezeugten Namen in einem Wrack nachzuweisen. Einige der kleinen Typen, so der *keles* (= schnell), waren gerudert und auch in der Kriegsflotte beliebt. Frachtschiffe des 5. und 4. Jahrhunderts v. Chr. waren die *kantharoi*. In vielen Fällen ist der Übergang vom Handelsschiff über den bewaffneten Frachter zum reinen Kriegsschiff ungenau und fließend. Zur Handelsschiffahrt im weiteren Sinne gehörten auch die Fischerboote, etwa Fahrzeuge wie die *epaktra*. Während Flußschiffahrt im Mutterland keine Rolle spielte, war sie in den Kolonien (so auch auf der Rhône) durchaus ein beachtlicher Verkehrsträger. Dort gab es zahlreiche Fahrzeugtypen, die heimische Bautradition mit griechischer vereinten. Dazu zählen u. a. *kybaia* (lat. *cybaea)*, große Frachter, die im 1. Jahrhundert v. Chr. an Siziliens Küsten verbreitet waren.

Kretische Siegel mit Darstellungen von Handelsschiffen, etwa 2000–1200 v. Chr.

Griechisches Frachtschiff von einem attischen Vasenbild, 6. Jahrhundert v. Chr.

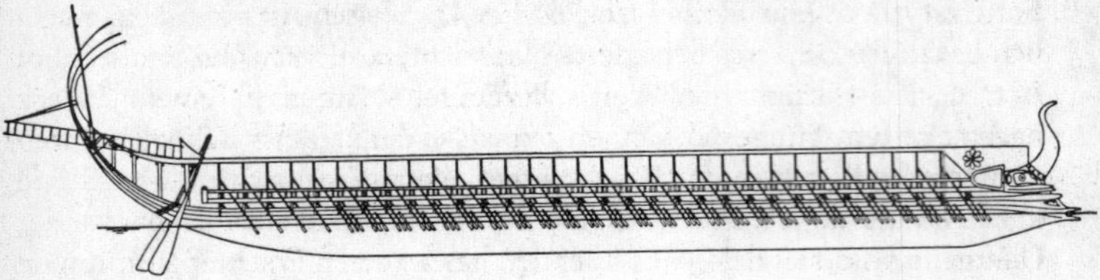

Griechische Triere des 5./4. Jahrhunderts v. Chr.

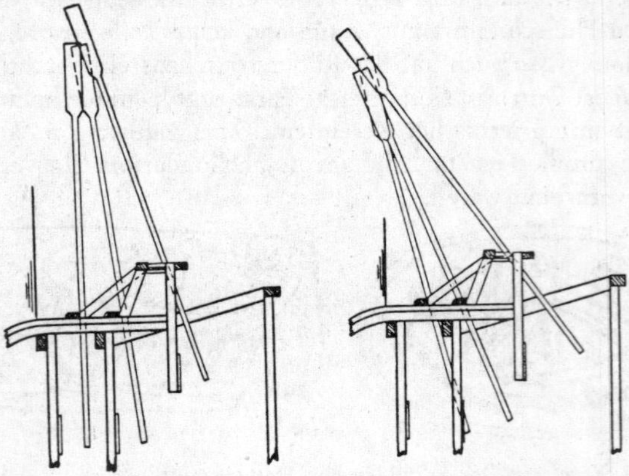

Griechische Triere, Schnitt; Rekonstruktionszeichnung

Abschließend zurück zu Homer. Im 9. Buch der → *Odyssee* beschreibt er den kulturlosen, unterentwickelten Zustand der Kyklopen: »Denn es gebricht den Kyklopen an rotgeschnäbelten Schiffen, / Auch ist unter dem Schwarm kein Meister, kundig des Schiffbaus, / Schöngebordete Schiffe zu zimmern, daß sie mit Botschaft / Zu den Völkern der Welt hinwandelten (wie sich so häufig / Menschen über das Meer in Schiffen einander besuchen) . . .« (126–29; übers. von J. H. Voß). So kann sich der große Dichter die griechische Kultur ohne Schiffahrt nicht denken. Die Geschichte hat ihn tausendfach bestätigt.

II. Kriegsschiffahrt. Neben die Nutzung des Meeres als des billigsten Verkehrsweges und einer sicheren Nahrungsquelle trat schon früh die Nutzung als Ort kriegerischer Auseinandersetzungen, als Schauplatz blutigen Ringens um Einfluß, Macht und Vorherrschaft. Wie bei der Handelsschiffahrt ist die Entwicklung der Kriegsschiffahrt bis in die schriftlose Vorgeschichte zurückzuverfolgen, und auch die Ursprünge waren ähnlich. So wie der frühe Einbau und das schlichte Plankenboot Waren transportieren konnten, vermochten sie auch Bewaffnete zu befördern und an fremden Küsten abzusetzen. Solche »Truppentransporter« waren nur bedingt Kriegsschiffe, aber durch zunehmende Größe und waffentechnische Entwicklungen wurden sie allmählich dazu.

Da es – und das erschwert die Forschungen – bisher keine Wrackfunde griechischer Kriegsschiffe gibt, sind wir bei ihrer Rekonstruktion auf Text- und Bilddokumente angewiesen. Das antike Kriegsschiff war ein Ruderschiff. Segel, im Kampf ungeeignet, wurden nur auf Marschfahrt gesetzt. Vor einem Gefecht wurde der Mast gelegt. Man kämpfte in homerischer Zeit mit langen, schweren Speeren, besonders von Kampfplattformen auf Vor- und Achterschiff aus. Auch andere traditionelle Landkampfpraktiken (Bogenschießen, Nahkampf mit Schwertern) wurden auf See geübt. Von der typischen Schiffswaffe, dem Rammsporn *(embolos)* ist bei → *Homer* noch nicht die Rede, auch wenn es spornartige Kielverlängerungen schon früher gab. Mit dem bronzebeschlagenen, oft in einen Tierkopf auslaufenden Sporn konnte man, eine trainierte Crew vorausgesetzt, verletzliche Teile des gegnerischen Schiffes treffen und es vielleicht zum Sinken bringen. Zwei taktische Manöver spielten dabei eine Rolle: Beim *diekplous* fuhren die Gegner in einer Seitenlinie aneinander vorbei, wendeten dann schnell und suchten den überraschten Gegner an dessen »weicher« Hinterseite zu rammen. Bei dem *periplous* genannten Manöver versuchte man dann, das so bewegungslos gewordene Fahrzeug des Gegners zu entern. Beide Manöver wurden in der griechischen Seekriegsgeschichte mit Erfolg »gefahren«.

Die Triere. Das große Problem der antiken Kriegschiffbaugeschichte ist die Ruderanordnung der Triere. Versuche, das sogenannte »Trierenrätsel« zu lösen, haben zu einer kaum überschaubaren, oft scharfsinnigen Literatur geführt und sich in zahllosen Rekonstruktionsmodellen und -zeichnungen niedergeschlagen. Ein 1861 unternommener Versuch Napoleons III., eine Triere nachbauen und ausprobieren zu lassen, scheiterte. Trotz ausgewählter Ruderer war das Ergebnis entäuschend. Trieren – Dreiruderer – waren etwa von 600 v. Chr. bis zur Zeitwende das Rückgrat antiker Mittelmeerflotten. Da der Kampfwert von Ruderschiffen in der Schnelligkeit bestand, die nur durch Erhöhung der Zahl der Ruderer gesteigert werden konnte, ergab sich die Forderung, diese Zahl zu erhöhen. Das war durch die sinnreiche Erfindung des heute noch bei Rennbooten üblichen Auslegers möglich. Er ließ es zu, daß in

technisch ausgeklügelter Anordnung drei Ruderreihen versetzt übereinander saßen. Wie das jedoch genau ausgesehen hat, ist nicht im einzelnen zu klären. Es ist jedoch beabsichtigt, einen klassischen Dreiruderer nachzubauen und mit ihm zu experimentieren.
Eine Triere »normaler« Bauart war etwa 35 bis 40 Meter lang und 3,5 bis 4 Meter breit, wobei zur Breite noch je knapp 1 Meter für die Ausleger hinzuzuzählen sind. Für die oft hastig und im Ernstfall in großen Stückzahlen gebauten Trieren wurde fast durchweg heimisches Holz verwendet: Eiche für den höchst beanspruchten Kiel, Tanne für die Planken. Das Unterwasserschiff wurde zum Schutz gegen Muschel- und Tangbefall durch Teer abgedichtet. Starke Längs- und Querverbände aus dicken Balken sorgten für die Festigkeit; wahrscheinlich gab es dafür auch Taue *(hypozomata)*.
Die Sitzanordnung der Rojer (Ruderer) wird man sich am besten so zu denken haben: Ganz unten saßen die Thalamiten, darüber die Zygiten und rechts bzw. schräg über ihnen zur Bordwand hin die Thraniten, deren Ruder über den Ausleger liefen. Die Ruder aller Rojer waren etwa 450 cm lang; der Abstand voneinander betrug 93 cm, eine für die gesamte Baukunst rudergetriebener Schiffe entscheidende Zahl. Insgesamt wurde eine solche Triere von rund 170 Mann gerudert, hinzu kamen zehn Seeleute, vierzehn Seesoldaten, zwei Schiffsoffiziere und drei Unteroffiziere. Die Arbeitsplatzbedingungen auf einer Triere dürften erschreckend gewesen sein, aber es ist unstatthaft, sie mit unseren Maßstäben zu bewerten.
Weitere Kriegschiffstypen. Neben der Triere gab es weitere Kriegs- und Hilfsschiffe, die im Verband der Flotte nützliche Dienste leisteten. Sie waren als Kurierboote, Versorger, Truppentransporter, Spähschiffe usw. eingesetzt und dürften an Zahl die »Dickschiffe« weit übertroffen haben. Eins davon, die *stratiotis* (»Soldatenschiff«), war ein trierenartiges Fahrzeug, das für Wachaufgaben und als Transporter Dienst tat. Auf den *hippagogoi* wurden speziell Pferde verfrachtet, während die *lemboi* unseren Zerstörern vergleichbar sind. Es ist hier nicht der Ort, auf die berühmten Riesenruderschiffe der hellenistischen Zeit *(→ Hellenismus)* einzugehen. In den drei Jahrhunderten v. Chr. wurden etwa unter Dionys von Syrakus oder später unter Demetrios Poliorketes Schiffe gebaut, die Bezeichnungen vom Vierruderer bis zum Vierzigruderer (Ptolemaios IV.) trugen, Hybridschiffe, die nur selten zum Einsatz kamen und deren Rudersystem umstritten ist.
Marineoperationen. Wenn wir anderthalb Jahrtausende griechischer

Seekriegsgeschichte überblicken, erkennen wir in der Fülle der Ereignisse einige besonders wichtige, von denen die hervorragendsten noch heute die Gedanken der Marinetaktiker und Seefahrtshistoriker beschäftigen; sie sind aus unserem Geschichtsbild nicht wegzudenken. Immer wieder wurde der Konflikt zwischen Freiheit und Abhängigkeit auch auf See entschieden. In den Seeschlachten vor Lade (479 v. Chr.) und Phokaia deutete sich schon die zentrale Auseinandersetzung Athen–Perser an, die nach den Kämpfen vor Artemision in der berühmten Seeschlacht bei Salamis ihren Höhepunkt erreichte. Im Verlauf der jahrelangen griechisch-persischen Kämpfe kam es Ende September 480 v. Chr. zur weltgeschichtlich entscheidenden Seeschlacht vor Salamis, die von → *Herodot* und von Aischylos in den »Persern« geschildert wird. Eine griechische Flotte aus 300 Trieren (»hölzernen Mauern«), befehligt von Themistokles und Eurybiades, besiegte eine persische unter Xerxes, der das Gefecht von Land aus kommandierte. Die persische Flotte bestand aus 1207 Fahrzeugen, doch ist die Zahl unsicher. Man wird aber mit einem Verhältnis von 1:3 zu rechnen haben. Doch konnte in den engen Gewässern um Salamis, wo Themistokles die Schlacht anberaumt hatte, sich diese Flotte nicht entfalten: mehr als 12 Meter kann der Abstand der persischen Schiffe nicht betragen haben. Durch Disziplin und Kenntnis der Gewässer gelang es den Griechen, Unordnung in die Reihen der Gegner zu bringen, die ihnen bald die Breitseite boten – eine Situation, die zum Rammen aufforderte. Aber es kam auch zum Nahkampf, zum Handgemenge der schwer bewaffneten Seesoldaten, und schließlich zur ungeordneten Flucht und Auflösung der Schlachtreihen. Einem Verlust an 40 griechischen Schiffen stehen 200 verlorene persische gegenüber. Die Griechen konnten sich in dieser Entscheidungsschlacht die weitere Seeherrschaft sichern, in den Schlachten von Mykale, am Eurymedon und Salamis/Zypern festigen und zu Macht, Reichtum und Ansehen kommen. Besonders Athen nutzte den Sieg aus, befestigte seine Häfen Zea, Peiraieus und Munychia, baute Werften und Schiffshäuser mit Gleitbahnen zum Aufschleppen der Trieren und gewann allmählich dank kluger und oft rücksichtsloser politischer und militärischer Führung die Hegemonie.

Einen menschlich interessanten Aspekt griechischer Seekriegsführung bietet der attische Seekrieg 406 v. Chr. bei den Arginusen, einer südöstlich von Lesbos gelegenen Inselgruppe. Unter Konon hatten die Athener die Perser besiegt, aber die Feldherren wurden nachher angeklagt und trotz → *Sokrates'* Einspruch zum Tode verurteilt. Der Grund: Sie

hatten die Schiffbrüchigen im Sturm danach nicht gerettet, die Leichen nicht bestattet – für diese Zeit eine schwere Untat, die von den Verantwortlichen hart zu büßen war.
Die griechische Geschichte weist noch eine Reihe z. T. wichtiger Seeschlachten auf: 394 v. Chr. siegten die Perser über Sparta bei Knidos, 306 v. Chr. siegte (wieder vor dem zyprischen Salamis) Demetrios über Ptolemaios in den Diadochenkriegen, 191 v. Chr. die rhodische Flotte bei Side über Hannibal; 31 v. Chr. fand in griechischen Gewässern eine der letzten antiken Seeschlachten von Rang statt: Im Golf von Aktium (Epirus) besiegte Octavian Antonius und leitete das Ende der römischen Republik und den Beginn der Kaiserzeit ein.
Rammgefechte, Kämpfe der Seesoldaten, Enterungen, spektakuläre Entscheidungen zur See von weitreichender Bedeutung – davon war genug die Rede, doch auch im Alltag bewährten sich oder versagten die Flotten der griechischen Stämme. Sie hatten immer wichtige Aufgaben im Handelsschutz schon seit der Zeit der minoischen Kriege – eine Aufgabe, die für das ökonomische Leben von großer Bedeutung war. Damit ist das Stichwort »Piraten« gegeben; auch für das antike Griechenland gilt, was Goethe sagt: »Krieg, Handel und Piraterie, / Dreieinig sind sie, nicht zu trennen.« (Faust II)
Piraterie, betrieben von kleinen, aber für den schnellen Angriff aus dem Hinterhalt und den Transport geraubter Waren geeigneter Kriegsschiffe, war ein durchaus ehrenhaftes Gewerbe, dem Sklavenhandel vergleichbar. Besonders die Ostküste der Adria galt als Versteck der *peiratai,* bis ihnen die Römer den Garaus machten.
Und schließlich sei von den alltäglichen Aufgaben der griechischen Flotten der Transport genannt. Es waren natürlich in erster Linie Soldaten und ihre leichte und schwere Ausrüstung, die über See an ihre Einsatzorte gebracht wurden. Das war schon im Trojanischen Krieg so und änderte sich in Jahrtausenden bis heute nicht.
Zusammenfassung. Die auf das Meer bezogene geographische Lage und die meist schwierigen wirtschaftlichen Verhältnisse des Landes zwangen Griechenland schon seit Urzeiten zu allen nur denkbaren Formen von Schiffahrt. Von Flußschiffahrt abgesehen, die keine nennenswerte Bedeutung hatte, gab es fast alles: Fischerei und Seefährdienste, Seehandel und Seeraub, schlagkräftige Aggression und wirksame Verteidigung. Neben Mut und Entschlossenheit waren dabei gut gebaute, in langen Traditionen immer weiter verbesserte Schiffe die Voraussetzung, deren Bau jedoch zum Raubbau an den Wäldern des

Landes – und aller Mittelmeerländer! – führte und schwere ökologische Schäden hinterließ. Koloniale und machtpolitische Faktoren spielten dabei eine ebenso große Rolle wie Abenteuerlust und Entdeckerfreude. (A. G.)

Sieben Weise

Als die Griechen im Zeitalter der großen → *Kolonisation* (etwa 750 bis 550 v. Chr.) ungeachtet ihrer politischen Zersplitterung zu einer kulturellen Einheit zusammenwuchsen, traten in allen Teilen der griechischen Welt kraftvolle Persönlichkeiten auf, die ihre Heimatstädte als Gesetzgeber oder Staatsmänner nachhaltig prägten. Gleichzeitig gingen von dem Orakel zu → *Delphi* starke sittliche Impulse aus, deren Kern in der Botschaft enthalten war, die dem Besucher in der Vorhalle des Apollontempels vor Augen trat: »Erkenne dich selbst!« und »Nichts zu sehr!« Bald wurden diese und ähnliche Leitsätze alter Spruchweisheit mit jenen bedeutenden Männern in Verbindung gebracht, und so entstand – wohl nach orientalischem Vorbild – ein Kreis von »Sieben Weisen«, deren Leben und Meinungen bis ins Mittelalter hinein Gegenstand immer neuer Umformungen und Deutungen waren. Je nach dem Standpunkt des Bearbeiters wurden die Weisen als Vertreter philosophischer Geistigkeit, politischer Klugheit oder praktischer Lebensweisheit vorgestellt. Ihr Bild wurde schließlich von Legenden so stark überwuchert, daß nur noch *Thales von Milet*, der Begründer des wissenschaftlichen Denkens, und der bedeutende Staatsmann → *Solon von Athen* als historische Persönlichkeiten deutlicher faßbar sind.

Bias von Priene, dem das Wort zugeschrieben wurde »Die meisten sind schlecht«, galt als hervorragender Jurist; *Pittakos von Mytilene* (»Erkenne den rechten Augenblick!«) und *Periander von Korinth* (»Alles ist Übung«) herrschten als mächtige Tyrannen über ihre Städte. Über *Kleobulos von Lindos* (»Maß ist das Beste«) und *Chilon von Sparta* (»Bürgschaft bringt Unheil«) ist kaum Zuverlässiges bekannt. Die drei letztgenannten Namen werden nicht selten durch andere ersetzt; insgesamt käme man auf siebzehn Weise, wenn man alle bekannten Listen kombinieren wollte. Gerne stellte man sich vor, daß die Sieben Weisen zu geselligem Meinungsaustausch zusammentrafen, oder wie sie sich beim Disput mit dem Lyderkönig Kroisos (→ *Lyder*) mit Witz und Klugheit zu behaupten wußten. Beliebt waren auch Erzählungen, wie ein »dem Weisesten« bestimmter Dreifuß oder Becher die Runde machte, ohne daß sich einer der Sieben für würdig hielt, ihn zu behalten, bis er schließlich dem Gott in Delphi geweiht wurde. (H. H.)

Sklaverei

Die Antike: eine Sklavenhaltergesellschaft, in der nach dem Prinzip der Arbeitsteilung die Masse der Sklaven die Handarbeit besorgte, während sich der freie Bürger Staatsgeschäften, Kunst und Wissenschaft widmete – ist diese Charakterisierung der marxistischen Geschichtswissenschaft ein taugliches Mittel, die wesentlichen Merkmale dieser Epoche aufzuzeigen? Darf man Begriffe wie Proletariat oder Klassenkampf auf antike Verhältnisse anwenden? Während wir unbedenklich das Wort Sklave (es entstand im Mittelalter und bezeichnete zunächst den kriegsgefangenen Slawen) auf die Antike übertragen, differenziert die griechische Sprache. Der Ausdruck dulos betont nicht in erster Linie eine Rechtsbeziehung oder gar ein Eigentumsverhältnis, er kennzeichnet vielmehr die Tätigkeit des Sklaven als unselbständige Arbeit im Auftrage eines anderen. Schließlich nennt der Grieche den Sklaven, wenn er ihn als Marktware betrachtet, andrapodon, »das Mannbeinige«; schon das Neutrum zeigt, daß in dieser Sicht kein großer Unterschied zu einer Sache bestand. Andere Bezeichnungen wie Pais (Kind) und Oiketes (zu oikos, Haus) kennzeichnen den Sklaven als Mitglied der Hausgemeinschaft, sind aber genauso auf Diener freien Standes anwendbar. Fließend sind auch die Grenzen zwischen völliger Unfreiheit und Halbfreiheit in Agrargebieten Griechenlands, in denen die eigentliche Sklaverei erst im 4. Jahrhundert v. Chr. eingeführt wurde. Neben der Vielschichtigkeit des Begriffs Sklave hat man eine unterschiedliche Bedeutung der Sklaverei je nach historischer Entwicklung und landschaftlicher Eigenheit zu registrieren. Schon für die früheste Zeit der hellenischen Geschichte sind Kriegsgefangenschaft und Menschenhandel als Hauptquellen der Sklaverei anzunehmen. Führend auf diesem Gebiet waren, wie es scheint, die Phoiniker. Odysseus erfährt z. B. von Eumaios, einem seiner treuesten Knechte, daß dieser von Händlern aus Phoinikien geraubt und in das Haus des Laertes verkauft wurde. Im übrigen ist Eumaios wohl eine Ausnahme: Unter den Sklaven des Odysseus befinden sich nur wenige Männer, dagegen arbeiten zahlreiche Sklavinnen im Haushalt der Fürstenhöfe. Für die Bearbeitung der Felder und die schwereren Hausarbei-

ten standen Tagelöhner, »Theten«, ungebundene, besitzlose Gelegenheitsarbeiter, zur Verfügung, deren soziales Image noch weit unter dem eines Sklaven lag, der doch wenigstens wußte, wohin er gehörte. Für den Griechen der Frühzeit ist die Arbeit als Tagelöhner ein Alptraum. Wenn nun etwa das Verhältnis des Odysseus zu Eumaios auch eher dem patriarchalischen Regiment des Familienvaters über die Angehörigen seines Hauses vergleichbar ist, so zeigen doch die Preise, die man je nach Geschicklichkeit, spezieller Ausbildung und bei Sklavinnen auch Schönheit zu zahlen hatte, wie sehr nüchtern-wirtschaftliche Interessen im Vordergrund standen. So galt für eine Sklavin, die sich auf die verschiedensten Tätigkeiten verstand, ein Kaufpreis von vier Rindern, während die getreue Amme Eurykleia gegen Zahlung von zwanzig Rindern in das Haus des Laertes gekommen war. »Die hatte einst Laertes mit eigenem Gut erworben, als sie noch in erster Jugend war und hatte den Wert gegeben von zwanzig Rindern; und er hielt sie in Ehren gleich der sorglichen Gemahlin in den Hallen; doch nahte er niemals ihrem Lager, er scheute den Zorn der Frau« (Homer, Odyssee 1, 430–433; übers. von W. Schadewaldt). Darüber hinaus zeigt der Text zweierlei: Einmal scheint es durchaus üblich gewesen zu sein, daß vor allem junge Sklavinnen das Lager des Herrn teilten, zum anderen konnten Sklaven durch Tüchtigkeit Achtung und Respekt erwerben. Die Situation eines Sklaven scheint sich gelegentlich nicht wesentlich unterschieden zu haben von der Lage der dienstbaren Geister in Familien der Moderne.
Erst der Aufschwung des Handels vor allem mit den orientalischen Staaten im Zusammenhang mit der nun aufkommenden Geldwirtschaft (→ *Geld)* ließ die Sklaverei zu einer allgemein anerkannten Institution werden. Neu war daran, daß man aus rein kaufmännischen Gesichtspunkten den Menschenhandel geradezu organisierte. Die der kleinasiatischen Küste vorgelagerte Insel Chios galt als Umschlagplatz für Sklaven. Der wachsende Bedarf an Arbeitskräften in den sich entwickelnden griechischen Gewerbezentren garantierte den Sklavenhändlern bald einträgliche Gewinne. Dennoch wurde die Sklaverei nicht überall und vor allem nicht gleichzeitig eingeführt, da durch diese Neuerung die Tätigkeit der freien Lohnarbeiter und auch die selbständige Arbeit behindert, gelegentlich gar völlig verdrängt wurde. In vorwiegend landwirtschaftlich orientierten Gebieten Griechenlands wurde die Sklaverei erst im 4. Jahrhundert v. Chr. legalisiert, und zwar unter dem Protest der freien Arbeiter (z. B. um 360 der Phoker), die nun ihre Existenz gefährdet sahen. Dort allerdings, wo Handel und Gewerbe im 5. Jahrhundert

v. Chr. einen steigenden Bedarf an Arbeitskräften bewirkten, stieg auch die Zahl der Sklaven. Der freien Bevölkerung Attikas (Bürger und Metöken) von etwa 135 000 bis 185 000 Personen standen nach der Schätzung eines modernen Historikers etwa 60 000 bis 80 000 Sklaven gegenüber. Wir finden in allen Berufen freie und unfreie Arbeiter teils in Konkurrenz zueinander, teils in Zusammenarbeit miteinander. Bauabrechnungen für das Erechtheion *(→ Akropolis)* bestätigen, daß bei gleicher Arbeit für beide Gruppen auch der gleiche Lohn gezahlt wurde. Der Steinmetz Simias, der mit fünf Sklaven seines Unternehmens am Bau beteiligt war, erhält den gleichen Lohn wie seine Mitarbeiter aus unfreiem Stande. Sklavenarbeit brachte also nicht besonders hohe Profite. Außerdem entsprach der Durchschnittspreis eines Sklaven mit 150 bis 200 Drachmen etwa dem Jahreseinkommen eines Lohnarbeiters, sein Erwerb amortisierte sich also erst nach Jahren. Sklaven gab es in fast allen Berufen: als Angestellte im Haushalt und Erzieher der Kinder, als Landarbeiter oder Handwerker in den verschiedensten Gewerben, im Bergbau, als Ärzte, Dockarbeiter, in verantwortlicher Stellung in der Leitung einer Bank. Die auf dem Areopag stationierte Polizeitruppe Athens – die einzige ständig amtierende Behörde der Stadt – rekrutierte sich sogar ausschließlich aus Sklaven, die der Staat gekauft hatte. Überließ man schwere körperliche Arbeit – wie etwa Ruderdienst und Kanalreinigung – auch mehr und mehr den Sklaven, so finden sich dabei doch auch immer wieder Freie. Eine größere Massierung unfreier Arbeiter stellen wir lediglich beim Bergbau im Süden Attikas fest, wo der Staat durch private Unternehmer, in deren Diensten etwa 10 000 bis 20 000 Sklaven standen, silberhaltiges Blei abbauen ließ. Der Einsatz dieser Sklaven an einem von Schwefeldämpfen verpesteten Arbeitsplatz war allerdings äußerst inhuman. Die Waffenfabrik des Kephalos mit rund 120 Sklaven galt dagegen als ein riesiges Unternehmen; in Manufakturen arbeiteten durchschnittlich 20 bis 50 Sklaven, bei den Angehörigen der Mittelschicht etwa zehn, viele in bescheidenen Verhältnissen lebende Bürger hatten überhaupt keine Sklaven. Die Situation der athenischen Sklaven scheint im ganzen erträglich gewesen zu sein. Oft arbeiteten sie in Handel und Gewerbe in eigener Verantwortung und hatten lediglich eine Abgabe an ihren Herrn zu zahlen. Das Leben der Staatssklaven unterschied sich kaum von dem der übrigen Beamten; freie Wahl des Wohnortes, Bezug eines festen Gehaltes, ja das Recht, Vereinigungen zu bilden, ließen ihre Tätigkeit geradezu attraktiv erscheinen: »Wieviel besser ist es doch, einen anständigen Herren zu bekommen, als niedrig und schlecht als Freier zu leben« (Philemon fr. 227). Sorgen um den Arbeitsplatz kannte der Sklave kaum. In der fälschlich dem → *Xenophon* zugeschriebenen Schrift »Verfassung von Athen« wird darauf verwiesen, daß der Sklave in dieser Stadt Rechtsschutz genieße und in seinem Äußeren nicht von einem Freien zu unterscheiden sei: Er ist als Wirtschaftsfaktor unentbehrlich geworden und kann deshalb auf humane Behandlung schon aus ökonomischen Rücksichten rechnen.

Die in den → *Komödien* auftretenden Sklavengestalten zeigen, mit welcher Unbefangenheit und Vertrautheit Herr und Sklave sich begegneten. Der Sklave konnte sich bei entsprechender Leistung eine bevorzugte Behandlung, schließlich sogar die Freilassung erhoffen. Er war zwar vom politischen Leben ausgeschlossen, konnte aber mit Erlaubnis seines Herrn heiraten (die Kinder blieben freilich wieder Sklaven) und in beschränktem Maße auch Vermögen weiter vererben. Die Sklaven hatten Religionsfreiheit und Zutritt zu den Mysterienkulten. Die Gesetzgebung milderte zunehmend ihr Los: Die Erweiterung des Asylrechtes und das Verbot von Gewaltanwendung und Mißhandlung gegen Sklaven in Athen bedeuteten große Fortschritte. Freilich hielt man auch weiterhin daran fest, daß Zeugenaussagen von Sklaven nur rechtens waren, wenn sie auf der Folter erfolgten.

In der hellenistischen Epoche *(→ Hellenismus)* erhielt die Sklaverei erneut starken Auftrieb, vor allem aufgrund der zahlreichen Kriege und der um sich greifenden Piraterie *(→ Seefahrt):* Eine Abschaffung der Sklaverei mit allen Konsequenzen für Wirtschaft und Gesellschaft war undenkbar. Auch Aufstände der Sklaven stellten die Institutionen der Sklaverei selbst niemals ernsthaft in Frage. Es ging bei diesen Rebellionen, die alle in die Zeit zwischen 140 und 70 v. Chr. fallen, nicht um die Veränderung der gesellschaftlichen Zustände, sondern um die Erringung persönlicher Freiheit.

Philosophische Spekulationen über Notwendigkeit und Berechtigung der Sklaverei zeigen, daß man diese Einrichtung für unentbehrlich hielt: »Wenn jedes einzelne Werkzeug auf einen Befehl hin [. . .] seine Aufgabe erfüllen könnte [. . .], dann bedürften weder die Baumeister der Gehilfen noch die Herren der Sklaven« (Aristoteles, Politik 1253 b 32 ff; übers. von O. Gigon). Der Philosoph sucht seine Ansicht von der Unentbehrlichkeit der Sklaverei an anderer Stelle mit naturrechtlichen Argumenten zu untermauern. In dieser Betonung des »Dienstes von Natur aus« freilich steht → *Aristoteles* in schärfstem Gegensatz zum

Naturrechtsdenken der → *Sophisten:* »Gott hat alle Menschen freigelassen: keinen hat die Natur zum Sklaven gemacht.« Mit dieser Äußerung führt der Sophist Alkidamas eine lange Reihe von Kritikern des antiken Sklavenwesens an. Der Kyniker Bion, selbst ehemaliger Sklave, nannte in einer paradox anmutenden Formulierung gute Sklaven frei, schlechte Freie aber Sklaven; die → *Stoiker* betrachteten alle Menschen aufgrund der gemeinsamen Teilhabe am Logos als gleichberechtigt. König Antigonos Gonatas, selbst Schüler des Stoikers Zenon, bezeichnete sein Königtum als »ruhmvolle Knechtschaft«. Das frühe Christentum versucht – ohne die Sklaverei in Frage zu stellen – die innere Freiheit auch des Sklaven zu betonen (vgl. Paulus, Philemonbrief). Wenn diese Äußerungen auch der wirklichen Problematik ausweichen, so haben doch besonders die Bemühungen der Stoiker Niederschlag in der politischen Praxis, besonders in einer Humanisierung des Strafrechts, gefunden. (W. M.)

Sokrates

Sokrates ist eine der wichtigsten Gestalten der europäischen Geistesgeschichte. Er verkörpert die Kraft der unerbittlichen kritischen Prüfung seiner selbst und anderer und das unbeirrbare Festhalten am Befehl der inneren Stimme, die das Tun und Lassen lenkt (besonders das »Lassen«: Daimonion). Sokrates hat durch die Schulen, die von ihm ausgingen, die abendländischen → *Philosophie* weithin geprägt und ist in seiner geistesgeschichtlichen Bedeutung mit Christus zu vergleichen.

Er war 469 v. Chr. als Sohn eines Bildhauers und einer Hebamme geboren, und sein Leben war ganz der Gestaltung fremder Existenz und der »Hebammenkunst«(Maieutik) für fremde Gedanken gewidmet, nahm also die Berufe der Eltern in höherem Range wieder auf. Angetrieben war er vielleicht durch einen Orakelspruch, der ihn als den weisesten Menschen erklärte.

Im *Peloponnesischen Krieg* war er (sehr tapferer) Soldat und zeigte beim Arginusenprozeß und unter den sogenannten Dreißig Tyrannen bedeutende Zivilcourage, selbst unter Lebensgefahr.

Seine Art, alle ihm Begegnenden immer wieder zu befragen und sie zu zwingen, über ihr Tun und Denken sich und anderen klare Rechenschaft abzulegen, wurde schon bald von der → *Komödie* verspottet, machte ihn aber auch – abgesehen von denen, die durch sein Forschen und Bohren zur Philosophie und zu strenger Selbstprüfung fanden – beim Volk unbeliebt. Daher kam es im Jahre 399 zu einer Anklage wegen Jugendverführung und Gottlosigkeit. Sokrates hätte sich retten können, reizte aber die Richter durch seine Festigkeit und wurde – was in Athen ganz unüblich war – für schuldig befunden und zum Tode verurteilt. → *Platon* hat seine Verteidigungsrede nachgestaltet und sein Sterben erzählt. Daß seine Frau Xanthippe eine besonders böse Frau war, ist wohl Märchen; übrigens kümmerte sich Sokrates – im Dienste höherer Pflicht – in der Tat wenig um Frau und Kind.

Worin besteht nun das Neue in der Philosophie des Sokrates? Wir wissen darüber nicht sehr gut Bescheid, denn weder Platon noch → *Xenophon*, denen wir unsere Nachrichten verdanken, schildern Sokrates authentisch. Fest steht, daß Sokrates sich von der naturphilosophischen Thematik ab und ausschließich der ethischen Frage zugewandt hat und so die kopernikanische Wende der Philosophie von der Naturphilosophie zur Antrophologie mitvollzogen hat (natürlich gab es Vorläufer und Zeitgenossen mit ähnlicher Tendenz). Niemand fehlt, so war wohl die Lehre des Sokrates, freiwillig. Nur, wer nicht *weiß*, fehlt, so daß also die Tugend ein Wissen darstellt. Wer das Gute kennt, tut es. Ob Sokrates freilich wußte, daß bloßes Wissen noch lange nicht zum rechten Handeln führt, ist fraglich; vermutlich verstand er unter dem Tugend»wissen« ein tiefgehendes Erlebnis von Werten.

Wie erkennt man nun das Rechte? Dafür verwendet Sokrates das Mittel der Induktion (Hinführung). Im Dialog, im philosophischen Zwiegespräch mit logischen Schlüssen, Behauptungen und Beweisen (oder Gegenbeweisen) ringen die Gesprächspartner um die Wahrheit. Erst wenn nach strengster Prüfung die Wahrheit erkannt wird (wie selten nur!), dürfen die Unterredner sich zufriedengeben.

Um seine Unterredner davon zu überzeugen, daß die bisherigen Wesensbestimmungen von Tugend und Werten nicht ausreichen, stellt sich Sokrates unwissend; diese »sokratische Ironie« ist es, die den anderen aus seiner vermeintlichen Sicherheit immer wieder herauswirft und ihn zwingt, Positionen, die er bisher als unbestreitbar ansah, aufzugeben. So erklärt sich die gelegentlich überlieferte Erschütterung, die ein Gespräch mit Sokrates auslösen konnte.

Themen der Untersuchung waren das Wesen der Tugend, einzelne Werte, die Pflichten des Menschen usw. Sokrates sprach gelegentlich von seinem *Daimonion*, einer inneren Stimme, die ihn nie antreibe, immer nur – bei gewissen Dingen – zurückhalte, etwas zu tun. Vielleicht ist dies die Stimme des Gewissens; viel eher jedoch ist es die

Stimme des Inneren, die den Sokrates abhielt, sich selbst untreu zu werden.
Die eigentlichen Feinde des Sokrates waren die → *Sophisten*, deren relativierende, Werte auslöschende »Moral« er mit den Mitteln seiner Gegner – eben der Dialektik – bekämpfte. Allerdings wissen wir auch hier nichts Genaues, da wir auf Platons Darstellung angewiesen sind, die den Sophisten meist ungünstig ist. Sokrates selbst schrieb nichts; doch gingen von seinen Schülern die philosophischen Richtungen der folgenden Zeiten aus: Platon, Aristoteles, Antisthenes.
Sokrates soll nicht schön gewesen sein. Sein Äußeres soll einem Silen geähnelt haben, und so zeigen ihn auch antike Porträts, in denen sich Häßlichkeit und hohe Geistigkeit seltsam mischen. (O. S.)

Söldner

Bis ins 2. Jahrhundert v. Chr. hinein gehörte Griechenland zu den ersten Werbeplätzen für Soldtruppen, und griechische Söldner waren im In- und Ausland anerkannt – ganz vergleichbar mit den Schweizern im Spätmittelalter und in der beginnenden Neuzeit. Es gab in Griechenland gute Voraussetzungen und viele Gründe, Söldner zu werden: Das Land war klein, karg und doch stark bevölkert, so daß die Chancen für einen wenig begüterten jungen Mann nicht gerade üppig waren; dabei vermittelten die griechischen Poleis (→ *Polis*) ihren jungen Leuten eine gute militärische Grundausbildung und boten durch ihre zahlreichen militärischen Raufereien mit den Nachbarn ausreichend Gelegenheit, diese Ausbildung in Praxis umzusetzen; was Wunder, daß sich da manch junger Mann aus dem rauhen Arkadien, Akarnanien oder Phokis dazu entschloß, als Leibwächter eines Tyrannen oder als Reisläufer im Ausland das für bare Münze zu tun, was er zu Hause als kaum entlohnte Bürgerpflicht tat. Dazu kam, daß es infolge der ständigen Parteikämpfe in den Städten immer eine starke, unruhige Reservearmee von Verbannten gab, unter ihnen viele Männer, die ihrer Vaterstadt oft schon als Offiziere gedient hatten und nun den Solddienst als letzten Ausweg sahen (→ *Kriegswesen*).
Die ersten Söldnertruppen hielten sich die griechischen Tyrannen (→ *Tyrannis*) des 6. Jahrhunderts v. Chr. Im → *Peloponnesischen Krieg* bildete sich dann ein regelrechtes Berufskriegertum heraus, das die Milizheere der Poleis an Leistungsfähigkeit übertraf. Von da ab fechten

griechische Söldner für → *Athen* und → *Sparta,* für die sizilischen Tyrannen in den Karthagerkriegen und für die Republik Karthago selbst, für den Perserkönig und für frondierende persische Prinzen, für Philippos, für → *Alexander* und sämtliche Diadochreiche. (D. R.)

Solon

Athen in der Krise. In der zweiten Hälfte des 7. Jahrhunderts v. Chr. geriet der athenische Staat in eine schwere Krise. Wirtschaftliche Umschichtungsprozesse begünstigten die Ausweitung des adeligen Großgrundbesitzes auf Kosten der Kleinbauern, die immer mehr zu Hörigen herabgedrückt wurden. Ja es geschah nicht selten, daß verschuldete Pächter samt ihren Familien als Sklaven verkauft wurden, da man für ein Darlehen grundsätzlich seine Person verpfänden mußte. Die Aufzeichnung des geltenden Rechts durch Drakon (624 v. Chr.) beseitigte zwar die bisherige Rechtsunsicherheit, brachte aber keine Lösung der sozialen Spannungen, da diese »mit Blut geschriebenen« Gesetze durch ihre »drakonische« Strenge nur die Klassenjustiz der adeligen Herren zu fixieren schienen. Als aber im benachbarten Megara die Bauern in einem revolutionären Sturm die Viehherden ihrer Unterdrükker kurzerhand abschlachteten, bequemten sich die attischen Großgrundbesitzer dazu, der Berufung eines Schiedsrichters zuzustimmen, der als Archon mit umfassenden Vollmachten einen Ausgleich herbeiführen sollte.
Die Wahl fiel auf Solon (etwa 640–560 v. Chr.), der als Nachkomme des letzten Königs zwar dem Hochadel angehörte, als Handelsherr mit mittlerem Vermögen aber auch dem einfachen Volk genehm war. Er hatte frühzeitig Popularität gewonnen, als er in einem mutigen Handstreich die Insel Salamis endgültig für Athen gewann. Nachhaltigere Wirkungen aber erzielte er durch seine lyrischen Gedichte, in denen er seinen Mitbürgern seine ethischen und politischen Grundüberzeugungen nahebrachte.

Die Weltanschauung des Dichters und Staatsmanns. Da Solon zutiefst von der Gerechtigkeit der göttlichen Weltordnung überzeugt war, verfiel er nicht einem blinden Schicksalsglauben. Vielmehr erkannte er in der Unersättlichkeit der Menschen die Ursache des Unheils in der Welt: Im Frevel rechtswidriger Gewalt überschreitet der Mensch die ihm gezogenen Grenzen (Hybris); doch trifft ihn für seine

Verblendung unweigerlich das von Zeus gesandte Verhängnis (Ate) und macht alle kurzsichtigen Illusionen zuschanden; allein durch die Besinnung auf das gesunde Maß und die rechte Mitte kann er hoffen, dem göttlichen Strafgericht (Dike) zu entrinnen. Die Nähe solcher Gedanken zur delphischen Apollon-Religion ist unverkennbar. Indem nun Solon diese Grundsätze auf das Leben der staatlichen Gemeinschaft *(→ Polis)* übertrug, konnte er seinen Mitbürgern einen Ausweg aus der selbstverschuldeten Krise zeigen:

»Dies euch lehrend zu künden, Athener, treibt mich mein Sinnen
daß gesetzloses Tun Jammer auf Jammer nur zeugt.
Ordnung jedoch und Wohlstand bewirkt die Zucht des Gesetzes,
die dem Verächter des Rechts fesselnd umschlinget den Fuß,
Rauhes verglättet, Begehren bezähmt, den Übermut zügelt,
und des Verderbens Saat läßt schon verdorren im Keim,
einrenkt verbogenen Richtspruch, vermessenes Sinnen besänftigt,
dämmende Schranken gesetzt wider des Aufruhrs Gewalt,
und erstickt des schmerzreichen Zwistes Hassen: so führt sie
zur gesunden Vernunft endlich die Menschheit zurück.«
(Solon, Eunomie; übers. von H. Färber)

Wie sich also der Einzelne Schranken auferlegen muß, so kann auch die Polis nur dann wirklich gedeihen, wenn sie Einzel- und Gruppeninteressen in der »Zucht des Gesetzes« (Eunomie) zu einem wohlgeordneten Ganzen zusammengefügt.

Die Neuordnung der Polis. Als Archon des Jahres 594/593 stellte Solon den attischen Staat entschlossen auf eine neue Grundlage. Seine erste Maßnahme war die Befreiung der leibeigenen Bauern durch einen allgemeinen Schuldenerlaß (Seisachtheia). Die Schuldknechtschaft wurde ein für allemal durch das Verbot des Leihens auf den Körper unmöglich gemacht, ins Ausland verkaufte Sklaven wurden auf Staatskosten zurückgekauft. Eine Höchstgrenze für den Großgrundbesitz sollte ein weiteres Bauernlegen verhindern, doch wurden die Erwartungen der Armen nach einer vollständigen Landaufteilung enttäuscht. Eine maßvolle Währungsreform und eine Reihe flankierender Gesetze zur Förderung der Landwirtschaft und zur Belebung von Handel und Gewerbe zielten auf eine Stärkung der Wirtschaftskraft der gesamten Bürgerschaft.

Bei seiner Verfassungsreform ließ sich Solon von dem Grundgedanken leiten, daß der einzelne Bürger entsprechend seiner wirtschaftlichen Leistungsfähigkeit am politischen Geschehen beteiligt werden solle (Timokratie). In Anlehnung an die herkömmliche Wehrverfassung teilte er die Bürgschaft nach den Bodenerträgen bzw. Steuereinschätzungen in vier Klassen ein: Fünfhundertscheffler (Leute, die 500 Scheffel Getreide im Jahr versteuerten) und Ritter leisteten ihren Wehrdienst als Reiter ab; die Zeugiten zogen als Schwerbewaffnete (Hopliten) in den Kampf, und die Theten, deren Jahreseinkommen unter 200 Scheffeln blieb, dienten als Leichtbewaffnete. Volksversammlung (Ekklesia) und Volksgericht (Heliaia) führten die Bürger aller Klassen zu gemeinsamem politischen Handeln zusammen. In den neugeschaffenen »Rat der 400« (Boulé), der die Gesetze vorberiet und zunehmend Regierungsfunktionen an sich zog, entsandten nur die drei oberen Klassen Vertreter. Dem Areopag (oberstes Gericht), der sich aus den ehemaligen Oberbeamten (Archonten) zusammensetzte, verblieb die Aufsicht über das gesamte Staatswesen und die oberste Gerichtsbarkeit. Dieses ehrwürdige Gremium stand nur Angehörigen der ersten Klasse offen. Alle Bürger wurden gesetzlich verpflichtet, bei einem Parteienstreit Stellung zu beziehen; jedermann besaß das Recht, gegen Übergriffe der Behörden oder privates Unrecht an das Volksgericht zu appellieren (vgl. auch → *Athen-Geschichte)*.

Solons Bedeutung. Nach dem Abschluß seines Versöhnungswerkes, das er gegen die Kritik der Unzufriedenen auf beiden Seiten voller Stolz als vernünftigen Kompromiß verteidigte, trat Solon freiwillig von seinem Amt zurück und begab sich auf eine zehnjährige Handelsreise ins Ausland. Das von → *Herodot* geschilderte Zusammentreffen mit dem → *Lyderkönig* Kroisos gehört freilich der Legende an.

Der beispielhafte Verzicht auf die ihm angetragene Tyrannen-Herrschaft, seine maßvolle, auf Ausgleich gerichtete Beschränkung auf das Notwendige und Machbare und seine Erkenntnis der inneren Gesetzmäßigkeit staatlichen Gemeinschaftslebens haben Solon zum Wegbereiter der → *Demokratie* werden lassen und ihm einen Platz unter den → *Sieben Weisen* gesichert. Und wenn → *Platon* recht hat mit der Behauptung, nur der sei ein wahrer Staatsmann, der seine Mitbürger durch Erziehung bessere, anstatt nach ihrer Pfeife zu tanzen und dabei vielleicht einiges Gute durchzusetzen, dann dürfen wir Solon getrost als den ersten Staatsmann der Griechen ansehen, dessen Ideale auch uns noch etwas bedeuten können. (H. H.)

Sophisten

In der zweiten Hälfte des 5. Jahrhunderts v. Chr. vollzog sich im griechischen Geistesleben ein Umbruch, dessen revolutionäre Sprengkraft am ehesten mit der Wirkung der neuzeitlichen »Aufklärung« verglichen werden kann. Die altehrwürdige Wertordnung der → *Polis,* in deren Beziehungsgefüge aus → *Religion,* Recht und Sitte, Familienbindung und Gemeinsinn sich der Bürger bisher geborgen wußte, sah sich durch das erwachende kritische Bewußtsein in Dichtung *(→ Literatur)* und *Philosophie (→ Vorsokratiker)* in Frage gestellt. Die traditionellen Normen des Mythos und der Adelsethik konnten vielen Menschen nicht mehr genügen, die einmal vom Zweifel angerührt waren.
Kluge Männer, die sich die grundlegenden Erkenntnisse der Naturphilosophie zu eigen gemacht hatten, gingen nunmehr daran, die neuen geistigen Errungenschaften als »Bildung« unter das Volk zu bringen. Wie einst die Rhapsoden *(→ Homer)* zogen diese sogenannten Sophisten (sophós = weise) gleich Wanderpredigern von Stadt zu Stadt, versammelten junge Leute um sich und übernahmen für einen Zeitraum von drei bis vier Jahren deren vollständige Erziehung und Ausbildung. Daß sie für ihren Unterricht Geld verlangten, rief den erbitterten Protest konservativer Kreise hervor, die das Geschäft mit Tugend und Bildung für unvereinbar mit der Würde eines freien Bürgers hielten.

> → *Xenophon* verdeutlicht diese Kritik am Gegenbild des → *Sokrates:* »Von denen, die den Umgang mit ihm wünschten, nahm er kein Geld. Durch den Verzicht darauf glaubte er, seine Unabhängigkeit sichern zu können. Jene aber, die für ihren Unterricht eine Bezahlung nahmen, nannte er Sklavenhändler mit ihrer eigenen Person; denn sie seien gezwungen, sich mit denen zu unterreden, von denen sie Bezahlung genommen hätten. Er wunderte sich auch darüber, daß jemand, wenn er die Tugend verkünde, Geld nehmen und nicht vielmehr meinen sollte, er habe den größten Gewinn durch den Erwerb eines guten Freundes.«
>
> (übers. von P. Jaerisch)

Wenn sich die Sophisten mit der Interpretation der homerischen und archaischen Dichtung oder mit philosophischen Spekulationen befaßten, dann ging es ihnen weniger um fachwissenschaftliche Vertiefung oder gar um Bildungswerte. Sie erhoben vielmehr den Anspruch, ihren Schülern praktische Lebensweisheit und eine breitgefächerte Allgemeinbildung zu vermitteln und ihnen durch die Einübung rhetorischer Techniken und Muster das notwendige Rüstzeug für ein erfolgreiches Abschneiden im politischen Tageskampf und vor Gericht an die Hand zu geben. Mittelpunkt des sophistischen Bildungsbetriebs wurde die Stadt → *Athen*, die »hohe Schule Griechenlands« (Thukydides), deren aufstrebende → *Demokratie* jungen, ehrgeizigen Politikern ein aussichtsreiches Betätigungsfeld bot.

Protagoras aus Abdera (* vor 481, † 411 v. Chr.), der bedeutendste Sophist, verlangte für seinen Unterricht die beträchtliche Summe von 10 000 Drachmen (ein Arbeiter erhielt am Tag wenig mehr als 1 Drachme). Nach → *Platon* hat er allein mehr verdient als → *Pheidias* und noch zehn andere Bildhauer zusammen. Berühmt wurde sein Rechtsstreit mit seinem Schüler Euathlos, der das vereinbarte Honorar erst nach seinem ersten Sieg bei Gericht bezahlen sollte, aber keinen Prozeß führte und nicht zahlte. Dagegen argumentierte Protagoras: »Wenn ich gewinne, mußt du bezahlen, weil ich gewonnen habe; gewinnst aber du, dann zahlst du erst recht, eben weil du dann deinen ersten Prozeß gewonnen hast.« Zu seinen Freunden gehörten → *Perikles* und Euripides (→ *Literatur*); selbst Platon, der den Sophisten äußerst kritisch gegenüberstand, wollte ihm seinen Respekt nicht versagen.

Während die vorsokratischen Philosophen ihre Gedanken auf die Entstehung und die Gesetze des Alls (Kosmologie), das Wesen des Göttlichen (Theologie) und den Begriff des Seins (Ontologie) gerichtet hatten, wandte sich Protagoras dem Menschen in der Welt zu. In seinem berühmten Satz »Aller Dinge Maß ist der Mensch, der seienden, daß (wie) sie sind, der nicht seienden, daß (wie) sie nicht sind« betonte er gegenüber Parmenides, daß es keine zweifelsfreie Gewißheit geben könne. Jeder einzelne Mensch bewerte die Dinge nach dem subjektiven Maßstab seiner eigenen Sinneswahrnehmungen (Subjektivismus). Wenn die objektive Wahrheit nicht erkennbar ist, dann stehen entgegengesetzte Auffassungen zu allen Fragen des Rechts, der Moral und der übrigen Werte gleichberechtigt nebeneinander. Je nach der Situation unterliegt auch jede Handlung dem subjektiven Urteil, ist sowohl gerecht als auch ungerecht, tapfer bzw. feige usw. (Relativismus). Die Kunst des Redners liegt dann darin, den Zuhörern seinen Standpunkt als

den wahrscheinlichen einzureden; notfalls wird er durch geschickte Argumentation »die schwächere Sache zur stärkeren machen« (Im Widerspruch zu dieser »sophistischen« Auffassung hat Sokrates seine Gesprächsführung im Dialog als Mittel zur Wahrheitsfindung entwikkelt; bei Platon wird die »Dialektik« gar zur obersten Wissenschaft).
Als Protagoras seine erkenntnistheoretischen Ergebnisse auch auf die → *Götter* ausdehnte und behauptete, er könne über ihre Existenz und ihr Wesen nicht das geringste aussagen, da das menschliche Leben zu kurz sei, um diese Geheimnisse zu ergründen (Agnostizismus), wurde es für ihn gefährlich: Er wurde als angeblicher Atheist zum Tode verurteilt und soll auf der Flucht nach Sizilien umgekommen sein. Seine Schrift »Über die Götter« wurde öffentlich verbrannt.
Gorgias aus Leontinoi (* um 485, † um 380 v. Chr.), der im Jahre 427 erstmals nach Athen kam, trieb die Kritik an der Seins- und Erkenntnislehre des Parmenides auf die Spitze: »Nichts ist; wenn etwas existierte, wäre es nicht erkennbar; und selbst wenn man es erkennen könnte, wäre es nicht mitteilbar.« Was nach einem absurden Nihilismus aussieht, mag freilich mehr der Freude am paradoxen Spiel der Worte entsprungen sein. Liegt doch die eigentliche Bedeutung des Gorgias auf dem Gebiet der → *Rhetorik*. Er gilt als Schöpfer der klangvollen Kunstprosa (»gorgianische« Stilfiguren) und der feierlichen Prunkrede. Wenn er in → *Olympia* oder → *Delphi* als Festredner im Purpurmantel auftrat, zog er die Massen durch die suggestive Kraft seiner Rede geradezu magisch in seinen Bann. Für ihn ist das Wort »ein gewaltiger Herrscher, der Macht hat, Furcht zu hemmen, Schmerz zu vertreiben, Freude zu bewirken und Mitleid zu steigern«. Seine zahlreichen Schüler lehrte er, durch die formale Vollkommenheit ihrer Rede im richtigen Moment auf die Emotionen ihrer Hörer einzuwirken und sie so zu beherrschen. Was aber Gorgias »Seelenführung« nannte, ist nach Platon nichts anderes als Seelenverführung. Gorgias wurde davon immerhin so reich, daß er sich in Delphi selbst eine goldene Bildsäule setzen lassen konnte.
Andere Sophisten. Noch erfolgreicher war Hippias aus Elis, der sich einer breiteren Öffentlichkeit durch Reklamereden zu Einführungspreisen bekannt machte. Platon karikierte ihn als typischen Vertreter der sophistischen Richtung, die mit dem Anspruch auftrat, auf alle Fragen eine Antwort zu wissen und auch im praktischen Leben jeder Situation gewachsen zu sein. Immerhin scheint Hippias bei seinen Schülern auf ein umfangreiches enzyklopädisches Wissen gedrängt zu haben. Für ihn war die im Gesetz konkretisierte sittliche Wertordnung der Polis

(Nomos) nicht mehr Ausdruck einer natürlichen Wahrheit, sondern ein »Gewaltherrscher, der die Menschen zwingt, vieles gegen ihre Natur zu tun«. Hippias hat die berühmte Antithese von Nomos (Brauch, Gesetz) und Physis (Natur) nicht erfunden. Schon der Historiker → *Herodot* hatte – nach anderem sophistischen Vorbild – auf die Relativität sittlicher Normen hingewiesen, indem er an einem krassen Beispiel zeigte, daß jedes Volk seine eigenen Lebensformen für die besten halte. Durch die Leugnung eines allgemeingültigen Naturrechts aber legten die Sophisten die Axt an die Wurzeln der Polis. Thrasymachos behauptete bald, das Gerechte sei nichts anderes als der Vorteil des Stärkeren. Folgerichtig erklärte Kallikles (in Platons Dialog »Gorgias«) die staatlichen Gesetze für eine bloße Erfindung der Schwachen, über die sich der Starke nach dem Recht seiner Natur hinwegsetzen und zum Tyrannen aufschwingen müsse. Noch Nietzsche und Hitler huldigten diesem Wahnbild des machtbesessenen »Herrenmenschen«.
In der Konsequenz dieses Denkens liegt auch die radikale Kritik des Kritias an der herkömmlichen Religion, die er für eine Zweckerfindung raffinierter Politiker hielt.

Aus dem Satyrspiel »Sisyphsos« des Kritias:
»Als zwar die Gesetze sie hinderten, offen Gewalttaten zu begehen, sie aber im Verborgnen solche begingen, da, scheint mir, hat zuerst ein schlauer und gedankenkluger Mann die Götterfurcht den Sterblichen erfunden, auf daß ein Schreckmittel da sei für die Schlechten, auch wenn sie im Verborgenen etwas täten oder sprächen oder dächten.«

(übers. von Diels-Kranz)

Die Auseinandersetzung mit der Sophistik. Es kann nicht verwundern, daß solche Äußerungen in der Öffentlichkeit als Versuch verstanden wurden, die tragenden Fundamente der menschlichen Gesellschaft zu untergraben. Und in der Tat haben nicht wenige Schüler der Sophisten sich oft bedenkenlos über alle Schranken des Rechts und der Moral hinweggesetzt und auf die Politik ihrer Städte einen unheilvollen Einfluß genommen. Kritias selbst hat als Anführer des radikalen Flügels der Dreißig Tyrannen *(→ Athen-Geschichte)* die ganze Bewegung in schlimmsten Verruf gebracht, so daß die Bezeichnung »Sophist« bis heute geradezu zu einem Schimpfwort werden konnte. Die Dichter der

→ *Komödie* (u. a. Aristophanes) wurden nicht müde, die Sophisten als Atheisten und Jugendverderber anzuprangern. Ihre Argumente finden sich wieder in der Anklage gegen → *Sokrates,* der in blinder Verkennung seines Wollens mit den zerstörerischen Kräften identifiziert wurde. Die geistige Auseinandersetzung mit der Sophistik hat vor allem Platon aufgenommen, der in den nach den großen Sophisten benannten Dialogen das sophistische Wissen als Trug und Schein entlarvte.
Trotz aller berechtigten Kritik an den negativen Denkansätzen und Auflösungstendenzen in der Sophistik sollte freilich nicht übersehen werden, daß diese Bewegung einen überaus folgenschweren geistigen Aufbruch auslöste. »Die Fragen, die sie stellte, die Zweifel, die sie weckte, sind durch die europäische Geistesgeschichte nicht mehr zum Schweigen gekommen, bis auf den heutigen Tag« (Lesky). (H. H.)

Soziale Verhältnisse

Bevölkerungszahl und Bevölkerungsstruktur. Des → *Aristoteles'* vielzitierte Definition vom Menschen als einem Lebewesen, das von Natur aus auf die staatliche Gemeinschaft hin orientiert sei (grch. »Zoon politikon«), meint zwar zunächst den Polisstaat der klassischen griechischen Zeit mit all seiner räumlichen Beengtheit, zeigt jedoch andererseits, wie man das Zusammenleben im Gemeindestaat als zentrales Problem ansah. Wenn später die → *Stoiker* diese aristotelische Formel im Bereich der lateinischen Sprache mit »animal sociale« wiedergeben, so ist das die legitime Fortschreibung jener Gedankengänge griechischer Philosophen, die sich mit der Frage nach dem sinnvollen Miteinander der Menschen in der → *Polis,* eben mit der Wissenschaft von der Politik, beschäftigten. Umgekehrt betont Aristoteles an anderer Stelle ausdrücklich die Bedeutung der Polis: »Wer nicht in Gemeinschaft leben kann oder in seiner Autarkie ihrer nicht bedarf, der ist kein Teil des Staates, sondern ein wildes Tier oder Gott« (Politik 1253a; übers. von O. Gigon). Dabei waren ganze Gruppen der Einwohnerschaft einer Polis von den Bürgerrechten ausgeschlossen: Weder die Sklaven *(→ Sklaverei)* noch die Frauen *(→ Frau)* noch die in der Stadt ansässigen Fremden (Metöken) waren vollberechtigte Mitglieder der Bürgerschaft, und in der Zeit nach den *(→ Perserkriegen)* setzten die radikalen Demokraten in → *Athen* durch, daß der Kreis der Inhaber des Bürgerrechts zur Sicherung der eigenen Privilegien noch enger eingegrenzt wurde. Das

System der in den Poleis praktizierten direkten → *Demokratie* freilich war, sollte es funktionieren, auf kleine, überschaubare Gruppen schon aus technischen Gründen angewiesen – es konnte von einer Reduzierung der Bürgerzahl nur profitieren. Selbst → *Platon* bezeichnete in seiner Staatsutopie eine Maximalzahl von 5040 Bürgern als wünschenswert. Moderne Zahlenangaben über die attische Bevölkerung schwanken auch für den klassischen Zeitraum Athens bei den Bürgern zwischen 20 000 und 35 000, bei den Metöken um 10 000, d. h. man hat bei der freien Bevölkerung mit einer Zahl von 90 000 bis 105 000 Menschen zu rechnen. Noch strittiger sind die Angaben über die Anzahl der Sklaven: Zwischen 100 000 und 400 000 bewegen sich die modernen Berechnungen über die Summe der Angehörigen unfreien Standes, und entsprechend schwierig ist es, die Brisanz gesellschaftspolitischer Fragestellungen richtig einzuschätzen.

Durchsichtiger erscheint die Situation in → *Sparta,* wo der Rückgang der Vollbürger von (geschätzten) 9000 bis 10 000 Personen zur Zeit des Lykurg auf nur 700 im 3. Jahrhundert eine Erklärung für die innere und äußere Erstarrung des Gesellschaftssystems dieses Staates beisteuern könnte. Schon die in den homerischen Epen *(→ Homer)* sich widerspiegelnde Frühzeit des Griechentums macht den Unterschied zwischen dem prominenten Angehörigen der Adelsschicht, der letztlich im Kampfe ausschlaggebend war, und dem gemeinen Mann deutlich, wenn Odysseus angesichts um sich greifender Resignation bei der Belagerung → *Trojas* die Oberschicht mit vergleichsweise mildem Tadel bedenkt, während er den einfachen Mann mit ebenso harten wie unmißverständlichen Worten in seine Schranken weist:

»Wiederum, wen er vom Volk erblickte und schreiend ertappte,
Den traf hart sein Stab, und er fuhr ihn an mit den Worten:
Bist du von Sinnen! sitz still und höre, was andere reden,
Dir überlegene Männer, denn du bist feige und kraftlos;
Weder zählte man je im Kampfe dich voll, noch im Rate!
Nicht wir alle zugleich sind Könige hier, wir Achaier!
Nie bringt Segen die Herrschaft vieler; einer sei Herrscher,
Einer König allein . . .«

(Homer, Ilias 2, 198–205; übers. von H. Voss und H. Rupé)

Noch bis in die klassische Zeit hinein sollte die Frage nach dem Wehrbeitrag des Staatsbürgers entscheidendes Kriterium für die Zuweisung zu einer bestimmten sozialen Schicht bilden. Seit → *Solons* Reformen allerdings berücksichtigte man nicht mehr vorrangig die Herkunft, sondern teilte die Bürger nach Maßgabe des Einkommens und des Besitzes einer der vier Klassen mit abgestuften politischen Rechten zu (Timokratie). Der in geschlossener Phalanx als Schwerbewaffneter dienende Grieche hatte den ritterlichen Einzelkämpfer der Frühzeit abgelöst, er bestand nun in Kenntnis seines militärischen Wertes selbstbewußter auf seinen politischen Rechten. Zwar war der Adel selbst nicht in der Lage, die sozialen Probleme zu lösen – der Ruf nach Schuldentilgung und Neuverteilung des Bodens stand in der Rangliste der Wünsche ganz oben –, doch waren die Aristokraten bereit, Solon als Vermittler zwischen den Ständen zu akzeptieren, um eine Revolution zu vermeiden. Schuldentilgung, Abschaffung der Schuldknechtschaft, Teilnahme an der Volksversammlung und schließlich Appellationsmöglichkeit beim Volksgericht waren Reformmaßnahmen Solons, die die Rechte selbst der untersten Schicht, der Theten, beträchtlich erweiterten, die des Adels aber ebenso einschneidend verringerten. Diese mit viel Augenmaß betriebene Politik des Ausgleichs zwischen den Interessengruppen durfte Solon mit Recht in einem seiner Gedichte loben:

»Soviele Rechte gab ich dem Volk, wie schicklich ihm zukommt,
Ehre ich weder benahm, noch auch im Übermaß gab.
Doch die Besitzer der Macht, bewundert in prangendem Reichtum,
Diesen auch dacht' ich nicht zu, Unrecht zu leiden und Schmach.
Ich nun stellte mich hin, den starken Schild haltend um beide,
Ließ nicht eine Partei ungerecht siegen allein.«
(Aristoteles, Der Staat der Athener 12; übers. von P. Dams)

Auch wenn in der Folgezeit weiterhin Mitglieder der Oberschicht die Führungspositionen im Staate bekleideten, blieb die Verantwortlichkeit des Herrschenden gegenüber der Kontrolle durch das Volk unbestrittenes Kennzeichen demokratischer Gemeinwesen. Ungeachtet dieser neu errungenen, nunmehr verbrieften Rechte war das soziale Prestige der Theten, der besitzlosen Gelegenheitsarbeiter, denkbar gering: konnten sie doch – im Gegensatz zu den Sklaven – nicht einmal die Sicherheit eines festen Arbeitsplatzes beanspruchen (→ *Sklaverei*). Ihre Lage besserte sich erst, als sie in der perikleischen Ära Beschäftigung bei den großen Bauvorhaben der Stadt oder als Ruderer auf den Schiffen der ständig kreuzenden Flotte fanden *(→ Perikles)*. Die Sklaverei selbst war je nach historischer, geographischer und ökonomischer Situation von unterschiedlicher Bedeutung für die sozialen Gegebenheiten: Mit zunehmender wirtschaftlicher Expansion der Poleis betrachtete man die Sklaven mehr und mehr als einen notwendigen Bestandteil des öffentlichen Lebens. Die Metöken (grch. Métoikoi = die Mitbewohner), Ausländer mit ständigem Wohnsitz in Athen, waren zwar rechtlich den Bürgern gegenüber benachteiligt – sie mußten sich vor Gericht von einem Bürger vertreten lassen –, doch bildeten sie, da sie die führenden Positionen vor allem im Großhandel und im Bankwesen *(→ Geld)* innehatten, einen nicht zu unterschätzenden Bestandteil der städtischen Bevölkerung. Entsprechend liberal war zumindest in klassischer Zeit das in Athen praktizierte Fremdenrecht: Mit deutlicher Anspielung auf die Gepflogenheiten der Spartaner läßt → *Thukydides* den Perikles sagen:

> »Auch in Beziehung auf das Kriegswesen befolgen wir insofern andere Grundsätze als unsere Gegner, als wir niemand den Aufenthalt hier in der Stadt verwehren. Es kommt nie vor, daß jemand ausgewiesen oder daran gehindert wird, sich hier umzutun . . .«
> (Thukydides 2, 39, 1; übers. von Th. Braun)

In der Tat nahm man letztlich aus Furcht um den Verlust der Privilegien in der herrschenden Minderheit der Spartaner Zuflucht zu einer radikalen Maßnahme: Man verfügte immer wieder summarisch die Ausweisung aller Fremden aus dem Lande. Die lakedämonischen Vollbürger leben – zahlenmäßig der unterworfenen Urbevölkerung unterlegen – in Sparta in kasernenartigen Unterkünften bei stetem militärischem Training, während sie ihr Landlos, nach der Vorschrift des Lykurg an alle 9000 Spartiaten in gleicher Weise verteilt, von den Heloten bearbeiten ließen. Die weiter im Lande wohnenden Perioken (grch. Perioikoi = »Umwohner«) waren wohl großenteils Angehörige des dorischen Stammes, zählten jedoch nicht zu den Vollbürgern, da die Produktivität ihrer Güter nicht ausreichte, um die von allen Spartiaten für die gemeinsamen Mahlzeiten vorgeschriebenen Beiträge an Naturalien aufzubringen. Nach dem Bericht des Plutarch verfolgte Lykurg mit dieser Institution ein sozialpolitisches Programm:

> »Um aber den Luxus noch besser zu bekämpfen und das Streben nach Reichtum vollends auszurotten, ordnete er die [. . .] beste Einrichtung an, nämlich die gemeinsame Mahlzeit. Alle Bürger mußten zusammen kommen und miteinander die vorgeschriebenen Speisen und Gerichte essen; keiner aber durfte zu Hause für sich auf kostbaren Polstern und Tischen speisen, oder sich, nach Art gefräßiger Tiere, im Finstern aus der Hand der Köche und Zuckerbäcker mästen lassen und mit den Sitten zugleich den Körper verderben . . .«
>
> (Plutarch, Lykurg 10; übers. von F. Kaltwasser und H. Floerke)

Diese und viele andere Vorschriften, die in totalitärer Weise das Leben des Individuums in Sparta einschränkten, brachten es mit sich, daß die Spartiaten sich nicht ohne Stolz als »die Gleichen« bezeichneten.
Griechische Philosophen haben immer wieder die Frage nach der bestmöglichen Form menschlichen Zusammenlebens in einer Polis gestellt, d. h. sie diskutierten die verschiedenen Verfassungen (grch. Politeiai). Während → *Platon* in seiner »Politeia« theoretisch das Bild eines idealen Staates entwarf, versuchte → *Aristoteles* in einer Sammlung von 158 griechischen Verfassungen – die 1891 durch einen Papyrusfund bekannt gewordene »Staatsverfassung der Athener« ist als einzige vollständig erhalten – seine entsprechenden Untersuchungen auf eine empirische Grundlage zu stellen.

Das Verhältnis der Griechen zur Arbeit. »Die Stellung des Handwerkers ist die einer begrenzten Sklaverei« (Aristoteles, Politik 1, 1260b). Dieses Verdikt der körperlichen Arbeit *(→ Handwerk)* erklärt sich aus des Aristoteles' Ansicht, es sei Kennzeichen eines freien Mannes, daß er nicht unter der Beschränkung durch einen anderen leide. Ein solches Ideal der Autarkie der autonomen Persönlichkeit entsprach zwar der für die Staaten als Ganzes propagierten Haltung, insofern nur auf diese Weise das Glück der Betroffenen zu verwirklichen war, doch kannte der Grieche sonst durchaus auch die positive Einschätzung der Arbeit. Der um 700 v. Chr. wirkende Dichter → *Hesiod* unternahm es in seinem Gedicht »Werke und Tage«, die Tätigkeit des Bauern mit neuem Ethos zu erfüllen:

»Arbeit macht ja reich die Männer an Herden und Habe,
Fleißige Arbeit macht dich auch den Ewigen werter
Und den Menschen dazu; sie hassen ja müßige Leute.
Arbeit bringt keine Schande, die Faulheit aber bringt Schande.
Wenn du der Arbeit ergeben, bald wird dich der Faule beneiden
Um deine Fülle; der Fülle aber folgt Ehre und Ansehn.«
(Hesiod, Erga 308–313; übers. von Th. v. Scheffer)

Im gleichen Sinne zu deuten ist auch jene zum geflügelten Wort gewordene Bemerkung desselben Dichters: »Vor Verdienst aber setzten den Schweiß die unsterblichen Götter« (Erga 289; übers. von Th. v. Scheffer). Ja selbst für den Gedanken des wirtschaftlichen Wettbewerbs fand Hesiod lobende Worte, als er den Streit, die »Eris« im guten Sinne, von der bösen »Eris« unterschied:

»Denn sie ermuntert sogar die lässigen Männer zur Arbeit.
Schaut ein solcher auf andre, die reicher, so möchte er stärker
Schaffen, er sputet sich dann, den Acker zu pflügen, zu säen,
Gut zu richten das Haus: so eifert Nachbar mit Nachbar
Um den bessern Ertrag. Die Eris ist Sterblichen nützlich;
Eifert doch Töpfer mit Töpfer, der Zimmermann mit dem Zimmrer,
Und es neidet der Bettler dem Bettler, der Sänger dem Sänger.«
(Hesiod, Erga 20–26; übers. von Th. v. Schäffer)

Das Verhältnis der Griechen zu Armut und Reichtum. Entsprechend galt nach griechischer Vorstellung derjenige als »reich«, der von seinem Besitz, ohne selbst tätig zu sein, leben konnte; andererseits zählte derjenige zu den Armen, der, obwohl durchaus nicht unbemittelt, seinen Hof mit Hilfe mehrerer Sklaven bewirtschaftete, dies aber zur Sicherung der eigenen Existenz gezwungenermaßen tun mußte.
Seit frühester Zeit galt Landbesitz als Kriterium für die Zuordnung zu einer sozialen Schicht; in Sparta blieb der Besitz eines Landloses stets Vorbedingung für die Zugehörigkeit zur herrschenden Klasse: Nur auf diese Weise konnten die Beiträge zu den gemeinsamen Mahlzeiten geleistet werden. In Athen war Landbesitz ausschließlich Privileg der Bürger, während vor allem die Metöken als Inhaber der Banken und des

Kapitals das Wirtschaftsleben bestimmten. Ein Fremder konnte – mochte er auch noch so finanzkräftig sein – nicht ohne weiteres sein Geld in Grund und Boden anlegen. Des → *Perikles* programmatische Worte mögen denn auch mehr Schilderung eines in der Zeit der hohen Demokratie in Athen erreichten Idealzustandes sein, als daß sie einer allgemein griechischen Wirklichkeit entsprächen:

> »Wir schätzen den Reichtum als ein Mittel, um nützlichen Gebrauch davon zu machen, nicht aber, um damit zu protzen. Seiner Armut braucht sich niemand zu schämen, es sei denn, daß er sie durch Faulheit selbst verschuldet hat.«
> (Thukidides 2,40,1; übers. von Th. Braun)

Tatsächlich war Armut zumindest für die klassische Epoche Athens kein sozial brisantes Thema: Bei dem von Perikles angeregten Ausbau Athens fanden ebenso wie beim Flottendienst alle arbeitswilligen Bürger ausreichend Verdienstmöglichkeiten. Auch wenn der Tageslohn mit drei Obolen sehr bescheiden ausfiel, war die Existenz des Arbeitnehmers angesichts der niedrigen Lebenshaltungskosten in der perikleischen Zeit so gesichert wie nie mehr sonst im Verlauf der Antike, ja selbst die Sklaven jener Epoche waren finanziell besser gestellt als die freien Arbeiter im weiteren Verlauf des Altertums. Bauabrechnungen für die am Erechtheion (→ *Akropolis)* gemeinsam tätigen Sklaven und freien Arbeiter weisen die gleiche Lohnsumme für alle Beteiligten aus. In einem Falle nennt die Rechnung sogar Freie und Sklaven jeweils einzeln, d. h. der Sklavenbesitzer trat nicht als Aufseher über eine anonyme Schar von Arbeitskräften auf, sondern jeder einzelne Sklave erschien persönlich als Lohnempfänger.

Berufsgruppen und soziale Problematik. Schon die Adelsgesellschaft der homerischen Zeit kannte die Arbeitsteilung; Handwerker, aber auch Sänger oder Ärzte standen als Spezialisten an den Fürstenhöfen durchaus in Ehren und waren wohl großenteils ambulant tätig. Die ungelernten Tagelöhner (Theten) freilich waren meist nur saisonal in der Landarbeit eingesetzt; entsprechend gering war ihr soziales Image. Nur so ist verständlich, wenn Achilleus nach seinem Tode dem in der Unterwelt weilenden Odysseus die Schrecken des Hades mit folgenden Worten ausmalt:

»Wollte ich doch lieber als Ackerknecht Lohndienste bei einem anderen, einem Manne ohne Landlos leisten, der nicht viel Lebensgut besitzt, als über die dahingeschwundenen Toten Herr sein!«
(Homer, Odyssee 11, 489–491; übers. von W. Schadewaldt)

Die aufkommende Münzgeldwirtschaft (→ *Geld*) freilich ließ auch den Wert der freien bäuerlichen Arbeit sinken. Landflucht war die Folge. Zwar gaben die Gewerbebetriebe der Städte mit ihrem zunehmenden Arbeitskräftebedarf Gelegenheit zu Lohn und Verdienst, auch bot die Landnahme anläßlich der → *Kolonisation* ein Ventil für den Bevölkerungsüberschuß, doch stellten gerade die Zuzügler mit ihrer wachsenden Arbeitsscheu für die Städte ein ernstes soziales Problem dar. Der Tyrann Peisistratos, der sich besonders auf die Gruppe der Kleinbauern stützte, versuchte, deren Lage durch staatliche Kredite für eine intensivere Bewirtschaftung des Bodens zu bessern, verschaffte aber auch durch eine rege Bautätigkeit den Stadtbewohnern Verdienstmöglichkeiten. Staatliche Fürsorge im Sinne einer Arbeitsplatzbeschaffung blieb nun immer wieder aktuell. So ist etwa die arbeitsmarktpolitisch umsichtige Maßnahme des Tyrannen Periandros von → *Korinth* zu verstehen, der angesichts eines hohen Bevölkerungsüberschusses die Einfuhr von Sklaven verbot, um durch eine Aufwertung der freien Arbeit eine Existenzmöglichkeit für seine Landsleute zu sichern. Die von Perikles eingeleiteten Baumaßnahmen waren gewiß auch als sozialpolitisches Mittel zur Eindämmung der Arbeitslosigkeit gedacht. Die Aufzählung der an diesem Projekt beteiligten Handwerker mag zeigen, wie vielfältig die Spezialisierung inzwischen geworden war:

»Die erforderlichen Materialien waren Steine, Erz, Elfenbein, Gold, Eben- und Zypressenholz. Zu deren Bearbeitung gehörten Gewerbetreibende wie Zimmerleute, Kupferschmiede, Steinmetzen, Färber, Goldarbeiter, Elfenbeindreher, Maler, Sticker und Bildschnitzer; sie zu holen und herbeizuschaffen brauchte man nun zur See Kaufleute, Matrosen und Steuermänner, zu Lande Wagner, Pferdehalter, Fuhrleute, Seiler, Leinweber, Sattler, Wegmacher und Bergleute. Jede Kunst hatte noch, wie ein Feldherr, ein eigenes Heer von gemeinen Leuten aus der unteren Volksklasse unter sich, die bei

der Arbeit als Handlanger dienten. Auf diese Weise konnten die mancherlei Verrichtungen sozusagen über jedes Alter, über jeden Stand reichlichen Gewinn verbreiten und ausstreuen.«
(Plutarch, Perikles 12; übers. von F. Kaltwasser und H. Floerke)

Um so mehr muß angesichts dieser imponierenden Aufzählung von Berufen, die eine entwickelte Gesellschaft eben wegen der Mannigfaltigkeit der menschlichen Bedürfnisse braucht, des Aristoteles Ausschluß all dieser Menschen von den bürgerlichen Rechten verwundern. Das Vorbild Sparta – den Spartiaten war ja jede erwerbsmäßige Tätigkeit untersagt – mag Aristoteles veranlaßt haben, Handwerkern, Krämern und Bauern in seinem Staatsentwurf eine tragende Rolle abzusprechen. (W. M.)

Sparta

Von den dorischen Stämmen, die während der »Dorischen Wanderung« *(→ Wanderbewegung)* in mehreren Wellen in den Süden der Peloponnes vordrangen und die Gebiete Lakoniens in ihren Besitz nahmen, hat keiner so entscheidend auf die griechische Geschichte eingewirkt wie *die* Dorer, welche sich im Norden der fruchtbaren Eurotasebene niederließen, die sich in einer Länge von 50 km und einer Breite von 2 bis 25 km, abgeschnitten im Westen von der bis zu 2500 Meter aufsteigenden Gebirgskette des Taygetos, im Osten vom Parnongebirge, zum Meer hinzieht. Die vordorischen, mykenisch-achaiischen Siedlungen wie das südlich von Sparta gelegene Amyklai konnten sich vereinzelt behaupten, ein Beweis dafür, wie langsam und hart der Kampf um das fruchtbare Ackerland durchgefochten wurde, wie begrenzt andererseits die Kräfte der einwandernden Dorer waren. Sie mußten den Zustand ständiger Wehrbereitschaft aufrechterhalten, wenn sie nicht von vornherein ihren Eroberungserfolg in Frage stellen wollten.
Das eroberte Land wurde nach altem Brauch unter die dorischen Wehrfähigen in »Landlose«, die »Klaroi«, von je 30 ha aufgeteilt, wobei die vornehmeren Adelsgeschlechter das am Eurotas gelegene Fruchtland beanspruchten. Etwa um 950–900 v. Chr. bildeten diese einflußreichen Adeligen den aus vier offenen, unbefestigten Dörfern bestehenden Bezirk Sparta, dessen Vollbürger sich Spartiaten nannten. Schon sehr

früh hatten sie die weniger bedeutenden Sippen der dorischen Eroberer, die sich mit den kargen Böden an den Gebirgshängen begnügen mußten und als »Perioiken« (Umwohnende) um Sparta herumwohnten, zu einem Waffenbündnis, einer »Symmachie«, verpflichtet. Zwar befehligten die beiden spartanischen Könige im Kriegsfall das Perioikenaufgebot, doch trotz dieser Wehrpflicht blieben die Perioiken als freie Bürger ihrer Gemeinden ohne entsprechende politische Rechte: Die Spartiaten übernahmen für sie die Außenpolitik, bestimmten allein über Krieg und Frieden, beschlossen Gesetze und wählten die Beamten und übten damit die volle Oberherrschaft, die »Hegemonie« über die »Lakedaimonier« aus, d. h. über die Gesamtheit der Spartiaten und Perioiken. »Lakedaimon« war daher auch die offizielle Bezeichnung für den Bezirk und das Staatsgebiet Sparta. Die unterworfenen vordorischen Bewohner wurden als Halbfreie an die Scholle gebunden und mußten als »Heloten« die Landlose der Eroberer bebauen und einen bestimmten Ertrag der Ernte an ihre Grundherren abliefern, die fern ihrer Güter, in Sparta/Lakedaimon ein Leben führen konnten, das ganz auf gymnastische Übungen und ständige Stärkung der militärischen Kraft ausgerichtet war.
Diese dauernde Kriegsbereitschaft, eine »chronische militärische Zwangslage« (Wilcken), war schon im Altertum das auffallendste Kennzeichen Spartas, mit dem sich alle Eigentümlichkeiten seiner staatlichen und sozialen Einrichtungen erklären lassen. Die militärische Zwangslage bestand darin, daß die Lakedaimonier seit der Wanderungszeit ständigen Bedrohungen ausgesetzt waren: Von Nachbarstämmen, die nicht zu Unrecht eine kriegerische Eroberung durch Sparta fürchteten, von seiten der Heloten, deren Zahl oft das achtfache der verhältnismäßig dünnen Eroberungsschicht von anfangs etwa 10 000, in klassischer Zeit von nur noch 4000 Spartiaten betrug. Angst und Mißtrauen ihrer Gegner verstärkten die Lakedaimonier allerdings selber, da sie sich aufgrund zunächst steigender Bevölkerungszahlen und des beschränkt nutzbaren Landes nach weiteren fruchtbaren Gebieten umsahen. Die Landnot war daher auch ein beherrschendes Element spartanischer Politik. Gelöst werden konnte sie nur durch neue Eroberungen oder nach dem Vorbild der übrigen griechischen Poleis der damaligen Zeit durch eine Kolonisationsbewegung. Sparta hat einen bescheidenen Beitrag zur → *Kolonisation* geleistet und nur eine Kolonie, angeblich 706 v. Chr. gegründet, nämlich Tarent, ansonsten aber seinen Landhunger auf drastischere Weise gestillt, indem es dank militärischer Überlegenheit seine Randgebiete vereinnahmt hat.

Von den politischen Einrichtungen der Wanderzeit bewahrte Sparta das Königtum, das als erbliches Doppelkönigtum der Agiaden- und Eurypontidenfamilie bis ins 3. Jahrhundert v. Chr. bestand. Die Versammlung der Vollbürger, der Spartiaten, »Apella« genannt, hatte nur untergeordnete Befugnisse.

Als wahrscheinlich zu Beginn des 8. Jahrhunderts v. Chr. das mykenisch-achaiische Amyklai erobert und dem spartanischen Siedlungsverband als fünftes Dorf hinzugefügt worden war, scheint man eine Neuordnung des Gemeindeverbandes durchgeführt zu haben, die in der antiken Überlieferung verbunden ist mit dem Namen des sagenhaften Gesetzgebers Lykurgos. Sie wird als »Große Rhetra« bezeichnet, weil sie angeblich vom delphischen → *Orakel* »gesagt« oder gebilligt wurde.

Während man an der Echtheit der »Großen Rhetra«, der ältesten Urkunde der griechischen Geschichte, die in den Anfang des 7. wenn nicht sogar in das 8. Jahrhundert v. Chr. gehört, nicht zu zweifeln hat, liegt in der Zuweisung an Lykurg der Versuch vor, die auffallenden Eigenarten und die Geschlossenheit der spartanischen Staatsordnung als das Werk einer überragenden Persönlichkeit erscheinen zu lassen, nicht als das, was sie in Wirklichkeit war, das Ergebnis einer jahrhundertelangen Entwicklung.

Die Bedeutung der großen Rhetra liegt darin, daß sie die Einschränkung der Königsmacht und eine wachsende Bedeutung des »damos«, der Wehrgemeinde der Spartiaten, in der »Apella« widerspiegelt, die nun territorial, nicht mehr gentilizisch, nach Geschlechtern, gegliedert ist. Zwischen Könige und Volk wurde als ausgleichende Instanz gegen eine mögliche Tyrannis oder Volksherrschaft der Rat der Alten, der »Geronten«, die »Gerusia« eingeschaltet, von der → *Platon* sagt, »daß sie, der hitzigen Königsmacht beigemischt und ihr für die wichtigsten Entscheidungen an Rechten gleichgestellt, Wohlfahrt und Vernunft geschaffen habe«.

»Die zweite und politisch gewagte Maßnahme des Lykurgos war die Landverteilung. Denn weil eine furchtbare Ungleichheit bestand [. . .] und der Reichtum in den Händen weniger zusammengeflossen war, [. . .] überredete er die Bürger, den gesamten Grund und Boden zur Verfügung zu stellen und ganz neu aufzuteilen, damit alle gleich unter gleichen Lebensbedingungen leben und einen Vorrang nur durch Tüchtigkeit besitzen. Nach diesem Plan teilte er das übrige Lakonien mit 30 000 Losen an die Perioiken, das zur Stadt Sparta gehörige Land in 9000 Lose der Spartiaten. Jedes Los war so groß, daß es einen Ertrag von

70 Scheffel [etwa 42 hl] Gerste für den Mann, 12 Scheffel [7hl] für die Frau brachte. Denn soviel, meinte er, würde an Nahrung für die Gesundheit ausreichen, und sonst bräuchten sie nichts« (Plutarch).
Unerwähnt bleiben in der »Großen Rhetra« die fünf »Ephoren« (Aufseher, Beobachter), die um diese Zeit als Priester der fünf Dörfer Himmelsbeobachtungen durchführten und erst im 6. Jahrhundert v. Chr. als politische Beamte Bedeutung erlangten, als sie, alljährlich von der Apella neu gewählt, als Exponenten des Volkes praktisch die unumschränkte politische, polizeiliche und militärische Gewalt ausübten und die vordem wichtigen Instanzen wie Könige und Gerusia zur Bedeutungslosigkeit verurteilten.
In einem solchen Staatswesen, dessen ganze Konzentration nur auf den Krieg ausgerichtet war, mußten Erziehung und Lebensordnung, die »Agogé«, vorrangig unter militärischen Vorzeichen stehen, untergeordnet dem alle Bereiche erfassenden Staatszweck. »Das zur Welt gekommene Kind aufzuziehen unterlag daher nicht der Entscheidung des Erzeugers, sondern er hatte es an einen Ort zu bringen, Lesche [Sprechhalle] genannt, wo die Ältesten der Gemeinde saßen und das Kind untersuchten und, wenn es wohlgebaut und kräftig war, seine Aufzucht anordneten und ihm eines der 9000 Landlose zuwiesen. War es aber schwächlich und mißgestaltet, ließen sie es zu den sogenannten Apothetai [Ablagen] bringen, einem Felsabgrund am Taygetos. Denn sie meinten, für ein Wesen, das von Anfang an nicht fähig sei, gesund und kräftig heranzuwachsen, sei es besser, nicht zu leben, sowohl um seiner selbst wie um des Staates willen. [. . .] Die Ammen erzogen dann die Säuglinge, nicht wählerisch beim Essen zu sein, keine Angst zu haben im Dunklen oder wenn sie alleine waren, und frei zu sein von häßlicher Übellaunigkeit und Weinerlichkeit« (Plutarch). Mit der Vollendung des 7. Lebensjahres wurde das Kind der Mutter entzogen, mit anderen in »Jahresklassen« eingeteilt und einer Einzelgruppe, einer »Herde« zugewiesen, in der »die Buben miteinander aufwuchsen, erzogen und gewöhnt wurden, beim Spiel wie bei ernster Beschäftigung immer zusammenzusein. Als Gruppenführer wählten sie sich denjenigen, der sich durch Klugheit und Kampfesmut hervortat. Auf ihn blickten sie, hörten auf seine Befehle und unterwarfen sich seinen Strafen, so daß die Erziehung wesentlich im Gehorsam bestand« (Plutarch).
Gehorsam, Tapferkeit im Feld, Achtung vor den Älteren und bedingungsloser Einsatz für den Staat waren die sittlichen Werte, die das Leben eines Spartiaten prägten. Auch wenn er mit 20 Jahren erwachsen

und in den Kreis der Vollbürger aufgenommen war, unterstand er weiterhin staatlicher Kontrolle; von einem Privatleben war keine Spur. »Keinem stand es frei, zu leben, wie er wollte, sondern sie lebten in der Stadt wie in einem Feldlager nach strengen Vorschriften, und überhaupt glaubten sie nicht sich, sondern dem Vaterland zu gehören« (Plutarch). Diese strenge Form des Zusammenlebens soll ebenfalls auf Lykurg zurückzugehen. Er bestimmte, daß vom 20. Lebensjahr ab jeder Spartiate Mitglied einer »Zeltgemeinschaft« sein und sich zu gemeinsamen Mahlzeiten, den »Syssitien« einfinden sollte, in denen vorgeschriebene Speisen wie die berühmte Blutsuppe genommen werden mußten, »statt zu Hause zu speisen, gelagert auf üppigen Polstern vor kostbaren Tischen, gemästet von den Händen ihrer Kochkünstler wie gefräßige Tiere, so daß sie sich mit dem Charakter zugleich auch den Körper ruinierten« (Plutarch). Wer zu den Syssitien nicht mehr von den Erträgen seines Landloses beisteuern konnte, sank in die Schar der »Minderen«, der »Hypomeiones« herab und schied aus der Zahl der Spartiaten aus. Für Ehe und Familie blieb aufgrund solchen Zusammenlebens wenig Raum, sie dienten nur der Erzeugung des Nachwuchses. Durch solche Vereinseitigung des Lebens, ausgerichtet nur auf den militärischen Bereich, nahm der spartanische Kosmos, d. h. die Gesamtheit spartanischen Lebens nach der Erziehung und nach der Verfassung, ganz »den Charakter eines privilegierten Kriegeradels an, um so mehr, als alle Arbeit den Heloten übertragen war und Sparta auch gegenüber den Perioiken ein absolutes Vorrecht der militärischen wie außenpolitischen Führung innehatte« (Schachermmeyr). Untereinander ohne Vorrechte (sie nannten sich mit Stolz »die Gleichen«), verwirklichten sie das extreme politische Prinzip der Gleichheit, allerdings nur unter ihresgleichen, blieben aber immer dem Totaliätsanspruch des eigenen Staates unterworfen. So gipfelt der spartanische Kosmos in der totalen Unterstellung des Individuums unter den Staat, im dem der einzelne nichts, das Volk aber alles bedeutete.

Nur durch diese Totalität war es möglich, die für die Existenz Spartas benötigte Landerweiterung durchzuführen. Sie erfolgte in einem 1. Krieg um die fruchtbare Ebene Messeniens jenseits des Taygetos. Viel vom ersten messenischen Krieg ist nicht bekannt, nur, daß er im 20. Jahr mit der Einnahme der Bergfestung Ithome beendet und um 720 v. Chr abgeschlossen war. Das eroberte Land wurde unter die Spartiaten aufgeteilt. Die Messenier, als Heloten entrechtet, mußten das Land für Sparta weiter bebauen und die Hälfte des Ertrages abliefern. Dieser

Landzuwachs ermöglichte ein von materiellen Sorgen freies Leben und eine rege Entfaltung in → *Plastik*, Töpferkunst, Dichtung, → *Musik* und Chorgesang, die allerdings im 6. Jahrhundert v. Chr. schnell endete.
Um die Mitte des 7. Jahrhunderts v. Chr. brach in Messenien ein Aufstand los, der nur zu gerne von Spartas Feinden Argos und Arkadien unterstützt wurde und nach wechselvollen Kämpfen fast mit einer Niederlage Spartas um 640 v. Chr. geendet hätte. Doch Spartiaten blieben Sieger dank ihrer Phalanx, die im Verlauf der Zeit den Ruhm der Unbesiegbarkeit gewann (→ *Kriegswesen*).
Die Siege des 2. messenischen Krieges waren teuer erkauft. Sparta entwickelte in der Folgezeit eine geradezu krankhafte Furcht vor Aufständen messenischer Heloten. Die einzige Befreiung davon hätte in der Aufhebung der Hörigkeit der Heloten, in einer Bauernbefreiung gelegen, die aber zugleich die Grundlage des spartanischen Staates beseitigt hätte. Konsequenterweise ging man dazu über, die Heloten durch eine Geheimpolizei, die »Krypteia«, zu überwachen, zog sich immer mehr vom Ausland zurück, wies die Fremden aus dem Land, schaffte die Geldwirtschaft ab und flüchtete in die freiwillige Isolation. Nach einer Phase kriegerischer Auseinandersetzungen begnügte sich Sparta mit der Sicherung des Erreichten ohne Preisgabe der führenden Position: Durch Bündnisse nach siegreichen Kämpfen entstand um 550 v. Chr. der »Peloponnesische Bund«, dem mit Ausnahme von Argos und Achaia alle Staaten der Peloponnes angehörten. Sie waren einzeln mit Sparta, nicht untereinander verbunden. Durch die Oberherrschaft, die »Hegemonie« in diesem Bund, wurde Sparta die erste Militärmacht Griechenlands, die nun versuchte, allen Polisstädten zu helfen, die wie sie oligarchisch ausgerichtet waren. Damit schwenkte es auf Kollisionskurs mit → *Athen*, das mittlerweile seit → *Solon* und Kleisthenes immer geneigter war, die politische Verantwortung nicht einer Gruppe von »Wenigen«, also Oligarchen, sondern allen Bürgern, dem Volk, zu übertragen. Der Dualismus Sparta-Athen, vorübergehend aufgehoben in einer gemeinsamen Abwehr während der → *Perserkriege*, als es um die Freiheit und Eigenständigkeit der griechischen Welt ging, brach unmittelbar nach der Beendigung 479 v. Chr. auf, als Sparta seinen König Pausanias, Oberbefehlshaber des griechischen Heeres, abberufen mußte, die angetragene Schutzfunktion der kleinasiatischen ionischen Städte ausschlug und Athen das Feld überlassen mußte, das den daraufhin gegründeten Attisch-Delischen → *Seebund* zum Aufbau seiner Vorrangstellung auf dem Meer benutzte. Trotz der Kränkung Athens durch Sparta, das nach

einem Erdbeben 464 v. Chr. in einem 3. messenischen Krieg ein athenisches Hilfskorps brüsk wieder heimgeschickt hatte, kam es zu keiner militärischen Auseinandersetzung zwischen der ersten Landmacht und der ersten Seemacht in Griechenland. Erst im → *Peloponnesischen Krieg,* den Sparta auf Drängen → *Korinths* 431 v. Chr. gegen Athen eröffnete, brachen die lange verdrängten Spannungen offen aus. Als der mit dem Einsatz aller Kräfte geführte Krieg 404 beendet und Sparta alleinige Vormacht in Griechenland war, zeigte sich aber, daß es seine Stellung nicht mit dem politischen Konzept einer Versöhnung oder Einigung Griechenlands ausübte, sondern im Sinne reiner Machtpolitik mißbrauchte. Die innergriechische Opposition unter Führung → *Thebens* beendete 371 v. Chr. in der Schlacht von Leuktra die spartanische Hegemonie und entzog Sparta die Grundlage seiner Existenz durch Schaffung des selbständigen Staates Messenien. Von diesem Schlag erholte sich Sparta nie mehr. Selbst längst überfällige Reformen scheiterten 242 v. Chr. am Einspruch der Ephoren und der nur mehr 100 Vollspartiaten. Die anschließend von König Kleomenes durchgeführten Reformen wie Abschaffung des Ephorats und Erhöhung der Spartiaten auf 4000 blieben nach seiner Niederlage 222 v. Chr. gegen den → *Achaiischen Bund* wirkungslos. 191 v. Chr. mußte Sparta diesem Bund beitreten, unter den Römern war es in der Provinz Achaia eine mit Rom verbündete freie Stadt, ohne jegliche politische Bedeutung in der Folgezeit bis zur Zerstörung 395 n. Chr. durch die Goten. (M. F.)

Sport

Bei den Griechen wurde Sport seit alters her zum Zweck der Selbstgestaltung und aus Freude an der Bewegung, als Teil der kultischen Spiele zu Ehren der Gottheit und in den Nationalspielen zur Stärkung des Zusammengehörigkeitsgefühls betrieben. Als man den Wert des Sports für die Bildung des gesamten Menschen erkannte, entstand in der griechischen Gymnastik das erste durchdachte System der Leibeserziehung. Nirgendwo sonst im Altertum hatte diese einen so hohen Stellenwert im öffentlichen und privaten Leben.

Geschichte. In der kretisch-minoischen Kultur wurden, wie wir Fresken entnehmen können, Faustkämpfe und Stierspiele (wohl kultischer Art) ausgetragen, bei denen junge Männer und Frauen über die Rücken der Tiere sprangen.

Zur Zeit der Achaier, etwa beim Kampf um → *Troia*, schätzte man an den Helden, die sich in den Kampfpausen mit Diskus, Speer und Bogen übten, vor allem körperliche Kraft, Ausdauer und Geschicklichkeit. Die späteren Wettkampfarten sind bei → *Homer* schon vorgezeichnet. In archaischer Zeit gab es drei ursprüngliche Arten des Agon, des Kampfspiels: Den Totenagon, um tote Helden und die Götter zu ehren, den Brautagon der Freier und den Agon zu Ehren eines Gastes (wie ihn die Phaiaken für Odysseus aufführten).
Bis zur Zeit der → *Perserkriege* entwickelte sich die griechische Gymnastik auf ihren Höhepunkt hin. Gymnastik umfaßte und bedeutete sportliche Übung allgemein, zuerst aus praktischen Zwecken für die Ertüchtigung in Kriegsgefahren, dann für die Erreichung vollkommener Körperbeherrschung. Die zahlreichen bildlichen Darstellungen zeigen die äußere Erscheinung des Athleten: bärtig, nackt (gymnos = nackt, daher der Name »Gymnastik«), gelegentlich mit Lendenschurz bekleidet. Mit der Gymnastik einher gingen hygienische und diätetische Vorschriften (warme und kalte Bäder, Salbungen mit Öl, Massage, Ernährung des Athleten), die große Wirkung auch auf die Heilkunde hatten. Nur der Freigeborene und wirtschaftlich Unabhängige konnte die Übungsstätten besuchen. Dort war mit sportlicher Betätigung auch die musische Bildung (Dichtung, Philosophie, Saitenspiel und Tanz) verknüpft.
Sparta. In der Frühzeit, bis zum 6. Jahrhundert war Sparta ein Zentrum hochstehender Körperertüchtigung. Später, als eine zahlenmäßig unterlegene Oberschicht die einheimische Bevölkerung niederhielt, wurde aus politischen Gründen das umfassende Sporttreiben verengt zur einseitigen zweckgerichteten Betonung des Kriegerischen, was übertrieben hartes Training mit sich brachte. Von 7 bis 11 Jahren erhielten die Jungen zu Hause einen Spiel- und Sportunterricht, ab 12 wurden sie in Internaten mit militärisch gegliederten Abteilungen in Gymnastik und Athletik hart ausgebildet, um sich dann ab 18 als Krieger dauernd im Freien körperlich zu betätigen. Auch die Mädchen rangen, liefen, warfen Diskus und Speer und tanzten nackt. Einziger Zweck dieser sportlichen Übungen war es, sie auf die Aufgabe vorzubereiten, neue Krieger zu gebären.
Athen. Von etwa 600 bis zur 1. Hälfte des 5. Jahrhunderts v. Chr. ist die Blütezeit der hellenischen Gymnastik. Es galt hier das Ideal des kalós kai agathós, des Sportlers, der körperliche Schönheit mit sittlichen Qualitäten verbindet und Ehrfurcht vor dem besitzt, was man den

→ *Göttern,* sich selbst und den Mitmenschen schuldet. Mit dem politischen Verfall in den peloponnesischen Bruderkriegen und der Entartung der gesamten Lebensführung schwand auch die beherrschende Stellung des Sports in der Erziehung. Man zog die weniger anstrengenden Wagenrennen den gymnastischen Übungen vor, die eigene Aktivität beschränkte sich oft nur auf den Besuch der Bäder. Spezialisierung auf einzelne Disziplinen kam auf, die individuelle Leistung wurde überbetont. Durch den Anreiz der mit dem Siegerpreis verbundenen Vorteile wurde das körperliche Training übermäßig und einseitig gesteigert. Die Folge war bezahltes Berufssportlertum und damit zusammenhängend Unredlichkeit und Rohheit. Das Training wurde in einem viertägigen Zyklus (Tetrade) organisiert und Mastkuren für die Muskelbildung angeordnet. Dummheit, Faulheit und Gefräßigkeit der Athleten waren sprichwörtlich. Unter römischer Herrschaft findet die griechische Gymnastik ihr Ende.

Organisation der Gymnastik. Die sportlichen Übungen, Hauptbestandteil der Jugenderziehung, fanden für die Jungen von 7 bis 14 Jahren in der Palaistra statt, einer Ringerschule, in der der Paidotribe in Gymnastik und der Sphairistikós im Ballspiel unterwies. Ab 18 besuchte dann der »Ephebe« das Gymnasion, den Sportplatz mit einer Rennbahn, zusammen mit den erwachsenen Männern. Dort lehrten der Paidotribe (technische Anleitung), der Gymnast (wissenschaftliche Ausbildung) und der Sophronist (Zuchtmeister). Den Ehrenvorsitz im Gymnasion führte der Gymnasiarch, ein geachteter und vermögender Bürger, der für Lehrer, Salböl und Erhaltung der Anlagen aufkommen mußte.

Inhalt der Gymnastik. Die eigentliche Gymnastik umfaßte im Pentathlon, dem Fünfkampf, fünf Übungen:

1. Der Lauf hatte drei Arten:
   a) Der einfache Lauf (Stadion-Lauf) ging über die Länge eines Stadions; sie betrug 192,27 m = 600 olympische Fuß, gemessen an der Stadionlänge in → *Olympia.*
   b) Der Doppellauf (díaulos) führte über zwei Stadien hin und zurück,
   c) der Langlauf (dólichos) über 12 bis 24 Stadien.
   Beim Langlauf startete man aus dem Stand von einer durch Säulen unterteilten Steinschwelle mit Startrillen. Auf der gegenüberliegenden Seite der Bahn befand sich eine durchgehende Schwelle als Start für den Doppellauf und Wendepunkt für den dólichos. Ab der 65. Olympiade (520 v. Chr.) wurde der Waffen-

lauf mit Schild, Helm und Beinschienen eingeführt. Auch einen Staffellauf mit brennenden Fackeln gab es.

2. Der Speerwurf (akontismós) wurde im Verlauf des Pentathlon als Weitwurf mit drei Versuchen gewertet. Der Speer mit erzener Spitze wurde ähnlich wie heute geschleudert.
3. Beim Diskuswurf war ebenfalls dreimaliger Versuch von einer Abwurflinie aus erlaubt. Die Diskusscheibe, ursprünglich wohl ein flacher Kieselstein, wies verschiedene Gewichte (1,35 bis 4,76 kg) und Durchmesser (16,5 bis 34 cm) auf; sie wurde nach dem Kampf oft als Weihegabe den Göttern geopfert.
4. Der Sprung (halma), ein Weitsprung mit Sprunggewichten (haltéres), war eine recht schwierige Disziplin, da die Gewichte (1,48 bis 4,63 kg) im Flug parallel mit den Händen von hinten nach vorne geschwungen werden mußten. Die Technik bestand in einer Art beidbeinigem »Ansprung« von einem Absprungbalken aus, woran sich ein Dreisprung anschloß. Der Überlieferung nach hat dabei Chionis aus Sparta die Höchstweite von 16,66 m erzielt.
5. Das Ringen (pále) war die Krönung der Auslese des Fünfkampfs, da jetzt nur noch die zwei Besten jeder Abteilung übrig waren, und die Hauptübung der Gymnastik. Nicht Körpergewicht, sondern Kraft und Gewandtheit bei den einzeln erlernten Griffen entschieden, wobei mehr als heute erlaubt war. Bei den großen Spielen war nur Ringen im Stehen gestattet; dem Bereich der Athletik gehört das Ringen im Liegen an.

Die **Athletik** umfaßte Wälzringen, Faustkampf und Allkampf. Im Faustkampf (pygmachía), in dem die Athleten mit lederumwickelten Fäusten ohne zeitliche Begrenzung gegeneinander »boxten«, war es gut, nicht getroffen zu werden, am besten war, den Gegner durch geschicktes Abwehren und Ausweichen zum Aufgeben zu zwingen. Die Verbindung von Ring- und Faustkampf, der Allkampf (pankration), in dem alles erlaubt war und der oft mit dem Tod endete, führte sehr bald zur Verrohung.

Übungs- und Kampfstätten. Ein ebenes Terrain oder ein Hain vor der Stadt genügten ursprünglich zur Sportausübung. Später errichtete man prachtvolle Bauten mit großzügigen Übungsstätten: Ein weiter rechtekkiger Innenhof wurde ringsum von Zweckbauten umschlossen, von Säulenhalle, Stadion, einem großen Übungssaal für die Epheben, einem für Ballspiele, einem für Faustkampf und Pankration, sowie Auskleideräumen, Räumen zum Einölen des Körpers, zum Bestreuen mit Sand

sowie zum Waschen und Baden. Jede → *Polis* hatte ein solches Gymnasion, Athen zur Blütezeit sogar drei: Akademie, Lykeion (wo → *Aristoteles* lehrte) und Kynosarges.
Zu den Übungen, der Gymnastik, gehörte immer auch der Wettkampf (agón). Höchster Ruhm eines Menschen war für die Griechen, bei den großen Nationalspielen, den Olympien, Pythien (→ *Delphi*), Isthmien (→ *Korinth*), Nemeen oder Panathenäen zu siegen.
Einfluß auf die Kunst. Der hohe Wert des Sports fand in der griechischen Kunst seinen Niederschlag, vor allem in Vasenbildern (→ *Vasenmalerei*) mit gymnastischen Motiven und Reliefbildern mit Spiel- und Tanzszenen. Dichter wie Pindar und Bakchylides verherrlichen die Sieger in Preisliedern. In der → *Plastik* finden wir die ideale Wiedergabe des wohlgestalteten menschlichen Körpers, vor allem des jugendlichen Idealtypus, so im Diskuswerfer (Diskobólos) des Myron, im Lanzenträger (Doryphóros) des Polyklet, im Apoxyómenos (Jüngling, der sich mit Schabeisen von Sand und Öl reinigt) des Lysippos oder in der Hermesstatue des Praxiteles. Spätere Skulpturen zeigen im Gegensatz dazu den muskelbepackten Athleten (bronzener Faustkämpfer im Thermenmuseum in Rom). (R. F.)

Sprache

1. Das Griechische als indogermanische Sprache. Als »indogermanisch« bezeichnet man eine Reihe von Sprachen, die in Europa und Asien gesprochen werden (oder wurden) und untereinander verwandt sind. Man hat erschlossen, daß diese Sprachen von einer Art Muttersprache »abstammen«, die man in groben Zügen erschließen kann. »Indogermanisch« heißt diese Sprache deshalb, weil die östlichste Sprache das Indische ist, die westlichste (was nicht ganz stimmt) das Germanische.
Daß diese Sprachen untereinander und insbesondere mit dem Griechischen verwandt sind, zeigen folgende Beispiele: matar (altindisch), matēr (griechisch), mater (lateinisch), Mutter (deutsch), mote (litauisch) bedeuten alle zusammen »Mutter, Weib«, und man sieht diesen Wörtern die gemeinsame Herkunft an. Oder: bharami (altindisch), fero (griechisch), fero (lateinisch), baira (gotisch) bedeuten »ich trage«. Oder: dasa (altindisch), deka (griechisch), decem (lateinisch), taihun (gotisch) bedeuten alle »zehn«.

Die Griechen sprechen innerhalb der indogermanischen Sprache selbst einen Dialekt, eben das Griechische.

2. Die griechischen Dialekte. Innerhalb des Griechischen selbst unterscheiden wir drei große eigene Dialekte. Es sind dies:

a. Das Ionisch-Attische, das in → *Kleinasien*, auf den → *Kykladen*, Euboia und Attika gesprochen wurde. Das Ionische ist weitgehend der führende Dialekt im griechischen Geistesleben gewesen. So ist die Sprache → *Homers* weitgehend ionisch, ebenso die Lyrik und ein großer Teil der → *Tragödie*. Auch die literarische Prosa war zuerst im ionischen Dialekt geschrieben, z. B. bei → *Herodot*. Später überwog das Attische, das vom Ionischen etwas verschieden ist.

b. Das Achaeisch-Aeolische, das in Thessalien, Boiotien, auf Kypros und – für uns wichtig – auf der Insel Lesbos gesprochen wurde. Die Lyrik der → *Sappho* und des Alkaios ist in äolischem Dialekt verfaßt.

c. Das Dorische, das hauptsächlich von den Spartanern oder Lakedaimoniern auf der Peloponnes gesprochen wurde und für uns in den Chorgesängen der → *Tragödie* und → *Komödie* auftaucht. Es ist dies sehr merkwürdig: Die Griechen behielten den Dialekt bei, in dem eine Literaturgattung zuerst auftrat, so daß in einer Tragödie attisch und dorisch nebeneinander zu finden sind, so, als ob in eine hochdeutsche Erzählung plötzlich ein oberbayerisches Gedicht eingebaut wäre.

3. Schrift, Betonung, Aussprache. Zur → *Schrift* vgl. den eigenen Artikel. Wir umschreiben griechische Wörter hier mit lateinischen Buchstaben. In griechischen Großbuchstaben heißt die Mutter Η ΜΗΤΗΡ, was wir widergeben mit he meter, oder ΤΙΜΑΙΟΣ ist Timaios oder ΘΕΑΘΡΘΝ, »Theater«, geben wir mir theathron wieder. So lautet etwa der Anfang des »Vater unser« in Umschrift so: Pater hēmōn, ho en tois uranois, hagiasthētō to onoma sū, elthetō hē basileia su, genethētō to thelēma sū usw. Man kann das leicht verstehen, wenn man ein wenig nachdenkt: Pater (Vater) hēmōn (von uns), ho (der) en (in) tois (den) uranois (Himmeln; vgl. Uranus), hagiasthētō (es werde geheiligt; vgl. Hagia Sophia, Heilige Weisheit) to (der) onoma (Name, lat. nomen) sū (von dir) usw.

Die Betonung ist sehr mannigfaltig, weshalb man im Griechischen jedem Wort einen Akzent gibt, wobei die Akzente selbst in Zeichen für Längen und Kürzen zerfallen. Akut und Gravis (für uns nicht weiter unterschieden) bezeichnen kürzere Betonungen, der Zirkumflex (wie im Französischen) eine längere. Man spricht also aus ároma (Arom), chorós (Chor), Sokrátēs (Sokrates), Periklēs (Perikles), Phílippos (Philipp).

Die altgriechische Aussprache mancher Laute, besonders von e, ei, eu, ai, au, oi ist strittig; wir sprechen sie jetzt etwa wie im Deutschen aus nach dem Muster des Erasmus von Rotterdam. Im Neugriechischen werden e, oi, oi, y gleichmäßig wie i ausgesprochen. Kalḕ hēméra, »guten Tag«, wird also auf altgriechisch kalḕ hēméra gesprochen, auf Neugriechisch kali imera, was beträchtliche Unterschiede ergibt. – Wichtig ist die Unterscheidung von langem und kurzem e und o; die Längen bezeichnen wir hier mit dem Längenzeichen ō. Die Konsonanten sprechen wir wie im Deutschen aus; s-ch ist aber immer getrennt zu sprechen, also scholḗ wird s-cholḗ gesprochen. Die heutigen Griechen sprechen b wie w, th wie englisch th aus.

4. Einige Lautgesetze. Die Laute j und v (w) sind im Griechischen verloren gegangen; daher z. B. ergon statt wergon (Werk; vgl. Energie). Auch wird Iason nicht »Jason« gesprochen, sondern I-á-sōn, also dreisilbig. – e wird durch Ablaut sehr oft zu o: z. B. heißt legō »ich rede, sage«, aber »Die Rede« heißt lógos. Ebenso steht es bei phéro (féro) »ich trage«, wozu fóros »die Last« tritt, usw. – ph wird wie f gesprochen, also Tēlē-phonē, »Telefon«.

5. Wortbildung. Im Griechischen werden wie auch im Lateinischen oder Deutschen die einfachen Wörter aus kurzen Grundstämmen, sogenannten Wurzeln gebildet. Solche Wurzeln sind etwa arch – »herrschen«, leg – »sagen«, ly – »lösen«, graph – »schreiben«. An diese Wurzeln hängt man nun Anhängesilben, Suffixe, mit deren Hilfe dann einzelne Wörter, Substantiva (Hauptwörter) oder Verba (Zeitwörter), gebildet werden. Also heißt archḗ »Herrschaft« oder árchō »ich herrsche«; oder légō »ich sage« und lógos »die Rede«; oder lýō »ich löse« oder lýsis »die Lösung«; oder gráphō »ich schreibe« oder gráphma, grámma »das Geschriebene« (vgl. Tele-gramm).

Es leuchtet ein, wie praktisch und übersichtlich dieses Verfahren ist; wer griechisch lernt, kann einen hohen Prozentsatz aller Wörter, die ihm begegnen, selbst erschließen. Hinzu kommt, daß kaum eine Sprache so kompositionsfreudig wie das Griechische ist, d. h. man hängt Wörter zu größeren Begriffen zusammen (nur das Deutsche ist ähnlich reich an zusammengesetzten Wörtern). Vgl. z. B. psycho-logía »Seelenkunde«, physio-logía »Natürliche Beschaffenheit«, Epí-gramma »Aufschrift«, Kako-phōnía »Mißton«, All-ēgoría »Allegorie«, heteró-doxos »andersgläubig« usw. Diese Fähigkeit zur Zusammensetzung hat das Griechische später dazu befähigt, für viele modernen Wissenschaften die notwendigen Fachbegriffe zu bilden, z. B. Gynaiko-lógos »Gynäkologe,

Frauenarzt«, Tēlē-gramma »Fernschreiben, Telegramm«, Elektrodynamo, von Elektron »Bernstein« und dynamis »die Kraft« usw.

6. Wortbildungs-Endungen. Wichtige Endungen, mit Hilfe deren Wörter gebildet werden, sind folgende: -teus, -tōr, -tros; z. B. basileús »König«, rhḗ-tor »Redner«, iatrós »Arzt, Heiler«. Diese Wörter bezeichnen jemanden, der eine Tätigkeit ausübt.

Ein Werkzeug oder den Ort einer Tätigkeit bezeichnen: -tron, -terion, -eion, z. B. Théatron »Theater«, buleutḗrion »Rathaus«, ōdeîon »Singehalle, Odeum«.

Eine Handlung bezeichnen Wörter auf -sis, -sia, -eia, z. B. krísis »Kritik«, dokimasía »Prüfung«, therapeía »Behandlung«, vgl. Therapie.

Ein Ergebnis oder einen Zustand bezeichnen -ma und -os, z. B. prâgma »Handlung, Tat«, épos »gesprochenes Wort«, páthos »Empfindung«, vgl. Pathologie.

Für das Verständnis von Fremdwörtern wichtig sind noch Endungen, mit Hilfe deren Adjektive (Eigenschaftswörter) gebildet werden. Hier sind zu nennen -ikós und -ikḗ (weiblich) und abgeleitet davon wieder -istikós, istikḗ oder -astikós, vgl. graphikós »zum Schreiben gehörig«, rhētorikḗ »Redekunst«, gymnastikós »sportlich«, gymnastikḗ »Sportkunst« usw.

7. Wortbeugung.

a. *Hauptwörter.* An die Wörter treten im Griechischen wie im Deutschen Endungen, die in den verschiedenen Fällen gebeugt werden und auch Ein- und Mehrzahl ausdrücken. Bei der Beugung der Haupt- und Eigenschaftswörter unterscheidet man im Griechischen drei große Gruppen (Deklinationen), und zwar die A-Deklination (meist weiblich), die O-Deklination (meist männlich) und die dritte oder konsonantische Deklination, zu der auch die i- und y-Stämme gehören. – Die Adjektive (Eigenschaftswörter) gehen (wie im Lateinischen) teils nach der 1. und 2. Deklination, teils nach der dritten.

Beispiele:

A-Deklination (Feminina auf -a oder -e):

hē sphaîra die Kugel	hai sphaîrai die Kugeln
tēs sphaîrās der Kugel	tō̂n sphairō̂n der Kugeln
tē̂ sphaírā der Kugel	taîs sphaírais den Kugeln
tḕn sphaîran die Kugel	tàs sphaíras die Kugeln
hē téchnē die Kunst	hai téchnai die Künste
tē̂s téchnēs der Kunst	tō̂n technō̂n der Künste

tē̂ téchnē der Kunst	taîs téchnais den Künsten
tḕn téchnēn die Kunst	tàs téchnas die Künste

Die Eigenschaftswörter werden jeweils angeglichen; also:
hè kalḕ téchnē die schöne Kunst; tē̂s kalē̂s téchnēs der schönen Kunst; hai kalaì téchnai die schönen Künste usw.

O-Deklination (Maskulina); Plural mit Adjektiv:

ho lógos das Wort	hoi kaloì lógoi die schönen Worte
tū̂ lógū des Wortes	tō̂n kalō̂n lógōn der schönen Worte
tō̂ lógō dem Worte	toîs kaloîs lógois den schönen Worten
tòn lógon das Wort	tùs kalùs lógus die schönen Worte

Konsonantische (3.) Deklination:

Der Mischkessel	Die Stadt	das Geschlecht
Einzahl ho kratḗr	he pólis	tò génos
tū̂ kratē̂ros	tē̂s póleōs	tū̂ génus
tō̂ kratē̂ri	tē̂ pólei	tō̂ génei
tòn kratē̂ra	tèn polin	tò génos
Mehrzahl hoi kratēres	hai póleis	tà génē
tō̂n kratérōn	tō̂n póleōn	tō̂n genō̂n
toîs kratē̂rsi	taîs pólesin	toîs génesin
tùs kratē̂ras	tàs póleis	tà génē

Die Eigenschaftswörter werden wie bei der 1. und 2. Deklination beigefügt; so ist im folgenden »der alte Kessel« dekliniert, und man achte beim Lesen einmal auf den wunderbaren Ton dieser so vokalreichen und tönenden Sprache: ho archaîos kratēr, tū̂ archaíū kratē̂ros, tṓ archaíō kratēri, tòn archaîon kratē̂ra; hoi archaîoi kratē̂res, tō̂n archaíōn kratērōn, toîs archaíois kratē̂rsin, tùs archaíus kratēras.

b. *Zeitwörter (Verben).* Das Griechische hat ein außerordentlich verzweigtes System der verbalen Formenbildung. Man kann von einem griechischen Grundverbum über 240 Formen bilden. Da gibt es einmal das Aktiv (Tätigkeitsform), das Passiv (Leideform) und dazu das Medium (Form der gesteigerten Tätigkeit). Natürlich haben diese Formen alle auch einen Konjunktiv (Möglichkeitsform), der im Griechischen noch (fast) in allen Zeiten ergänzt wird durch den Optativ (Wunschform). Dadurch ist das Griechische im Gegensatz zu fast allen anderen Sprachen von einer ungemein eleganten Beweglichkeit der

Sprache geworden, und diese Beweglichkeit der Sprache war es, die den Griechen ihre großartige geistige Leistung ermöglichte.
Hinzu tritt ein ausgebildetes Zeitsystem; es gibt eigene Formen für die Zukunft (Futur), das Eintreten einer Handlung (Aorist; im Deutschen überhaupt nicht vorhanden), die Vollendung einer Handlung (Perfekt), die Vergangenheit dazu (Plusquamperfekt). Dazu gibt es noch eigene Formen für diese Zeiten im Aktiv, Medium und Passiv. Trotzdem ist das Griechische keineswegs unübersichtlich. Nein, die Systematik, die in der Sprache selbst schon steckt, erleichtert das Lernen dieser Sprache sehr.

Wichtige Verbformen:
lýō »ich löse«: lýō, lýeis (du löst), lýei (er löst), lýomen (wir lösen), lýete (ihr löst), lýusin (sie lösen).
élyon »ich löste«: élyon, élyes, élyen, elýomen, elýete, élyon.
lýomai »ich werde gelöst«: lýomai, lýē (du wirst gelöst), lýetai (er wird gelöst), lyómetha (wir werden gelöst), lýesthe (ihr werdet gelöst), lýontai (sie werden gelöst).
elyómēn »ich wurde gelöst«: elyómēn, elýū, elýeto, elyómetha, elýesthe, elýonto.

Infinitiv (Nennform): lýein »lösen«; lýesthai »gelöst werden«.
Partizip (Mittelwort): lýōn »einer, der löst«; lyómenos »einer, der gelöst wird«.

Andere Zeitformen:
Futur (Zukunft): lýsō »ich werde lösen«.
Aorist (Handlungseintritt): élysa »ich löste«.
Perfekt (2. Vergangenheit): lélyka »ich habe gelöst«.
Plusquamperfekt (3. Vergangenheit): elelýkein »ich hatte gelöst«.

8. Vorsilben. Das Griechische besitzt nun noch eine Eigenheit, die es zu einer höchst sensiblen und beweglichen Sprache macht: Die ungemein praktischen Vorsilben, die zur Wortbildung glänzend geeignet sind. Diese Vorsilben sind auch zum Verständnis griechischer Fremdwörter im Deutschen sehr nützlich.
a(n)- »un«, »in«: An-archie »Herrscherlosigkeit«, An-ämie »Blutlosigkeit«.
anti »gegen«: Anti-pode »Gegenfüßler«, Ant-agonist »Gegenkämpfer, Gegner«.

apo »ab«: Apo-stel »Abgesandter«, Apo-kalypse »Ent-hüllung«, Ap-Helium »Sonnenferne«.
dia »durch«: Dia-meter »Durchmesser«, Dia-log »Unterredung«, Dia-gnose »Durchblick«, Dia-spora »Zerstreuung«.
dys »übel«: Dys-enterie »Übelbefinden der Eingeweide«.
ex »aus«: Ex-egese »Auslegung«, Ek-stase »Heraustreten«.
hyper »über«: Hyper-trophie »Überfütterung«, hyper-modern »über-modern«.
para »neben«: Para-sit »Neben-Esser«, Meta-pher »Übertragung«.
peri »herum«: Peri-pherie »Umkreis«, Peri-patetiker »Herumwandler«.
syn »mit«: Syn-these »Zusammensetzung«, Sym-pathie »Mit-gefühl«, sy-staltisch »zusammenziehend«.

9. Artikel und Partizip Zwei Bestandteile des Griechischen sind es insbesondere, die an der Erreichung der geistigen Leistung der Griechen mitgeholfen haben: Artikel und Partizip. Das Griechische kann mit Hilfe des Artikels Adjektive und Infinitive und Partizipien substantivieren. Man bildet also aus dem Infinitiv »loben« das Hauptwort »Das Loben« und gewinnt so auf einen Schlag ebensoviele Substantive wie man Infinitive in der Sprache hat. Ebenso kann man es mit den Adjektiven machen: Aus »gut« wird plötzlich »das Gute«, und man erkennt unschwer, daß hier auf einmal ein philosophischer Begriff geschaffen ist, und dies mit Hilfe einer einfachen grammatischen Operation. Uns kommt das selbstverständlich vor, doch muß man bedenken, daß es erst die Griechen waren, die ein derartiges Verfahren möglich gemacht haben.

Ebenso nützlich ist das Partizip, das zur Verkürzung von Sätzen dient. Man erkennt sogleich, wie praktisch es ist, wenn man statt »der Mann, der das getan hat« sagen kann: ho poiēsas, was genau übersetzt heißt »der (das) getan Habende«. Diese Verkürzung und Konzentration im Satzbau befähigt das Griechische dazu, Aussagen in höchst klarer und präziser Form zu machen, und auch aus dieser Präzision der Sprache erwuchs die geistige Kraft der griechischen Sprache und des griechischen Volkes.

10. Satzbau. Der griechische Satzbau unterscheidet sich nicht sehr vom Deutschen, doch besitzt er eine Eigenart, die wiederum den griechischen Sprecher anderen Sprachgebrauchenden überlegen machte. Das Griechische spaltet Sätze immer wieder in zwei Teile auf und gewinnt so eine hohe Perfektion in der Genauigkeit der Aussage. So wäre ein griechischer Satz etwa in dieser Weise zu umschreiben: »Die beiden Familien X und Y machten einen Ausflug. Die (men) Familie X bestand aus 4 Personen, die (de) Familie Y hatte 3 Personen. 2 Personen (men) der Familie X trugen Hüte, 2 (de) hatten Regenschirme; 1 Person (men) der Familie Y war gut gelaunt, 2 (de) waren gelangweilt.« Man erkennt an den immer wieder eingesetzten kleinen Indikatoren men und de, wie die griechische Sprache durch ihre Systematik die Wirklichkeit in immer wieder kleinere, wohl erfaßbare Teile spaltet und analysiert.

11. Fülle der Sprache. Neben der Systematik und dem Reichtum der Sprache, neben dem Wohllaut und der Präzision besitzt das Griechische eine weitere Eigenschaft, die es zu einer leistungsfähigen Sprache macht – die Fülle des Wortschatzes. Daher findet sich eine große Anzahl von Synonymen im Griechischen, was an den Wörtern für »Leben« gezeigt sei. Bíos heißt allgemein »Leben«; díaita bezeichnet das Leben unter dem Gesichtspunkt der Lebensweise, der »Diät«; Zoḗ bezeichnet das Leben von seiner biologischen Funktion her betrachtet (vgl. Zoologie); Psychḗ bezeichnet das Leben unter dem Gesichtspunkt der »Beseelung« des Leiblichen; aiṓn (vgl. Äon) bezeichnet das Leben unter dem Gesichtspunkt der (begrenzten) Lebenszeit. Derartige Differenzierungen (Unterscheidungen) finden sich im Griechischen vielfach, und sie helfen dazu mit, die Welt in feiner, fest und zart zufassender Weise darzustellen. Aus dieser Fülle der griechischen Sprache entstand auch die hohe Zahl von Fremdwörtern, die das Lateinische aus dem Griechischen übernahm und die ebenso hohe, ja viel höhere, die das Griechische an das Deutsche weitergegeben hat. Es sei hier nur an eine kleine Reihe solcher Fremdwörter erinnert: Dilemma (Alternative); Psychologie; ideal; Philanthrop; Sympathie; elegisch; Problem; Kriterium; System; Hypothese; Phantasie; Syntax; Mimik; Drama; Rhetorik; These; Mysterium usw.

Heute ist das Griechische in doppelter Weise noch lebendig; einmal ist es die Sprache der Neugriechen. Man kann eine neugriechische Zeitung mit Hilfe von Kenntnissen im Altgriechischen einigermaßen entziffern. Zum zweiten werden aus griechischen Wortstämmen immer wieder neue Fremdwörter gebildet, z. B. Elektronik, dynamisieren usw. (O. S.)

Stoiker

In der Zeit des Hellenismus war das Denken in den engen Kategorien der → *Polis* überwunden worden; bezeichnend dafür ist, daß die meisten Stoiker nicht mehr aus dem griechischen Mutterland stammen, sondern vorwiegend aus den östlichen Teilen der Mittelmeerwelt. Im Gegensatz zu den etablierten Schulen der Akademiker und der Peripatetiker war es diesen Philosophen nicht möglich, ein Grundstück für die Errichtung eines Schulgebäudes zu erwerben. Sie verlegten ihre öffentlichen Vorträge und Diskussionen in die sogenannte Stoa Poikile (= die Bunte Halle) auf dem Marktplatz von → *Athen.* Daher erhielten sie den Namen »Stoiker«. In der historischen Entwicklung dieser Philosophenschule unterscheidet man gemeinhin drei Hauptepochen:

a) die Ältere Stoa (310–160 v. Chr.);
b) die sogenannte Mittlere Stoa (2. und 1. Jahrhundert v. Chr.);
c) die Jüngere oder Kaiserzeitliche Stoa (1.–3. Jahrhundert n. Chr.).

a) Gründer der neuen Philosophenschule war Zenon aus Kition auf Zypern (etwa 336–264 v. Chr.), der als Kaufmann nach Athen gekommen war, dort zunächst vor allem den Kyniker Krates hörte und kurz vor 300 mit seiner eigenen Lehrtätigkeit begann. Da von Zenons Werk nur spärliche Reste erhalten sind, läßt sich seine Lehre nur mit Vorbehalten rekonstruieren. Die traditionelle Dreiteilung der Philosophie in Physik, Logik und Ethik übernahm er von seinen Vorgängern. Im Gegensatz zu → *Aristoteles* jedoch sieht er in der Natur eine Einheit (Monismus): Körper und Geist bilden ein Ganzes mit rein materialistisch-stofflichen Qualitäten, selbst die das Weltall gesetzmäßig lenkende Weltvernunft – gelegentlich mit der Gottheit gleichgesetzt – denkt Zenon sich rein stofflich als feurigen Lufthauch (Pneuma). Da diese göttliche Kraft im Materiellen immanent wirksam ist, wird die Welt selbst mit Gott identifiziert: Der Schritt vom Materialismus zum Pantheismus ist nur ein kurzer, Naturwissenschaft und Theologie sind für die Stoiker eng benachbarte Gebiete. Auch die Seele des Menschen ist materiell gedacht: Sie ist Abbild der Weltseele, der Mensch ist ein Kosmos im Kleinen. Er gehorcht in seiner Entwicklung daher denselben unabdingbar geltenden Gesetzen wie die Natur und ist eingespannt in eine feststehende Ursachenkette. Für das Problem der Willensfreiheit weiß Zenon freilich keine Lösung anzubieten. Nach dem Tod des Menschen vereinigt sich die menschliche Seele im »Weltenbrand« wieder mit dem göttlichen Prinzip, dem Urfeuer, dem Weltenlogos, aus dem sie in einer neuen Weltgeburt schließlich zu einer neuen Existenz gelangt. Der Stoiker erwartet also eine Wiederkehr des Gleichen in periodischen Abständen, erkennt keinen Fortschritt in gerade aufsteigender Entwicklung wie Aristoteles; sein Weltbild ist zyklisch. Entsprechend der materialistischen Grundeinstellung führt Zenon alle Erkenntnis auf Sinneswahrnehmung zurück (Sensualismus), er lehnt also eine Präexistenz der Begriffe im platonischen Sinne *(→ Platon)* ab: Erst durch die Einwirkung der Gegenstände auf die Sinnesorgane entstehen Vorstellungen von den Dingen der Außenwelt wie Siegelabdrucke (Phantasia) auf einer unbeschriebenen Tafel, die sich nach einer Prüfung durch die Vernunft zu Begriffen weiterentwickeln. – Weil die Stoiker die Grammatik als ein Teilgebiet der Logik betrachten, bemühen sie sich intensiv um die Lösung sprachwissenschaftlicher Probleme, etwa der philologischen Terminologie. Ihre Ergebnisse haben z. T. bis heute Gültigkeit.

Für Zenon spielt von den drei Einzeldisziplinen der Philosophie die Ethik die Hauptrolle. Indem der Mensch nicht nur die Dinge der Außenwelt wahrnimmt, sondern in der Hinwendung zum eigenen Ich erkennt, daß nur ein Leben im Einklang mit sich selbst und dem Logos zu innerer Ruhe (Ataraxia; vgl. »stoische Ruhe«!) führt, versucht er alles, was diesem Ziele im Wege steht, besonders die Affekte wie Lust, Begierde, Kummer, Furcht, mit Hilfe der Tugend (Arete) auszuschalten. Diese Tugend ist nach Zenon die rechte Einsicht, das Wissen um Gut und Böse: Mit ihrer Hilfe ist der wahrhaft Weise in der Lage, eine vollkommene Freiheit von den Leidenschaften zu gewinnen, ein Zustand, der für ihn höchste Glückseligkeit (Eudaimonia) bedeutet. Aus dieser Sicht versteht man den Rigorismus der stoischen These, die Tugend sei das einzige Gut, Schlechtigkeit das einzige Übel. Wenn die Stoiker deshalb Werte wie Gesundheit, Wohlstand, Reichtum als indifferent bezeichnen, so muß diese Theorie bald dem praktischen Leben angepaßt werden. Als Zenon im hohen Alter nach einem Unfall zu der Ansicht gelangte, daß seinem Leben kein Sinn mehr abzugewinnen sei, wählte er den Freitod: Für ihn gehörten auch Leben und Tod zum Bereich des Indifferenten. Selbstmord galt denn prinzipiell nicht als verwerflich.

Kleanthes aus Assos (etwa 331–231) verdiente sich während seines Studiums bei Zenon mit Nachtarbeit als Wasserträger seinen Lebensunterhalt, übernahm dann von seinem Lehrer die Leitung der Schule und entwickelte dessen Lehrsysteme weiter. So ergänzte er die Lebensmaxime der inneren Harmonie durch den Zusatz, daß der Stoiker im

Einklang mit der Natur zu leben habe. – Auch Kleanthes soll durch freiwilligen Hungertod aus dem Leben geschieden sein. Berühmt ist sein Hymnus auf Zeus.
Sein Nachfolger Chrysippos aus Soloi in Kilikien bemüht sich vor allem um das Gebiet der Logik. Er faßte die gesamte Lehre der Stoa zusammen; »gäbe es keinen Chrysipp, so gäbe es keine Stoa«, sagte man von ihm.

b) Die Epoche der Mittleren Stoa steht bereits im Zeichen des sich ausbreitenden römischen Imperiums. Panaitios von Rhodos (etwa 185 bis 109) begeisterte Scipio und seinen Kreis für seine Philosophie, indem er die moralische Härte der alten Stoa auf ein für die Männer der politischen Praxis akzeptables Maß milderte: Gesundheit, Wohlstand, angenehme Lebensumstände galten nicht mehr als indifferent. Zur stoischen Kardinaltugend der Gerechtigkeit fügte er als Korrektur die Billigkeit hinzu. Die Bejahung des Staates als Möglichkeit zur Verwirklichung echten Menschentums und die daraus resultierende Legitimation des Führungsanspruches der Politiker mögen die »Einbürgerung der Philosophie in Rom« gefördert haben. Unsere Kenntnis von Panaitios' Lehre basiert weitgehend auf Ciceros Schrift »de officiis«.
Poseidonios von Apameia (etwa 135–50) zählte in → *Rhodos* auch Cicero und Pompeius zu seinen Hörern. Mathematische, geographische, ethnologische, astronomische und historische Studien bezeugen die Vielseitigkeit des Universalgenies.

c) Zur Jüngeren Stoa zählt neben dem Römer Seneca Epiktetos aus Hierapolis (etwa 60–140 n. Chr.), dessen Lehre durch die Berichte seines Schülers, des Historikers Arrian, überliefert ist. Fragen der praktischen Ethik, für Laien verständlich formuliert, standen im Mittelpunkt seines Interesses. Das sogenannte Encheiridion (Handbüchlein), eine Zusammenfassung der wichtigsten Grundsätze seiner Lehre, fand später auch in der christlichen Kirche Anklang; sogar Araber gehörten zu seinen Lesern. Auch Marc Aurel begeisterte sich für Epiktet. In den »Selbstgesprächen« zeigt er auf, welches Maß an innerer Ruhe die stoische Philosophie selbst in Zeiten größter Wirren zu bieten vermag. Sie übte wachsenden Einfluß auf die praktische Politik aus: der stoische Begriff der »Philanthropia« (lat. humanitas) brachte den Sklaven eine Milderung ihres Loses. Der Gedanke von einem alle Völker umfassenden Naturrecht *(→ Recht)* fand nicht nur im römischen Recht, sondern auch im modernen Naturrecht seinen Niederschlag (W. M.)

Technik

»Bei den Griechen stand die Beschäftigung mit Geometrie in größtem Ansehen und nahm unter allen mathematischen Disziplinen den höchsten Rang ein. Wir Römer dagegen bestimmten den Rang dieser Kunst an der Nützlichkeit, die sie fürs Messen und Berechnen in der Praxis hat« (Cicero, Tusculum 1,2,5). Cicero, der sein literarisches Schaffen auch unter das Ziel stellte, seinen Landsleuten griechische Philosophie und Theorie nahezubringen, spricht hier von etwas, was für die griechische Naturwissenschaft und Technik von Anfang an typisch ist, den engen Verbund von philosophisch-mathematischer Spekulation und Theorie mit der technischen Praxis. Gegen Ende des 6. Jahrhunderts v. Chr. setzt diese Entwicklung im kleinasiatischen Ionien ein *(→ Sieben Weise, → Vorsokratiker)*. Weitere Zentren entstanden im perikleischen Athen *(→ Perikles)* und durch ionische Emigranten wie *(→ Pythagoras* in Unteritalien *(→ Großgriechenland)*.
Weder der Städtebauer Hippodamos von Milet noch Pythagoras in Tarent begnügten sich damit, Architekt oder Mathematiker zu sein, sondern beide strebten nach der Krone des philosophierenden Verfassungsschöpfers. Im Gegensatz zu ihren orientalischen Vorgängern fragten sie danach, was die Welt und die Materie zusammenhält und bewegt, und versuchten dann, ihre Antworten mit mathematisch-naturwissenschaftlichen Methoden zu beweisen. So legte die ionische Naturphilosophie die Anfänge einer naturwissenschaftlichen Grundlagenforschung – etwas, was den Römern als »Nur-Technikern« immer fernblieb.
Hochbau, Brückenbau. Die Insel → *Samos* erweist sich hier nicht zum letzten Mal als frühe Hochburg von Ingenieurwissenschaft und Technik: Bereits im 6. Jahrhundert v. Chr. schuf hier Rhoikos einen Heratempel *(→ Götter)*, den → *Herodot* (3,60) zusammen mit dem 400 Meter langen und 40 Meter breiten Wellenbrecher des samischen Hafens zu den größten technischen Leistungen seiner Zeit zählte; Rhoikos hatte wahrscheinlich seine Entwürfe vorher mathematisch durchgerechnet. Bautechnisch bedienten sich die griechischen Architekten im Hochbau jedoch keiner Methoden, die nicht schon ihren Kollegen im Alten Orient bekannt gewesen wären *(→ Tempel)*: Neben der künstlerischen Vollendung fällt freilich die handwerklich überaus exakte Ausführung der Steinmetzarbeiten auf sowie die solide Verbindung der Steinbauteile mittels eiserner Krampen, die mit Blei festgegossen wurden; auch wurde Eisenarmierung verwendet, um die Tragfähigkeit des

marmornen Deckengebälkes zu verbessern. Die Säulen wurden meist als einzelne Trommeln im Steinbruch gefertigt, dann mit Wagen zur Baustelle geschafft und dort durch bleivergossene Zapfen zusammengefügt.

Bald lernten griechische Architekten, durch perspektivische Kunstgriffe ihre Werke imposanter als in Wirklichkeit erscheinen zu lassen: Die Säulen stehen leicht nach innen geneigt, der Schaft ist in der Mitte etwas stärker, und die Ecksäulen übertreffen an Dicke die übrigen. Technisch gesehen ist der griechische Hochbau eine Holzbauweise in Stein geblieben, bei der z. B. Holzdübel – nun funktionslos – in Stein nachgebildet wurden.

Bei den ersten großen Brückenbauten, von denen wir wissen, handelt es sich um Schiffsbrücken über den Hellespont, beide errichtet von griechischen Ingenieuren im Dienste persischer Großkönige. Die erste erbaute Mandrokles aus Samos für Dareios I. Dem heimischen Heratempel stiftete der Ingenieur ein Votivbild, das schildert, wie das persische Heer unter den Augen des Königs über die Brücke nach Europa marschiert. Es trägt die Inschrift: »Nachdem Mandrokles den fischreichen Bosporos überbrückt hatte, stiftete er zur Erinnerung daran Hera dieses Bild. Für sich erreichte er den Kranz, für die Heimat Samos den Ruhm, da er den Befehl des Königs auftragsgemäß ausführte« (Herodot, 4,88).

Als dann Xerxes auszog, um Griechenland endgültig dem persischen Imperium einzuverleiben *(→ Perserkriege)*, erbaute für ihn der griechische Astronom Harpalos zwei Schiffsbrücken über den Hellespont, nachdem die Produkte der persischen Pioniere der Witterung nicht standgehalten hatten. Wie Herodot (7,36 f.) berichtet, erforderte die eine Brücke 360 Fünfzigruderer und Trieren *(→ Seefahrt)*, die andere 314. Die Schiffe dienten als Pontons, die durch ein System von Tauen aus Flachs und Papyros verbunden waren. Auf den Tauen lagen hölzerne Querriegel, die den eigentlichen Brückenbelag aus Brettern trugen. Die Brücken besaßen seitliche Schutzblenden, damit Tragtiere und Pferde vor dem Meer nicht scheuten.

Fortschritte in der Bautechnik bringt das 4. Jahrhundert v. Chr. und besonders das Zeitalter des → *Hellenismus (→ Alexandreia)*. Dies gilt besonders für die Bewältigung schwerer Lasten, die seit dem 3. Jahrhundert v. Chr. nicht mehr umständlich über Rampen bewegt, sondern durch verschiedene Kombinationen von Taljenzügen, Kränen und bis zu fünfrolligen Flaschenzügen gehoben wurden. Das aus dem Orient übernommene Tretrad vervielfachte die menschliche Muskelkraft. Die Leistungsfähigkeit dieser Hebzeuge fand ihre Begrenzung nur in der ziemlich beschränkten Reißfestigkeit der Taue, um die es nicht gut bestellt war; Drahtseile blieben in der ganzen Antike unbekannt. Besonders die Gelehrten des → *Museions* von Alexandreia, an ihrer Spitze → *Archimedes* von Syrakus, verstanden es, ausgehend von der mathematisch-physikalischen Theorie, das Hebelgesetz und das Prinzip der Schraube weitgehend zu nutzen.

Tiefbau, Städtebau. Schon Herodot (3,60) berichtet von einer unterirdischen Wasserleitung in Samos, die um 530 v. Chr. zur Zeit des berühmten Tyrannen Polykrates *(→ Tyrannis)* erbaut wurde. Dieser Herrscher verfügte über die damals größte Flotte *(→ Seefahrt)* und war infolge seiner reichen Mittel einer der größten Mäzene von Künstlern und Ingenieuren. Die Leitung durchstieß einen 240 Meter hohen Berg und erreichte bei rund 2,40 Meter Höhe und Breite über 1 km Länge. Die größte Schwierigkeit, die sich für ihren Schöpfer, den Mathematiker Eupalinos, ergab, dürfte gewesen sein, die beiden Tunnelvortriebe genau aufeinander zuzuführen; dies ist bei etwa 6 Metern Abweichung auch nicht ganz gelungen, jedoch immerhin so, daß eine mathematisch fundierte Meß- und Nivellierungsmethode anzunehmen ist.

Weitere Kanalprojekte in verhältnismäßig früher Zeit sind die Versuche, den Kopaissee in Boiotien durch ein unterirdisches Kanalsystem zu entwässern oder um 600 v. Chr. den Isthmos von → *Korinth (→ Tyrannis)* zu durchstechen. Letzteres scheiterte an den damals unüberwindlichen Schwierigkeiten des Geländes. Möglicherweise dürfen wir auch beim erfolgreichen Bau des Athoskanals durch König Xerxes 482/481 v. Chr. griechische Ingenieure vermuten *(→ Perserkriege).*

Seit dieser Zeit schufen auf Städtebau spezialisierte Gelehrte und Ingenieure geometrisch durchdachte Wasserversorgungs- und Abwassersysteme z. B. im kleinasiatischen Priene, im Peiraieus (Piräus) sowie auf Sizilien in Agrigent und Syrakus. In der hellenistischen Zeit *(→ Hellenismus)* brachte die Gelehrtenschule des alexandrinischen Museions solche städtebaulische Konzepte bis an die Grenzen Indiens nahezu zur »Serienreife«. Der Einfluß, der in diesem Punkt auf die römisch-italienische Stadtentwicklung ausgeübt wurde *(→ Römer und Griechen)*, ist sicherlich nicht gering zu veranschlagen.

Metallgewinnung und -verarbeitung. Auch hier waren die Griechen gelehrige Schüler der orientalischen Völker; so liegen die ersten metallurgischen Zentren in Gebieten mit ethnischen und kulturellem Doppelgesicht, nämlich auf den Inseln Zypern und Kreta.

In klassischer Zeit stellt sich die Situation so dar: Eisenerz lieferten → *Kreta*, Zypern, → *Rhodos* und Euboia. Auf dem Festland taten dies vor allem Lakonien (→ *Sparta*) und → *Makedonien*. Der klassische Lieferant für Kupfer blieb Zypern.
Das für die Herstellung von Bronzewaren (Gefäße, Plastiken und vor allem Rüstungen) nötige Zinn wurde zumeist aus England importiert.
Die Hauptfundstätten für Gold waren Thrakien, Makedonien und einige goldführende Flüsse Ioniens; auch die Inseln Thasos und Siphnos in der Ägäis lieferten dieses Edelmetall.
Gewonnen wurde es meist im bergmännischen Verfahren, gelegentlich durch Goldwäscherei. Eine der Hauptlagerstätten für Silber und damit Quelle des Wohlstandes für den athenischen Staat und seine Bürgschaft war das Laureiongebirge im Südzipfel Attikas. Andere Vorkommen lagen in der westgriechischen Landschaft Epeiros und wiederum auf Siphnos.
Die Metallgewinnungs- und Schmelzverfahren waren primitiv, wenig ergiebig und sehr arbeitsintensiv. Auch in Griechenland bedeutete das Dasein als Bergwerkssklave gefährliche und müselige Plackerei. In der Verhüttung machte die Erzielung hoher Temperaturen und, damit verbunden, ein hoher Reinheitsgrad des Metalls große Schwierigkeiten; dies war vor allem in den Anfängen der Stahlerzeugung der Fall. Erst als man gelernt hatte, in blasbalgarmierten Schmelzöfen kohlenstoffarmes Schmiedeeisen und kohlenstoffreiches Gußeisen zu mischen, war der Weg für eine nennenswerte Stahlerzeugung frei.
Verhältnismäßig bald lassen sich spezialisierte und für den Export tätige Zentren der Metallverarbeitung in großer Zahl feststellen: So war Lakonien berühmt für seine Eisenwaffen, Werkzeuge und Stahlwaren. Die lakonischen Feilen, Bohrer und Steinmetzwerkzeuge verleihen ihrem Herkunftsgebiet wegen ihrer Qualität und Härte den Ruf eines hellenischen Solingen. Berühmte Waffenschmieden, besonders für Schwerter, waren in Chalkis auf Euboia und auch in Argos beheimatet. Berühmt für ihre Bronzerüstungen und -helme waren Korinth und Athen; so besaß der Vater des berühmten Redners und Politikers → *Demosthenes* in Athen eine Metallwarenmanufaktur, in der über dreißig Handwerkssklaven beschäftigt waren.
Zu hoher technischer und künstlerischer Meisterschaft gelangte der Erzguß. Künstler aus Aigina, Argos, Korinth, Sikyon und Athen erreichten hier Weltruf. Im Rom galten ziselierte Metallgefäße aus Korinth als rare und begehrte Liebhaberstücke für Sammler. Die Prägestempelschneider und Legierungstechniker der kleinasiatischen Grie-

chenstädte Kyzikos und Phokaia teilten sich mit ihren athenischen Kollegen in den Ruf, die besten Münzhersteller *(→ Geld)* zu sein.
Ein enger Zusammenhang zwischen Metalltechnik und -handwerk besteht zu den ersten alchemistischen Anfängen der Chemie, da man genauso wie später anderswo versuchte, aus Kupfer Silber und aus Silber Gold zu machen. Zentrum dieser Praktiken waren die gräkoägyptischen Priesterschaften in Alexandreia und Kanopus. Theoretische Grundlage war eine Mischung aus verballhornten vorsokratischen, insbesondere demokritischen Lehren *(→ Philosophie)* und abstruser Priesterspekulation. Hauptingredienzien waren verschiedene Arsenverbindungen zusammen mit Messing, Blei, Quecksilber, Zinn oder Kupfer; solche alexandrinischen Rezepte zur Herstellung von Silberimitat aus Kupfer benutzten die kaiserlichen Münzverfälscher seit 250 n. Chr. Aus denselben Chemieküchen stammte auch ein Verfahren, mit dem man die hohen Herstellungskosten für Purpurfarbstoff vermeiden konnte, indem man die Kunden mit einem billigen Surrogat betrog. Auch die Rezeptur für das Griechische Feuer, einer Mischung aus Schwefel, Salpeter, Holzkohle bzw. Kolophonium, ist ein Ergebnis griechischer Experimentierfreude.
Färberei. Zu Textilien, Herstellung kosmetischer Artikel und zur Färberei vgl. die Artikel → *Handwerk*, → *Kleidung*, → *Frau*, → *Theater*, → *Sport*. – Zur Farbherstellung dienten ausschließlich tierische und pflanzliche Basisprodukte: Für Purpur der Purpurschneckenextrakt, für Blau die Indigo- und Waidpflanze, für Rot die Krappwurzel, für Gelb der Safran und für Braun bzw. Grün Galläpfel mit grünen Walnußschalen. Die Farbstoffe für die verschiedenen Schminkartikel waren mineralischen Ursprungs oder Abfallprodukte der Metallverhütung. Die bekanntesten dieser Tönungen waren Bleiweiß, Zinnober und »Ägyptisch«-Blau.
Holzbau → *Seefahrt*.
Nachrichtentechnik → *Nachrichtenwesen*.
Keramik, Glas. Vgl. die Artikel → *Handwerk*, → *Vasenmalerei*, → *Handel und Wirtschaft*. Künstlerisch meist hochstehende Keramik war seit archaischer Zeit ein Hauptausfuhrartikel des rohstoffarmen Griechenland; die Produktion erfolgte auf handwerklicher Basis. Etwas anders verhält es sich mit der Glasproduktion im ägyptischen Alexandreia: Hier kann man von einer Art Industrie reden, die aus Quarzsand, Pottasche und verschiedenen Metallfarben neben hochwertigen Produkten auch massenhaft Ramsch und Tand für alle Welt erzeugte.

Allgemeine Mechanik. Eine der frühesten »Maschinen« war die Handmühle; nahezu in jedem Haushalt gab es eine. In Einzelheiten waren die Typen verschieden, im Prinzip gleich. Aus der Handmühle wurden durch Vergrößerung die Typen entwickelt, die in den Mühlenkomplexen der griechischen Getreideimporthäfen gewerbsmäßig Mehl für den Verkauf produzierten; als Antrieb diente die Muskelkraft der Mühlensklaven. In hellenistischer Zeit wird die flügelradbetriebene Wassermühle entwickelt, die sich jedoch keineswegs in breiter Front durchsetzte. Windmühlen gab es überhaupt nicht, obwohl das Prinzip des Windrades bekannt war und für Spielzeuge verwendet wurde.

Auf dem Gebiet der verfeinerten Zeitmessung wird die enge Zusammenarbeit zwischen Naturwissenschaft und Technik bzw. Bastelei deutlich. Seit etwa 450 schmückten Sonnenuhren mit 12-Stunden-Einteilung die öffentlichen Plätze der griechischen Städte. Aus ihrer einfachen Säulenform entwickelt sich die Sonnenuhr zu der weit verbreiteten Variante in parabolischer bzw. konischer Beckenform mit eingraviertem Stundennetz, das als »Spinnennetz« (= Arachne) bezeichnet wurde. Neben dem Beckentyp gab es die steinerne Tafelform, deren Stundenlinien den Umriß einer Doppelaxt oder eines Schwalbenschwanzes bildeten.

Die ebenfalls weitverbreitete Wasseruhr beruhte auf einem anderen Prinzip. In ihrer einfachsten Form entsprach sie der noch heute üblichen Eier- oder Sanduhr und diente vor allem der Zumessung einer bestimmten Zeitspanne vor Gericht: Aus einem geeichten Gefäß tropfte Wasser, die ausgeflossene Wassermenge bemaß die Redezeit für Anklage und Verteidigung und richtete sich nach dem Streitwert der Sache. So standen einem Prozeß mit dem Streitwert von 5000 Drachmen *(→ Geld)* in Athen etwa 32 Liter »Zählwasser« zur Verfügung.

Der Philosoph → *Platon* verwandelte als erster eine Wasseruhr in ein »Instrument« in wissenschaftlich-technischem Sinn – er baute sie in einen Wecker um. Der stetige Tropfenfluß aus einer Wasseruhr füllte ein Gefäß, das sich bei einem bestimmten Wasserstand schlagartig in ein anderes Gehäuse entleerte und dessen Luftvolumen komprimierte. Diese Luft entwich durch ein pfeifenartiges Ventil, dessen Ton den Philosophen weckte. Alexandrinische Ingenieure vervollkommneten dieses Bauprinzip: Anstelle der Pfeife zwitscherten Vögel die Stunden oder ein Putto blies eine Trompete. Die berühmte alexandrinische Wasserorgel ist mit dieser antiken »Kuckucksuhr« verwandt; auch bei ihr komprimierte eine Wassersäule Luft und leitete diese in die Orgelpfeifen, die Ventile hatten und durch eine Klaviatur gesteuert wurden. Der Luftdruck wurde zusätzlich durch einen Blasbalg oder durch eine ebenfalls neu erfundene Kolben- oder Zylinderpumpe erhöht und gesteuert. Damit war auch die Feuerspritze geboren, die dann, wie Plinius der Jüngere (Epistolae, 10,33) zeigt, zur Ausstattung städtischer Feuerwehren gehörte *(→ Automaten).* Versuche des berühmtesten alexandrinischen »Tüftlers«, Ktesibios, ein Luftdruckgeschütz zu konstruieren, scheiterten an der Schwierigkeit, die Metallflächen von Kolben und Zylinder genügend plan und damit luftdicht zu fertigen.

Bei der Vervollkommnung der Wasseruhr fiel ein weiteres Erfinderprodukt ab, die Zahnradübersetzung. Die »Uhrmacher« gingen nämlich dazu über, im Wassergefäß der Uhr auf einem Schwimmer eine Zahnstange zu montieren, die bei steigendem oder fallendem Wasserstand die Bewegung des Schwimmers über ein einfaches Zahnradgetriebe auf ein Zifferblatt übertrug. Damit war die Uhr für Tages- und Nachtzeiten fertig. Ebenfalls in Alexandreia entstanden die ersten → *Automaten,* technische Spielereien ohne Einfluß auf die Entwicklung der Zivilisation, und Uhren, die von Gewichten angetrieben wurden; auch mit Metallfedern wurde experimentiert, doch waren hier die Materialschwierigkeiten groß. Ähnliches gilt für die Herstellung guter Schraubengewinde und exakter Zahnräder.

Besonders erfolgreich beschäftigten sich die griechischen Ingenieure mit der Kriegstechnik *(→ Kriegswesen).* Auch hier steht am Anfang der Name eines Pythagoreers, Zopyros aus Tarent. Die Reihe setzte sich fort mit so erlauchten Namen wie Philon von Byzanz, Heron von Alexandreia und vor allem dem großen → *Archimedes* von Syrakus, von dem Cicero sagte, daß »in jenem Sizilianer mehr an Genialität steckte als mit der menschlichen Natur vereinbar scheine«. Auf dem Höhepunkt ihrer Leistungsfähigkeit erdachten jene Gelehrteningenieure für den Bau von Geschützen eine Formel, die praktisch die Kenntnis der Kubikwurzel voraussetzte. Entscheidende Größen waren dabei das Gewicht (G) des zu verschießenden Projektils, aus dem sich die benötigte Dicke der gedrillten Sehnenstränge (D) und somit die Menge der benötigten Abschußenergie nach der Formel $D = 1{,}1 \cdot \sqrt[3]{100\ G}$ bestimmen ließ (nach Diels-Schramm). Bei modernen Feuerwaffen wären Geschoßgewicht und -kaliber sowie der Gasdruck der verwendeten Pulverlaborierung die vergleichbaren Größen. Auch die im expandierenden Wasserdampf steckende Kraft war den Gelehrten des → *Museions* bekannt, wurde jedoch lediglich für Spielereien genutzt *(→ Automaten).*

Archimedes beherrschte vollkommen Theorie und Praxis des Hebelgesetzes; sein Wort »Gib mir einen festen Punkt, und ich werde das Weltall aus den Angeln heben«, ist uns überliefert. Seine archimedische Schraube dient heute noch im Orient der Bewässerung, und die Getriebe der von ihm und seinen Schülern konstruierten Planetarien stellten den Gipfel griechisch-hellenistischer Technik dar. Archäologische Funde haben die Existenz solcher Apparate bewiesen, die Stand und Lauf der Gestirne und des Mondes zu verschiedenen Jahreszeiten darstellen konnten *(→ Astronomie)*.

Das geistige Potential für eine weitgehende Technisierung und Mechanisierung der alten Mittelmeerwelt wäre durchaus gegeben gewesen und das Imperium Romanum hätte dafür günstige äußere Bedingungen gebracht – weshalb es jedoch so kam, daß eine technische Breitenentwicklung nicht erfolgte, ist eine bis heute umstrittene Frage. Oft wird die aristokratische Grundeinstellung der Antike mit ihrer Verachtung für alles Handliche und Technische, von anderer Seite gar die antike »Sklavenhaltergesellschaft« mit ihrem angeblichen Überfluß an menschlicher Arbeitskraft bemüht. Dabei wird übersehen, daß selbst dann, als Sklaven wirklich wohlfeil waren und in großer Zahl zur Verfügung standen, menschenkraftsparende Erfindungen gemacht und auch akzeptiert wurden und daß umgekehrt zu Zeiten, als Sklaven nur mehr selten waren, Arbeitskräftemangel herrschte und es auch mit der aristokratischen Grundhaltung nicht mehr so weit her war, vorhandene technische Mittel und Prinzipien bei weitem nicht so genutzt wurden, wie man es hätte erwarten können; das griechische Mutterland war immer ein verhältnismäßig armes Land, das sich Sklaven im Überfluß nie hatte leisten können!

Vielleicht waren die Menschen der Antike der Ansicht, daß ihr Leben durch die umfassende Anwendung der Technik nicht so entscheidend erleichtert oder verbessert werden konnte; möglicherweise glaubten sie auch, daß ein Vorstoß über den erreichten technischen Standard hinaus nicht mehr möglich sei. Sicher hat zum Stillstand der technischen Entwicklung nach der Zeitenwende mit beigetragen, daß im griechischen Osten eine verstärkte Hinwendung breiter Schichten der Gesellschaft zu transzendentalen mystischen Bewegungen eintrat, was für den naturwissenschaftlichen Rationalismus und seine Weiterentwicklung nicht förderlich war. (D. R.)

Tempel

Göttervorstellung und Tempelbau. Weder für die minoischen Kreter (→ *Minoische Kultur)* noch für die Mykener auf dem griechischen Festland erbrachten die archäologischen Ausgrabungsergebnisse bislang Anhaltspunkte dafür, daß sie »Kirchen« für die Verehrung der Götter gebaut hätten. Ihren weitgehend noch bildlosen Vorstellungen von göttlichen Wesen, die sich für sie im Werden und Vergehen sowie in den Erscheinungsformen der Natur offenbarten, genügte die Verehrung unter freiem Himmel, auf den Höhen der Berge oder in Höhlen. Der Glaube an die allgegenwärtige Wirksamkeit der Götter in der Natur überdauerte bei allen Unterbrechungen sogar die Dorische Wanderung (→ *Wanderbewegungen)*. Die eingewanderten Griechen verehrten in den ersten Jahrhunderten danach den Donner in der Gestalt des »weithin donnernden« Zeus, in der Person des »Erderschütterers« Poseidon die Beben, brachten auf fruchtbaren Feldern der Demeter, der Göttin der Feldfrüchte, und an Quellen und zahlreichen Bäumen ebenso zahlreichen Nymphen ihre Opfer und Gebete dar. Seit dem 10. Jahrhundert v. Chr. begann man den göttlichen Gestalten heilige Bezirke (Temenos) zuzuweisen. Inmitten der Ummauerung lag der Opferaltar für die Trankopfer oder blutigen Tieropfer von Stieren, Schweinen und Schafen.
Zu Beginn des 8. Jahrhunderts scheinen die Griechen die göttlichen Wesen vermenschlicht und ihnen in »statuarischen Bildern Gestalt verliehen« zu haben. Wohl nicht zufällig ist das der Zeitraum, in dem man sich die Entstehung der Epen → *Homers* denkt, der neben → *Hesiod* »den Griechen ihr Göttergeschlecht geschaffen, den Göttern ihre Namen gegeben, Ehren und Künste unter sie verteilt und ihre Gestalten menschlich gezeichnet haben soll« (Herodot 2,53), allzu menschlich (anthropomorph = menschengestaltig), wie voller Entrüstung noch am Ende des 6. Jahrhunderts v. Chr. Xenophanes *(→ Philosophie)* dem Homer vorwirft: »Homer und Hesiod fingen an, den Göttern alles anzudichten, was bei den Menschen Schmach und Schande bringt, nämlich Diebstahl, Ehebruch und gegenseitiges Betrügen.«
Erst durch die »Anthropomorphisierung« (Darstellung in Menschengestalt) der → *Götter* und das Aufkommen von Kultbildern war man gezwungen, zu ihrer Aufbewahrung ein »Gotteshaus« zu errichten. Die Griechen taten das im Rückgriff auf einen in der ägäischen Welt seit über 1000 Jahren verbreiteten, sicher nichtgriechischen Haustyp, das sogenannte »Megaron« (Großraum).

Vom Megaron zum Tempel. Das Megaron war ein für unsere Begriffe nicht allzu großer, schmuckloser Rechteckbau mit vorgezogenen Längswänden, den »Anten«, die einen schmalen Vorraum umschlossen, dessen zwei Säulen den Dachgiebel trugen. Das noch erhaltene Terrakotta-Modell eines frühen Tempels, gefunden im Hera-Tempel von Argos, veranschaulicht diesen frühen Tempeltyp, den sogenannten Antentempel (siehe Abbildung). Die archäologischen Ausgrabungen, vor allem der letzten Jahrzehnte, lassen genauere Aussagen über diesen Tempel der »geometrischen Zeit« (etwa 1100–700 v. Chr.) zu. Auf einem Steinsokkel wurden, ähnlich unseren Fachwerkhäusern, die aus Lehmziegeln errichteten Wände mit vertikalen Pfosten und horizontalen Balken verstärkt. Sie umschlossen den eigentlichen Kultraum, den »Naos«, der nur das Götterbild und den Räucheraltar beherbergte. Die Stirnseite des Tempels war holzverschalt, und die schmucklosen Holzsäulen des Vor-Kultraumes, des »Pro-Naos«, trugen ein flaches Lehmdach oder das von den Dorern mitgebrachte steile Giebeldach, wie es in dem obigen Terrakotta-Modell zu sehen ist. Nie war der Tempel wie unsere Kirchen Versammlungsraum der betenden Gemeinde. Wenn sie sich zu Opfer und Gebet einfand, dann vor dem Altar, der im Freien vor der Hauptfront (Ostfront) der meist Ost-West-ausgerichteten Tempel aufgeschichtet war.

Antentempel

Entwicklung des Tempeltypus. Der ursprüngliche Typ des einfachen »Antentempels« (Zeichnung 1) erfuhr im Verlaufe der Entwicklung zahlreiche Veränderungen, die im Grunde nichts anderes waren als Spielarten der gleichen Urform, ehe dann durch die Entdeckung der Säule als eigenes Gestaltungselement der Tempel rundende Plastizität gewann. Durch symmetrische Anordnung der Säulen des Vorraumes (Pronaos) auch hinter dem Kultraum, dem »Naos« oder der »Cella«, ergab sich ein Rückraum, ein »Opisthodomos«: Der einfache »Antentempel« hatte sich zu einem »Doppelantentempel« erweitert (Zeich-

1

2
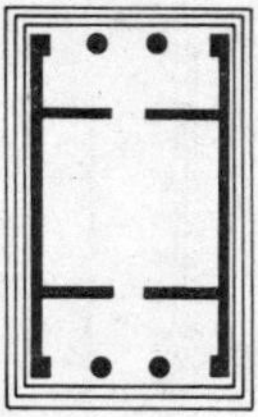

3
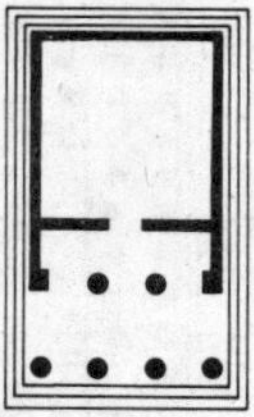

4
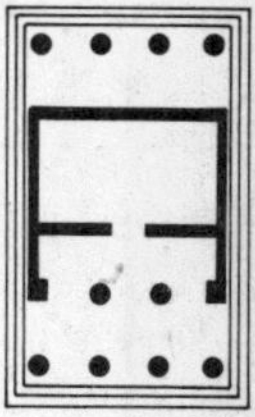

nung 2). Eine dem Tempel = Naos (der Name des Kultraumes wurde auf den ganzen Bau übertragen) frontal vorgestellte Säulenhalle machte den »Antentempel« zum »Prostylos« (Zeichnung 3), eine frontal rückwärts hinzugefügte Säulenformation zum »Amphiprostylos« (Zeichnung 4), wie ihn der Nike-Tempel auf der → *Akropolis* in Athen verkörpert. Es war nur konsequent weitergedacht, wenn die Säulen – als kompositorisches, eigenständiges Gestaltungselement entdeckt – wie ein Baldachin über den ganzen Tempel gebreitet wurden; völlig neue Möglichkeiten der Tiefengliederung ergaben sich damit von selbst. Der durchsichtig gestellte Säulenkranz, die »Peristasis«, schloß sich mit der Tempelcella in einem für die griechische Architektur ausgeprägten Spannungsverhältnis zusammen, das durch die dazwischenliegende, ringsum verlaufende Ringhalle, das »Pteron«, noch gesteigert wurde. »Nicht nur Gehäuse des Kultbildes, sondern sichtbarer Ausdruck und gestaltete Epiphanie (Erscheinung) der Gottheit wie dieses, stellt der Ringhallentempel«, der sogenannte »Peripteros« (Zeichnung 5), »als Abbild die Ordnung der Ordnungen dar« (Gruben). Umschließt ein

doppelter Säulenring den Peripteros, bezeichnet man ihn als »Dipteros« (Zeichnung 6); beim »Pseudodipteros« (Zeichnung 7) wird der innere Säulenring fortgelassen, so daß der äußere doppelt so weit von der Wand der Cella absteht wie beim Peripteros (Zeichnung 5).

Die selteneren Rundbauten ergänzen diese vielfältige Variationsbreite der Tempelformen. Der Monopteros, wie er im Englischen Garten in München nachgebaut ist, von Säulen umstellt, besitzt keine Cella (Zeichnung 8), während die Tholos (Zeichnung 9), ebenfalls von einem Säulenkranz umgeben, einen geschlossenen Rundbau bildet.

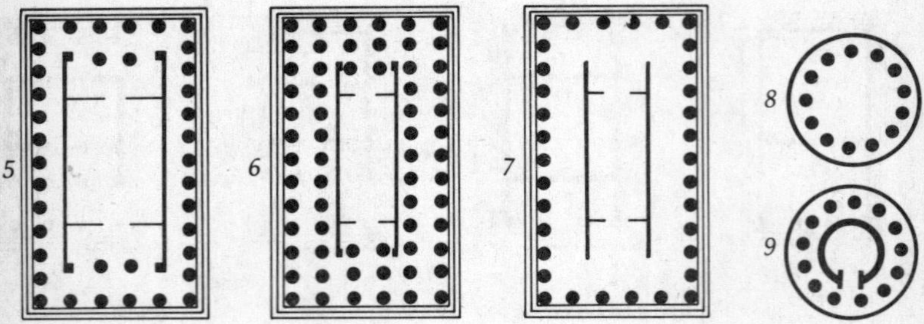

Die Säulen, die auf der Grundfläche des Tempels, dem Stylobat, stehen und durchlässig die gemauerte Cella umschließen, tragen das Gebälk und das Dach als lastendes Element. Die doppelte Spannung von geschlossenem Cellakern und offenem Säulenkranz, von lastenden und tragenden Teilen im ausgewogenen Rhythmus macht die Eigenart und klassische Kunst des griechischen Tempelbaus aus. Bis hin in kleinste Proportionen setzt sich die Harmonie der Teile fort: Unmerklich sind die Säulen eines Peripteros (Zeichnung 5) einwärts geneigt, die Ecksäulen leicht verstärkt, die Säulenabstände der Fronten gegen die Seiten hin verringert und der Stylobat zur Mitte hin gewölbt (Kurvatur).

Historische Entwicklung. Von den aus Holz und Lehm gestalteten Tempeln der geometrischen Zeit (etwa 1100–700 v. Chr.) ist uns wenig erhalten; einmal, weil sich das Material auf die Dauer als zu wenig haltbar erwies, zum zweiten, weil rege Bautätigkeit der späteren Zeit oft an derselben Stelle zum Abbruch der alten und zum Bau neuer Tempel geführt hat. Die ältesten und bekannten Tempel dieser Epoche fand man in Thermos in Aitolien (21,5 mal 7 Meter), datiert ins 10. oder 9. Jahrhundert v. Chr., und in Samos (32,86 mal 6,5 Meter) aus der ersten Hälfte des 8. Jahrhunderts v. Chr. Auffallenderweise sind beide Tempel schon von einer Peristasis umgeben, die in Thermos, dem Bauwerk angepaßt, apsidialen Charakter trägt und ihrer Konstruktion nach die simpelste und ursprünglichste ist, die wir kennen: »Auf erhaltenen rohen Steinplatten standen offenbar Holzstützen, die von horizontalen Balken (Architraven) überbrückt wurden, auf denen wiederum die über die Wand herausgezogenen Deckenbalken auflagen« (Gruben). Die Ionier → *Kleinasiens* und der ionischen Inseln und die Dorer auf der Peloponnes, vor allem Korinther und Argiver, haben in der archaischen Zeit (700–500 v. Chr.), als die Tempelbauten aus Holz und Lehm den Steintempeln Platz machten, ihre wohl in der Stammesverschiedenheit oder in den geographischen Bedingungen wurzelnden Auffassungen in die Tempelarchitektur eingebracht. Die nach ihnen benannte »dorische« und »ionische« Ordnung sind zusammen mit der in der zweiten Hälfte des 5. oder am Beginn des 4. Jahrhunderts v. Chr. entstandenen »korinthischen« die drei klassischen Ordnungen der Baukunst über die Renaissance bis in die Zeit des Klassizismus hinein geblieben. Die grobe Charakterisierung des Vitruv (eines römischen Bautechnikers), der die dorische Bauordnung mit der Proportion, der Stärke und der Anmut des männlichen Körpers und die ionische mit der fraulichen Schlankheit verglich, setzt sich bis in unsere Zeit mit Attributen wie »streng«, »ernst«, »schwer«, »gedrungen« für die dorische, »leicht«, »zierlich«, anmutig« für die ionische und »überladen«, »pompös«, »schwulstig« für die korinthische Ordnung fort.

Dorische Ordnung. Auf dem Fundament des dorischen Tempels, der »Eutyntherie«, erhebt sich der dreistufige Unterbau, die »Krepis«, aus deren oberster Grundfläche, dem »Stylobat«, die dorischen Säulen ohne Basis erwachsen. Ihr Schaft, aus mehreren Säulentrommeln ohne Mörtel zusammengesetzt und nur durch Holzdübel gehalten, schwillt bis etwa zu einem Drittel der Höhe unmerklich an (Entasis) und nimmt nach oben hin wieder ab. Diese aufwärts strebende Säulenform betonen die nach dem Aufrichten eingemeißelten senkrechten 20 Rillen (Kanneluren) mit den scharf aufeinanderstoßenden Kanten. Den zweiten Teil der Säule haben die Griechen nach Analogie des menschlichen Kopfes »Kephalaion«, die Römer »capitulum« genannt, wonach unser Begriff »Kapitell« gebildet ist. Drei Ringer »anuli«, schließen die Säule nach oben ab und deuten auf die Umbiegung in die Horizontale hin. Der wulstförmige »Echinus« (Seeigel) und die quadratisch daraufliegende Deckplatte, der »Abacus« (Träger) bilden den Abschluß der Säule und tragen das Gebälk mit Hauptbalken (Architrav), Fries und Gesims (Geison). Der Architrav aus glatt behauenem Stein läuft von Säulen-

Dorische Ordnung

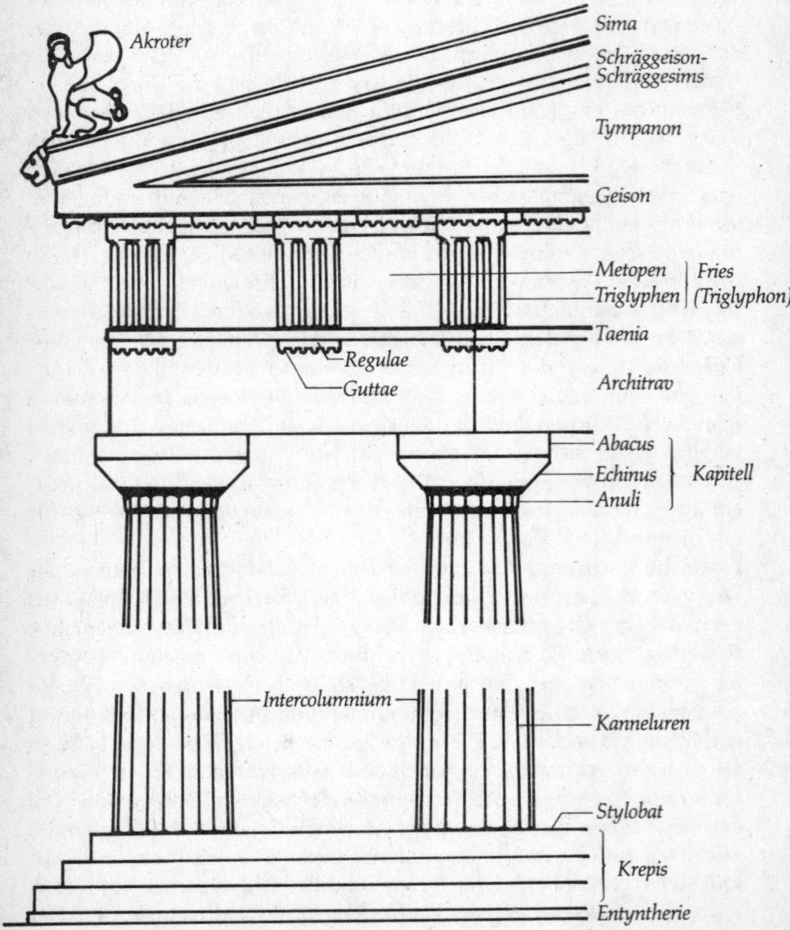

mitte zu Säulenmitte und wird nach oben von einer schmalen, vorspringenden Leiste, »taenia«, beschlossen, von der über jeder Säule und über der Mitte jedes Säulenzwischenraumes (Intercolumnium) die »Regulae«, die Leistchen, mit sechs angebrachten »Guttae«, Tropfen, herabhängen. Jeweils genau über ihnen sitzen über der taenia die »Triglyphen« (Dreischlitze: zwei in der Vorderfläche, je ein halber an der Seite), die zusammen mit den Metopen (Relieffeldern, die entweder frei bleiben oder mit meist mythologischen Szenen geschmückt wurden) den Fries (Triglyphon) bilden. Über dem Fries folgt das ringsumlaufende Gesims, »Geison«, mit weit herausspringenden Platten zum Schutz der Fassade vor dem ablaufenden Regenwasser. Auf dem Ganzen ruhte der hölzerne Dachstuhl mit dem schrägen Ziegeldach. An den beiden Schmalseiten des Tempels entstand dadurch, von einem Schräggesims umrahmt, je ein Giebelfeld, »Tympanon«. Den Abschluß des Daches ergab die »Sima«, die Dachtraufe, die das Regenwasser auffing und durch Wasserspeier ableitete. Giebelbecken und Giebelspitze waren gewöhnlich von »Akroterien«, plastischen Figuren oder Ranken- und Palmettenornamenten bekrönt.

Ionische Ordnung. Ein Tempel dorischer Ordnung unterschied sich auffallend von dem ionischer Ordnung, dessen spielerische Leichtigkeit vor allem auf dem Unterschied der Säulen beruhte.

Zwischen Stylobat und Säule wird ein Zwischenstück, eine »Basis« eingeschoben. Mit einer quadratischen Platte, der »Plinthe«, sind polsterartig ausladende Wulste (Torus), durch eine oder mehrere Hohlkehlen (Trochilos) unterbrochen, verbunden. Sie mildern den schroffen Übergang von Waagrechter und Senkrechter. Der Schaft ist zylindrisch geformt wie bei der dorischen Säule, doch höher und schlanker, und die Kanneluren, 24 an der Zahl, stoßen nicht in scharfen Kanten, sondern – ebenfalls gemildert – in Stegen aneinander, die unten und oben von halbkreisförmigen Bogen abgeschlossen sind. Statt strenger, einfacher Gliederung wie beim dorischen Säulenkopf zeigt das ionische Kapitell Reichtum, Eleganz und Schwung. Der Hals ist öfter mit Palmetten oder der Perlschnur geziert, während der weniger stark ausladende Echinus mit dem Ziermotiv des »Eierstabes«, dem sogenannten ionischen Kymation, geschmückt ist. Statt des schlichten, die geraden Linien betonenden dorischen Abakus zeigt der ionische gleichsam unter der Wucht des Architravs eine ausladende, die Säule übergreifende Schwellung, die sich in schwingenden Spiralen, den Voluten, rechts und links zusammenrollt. Der über einer dünnen, ebenfalls verzierten Deckplatte liegende

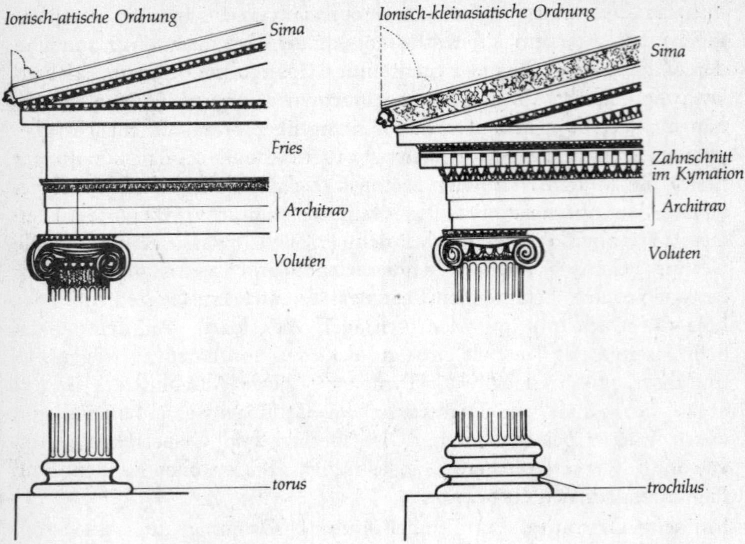

Architrav ist im Gegensatz zum ungeteilten dorischen dreigeteilt und wirkt dadurch schwereloser. Statt der den dorischen Fries charakterisierenden Triglyphen und Metopen ist der ionische Fries in ununterbrochener Fläche angeordnet und eignet sich vorzüglich zu fortlaufender, zusammenhängender Darstellung. Zu deren Schutz mußte das Gesims weit vortreten. Wenn der Figurenfries fehlte, was meist in der ionisch-kleinasiatischen Ordnung der Fall war, schlossen sich über dem Architrav ein ionisches Kymation und, an den Enden überstehend, ein sogenannter Zahnschnitt an, dessen Zähne wohl den dorischen Triglyphen und dessen leere Zwischenräume den Metopen entsprachen. Den Abschluß bildet in beiden Ordnungen die »Sima«, in der ionischen Form mit Palmetten, Lotosblüten oder dem Akanthus-Ornament gefälliger gestaltet. Dachkonstruktion und Dachdeckung waren der dorischen Ordnung gleich.

Korinthische Ordnung. Auf einen vereinfachten Nenner gebracht, könnte man die korinthische Ordnung als eine in Schmuck und Pracht übersteigerte, fast maniriert anmutende Spielart der ionischen Ordnung betrachten. Basis, Säulenschaft und weitgehend auch das Gebälk weisen sich dem Betrachter als ionisch aus, nur das Kapitell verdeutlicht den auffallenden Unterschied. Es besitzt »als Kern einen Kelch (Kalathos), um den sich – ein Novum in der griechischen Kunst – Pflanzenteile legen, Akanthusblätter in einer bestimmten rhythmischen Reihung. Aus diesen wachsen kleine Voluten auf, die nach innen gewendet eine Blüte tragen, nach außen die konkav (nach innen gewölbt) geschwungene Deckplatte (Abacus) unterfangen« (Zschietschmann).

Am Ende der archaischen Zeit, in die der Ausformungsprozeß der dorischen und ionischen Ordnung fiel, gelten als Meisterwerke dorischer Ordnung der Aphaiatempel auf der Insel → *Aigina,* der Tempel der Hera in → *Olympia* und in Paestum (I) und der Apollotempel in → *Korinth.* Ionische Ordnung verkörpern der Heratempel (III) auf → *Samos,* das ältere Artemision (Artemisheiligtum) in → *Ephesos* und der ältere Apollo-Tempel in Didyma in Kleinasien. Alle diese ionischen Tempel waren mit doppeltem Säulenkranz (Dipteros) geschmückt. Auch in der Klassik (um 500 bis etwa 430 v. Chr.) wird die formale Trennung der dorischen und ionischen Ordnung weiter beibehalten. Aber Athen macht eine Ausnahme und vollzog den naheliegenden Gedanken einer Verschmelzung beider Stile in den »klassischen« Bauten der Propyläen und des Parthenon (→ *Akropolis).* Der Zeus-Tempel in Olympia repräsentiert einen klassisch ausgewogenen Bau dorischer Ordnung, das

zierliche Nike-Tempelchen auf der Akropolis reife ionische Form. Der Wille zu weiträumiger Repräsentation und Vereinheitlichung verwischt im → *Hellenismus* die Einzigartigkeit eines alleinstehenden Tempels, der nun einbezogen wird in eine Gesamtanlage von Terrassen, Torbauten, Hallen, Freitreppen, wie sie im Asklepieion auf der Insel Kos oder auf der Akropolis von Lindos auf → *Rhodos* oder dem Burgberg → *Pergamons* zu bestaunen waren.
Dreistufige Standfläche, Säulen und Gebälk im Wechsel ihrer horizontalen, vertikalen und wieder horizontalen Linien verleihen dem griechischen Tempel eine plastische Geschlossenheit und trotz der Vielfalt der Gestaltungselemente eine unübertroffene Einheit. Betroffen hätte man sicher im Klassizismus reagiert, wenn man auch die Farbe als ein solches Element hätte gelten lassen müssen. Aber es tut der Größe der Tempel keinen Abbruch, wenn wir heute wissen, daß sie bemalt waren. Der poröse Kalkstein der Stufen, Wände, Säulen und des Architravs war mit feinem, weißem Marmorstuck überzogen, soweit diese Teile nicht selbst aus Marmor verfertigt waren, während die vorspringenden Triglyphen, Regulae und Guttae schwarz, Taenia, Geison und Sima rot und der Metopenhintergrund blau hervorleuchteten. (M. F.)

Theater

Das Theater der Griechen unterscheidet sich, jedenfalls in seiner klassischen Ausprägung im Athen des 5. Jahrhunderts v. Chr., vielfach vom heutigen, dessen Wiege und erste Blüte es darstellt. Schon was scheinbare Äußerlichkeiten wie Aufführungsort und -zeit angeht, muß man sich von heute üblichen Vorstellungen freimachen.
Seit dem ausgehenden 6. Jahrhundert v. Chr. fanden alljährlich am Frühlingsfest der Großen Dionysien *(→ Religion)*, später auch an anderen Festtagen, Theateraufführungen in Athen statt; und zwar spielte man an drei Tagen hintereinander, jeweils von frühmorgens an, eine Tetralogie, d. h. drei → *Tragödien* und als »Anhang« eine Posse, ein sogenanntes Satyrspiel, oder drei → *Komödien*. In der klassischen Zeit handelte es sich dabei stets um Uraufführungen: Jedes Drama wurde nur ein einziges Mal aufgeführt, von 480 bis 380 v. Chr. in Athen etwa 2000 Stücke. Es gab also weder eine laufende Spielzeit noch etwa Wiederholungen von Erfolgsstücken. Dieser von unserer heutigen Praxis so abweichende Tatbestand erklärt sich in erster Linie aus den

kultischen Ursprüngen des griechischen Theaters; darauf deutet auch der Aufführungsort hin, das Theater des Dionysos am Süd-Ost-Hang der → *Akropolis,* also eine einem Gott geweihte Stätte. Es bestand ursprünglich nur aus einer runden Orchestra, einem Platz, wo zu Ehren des Gottes vor seiner Statue getanzt wurde. Später wurde diese Orchestra halbkreisförmig. Sie war von einer ebenfalls halbkreisförmigen Zuschauertribüne umgeben, dem eigentlichen Théatron, d. h. »Zuschauerraum«. Diese Tribüne bestand lange Zeit aus Holzgerüsten. Erst im 4. Jahrhundert v. Chr. wurden die Sitzreihen des ersten steinernen Theatron aus dem Felsen der Akropolis herausgehauen. Der Zuschauertribüne gegenüber schloß sich an die Orchestra das flache Bühnenhaus an, die Skené, über die der Blick der Zuschauer hinweg in die Ferne schweifen konnte: So wie sich die griechischen Theater – im Gegensatz zu den römischen – an einen Berghang schmiegten, genauso war bei ihrer architektonischen Konzeption die Landschaft stets miteinbezogen, wie es z. B. in → *Epidauros* oder Taormina noch heute erkennbar ist. Und obwohl das griechische Theater immer Freilichttheater war, hatte es eine hervorragende Akustik.

Über die kultischen Grundlagen des Theaters wissen wir durch → *Aristoteles,* daß sich die Tragödie von den Gesängen herleitet, die ein als Ziegenböcke verkleideter Chor zu Ehren des Wein- und Fruchtbarkeitsgottes Dionysos anstimmte, wobei ein Rundtanz, der Dithýrambos, getanzt wurde. Tragodía heißt wörtlich »Bocksgesang«; die Komödie geht auf ausgelassene Umzüge (Kómoi) zurück, bei denen die kostümierten Teilnehmer mit einem überdimensionalen männlichen Glied, dem Phállos, ausgestattet waren (Fruchtbarkeitskult!) und ausgelassene Späße trieben. Aus diesen Vorformen entwickelte sich über verschiedene Zwischenstufen das Drama der Griechen in seinen drei Ausformungen: neben der Komödie und der Tragödie gab es ja noch deren »Ableger«, das bereits erwähnte Satyrspiel.

Diese kultische Entstehung des griechischen Bühnenspiels ist noch in vielen anderen spezifischen Eigenarten greifbar. Die wichtigste davon ist der Chor, der in der Tragödie aus 12 bzw. 15 Choreuten, in der Komödie aus 24 bestand; er spielte in den Anfängen eine dominierende Rolle. Begleitet von einem Flötenspieler sangen und tanzten die Choreuten. Diese Grundform des Dramas ist für die Zeit bis 534 v. Chr. anzusetzen; in diesem Jahr führte Thespis, der nach der Sage mit seinem Karren (»Thespiskarren«) nach Athen gekommen war, an den Dionysien die erste Tragödie auf, indem er in einer Art Dialog auf die Fragen des Chors bzw. des Chorführers als Schauspieler »antwortete«. Damit war der erste Schritt zum dramatischen Spiel im engeren Sinn vollzogen. Aischylos *(→ Literatur)*, der erste Klassiker des griechischen Theaters, führte zwei Generationen danach den zweiten Schauspieler ein, Sophokles *(→ Literatur)* kurz darauf den dritten. Dennoch wurde damit der Chor nicht etwa verdrängt; noch in allen griechischen Theaterstücken der klassischen Periode gehörte der tanzende, singende, rezitierende oder sprechende Chor wesensmäßig zum Drama. Erst in der hellenistischen Zeit gibt es Dramen ohne Chöre.

Auch in Maske und Kostüm der Schauspieler spiegelt sich der religiöse Charakter des Bühnenspiels: Sämtliche Akteure waren verkleidet; so wie die kultischen Tänzer ursprünglich durch ihre Vermummung und Maskierung ihr Selbst aufgaben, »ekstatisch« aus sich heraustraten und mythische Wesen wurden, so gaben Schauspieler und Choreut im Drama ihre Individualität ganz auf. Demgemäß bedeckten die Masken z. B. nicht bloß das Gesicht, sondern den ganzen Kopf; lediglich die notwendigen Öffnungen für Augen und Mund waren vorhanden. Das Kostüm bestand beim tragischen Schauspieler aus einem langärmeligen Umhang, einer Art Schleppkleid, und den weiten, hohen Kothurnen, Schaftstiefeln mit hohen Absätzen und kräftiger Sohle, mit denen man nur gemessen schreiten konnte. Durch Kleidung und Maske war also der Dargestellte nur grob charakterisiert; Attribute wie z. B. Schwert, Szepter oder ähnliches verdeutlichten die Rolle. Das Kostüm der klassischen Komödie zeigte demgegenüber deutlich die Charakteristika des ursprünglichen Fruchtbarkeitszaubers: Ausgestopfter Bauch und Hintern, bei den männlichen Rollen zusätzlich ein übergroßer lederner Phallos, gehörten zur »Grundaustattung«; der komische Chor trat oft in Tiergestalt auf, in den Komödien des Aristophanes z. B. als Vögel oder Wespen. Bei der Tracht der Satyrspieler war der Phallos meist aufgerichtet, wie überhaupt das Satyrkostüm, das nur aus einem Lendenschurz mit Pferdeschwanz bestand, in seiner grotesken Übertreibung an Deutlichkeit nichts zu wünschen übrigließ.

Trotz dieser Merkmale, die auf die Entstehung des Theaters aus dem Kult verweisen, fand es schnell zu seiner eigenen Form und zu klassischer Höhe. Beachtliche Leistungen auf den Gebieten der Theaterarchitektur und der Bühnentechnik stützten diese Entwicklung. War

→ Schauspieler, Chorlehrer, Choreuten und Musiker vor der Aufführung eines Satyrdramas

ursprünglich die Vorderfront der Skené schmucklos und nur durch zwei oder drei Türen gegliedert, so ging man nach Aischylos zu einer aufwendigeren Bühnendekoration über. Man bemalte die am Bühnenhaus befestigte Hintergrundkulisse mit perspektivisch verkürzter Architektur und erzielte mittels dieser sogenannten Skenographie die Illusion räumlicher Tiefe. Vor dieser gemalten Scheinarchitektur wurden dann die Kulissen aufgestellt. Erst in hellenistischer Zeit gliederte man die Fassade selbst architektonisch auf.

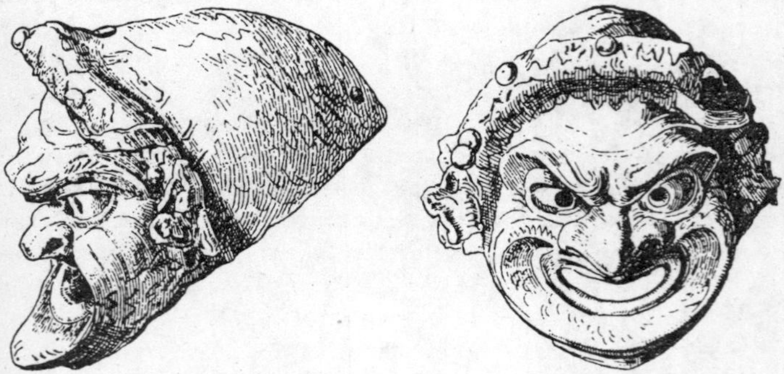

Masken: Strenger Vater

Bühnentechnisch besonders bemerkenswert ist die sogenannte Mechané, die »Maschine«, durch die man vom Dach des Bühnenhauses aus mit Hilfe eines Krans z. B. Götter und Heroen in einem Korb überraschend in die Handlung eingreifen lassen konnte. So wurde in einer ausweglos scheinenden Situation oft eine wenigstens äußerliche Lösung eines Konflikts ermöglicht. Man spricht noch heute vom »Deus ex machina«, vom »Gott aus der Maschine«. Auch das Ekkýklema, eine hölzerne Plattform auf Rollen, die auf die Orchestra geschoben wurde, ist schon bei Aischylos verwendet; es dient meist dazu, das Ergebnis von Handlungen zu zeigen, die nicht vor den Augen der Zuschauer stattfinden konnten, etwa einen Mord. Vorgeführt wurde dann mittels des Ekkýklemas der eben Ermordete. Neben diesen Vorrichtungen gab es auch noch Geräte zur Nachahmung von Geräuschen wie z. B. Blitz und Donner.

Dieser beachtliche technische Apparat, die Bühnendekoration, die Kostüme, das Personal, überhaupt die gesamte Ausrichtung der Spiele verlangte eine beträchtliche Vorbereitung und war mit erheblichen finanziellen Aufwendungen verbunden. Den Vorsitz und sozusagen die »Schirmherrschaft« über die Aufführungen hatte zwar der Priester des Dionysos; für die Organisation und Finanzierung gab es im demokratischen Athen jedoch die Einrichtung der Leiturgía (unser Wort »Liturgie« leitet sich davon her), d. h. der »Leistung für das Volk«. Wohlhabende athenische Bürger konnten nämlich von Staats wegen damit beauftragt werden, die Aufführung etwa einer tragischen Trilogie zu finanzieren und vorzubereiten. Da es sich dabei hauptsächlich um die Bezahlung und Verpflegung des Chores handelte, hieß diese Form der Leiturgía die Choregía. Diese Choregía war eine große Ehre, zumal dem Choregen im Fall, daß »seine« Stücke den Preis erhielten, ein Efeukranz überreicht wurde. Die Aufführungen der Tage, an denen gespielt wurde, geschahen im Rahmen eines Agóns (Wettkampf), d. h. sie traten in Konkurrenz zueinander. Drei Choregen rangen jedesmal bei den Dionysien um einen Siegespreis; mit ihnen stellten sich selbstverständlich auch die Dichter, die ihre Stücke selbst »inszenierten«, selber Regie führten und bis Sophokles auch noch erste Schauspieler waren, dem Wettbewerb. Der jeweilige »Preisträger« wurde durch ein eigens ausgelostes Kollegium von zehn Preisrichtern ermittelt, von denen fünf, wiederum durch das Los bestimmt, nach der Aufführung ihr Urteil über das Stück abgaben. Der Preis war in der Frühzeit für die beste Tragödie ein Ziegenbock, für die beste Komödie ein Korb Feigen und ein Krug Wein; schon in der klassischen Ära bestand er in einer stattlichen Geldzuwendung.

Welche Wertschätzung das Theater in Athen genoß, kann man daran erkennen, daß der Staat den bedürftigen Bürgern die Eintrittspreise wieder erstattete. Sie bekamen Theater zum Null-Tarif! Auch an der gesellschaftlichen Stellung des Schauspielers ist dieser Tatbestand ablesbar. Obwohl ursprünglich nur der »Antworter« des Chores bzw. Chorführers (dies ist die Grundbedeutung des griechischen Wortes für »Schauspieler«), stand er in großem sozialem Ansehen. So war er vom Kriegsdienst befreit und erhielt eine recht hohe Gage. Allerdings mußten diese Berufskünstler auch Beachtliches leisten, wenn man bedenkt, daß im klassischen griechischen Drama nie mehr als drei Schauspieler, von Statisten abgesehen, auftraten. Wenn in einem Stück mehr als drei Personen vorkamen, mußte ein Darsteller mehrere Rollen übernehmen;

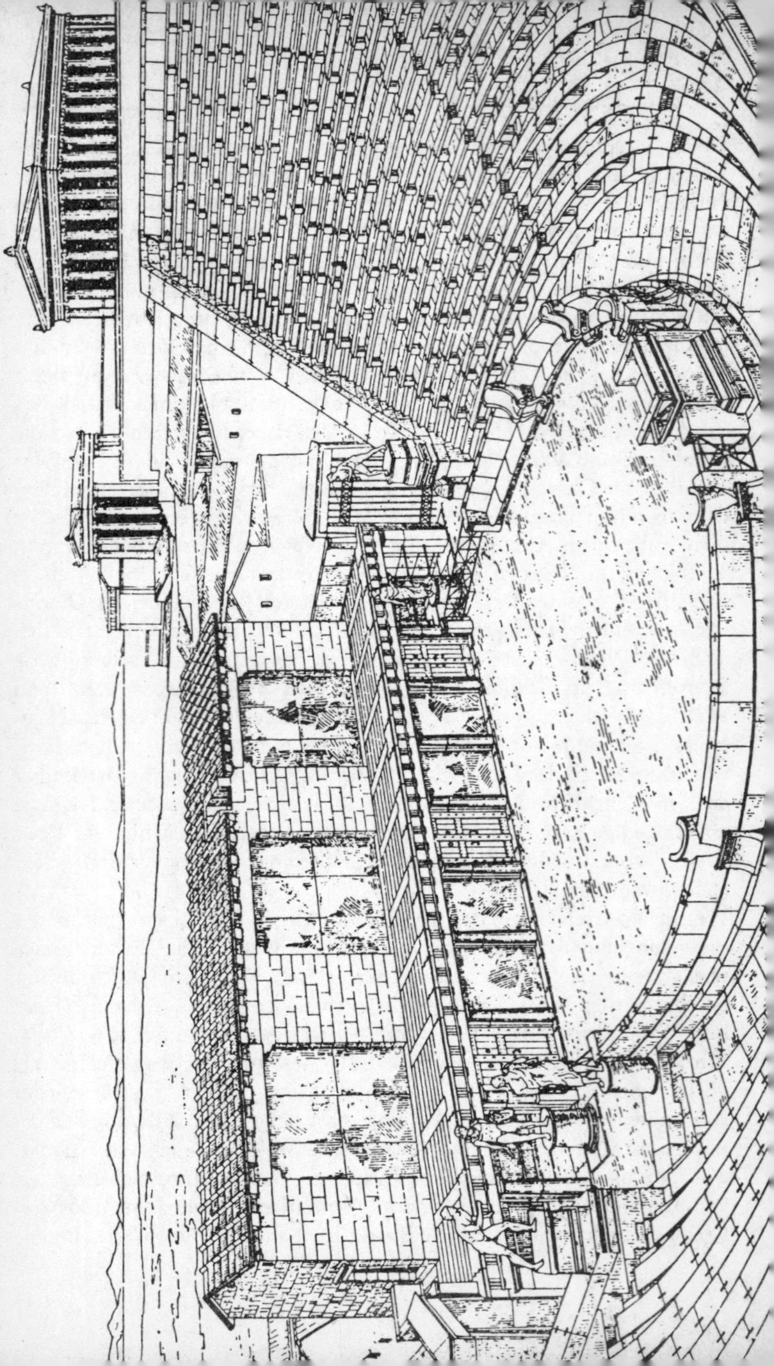

auch Frauenrollen wurden von Männern gegeben. So wenig auch Maske und Kostüm eine Schauspielkunst im heutigen Sinn ermöglichten, muß doch die Wandlungsfähigkeit des Akteurs, sein Vermögen, die verschiedensten Rollen sozusagen »simultan« zu spielen, recht groß gewesen sein.

Im Gegensatz zu den Schauspielern bestand das Publikum nicht nur aus Männern; vielmehr durften auch Frauen und Kinder teilnehmen. Sie werden es sich auf den harten Steinsitzen ohne Rückenlehne so bequem wie möglich gemacht haben; schließlich mußten sie unter Umständen den ganzen Tag hier verbringen. Doch über diesem aufgelockerten Erscheinungsbild darf die kulturelle Leistung der Griechen nicht in den Hintergrund treten: Der Schritt vom kultischen Ritual zum weltlichen Theater ist und bleibt eine kulturgeschichtliche Wendemarke. Die Griechen legten damit den Grund für das europäische Drama, dessen ersten Gipfelpunkt die Tragödiendichter Aischylos, Sophokles und Euripides sowie der Kömödiendichter Aristophanes bilden. Mag sich auch der äußere Rahmen einer heutigen Theateraufführung stark von den Athener Veranstaltungen unterscheiden, sie wäre ohne das Fundament, das die Griechen legten, nicht denkbar. Nicht zuletzt die immer noch andauernde Auseinandersetzung mit den antiken Stücken in Übersetzung, Bearbeitung und Interpretation legt davon Zeugnis ab. (G. M.)

Theben

»Kein Heros war so geehrt bei den Göttern und Menschen wie Kadmos, nach dem die Burg der Thebaner Kadmeia hieß« (Karl Kerényi). Als diese Burg in → *mykenischer Zeit* gegen 1400 v. Chr. errichtet wurde, hatte der Burghügel von Theben bereits eine längere Besiedelungsgeschichte hinter sich. Tongefäße, die sich unter dem Kadmospalast fanden, verweisen in das ausgehende 3. Jahrtausend, Gräber und Reste eines älteren Palastes in die erste Hälfte des 2. Jahrtausends.

Der archäologische Befund der Kadmeia läßt erkennen, daß der mykenische Palast der Sitz eines bedeutenden Fürstengeschlechtes war, dessen Herrschaft sich über einen großen Teil Boiotiens (Boiotia) erstreckte und

← Priene. Rekonstruiertes Schaubild des Theaters in hellenistischem Zustand (nach A. von Gerkan)

dessen Reichtum auf einem weitgespannten Handel und auf der Kunstfertigkeit des einheimischen Handwerks beruhte. Nachweisbar sind Verbindungen zu → *Mykene*, → *Tiryns* und → *Kreta*. Die Stadt selbst war wohlbefestigt; sieben Tore, von denen sich allerdings kaum Reste erhalten haben, unterbrachen nach der Überlieferung die Mauern.

Der Sage nach kam Kadmos auf der Suche nach seiner Schwester Europa, die Zeus entführt hatte, nach Boiotien, wo an der Stelle, die später Theben einnahm, ein Drache die Quelle des Ares bewachte. Kadmos tötete den Drachen und säte die Zähne aus, denen alsbald bewaffnete Krieger entsprangen, die Ahnen der späteren thebanischen Adelsgeschlechter. Aus dem Geschlecht des Kadmos stammte Ödipus (Oidipus; → *Heroen*), der Sohn des Laios und der Iokaste, der nach der Sage ausgesetzt wurde, weil er einem Orakelspruch zufolge seinen Vater töten und seine Mutter heiraten sollte. Trotz aller Vorsorge ging der Spruch in Erfüllung, und Ödipus stürzte sich, seine Eltern und schließlich, indirekt, auch seine blutschänderisch gezeugten Kinder ins Verderben. Die sagenhaften Überlieferungen von der Katastrophe im thebanischen Königshaus fanden ihren literarischen Niederschlag in den Tragödien des Sophokles »König Ödipus«, »Ödipus auf Kolonos« und »Antigone«, ferner in der Tragödie des Aischylos »Sieben gegen Theben« *(→ Literatur)*.

Noch vor dem Ende des 2. Jahrtausends endete nach wechselvollen Kämpfen mit einwandernden Stämmen die Herrschaft der Kadmeer; der Kadmospalast ging in Flammen auf; in neuerer, kleinerer Palast entstand später an anderer Stelle. Die Macht der thebanischen Könige zerfiel und wurde schließlich im 8. Jahrhundert v. Chr. durch die oligarchische Herrschaft des grundbesitzenden Adels abgelöst, dem es in den folgenden Jahrhunderten gelang, Boiototien wieder unter der Führung Thebens zu einigen.

Die Beziehungen zu → *Athen* waren zunächst freundschaftlich, solange in Athen Peisistratos und seine Söhne herrschten. Erst nach dem Sturz der athenischen Tyrannen entzweite der Kampf um die Herrschaft über Plataiai die beiden Städte, so daß es mehrfach zu Kämpfen kam in denen die Thebaner unterlagen.

Ungewiß und schwankend erscheint die Haltung Thebens im Kampf der Griechen gegen Xerxes *(→ Perserkriege)*. Gegen den perserfreundlichen Adel setzte sich zunächst die Opposition durch, die den Kampf forderte und bewirkte, daß der Spartaner Leonidas zur Verteidigung der Thermopylen thebanische Hilfstruppen (400 Mann) erhielt. Doch als die

Perser die Thermopylenstellung durchbrachen, schlug sich Theben auf Betreiben des Adels offen auf die Seite der Perser (480 v. Chr). Nach der Vertreibung der Perser im Gefolge des Sieges der Spartaner bei Plataiai (479 v. Chr.) wurde Theben zwar von den Griechen belagert, aber nicht zerstört; allerdings ließ Pausanias, der Sieger von Plataiai, die Führer der Aristokratenpartei hinrichten.
In dieser Zeit lebte in Theben auch der Dichter Pindar. Auch seine politische Haltung war schwankend, und dennoch galt er bei den Griechen als einer der großen Nationaldichter, der über alle politischen Gegensätze hinweg überall geehrt wurde *(→ Literatur)*. Obwohl sich die aristokratische Partei in den Perserkämpfen kompromittiert hatte, war sie offenbar schon vor der Mitte des Jahrhunderts wieder an der Macht. So war auch → *Sparta*, allen demokratischen Verfassungen gegenüber mißtrauisch, bereit, den Thebanern zur Herrschaft über den boiotischen Bund zu verhelfen, um gegen Athen ein Gegengewicht zu schaffen. Im → *Peloponnesischen Krieg* war Theben der treueste Bundesgenosse Spartas, und wenn es nach dem Willen der Thebaner gegangen wäre, dann wäre Athen zerstört worden. Da Lysander, der Feldherr der Spartaner, diese Untat verhinderte und obendrein die Kriegsbeute nach Sparta entführte, wandten sich die Thebaner von ihrem Bundesgenossen ab.
Unter Berufung auf den sogenannten Königsfrieden (387 v. Chr.), der allen griechischen Städten die Autonomie garantierte, weigerten sich die Spartaner, den boiotischen Bund, d. h. die Herrschaft Thebens über andere Gemeinwesen in Boiotien, anzuerkennen. Die Spannungen gipfelten schließlich darin, daß spartanische Truppen im Einvernehmen mit thebanischen Aristokraten mitten im Frieden die Kadmeia besetzten (383 v. Chr.) und trotz allgemeiner Empörung in Griechenland besetzt hielten, bis sie schließlich 379 v. Chr. durch Pelopidas und Epameinondas vertrieben wurden.
Während der Friedensverhandlungen von 371 v. Chr. weigerte sich Sparta abermals, den boiotischen Bund anzuerkennen, so daß die Entscheidung schließlich auf dem Schlachtfeld fallen mußte. Epameinondas, der Führer der Heiligen Schar, forderte die bisher unbesiegte spartanische Phalanx im offenen Feld bei Leuktra 371 v. Chr. zur Schlacht heraus, und besiegte sie dank einer neuen Taktik, indem er den linken Flügel der thebanischen Schlachtordnung so verstärkte, daß der Angriffsflügel der Spartaner zerschlagen und ihr Phalanx aufgerollt wurde *(→ Kriegswesen;* »schiefe Schlachtreihe«). Durch diesen Sieg

und die nachfolgenden Feldzüge in die Peloponnes begründete Epameinondas die kurzlebige thebanische Hegemonie über Griechenland, die freilich von den Spartanern und Athenern nicht anerkannt wurde. In der Schlacht von Mantineia (362 v. Chr.) besiegte Epameinondas zwar die beiden Rivalen, er selbst aber erlag seinen Wunden. Damit endete nach neun Jahren die Vorherrschaft Thebens.

Um in den folgenden Wirren wenigstens die Position in Mittelgriechenland zu bewahren, suchte Theben zunächst die Hilfe Philippos' von → *Makedonien*. Erst als die Herrschaftsgelüste Philippos' immer deutlicher wurden, ließen sich die Thebaner, nicht zuletzt durch die Beredsamkeit des → *Demosthenes*, dazu bestimmen, an der Seite Athens gegen die Makedonen zu kämpfen. In der Schlacht von Chaironeia (338 v. Chr.) erlagen beide trotz tapferen Widerstands der Kriegskunst Philippos' und seines Sohnes → *Alexander*. Ein marmorner Löwe wacht noch heute über dem Massengrab der gefallenen Thebaner. Nach der gemeinsamen Niederlage erging es den Thebanern erheblich schlechter als den Athenern: Die Führer der antimakedonischen Partei wurden hingerichtet, die Kadmeia erhielt eine makedonische Besatzung.

Als Alexander nach dem Tod seines Vaters im Norden des Makedonenreiches für Ruhe sorgte (336 v. Chr.), drang nach Griechenland das falsche Gerücht, er sei gefallen. Daraufhin rüsteten die Thebaner zum Aufstand gegen die Makedonen und belagerten die Kadmeia. Die anderen griechischen Städte, an die sich Theben wandte, darunter auch Athen, verhielten sich abwartend, und als Alexander plötzlich in Mittelgriechenland erschien (335 v. Chr.), stand Theben allein. Alexander ließ die unglückliche Stadt erstürmen und übte furchtbare Rache, indem er sie dem Urteil ihrer alten Gegner unter den Nachbarstädten überantwortete und das Urteil vollstreckte. Die Einwohner wurden, soweit sie dem Blutbad bei der Eroberung entgangen waren, in die → *Sklaverei* verkauft; die Mauern wurden geschleift und alle Gebäude bis auf die Tempel zerstört. Verschont wurden die Nachkommen Pindars und das Haus des Dichters. Manche Einwohner entkamen der Katastrophe und flohen nach Athen, wo sie Aufnahme fanden und entgegen der Forderung Alexanders schließlich auch bleiben durften.

Die Ruinenstätte wurde später wohl wieder besiedelt, und noch in römischer Zeit spielte Theben eine gewisse Rolle. Seine einstige Bedeutung aber hat es nie mehr wiedergewonnen. (R. V.)

Thukydides

Vielleicht thrakischer Abstammung, wurde er als Sohn des Oloros um 460 v. Chr. geboren und starb wahrscheinlich um 400. Väterlicherseits entstammte er einer reichen athenischen Familie, die größere Besitzungen in Thrakien hatte und auch an den Goldminen des Pangaiongebirges *(→ Technik)* beteiligt war. Im Jahre 424 war Thukydides einer der zehn Strategen Athens mit dem Auftrag, mit sieben Kriegsschiffen die für Athen überaus wichtige Nordchalkidike mit der Stadt Amphipolis gegen einen spartanischen Zugriff zu halten *(→ Peloponnesischer Krieg)*. Dies mißlang, Amphipolis ergab sich dem Spartanerkönig Brasidas, und das erzürnte Volk von Athen verurteilte 423 den Thukydides mit anderen Kommandeuren zur Verbannung; für fast zwanzig Jahre begab sich Thukydides ins Exil auf seine thrakischen Güter und wurde dort in erzwungener Muße zum großen Geschichtsschreiber.

Das Geschichtswerk des Thukydides stellte schon an den antiken, erst recht jedoch an den heutigen Leser eminente sprachliche und intellektuelle Anforderungen. Sein »Peloponnesischer Krieg« ist keine Sammlung historischer Essays, sondern ein Geschichtswerk mit *einer* großen Intention, die der Autor ohne Abschweifung vom Anfang bis Ende in großartiger gedanklicher und sprachlicher Geschlossenheit im Auge behielt. Es handelt sich nicht um Kriegs- oder Kulturgeschichte, sondern um politische Geschichtsschreibung, als deren Vater Thukydides mit Recht gilt. Angelpunkt ist der Ablauf von »machtpolitischen Prozessen« (Strasburger), d. h. die Frage, wie wird Macht gewonnen, erhalten oder verloren. Unterschiede in den Staatsformen spielen für den Autor dabei keine Rolle, da machtpolitische Gesetze überall und für jeden gleich sind.

Im Mittelpunkt der Geschichte steht der handelnde Mensch, für Thukydides vor allem der politische Führer, in gewissem Abstand dazu der Feldherr: Auf ihre Entscheidungen kommt es an. Alles geht vom Menschen aus, auf ihn zielt alles. Hier wird der Einfluß der → *Sophisten* sichtbar: »Das Maß aller Dinge ist der Mensch« (Protagoras). Eine metaphysische Begründung für das, was geschieht, gibt es weder für den Autor noch für seine historischen Akteure; hier unterscheidet sich Thukydides gründlich von seinem Vorgänger → *Herodot,* dem Vater der europäischen → *Geschichtsschreibung,* eilt jedoch auch seiner Zeit weit voraus. Für Thukydides fallen die elementaren Triebkräfte einer jeden Politik mit den Grundtrieben der menschlichen Natur zusammen.

Es sind dies das Streben nach Macht und Vorteil, das Streben nach Ehre (Prestige), das Streben nach Sicherheit und die Furcht.
Zwischen Moral und Macht gibt es keinen Wesenszusammenhang mehr; es regiert die politische Notwendigkeit prinzipiell ohne Rücksicht auf Recht, Herkommen, religiöse oder vertragliche Bindungen. Die Alternative Recht/Nutzen wird immer nur von Fall zu Fall je nach dem sachimmanenten Nutzeffekt entschieden: Hier kann die Einhaltung des Rechtsweges öfters einmal nützlich sein genauso wie moralische Mängel zur Quelle politischer Fehler werden können. Der Schwächere muß sich dem Stärkeren beugen; Macht schließt einen im wahrsten Sinne des Wortes elementaren Rechtsanspruch ein, der auch z. B. im Melierdialog allen Ernstes von den Athenern verfochten wird. In der Geschichtsdarstellung unterscheidet Thukydides als erster bewußt zwischen einzelnen Anlässen und der im Wesen einer Entwicklung begründeten Ursache (Thukydides 1,23,4–6).
Diese analytische Geschichtsschreibung, die immer nach dem Typischen im Ablauf machtpolitischen Prozesse sucht, verbindet Thukydides mit Niccolo Macchiavelli, der im Florenz des frühen 16. Jahrhunderts die thukydideischen Methoden wiederentdeckte (Reinhardt). Überhaupt gibt es zwischen beiden Autoren erstaunliche Parallelen, auch, was ihr Lebensschicksal betrifft.
Ziel der thukydideischen Geschichtsschreibung: Das Werk ist nicht zum Ohrenschmaus geschrieben (1,22,4) wie die Werke der Dichter und Geschichtsschreiber vorher (1,21,1), sondern wendet sich an die, »welche das Vergangene genau erkennen wollen und das Zukünftige, wie es gemäß der menschlichen Natur so oder ähnlich sich wiederholen wird« (1,22,4). Wenn nur die Leser sein Werk nützlich finden, so sei sein Ziel erreicht, wobei es in erster Linie durchaus nicht darum geht, Kunde aus der Vergangenheit um ihrer selbst willen zu bewahren – hier also, den Ablauf des peloponnesischen Krieges zu schildern –, sondern vielmehr verfolgt der Autor didaktische Absichten:
Geschichte als Lehrbuch des künftigen Politikers – freilich nicht auf so primitive Art, als wolle Thukydides für verschiedene Situationen politische Patentrezepte überliefern, die dann nur angewendet werden müßten; absolute politische Prinzipien gibt es bei ihm nicht, alles ist abhängig von Zeitpunkt, Ort und Umständen, keine politische Situation ist genau wiederholbar, wohl aber lassen sich alle erlebten und denkbaren Situationen auf das Spiel einiger weniger, sich ständig wiederholender Faktoren zurückführen.

Dies zu wissen bedeutet, in konkreten Einzelsituationen als Politiker eher die richtige Entscheidung treffen zu können.
Methode der thukydideischen Geschichtsschreibung: Der Autor strebt für das, was er berichtet, die volle Gewißheit an; ist dies einmal nicht erreichbar, so versucht er, der Wahrheit durch das sophistische Verfahren des Wahrscheinlichkeitsschlusses möglichst nahe zu kommen. Diese Methode läßt sich als wissenschaftlich bezeichnen. Die didaktischen Zielsetzungen werden keineswegs lehrhaft verfolgt, vielmehr tritt der Autor hinter die Tatsachen zurück und läßt diese sprechen; persönliche Stellungnahmen bleiben sehr selten. An den Brennpunkten des Geschehens schiebt Thukydides Reden als Hauptmittel der »Situationsanalyse« ein. Sie sind auf keinen Fall Stenogramme, Zusammenfassungen tatsächlich gehaltener Reden, denn die Redner sprechen bei Thukydides keineswegs das aus, was sie in Wirklichkeit vielleicht gesagt haben, sondern was sie nach Ansicht des Thukydides hätten sagen müssen, wenn sie gesagt hätten, was sie dachten (Strasburger). Dieses Ziel wird vor allem dann deutlich, wenn sich Redner von zwei Parteien im Wettstreit gegenüber stehen: Hier zeigt sich Thukydides wohlbewandert in der sophistischen Methode, über eine Sache zwei Aussagen zu machen, ohne jedoch der sophistischen Relativierung der Wahrheit zuzustimmen. Vielmehr versucht er auf diese Weise, der Wahrheit, die irgendwo zwischen den Argumenten beider Parteien liegt, nahezukommen; ohne daß es jemals ausgedrückt wird, berührt der Geschichtsschreiber hier die Frage, ob eine objektive Wahrheitsfindung überhaupt möglich ist. Es liegt also in den Reden, nicht aber in den erzählenden Partien des Werkes der höchste historische Wahrheitsgehalt, allerdings oft nur verborgen. Diese Methode wurde Vorbild für viele antike Historiker von hohem Rang. (D. R.)

Tiryns

Die Burganlage von Tiryns in der Argolis (Landschaft um Argos) auf der Peloponnes wurde 1884/1885 von Heinrich → *Schliemann* ausgegraben, dessen Arbeit dann andere deutsche Archäologen fortsetzten. Im Gegensatz zu → *Mykene*, das durch seine Lage am Gebirgsrand besonders begünstigt war, liegt Tiryns auf einem 300 Meter langen Kalksteinblock, der sich etwa 25 Meter über die Argolis-Ebene erhebt. Nur 1,5 Kilometer von der Küste des Golfes von Nauplia entfernt, diente Tiryns als

»Vorposten« zur Sicherung der fruchtbaren Ebene und als Ausgangspunkt für überseeische Unternehmungen der Herrscher von Mykene. Schon in vorgriechischer Zeit besiedelt, erhielt der Kalksteinblock um 1500 v. Chr. eine Burg. Die heute von Touristen gern besuchte und bestaunte Palastanlage entstand auf neuen Aufschüttungen im 14. Jahrhundert v. Chr. Eine in der Folgezeit errichtete gewaltige Mauer, deren Einlaß man über eine Rampe erreichte, machte die Burg praktisch uneinnehmbar. Sie übertrifft in ihren Maßen sogar noch die von Mykene und besteht aus riesigen Blöcken, von denen manche eine Länge von 3 Metern erreichen. Durch den sogenannten Zwinger gelangte man zu einer Tür in der Größe des Löwentors von Mykene. Erst ein weiteres Tor gab den Zugang zum eigentlichen Palast frei.
Der Königspalast selbst umfaßte, angeordnet um ein Herrenhaus (Megaron), das man über zwei weitere Vorhöfe erreichte, eine große Zahl von Räumen, unter denen die sogenannten Prinzenhäuser und ein Bad, dessen Boden aus einer einzigen Kalksteinplatte besteht, besonders hervorzuheben sind.
Nicht weniger eindrucksvoll sind die an der Süd- und Ostseite vorgebauten Galerien, durch Überkragung eingewölbte Gänge, die, vom Feind nicht einsehbar, zu Vorratskammern und Waffenräumen führten.
Wie Mykene, so verdankt auch Tiryns »nicht zuletzt dem Wunsche nach Darstellung der Herrschermacht und einem ausgeprägten Sinn für monumentale Architektur« (Kirsten/Kraiker) seine Entstehung. (S. G.)

Tragödie

Ursprung und Werden der Tragödie hüllen sich in Dunkel. Herkunft und Bedeutung des Namens bleiben ungeklärt. Tragos = Bock, ode = Gesang ließen auf »Gesang der Böcke« schließen, und man könnte vermuten, daß in früher Zeit in Bocksfelle gekleidete Bauern Chortänze innerhalb eines Kultes aufführten. Philologen sehen einen Zusammenhang mit dem Dithyrambos, einem Kultlied, das auf Dionysos *(→ Götter)* angestimmt wurde. Da dieser mit einem Gefolge von tiergestaltigen Satyrn auftrat, wäre es durchaus erklärbar, daß Verehrer des Gottes sich als Satyrn verkleideten und den Opfertisch umtanzten, von dem aus der Chorführer möglicherweise ihren Gesängen antwortete. Als Hypokrites (= einer, der dem Chor antwortet) wäre er der Vorfahre der späteren Schauspieler. Nach anderer Version habe ein Sprecher den

Chorführer ins Gespräch gezogen, womit der Ansatz zu einer dramatischen Gestaltung der Kultfeier gegeben sei. Übereinstimmend erblickt man im dionysischen Ritual die Wurzel aller dramatischen Formen, insbesondere aber der Tragödie. In seiner »Dichtkunst« präzisiert → *Aristoteles* seine Forschungsergebnisse über den Ursprung der Tragödie: Sie sei von einem stegreifartigen Anfang ausgegangen, und zwar von denen, die den Dithyrambos anstimmten, und sei, nachdem sie viele Wandlungen durchgemacht habe, zum Abschluß gekommen, nachdem sie ihre Wesensform gefunden habe. Von kleinen Stoffen und einer spaßhaften Ausdrucksweise (weil sie sich aus dem Satyrhaften umgebildet habe) sei sie erst spät zum hohen Stil gelangt. Zuerst sei die Dichtung satyrhaft und tanzmäßig gewesen; als sich jedoch das gesprochene Wort durchgesetzt habe, habe sich auch das gemäße Versmaß, der iambische Trimeter, gefunden. Aristoteles bestätigt also die Herkunft aus dem Dionysoskult, dessen Pflege → *Athen* in die verschiedenen Dionysien (→ *Religion)* überleitete. Dennoch sollte auch der dorische Anspruch auf die Tragödie beachtet werden, denn Dithyrambos und Chorlyrik, die Keimzellen der Tragödie, waren unbestreitbar dorischen Ursprungs. Schon um 600 v. Chr. übernahmen die Fürsten von → *Korinth* und Sikyon auf der Peloponnes die Schirmherrschaft über die städtischen Feste und förderten deren künstlerische Ausgestaltung. Nach einem Zeugnis des → *Solon* ließ der sagenumwobene Dichter und Sänger Arion dort Satyrchöre auftreten und einen durchkomponierten Text in Versen vortragen. Dies geschah im Wechselgesang mit den anstimmenden Einzelsängern (= Exarchonten), worin Aristoteles den Ansatz zur dramatischen Form erblickte. In Athen veranstaltete der Tyrann Peisistratos um 534 v. Chr. die erste offizielle Tragödienaufführung an den von ihm gestifteten Großen Dionysien und beauftragte Thespis, den man damit als ersten attischen Theaterfachmann ansehen kann, mit deren Leitung. Thespis trat verkleidet dem Chor gegenüber, verkörperte also durch seine Maske eine von der Gruppe getrennte Person; auch antwortete er zum erstenmal nicht nur singend, sondern auch sprechend. Aischylos führte einen zweiten Sprecher (= Schauspieler) ein, beschnitt damit die Dominanz des Chores und verstärkte die Bedeutung des gesprochenen Wortes. Seit Sophokles teilen drei Schauspieler die anfallenden Rollen untereinander auf. Sie übernahmen auch die weiblichen Rollen, die anfangs untergeordnete Funktionen ausübten, seit Phrynichos, dem bedeutendsten Tragödiendichter vor Aischylos, aber an Gewicht gewannen und Gelegenheit zu pathetischen Szenen boten. Die sich ausbildende Tragödie wandte sich von Dionysos ab und holte ihre Stoffe aus dem weiten Reich des Mythos, vor allem aus der Welt der → *Heroen.* Sie behandelt nun menschliche Schicksale; die Götter treten in den Hintergrund, von dort her verkünden sie den Spruch des Schicksals oder weisen frevelnde Menschen in ihre Schranken. In solcher Umgebung ist für Satyrn kein Platz. Der Chor legte die Satyrmaske ab; sie blieb reserviert für ein eigenes Satyrspiel, das im Anschluß an die Aufführung von drei Tragödien (= Trilogie) das Publikum unterhalten sollte, welchem nun eine Folge von vier Stücken (= Tetralogie) angeboten wurde. Die drei Tragödien waren inhaltlich meist aufeinander abgestimmt; Sophokles komponierte auch Einzelstücke mit abgeschlossener Handlung. Es entstand eine literarische Gattung, die von höchstem Ernst getragen war, und damit spiegelte die Tragödie den geistigen Umbruch der griechischen Welt vom 6. zum 5. Jahrhundert v. Chr. wider. Schon allein im Äußeren wurde die »Vermenschlichung« sichtbar: Mit den Satyrn schwand das Tierische, Wilde, Rohe. Einzelne handelnde Personen treten auf, enthüllen ihr Innerstes, setzen sich mit der Welt auseinander, begleitet vom feierlich gekleideten Chor, der an ihrem Schicksal lebhaft Anteil nimmt und die Verbindung vom Bühnengeschehen zum Publikum unmittelbar herstellt. Erfüllten früher dionysischer Rausch, Leidenschaften, derbe Sinnlichkeit den Raum, so beherrschen nun Geist und Seele, Denken und Empfinden die Handlung.

Nach Aristoteles ist die Tragödie »eine nachahmende Darstellung einer würdig-ernsten und vollständig in sich abgeschlossenen Handlung von einer bestimmten Ausdehnung, kraft des durch andere Kunstmittel verschönerten Wortes, so daß diese Darstellung durch Furcht und Mitleid eine Reinigung eben dieser Affekte erzielt«. Umstritten bleibt, ob jene reinigende Wirkung (= Katharsis) sich auf die Personen des Dramas (Goethe) oder auf die Zuschauer bezieht; in beiden Fällen wird wohl eher eine klärende, erhellende, als eine moralische Wirkung gemeint sein. Die drei großen Tragiker Aischylos, Sophokles, Euripides *(→ Literatur)* spiegeln in ihren Werken die geistige Entwicklung ihrer Zeit wider, spüren aber auch zugleich losgelöst von Zeit und Raum beispielhaft für die Nachwelt dem Sein und der Bestimmung des Menschen nach. Das Interesse der Zuschauer soll sich nicht auf die äußere Tat richten, vielmehr verlegen die Dichter die Spannung auf die Erhellung der Motive und stellen im realistischen Detail der »Erzählung« Empfindungen, Überlegungen und Entschlüsse dar, wobei insbesondere

Boten über das Geschehen referieren, die als Augenzeugen in einem eindringlichen, bewegten Erzählstil an Mithandelnde und Mitleidende appellieren und dadurch höchste Erregung bewirken. Die Tat ist vor Beginn des Stückes ausgeführt, nun werden die Ereignisse aufgerollt und die Auswirkungen auf die Betroffenen sichtbar gemacht, und zwar so, daß die Schuldigen in ihrem größten Unglück sich der größten Sympathie der Zuschauer versichern dürfen. Dieser »Apollinisierungsprozeß« des griechischen Theaters verlangte ein emanzipiertes Publikum. Nur freie Bürger freier Gemeinden besaßen die innere Freiheit und die äußere Möglichkeit, sich kritisch mit Fragen des menschlichen Daseins und Problemen der Gesellschaft auseinanderzusetzen. Für die Feste dieser Bürger wurden Tragödien in staatlichem Auftrag verfaßt und aufgeführt, aus den Bürgern rekrutierten sich die Chöre und die Schauspieler, Bürger schrieben die Stücke und führten Regie. Das Theater des 5. Jahrhunderts v. Chr. war eine moralische Anstalt; hier wurden religiöse, ethische und politische Normen auf ihre Gültigkeit überprüft. Deswegen verzichtete die Tragödie auf eine spannend aufgezäumte äußere Handlung, deswegen rückte das Wort in den Mittelpunkt, und zwar in vielfachen Spielformen, dem erschütternden inneren Monolog, dem geschliffenen Dialog, den reflektierenden Chören, deren dramaturgische Funktion der jeweiligen Situation entspricht: Sie beruhigen Leidenschaften, bringen menschlich fühlende Teilnahme zum Ausdruck, können aber auch selbst unsicher und verblendet sein, ja Vertraute und Mitschuldige werden. Der »Held« wird mit dem Schicksal konfrontiert, das ihn als blindes Verhängnis trifft, als Rache der Götter verfolgt, als Notwendigkeit nicht entkommen läßt oder als Schuld der Ahnen sich auf ihn lädt. Der Zuschauer »durchschaut« von Anfang an die Unabwendbarkeit des Kommenden, er leidet mit den Unglücklichen, Ausgelieferten, Untergehenden. Den Zuschauer bedrückt nicht, daß der »Held« Schuld auf sich geladen hat, ihn erschüttert vielmehr, daß der schuldig Gewordene mit der Schuld leben, sie bis an sein Ende tragen muß. Da die Handlung durch die – allen Zuschauern bekannte – Sagenwelt vorgegeben ist, verzichtet man von vornherein auf alle Abwechslung. Die von Aristoteles später geforderte Einheit der Handlung hatte Sophokles beachtet, Euripides lässiger gehandhabt. Schließlich war ja der »Maschinengott« (= deus ex machina) dazu da, die Knoten zu zerhauen, einen geordneten Zustand herzustellen; bisweilen führte aber das Eingreifen des Gottes am Schluß zu keiner Lösung, sondern hinterließ alles in tiefstem Jammer. Auch im 4. Jahrhundert

v. Chr. und weiterhin wurden viele Tragödien geschrieben, doch ist kaum ein Rest erhalten. Die Theaterfreudigkeit des Publikums wuchs zusehends. Versuche, zeitgeschichtliche Themen zu behandeln, stießen seit alters auf Ablehnung; man wollte durch die Poesie in eine geistige Welt erhoben, nicht aber an die Misere der Gegenwart erinnert werden. Auch die historische Vergangenheit gab keinen willkommenen Stoff ab, dagegen fanden sich da und dort Anspielungen auf politische Tagesthemen. Die Tragödiendichter waren Berufsschriftsteller. Sie bewarben sich bei der obersten Behörde, den Archonten, um einen Auftrag. Dort wies man ihnen einen der Chöre zu, die von reichen Bürgern, den Choregen, aus dem Phylen (= Stadtbezirken) aufgestellt und unterhalten wurden. Als Chorodidaskaloi (= Chorregisseure) übten sie Tänze und Gesänge ein. Unmittelbar vom Staat angestellte Schauspieler wurden ihnen durchs Los zugeteilt. Für Text und Einstudierung wurden sie vom Staat entlohnt. Die Aufführungen wurden in einem Wettkampfverfahren von einem Preisrichterkollegium, das oft den Pressionen des Publikums ausgesetzt war, beurteilt und die Sieger ausgezeichnet. Daß Siege aber nicht mit Rang und Popularität übereinstimmen mußten, bezeugt Euripides, von dessen 92 Stücken nur fünf einen Preis erhielten. Aus → *Platons* Symposion erfahren wir, daß gekrönte Dichter ihr Ensemble zu einer Siegesfeier einluden und gemeinsam mit ihnen den Göttern ein Opfer darbrachten. Seit Sophokles traten sie nicht mehr in jedem Falle selbst als Schauspieler auf, doch waren sie immer als Komponisten, Regisseure und Ballettmeister tätig. Die Rezeption muß sehr nachhaltig gewesen sein, die musikalischen Partien wurden in der Öffentlichkeit nachgesungen und die Texte häufig zitiert; so setzt z. B. die aristophanische → *Komödie* Textkenntnisse aus dem Tragödienrepertoire voraus. Die klassische Tragödie war klar aufgebaut: Sie wurde mit einem Prolog eröffnet, der, vorgetragen von einem Schauspieler, in das Stück einführte; ihm folgte der Einzug des Chores durch die Seitenzugänge der Orchestra *(→ Theater)*, die sogenannten Parodoi; er sang dabei ein Lied, worin er sein Erscheinen motivierte. Den Hauptteil bildeten die Epeisodien (= Einzug von noch »Hineinkommenden«), Dialogpartien, von Schauspielern vorgetragen und von Chorpartien begrenzt. In ihnen entwickelt sich die Handlung. Ursprünglich nannte man nur das erste Auftreten des Schauspielers Epeisodion, später alle Auftritte. Diese waren oft musikalisch gestaltet, als Wechselgesänge (Duette) oder Einzelgesänge (Arien, Monodien). Die Epeisodien wurden durch Stasima (= Standgesänge) abgelöst, die der Chor auf der Orchestra bei leerer Bühne vortrug. Sie nahmen auf die augenblickliche Handlung Bezug. Auch wurden Chorlieder mit lebhaftem Tanz verbunden. An Höhepunkten sang der Chor im Wechsel mit den Schauspielern die ebenfalls von Tanzbewegungen begleiteten Kommoi (= Klagelieder), die aber nicht nur Schmerz, sondern jeweils besondere Empfindungen zum Ausdruck brachten. Weitere Spannungsnuancen wurden dadurch erzielt, daß die erregtere Partei lyrisch sprach, die besonnenere sich in der Alltagssprache äußerte. Den Schluß bildete der Auszug des Chores (= Exodos). Diese durchkomponierte Form löste sich in der Spättragödie auf. (J. G.)

Troia

Keine andere Stadt der griechischen Welt, ausgenommen vielleicht das sagenhafte Atlantis, hat das Interesse breiter Schichten so erregt wie Troia. → *Homers* unsterbliches Epos ließ die Erinnerung an Kampf und Untergang über Jahrtausende hinweg lebendig bleiben, selbst der Jugend war und ist in den Sagen die Geschichte vom Fall Troias bekannt. Und → *Schliemanns* sensationelle Ausgrabungen holten dann die Stadt und ihre Schicksale aus der Welt der Mythen, in der sie schon versunken schien, in die Realität unserer Zeit zurück.
Die Stätte des antiken Troia liegt am südöstlichen Ufer der Dardanellen auf dem Hügel von Hissarlik. Dieser überragt mit nur dreißig Metern eine knapp sechs Kilometer breite Küstenebene. An ihrem Rand, nahe dem Meeresufer, wo die Schiffe ankerten, erstreckte sich angeblich das Lager der Griechen. Zwischen ihm und dem Burgberg lag der Sage nach das Kampfgebiet zwischen Griechen und Troianern.
Von der eigentlichen Stadt zeugen heute nur noch dürftige Spuren aus verschiedenen Epochen. W. Dörpfeld, der in der Nachfolge Schliemanns die wissenschaftlichen Ausgrabungen in Troia durchführte, konnte bereits neun verschiedene Hauptschichten nachweisen, die den Besiedlungsperioden entsprechen. Heute differenziert die Forschung noch stärker und nennt vierzig gegeneinander abgegrenzte Schichten. An den neun großen Stufen läßt sich aber für den Laien am leichtesten die wechselvolle Geschichte der Stadt aufzeigen. Sie begann etwa um 3600. Im Laufe der Zeit entstand dann eine kleine Zitadelle, deren Mauern ein unregelmäßiges Rund von etwa neunzig Meter Durchmesser umschlossen, in dem mehrere Wohngebäude und Vorratshäuser lagen. Etwa um

2300 wurde diese Burganlage zerstört. Schliemann vermutete in ihren Spuren das Homerische Troia und entdeckte hier auch den von ihm sogenannten »Schatz des Priamos«. In Wirklichkeit aber war dieses Troia II ein Jahrtausend älter. Auf seine Zerstörung folgte mit Troia III bis V eine Epoche des Niedergangs, bis dann um 1800 v. Chr. eine neue machtvolle Burg aufgebaut wurde. Ihr Mauerring, der nun schon einen Durchmesser von etwa zweihundert Meter hatte, bestand aus einem Bruchsteinfundament von fünf bis zehn Meter Breite und erreichte stellenweise eine Höhe von über acht Meter. Auf diesen Bruchsteinwall war ein etwa drei Meter hoher Oberbau aus Lehmziegeln mit einer Brüstung aufgesetzt. Im Mittelpunkt der Befestigung lassen sich deutlich die Spuren einer mächtigen Halle von jenem Megaron-Typ nachweisen, wie wir ihm dann in → *Mykene* und → *Tiryns* begegnen. Aus Holz, Lehmziegeln und Bruchsteinen errichtet, hatte sie eine lichte Weite von etwa zehn zu zwanzig Metern.

Zwar blieb die ganze Anlage noch recht bescheiden, aber zumindest die monumentalen Mauern zeugten schon deutlich von Macht und Ansehen der troianischen Fürsten, die mehr waren als kleine Bauernkönige. Deutlich lassen sich Verbindungen zu den anderen Kulturen des Nahen Ostens feststellen, die darauf hindeuten, daß die Burg am Ufer der Dardanellen die Schiffahrts- und Handelswege zwischen Vorderasien und Südrußland entlang der Küste beherrscht haben mochte. Bei einem der zahlreichen Erdbeben, wie sie auch heute noch Vorderasien häufig heimsuchen, wurde dieses Troia VI um 1300 v. Chr. zerstört, doch schon bald danach, wie die Spuren von Troia VII beweisen, in annähernd gleicher Größe wieder aufgebaut. Diese Stadt nun wurde, wie vor allem der amerikanische Archäologe Blegen vermutet, um 1200 v. Chr. von achaiischen Kriegern nach einer Belagerung zerstört. Das Ereignis bildet wahrscheinlich den historischen Kern der Sage vom Troianischen Krieg und damit dem Ausgangspunkt für Homers → *»Ilias«*. Letzterer orientiert auch über angeblich militärische Bündnissysteme der Kämpfer auf beiden Seiten. So zählt der »Schiffskatalog« im zweiten Gesang die griechischen Orte auf, die ihre Schiffe nach Troia entsandten. Zu ihnen gehörten → *Kreta*, → *Rhodos* und Kos als Verbündete. Auf der anderen Seite soll das Land zu beiden Seiten der Dardanellen, das westliche → *Kleinasien* und die nördlichen Küstengebiete der Ägäis mit Troia verbündet gewesen zu sein. Gegenüber dieser Auffassung differenzieren einige Forscher noch stärker, die in Troia VI das homerische Ilion sehen wollen, das durch Erdbeben zugrunde ging, während die Zerstörung von

Troia VII im Verlauf der ersten großen Wanderung *(→ Wanderbewegungen)* erfolgte. Die Sage vom Troianischen Krieg ist ihrer Auffassung nach »Erinnerung an einen vergeblichen Zug ins Skamander-Tal«. Antike Autoren glaubten es allerdings ganz genau zu wissen und datierten den Troianischen Krieg auf das Jahrzehnt von 1193–1183 v. Chr.

Östliche Burgmauer der 6. Schicht in Troja-Hissarlik (nach Dörpfeld)

a Hauptburgmauer
b und c Seitenmauern eines vorspringenden Turmes
d und e Obermauern der Burgmauer
g Tür durch e
f Hausmauern der 7. Schicht
h Fundamente der 9. Schicht

Der notdürftige Wiederaufbau der Burg setzte in den Jahrzehnten nach 1200 ein (Troia VII). Nach erneuter Zerstörung siedelten sich etwa seit 700 v. Chr. aiolische Griechen in Troia VIII an. Schließlich kam die Stadt unter die Herrschaft der Perser. In der hellenistischen Zeit erlebte sie eine beachtliche Neublüte, bis sie schließlich 85 v. Chr. von den

Römern erobert und zerstört wurde. Noch ein letztes Mal wurde sie nach einem Besuch Caesars wieder aufgebaut (Troia IX) und erhielt auch eine gewisse Bedeutung, sonst hätten sie nicht Kaiser Konstantin der Große und Julian besucht. Um so merkwürdiger ist der anschließende Verfall, der zur völligen Vergessenheit führte. (H. P.)

Tyrannis

Die antiken Staatstheoretiker mit → *Platon* und → *Aristoteles* an der Spitze haben sich eingehend mit der Tyrannis beschäftigt und beurteilten diese Herrschaftsform einhellig negativ. Platon bezeichnet sie schlicht als »schlimmste Krankheit der → *Polis*«, und in der »Politik« des Aristoteles ist folgendes zu lesen: »Tyrannis zielt nie auf das Allgemeinwohl, außer der persönliche Vorteil des Tyrannen fällt einmal mit dem Gemeinwohl zusammen. Ziel eines Gewaltherrschers ist persönlicher Lustgewinn, eines (legitimen) Königs aber das Schöne; so läßt sich ein König von Bürgern, ein Tyrann aber von → *Söldnern* bewachen. Es ist einleuchtend, daß Tyrannenherrschaft die Nachteile von → *Demokratie* und Oligarchie (grch. ›Herrschaft Weniger‹) in sich vereinigt.«

Tyrannei als Summe aller menschlichen Laster und Gesetzlosigkeit entsteht nach Aristoteles auf vielerlei Weise: Durch Verleumdung der vornehmen Bürger durch Demagogen, die dann selbst zu Tyrannen werden, durch Perversion des legitimen Königtums in Despotie, wenn Könige sich von Gesetz und Satzung lösen, weiter durch Amtsmißbrauch derer, die Wahlämter besitzen und schließlich dadurch, daß ein Oligarchenkollegium *einem* aus seiner Mitte die höchste Gewalt überläßt.

Nun war in der griechischen Geschichte die Tyrannis kein isolierter »Betriebsunfall«, sondern umfaßt als »Ältere Tyrannis« rund 200 Jahre Polisgeschichte *(→ Polis)* mit tiefgreifendem Einfluß auf die politisch-gesellschaftliche, wirtschaftliche und auch kulturelle Entwicklung. Unter den Tyrannen, den »ältesten politischen Individualitäten der griechischen Geschichte« (Wilcken), befanden sich bedeutende Gestalten. Sie erscheinen an einer historischen Nahtstelle als adelige Außenseiter, die oft als Führer und Vertrauensleute des aufstrebenden Bürger- und Kleinbauerntums die Herrschaft der Aristokraten brachen und so ungewollt die ersten Grundlagen für die altgriechische Demokratie

legten. Dies ist besonders in Ionien, in → *Korinth,* Megara und Sikyon sowie in Sizilien und → *Athen* der Fall. Freilich hinkt Athen mit der Herrschaft der Peisistratiden historisch etwas nach und → *Sparta* erlebt dieses Übergangsstadium der Tyrannis überhaupt nicht. Viele griechische Städte erlangen erst unter den Tyrannen politische Konturen, werden als außenpolitisch bewußt handelnde Subjekte sichtbar und erleben ihre Blütezeit.
Für ein Tyrannenregime sind folgende Züge typisch: Der Gewaltherrscher besetzt mit seinen Anhängern oder aus eigenem Vermögen geworbenen → *Söldnern* die Stadtburg, entwaffnet die Bürgerschaft und verschafft sich so das Gewaltmonopol. Sodann wird Vermögen und Eigentum der reichen Gegner konfisziert und an die Anhänger des Putschisten verteilt bzw. für weitere Werbung und Bezahlung der eigenen Privatarmee verwendet. Soziale Auseinandersetzungen innerhalb der Polis werden unterdrückt oder zugunsten der »Kleinen Leute« beigelegt, als deren Führer und Vertrauensmann der Tyrann oft auftritt. Mit den Gewaltherrschern anderer Städte wird Verbindung aufgenommen; durch Bündnisse, persönliche Freundschaft und besonders durch dynastische Heiraten entsteht in Griechenland eine regelrechte »Interessengemeinschaft der Herrschenden« (Bengtson). Eingriffe in das Privatleben der Bürger unterließen die Tyrannen im allgemeinen – eine Verhaltensweise, die über 2000 Jahre später dann Macchiavelli auch seinem »Fürsten« ans Herz legt, wie überhaupt manches in dieser Epoche der griechischen Geschichte an die Verhältnisse in den mittel- und oberitalienischen Stadtfürstentümern des 14. und 15. Jahrhunderts erinnert. Meist endet eine Tyrannenherrschaft durch Ermordung des Herrschers; persönliche Motive und politische Intrigen, nicht jedoch allgemeine Volkserhebungen spielen dabei die Hauptrolle – ein Umstand, der nicht so recht in die später nahezu kanonisierte Ideologie vom Tyrannenmord paßt. Besonderes Augenmerk widmeten die griechischen Tyrannen der Außenpolitik und der wirtschaftlichen Entwicklung ihrer Staaten. Um ihr persönliches Prestige, das der Legitimität entbehrte, zu heben, aber auch manchmal aus echtem Interesse pflegten sie Künstlern, Architekten und Ingenieuren *(→ Technik)* freigebige Mäzene zu sein.
Der glanzvollste Tyrannenhof dieser Zeit blühte zweifellos in Korinth, das unter Kypselos und vor allem dessen Sohn Periandros (Periander) um 600 v. Chr. den Höhepunkt seiner Geschichte erlebte. Periander schuf ein für die damalige Zeit beachtliches Kolonialreich am ionischen

Meer und eröffnete durch die Eroberung Kerkyras (Korfu) und die gelungene Gründung korinthischer Kolonien in Nordwestgriechenland und auf der Chalkidike dem Handel seiner Heimatstadt neue Dimensionen; nicht von ungefähr erscheinen um diese Zeit korinthische Keramik und korinthische Metallwaren in Massen auf den Exportmärkten. Zu Hause verbot Periander den Kauf von Sklaven *(→ Sklaverei)* und ließ die auf dem Marktplatz herumlungernden Müßiggänger bestrafen, um so die Korinther von politischen Ränken abzuhalten. Mit den Königen Lydiens und Ägyptens und zu den Tyrannen Ioniens stand er in enger Verbindung; seine Flotte beherrschte das ionische Meer und die Gewässer diesseits und jenseits des Isthmos.

In Ionien herrschten mächtige Tyrannen, u. a. in Milet und in → *Samos.* Der mächtigste von ihnen, Polykrates von Samos, beherrschte eine Generation nach Periander mit seiner Flotte die Ägäis und war ein großer Gönner von Künstlern und Ingenieuren. Für die ionischen Tyrannen ist charakteristisch, daß sie teils als Vorkämpfer gegen äußere Bedrohungen ans Ruder kamen, teils als Vertrauensleute der persischen Weltmacht regierten und wie Polykrates durch persische Ränke gestürzt wurden.

Auch die »ältere« und »jüngere« Tyrannis Siziliens entstand vor allem im Abwehrkampf gegen äußere Feinde, so die Etrusker und Karthager. Ihren Höhepunkt erlebt sie im Syrakus des 4. und 3. Jahrhunderts v. Chr., dessen Tyrannen als »Alleinbevollmächtigte Feldherren« im Verlauf der Karthagerkriege an die Macht kamen.

Athen hatte erst spät, unter Peisistratos und dessen Söhnen, zwischen 561 und 510 v. Chr., die für seine Entwicklung zur hellenischen Großmacht wichtige Epoche der Tyrannis: Peisistratos kam als Führer der Kleinbauern hoch; zwei Putschversuche, davon einer im Bund mit einer athenischen Hochadelsfamilie, schlugen zunächst nicht durch, erst der dritte brachte dauernden Erfolg.

Der Besitz thrakischer Goldminen ermöglichte es Peisistratos, ein schlagkräftiges Söldnerheer zu werben, das sich dem athenischen Bürgeraufgebot hoch überlegen zeigte. Unter dem Beifall großer Bevölkerungsteile übernahm darauf Peisistratos endgültig die Macht, um sie bis zu seinem natürlichen Tod 528/527 nicht mehr zu verlieren. Obwohl die Herrschaft des Peisistratos illegitim, da auf militärischer Gewalt beruhend, war, regierte er doch besonders mit Zustimmung der Bauern und des sich eben bildenden gewerblichen Mittelstandes; verständlicherweise ließ sich der Herrscher die Förderung gerade dieser Bevölkerungs-

gruppen besonders angelegen sein. Die Kosten für seine Herrschaft, besonders das Söldnerheer aus Thrakern und Skythen, und seine großartigen Bauten, mit denen Peisistratos Athen zu schmücken begann, deckte der Tyrann aus seinem thrakischen Minenbesitz und einer als großes Ärgernis empfundenen fünfprozentigen Einkommensteuer, die in Griechenland eine finanzpolitische Neuheit darstellte.
Abgesichert durch gute Beziehungen und Bündnisse mit anderen Tyrannen und sogar zu Sparta, beginnt Peisistratos den wirtschaftlichen Aufstieg Athens zur zweiten griechischen Großmacht (→ *Seebund*).
In der Peisistratidenzeit setzt sich Athen durch Koloniengründung *(→ Kolonisation)* in der nördlichen Ägäis fest und bekommt so den wichtigen Getreideexport aus Südrußland in seine Hand; seine Konkurrentinnen Korinth und → *Aigina* holt es als Handelsmacht ein. Peisistratos herrschte als musenfreundlicher, »aufgeklärter« Tyrann. Nach seinem Tod zeigte sich jedoch, daß Athen nicht weiter willens war, die Herrschaft eines Mannes auf die Dauer hinzunehmen. (D. R.)

Vasenmalerei

Von den Werken der griechischen Monumentalmalerei ist uns nichts erhalten geblieben, aber zahlreiche literarische Hinweise lassen vermußten, daß griechische Künstler auch auf diesem Gebiet Vortreffliches leisteten. Bekannt ist die Anekdote von dem Maler Zeuxis, dem es gelungen sein soll, die Kirschen in der Hand eines Knaben so naturgetreu wiederzugeben, daß die Vögel daran zu picken begannen. Übrigens soll der gleiche Maler sein Ende gefunden haben, als er sich über den derben Realismus des Porträts einer alten Frau zu Tode lachte.
Einen Ersatz für die verlorene große Malerei besitzen wir in den Werken der Vasenmalerei, die in Griechenland zu einer sonst nie erreichten Vollendung gebracht wurde. Überwältigend ist auch die Fülle der Zeugnisse, denn es gibt kaum eine archäologische Grabungsstätte *(→ Archäologie)* von Bedeutung, wo sich nicht wenigstens Scherben gefunden hätten, während die vollkommen erhaltenen Gefäße, die heute die Vitrinen europäischer und amerikanischer → *Museen* füllen, meist aus Gräbern stammen.
Da bemalte Gefäße lange Zeit zu den wichtigsten Exportartikeln Griechenlands und insbesondere → *Athens* gehörten und vielfach in der Verbindung mit anderen Exportartikeln, wie → *Wein* und Öl, ausge-

führt wurden, ist es nicht verwunderlich, daß die Fundstellen über den ganzen Mittelmeerraum, besonders dicht in Etrurien, verbreitet sind. Aber auch an den Küsten des Schwarzen Meeres, von woher Athen einen großen Teil seines Getreides bezog, haben sich zahlreiche Zeugnisse dieses Zweigs der griechischen Kunst erhalten. Der folgende Überblick ist dem Werk von Erika Simon, »Die griechischen Vasen«, München 1976, verpflichtet.

Technische Fragen. Die technischen Voraussetzungen zur Herstellung von Keramik waren längst gegeben. So hatte man im alten Orient aus einer einfachen drehbaren Platte die schnellaufende Töpferscheibe entwickelt, die eine regelmäßige Formung des Gefäßes erlaubte, während bereits die → *mykenische Zeit* einen hochentwickelten Brennofen und den Glanzton für die Bemalung kannte. Die griechischen Töpfer wählten zunächst einen bestimmten eisenhaltigen Ton, der mit Regenwasser geschlämmt wurde, bis sich über dem groben, unbrauchbaren Bodensatz eine feinere Schicht bildete, die als Arbeitston für das Gefäß verwendet werden konnte. Aus den oben gewissermaßen schwebenden feinsten eisenhaltigen Teilchen wurde die Substanz gewonnen, die mit dem Pinsel auf die luftgetrockneten und geglätteten Gefäße aufgetragen werden konnte. Der Brand selbst bewirkte eine Verfärbung der zunächst grünlichen oder bräunlichen Malsubstanz zu Rot und Braun; doch erst die Erfindung eines regulierbaren Ofens in → *Korinth* am Ende des 8. Jahrhunderts v. Chr. erlaubte einen Brand, bei dem das schwarz wurde, was schwarz werden sollte, und rot, was rot werden sollte. Die handwerklichen Vorgänge sind im einzelnen auf Tontäfelchen dargestellt, die von korinthischen Töpfern im 7. Jahrhundert v. Chr. als Weihegaben in den Poseidontempel gebracht wurden. Korinthische Meister waren es auch, die die Ritztechnik einführten, die den schwarzen Figuren klarere Umrisse und feinere Details verlieh.

Die schwarzfigurige Malerei, bei der die Bilder vor dem Brand aufgetragen waren, wurde später durch die rotfigurige Malweise abgelöst, »die in technischer Hinsicht einfach die Umkehrung der schwarzfigurigen darstellt«, d. h. vorgezeichnete Ornamente und Szenen wurden beim Farbauftrag ausgespart. Dieser Wandel vollzog sich in Athen zwischen 530 und 520 v. Chr., ohne daß die ältere, einfachere Technik verschwand.

Die Verwendung der Gefäße. Angesichts des Reichtums an Zeugnissen griechischer Vasenmalerei ist zu fragen, welchen Zwecken die keramischen Produkte im einzelnen dienten. Nun, abgesehen von der Grabkeramik des 8. Jahrhunderts v. Chr., dienten sie, wie heute Küchen-

und Tafelgeschirr, den Bedürfnissen des Alltags. In hohen dreihenkligen Krügen (Hydrien) holten die Dienerinnen das Wasser vom Brunnen, ein alltäglicher Vorgang, der auch durch die Bilder auf den Gefäßen augenfällig gemacht wird. Gefäße mit engem Hals (Amphoren) waren dazu bestimmt, Öl oder Wein aufzunehmen, während in einem weitgeöffneten Gefäß (Krater) Wein und Wasser für das Gelage (Symposion) gemischt wurden. Zum festlichen Gelage benötigte man ferner Weinkannen und vor allem Trinkbecher: Flache Schalen mit zwei Henkeln oder tiefere napfartige Gefäße (Skyphoi), die ebenfalls mit zwei Henkeln zum Mund geführt wurden.

Selbst wenn sich die Bestimmung der einzelnen Gefäße nicht auf den ersten Blick erschließen sollte (denn reine »Zweckformen« kannten die griechischen Meister nicht), so geben die Malereien auf den Krügen selbst Auskunft: Wir sehen die Mädchen mit leeren Hydrien zum Brunnen schreiten und sehen die Zecher mit ihren Trinkgefäßen beim Gelage liegen, während die Diener die Weinamphoren heranschleppen, um den Inhalt in den Krater zu gießen.

Die Bildinhalte. Man hat gelegentlich die Vasen »Bilderbücher des griechischen Lebens« genannt. Das stimmt, doch waren die Themen der Malerei im Laufe der Entwicklung einem deutlichen Wandel unterworfen. In der frühen Grabkeramik aus dem athenischen Töpferviertel Kerameikos dominierten Motive, die, wie die Leichenfeier, zum Totenkult Bezug haben; Szenen aus den Mythen treten daneben zunächst noch zurück. Seit dem 7. Jahrhundert v. Chr. nehmen die Maler immer häufiger ihre Themen aus den griechischen Götter- und Heldenmythen, wobei zunächst vor allem die Taten des Odysseus, darunter immer wieder die Blendung des Polyphem, und die Enthauptung der Medusa durch Perseus auftauchen. In Athen wurden im 6. Jahrhundert v. Chr. namentlich die Taten des Herakles *(→ Heroen)*, etwa die Zähmung des Höllenhunds Kerberos und der Kampf mit dem nemeischen Löwen, gefeiert. In die sagenhafte Vergangenheit Athens verweist die Tötung des Minotauros durch Theseus. Selbstverständlich sind es immer wieder die Helden des trojanischen Krieges, Achilleus, Aias und auch Hektor, die die Maler anregen. Zu den schönsten Beispielen gehört die friedliche Szene auf einer Amphora, wo Achilleus und Aias, in ein Brettspiel vertieft, einander gegenübersitzen. Blutige Szenen beschwören eine Amphora aus Athen, auf der Achilleus der Amazonenkönigin Penthesileia den Speer in den Hals stößt, und eine Amphora aus Korinth, die einen sonst kaum bekannten Mythos festhält, die Tötung der thebanischen Athenepriesterin Ismene durch Tydeus. Hier helfen, wie auch auf anderen Vasen, die vom Maler beigegebenen Namen zur Deutung des Bildes.

Unter den → *Göttern* erfreute sich Dionysos, der Gott des Weines und der ekstatischen Freude, mit seinem Gefolge besonderer Beliebtheit; kein Wunder, wenn man bedenkt, daß ein großer Teil der erhaltenen Gefäße den Freuden des Weines und des Symposions diente.

Der Götter- und Heroenwelt entrückt sind die Szenen, die das Gelage selbst zeigen: Zechende Männer mit Hetären oder junge Paare, die unter Musik zum Tanz schreiten. Auf dem Innenbild der berühmten Brygosschale findet sich die weniger erfreuliche Kehrseite des Gelages: Ein jugendlicher Zecher muß das soeben Genossene wieder von sich geben, während ihm eine junge Hetäre in höchst anmutiger Haltung den schweren Kopf hält.

Dem griechischen Alltag näher als das Symposion sind die Darstellungen sportlicher Übungen *(→ Sport)*, die dem Maler Gelegenheit gaben, den nackten männlichen Körper in allen möglichen Ansichten zu zeigen, oder Genrebilder aus dem Frauengemach, denen wir manche Kenntnisse über das Leben und die äußere Erscheinung der griechischen → *Frau* verdanken. Sie erscheint als Liebhaberin und als Jungvermählte, als Herrin, als Dienerin oder als Mutter.

Stilmerkmale. Nach verschiedenen, zum Teil an mykenischen Vorbildern orientierten Vorstufen fanden um die Mitte des 8. Jahrhunderts v. Chr. verschiedene griechische Werkstätten, darunter vor allem die Dipylonwerkstatt in Athen, den Durchbruch zum klassischen geometrischen Stil, zu dessen Hauptwerken die sogenannte Prothesisamphora vom Kerameikos in Athen (um 760 v. Chr.) gehört. Da diese Amphora, wie auch andere ähnliche Erzeugnisse, als Monument für ein Grab geschaffen war, steht im Mittelpunkt der Malerei die Aufbahrung (Prothesis) einer Toten aus vornehmen Geschlecht, umgeben von nahen Angehörigen und Klagefrauen. Der größte Teil der Fläche ist aber bedeckt von Zick-Zack- und schraffierten Mäandermustern, die nur am Hals der Vase von Tierfriesen unterbrochen sind. Bei den silhouettenhaften Menschen- und Tierdarstellungen dieser Epoche treten die Glieder, bei den Menschen besonders die Arme und die Brust hervor, während der Leib kaum angedeutet wird. Zwischen Männern und Frauen wird zunächst kaum unterschieden, bis gegen Ende des 8. Jahrhunderts v. Chr. die Frauen Röcke erhalten und damit zweifelsfrei zu erkennen sind.

Überwunden wurde dieser strenge Stil im 7. Jahrhundert v. Chr. als Szenen aus → *Homer* und aus anderen Mythen Eingang fanden. »Ein naiver, fast karikaturaler Realismus« (Papaioannou) kennzeichnet z. B. die Blendung des Polyphem auf einer Amphora aus Eleusis (um 670 v. Chr.). Wenig später fanden, zunächst auf → *Rhodos*, dann in ganz Griechenland, Motive aus der Pflanzen- und Tierwelt nach orientalischen Mustern Eingang in die Vasenmalerei.

Der Schwerpunkt der Vasenmalerei lag aber im 7. Jahrhundert v. Chr. in Korinth, dessen früher schwarzfiguriger Stil sich über ganz Griechenland verbreitete; eines seiner hervorragendsten Erzeugnisse ist die sogenannte Chigikanne (um 640 v. Chr.). Auf drei Friesen führt der Maler eine Reihe miniaturhafter Szenen vor: Den Aufmarsch zweier Hoplitenschlachtreihen, Jagdszenen und anderes. Die Figuren sind rötlich getönt; die Ritztechnik führt über die Verschwommenheit früherer Erzeugnisse hinaus; die Muskeln der Kämpfenden treten hervor, die Details der Bewaffnung sind deutlich zu erkennen.

Als sich gegen Ende des 6. Jahrhunderts v. Chr. die rotfigurige Malweise durchzusetzen begann, übertrafen die athenischen Meister längst ihre korinthischen Vorbilder. Die Ritztechnik wurde überflüssig, da jetzt die Einzelheiten in zarten schwarzen Strichen mit einem haarfeinen Pinsel in die roten Figuren eingezeichnet werden konnten, wodurch die Malerei an Geschmeidigkeit und Eleganz gewann. Der Maler Epiktetos, der zu den frühesten Meistern des neuen Stils gehörte, war selbstbewußt genug, um auf eine von ihm gefertigte Trinkschale zu schreiben: »Epiktetos malte (es).« – »Wie niemals Euphronios« – ein Konkurrent – »es hätte malen können«, setzte er auf eine Amphore, die Hektors Abschied von den Eltern zeigt (um 500 v. Chr.). Nicht nur die Namen einzelner Künstler sind uns aus dieser Zeit überliefert, sondern es ist sogar möglich, ihr Gesamtwerk, soweit es erhalten ist, zusammenzustellen. Zu den Meisterwerken der Zeit um 500 v. Chr. gehört eine Spitzamphora des Kleophradesmalers mit der Darstellung des Dionysos und seiner Priesterinnen, die sich dreier nackter, eindeutig liebesbedürftiger Silene zu erwehren haben. Bewegung beherrscht die Szene, Bewegung und Monumentalität prägen auch viele andere Malereien dieser Epoche. In den Jahrzehnten bis etwa 480 »wurden alle Möglichkeiten, die der rotfigurige Stil zu bieten hatte, ausgeschöpft und voll entwickelt« (Papaioannou), ehe danach eine gewisse Ermüdung einzukehren schien. Zeichen der Schwäche kündigten sich an, als die Vasenmaler um die Mitte des 5. Jahrhunderts v. Chr. versuchten, mit der Monumentalmale-

rei gewissermaßen zu wetteifern, indem sie, wie etwa der Niobidenmaler, die Gesetze der Wandmalerei (Tiefenwirkung) auf die Vasenmalerei übertrugen.
Allerdings setzt sich diese Richtung nicht allgemein durch. Ein Zeugnis ist der ergreifende Abschied eines Kriegers von den Eltern und der Schwester, geschaffen zu Beginn des → *Peloponnesischen Krieges* von einem Maler, der stilistisch offenbar vom Parthenonfries *(→ Pheidias)* geprägt war. Nach dem Krieg gab es für die Vasenmalerei keine neuen Ansätze mehr. (R. V.)

Vorsokratiker

Im Grunde ist die Bezeichnung »Vorsokratiker« falsch. Eigentlich müßten die hier zu besprechenden Philosophen »Vorplatoniker« heißen, weil zu ihnen auch → *Sokrates* und seine Zeitgenossen, die → *Sophisten,* gezählt werden.
Für uns sind die Vorsokratiker von großer Bedeutung, beginnt doch mit ihnen die europäische → *Philosophie* und wirft sogleich *die* Fragen auf, die bis zum heutigen Tage jegliche Philosphie beschäftigen. Zugleich entsteht mit den Vorsokratikern die europäische Wissenschaft. Man kann sagen, daß bis auf Thales von Milet die Erde einer dunklen Kugel gleicht und daß Thales der erste ist, der auf dieser Kugel ein kleines Licht der Wissenschaft entzündet, das sich allmählich über die ganze Erde verbreitet und bis heute zu dem riesigen Wissenschaftsbetrieb geführt hat, ohne den unser modernes Leben nicht mehr möglich wäre.
Die Philosophie entzündet sich zuerst an der kosmologischen Frage: Woher stammt unsere Welt und der unendliche Raum? Dieses Problem stellen sich wohl alle Menschen, wenn sie über die unmittelbare Daseinsfürsorge hinaus denken. Ursprünglich gab in Hellas der Mythos Antwort auf diese Frage, und → *Hesiod* hatte bereits in die Buntheit und Fülle des Mythos Ordnung und System gebracht, insofern ist er also bereits ein Vorläufer der Philosophen.
Die kosmologische Periode. Thales von Milet beantwortet nun zum ersten Mal in der Weltgeschichte die kosmologische Frage ohne religiöse oder sonstige Voraussetzung durch reine Abstraktion: Er erklärt das Wasser als den Urstoff der Welt. Im Wasser steckt zugleich auch die Kraft, die durch verschiedene Mischung und Aggregatzustände des Wassers die verschiedenen Gegenstände hervorbringt. Man nennt eine

solche Zusammenfassung von Kraft und Stoff Monismus oder auch Hylozoismus, was etwa »lebende Materie« bedeutet. Mutet die These des Thales vorerst auch kindlich an, muß man doch die Kraft der Abstraktion und der Befreiung von mythischem Denken bewundern. Thales war auch als Astronom tätig (er berechnete eine Sonnenfinsternis, 585 v. Chr., voraus) und als Mathematiker (Thalessatz). Sein Nachfolger Anaximandros stieg bereits zu einer höheren Stufe der Abstraktion empor (etwa um 570), indem er das »Unendliche« als den Urstoff der Welt erklärte. Damit war die qualitative Verschiedenheit der Gegenstände der Welt besser berücksichtigt. Das Unendliche war für Anaximandros nicht geworden und nicht vergänglich (wodurch der Zeitfaktor in die Philosophie eingeführt war) und hatte – wie bei Thales das Wasser – die bewegende und formende Kraft in sich.
Der dritte große Milesier war Anaximenes (etwa um 550). Er bringt einen gewissen Rückschritt mit sich, indem er wieder ein Element, nämlich die Luft, als den Urstoff der Welt ansieht. Anaximandros hatte hier unstreitig einen höheren Grad der Abstraktion erreicht. Anaximenes scheint durch die Gleichung Luft = Atem = Seele auf seine Theorie gekommen zu sein.
Daß gerade in Milet die Philosophie begann, mag daran liegen, daß diese Stadt bei weitem die reichste und bewegteste der damaligen Zeit war, auf der Grenze zwischen Asien und Europa lag und durch ihren Handel viele Anregungen empfing. Nun wendet sich die Geschichte der Philosophie nach Unteritalien.
Dort kämpfte Xenophanes (der ursprünglich aus Kolophon stammte) in seinen Gedichten gegen den Glauben an menschengestaltige (anthropomorphe) → *Götter,* die nur irdische Vorstellungen seien, ungereinigte Phantasien. Nur einen Gott gebe es, der unter Menschen und Göttern der Größte sei, und dieser Gott war für Xenophanes Gott und Kosmos zugleich, ein und alles. Damit war die Lehre des Pantheismus (alles ist Gott) zum ersten Mal energisch formuliert. Zugleich war die Abstraktion des Urstoffes mit einer religiösen Erklärung verbunden.
Auf diesem Wege ging der Schüler des Xenophanes, Parmenides von Elea in Unteritalien, weiter, der um 480 v. Chr. sein Lehrgedicht »Über die Natur« veröffentlichte. Er ging davon aus, daß nur das Denken zur Wahrheit führe, nicht der Gebrauch der Sinneswerkzeuge. Damit war das bis heute fortwirkende Thema der Erkenntnistheorie in die Philosophie eingeführt. Parmenides vertraut also nicht der Sinneswahrnehmung, sondern verlangt, daß der Geist hinter die Erscheinungen blicken

sollte (das führt später zur platonischen Ideenlehre). Das Denken führt zum Sein, zur Wahrheit. Die Wahrheit liegt im Seienden, das ungewordden ist, unvergänglich ist, unbeweglich und unteilbar ist. Das Sein ist in seiner Vollkommenheit nur einer Kugel vergleichbar. Denkendes Erfassen des Seins und das Sein selbst sind identisch (das Gleiche). Die Lehre des Parmenides wirkte in ihrer großartigen Einseitigkeit sehr befruchtend: Die → *Atomisten*, → *Empedokles*, Anaxagoras und (vielleicht) Herakleitos (Heraklit) fassen ihre Lehren in der Nachfolge oder im Gegensatz zu Parmenides.

Vorerst jedoch (ebenfalls gegen 480 v. Chr.) nahm → *Pythagoras* von Samos, der später in Kroton in Unteritalien lebte, einen nochmals neuen Ansatz zur Welterklärung vor: Für ihn war der Urgrund die Zahl. Der Kosmos ist durch Maß und Zahl bestimmt, wobei die Zahlen Elemente und Formkräfte der Welt zugleich sind. Pythagoras hat mit dieser Zahlenlehre noch Unterscheidungen verbunden (gerade und ungerade Zahlen usw.), doch führen diese hier zu weit. Wichtig ist die Grundlehre, die wiederum bis heute fortwirkt: Man kann den Kosmos berechnen, und diese Grundidee liegt ja noch jedem physikalischen Experiment zugrunde, das wir anstellen → *Platon*, der später an Pythagoras anknüpfte, schrieb noch über den Eingang seiner Akademie: »Keiner trete ein, der nicht Geometrie studiert hat!«

Pythagoras verband mit seiner Zahlenlehre eine asketische Lebensweise und die Lehre von der Seelenwanderung, hierin seinem Zeitgenossen Buddha ähnlich.

Gegen die Seinslehre des Parmenides erhob sich energischer Widerspruch in der Lehre vom Werden des Heraklit von Ephesos (um 480). Nicht das Sein bestimmt die Welt, sagt Heraklit, sondern das Werden: »Alles ist im Flusse«; »der Gegensatz ist der Vater aller Dinge«. Freilich steht auch für Heraklit hinter dem ewigen Werden, dem Entstehen und Vergehen, etwas Bleibendes: Das Feuer und der Geist (Logos). Feuer und Geist sind ihm identisch (gleich). Das Feuer tritt im Werden in verschiedenen Zuständen vor die Sinne, als Erde, sogar als Wasser, doch ist es der Feuer-Geist, der die Welt gestaltet und darstellt. Damit war wieder eine belebte Materie (Hylozoismus) aufgestellt, dem Werden, wie es sich den Sinnen darstellt, war Rechnung getragen durch die Lehre von der ewigen Veränderung, und dem Sein, das hinter den Dingen steht, war Rechnung getragen durch den ewigen unveränderlichen Logos. Die Lehre des Heraklit wirkte weithin, und wenn es im Evangelium heißt »Am Anfang war das Wort« (Logos), so geht dies auf

Heraklits Lehre zurück. Auch die → *Stoiker* fußten später auf der Lehre der Heraklit vom ewigen feurigen Logos-Geist.
Die beiden folgenden Philosophien bilden in jeweils verschiedener Weise nur die Fortentwicklung von Gedanken des Parmenides oder Heraklit.
→ *Empedokles* von Agrigent auf Sizilien stellte in seinem Lehrgedicht (etwa um 450 v. Chr.) die bis heute sprichwörtlichen vier Elemente als Untergrund der Welt auf (Wasser, Feuer, Luft, Erde). Diese vier Elemente treten in verschiedenen Zusammensetzungen auf, gesteuert von den beiden Mächten »Freundschaft« und »Streit«. Je nach dem Vorherrschen einer der beiden Mächte herrscht im Kosmos Harmonie oder Disharmonie. Damit war ein Ausgleich zwischen dem Sein des Parmenides durch die unveränderlichen Elemente erreicht und ein Ausgleich gegenüber Heraklit durch das Prinzip des dauernden Werdens und Vergehens unter dem Einfluß von Liebe und Haß.
Eine weitere Antwort auf das Problem des Werdens und Vergehens gaben dann die sogenannten → *Atomisten,* über die eigens berichtet wird. Mit diesen Philosophen ist nun die kosmologische Periode der Vorsokratik abgeschlossen, und die Philosophie vollzieht eine gerade kopernikanische Wende: Sie widmet ihr Interesse von nun an dem Menschen (Anthropos) zu, bis dann Platon beide Richtungen (ähnlich wie schon Pythagoras) in seinem System zusammenfaßte.
Anthropozentrische (auf den Menschen orientierte) Periode. Die Zeit nach den → *Perserkriegen* ist in ganz Griechenland bezeichnet durch eine starke Aktivität auf vielen Gebieten. Die Menschen wurden nun selbstbewußter und wollten auch – nachdem sie für das Vaterland gekämpft hatten – an der Regierung mit teilhaben. Zudem verfolgten sie nun auch ihre Rechte energischer. Daraus entstand die Notwendigkeit einer breiteren Allgemeinbildung, und gerade diese lehrten die sophistischen Wanderlehrer, die ursprünglich nur Weltklugheit und -gewandtheit lehren wollten. Bei ihnen lernte man Rechtskunde und Logik, um im Prozeß und in der Gerichtsrede erfolgreich zu sein. So wurden die → *Sophisten* die Erfinder der Schule, zugleich aber auch waren sie philosophisch bedeutsam.
So lehrte Protagoras aus Abdera, der Mensch sei das Maß aller Dinge, lehnte also eine absolute Ethik und Erkenntnistheorie radikal ab. »Zwei Ansichten gibt es zu jeder Sache«, lehrte er, »die sich vollkommen widersprechen«, auch hier ein Verfechter von These und Antithese und ein Feind jeder absoluten Wahrheit. Folgerichtig sagte er dann von den Göttern, er wisse nicht, ob sie existierten oder nicht.

Etwa gleichzeitig mit Protagoras lebte Gorgias von Leontinoi (*480, †375 v. Chr.). Er war ein glänzender Redner und lehrte die Kunst der Rede. In einer philosophischen Schrift verfocht er, daß es nichts gebe, und wenn es etwas gebe, sei es nicht zu erkennen, und wenn man es erkennen könne, könne man es nicht den anderen mitteilen. Damit war radikal jede gültige philosophische Erkenntnis abgeleugnet. Es war kein Wunder, daß auf dem Felde, das die Sophisten angesät hatten, Gewalttat und Unrecht aufgingen. Ein Sophist schrieb einmal: »Ich sah, wie ein Mann betrog und mit Gewalt Unrecht tat, und daß er es mit Gewalt tat, war daran das Gerechteste.« Der Nietzsche-Übermensch mit seiner Gewissenlosigkeit im bürgerlichen Sinne, die Gewalttheorie in Dostojewskijs »Raskolnikow«, alle diese Lehren gehen auf die Sophistik zurück. → *Thukydides* hat in seinem »Melierdialog« vorgeführt, wie sophistische Gewaltlehre in der Theorie erst angewandt wird, um dann die grausame Praxis des Versklavens fremder Völker zu bemänteln.

So war es kein Wunder, daß ein Mann gegen diese Verwirrung der Geister auftrat und sein ganzes Leben der Suche nach der Wahrheit widmete, und zwar mit den Mitteln der Sophisten, der Dialektik (Erkenntnis der Wahrheit durch logisches Vorgehen in der Diskussion). Der Athener → *Sokrates* wurde der große Gegner der Sophisten. Er prüfte zuerst sich selbst, dann die anderen und zwang in immer wiederholten Ansätzen seine Gesprächspartner, Rechenschaft über ihr Tun abzulegen und sich selbst zu erkennen. »Hebammenkunst« nannte er sein Verfahren, in dem er seinen Gesprächspartnern half, die Wahrheit zu erkennen und zu erarbeiten. Fast sophistisch mutet seine Theorie an, die Wahrheit sei lehrbar, und wenn man das Gute erst einmal erkannt habe, tue man es auch (ethischer Intellektualismus). So wurde das ganze Leben des Sokrates ein Suchen nach der wahren Erkenntnis, dem echten Wissen (Episteme). Wahre Kenntnis führt dann zum Tun des Guten, und das Tun des Guten führt zum wahren Glück. Sokrates wurde durch sein beständiges Bohren bei seinen Zeitgenossen diesen höchst lästig, und die Folge war seine Verurteilung zum Tode.

Ein Zeitgenosse des Sokrates und ein Freund des → *Perikles* war der athenische Philosoph Anaxagoras (*490 v. Chr.). Anaxagoras war ein später Nachfolger der ionischen Naturphilosophen und schließt deren Reihe ab. Hier steht er nur wegen der Tatsache, daß er als erster griechischer Philosoph wegen seiner Lehre aus Athen vertrieben wurde; insofern war er ein Vorläufer des Sokrates.

Die kurze Skizze der vorplatonischen Philosophie wird gezeigt haben, wie aufregend und interessant diese ganze Reihe früher Philosophen ist, die innerhalb von etwa 200 Jahren alle Probleme der Philosophie, die es gibt, irgendwie angesprochen und irgendwie beantwortet haben. Hier zeigt sich die Schöpferkraft des griechischen Geistes in ganzer Fülle. (O. S.)

Wanderbewegungen

Die geographischen Gegebenheiten → *Griechenlands,* seine hohen Gebirgszüge, die wenigen fruchtbaren Ebenen und vor allem seine Lage als Halbinsel ersparten dem Land das Schicksal eines Durchgangsgebietes wie es z. B. Westkleinasien oder das Balkangebiet waren. Von Wanderungen blieb Griechenland trotzdem nicht unberührt. Daß wir bei allem Fehlen der schriftlichen Überlieferung über die Einwanderungen in der Frühzeit Griechenlands doch Genaueres wissen, verdanken wir vor allem der → *Archäologie* und ihren Ausgrabungen, wobei insbesondere die Keramik und ihre Entwicklung als Leitfaden für eine zeitliche Abfolge herangezogen werden kann.
Entsprechend der Einteilung der kretisch-minoischen Kultur in die drei Phasen des Früh-, Mittel- und Spätminoicums *(→ Minoische Kultur)* hat man auch für das griechische Festland eine entsprechende Einteilung getroffen und unterscheidet die Frühhelladische Phase (2500–1850), die Mittel- (1850–1600) und die Späthelladische Phase (1600–1100), die identisch ist mit der »mykenischen« Phase. Der moderne Ausdruck »helladisch« = frühgriechisch wurde gewählt, um die späteren Grobphasen der griechischen Geschichte, die sogenannte »hellenische« (1100/1000 bis zum Tod Alexanders 323 v. Chr.) und die »hellenistische« (323 bis zum Aufgehen der Diadochenstaaten im römischen Reich) in ihren Entwicklungen genauer gegeneinander abzusetzen.
Die heutige Forschung ist sich weitgehend darin einig, daß die Bevölkerung Griechenlands im Frühhelladicum (FH) nichtgriechisch war. Sprachwissenschaftliche Forschungen haben nämlich ergeben, daß vor allem Orts-, Berg-, Fluß- und Kulturnamen mit den auslautenden Silben »essos«, »ossos«, »inthos«, »assos« in den uns bekannten Namen Halikarnassos *(→ Herodot),* Parnassos, Knossos, Korinthos, Labyrinthos vorgriechische Relikte in der griechischen Sprache und damit einer Bevölkerung zuzuweisen sind, die man als »mediterranes Substrat« (Schachermeyer), als »mittelmeerische Grundbevölkerung« bezeichnet.

Ihre Siedlungsgebiete scheinen der Ausdehnung der Wörter nach neben dem griechischen Festland auch die ägäischen Inseln und des westkleinasiatische Festland umfaßt zu haben. Selbst die späteren Griechen haben nach einem Hinweis Herodots an eine vorgriechische Bevölkerung geglaubt, die sie als »Autochthonen« bezeichneten, als »Erdgeborene«, »Nichtzugewanderte«, und noch in klassischer Zeit in den kleinasiatisch-anatolischen Pelasgern, Karern und Lelegern zu erkennen glaubten.

In die Welt dieser mittelmeerischen, nichtgriechischen Festlandsbewohner mit ihrer Ackerbau- und schon städtischen Kultur, mit ihrer mehr matriarchalisch (nach der Mutter) ausgerichteten Gesellschaft, in der die Frau eine bedeutendere Rolle spielte als der Mann, brachen gegen Ende der früheren Bronzezeit, etwa um 2000 nach den traditionellen Vorstellungen der historischen Forschung – für manche erst am Beginn des Mittelhelladicums (MH) – vom Balkangebiet her indoeuropäische Zuwanderer ein. Klima- und Völkerverschiebungen im Bereich Mitteleuropas oder der Drang nach Ackerbauzonen mögen auslösendes Moment gewesen sein. In mehreren Wellen, feindlich erobernd oder friedlich überlagernd, wurden die Siedlungen der mittelmeerischen Frühhelladiker zerstört oder auch von den Einwanderern weiterbesiedelt, wobei diese nicht nur sprachlich, sondern auch ethnisch die bisherigen Bewohner integrierten. Aus der Keramik dieser Zeit läßt sich ablesen, daß die frühhelladische Firnisware, die »Urfirniskeramik«, einer primitiveren Technik und einem andersartigen Stil Platz gemacht hatte, der die indoeuropäische »Tektonik« bezeugt, die klare und symmetrische Anordnung des Gefäßschmuckes mit der Betonung vor allem der senkrechten Linie.

Verantwortlich für die beginnende Indoeuropäisierung Griechenlands waren »Streitaxtleute«, benannt nach ihrer im Vergleich zu der Kultur der Unterworfenen rückständigen Waffe aus Stein, die sich nach 2000 in den Gräbern als Beigabe findet. Ihre Sprache war griechisch, frühgriechisch, und gute Gründe sprechen für die Annahme, daß diese indoeuropäischen Frühgriechen, die »Protogriechen«, ihre Dialektformen, das Ionische und das Aiolisch-Arkadische (oft auch als das Achaiische bezeichnet) aus ihrer ursprünglichen Heimat mitgebracht haben. Während sich die ionisch sprechenden Griechen, die Ionier, vor allem in Attika, auf der Insel Euboia und in Boiotien niederließen, waren Thessalien und die Peloponnes die bevorzugten Siedlungsgebiete der Aioler. Die nun einsetzende mittelhelladische Kultur wäre demnach das Ergebnis der Verbindung von Protogriechen mit dem mediterranen Substrat, und die späthelladische oder mykenische Kultur (→ *Mykenische Zeit)* der Höhepunkt der Entfaltung des festländischen Griechenlands.

Um 1200 v. Chr. findet die mykenische Kultur ein gewaltsames Ende, doch kein plötzliches, wie die immer zahlreicher werdenden Mauerverstärkungen der mykenischen Burgen zeigen. Wieder sind Wanderbewegungen auslösender Faktor, diesmal allerdings wesentlich größeren Ausmaßes als zu Beginn des 2. Jahrtausends.

Klimaverschlechterungen und Übervölkerung erzeugten im östlichen Mitteleuropa, wohl in der ungarischen Tiefebene, einen Bevölkerungsüberdruck, der sich bald wellenförmig nach Süden ausbreitete und immer mehr Stämme erfaßte. Von Italien bis nach Ägypten und Mesopotamien sind die Wirkungen dieser »Großen Wanderung« zu spüren: Unter dem Druck – wahrscheinlich der Illyrer – wanderten ab 1200 v. Chr. die Italiker in zwei Wellen – der latino-faliskischen und umbro-oskischen – in Italien ein, die Phryger wichen unter thrakischem Druck über die Meerenge nach → *Kleinasien* aus und zerstörten das Hethiterreich, die »Seevölker«, unter ihnen die Puluseta, die Philister, griffen Ägypten an, das alle Mühe hatte, unter dem Pharao Ramses III. die Invasoren abzuwehren. In Griechenland setzten sich vom Norden her die griechischen Dorer in Bewegung, die zusammen mit den sogenannten »Nord-West-Griechen« (Aitolern, Phokern, Lokrern) um 1100 v. Chr. die Indoeuropäisierung Griechenlands abschlossen. Während die Nordwestgriechen, anders geartet als die Dorer mit ihrer straffen Organisation, nur lockere Gauverbände in Epirus, Thessalien, Aitolien, Phokis und Elis bildeten, stießen die »speertragenden« Dorer während der »Dorischen Wanderung« in mehreren Wellen, die sich sicher über Jahrzehnte hinzogen, in das südliche Griechenland vor, besetzten die Kernlandschaft der mykenischen Kultur, die Argolis, die übrigen Landschaften der Peloponnes, Lakonien, Teile Messeniens, dehnten sich dann über das Meer bis nach → *Kreta* aus und hinüber ans kleinasiatische Festland, wo die Landschaft »Doris« nach ihnen benannt wurde. Die Träger der späthelladisch-mykenischen Kultur, die Achaier, wie → *Homer* sie nennt, suchten so lange wie möglich ihre Position zu halten, konnten sie teilweise sogar behaupten wie die Arkader oder die ionischen Athener, die der dorische Strom, wenn man der Sage von König Kodros und seinem freiwilligen Opfertod glauben darf, unbehelligt ließ. Zum großen Teil aber gingen sie in den neu eingewanderten Stämmen vollkommen auf.

Die Zeit nach der Dorischen Wanderung, die Verhältnisse des Neubeginns in Griechenland deckt das Dunkel, ehe sich um 1000 v. Chr. der Vorhang lichtet, um den Blick auf die letzten Auswirkungen der »Großen Wanderung« freizugeben, die Kolonisation der kleinasiatischen Küste, auch »1. griechische Kolonisation« genannt. Ihre Ursachen oder der konkrete Anlaß sind unbekannt, doch beteiligten sich an dieser Kolonisationsbewegung alle griechischen Stämme und besiedelten in der Anordnung, in der sie im griechischen Mutterland wohnten, auch die gegenüberliegende kleinasiatische Küste: die Aioler den Norden und die Insel Lesbos, die Ionier die Mitte, Ionien, mit dem Zentrum Milet, außerdem den größten Teil der → *Kykladen* und Sporaden. Die Dorer nahmen den Süden in Besitz; die Landschaft wurde nach ihnen Doris genannt. Mit dem Abschluß dieser Völkerverschiebungen ist durch die Einbeziehung der kleinasiatischen Küste die Ägäis ein griechisches Binnenmeer geworden. Den einzelnen griechischen Stammesorganisationen aber ist ihr fester Platz zugewiesen und somit die Voraussetzung geschaffen worden für die weitere Entwicklung der nun eigentlich griechisch-hellenischen Geschichte.
Zur 2. griechischen Kolonisation vgl. → *Kolonisation*, zur sogenannten 3. Kolonisation vgl. → *Hellenismus*. (M. F.)

Wein

In → *»Ilias«* und → *»Odyssee«* lassen sich zahlreiche Stellen über Wein und Weingenuß finden – ein Beweis, daß die Weinkultur in Griechenland zur Zeit → *Homers* schon eine beachtliche Höhe erreicht hatte. Tatsächlich gehen die Anfänge griechischen Weinbaus in die → *mykenische Zeit* zurück und dürften zu den ältesten des Abendlandes gehören. So erfahren wir bei Homer schon wichtige Einzelheiten, die Rückschlüsse auf die allgemeinen Verhältnisse erlauben. Der Dichter erzählt bei der Beschreibung des Schildes, den Achilleus führte, von der darauf abgebildeten Szene einer Weinlese und schildert dabei das fröhliche Treiben, wie es in den folgenden Jahrtausenden immer wieder besungen und von den Künstlern dargestellt wurde. »Weinreich« und »vieltraubig« nennt er die Hauptanbaugebiete Griechenlands in → *Epidauros*, Phrygien, Pedasos, Arne und Histiaia. Diese Empfehlungen können auch für die folgenden Jahrhunderte gelten. Im Gegensatz zu den späteren italienischen Weinanbaugebieten wissen wir allerdings nur

wenig über die Qualität griechischer Weinlagen. Zu den von Homer erwähnten darf man noch Thasos, Lesbos, → *Samos* und Chios hinzufügen, während der attische Wein von minderer Qualität war und keinen guten Ruf hatte.
Für die Krieger vor Troja ist der »brandfarbene, rötliche Wein« unentbehrliche Zugabe zum einfachen Mahl. Auch ihre Fürsten trinken ihn gern – allerdings die besseren Sorten. Dabei störte sie nicht einmal das Schlachtengetümmel, heißt es doch zu Beginn des 14. Gesangs in der »Ilias«: »Nestor entging der Schlachtlärm nicht, so sehr er auch mit Trinken beschäftigt war.« Die phäakische Königstochter Nausikaa nimmt den Weinschlauch mit, wenn sie mit den Mägden zum Waschplatz fährt, und ihre Mutter trinkt Odysseus zum Abschied zu. Die Freier der Penelope genießen den Trunk ebenso wie der Schweinehirt Eumaios. Aber nicht nur Männer und Frauen, Reiche und Arme, selbst Kinder bekamen ihn schon, wurde doch, wie wir hören, der kleine Achilleus auf dem Schloß seiner Erzieher mit Wein traktiert.
Es gab ihn ja in Überfluß in Griechenland. Vom attischen Landwein kostete der halbe Eimer im 4. Jahrhundert v. Chr. nur 4 Drachmen → *Geld).* Für die beste Sorte dagegen zahlte man eine Mine, also das Fünfundzwanzigfache! Sklaven und arme Handwerker mußten ihren Wein manchmal aus Trebern brauen, und → *Demosthenes* erwähnt einen Landwirt, der gleich achtzig Krüge abgestandenen Weines für seine Landarbeiter aufkaufte.
Auch über die Qualität der Weinsorten gibt Homer schon gelegentlich Hinweise. Wir erfahren, daß der Phäakenkönig Alkinoos schon Trokkenbeerenauslese betrieb oder daß der pramnische Rotwein besonders stark war. Um den Riesen Polyphem betrunken zu machen, opferte Odysseus seinen besten Tropfen, den er im thrakischen Ismaros zum Geschenk erhalten hatte: »Süß war er und unverdünnt, ein göttliches Getränk. Ihn kannten weder die Sklaven noch die Diener im Hause, sondern nur er [der König] selbst und die liebe Gattin und die Schaffnerin allein. Wenn er diesen trank, den honigsüßen Rotwein, goß er davon einen vollen Becher an zwanzig Maß Wasser; ein süßer Geruch duftete aus dem Mischkessel, ein herrlicher; dann war es schwer, sich des Trinkens zu enthalten.« Polyphem trank unvermischt und war rasch berauscht. Homer aber erwähnt die Sitte des Weinmischens. Die griechischen Weine waren meist schwer. Kaum so schwer allerdings, daß ein Liter vom besten Samos, wie → *Aristoteles* behauptet, gleich vierzig Mann trunken machen konnte, aber doch schwer genug, daß sich die

Zecher klugerweise meistens mit einem Gemisch begnügten. Im allgemeinen bevorzugten sie das Mischungsverhältnis 1:1, aber häufiger wurde auch noch stärker verdünnt, etwa 1:2 oder 1:3. In → *Athen*, wo die Mischung zu gleichen Teilen sogar als gefährlich angesehen wurde, gab es eigene Aufseher, die bei Trinkgelagen die Mischungen zu prüfen hatten. Gemischt wurde in großen Krügen aus Ton oder Metall, aus denen man mit einem Schöpflöffel in die Trinkbecher schöpfte. Selbstverständlich gab es auch verschnittene Weine. Gelegentlich wurde dem Most Meerwasser zugesetzt, um dem Wein eine hellere Farbe zu geben. Geharzten Wein, wie wir ihn heute in Griechenland als Retsina kennen, bevorzugte man vor allem auf Euboia. Auch parfümierte oder mit Honig gesüßte Weine waren nicht unbekannt.

Die Sitte des Mischens hatte ihren Grund nicht nur in der Stärke mancher Weine, sondern auch in der Trinklust der Griechen. Zwar wurde das Trinken vor der Hauptmahlzeit (nach Sonnenuntergang) getadelt, dann aber sprach man dem Wein um so stärker zu, was wir vor allem von den Gastmählern der Reichen wissen. → *Platon* und → *Xenophon* haben uns ja lebendige Schilderungen der »Symposien« gegeben. Wir können sie als eine Art Trinkfeste bezeichnen, bei denen nach festen Regeln getrunken und zugetrunken wurde.

Die Gesellschaft wählte bei einem solchen Gelage einen »Symposiarchen«, dessen Anordnungen sich alle unterwarfen. Man macht es sich, wie zahlreiche Vasenbilder *(→ Vasenmalerei)* zeigen, auf Liegen bequem, die in einem großen Halbkreis aufgestellt waren, unterhielt sich und trank sich gegenseitig oder rundum zu. Durch diese Sitte des Zutrinkens entglitt den Teilnehmern an solchen Symposien sehr rasch die Kontrolle über das eigene Trinken; denn entweder wurde vom Symposiarchen aus ein immer gefüllter Becher nach rechts im Kreis weitergereicht, wobei jeder austrinken mußte, oder man nannte den Namen desjenigen, dem man zutrinken wollte. In → *Sparta* war diese Sitte des »Freundschaftsbechers« verboten. Daß beim Symposion manchmal recht stark getrunken wurde, berichtet Platon im »Symposion«, wo einige Zecher noch benommen von einer anderen Trinkerei erschienen und dann, nachdem anfangs dem Wein nur mäßig zugesprochen wurde und die Gäste sich angeregt unterhielten, schließlich recht massiv getrunken wurde und → *Sokrates* als Sieger hervorging.

Immerhin hielten sich solche Symposien, auch wenn sie gelegentich ausarteten und gerade jüngere Teilnehmer zu anschließendem Unfug verlockten, noch in erträglichen Grenzen. Wir hören auch von anderen

Gastereien, vor allem im Kreis um König → *Alexander den Großen*. So wird (wahrheitsgetreu?) erzählt, daß 35 Teilnehmer während eines seiner Trinkgelage und sechs kurz danach starben!
Andererseits wurde mäßiger Weingenuß schon von Hippokrates (→ *Medizin)* als gesundheitsfördernd angesehen; er schrieb: »Der Wein ist ein Ding, in wunderbarer Weise für den Menschen geeignet, vorausgesetzt, daß er, bei guter und bei schlechter Gesundheit, sinnvoll und in rechtem Maße verwandt wird, übereinstimmend mit der Verfassung der einzelnen Personen.« (H. P.)

Weltbild

Die Welt mit ihrer unabsehbaren Menge und verwirrenden Vielfalt von Einzelerscheinungen, mit ihren undurchschaubaren Zusammenhängen und unablässigen Veränderungen jagt dem primitiven Menschen Schrecken ein. Zunächst werden Naturkräfte und Naturerscheinungen mit → *Göttern* und göttlichen Wesen gleichgesetzt. Das mythische Weltbild ist in allen Kulturen der erste Versuch, mit dem Schrecken fertigzuwerden. Die Tendenz früher Kunstepochen, die Natur auf abstrakte, geometrische Formen zu reduzieren, zeugt von dem Bedürfnis nach anderer Beruhigung. Durch Stilisierung wird die Mannigfaltigkeit überschaubar gemacht, durch Projektion auf die Ebene werden räumliche und zeitliche Veränderungen gebannt. Abstraktion ist die zweite, vielen Kulturen gemeinsame Reaktion auf die Beunruhigung durch die Welt. Ob und wie weit ein Volk über dieses Stadium hinausgelangt, indem es die sichtbare Welt immer detaillierter erforscht, begreift und darstellt, hängt von dem spezifischen Weltgefühl ab. Mehr als irgendein Volk fühlten sich die Griechen wohl in dieser Welt, fühlten sich eins mit ihr. »Mensch und Welt waren keine Gegensätze, und von diesem Glauben an die Wirklichkeit der Erscheinung getragen, gelangte man zu einer umfassenden sinnlich-intellektuellen Beherrschung des Weltbildes« (Worringer). »Einfühlung« könnte man mit Worringer diese dritte Form des Verhältnisses zur Welt nennen; sie führt zur wissenschaftlichen Welterschließung.
Das mythische Weltbild. Ähnlich wie in den vorderasiatischen Kulturen werden in den frühesten Zeugnissen griechischen Geistes, bei → *Homer* und → *Hesiod,* bestimmte Teile des Kosmos personifiziert. Die Sonne, die Nacht, die Morgenröte, das Sternbild Orion stellt man sich

belebt, als göttliche Wesen vor. Unterwelt, Erde, Meer, Äther und Himmel sind aus dem Chaos hervorgegangen. Die Erde ist eine flache Scheibe, vom Okeanos umspült; unter ihr liegen Hades, Erebos und Tartaros, über ihr das Himmelsgewölbe, das auch den Äther (aither, eigentlich »Brenner«) einschließt. Die Vorgänge des Tages- und Jahreslaufes, der Witterung und der Meeresbewegungen werden mit einem mehr oder minder willkürlichen Wirken verschiedenster Gottheiten und Dämonen in Zusammenhang gebracht, die wiederum untereinander in mancherlei Feindschaften und Rivalitäten verstrickt sind. Selbst der Göttervater Zeus kann dabei übergangen werden; außerdem steht über ihm (oder jedenfalls in einem ungeklärten Verhältnis zu ihm) die Moira, das Schicksal. So bleiben die Welt und das Geschehen in ihr letztlich rätselhaft. Der Mensch fühlt sich unberechenbaren Mächten ausgeliefert. Aus diesem Unbehagen wächst die Kritik am traditionellen mythischen Weltbild, wie sie z. B. Xenophanes (um 500 v. Chr.) formulierte.

Die Anfänge eines theoretischen Weltbildes. Die Babylonier besaßen bereits im 8. Jahrhundert v. Chr. genaue astronomische Daten und konnten manche Planeten- und Fixsternbewegungen vorausbestimmen. Aber ein theoretisches Weltbild hatten sie nie daraus gewinnen wollen. Das versuchten seit dem 6. Jahrhundert v. Chr. die griechischen Philosophen *(→ Vorsokratiker)*. Das Bild, das sich die ionischen Naturphilosophen vom Kosmos machten, war noch recht plump und in manchem dem mythischen Weltbild verwandt. Thales dachte sich die Erde auf dem Wasser schwimmend und ursprünglich überhaupt aus Wasser bestehend. Anaximandros ging noch weiter zurück, indem er ein »Unendliches« als Ursubstanz annahm, aus der alle unterschiedlichen Substanzen hervorgegangen seien. Den Kosmos stellte er sich so vor: Um die trommelförmige Erde rotieren ringförmige, mit Feuer gefüllte Schläuche, durch deren Löcher das Licht scheint und den Eindruck von Himmelskörpern vermittelt.

Anaximenes lehrte, Ursubstanz sei die Luft, und die Erde schwimme auf der Luft. Herakleitos dagegen nahm überhaupt keinen Urzustand an, sondern führte alles auf das Prinzip des unaufhörlichen Wechsels zurück, wofür er das Bild des Feuers verwendete. Bezeichnend für alle diese naturphilosophischen Denkansätze ist das Bemühen, den Bau des Kosmos möglichst einfach, das Geschehen in der Welt möglichst einheitlich und unpersönlich zu erklären. Darin wird das Bedürfnis nach Übersichtlichkeit, Berechenbarkeit, Ordnung und Objektivierung erkennbar. Noch deutlicher zeigt sich dies bei den Pythagoreern *(→*

Pythagoras). Sie sahen das Prinzip der Einheit in der Zahl; die Gesetzmäßigkeiten des Geschehens in der Welt sollten in Zahlenverhältnissen mathematisch faßbar werden. So dachten sie sich die Bahnen der um das Zentralfeuer kreisenden Himmelskörper nach Distanz und Geschwindigkeit aufeinander abgestimmt (Sphärenharmonie). Am weitesten trieben die Eleaten die Abstraktion. Sie verbannten Vielheit, Teilbarkeit, Bewegung und Veränderung gänzlich aus dem Bereich des Seienden und, da Nichtseiendes geistig nicht faßbar ist, aus dem Denken.

Vermittelnde Theorien. Die verschiedenen Versuche der Welterfassung durch Abstraktion haben sehr anregend auf die weitere Entwicklung der griechischen → *Philosophie* gewirkt. Hier seien aus der Vielzahl von Bemühungen, zwischen abstrakter Theorie und greifbarer Wirklichkeit zu vermitteln, nur einige Ergebnisse angeführt, die zu Standardvorstellungen der Welterklärung geworden sind. → *Empedokles* entwarf das Bild einer kugelförmigen Welt, in der die vier unvergänglichen und in sich unveränderlichen Elemente (Erde, Wasser, Luft, Feuer) immer neue Verbindungen eingehen, je nachdem, wohin sie durch »Liebe« bzw. »Streit« getrieben werden. Anaxagoras nahm an, daß unsere Welt nicht die einzige sei. Die natürlichen Substanzen betrachtete er alle als unvergängliche Elemente, die vom Nus (der Weltvernunft) in geordneter Bewegung gehalten würden. Die Atomisten *(→ Atomistik)* sahen im Kosmos und seinen Bewegungen etwas Zufälliges. Die Stoffe und ihre Qualitäten reduzierten sie auf unendlich kleine Partikeln aus homogener Materie, die sich nur quantitativ (in Form und räumlicher Verteilung) unterschieden. → *Platon* widmete einen Dialog, den »Timaios«, der Kosmologie. Folgenreich war seine im Zusammenhang mit der Ideenlehre entwickelte dualistische Vorstellung von einer Welt des Scheins (des Werdens und Vergehens) im Gegensatz zu der Welt des Seins (der ewigen Ideen). Dem Menschen wurde hier ein Weg gewiesen, durch fortschreitende Erkenntnis aus der einen in die andere Welt vorzudringen. Auch die pythagoreische Seelenwanderungslehre wurde in diesem Zusammenhang wieder aufgegriffen. Dieses Weltbild hat über den → *Neuplatonismus* und in Verbindung mit alten mythischen Motiven das → *Christentum* und andere religiöse Weltbilder beeinflußt. Derartige abstrahierende Spekulationen haben – zumindest ihrer Wirkung nach – eines gemeinsam: Sie bieten dem Menschen ein Bild von der Welt, das die Vorgänge in der Welt als geregelt und aufeinander bezogen erscheinen läßt und ihm selbst im Weltganzen einen bestimmten Platz zuweist oder ein bestimmtes Verhalten nahelegt. Besonders deutlich wird dies am Epikureismus (→ *Epikur*), der die atomistische Lehre primär deshalb übernimmt, weil dadurch der Mensch von Aberglauben und Todesfurcht befreit werden kann. Auf der anderen Seite ist auch die → *Astrologie*, der man seit der hellenistischen Zeit in allen Bevölkerungsschichten ergeben war, nichts als ein spekulativer Versuch, die Illusion eines gesetzmäßigen Weltenlaufs zu vermitteln. Letztlich haben Weltbilder dieser Art die Funktion von Ideologien, und als solche werden sie benutzt, auch wenn sie durch die Wissenschaft bereits widerlegt sind.

Das wissenschaftliche Weltbild. → *Aristoteles* kann in mehrfacher Hinsicht als Wegbereiter zum wissenschaftlichen Weltbild bezeichnet werden. Er entwickelte die Methoden wissenschaftlichen Arbeitens. Mit seinen Lehrschriften gab er für einen kleinen Kreis von Gelehrten eine Darstellung des Kosmos. In seiner Ersten Philosophie hob er die von Platon behauptete Trennung der beiden Welten durch die Einführung des Stoff-Form-Prinzips auf und verknüpfte alle Stufen der natürlichen Ordnung durch das teleologische Prinzip und die Annahme eines göttlichen Weltenlenkers. Sein Bild vom Kosmos beruhte auf dem Modell seines Zeitgenossen Eudoxos von Knidos. Dieser hatte seine sehr exakten Beobachtungen an den Planetenbewegungen (einschließlich Mond und Sonne) zunächst auf mathematische Formeln gebracht und dann versucht, die scheinbar schleifenförmigen Bahnen als reine Kreisbewegungen zu deuten, indem er sie auf (gedachte) homozentrische Kugelschalen verlegte, die er sich gegeneinander rotierend dachte. Aus der Sicht des Betrachters vom Mittelpunkt (also von der Erde) aus konnten nun bei Annahme entsprechender Sphärenabstände, Achsenstellungen und Rotationsgeschwindigkeiten ziemlich genau die von der Beobachtung her bekannten Bewegungen im Modell reproduziert werden. Aristoteles baute diese Vorstellungen in sein System der Physik ein und bestimmte damit das Weltbild der folgenden Jahrhunderte bis ins Mittelalter.

Die Kosmologie der → *Stoiker* baute weitgehend darauf auf, freilich mit manchen Abweichungen (z. B. der Lehre vom wiederkehrenden Weltbrand) und spekulativen Schlußfolgerungen. In der Wissenschaft vermochten sich abweichende Theorien nicht durchzusetzen, so die des Herakleides Pontikos, der lehrte, daß die Erde sich um ihre Achse drehe, die Sterne aber unbeweglich seien, oder die des Aristarchos von Samos, der bereits eine jährliche Kreisbewegung der Erde um die Sonne behauptete. Seit Klaudios Ptolemaios bis hin zu Kopernikus gilt in der

→ *Astronomie* so gut wie unbestritten, daß die Erde im Mittelpunkt der Welt ruht. Bei aller Vorläufigkeit dieser Ereignisse muß doch festgehalten werden, daß den Griechen eine aus der Sicht des Menschen und in Anbetracht der zur Verfügung stehenden Erkenntnismittel korrekte Welterfassung gelungen ist. Der Fortschritt in der Wissenschaftlichkeit des Denkens zeigt sich u. a. darin, daß seit Ptolemaios die Geschlossenheit der philosophischen Ansätze aufgegeben wurde, damit die empirischen Werte noch exakter begründet werden konnten. So scheint sich zu bestätigen, was Worringer behauptet, daß die griechische Philosophie der modernen Menschheit ein ungeheures Material für eine rationalistische Auffassung des Weltganzen gegeben habe.
Anders aber war die Haltung des Griechen gegenüber den Einzelheiten der unmittelbaren irdischen Umgebung. So sehr die Kuriositäten der Botanik und Zoologie, des Wetters und der Vulkantätigkeit seine Neugier reizten und seinen Sammeleifer anregten, so gern er exotische Länder und Völker bereiste (→ *Reisen*) oder aus Reiseberichten kennenlernen wollte, so vergaß er doch nie, »daß diese faszinierende Fülle und Buntheit zugleich ein Mangel an Ordnung ist, der eben den irdischen Dingen als solchen anhaftet« (O. Gigon). Er war überzeugt, daß nur in der Welt der Gestirne Ordnung herrsche. Die irdische, sublunare (unterhalb des Mondes gelegene) Welt hielt er für grundsätzlich unberechenbar und bemühte sich auch gar nicht, ihre Erscheinungen in Regeln zu fassen oder gar die Regeln zu einer planmäßigen technischen Beherrschung der Natur auszuwerten. So erklärt sich der Unterschied zwischen dem griechischen und dem modernen Weltbild aus einer unterschiedlichen Rangordnung der menschlichen Tätigkeiten: »Theoria« (Erkennen des dauerhaften Seins) hatte für den Griechen stets höheren Rang als »Praxis« (Bewährung im Leben). Sein Weltbild blieb letztlich immer ein philosophisches und konnte nie ein naturwissenschaftlich-technisches im heutigen Sinne werden. (F. R.)

Xenophon

Im bewegten Leben des Schriftstellers Xenophon aus Athen (*um 430, †nach 354 v. Chr.) spiegeln sich die wirren politischen und sozialen Verhältnisse Griechenlands nach dem → *Peloponnesischen Krieg.* Als junger Mann hatte Xenophon Zugang zu → *Sokrates* gefunden, dem er sich zeitlebens verbunden fühlte. Gegen den Rat des Freundes nahm er

im Jahre 401 ohne militärischen Rang an dem Feldzug des persischen Prinzen Kyros des Jüngeren teil, der seinen Bruder vom Thron des persischen Großkönigs stürzen wollte. Als dieses Unternehmen mit dem Tod des Kyros in der Schlacht bei Kunaxa (nördlich von Babylon) gescheitert und das griechische Söldnerheer durch eine List der Perser seiner führenden Offiziere beraubt war, schlug für den jungen Athener die Stunde der Bewährung. Nach einem Traumgesicht, das er als ermutigendes Vorzeichen deutete, begeisterte er seine schon verzweifelnden Schicksalsgefährten zu neuer Hoffnung. Als einer der neugewählten Offiziere wurde er zum eigentlichen Leiter des gefahrvollen »Rückzugs der Zehntausend« durch das unwegsame Hochland von Armenien zum Schwarzen Meer. Der unerhörten körperlichen und moralischen Leistung seiner Kameraden, denen Lebensmittelknappheit, winterliche Schneestürme und der monatelange Marsch durch unbekanntes, schroffes Gelände ebenso zu schaffen machten wie die ständige Bedrohung durch persische Truppen und feindselige Bergvölker, hat Xenophon in der »Anabasis« (d. h. »Hinaufmarsch« nach Persien), seinem bekanntesten Werk, ein bleibendes literarisches Denkmal gesetzt. Er wäre kein echter Grieche gewesen, wenn er es versäumt hätte, seinen eigenen Anteil ins rechte Licht zu rücken. Aber auch so überzeugt das Buch durch seine Menschlichkeit, natürliche Frische und Spannung und eine bunte Fülle kulturgeschichtlich interessanter Beobachtungen.
Nach seiner glücklichen Rückkehr schloß sich Xenophon eng an den Spartanerkönig Agesilaos an, der damals in Kleinasien gegen die Perser Krieg führte. Ihm widmete er später die erste Biographie, die die Literaturgeschichte kennt. Als er gar an der Seite des Freundes an einem Gefecht gegen Athens thebanische Bundesgenossen teilnahm (394 v. Chr.), wurde er aus der Heimat verbannt. Die Spartaner entschädigten ihn mit einem Landgut bei Skillus in der Nähe von → *Olympia,* wo er das Leben eines Landedelmanns führen konnte. Als Frucht dieser beschaulichen Jahre entstanden »Sachbücher« über Hauswirtschaft, Jagd, Reitkunst und die Aufgaben des Kavallerieoffiziers. In der Schrift »Die Staatsverfassung der Lakedaimonier« zeichnete er ein von Sympathie getragenes Bild des spartanischen Staates und seiner Geschichte. Als Freund → *Spartas* wurde er 370 aus Skillus vertrieben und ließ sich in → *Korinth* nieder. Ob er nach der Aufhebung der Verbannung in seine Vaterstadt zurückkehrte, ist ungewiß.
In diesem letzten Lebensabschnitt vollendete er die sieben Bücher der

»Hellenika« (d. h. Griechische Geschichte), in denen er im unmittelbaren Anschluß an das Werk des → *Thukydides* die dramatischen Geschehnisse der Jahre 411 bis 362 v. Chr. darstellte. Wenn auch dieses Werk, das unsere wichtigste Quelle für die Epoche des Niedergangs der griechischen → *Polis* ist, einem Vergleich mit der kritischen Objektivität des großen Vorgängers nicht standhält, so leistet es doch Vorzügliches in der Gestaltung wirkungsvoller Einzelszenen und der Charakterisierung der führenden Politiker und Militärs. Xenophons Hochachtung vor dem persischen Gegner kommt in der »Kyrupädie« (d. h. Erziehung des Kyros) zum Ausdruck, in der er den Begründer des Perserreichs (R 559-528) als den nach Herkunft und Bildung idealen Herrscher feiert. Dieser historische Erziehungsroman steht am Anfang einer langen Reihe von »Fürstenspiegeln« (z. B. Fénelons »Télémaque«), ja er darf als der erste Roman der europäischen → *Literatur* überhaupt gelten.
Von einiger Bedeutung sind schließlich auch Xenophons sokratische Schriften, die freilich ganz im Schatten → *Platons* stehen, obwohl sie dem historischen Sokrates möglicherweise näher kommen. In seiner »Apologie des Sokrates« will er beweisen, daß der Philosoph entgegen der Anklage der frömmste aller Menschen gewesen sei, während im »Symposion« (d. h. Gastmahl) die heiteren Züge des Meisters hervortreten. Ein etwas hausbackenes Panorama der Bemühungen des Sokrates bieten die vier Bücher der »Memorabilien« (d. h. Erinnerungen an Sokrates), in deren 38 lebensvollen Gesprächen und Szenen der Philosoph vorwiegend als praktischer Moralist und guter Staatsbürger erscheint. Diesen Eigenschaften und den Vorzügen seines literarischen Stils verdankt auch Xenophon einen großen Teil seiner Wirkung bei der Nachwelt. (H. H.)

Zahlen

Bei den Griechen, dem Volk der großen Mathematiker im Altertum, begegnen wir zwei verschiedenen Zahlenschriften, dem frühen attischen oder herodianischen System und dem späteren alphabetischen System. Die *herodianischen Zahlen*, benannt nach Herodian, einem byzantinischen Grammatiker um 200 n. Chr., der sie in seinem Werk beschreibt, werden ähnlich wie die römischen Zahlen durch Aneinanderreihen von Zeichen gebildet. Außer einem einfachen Strich für die Einer sind diese Zeichen aus den Anfangsbuchstaben der griechischen Zahlwörter für 5

(π von Pente), 10 (Δ von Deka), 100 (H von Hekaton), 1000 (X von Chilioi) und 10 000 (M von Myrioi) entstanden.

Man findet diese Zahlenschreibweise auf attischen Inschriften, vor allem Tributlisten und Abrechnungen über den Staatshaushalt, von der Mitte des 5. bis ins 1. Jahrhundert.
Zum Rechnen war die herodianische Zahlschrift allerdings wenig geeignet. Dazu hatte man ein *Rechenbrett* oder einen Rechentisch (Abákion), auf dem in mit dem Symbol für die jeweilige Einheit versehenen, parallelen Reihen die Zahlen durch Rechensteinchen (Psephoi = Steine) gelegt wurden (daher psephizein = rechnen). Die berühmte »*Salaminische Rechentafel*« (Nationalmuseum Athen), eine Tafel aus weißem Marmor mit herodianischen Ziffern, ist das einzige erhaltene griechische Rechenbrett. Es diente offenbar zur Geldrechnung, wobei ein Chalkus (= $\frac{1}{48}$ Drachme) der niedrigste und ein Talent (= 6000 Drachmen) der höchste Wert auf der Tafel waren. Eine wunderbare bildliche Darstellung eines Rechners am Rechenbrett ist uns im Schatzmeister der »*Dariusvase*« (Nationalmuseum Neapel) überliefert.
Neben das herodianische System tritt bald (etwa ab 450) eine kürzere Zahlenschreibweise, die von Milet ausgehende ionische oder *alphabetische Zahlenschrift*. Als Zeichen dienen die 24 Buchstaben des griechischen Alphabets zusammen mit drei semitischen Buchstaben.
1 – 9: α, β, γ, δ, ε, ς, ζ, η, ϑ
10 – 90: ι, κ, λ, μ, ν, ξ, ο, π, ϙ
100–900: ϱ, σ, τ, υ, φ, χ, ψ, ω, ϡ
Die Tausender werden durch einen Strich links unten gekennzeichnet, z. B. ,ε = 5000. Für größere Zahlen findet man verschiedene Schreibweisen. Häufig wird die Anzahl der Myriaden (= Zehntausender) über das Zeichen M geschrieben, z. B. M = 250 000. Die Zahlen wurden durch Aneinanderreihen der Buchstaben gebildet. Um Zahlen von Wör-

tern zu unterscheiden, kann ein Querstrich darüber gesetzt werden, z. B. $\overline{\tau\lambda\gamma} = 333$.
Die Schreibweise von *Brüchen* – das Rechnen mit ihnen haben die Griechen bereits im 5. Jahrhundert v. Chr. beherrscht – ist unterschiedlich. Oft liest man sie ausgeschrieben in Worten. Stammbrüche werden meist durch den Nenner mit einem oder zwei Akzenten dargestellt, z. B. $\frac{1}{3} = \gamma' = \gamma''$. Allgemeine Brüche werden in eine Summe von Stammbrüchen zerlegt, z. B. $\frac{5}{6} = \frac{1}{2} + \frac{1}{3} = \beta'\ \gamma'$, oder man setzt den Nenner über den Zähler: $\frac{5}{6} = \frac{\varsigma}{\varepsilon}$ findet. Die umgekehrte »indische Schreibweise« Zähler über Nenner $\frac{5}{6} = \frac{\varepsilon}{\varsigma}$ findet man erst im 1. Jahrhundert n. Chr.
Der wichtigste Vorteil der Buchstabenzahlen: Mit ihnen konnte schriftlich gerechnet werden, also ohne Rechenbrett. Dennoch erforderte das praktische Rechnen ein gutes Maß an Übung, die durch die »Logistik« vermittelt wurde. Als Beispiel die Multiplikation 5 · 10 = 50 in Buchstabenzahlen: ειν. . Rechenzeichen gab es in der Antike nicht; die Rechenart war aus dem Text zu entnehmen. Die ähnliche Aufgabe 5 · 100 = 500 lautet: ερφ. . Dabei ist jedoch zu bedenken, daß Zahlen nicht als Buchstaben, sondern als Zahlwörter gelesen wurden, wodurch dann die Verwandtschaft z. B. von ε (= 5), ν (= 50) und (= 500), d. h. von Zahlen mit demselben »Pythmen« (grch. Wurzel, Stamm), besser zu erkennen war. Außerdem verwendete man zur Erleichterung Tabellen für Addition und Multiplikation.
In Athen wurde das alphabetische Zahlensystem erst 50 n. Chr. amtlich, hielt sich aber in der hellenistisch-byzantinischen Welt bis ins 15. Jahrhundert n. Chr., als sich die indische Stellenschreibweise immer mehr durchzusetzen begann. Es kam zu einem Kompromiß: Die griechischen Buchstaben von α bis ϑ mit einem Punkt für die Null wurden die Ziffern der neuen Stellenordnung, z. B. $\beta \cdot \eta = 208$. (E. P.).

Zauberei

Zauberei ist der Versuch, die Kräfte übernatürlicher Wesen nach eigenem Wunsch einzusetzen; ihre Spuren in Griechenland reichen weit zurück, und sie wurde sicher von jeher praktiziert, auch wenn wir z. B. bei → *Homer* nur Andeutungen finden. Eine Rolle mußte sie dort spielen, wo bestimmte Erscheinungen oder Ereignisse, z. B. Krankheit oder schlechtes Wetter, auf die Einwirkung einer übernatürlichen Kraft

zurückgeführt wurden, die durch geeignete Maßnahmen auch wieder zurückzudrängen war. In den Kulten der griechischen → *Religion* war die Zauberei so gut wie nicht vorhanden. Eine Änderung trat erst ein, als im 4. Jahrhundert v. Chr. der Glaube an die olympischen → *Götter* in eine Krise geriet und orientalische Einflüsse stärker wurden. Diese Vorstellungen erschlossen eine ganz neue Welt von Kräften, die durch entsprechende Kenntnisse beherrschbar waren, eben durch Zauberei. Auch die → *Mysterien,* die einen tieferen Einblick in das Wirken göttlicher Kräfte versprachen, und einige philosphische Richtungen, die an Dämonen und damit an die Möglichkeit von Zauberei glaubten, förderten ihre Verbreitung.
Den Griechen war der starke Einfluß des Orients in der Zauberkunst bewußt. Sie nannten sie »mageia« (Magie), abgeleitet von dem Wort »magos« für den persischen Priester. Diese fremde Herkunft rief auch Widerstand hervor; ebenso leugneten viele Philosophen strikt die Möglichkeit von Zauberei. So schwankte auch das Ansehen der Zauberer: Die meisten Menschen fürchteten sie wegen ihrer Macht, viele schätzten sie wegen ihrer Möglichkeit zu helfen, und für manche waren sie ganz einfach Betrüger.

Zaubergötter. Der Zauberer hatte nicht die Macht, selbst etwas zu erreichen, er war aber in der Lage, übernatürliche Wesen und ihre Kräfte für seine Ziele einzusetzen. Dies konnten nicht die olympischen Götter sein – sie waren zu mächtig und unabhängig –, sondern die eigentliche Zaubergöttin Hekate und vor allem Dämonen, also Wesen zwischen Menschen und Göttern. Dazu waren auch die Geister von Toten zu rechnen, die gewaltsam ums Leben gekommen waren und deshalb im Grab keine Ruhe fanden, oder von solchen Toten, die niemand bestattet hatte und die daher nicht in den Hades gelangen konnten. Als sehr mächtige Zauberwesen galten orientalische Götter wie Osiris und sogar Jahwe. Diese Gottheiten halfen den Menschen nicht aus Wohlwollen, sondern mußten dazu gezwungen werden. Dazu benötigte der Zauberer viele Kenntnisse: Er mußte die geheimen Namen der Dämonen wissen und sich darin auskennen, welche Tiere, Pflanzen oder Metalle in geheimer Verbindung mit ihnen standen und wann sie ansprechbar waren. Bei den Totengeistern brauchte er ein Stück der Kleidung des Toten oder gar ihres Körpers. Dazu kamen magische Formeln und Zaubersprüche.

Die Durchführung des Zaubers. Der Zauber diente dem Schutz der eigenen Person vor allem Bösen, aber auch der Durchsetzung eigener

Wünsche. Er hatte so Berührung mit fast allen Bereichen des menschlichen Lebens. Wir kennen Abwehr-, Fluch-, Schaden-, Wetter-, Liebeszauber und zahlreiche andere Arten mehr. Unser Wissen über die griechische Zauberei stammt aus den zahlreichen erhaltenen Zauberbüchern, die allerdings oft absichtlich dunkel gehalten sind, so daß vieles unklar bleibt.

Gezaubert wurde von Zauberern und Hexen, die besonders in Thessalien wirkten und angeblich den Mond auf die Erde bannen konnten. Außerdem waren viele Zauberpraktiken im Volk verbreitet. Soweit aber ein Dämon eingesetzt werden mußte, war ein kundiger Zauberer nötig, da Zaubern nicht ungefährlich war; denn die Dämonen dienten nur widerwillig und wollten den Zaubernden gern schaden. Für die Durchführung eines »richtigen« Zaubers waren viele Vorbereitungen nötig: Zuerst mußte mit Hilfe der → *Astrologie* ein günstiger Tag bestimmt werden. Vom Zauberer verlangten die Vorschriften die Einhaltung bestimmter Gebote, die je nach Dämon verschieden waren. Das konnte das Verbot gewisser Speisen sein, völliges Fasten oder sexuelle Enthaltsamkeit. Als Schutz für den Zauberer selbst schrieben die Zauberbücher vor: »Opfere, sprich die Formel, tue das und jenes, sei durch ein Amulett geschützt, das so und so herzustellen ist.« Auch hier richteten sich das Opfer und die Art des Amuletts nach dem jeweiligen Dämon. Viele Zauberer verwendeten als Helfer Knaben, die die einzelnen Handlungen vornehmen und die Zauberformel sprechen mußten, da man Kinder vor der Pubertät für besonders rein und damit geschützt hielt. War der Dämon durch das Opfer, eine Formel oder das Verbrennen besonderer Kräuter herbeigezwungen, konnte man ihm sein Anliegen vortragen. Vielfach üblich war der Sympathiezauber, d. h. der Zauberer nahm an einer Wachspuppe oder einem Gegenstand aus dem Besitz des »Bezauberten« symbolisch die Handlungen vor, die den gemeinten Menschen treffen sollten. Die Handlung fand fast immer nachts statt, entweder in einem Haus oder an Orten, die als etwas unheimlich galten wie Wegkreuzungen oder Höhlen. Der Auftraggeber nahm an der Zeremonie gewöhnlich teil, meist allerdings nur als stummer Zuschauer. Wichtig war seine Anwesenheit dann, wenn er von einem Zauber befreit werden sollte oder ein Talisman als Schutz für ihn hergestellt wurde.

Nach dem eigentlichen Zauber folgte die Entlassung des Dämons, noch einmal ein gefährlicher Augenblick. Es gab auch hierfür bestimmte Formeln, und oft ließ der Zauberer ein Tier frei, einen Käfer, einen Vogel oder einen Fuchs, den man sich als Verkörperung oder Sitz des

Dämons dachte. Der Glaube an die Macht der Zauberei war weit verbreitet, wie die vielen Hinweise in der Literatur und die zahlreichen Amuletts und Talismane beweisen, durch die man sich dagegen zu schützen suchte. Daß Zauberei zusammen mit Astrologie und den Geheimkulten in Griechenland fast den Charakter einer Ersatzreligion annehmen konnte, ist nur auf den ersten Blick verwunderlich. Denn abgesehen von verblüffenden Taschenspielerkünsten – und vielleicht vorhandenen – hypnotischen Fähigkeiten mancher Zauberer, die die Zuschauer überzeugten, bedeutete Zauberei die Erschließung eines neuen Erfahrungsbereiches, der auch Gebildete anzog und dessen Faszination zum großen Teil darin bestand, daß er nicht jedem zugänglich war. (G. St.)

Literatur

Die Werke über griechische Geschichte, Kunst und Kultur füllen heute eine ganze Bibliothek. Die folgende Übersicht bringt deshalb nur die wichtigsten größeren Nachschlagewerke und leicht zugänglichen Veröffentlichungen der letzten zwei Jahrzehnte, die dem Laien eine Vertiefung der in den einzelnen Stichworten angeschnittenen Fragen und Probleme ermöglichen. Fast alle diese Bücher bringen ihrerseits ausführliche Literaturhinweise auf Bücher, die hier nicht angeführt sind, über jede größere Bibliothek aber beschafft werden können.

I. Nachschlagewerke:

Andresen, C. (Hrsg.): Lexikon der alten Welt, Zürich 1965.

Buchwald, W./Hohlweg, H./Prinz, O. (Hrsg.): Tusculum – Lexikon griechischer und lateinischer Autoren des Altertums und des Mittelalters, München 1963.

Dornseiff, Franz: Die griechischen Wörter im Deutschen, Berlin 1950.

Hiltbrunner, Otto: Kleines Lexikon der Antike, 4. A., Bern 1964.

Hunger, Herbert: Lexikon der griechischen und römischen Mythologie, Wien 1953 u. ö.

Kroh, Paul: Lexikon der antiken Autoren, Stuttgart 1972.

Kroll W./Mittelhaus, K./Pauly, A./Wissowa, G./Ziegler, K. (Hrsg.): Realencyclopädie der Klassischen Altertumswissenschaft (RE), Stuttgart 1894 f.

Lamer, Hans/Kroh, Paul: Wörterbuch der Antike, 7. A., Stuttgart 1966.

Lübker, Friedrich: Reallexikon des Klassischen Altertums, 8. A., Leipzig 1914.

Pauly: Der kleine P, Lexikon der Antike in fünf Bänden (dtv), München 1979.

Sontheimer, W./Ziegler, K. (Hrsg.): Der kleine Pauly. Lexikon der Antike auf der Grundlage von Paulys Realencyclopädie, Stuttgart 1964 f.

Wolf, F. und Pögl, A.: Latein und Griechisch im deutschen Wortschatz, Berlin 1979.

II. Darstellungen:

Arias, P. E.-Hirmer, M.: Tausend Jahre griechischer Vasenkunst, München 1960.

Altaner, B.: Patrologie, Freiburg ^{6}1960.

Bayer, E.: Griechische Geschichte, Stuttgart 1968.

Bengtson, Hermann: Griechen und Perser. Die Mittelmeerwelt im Altertum I, Frankfurt 1965 (Fischer WG 5).

Bengtson, Hermann: Herrschergestalten des Hellenismus, München 1975.

Bengtson, Hermann: Griechische Geschichte, München ^{6}1982.

Berve, Helmut: Griechische Geschichte, Freiburg 1951 und 1953.

Berve, H. – Gruben, G. – Hirmer, M.: Griechische Tempel und Heiligtümer, München 1961.

Boardmann, John: Kolonien und Handel der Griechen, München 1981.

Bowra, Cecil M.: Griechenland. Von Homer bis zum Fall Athens, München 1974.

Brockmeyer, N.: Sozialgeschichte der Antike, Stuttgart 1972.

Chadwick, John: Die mykenische Welt, Stuttgart 1976.

Charbonneux, J. – Martin, R. – Villard, F.: Das klassische Griechenland 480–330, München 1971.

Curtius, Ludwig: Die klassische Kunst Griechenlands, Darmstadt 1959.

Davies, John K.: Das klassische Griechenland und die Demokratie, München 1983.

Dihle, A.: Griechische Literaturgeschichte, Stuttgart 1967.

Dombarth, Th.: Die sieben Weltwunder, München 1970.

Drees, Ludwig: Olympia. Götter, Künstler und Athleten, Stuttgart 1967.

Durant, Willi: Das Leben Griechenlands, Bern [2]1957.
Ehrenberg, V.: Der Staat der Griechen, Zürich [2]1965.
Eschmann, Ernst W.: Im Amerika der Griechen, Düsseldorf 1961.
Faure, Paul: Kreta. Das Leben im Reich des Minos, Stuttgart 1976.
Faure, Paul: Die griechische Welt im Zeitalter der Kolonisation, Stuttgart 1981.
Finley, Moses J.: Die Griechen. Eine Einführung in ihre Geschichte und Zivilisation, München 1983.
Finley, Moses J.: Die frühe griechische Welt, München 1982.
Finley, Moses J.: Die Welt des Odysseus, München 1979.
Flacelière, Robert: Griechenland. Leben und Kultur in klassischer Zeit, Stuttgart 1977.
Forrest, W. G.: Wege zur hellenischen Demokratie, München 1966.
Fox, R. L.: Alexander der Große, Düsseldorf 1974.
Friedell, Egon: Kulturgeschichte Griechenlands, München 1950 u. ö.
Frye, Richard: Persien, Zürich 1962.
Grant, Michael: Mythen der Griechen und Römer, Zürich 1964.
Grant, Michael: Klassiker der antiken Geschichtsschreibung, München 1973.
Green, Peter: Alexander der Große, Würzburg 1970.
Grimal, Pierre: Der Hellenismus und der Aufstieg Roms. Die Mittelmeerwelt im Altertum II, Frankfurt 1965 (Fischer WG 6).
Harder, Richard: Die Eigenart der Griechen, Freiburg 1962.
Hehler, A. – v. Heintze, H.: Bildnisse berühmter Griechen, Mainz [3]1962.
Herrmann, Joachim – Sellnow, Irmgard: Produktivkräfte und Gesellschaftsformationen in vorkapitalistischer Zeit, Berlin 1981.
Hoober, J. T.: Sparta. Geschichte und Kultur, Stuttgart 1982.
Hopper, R. J.: Handel und Industrie im klassischen Griechenland, München 1982.
Hoyle, Peter: Delphi und sein Orakel, Wiesbaden 1968.
Jenkins, G. K. – Kühtmann, H.: Münzen der Griechen, München 1972.
Jongh, Briande: Griechenland, München 1974.
Kähler, H.: Der griechische Tempel. Wesen und Gestalt, Frankfurt 1981.
Kerenyi, Karl: Die Mythologie der Griechen, Zürich 1951 u. ö.
Kirsten, Ernst – Kraiker, Wilhelm: Griechenlandkunde 2 Bde., Heidelberg [5]1967.
Kitto, H. R. F.: Die Griechen, Stuttgart 1957 u. ö.
Körte, Alfred: Die griechische Komödie, Leipzig 1914.
Kraiker, Wilhelm: Funde in Athen, Göttingen 1971.
Kranz, Walther: Die griechische Philosophie, Bremen 1941 u. ö.
Kranz, Walther: Geschichte der griechischen Literatur, Bremen 1960.
Krumbacher, K.: Geschichte der byzantinischen Literatur, München–New York 1958.
Lacey, W. K.: Die Familie im antiken Griechenland, Mainz 1983.
Landels, John Gray: Die Technik in der antiken Welt, München 1979.
Langlotz, Ernst – Hirmer, Max: Die Kunst der Westgriechen, München 1963.
Leggewie, Otto (Hrsg.): Die Welt der Hellenen, Münster [2]1980
Lesky, Albin: Die griechische Tragödie, Göttingen [4]1958.
Lesky, Albin: Geschichte der griechischen Literatur, Bern [2]1958.
Lessing, Erich: Die griechischen Sagen, München 1977.
Löbl, Robert: Antike Numismatik, München 1978.
Luce, J. V.: Archäologie auf den Spuren Homers, Bergisch Gladbach 1975.
Lullies, Reinhard: Griechische Plastik, München 1968
Mackendrick, Paul: Hellas steinernes Erbe, Wiesbaden 1965; Bergisch Gladbach 1980.

Marinatos, Spyridon – Hirmer, Max: Kreta, Thera und das mykenische Hellas, München ²1973.
Marrou, Henri I.: Geschichte der Erziehung im klassischen Altertum, Freiburg 1957.
Matt, Leonard v. – Zanotti-Bianco, Umberto: Großgriechenland, Würzburg 1961.
Matz, Friedrich: Kreta, Mykene, Troja. Die minoische und die homerische Welt, Stuttgart 1956.
Mezö, Franz: Geschichte der Olympischen Spiele, München 1930.
Miraux, Emile: So lebten die Griechen zur Zeit Homers, Stuttgart 1956.
Müller, R.: Kulturgeschichte der Antike. Bd. 1 Griechenland, Berlin 1976.
Murray, Oswyn: Das frühe Griechenland, München 1982.
Neuburger, Albert: Die Technik des Altertums, Leipzig 1921.
Newald, Richard: Nachleben des antiken Geistes im Abendland bis zum Beginn des Humanismus, Tübingen 1960.
Nilsson, M. P.: Geschichte der griechischen Religion, 2 Bde, München ²1955 und 1961.

Oppermann, Hans (Hrsg.): Humanismus, Darmstadt 1970.
Otto, Walter F.: Theophania. Der Geist der altgriechischen Religion, Hamburg 1956.
Papaioannou, Kostas: Griechische Kunst, Freiburg 1972.
Peterich, E. und Rast, J.: Griechenland. Ein kleiner Führer, Olten 1978.
Pfeiffer, Rudolf: Geschichte der klassischen Philologie, Hamburg 1970.
Pfister, Friedrich: Götter- und Heldensagen der Griechen, Heidelberg 1955 u. ö.
Philippson, A.: Die griechischen Landschaften 4 Bde., Frankfurt 1950–1959.
Platon, Nicolas: Kreta, Genf 1966 (Archaeologia Mundi).
Pohlenz, Max: Gestalten aus Hellas, München 1950.
Rahn, H.: Morphologie der antiken Literatur, Darmstadt 1969.
Riemschneider, Margarete: Ruhmreiches Rhodos, Leipzig 1973.
Rose, Herbert J.: Griechische Mythologie, München ⁶1982.
Rostovtzeff, M.: Die Hellenistische Welt 3 Bde., Stuttgart 1955/56.
Roux, Georges: Delphi, München 1971.

Sandvoss, Ernst R.: Aristoteles, Stuttgart 1981.
Schachermeyr, Fritz: Die minoische Kultur des alten Kreta, Stuttgart 1964.
Schachermeyr, Fritz: Die Sieger der Perserkriege, Göttingen 1974.
Schachermeyr, Fritz: Perikles, Stuttgart 1969.
Schefold, Karl: Frühgriechische Sagenbilder, München 1964.
Schefold, Karl: Die Griechen und ihre Nachbarn, Berlin 1967 (Propyläen Kunstgeschichte Bd. 1).
Schneider, Carl: Kulturgeschichte des Hellenismus 2 Bde., München 1967.
Schiering, Wolfgang: Funde auf Kreta, Göttingen 1976.
Schubart, Wilhelm: Das Buch bei den Griechen und Römern, Heidelberg 1962.
Siegert, Hans: Griechisches in der Kirchensprache, Heidelberg 1950.
Simon, Erika: Die Götter der Griechen, München 1969.
Simon, Erika: Die griechischen Vasen, München 1976.
Simon, Erika: Das antike Theater, Heidelberg 1972.
Snell, Bruno: Die Entdeckung des Geistes, Hamburg 1955 u. ö.
Snell, Bruno: Die alten Griechen und wir, Göttingen 1962.
Tripp, E.: Reclams Lexikon der antiken Mythologie, Stuttgart 1974.
Tsigakou, Fani-Maria: Das wiederentdeckte Griechenland, Bergisch Gladbach 1982.
Volkmann, R.: Die Rhethorik der Griechen und Römer, Hildesheim ²1963.
Walbank, Frank K.: Die hellenistische Welt, München 1983.

Walter, Hans: Griechische Götter: München 1971.
Walter, Hans: Die Leute im alten Ägina, Stuttgart 1983.
Weiler, I.: Griechische Geschichte. Einführung, Quellenkunde, Bibliographie, Darmstadt 1976.
Welwei, Karl-Wilhelm: Die griechische Polis, Stuttgart 1983.
Wiefstrand, Albert: Die alte Kirche und die griechische Bildung, Bern 1967.
Wilamowitz, Ulrich von: Der Glaube der Hellenen, Darmstadt 1959.
Wilcken, Ulrich: Griechische Geschichte im Rahmen der Altertumsgeschichte, Darmstadt 1973.
Wolf, H. u. A.: Der Weg des Odysseus, Tübingen 1968.
Wussing, Hans: Mathematik der Antike, Leipzig 1962.
Zeller, Eduard: Grundriß der Geschichte der griechischen Philosophie, bearb. von W. Nestle, Leipzig 1928 u. ö.

III. Wichtige Reihen von Übersetzungen:

Tusculum-Reihe, E. Heimeran-Verlag, München (jetzt: Artemis-Verlag)
Artemis, Bibliothek der Alten Welt, Zürich
Reclams Universal-Bibliothek, Stuttgart (Übersetzungen einzelner Autoren)
Goldmann-Verlag, München (Übersetzungen einzelner Autoren)
The Loeb Classical Library, London
Les Belles Lettres, Paris

Verzeichnis der Stichworte

Register